高等医药院校创新教材

供高职高专临床医学、中医骨伤、医学影像技术及相关专业使用

医学影像解剖学

主　编　刘荣志　夏克言
副主编　李洪文　肖日东　宗克成　史俊青
编　者　（按姓氏汉语拼音排序）
冷攀菊（安顺职业技术学院）
李洪文（南阳医学高等专科学校）
李家林（铜陵职业技术学院）
刘荣志（南阳医学高等专科学校）
史俊青（运城护理职业学院）
宋传顺（商丘医学高等专科学校）
王长青（安阳职业技术学院医药卫生学院）
夏克言（肇庆医学高等专科学校）
肖日东（安顺职业技术学院）
宗克成（白城医学高等专科学校）

科学出版社
北京

内 容 简 介

本教材将传统的系统解剖学、X线解剖学及断层影像解剖学等教学内容整合为一体，将正常人体解剖结构与X线、CT、MRI等内容紧密联系，强调理论与实践相结合，解剖与影像相结合，技能与就业相结合的原则，内容取舍既注意简明精练，又适当地充实一些与临床相连接的内容。注重实用性、创新性和职业性，力求把提高学生的职业能力、创新能力和创业能力放在重要位置，使学生及早地对临床相关知识有所了解，以此提高学生的学习兴趣。

本教材可供三年制普通专科临床医学、中医骨伤、医学影像技术及相关专业使用，建议学时数在150学时左右。

图书在版编目（CIP）数据

医学影像解剖学 / 刘荣志，夏克言主编. —北京：科学出版社，2016.6

高等医药院校创新教材

ISBN 978-7-03-048576-2

Ⅰ. 医… Ⅱ. ①刘… ②夏… Ⅲ. 影像–人体解剖学–医学院校–教材 Ⅳ. R813

中国版本图书馆CIP数据核字(2016)第125146号

责任编辑：丁彦斌 丁海燕 / 责任校对：李 影

责任印制：赵 博 / 封面设计：金舵手世纪

科学出版社 出版

北京东黄城根北街16号

邮政编码：100717

http://www.sciencep.com

涿州市般润文化传播有限公司印刷

科学出版社发行 各地新华书店经销

*

2016年6月第 一 版 开本：787×1092 1/16

2025年10月第九次印刷 印张：20 1/4

字数：480 000

定价：66.80元

(如有印装质量问题，我社负责调换)

前　言

党的二十大报告指出："人民健康是民族昌盛和国家强盛的重要标志。把保障人民健康放在优先发展的战略位置，完善人民健康促进政策。"贯彻落实党的二十大决策部署，积极推动健康事业发展，离不开人才队伍建设。党的二十大报告指出："培养造就大批德才兼备的高素质人才，是国家和民族长远发展大计。"

高等职业教育作为高等教育发展中的一个类型，肩负着培养面向生产、建设、服务和管理第一线需要的高技能人才的使命。随着现代数字化影像技术及设备（CR、DR、螺旋 CT、MRI、彩超）大量投入临床，医学影像岗位在各级医院日常医疗工作中的地位日益增强。《医学影像解剖学》将传统的系统解剖学、X 线解剖学及断层影像解剖学等教学内容整合为一体，将正常人体解剖结构与 X 线、CT、MRI 等内容紧密联系，强调理论与实践相结合，解剖与影像相结合，技能与就业相结合的原则，内容取舍既注意简明精练，又适当地充实一些与临床相连接的内容。注重实用性、创新性和职业性，力求把提高学生的职业能力、创新能力和创业能力放在重要位置，使学生及早地对临床相关知识有所了解，以此提高学生的学习兴趣。《医学影像解剖学》是一门形态科学，编者在教材中安排了 500 多幅插图，其中 X 线影像图和断层影像图大多为解剖和影像对照图片，这在以往教材是不多见的。

本教材的编写任务是由部分院校推荐的具有多年从事人体解剖学及影像学专业课教学工作，且教学经验丰富的教授、副教授及临床医师担任。本教材在编写过程中，参考了本专业的部分有关教材，在此向作者表示诚挚的感谢！并对各参编学校的大力支持表示深深的谢意！

本教材可供三年制普通专科临床医学、中医骨伤、医学影像学等专业使用，建议学时数在 150 学时左右。具体学时由各学校根据专业特点酌情安排。

虽然我们尽了很大努力，但书中疏漏之处仍在所难免，敬请使用本教材的同仁提出宝贵意见，以便再版时纠正。

刘荣志　夏克言
2023 年 5 月

目　录

第二篇　断层影像解剖学

绪　论

一、人体解剖学及医学影像解剖学的定义和性质

人体解剖学属于生物学科中形态学的范畴，是研究正常人体形态结构及其发生发展规律的科学。其主要任务是阐述正常人体各器官的形态、结构、位置和毗邻，以及人体发生、发育过程和变化规律。人体解剖学和医学其他各学科之间具有广泛而密切的联系，是一门重要的医学基础课程。医学中约有1/3的名词及概念来源于人体解剖学，只有掌握了正常人体形态结构的基本知识，才能正确理解人体生理功能和病理变化，学好其他医学基础课程，并为临床课程的学习打下牢固基础。只有从本课程开始，加强对医学技能的培养及专业技能的训练，才能更好地适应临床专业工作的需要。

医学影像解剖学是运用现代医学影像技术研究正常人体内部形态结构的科学。它是随着X线在医学中的广泛应用而发展起来的，是医学影像专业的重要基础课程。学习医学影像解剖学的目的在于了解医学影像解剖学的基础知识，掌握重要部位或器官的X线解剖及断层影像解剖，为进一步学习疾病的影像学表现及诊断打好基础，为医学影像专业学习奠定重要的影像解剖学基础。

在医学影像解剖学学习中，还需掌握一定的影像物理知识，将基础医学知识与临床应用紧密联系起来。

二、人体解剖学的分科

人体解剖学又称**大体解剖学**，是通过解剖尸体、肉眼观察的方法研究各器官的形态、结构、位置及毗邻关系。依据研究方法的不同可将人体解剖学分为系统解剖学和局部解剖学。**系统解剖学**是按人体系统阐述各器官形态结构及相关功能的科学，通常所说的人体解剖学即指系统解剖学。**局部解剖学**是在系统解剖学的基础上，按人体结构的部位，由浅入深研究各局部结构的层次、器官的配布及位置关系的科学。

医学影像解剖学可分为X线解剖学和断层影像解剖学等，前者是根据X线所显示的影像，研究器官和组织的形态结构；后者配合计算机体层成像（CT）、超声成像（USG）及磁共振成像（MRI）等技术观察研究人体器官断层影像形态结构。本教材主要包括两部分，第一篇是融合了**X线解剖学**的**系统解剖学**，第二篇是**断层影像解剖学**。

三、人体的组成与分部

（一）人体的组成

组成人体的基本结构和功能单位是**细胞**。由功能相同、形态相似的细胞和细胞间质共同构成**组织**。人体组织主要有4种，即上皮组织、结缔组织、肌组织和神经组织，因此将这4种组织称为基本组织。几种不同的组织也会按照一定的规律进行组合，形成的具有一定形态并执行特定功能的结构称**器官**，如心、肝、脾、肺、肾等。由若干器官有机组合起来共同完成某种连

续的生理功能，就构成了**系统**。人体共有 9 大系统：**运动系统**执行人体的运动功能；**消化系统**执行消化食物、吸收营养、形成粪便并排出体外的功能；**呼吸系统**执行吸入氧气排出二氧化碳，进行气体交换的功能；**泌尿系统**执行排出体内代谢产物的功能；**生殖系统**执行生殖繁衍后代的功能；**内分泌系统**协调全身各系统的器官活动；**脉管系统**输送血液和淋巴在体内进行周而复始运行；**感觉器**是感受机体内外环境刺激并产生兴奋的装置；**神经系统**调控人体全身各系统和器官活动的协调和统一。其中，消化系统、呼吸系统、泌尿系统和生殖系统的大部分器官位于胸、腹、盆腔内，而且借一定的孔道直接或间接与外界沟通，这些系统总称为**内脏**。人体各系统在神经及体液的调节下，彼此联系，相互协调，互相影响，共同构成有机的整体。

（二）人体的分部

人体按部位可分为**头部**、**颈部**、**躯干**部和**四肢**。头的前部称为面，颈的后部称为项。躯干的前面分为胸部、腹部、盆部和会阴；躯干的后面分为背部和腰部。四肢分为上肢和下肢；上肢可分为**肩**、**上臂**、**前臂**和**手**，下肢可分为**臀**、**大腿**（股）、**小腿**和**足**。

四、人体解剖学常用的方位术语

为了正确描述人体各部、各器官的位置关系，避免就医时医护人员标准不一造成的描述差异，国际上统一规定了解剖学姿势和方位术语，初学者务必熟练掌握，并贯彻应用于整个学习过程。

（一）解剖学姿势

解剖学姿势亦称标准姿势，即身体直立，两眼平视，上肢下垂到躯干的两侧，下肢并拢，手掌和足尖向前（图绪-1）。在描述人体结构时，无论观察对象（人体、标本或模型）处于何种姿势和体位，均应以解剖学姿势为标准。

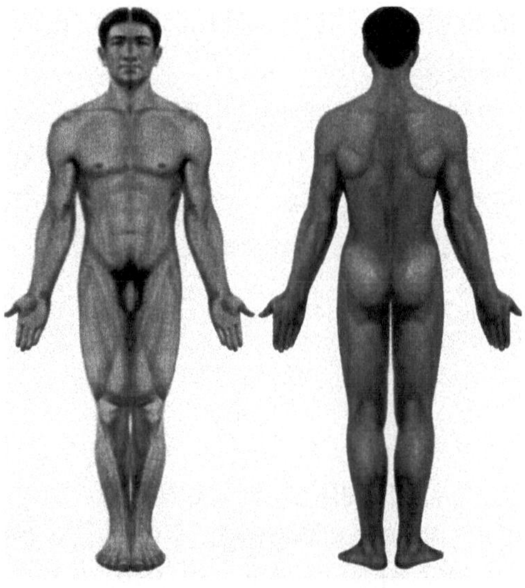

图绪-1　解剖学姿势

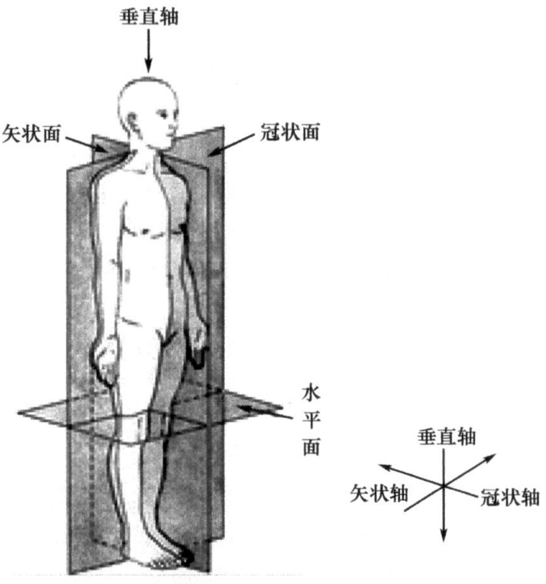

图绪-2　人体的轴和面

（二）方位术语

以解剖学姿势为标准，统一规定了一些表示方位的术语。

1. 上和下 近头者为上，或称颅侧；近足者为下，或称尾侧。

2. 前和后 近腹者为前，或称腹侧；近背者为后，或称背侧。

3. 内侧和外侧 以躯干正中矢状面为标准，距正中矢状面近者为内侧，远者为外侧。在四肢，前臂和手的内侧又称**尺侧**，外侧又称**桡侧**；在小腿和足，内侧又称**胫侧**，外侧又称**腓侧**。

4. 浅和深 近皮肤或器官表面者为浅，远离皮肤或器官表面者为深。

5. 内和外 是对空腔器官相互位置关系而言，近内腔者为内，远离内腔者为外。

6. 近侧和远侧 用于描述四肢方位，距肢体根部近者为近侧，远肢体根部者为远侧。

（三）轴和面

1. 轴 为了分析关节的运动，在解剖学姿势上，又规定了三个相互垂直的轴，即垂直轴、矢状轴和冠状轴（图绪-2）。

（1）**垂直轴**：为上下方向，垂直于水平面（地平面）的轴。

（2）**矢状轴**：为前后方向，与垂直轴呈直角相交的轴。

（3）**冠状轴**：也称**额状轴**，是左右方向，分别与垂直轴和矢状轴相互垂直的轴。

2. 面 在解剖学姿势上，人体或局部均可设置三个相互垂直的切面。

（1）**矢状面**：是指前后方向，将人体分为左、右两部分的纵切面，切面与水平面垂直。经过人体正中的矢状面称正中矢状面。

（2）**冠状面**：也称**额状面**，是指左右方向，将人体分为前、后两部的纵切面，并与矢状面和水平面互相垂直。

（3）**水平面**：与上述两面相垂直，将人体横断为上下两部的切面。

在描述器官的切面时，以器官的长轴为准，沿其长轴所作的切面为纵切面，与长轴垂直的切面为横切面。

五、医学影像解剖学的发展概况

医学影像解剖学的产生与发展经历了 X 线解剖学和断层影像解剖学两个阶段，并正向功能影像解剖学方向发展。

1895 年德国物理学家伦琴发现了 X 线（图绪-3）；1922 年 Sicard 和 Forestier 发明了重金属造影剂，并开展了管道器官如消化道、支气管和血管的造影观察和研究，从而建立了 X 线解剖学，并奠定了医学影像解剖学的基础。1942 年 Dussik 首次将超声波应用于颅脑疾病诊断，20 世纪 50～60 年代形成了普遍应用于人体检查的超声成像（USG）。1969 年英国学者 Hounsfield 将计算机与 X 线成像结合起来，发明了计算机体层成像（CT）；1973 年美国的 Lanterbur 揭开了磁共振成像（MRI）在医学影像方面应用的序幕，从而形成现代断层影像解剖学。随着数字化时代的到来，影像应用解剖学从模拟信息向数字化信息、从二维断层成像向三维容积立体成像、从宏观影像向分子影像、从形态向功能等方面快速发展。例如，1977 年美国的 Nudelman 首先采用数字化减影技术所获得的数字减影血管造影（DSA）图像；可获得良好空间定位的三维影像；多重信息整合的融合图像等。这些新技术极大地提高了影像的对比分辨率、空间分辨率和时间分辨率，为医学影像解剖学的广泛应用注入了新的活力。

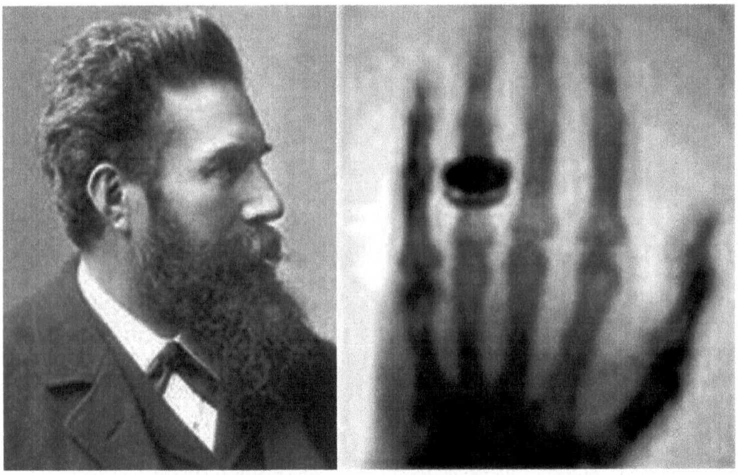

图绪-3　德国物理学家伦琴和他拍摄的第一张 X 线照片

六、医学影像解剖学常用技术方法

（一）X 线成像

应用于诊断的 X 线波长是 0.008～0.031 nm，此波长的 X 线既能穿透人体又可部分为人体组织所吸收。人体组织中，骨和钙化组织密度最高；软组织（包括肌肉、软骨、实质器官、神经组织、结缔组织和体液等）属中等密度；脂肪属低密度；呼吸器官、胃肠道和体内其他含气腔隙内的气体属极低密度。密度高、厚度大的组织和器官对 X 线吸收多，透过人体后落在 X 线胶片或影像板上的 X 线就少，产生的影像就淡而白；反之，密度低、厚度小的组织器官对 X 线吸收少，最后产生的影像就浓而黑。但在 X 线透视时所见的现象与 X 线片上的显像正相反。在对 X 线影像的描述上，我们将白而亮的影像称为高密度影像，将黑而暗的影像称为低密度影像（在透视时则相反）（图绪-4）。

X 线成像常用体位包括：

1. 前后位和后前位　前者是指 X 线从患者前面射至背面的胶片或荧屏，而后者正好相反，即 X 线从背面射至前面的胶片或荧屏。

2. 侧位　分**左侧位**和**右侧位**。前者是指 X 线方向从患者右侧射至左侧的胶片或荧屏；后者则为从患者左侧射向右侧的胶片或荧屏。

3. 斜位　患者右侧（胸部）向前斜靠胶片或荧屏，左侧远离胶片（屏），使人体冠状面与胶片或荧屏形成一个角度，X 线从患者左后方射至右前方的胶片或荧屏，为**右前斜位**；**左前斜位**与右前斜位仅是左右区别。

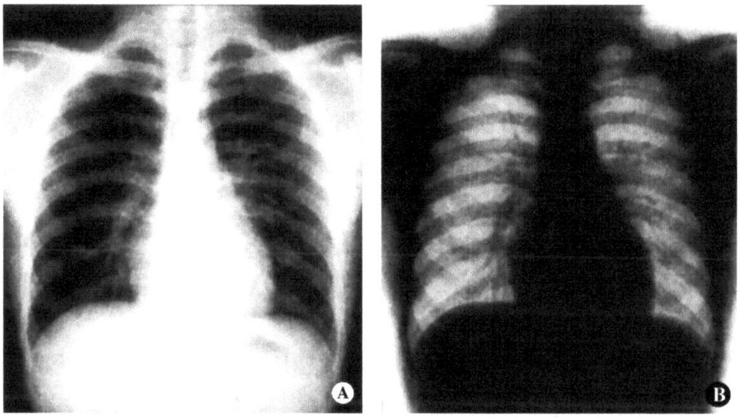

图绪-4 正常胸部后前位X线成像

A. 胸部X线照片；B. 胸部透视所见

4. 轴位 X线方向与人体或器官的长轴平行或近于平行，通过欲检查部位直射至胶片或荧屏。

5. 切线位 将X线中心线从人体被检查局部边缘通过，避免被检部位与其他部分重叠的位置为切线位。

（二）计算机体层成像

计算机体层成像（CT）由英国人Hounsfield发明，1972年应用于临床。CT成像基础与X线的成像基础相似，都是利用X线的穿透性和人体各种组织或病变的密度差转换成黑白图像。所不同的是CT以探测器代替胶片，所接受的X线衰减信息经计算机处理后重建出图像。与X线片比较，CT图像为断层体层图像，结构清晰无重叠（图绪-5）。

CT图像的主要特点：①CT图像是由一定数目从黑到白不同灰度的像素按矩阵排列所构成的数字化图像；②CT图像是用CT值量化反映组织对X线吸收能力差别，是可以量化的灰度影像；③CT图像可以运用**窗技术**调节显示的灰度影像，以观察不同密度的组织影像；④CT图像是断层影像，并且可以多平面重建和三维重建显示解剖结构。

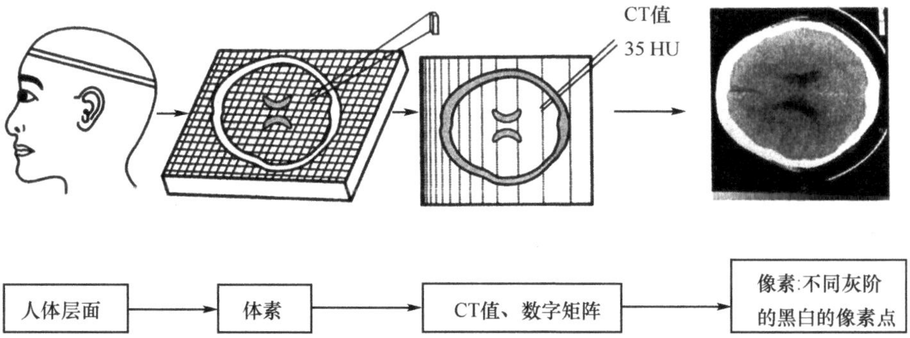

图绪-5 CT成像示意图

（三）数字减影血管造影

数字减影血管造影（DSA）是广泛应用于血管造影机和数字胃肠机等X线成像设备的高级应用功能。具体做法是：取一幅血管内不含对比剂的图像作为蒙片，与另一幅含对比剂的同一部位的图像一起经计算机相减，使两幅图像上都有的骨骼和软组织影均消失或部分消失，剩下只有在一幅图像上才有的含对比剂的血管影像，从而达到了减影或部分减影的目的（图绪-6）。DSA图像上的血管没有骨和软组织影的重叠，血管及其病变显示清楚。故DSA适于心脏和全身各部位的大血管的检查，它对介入技术尤其是血管介入技术的开展更是不可缺少的。

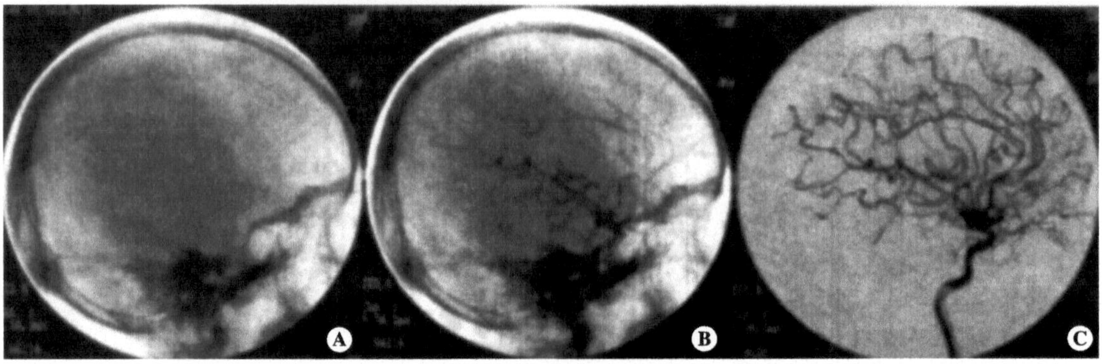

图绪-6　数字减影血管造影

A. 蒙片；B. 血管造影片；C. 减影后的血管影像

（四）磁共振成像

磁共振成像（MRI）又称核磁共振成像（NMRI），它是利用原子核在磁场内发生共振产生的信号来成像，以显示人体层面解剖和某些病理、生理变化的成像方法。MRI是一种没有电离辐射损伤的无创性成像方法。近年来MRI技术发展非常迅速，检查范围包括了全身各个系统，除了显示人体的解剖结构外，还可以从多方面显示组织和器官的功能状态，具有广阔的应用前景。

目前医学MRI主要是利用在人体内含量最丰富的氢（^{1}H）原子核来成像。由于人体器官、组织或病变的成分、分子结构和质子含量的不同，所释放的信号强弱不一，接收这些信号并经过一定的计算机处理就可得到由黑白灰阶组成的MRI图像。MRI可经一系列不同强度的射频脉冲的组合，从而获得不同差别的图像，如T_1加权像（T_1WI）和T_2加权像（T_2WI）等（图绪-7）。

CT和MRI沿水平面所作的扫描，称横断层扫描，一般观测其下表面；沿矢状面所作的扫描，称矢状断层扫描，一般观测其左表面；沿冠状面所作的扫描，称冠状断层扫描，一般观测其前表面。

（五）超声成像

超声成像（USG）是将声学原理、电子技术、微型计算机技术相结合的成像技术。当超声传经两种声阻抗不同相邻介质的界面时，则产生反射和折射现象，这种反射和

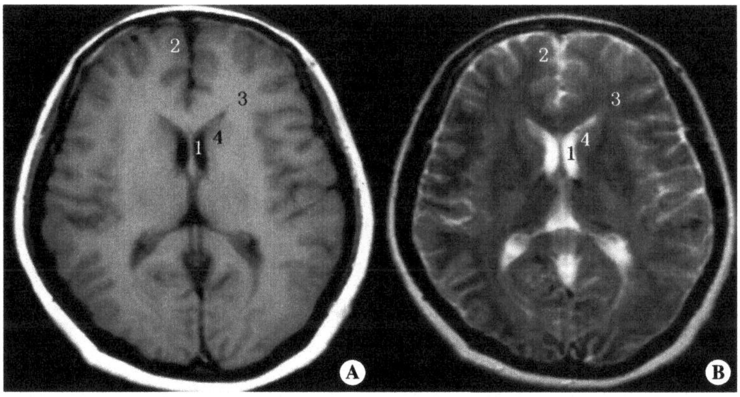

图绪-7　正常脑组织横断层 MRI 扫描像

A. T_1 加权像；B. T_2 加权像；

1. 脑脊液；2. 大脑皮质；3. 大脑髓质；4. 基底核

折射回来的超声称为回声。将接收到的回声，依其强弱，用明暗不同的光点依次显示在屏幕上，就构成声像图。回声可表现为无回声、低回声、强回声和极强回声等。超声成像主要应用于显示人体内部脏器结构和功能，它在现代影像学中占有重要地位。从第一台超声波检测仪问世，到实时超声扫描显像仪的研制成功，进而到彩色多普勒血流成像技术的问世，使超声成像技术更为完善，既可显示组织二维结构，又可显示血流，还可对血流进行定量分析。近年又相继出现谐波成像、三维成像和超声造影等新技术，超声成像已广泛用于各个系统疾病检查，在诊断与治疗上发挥着重要作用，是当今医学影像技术的重要支柱。

（六）单电子发射计算机断层显像

单光子发射计算机断层显像（SPECT）为利用发射 γ 射线（即单电子）的放射性核素进行器官断层显像的设备。它们不仅可广泛应用于心脑血管疾病的诊断、癫痫灶的术前定位和肿瘤的诊断，而且还可进行脑功能和受体研究。SPECT 图像在观察形态结构方面逊色于 CT 和 MRI，但在获取脏器的代谢信息和诊断功能性病变方面，明显占有优势。

（七）正电子发射计算机断层显像

正电子发射计算机断层显像（PET）为利用发射正电子的放射性核素进行器官断层显像的仪器。它们以 ^{11}C、^{13}N、^{15}O、^{18}F 及其许多标记化合物进行脑和心肌血流灌注、氧耗量、葡萄糖、蛋白质和脂肪代谢显像，还能进行神经受体显像。因此，PET 是在分子水平上显示活体器官代谢、受体和功能活动的影像技术，被誉为生理断层。PET 主要用于神经系统、心理紊乱、心疾患和肿瘤的显像，目前较成熟的 PET 临床检查多集中于肿瘤。

七、学习人体解剖学的观点和方法

（一）进化发展的观点

人类是由低等动物经过了由低级到高级、由简单到复杂的长期进化发展的结果；而人体的个体发生又重演了种系发生的过程。因此，人体的形态结构依然保留着某些低等脊椎动物的特征，如有脊柱、体腔和四肢等。在进化发展的漫长过程中，人类形成了与其功能相适应的、不同于其他动物的形态结构特征，使人类与动物相比，已有了质的区别。例如，人脑成为思维活动的器官，人的双手已成为劳动器官。人类的形态结构形成后，仍然在不断发展和变化，人体的细胞、组织和器官一直处于新陈代谢、分化和发育的动态之中。在学习人体解剖学的过程中，可以通过解剖低等动物的相似器官，制作标本或切片帮助学习。正确认识和理解人体的形态结构存在的个体差异，正确分析胚胎发育过程中，可能出现的先天畸形是与母体环境密切相关的，从而更好地进行优生优育的宣传教育。

（二）形态与功能相互联系的观点

人体的每个器官都有其特定的功能，器官的形态结构是功能的物质基础，功能也会影响器官的形态。例如，眼呈球形，能灵活运动，有利于扩大视野；耳郭的形态有利于收集声波。人类因为劳动和实践，上肢（尤其是手）成为握持工具、从事技巧性劳动的器官，下肢则成为支持体重和维持直立的器官，使得上、下肢的形体和功能有着明显的差异。坚持锻炼，可使肌发达，骨粗壮；长期卧床，则导致肌萎缩，骨疏松。在学习过程中，既要观察形态，又要联系功能，既要动手又要动脑，从每一个细微之处关注它们之间的联系和巧妙之处，这样就能更好地帮助理解和记忆。未来临床诊疗过程中，积极指导恢复期患者进行适当锻炼，有助于疾病的康复。

（三）局部和整体统一的观点

人体是一个完整统一的有机体，任何器官或局部都是整体不可分割的一部分，它们的功能活动在神经体液的调节下相互协调、相互依存、相互影响。在某一系统或器官出现疾病的情况下，相应地可引起其他系统或器官的功能变化或形态改变。在学习人体解剖学时，注意要从个别组织和器官入手，循序渐进地进行。注意从整体上观察学习各个系统、器官的形态结构，并运用这种观点将已学过的知识前后联系，综合归纳，有利于系统复习和临床思维能力的培养。

（四）理论和实践相结合的观点

学习的目的是为了应用，学懂记牢才能灵活运用。人体解剖学是一门形态学科，名词多且以形态描述为主，如若死记硬背，则如同嚼蜡，索然无味，往往事倍功半。因此，必须坚持理论联系实际，做到以下几点：①读书要图文结合，学习时做到文字与图形并重，并结合多媒体等视听资料，以建立初步的形体印象，帮助理解和记忆。②上好实验课，把理论学习与观察实物（标本、模型、组织切片）相结合，通过对实物的观察，辨认和识别，活体触摸，建立形体概念，形成形象记忆，这是学好解剖学的最重要、最基本的方法。

八、医学影像解剖学的学习要领

医学影像解剖学是人体解剖学的重要分支，故应遵循人体解剖学的一般学习方法，即应本着以整体观点、形态与功能互相联系、动态发展的观点来学习影像解剖学，并且要多看、多练，多实践，理论联系实际。此外，影像解剖学还有其本身的特点：

（一）掌握影像解剖图像的分析要领

影像解剖图像的正确认识分析须用科学的思维方法。从时间上来说，它是客观反映人体解剖生理变化过程的一个时间点；从空间上讲，每幅图像反映的只是整体信息的一个部分或一个方面，不能以偏概全。各种成像技术所获得的图像，都是以从黑到白不同灰度的影像来显示的，但来自不同成像技术的影像表现也有不同，如骨皮质在 X 线与 CT 上呈白影，而在 MRI 上则呈黑影。因此，在了解不同成像技术基本成像原理的基础上熟悉其图像特点，并能由影像表现推测其组织性质。

由于各种影像检查手段的特点不同，各有所长，对某一解剖结构的认识首先须了解各种成像方法的价值、限度与图像特点，熟悉各种解剖结构显示的最佳成像体位，鉴别成像条件差异造成的密度差异与信号差别并识别伪影，这些均对正确认识图像具有重要价值。

（二）整体与断层相结合，培养断层解剖思维

人是统一的整体，每一个断层均是整体不可分割的一部分。这就要求：①在学习某一断层之前，首先应了解其在整体中的位置，还应了解断层标本的制作法和 B 超、CT、MRI 的扫描方式；②不能把注意力集中于一个或几个断层的所有结构上，而要一个器官或一个结构的逐一连续追踪学习，以求掌握其全貌及连属关系。

（三）标本与影像相结合，完成从尸体向活体的过渡

学习影像解剖学应避免只从实物到实物或只从影像到影像的片面观察，那样会造成缺乏实用性或缺乏形态基础而导致的偏差。学习影像解剖学要遵循从实物到影像，将形态学基础与临床实际紧密地结合起来。这就要求学生重视实验课，在掌握实物标本的基础上，学会正确地阅读 B 超、CT 和 MRI 图像。

（四）基础与临床相联系，学以致用

学习中要注重基础知识与临床应用相结合，基础是为临床服务的，在学习过程中，要适度联系临床应用，以激发学习兴趣，从而达到学以致用的目的。学习影像解剖学的目的，是为了学好医学影像学等临床医学课程。因此，要学会利用影像解剖学的具体知识去解决临床影像学的实际问题。例如，学习肺段与肝段的断层划分时，应联系占位性病变的定位；学习腹膜腔和筋膜间隙时，必须联系积液的定位、扩散和介入治疗；学习淋巴结时必须结合癌的转移途径等。

因此，学生应在上述基本的学习方法基础上，发扬勤奋、刻苦和创造性学习的学风，培养良好的科学思维和独立的工作能力，形成自己的学习方法，更好地理解和掌握影像解剖学。

（刘荣志）

第一篇　系统解剖学与X线解剖学

第一章　运动系统

运动系统由骨、骨连结和骨骼肌组成，对人体起着支持、保护和运动的作用。全身的骨借骨连结构成骨骼（图 1-1），骨骼肌附着于骨面，通过骨连结牵拉骨骼改变位置而产生各种运动。故骨在运动中起杠杆作用，骨连结是运动的枢纽，骨骼肌是运动的动力。

骨和关节的影像在 X 线平片上显示非常清楚，故 X 线至今仍是运动系统影像首选的检查方法。CT 可以显示 X 线难以发现的淡薄骨化和钙化影。MRI 图像能够很好地显示骨、关节和肌肉，甚至韧带、肌腱等软组织。

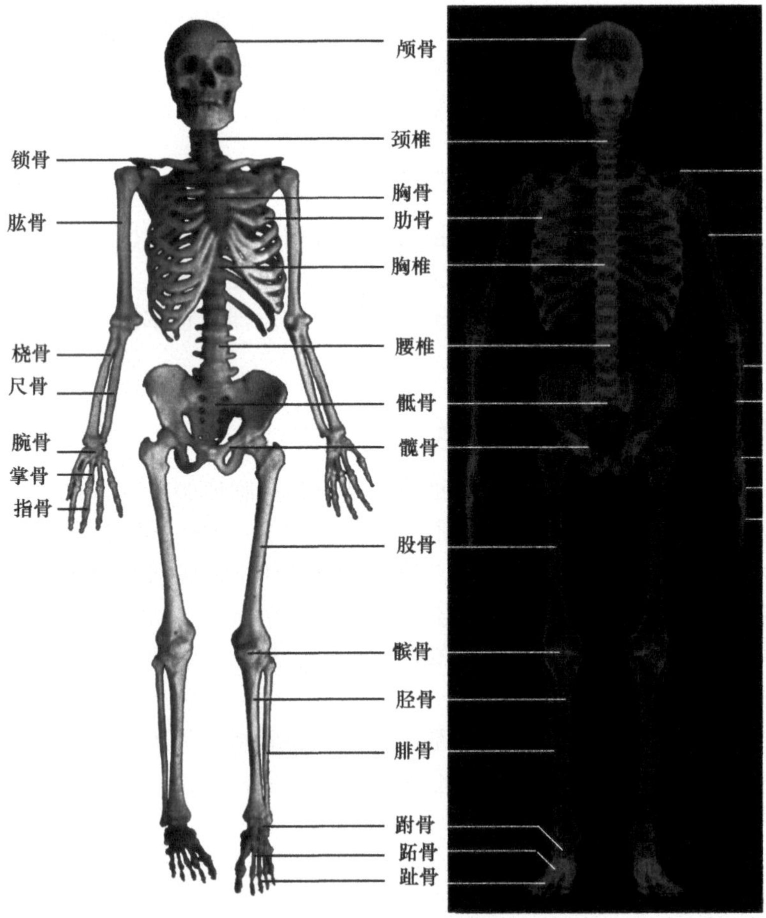

图 1-1　全身骨骼及 X 线影像（正面观）

第一节 骨及骨连结

一、骨及骨连结概述

（一）骨

骨主要由骨组织组成，坚硬而具有一定的韧性和弹性，有丰富的血管、淋巴管、神经。活体骨具有新陈代谢和生长发育的特点，并有破坏与改建、创伤愈合、修复再生的能力。在一定的环境中，骨具有可塑性。

1. 骨的形态分类 成人全身共有206块骨，根据骨所在的部位不同可分为躯干骨、四肢骨和颅骨；根据骨的形态不同可分为长骨、短骨、扁骨和不规则骨4种（图1-2）。

（1）**长骨**：呈长圆柱状，可分为一体两端，体称**骨干**，其内部的空腔称**骨髓腔**，骨干中部常有1～2个血管出入的小孔，称**滋养孔**，内通滋养管。两端膨大部分称**骺**，一般都具有光滑的**关节面**，关节面有**关节软骨**附着。骨干与骨骺之间，成年前有**骺软骨**，成年后骺软骨骨化，骨干和骨骺便融合为一个整体。长骨多分布于四肢，如肱骨、股骨等。

（2）**短骨**：呈短立方形，多成群连接在一起，分布于手腕和足部，如腕骨、跗骨等。

（3）**扁骨**：呈扁板状，主要构成颅腔、胸腔和盆腔的壁，如顶骨、胸骨和肋骨等。

（4）**不规则骨**：外形不规则，主要分布于躯干、颅底和面部，如椎骨、颞骨和上颌骨等。有些不规则骨内有含气的空腔，称含气骨，如上颌骨和筛骨等。

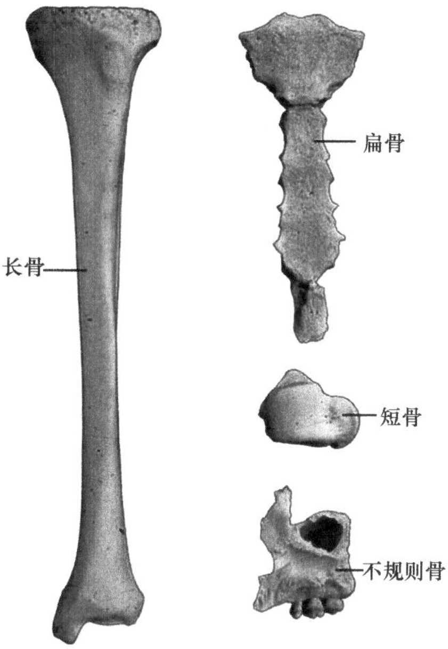

图1-2 骨的形态

另外，在某些肌腱和韧带内，尚有一些形如豆状的小骨，称**籽骨**。在运动中起改变力的方向及减少对肌腱的摩擦作用。

2. 骨的构造 骨的构造包括骨膜、骨质和骨髓（图1-3）。

（1）**骨膜**：是一种致密结缔组织膜，分为**骨外膜**和**骨内膜**。骨外膜覆盖于除关节面以外骨表面，含丰富的血管、淋巴管、神经、成骨细胞和破骨细胞，对骨的生长、营养及损伤后的修复起重要作用。骨内膜衬在骨髓腔面，故又名骨髓膜，含有丰富的血管。

（2）**骨质**：由骨组织构成，是骨的主要成分，可分为**骨松质**和**骨密质**两种（图1-4）。骨松质分布于长骨两端的内部，由片状及针状的**骨小梁**连接而成。骨小梁是由成层排列的骨板和骨细胞所组成。骨小梁之间有肉眼可见的腔隙，腔隙内有红骨髓。

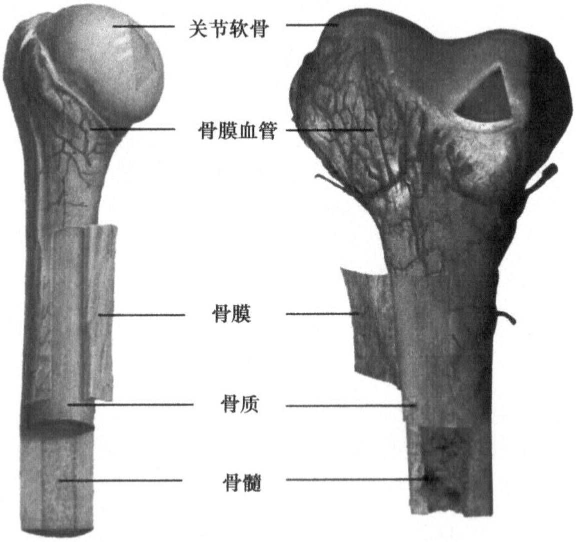

图 1-3　骨的构造

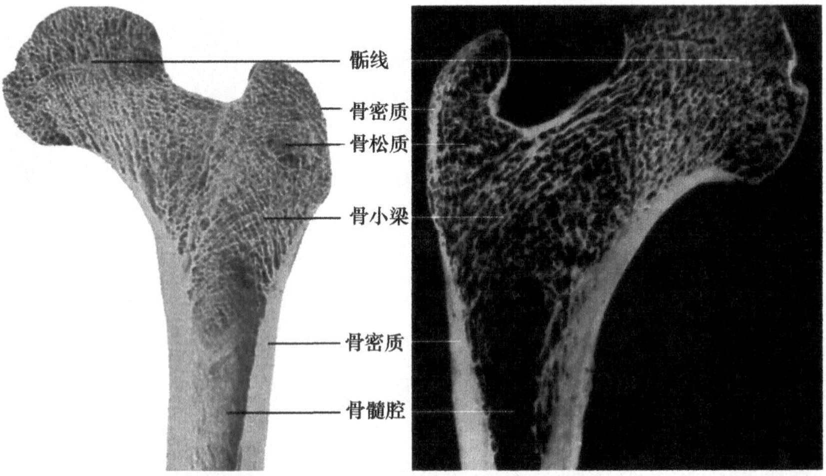

图 1-4　骨松质和骨密质及其 X 线像

骨密质分布于长骨的骨干，是由不同排列方式的骨板所组成的。骨板排列方式有下列几种：①**外环骨板**环绕骨干表面，约有数层，比较整齐。外环骨板的外面与骨外膜紧密相连，其中有横向穿行的穿通管，又称福尔克曼管，骨外膜的小血管由此管进入骨内。②**内环骨板**由数层不甚完整的骨板组成，环绕骨髓腔面平行排列，不很规则。内环骨板的内面与骨内膜紧密相接，也可见横行的**穿通管**。③**骨单位**又称哈佛斯系统，位于外环骨板和内环骨板之间，由多层同心圆排列的圆筒形骨板构成，与骨干的长轴平行排列。在骨单位的中心有一条纵行的小管，称**中央管**，是血管神经的通路。中央管和穿通管的走向是相互垂直的，并且互相沟通，其中的血管也是相互交通的。④**间骨板**充填在骨单位之间，是陈旧的骨单位吸收后的残留部分。

不同种类的骨，骨密质和骨松质配布形式有所不同。长骨的骨干主要由骨密质构成，而长骨两端的骺、短骨和扁骨的内部则以骨松质为主。颅骨属于扁骨，由内、外两层骨密质及中间夹着的一层骨松质构成，内、外两层骨密质分别称内板和外板，中间的骨松质称板障（图 1-5）。

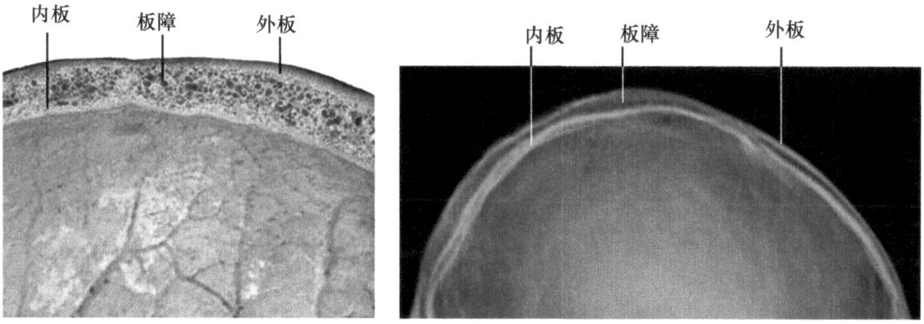

图 1-5 顶骨的结构及其 X 线像

（3）**骨髓**：充填于骨髓腔和骨松质间隙内，质地柔软，富有血管。

3. 骨的发生 骨是由间充质发育而成，它的发生主要有两种方式，即**膜内成骨**和**软骨内成骨**。

（1）**膜内成骨**：先由间充质增殖成结缔组织膜，然后由膜改建成骨，开始成骨的部位称为**骨化中心**，骨化中心不断向周围扩大骨化范围。最初形成的骨为骨松质，以后，内、外骨膜也产生骨质，形成骨密质，包围骨松质。颅顶各骨及多数面颅骨等都为膜内成骨。

（2）**软骨内成骨**：由间充质先形成与成年骨相似的软骨，再由软骨改建为骨。附肢骨和躯干骨等都主要由软骨内成骨形成（图 1-6）。

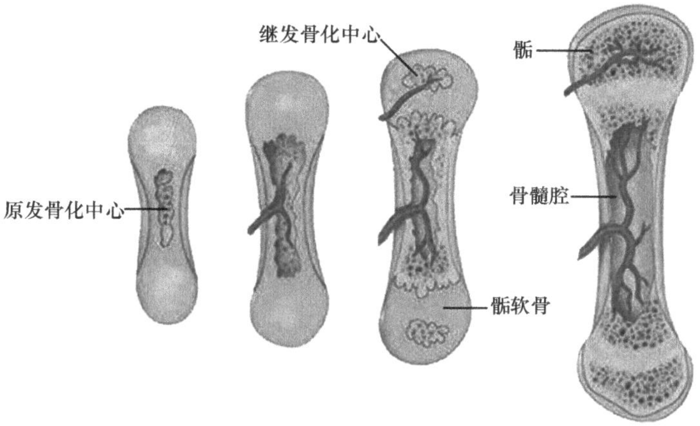

图 1-6 长骨的发生

胚胎早期，软骨干中部出现一个**原发骨化中心**，骨化中心软骨组织退化消失，**骨原细胞**分化为**成骨细胞**，形成骨组织，这一变化称**骨化**。同时软骨干周围的软骨膜内，也形成一层骨质，称**骨领**，骨领继续发育，形成将来的骨干。胎儿出生前后，在骨的两端先后出现的骨化中心称**继发骨化中心**，继发骨化中心所形成的骨结构称骺。骨干临近骺的一端称**干骺端**，在干骺端与骺之间留有的软骨称**骺软骨**。骺软骨细胞继续保持分裂增殖的能力，但它和干骺端邻接的部分又不断地被骨化，因此，骨干的长度得以不断增加。

4. 骨的生长与骨龄 在正常情况下，骺软骨的成骨细胞增生速度与破骨细胞的破骨速度保持平衡状态，故骺软骨的厚度相对恒定。至青春期末，骺软骨的增殖速度逐渐减慢，最后被骨化过程所超过，于是骺软骨逐渐变薄。到 17～25 岁，骺软骨完全被骨组织所代替，骨骺与骨干完全融合，在融合处留有一层薄而较致密的骨质，称**骺线**。骺线形成后，骨的长度就不再增加。在骨长度增加的同时，骨膜深层的成骨细胞在骨干周围也不断形成新的骨质，使骨干逐渐增粗。而靠近骨髓腔周围的骨质，因破骨细胞的侵蚀和破坏，骨髓腔也随之扩大。

各骨骨化中心的出现，以及骺与骨干的融合时期，都有一定的年龄顺序，由此而推测出的年龄称为**骨龄**（图 1-7）。骨龄是统计学数据，与实际年龄有一定的差异，即使在同一种骨，也可以有个体和性别的差异。骨龄和实际年龄作比较，可以判定骨的发育是否正常，是否有过早或过迟现象，同时还可以鉴别正常骨骺与骨折、估计骨骺疾病的发病时间，以及对内分泌病、代谢疾病、营养疾病等疾患进行分析等。

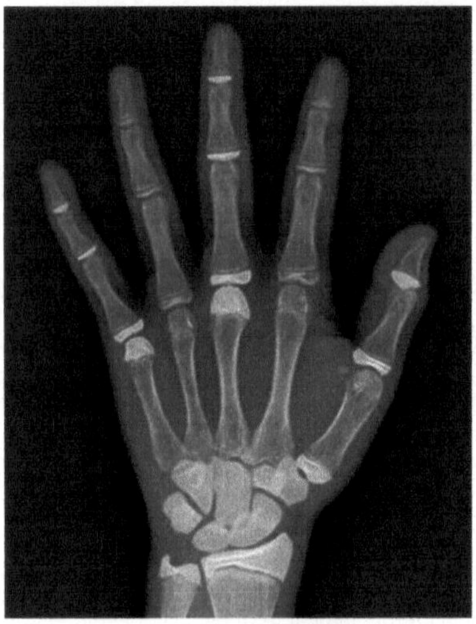

图 1-7　儿童手腕骨成熟度评价方法示意图

5. 骨的可塑性　骨具有丰富的血液供应和相应的神经支配。体内、外环境中的种种因素，如劳动、营养体育锻炼、神经和内分泌作用等，都可通过骨的新陈代谢，对骨的生长发育和形态结构产生一定的影响。经常参加体育锻炼或体力劳动的人，骨质较坚实粗厚，结节和粗隆等也都较为显著；反之，久病卧床，骨质就较细弱疏松。骨的这种可以改变其形态结构的特性，称可塑性，在骨的影像学上可以得到很好的反映。

6. 骨的血液供应　骨的血液供应十分丰富。进入长骨滋养管内的动脉，到骨内之后，一般立即分成上支和下支，再继续分成细支，供应骨干和上、下干骺端。骨发育未成熟时，骨骺的血供来自其他血管分支，如来自关节囊的血管分支等。当骨发育完成后，干骺端的动脉分支和骨骺部的动脉分支才互相交通。骨的静脉多与动脉伴行，但靠近长骨的两端，常有较大的静脉单独穿出。

7. 骨的影像解剖学特点及年龄变化关系

（1）**骨质的影像特点**：骨质含有较多的钙质，X 线不易穿过，所以在影像中呈现轮廓清晰的高密度影。骨密质构成骨影的外层，呈密度均匀、连续的条状高密度阴影，以长骨干的中段最厚，向两端逐渐变薄，外缘锐利，内缘界限不很清晰。骨松质密度较低，骨小梁呈粗细不等、交错排列的海绵状或网状影像。骨小梁的粗细和排列的方向，与受力的方向相一致。

（2）**骨髓的影像特点**：骨髓易为 X 线穿透，不能成像，只显示骨髓的所在部位即骨髓腔及骨髓间隙。长骨的骨髓腔表现为低密度的管腔，骨髓间隙显示于骨松质部位，表现为高密度骨小梁之间的低密度影像。

（3）**滋养管的影像特点**：因投照角度不同，显影各异。若在长骨骨干靠近中段的部位，于致密的骨密质影中见 1～2 条粗约 1mm 的透明光滑细线，斜穿骨密质，通入骨髓腔，则为滋养管影像，应注意与骨折线相鉴别。若正对着 X 线投照方向，则表现为小圆孔影像。

（4）**骺及骺软骨的影像特点**：成年以前，在长骨的两端可见到骺的影像。骺呈圆形或扁圆形，密度稍低，介于骺和干骺端的带状透亮区是骺软骨的影像（图1-8）。成年后，骺软骨的先期钙化带与干骺端紧接，呈宽 1～2mm 的高密度阴影，阴影的两端与骨干的骨密质阴影相续（图 1-9）。

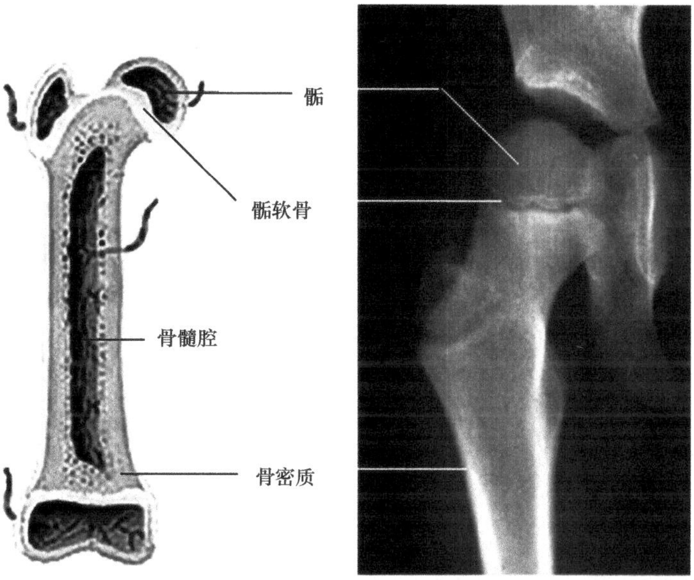

图 1-8　骺及骺软骨 X 线像

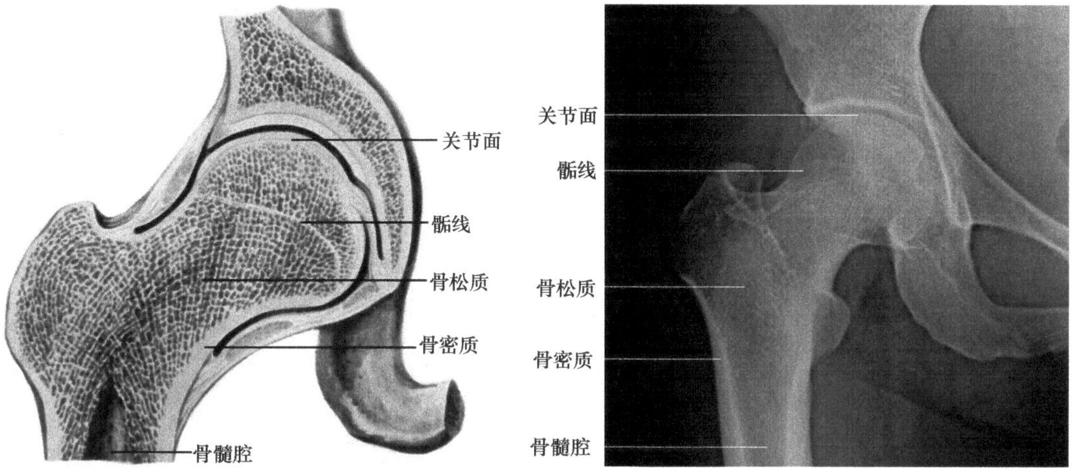

图 1-9　长骨及其 X 线像

（5）**骨的年龄变化特点**：儿童因处于生长发育阶段，不但骨骼数目、大小与成人不同，在外形、结构方面也不一样。例如，长骨，小儿骨干细而短，骨密质薄，随着年龄增长，骨干变粗加长，骨密质增厚。小儿长骨的骨骺多是软骨而不显影，随发育渐次骨化，表现为一个或多个、由小而不规则逐渐变得大而整齐的致密骨点。年龄越小，骺软骨的透亮带越宽，随年龄增大逐渐变窄，最后成为骺线。通常女孩比男孩早融合一年多。到成年，骨生长和骨吸收处于动态平衡状态，骨的大小和外形，在相当长的时期内保持恒定不变。到老年期，骨吸收增加，骨的大小和形状逐渐萎缩，如面颅缩小、脊柱缩短、骨密质变薄、骨小梁变细甚至吸收消失等，均可在影像上得到反映。

（二）骨连结

1. 直接连结

（1）**纤维连结**：骨与骨之间借致密结缔组织直接相连，其间没有腔隙，称纤维连结。例如，椎弓间的韧带连结、前臂之间的骨间膜和颅骨之间的缝等。

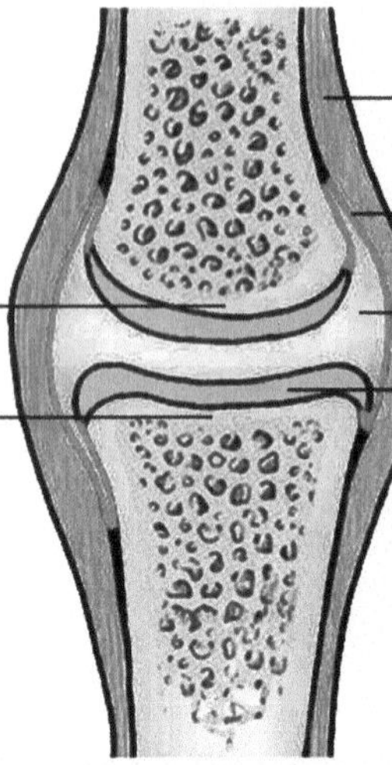

图 1-10　关节构造的模式图

（2）**软骨连结与骨性结合**：骨与骨之间借软骨相连，其间没有腔隙，称软骨连结。例如，椎体之间的椎间盘、第一肋与胸骨之间的软骨连结等。有些软骨连结发生骨化，转变为骨性结合，如髂骨、坐骨、耻骨之间在幼年时期为软骨连结，16 岁后骨性结合成一块髋骨。

2. 间接连结　又称**关节**，亦称滑膜关节。

（1）关节的基本结构（图 1-10）

1）**关节面**：是构成关节各骨的邻接面，多为一凸一凹，即关节头和关节窝。关节表面覆盖有薄层透明软骨称**关节软骨**。

2）**关节囊**：为包绕在关节周围的结缔组织囊，附着于关节周缘及附近的骨面上。外层厚而坚韧，由致密结缔组织构成，称**纤维膜**，附着于骨膜。内层薄而柔软，由疏松结缔组织构成，称**滑膜**，紧贴纤维膜内面，移行于关节软骨周缘。

3）**关节腔**：为关节软骨和关节囊滑膜围成的密闭腔隙。腔内为负压，含少量滑液，对维持关节的稳固性有一定作用。

（2）关节的辅助结构（图 1-11）

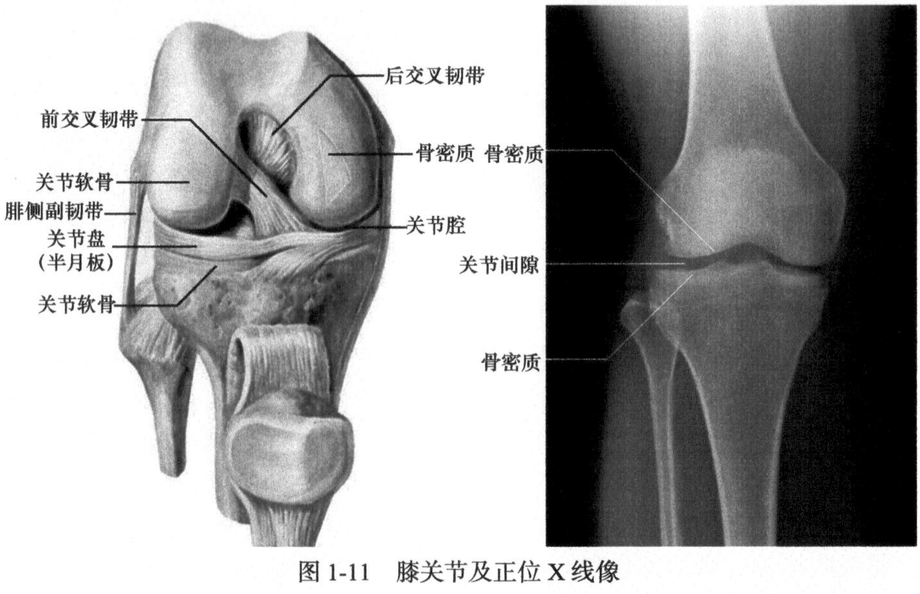

图 1-11　膝关节及正位 X 线像

1）**韧带**：为连于相邻两骨之间的致密结缔组织束，分为**囊内韧带**和**囊外韧带**两种。

韧带具有加强关节的稳固性和限制关节过度运动的作用。

2）**关节盘**：为位于两关节面之间的纤维软骨板，可使关节面之间相互适应，以增加关节的稳固性和灵活性。典型的关节盘是膝关节内的**半月板**。

3）**关节唇**：为附着于关节凹周缘的纤维软骨环。可加深关节凹，增大关节面，从而增加关节的稳固性。

（3）关节的影像解剖学特点：普通X线片上的关节面是一层菲薄的骨密质，厚度多不足0.5mm，照片上呈纤细光滑的致密线，关节两端骨密质致密线之间的透亮区称为**关节间隙**。由于关节软骨不显影，故影像学上的关节间隙与解剖学上的关节腔有着本质的区别，关节腔仅仅是关节软骨之间的细窄缝隙，而关节间隙主要由关节软骨厚度决定。随着年龄增长，关节间隙逐渐缩小，到成年时关节间隙宽度趋于恒定。观察关节软骨、半月板等结构均需要借助造影剂的帮助。

二、躯干骨及其连结

躯干骨共51块，由椎骨、胸骨和肋组成。它们借骨连结构成脊柱和胸廓。

（一）脊柱

1. 椎骨　幼年时椎骨有33块，即颈椎7块、胸椎12块、腰椎5块、骶椎5块和尾椎4块。成年后5块骶椎融合成1块骶骨，4块尾椎融合成1块尾骨，故共计26块。

（1）**椎骨的一般形态**：椎骨分**椎体**和**椎弓**两部分（图1-12）。椎体呈短圆柱状，构成椎骨的前部，主要由骨松质构成，表面为极薄的骨密质。椎弓位于椎体的后方，呈半环形。椎体与椎弓共同围成**椎孔**，所有椎骨的椎孔连结成**椎管**，管内容纳脊髓。椎弓与椎体相连缩细的部分称**椎弓根**，椎弓根上、下缘各有一切迹。相邻椎弓根的上、下切迹共同围成**椎间孔**，孔内有脊神经和血管通过。椎弓的后部较宽大称**椎弓板**，椎弓上发出7个突起：向上发出一对**上关节突**，向下发出一对**下关节突**，向两侧发出一对**横突**，向后发出一个**棘突**（图1-12、图1-13）。

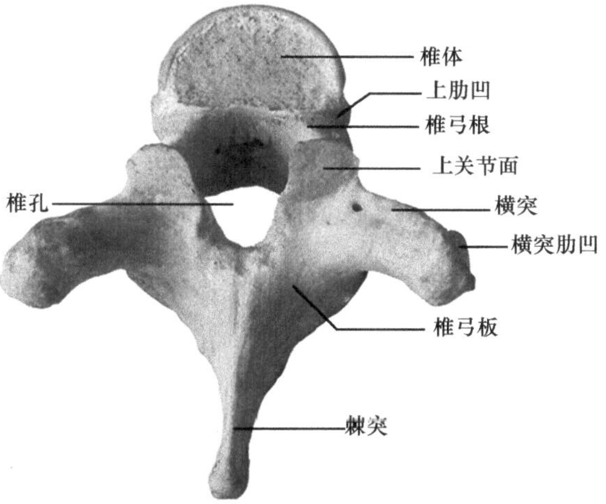

图1-12　胸椎上面观

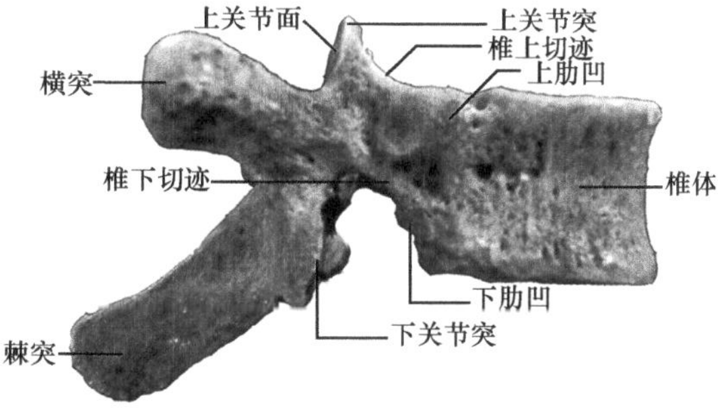

图1-13　胸椎侧面观

（2）各部椎骨的主要特征

1）**颈椎**：椎体较小，横切面呈椭圆形（图 1-14），第 3～7 颈椎体上面的两侧缘向上微突，称**钩突**，它常与上位颈椎椎体相应部位形成**钩椎关节**。椎孔较大，呈三角形。横突根部有**横突孔**，孔内有椎动、静脉通过。棘突短而有分叉。第 1、第 2 和第 7 颈椎的形态比较特殊。

第 1 颈椎（图 1-15）又名**寰椎**，呈环状，无椎体、棘突和关节突，由前弓、后弓和两个侧块构成。前弓后面正中有齿突凹，和第 2 颈椎的齿突相关节。侧块连接的后弓，上面有椭圆形的关节面，与枕髁相关节。第 2 颈椎（图 1-16）又名**枢椎**，在椎体上方发出一指状突起称**齿突**，与寰椎的齿突凹相关节。第 7 颈椎（图 1-17）又名**隆椎**，棘突较长而无分叉，末端形成结节，在皮下易触及，常作为临床上计数椎骨序数的标志。

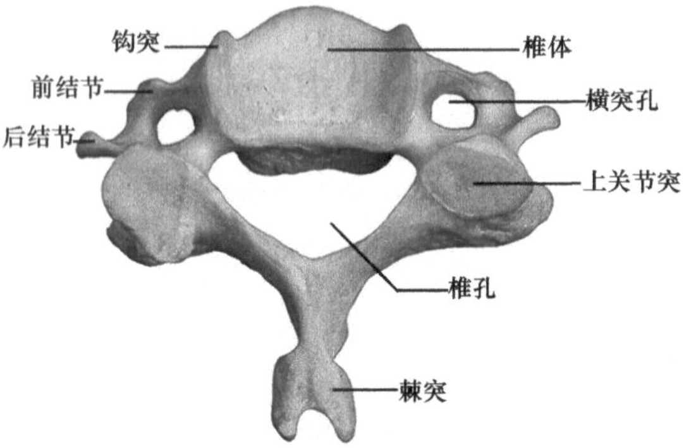

图 1-14　颈椎

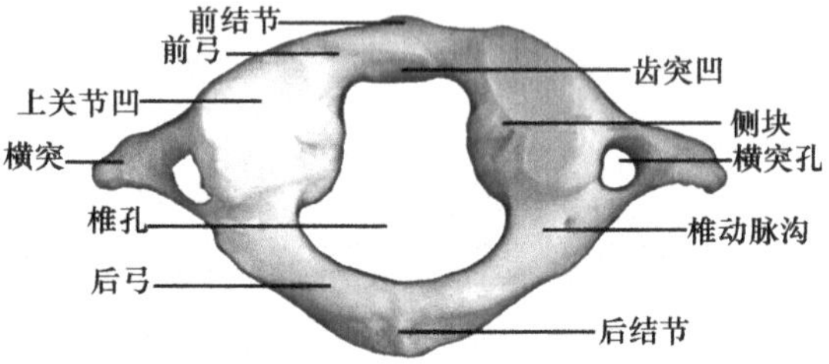

图 1-15　寰椎

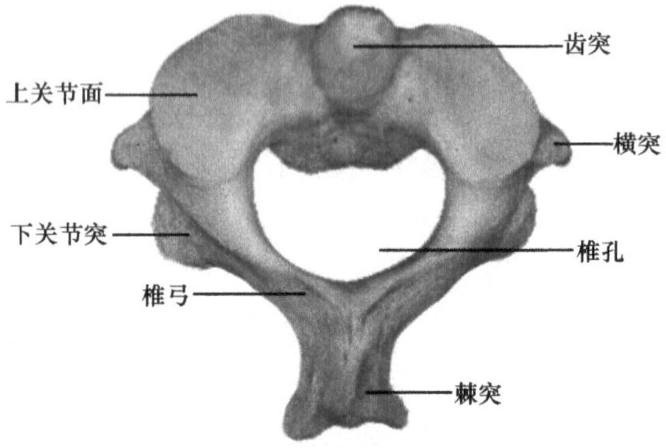

图 1-16　枢椎

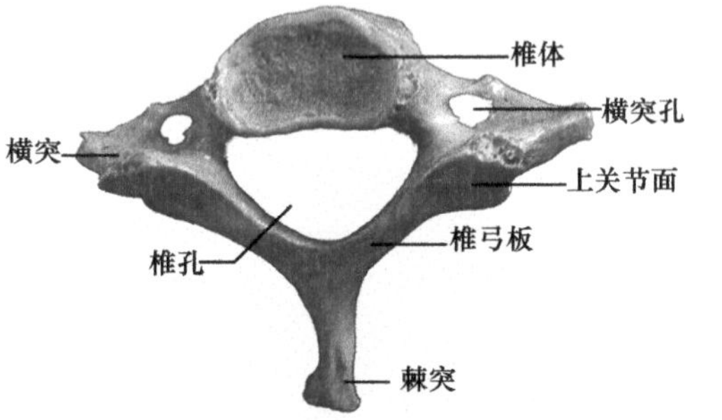

图 1-17　隆椎

2）**胸椎**：椎体的横切面呈心形。在椎体侧面的后份上、下缘各有一浅凹，分别称**上肋凹**和**下肋凹**，与肋头相关节。在横突末端的前面有一圆形的**横突肋凹**，与肋结节相关节。胸椎的棘突较长，伸向后下方，呈叠瓦状排列。

3）**腰椎**：椎体最大，横切面上呈肾形。棘突呈矢状位的长方形骨板，水平伸向后方（图 1-18）。

4）**骶骨**：由 5 块骶椎融合而成，略似倒置的等腰三角形（图 1-19、图 1-20）。上端前缘中部向前突出称**岬**。女性骶骨岬是测量骨盆上口的重要标志。两侧各有一耳状关节面，称**耳状面**，与髂骨耳状面相关节。骶骨前面微凹光滑，有 4 对**骶前孔**。骶骨后面微凸，粗糙不平，有 4 对**骶后孔**。骶骨内有纵贯全长的**骶管**，并与两侧的骶前、后孔相通。骶管下端开口形成**骶管裂孔**，其两侧各有一个向下突起称**骶角**，可在体表触摸到。它是临床上施骶管麻醉术时，确定进针部位的标志。

5）**尾骨**：由 4 块退化了的尾椎融合而成，上端接骶骨，末端游离，略似倒置的等腰三角形。

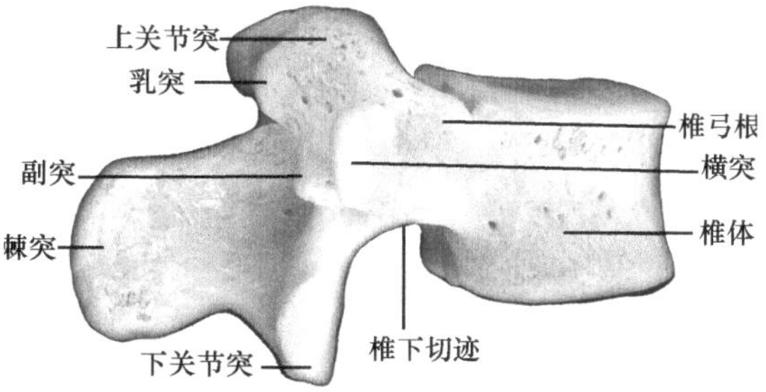

图 1-18　腰椎侧面观

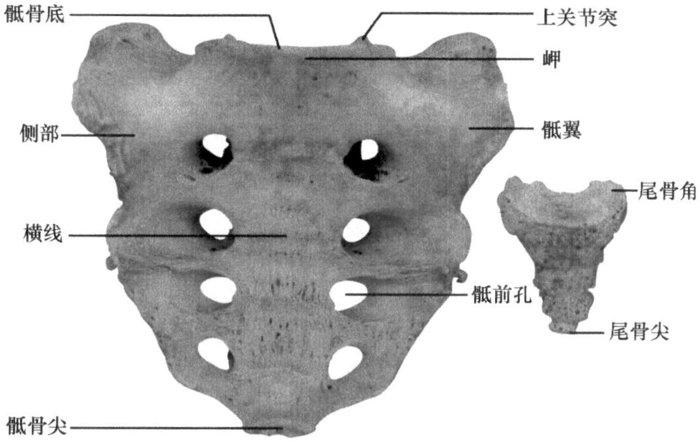

图 1-19　骶骨、尾骨前面观

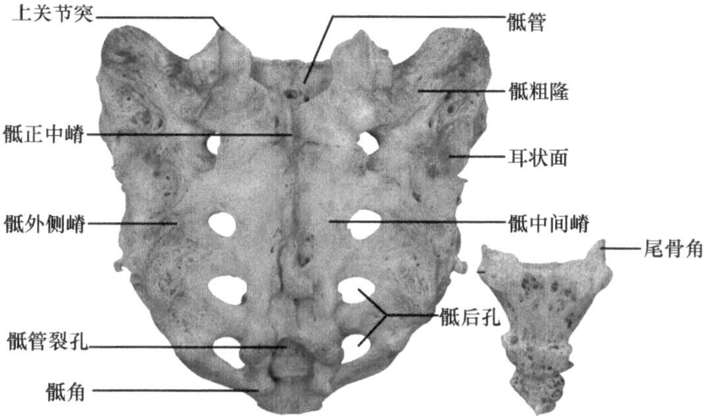

图 1-20　骶骨、尾骨后面观

2. 椎骨间的连结　脊柱由 26 块椎骨借椎间盘、韧带和关节连结而成（图 1-21）。

（1）**椎间盘**：是连结相邻两个椎体之间的纤维软骨盘，由周围部的**纤维环**和中央部的**髓核**两部分构成。纤维环为同心圆状排列的纤维软骨，髓核为富有弹性的胶状物质。成年人由于纤维环的后外侧部比较薄弱，随着椎间盘的退行性改变，在过度劳损或暴力撞击下，会使纤维环破裂，髓核突出并压迫脊髓或脊神经根，造成椎间盘脱出症。

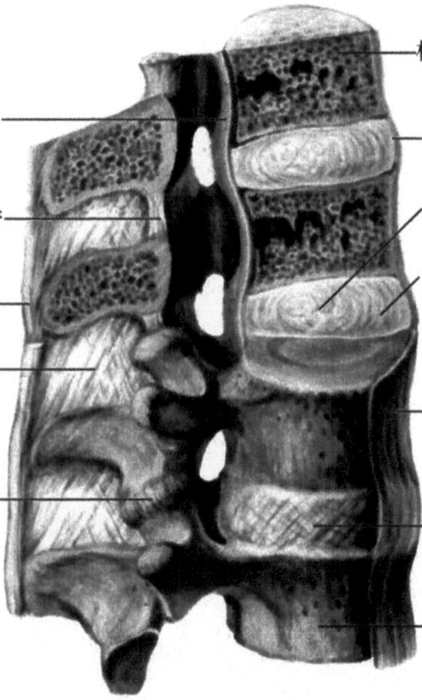

图 1-21　椎骨间的连结

（2）**韧带**：连结椎骨的韧带主要有 5 条。**前纵韧带**为全身最长的韧带，上起枕骨大孔前缘，下达第 1 或第 2 骶椎，紧贴于各椎体的前面并与椎间盘和椎体前缘牢固相连，可限制脊柱过度后伸。**后纵韧带**为紧贴在全部椎体和椎间盘后面的纵行韧带，可限制脊柱过度前屈。**棘上韧带**连于各棘突的尖端，从第 7 颈椎以上增宽变薄，改名为项韧带。**棘间韧带**连结相邻棘突之间，**黄韧带**连于上、下两椎弓板之间。临床上做腰椎穿刺时，由浅至深依次需经过棘上韧带、棘间韧带和黄韧带进入椎管。

（3）**关节**：主要有相邻椎骨的上、下关节突构成的**关节突关节**，运动范围小；其次有寰椎和枢椎构成的**寰枢关节**（图 1-22），可使寰椎连同头部做旋转运动。还有寰椎和枕骨髁构成的**寰枕关节**，连结脊柱与颅骨，可使头做前俯后仰和侧屈运动。

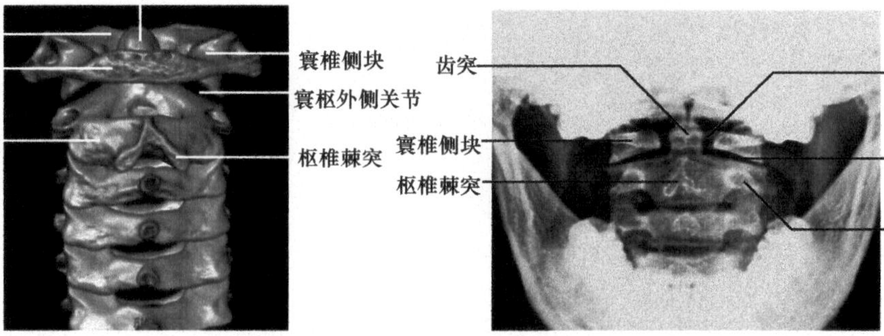

图 1-22　颈椎三维重建像及寰枢关节 X 线像

3. 脊柱的整体观（图 1-23）

（1）**脊柱的前面观**：从前面观察脊柱，可见椎体从上而下逐渐扩大，第 2 骶椎以下椎体急剧变小，这与椎体负重的逐渐增加和骤减有关。

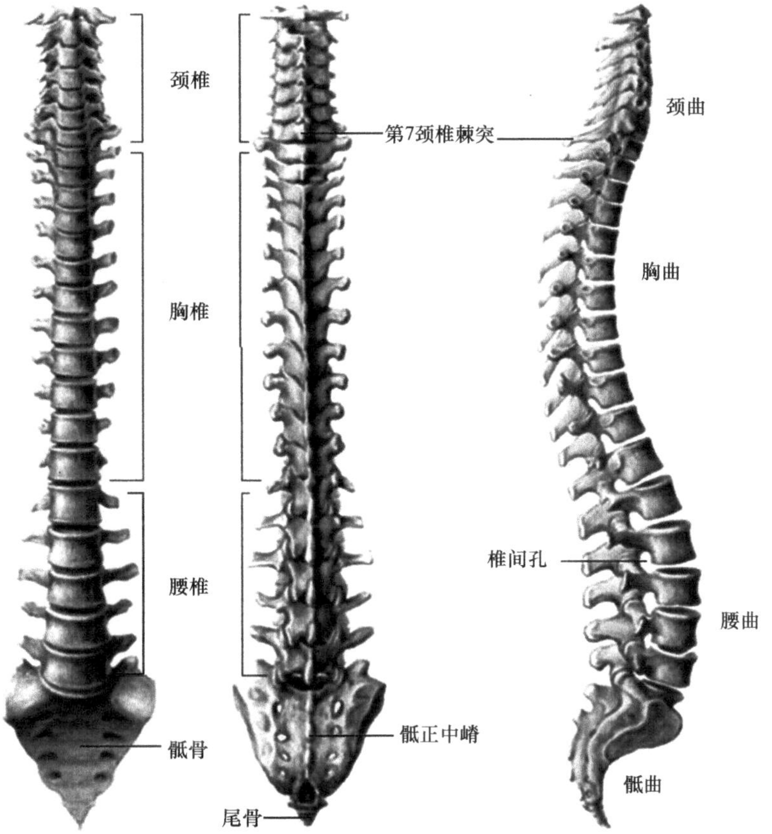

图 1-23　脊柱的整体观

（2）**脊柱后面观**：各椎骨棘突连成纵嵴，居背部正中，其两侧与横突之间形成沟，容纳竖脊肌。颈椎棘突短而分叉，近水平位。胸椎棘突长，斜向后下方，呈叠瓦状排列，棘突间隙窄。腰椎棘突呈板状，水平向后伸，棘突间隙较宽。

（3）**脊柱侧面观**：从侧面观察脊柱，可见颈、胸、腰、骶 4 个生理性弯曲。其中**颈曲**和**腰曲**凸向前方，是出生后发育过程中伴随着婴儿抬头、坐起和站立逐渐形成的；**胸曲**和**骶曲**凸向后方，是胚胎发育时所形成的。脊柱的生理性弯曲使脊柱具有更大的弹性，可缓冲震动，从而有利于胸腔、腹腔脏器和脑的保护。

4. 脊柱的 X 线解剖

（1）**脊柱正位 X 线解剖**：脊柱正位 X 线片上，脊柱位于躯干中央，呈纵形柱状，由椎骨连结而成，自上向下椎骨由小逐渐增大。主要的影像解剖特点（图 1-24～图 1-27）有：①**椎体**呈正方形或长方形，边缘的骨密质表现为致密细线影，椎体内有纵横排列的骨小梁影像。②相邻的上、下椎体间显示为无结构的透亮间隙，即**椎间隙**。椎间隙代表椎间盘，上、下缘基本平行。邻近的椎间隙宽度大致接近，但胸部椎间隙最小，腰部椎间隙最大。③椎体的两侧缘见**横突**影伸向外方，左、右横突一般对称。④**椎弓根**呈椭圆形或圆形，其边缘为密度较高的阴影，多重叠在椎体影的外侧部。椎弓根间距从第 2 颈椎向下逐渐加大，在第 5～6 颈椎处最大。第 7 颈椎到第 3 胸椎处急剧变小，向下到第 10 胸椎处为脊柱中最窄的部分。从第 11 胸椎到第 1 骶椎又逐渐变大，以后又变小。⑤**颈椎棘突**呈分叉的阴影，**胸椎棘突**则排列成纵行的致密阴影，由于棘突的倾斜度不同，其末端阴影所处的位置也不一致，而**腰椎棘突**为类似水滴状的影像。骶骨为三角形阴影，正中线呈条状边缘不规则致密阴影，为**骶正中嵴**。骶正中嵴外侧有骶前、后孔形成的互相重叠密度减低影。

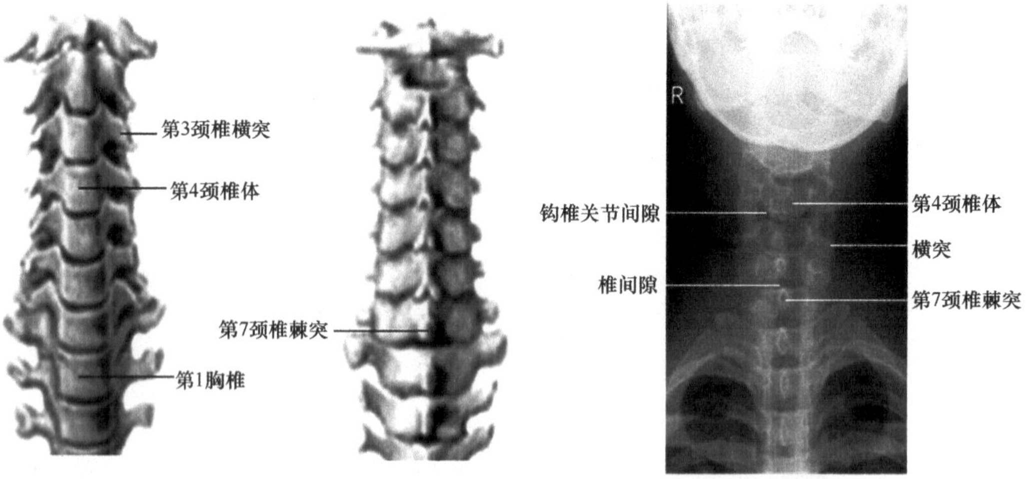

图 1-24　颈椎前后观及 X 线像（正位）

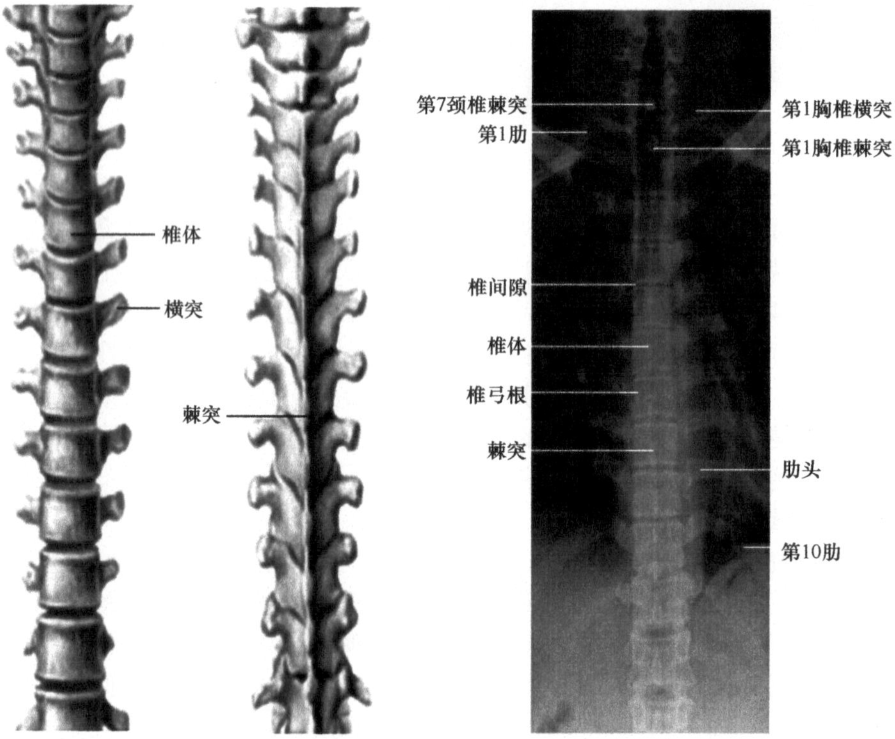

图 1-25　胸椎前后观及 X 线像（正位）

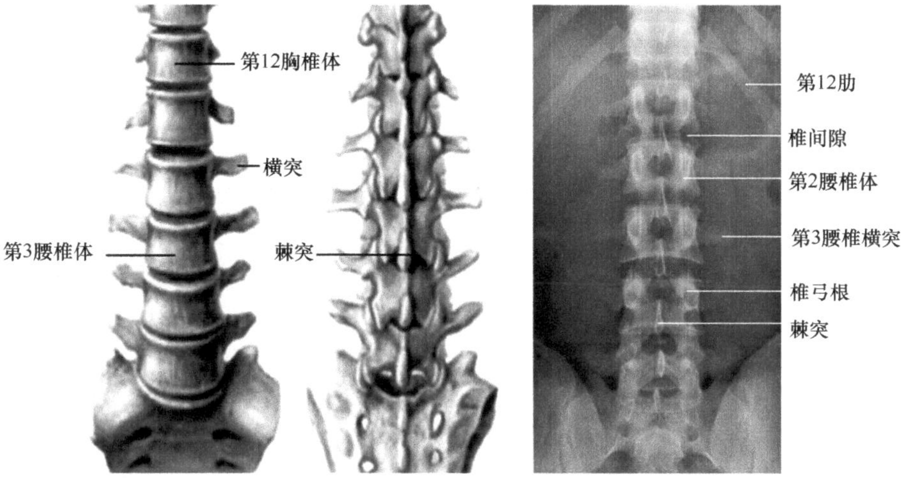

图 1-26　腰椎前后观及 X 线像（正位）

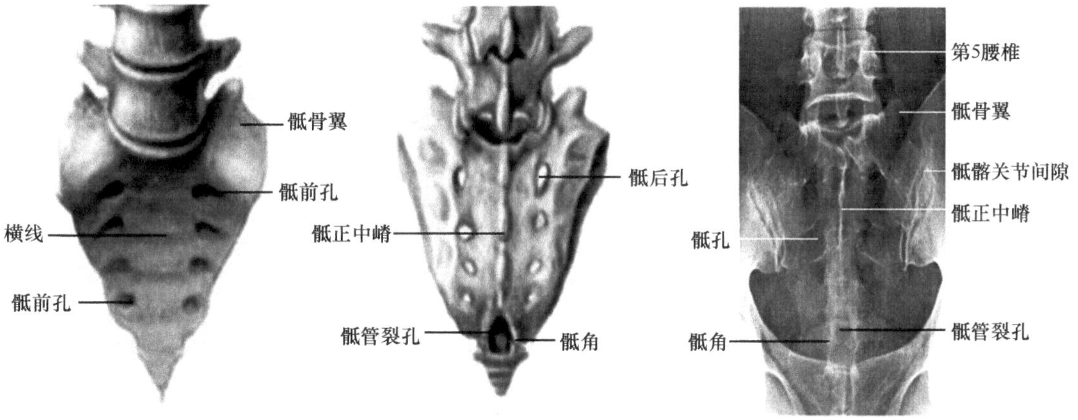

图 1-27　骶、尾骨前后观及 X 线像（正位）

（2）**脊柱侧位 X 线解剖**：脊柱侧位 X 线片上，可见 4 个生理弯曲。主要影像解剖特点（图 1-28～图 1-31）有：①**椎体**位于脊柱的前部，近似四方形，前后径略大于高径。前缘和后缘均为平滑的曲线，上缘和下缘并不在一个平面，一般椎体的后缘高于前缘 5～8mm，尤其第 12 胸椎体和第 1 腰椎体，后缘高于前缘达 8～10mm，均属正常表现。②**椎间隙**显影清晰，正常范围 2～6mm。胸椎间隙较窄，腰椎间隙较宽，第 4～5 腰椎间隙最宽，其前部可宽达 15mm。椎间隙前后部并不等宽，随脊柱生理弯曲有一定的变化，同时也与年龄有关，50 岁以上的人，椎间隙要比青壮年窄一些。③相邻的椎骨上、下切迹之间的透亮空隙为**椎间孔**。椎间孔的前缘是椎体和椎间盘的后缘，椎间孔的后缘止于关节突的前缘。椎间孔的形状一般呈长椭圆形。胸、腰椎的椎间孔在侧位片上可见，是双侧重叠的影像。④侧位显示最清楚的是**棘突**。颈椎棘突长短大小不一，胸椎棘突呈叠瓦状，腰椎棘突矢状位呈宽板状，垂直向后。⑤各椎骨的椎体后缘连线和棘突前缘连线之间，从上到下呈弯曲的柱状低密度影为**椎管**侧位影像，内有不显影的脊髓。

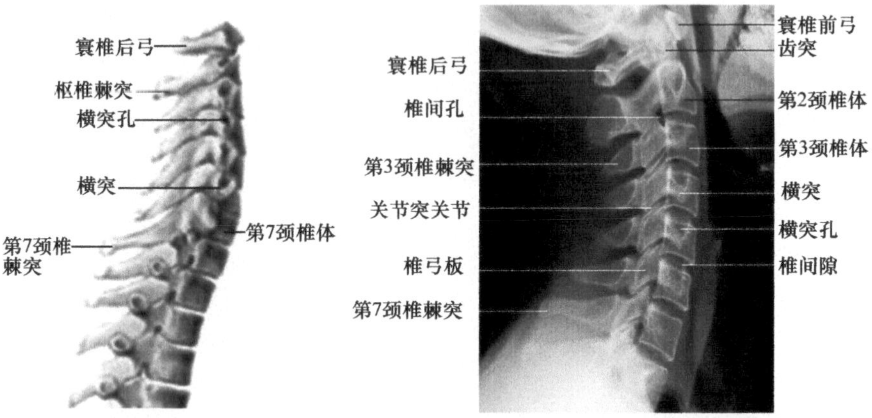

图 1-28　颈椎侧面观及 X 线像（侧位）

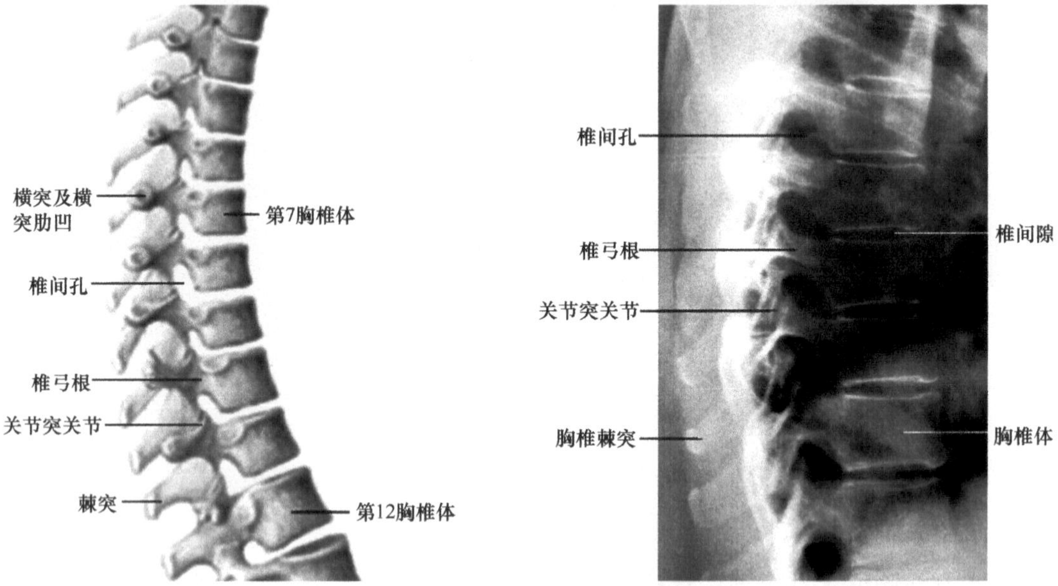

图 1-29　胸椎侧面观及 X 线像（侧位）

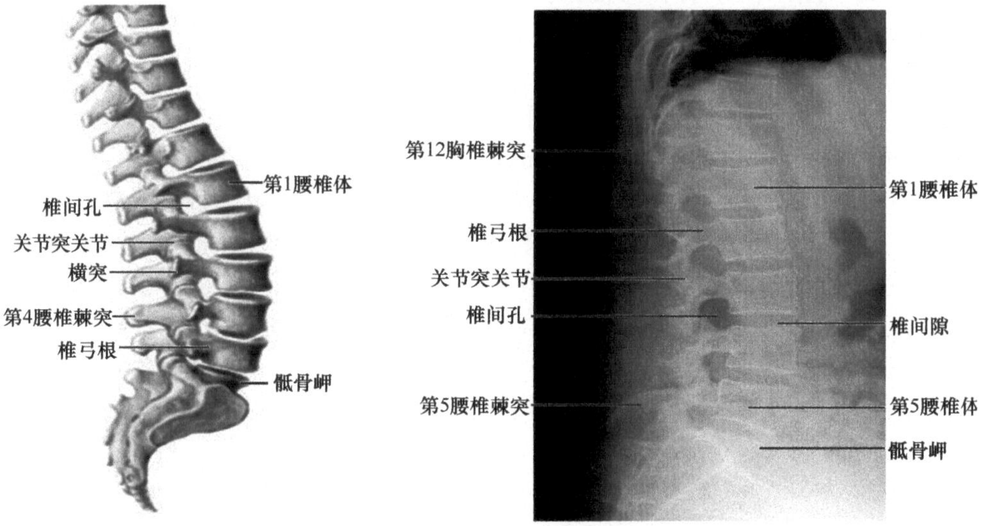

图 1-30　腰椎侧面观及 X 线像（侧位）

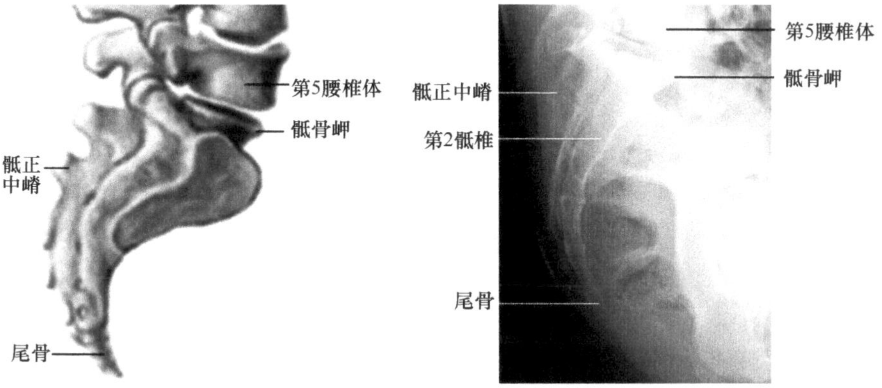

图 1-31 骶尾骨侧面观及 X 线像（侧位）

（二）胸廓

胸廓由 12 块胸椎、12 对肋和 1 块胸骨连接而成（图 1-32）。其具有支持和保护胸、腹腔器官及参与呼吸运动等功能。

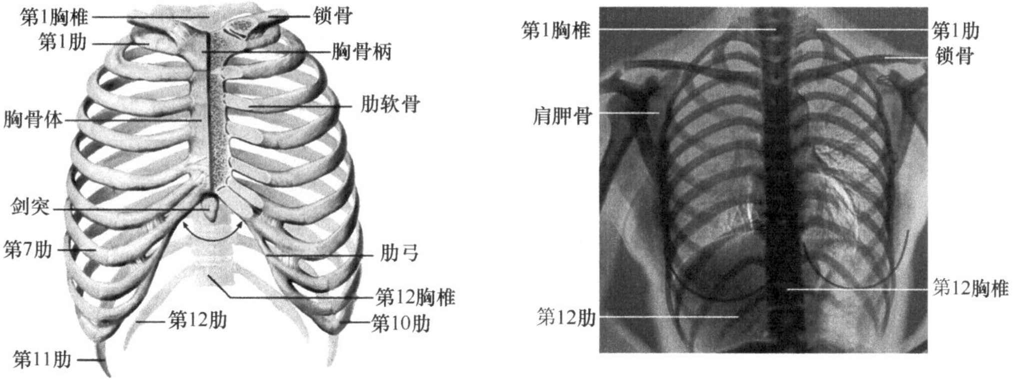

图 1-32 胸廓及正位 X 线像

1. 胸骨和肋

（1）**胸骨**：位于胸前壁正中，自上而下可分为**胸骨柄、胸骨体**和**剑突**三部分（图 1-33）。胸骨柄上缘中部为**颈静脉切迹**，该切迹后方平第 2、3 胸椎间，其两侧有**锁切迹**，与锁骨相关节。胸骨柄与胸骨体相连接处向前方形成的隆起称**胸骨角**，其前方平对第 2 肋软骨，后方平第 4、5 胸椎间，在体表易触及，常作为临床上计数肋骨序数和胸部投照的标志。**剑突**扁而薄，末端游离，上端接胸骨体，末端约平第 11 胸椎。胸骨体侧缘接第 2～7 肋软骨。胸骨为扁骨，胸骨柄是临床进行骨髓穿刺的常选部位。

（2）**肋**：包括**肋骨**和**肋软骨**两部分。肋骨共有 12 对，是细长而呈弓状的扁骨（图 1-34）。后端

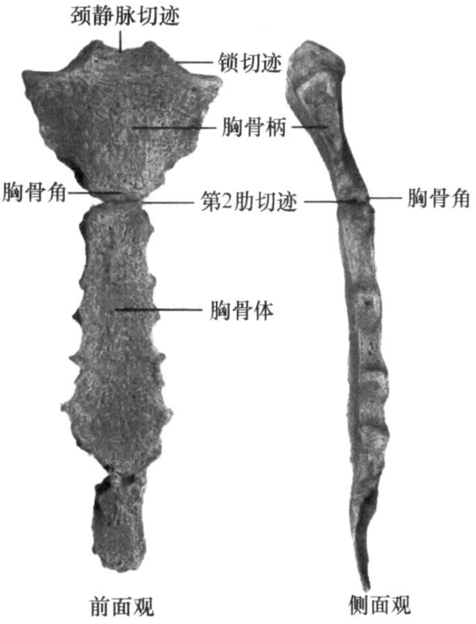

图 1-33 胸骨

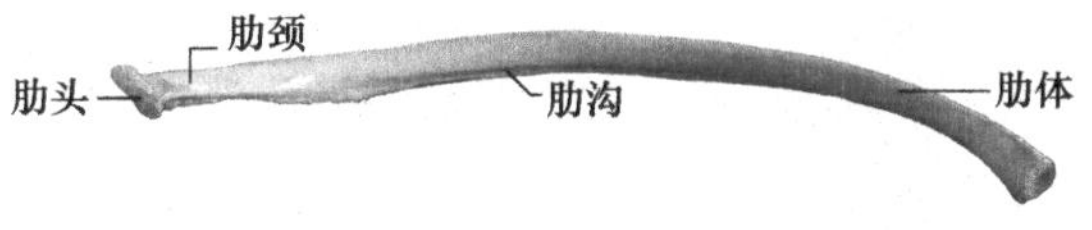

图 1-34　肋骨

膨大称**肋头**，与胸椎的上、下肋凹相关节。肋头外侧较细为**肋颈**，其外侧有突出的**肋结节**，与胸椎的横突肋凹相关节。肋骨内面下缘有一浅沟称肋沟，肋间神经和肋间后血管沿此沟走行。肋骨的前端接肋软骨，肋软骨为透明软骨，接于各肋骨的前端。

2. 胸廓的连接和整体观

（1）**肋的连接**：肋骨的后端与胸椎形成肋椎关节，第 1 肋前端借软骨连于胸骨柄，第 2～7 对肋分别借肋软骨与胸骨体形成胸肋关节，第 8～10 对肋借助软骨依次连于上位肋软骨下缘，形成**肋弓**，其最低点约平第 3 腰椎高度。第 11、12 对肋游离，称**浮肋**。

（2）**胸廓的形态**：成人的胸廓呈前后略扁、上窄下宽的扁圆锥形。**胸廓上口**由胸骨上缘、第 1 肋和第 1 胸椎体围成，向前下方倾斜。**胸廓下口**宽而不整，由第 12 胸椎、第 12 肋、第 11 肋、肋弓及剑突围成。左右两侧肋弓之间的夹角称**胸骨下角**。相邻两肋之间的间隙称**肋间隙**。

胸廓的外形可因年龄、性别、体形和健康状况等影响而有所差异。新生儿的胸廓，横径相对较小，呈圆桶状。幼儿时，胸骨逐渐下降，横径逐渐增大，胸廓变为圆锥形。老年人胸廓因弹性减退，运动减弱而变得更扁更长称扁平胸，也见于重症消耗性疾病。身体强壮者的胸廓多较宽阔；而身体瘦弱的人，其胸廓往往扁平狭长。

3. 胸廓的 X 线解剖

（1）**胸廓的正位 X 线解剖**：正位影像上，主要的解剖特点有①胸骨和纵隔及胸椎重叠，不易分辨；②肋骨前后段遮盖了大约 40%的肺野，两者呈重叠着的交叉影；③肋软骨未钙化时，肋骨前端显示为游离端，肋软骨钙化时方显影；④肋骨后段虽细但厚，影像致密，上缘锐利清晰。

（2）**胸廓的侧位 X 线解剖**：侧位胸片上，主要的影像解剖特点有①前部可见胸骨柄、胸骨体及剑突，柄、体相连处为胸骨角；②后部见胸椎侧位像，上部呈与肩胛骨等的重叠影像，下部因膈对比而清晰；③胸椎和胸骨两侧肋骨重叠显影，肋骨后部超出胸椎后缘。

（3）**胸廓的斜位 X 线解剖**：斜位胸片最适于显示胸骨斜位像，其影像解剖特点有①胸骨柄上宽下窄，外上可见胸锁关节；②胸骨体呈纵行宽片状，边缘有第 3～7 肋骨相连。

三、上肢骨及其连结

（一）上肢骨

1. 上肢带骨

（1）**锁骨**：略呈“～”形弯曲，全长在体表均可摸到（图 1-35）。其外、中 1/3 交界处较细，是临床上易骨折的部位。内侧端与胸骨柄形成胸锁关节，外侧端与肩胛骨的肩峰相关节。在后前位 X 线片上（图 1-36），长管状的锁骨，重叠在肺尖部，把胸骨和肩胛骨连接起来。

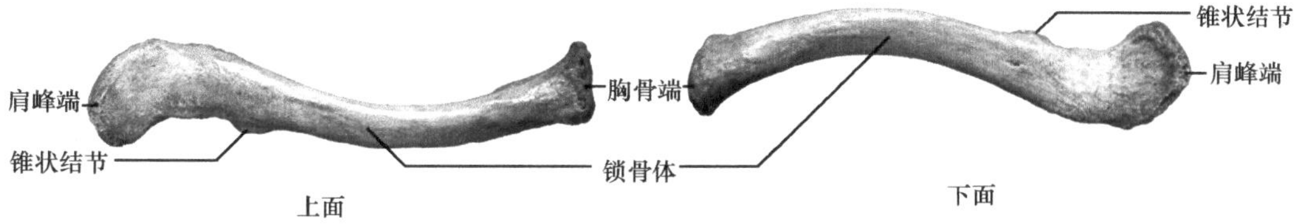

图 1-35 锁骨（上面、下面）

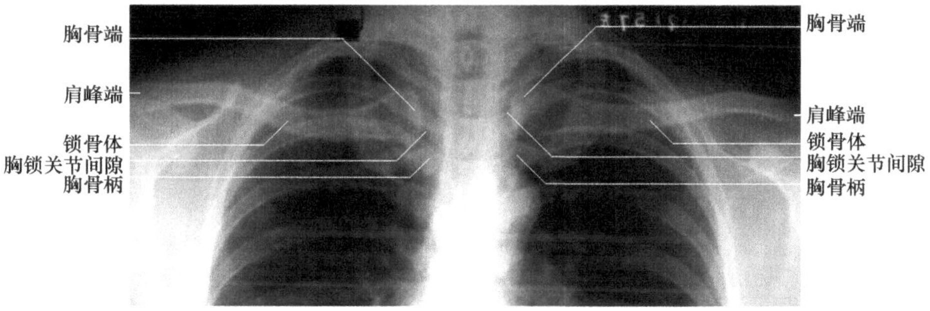

图 1-36 锁骨 X 线像（正位）

（2）**肩胛骨**：位于胸廓后面的外上方，脊柱的两侧，为略似三角形的扁骨（图 1-37）。肩胛骨前面微凹称**肩胛下窝**。后面近上缘处有一横置的**肩胛冈**，向外延为**肩峰**，是肩部的最高点。肩胛冈上方为**冈上窝**，下方为**冈下窝**。肩胛骨上缘薄而短，近外侧处有**肩胛切迹**，切迹外侧的指状突起称**喙突**。内侧缘锐、薄而长，外侧缘钝。肩胛骨的外侧角肥厚，为关节盂，与肱骨头相关节。在盂的上、下方各有一小而粗糙隆起，分别称为**盂上结节**和**盂下结节**。上角平第 2 肋。下角平第 7 肋，且与第 7 胸椎下缘等高，是临床上计数人体背部肋骨序数的标志。

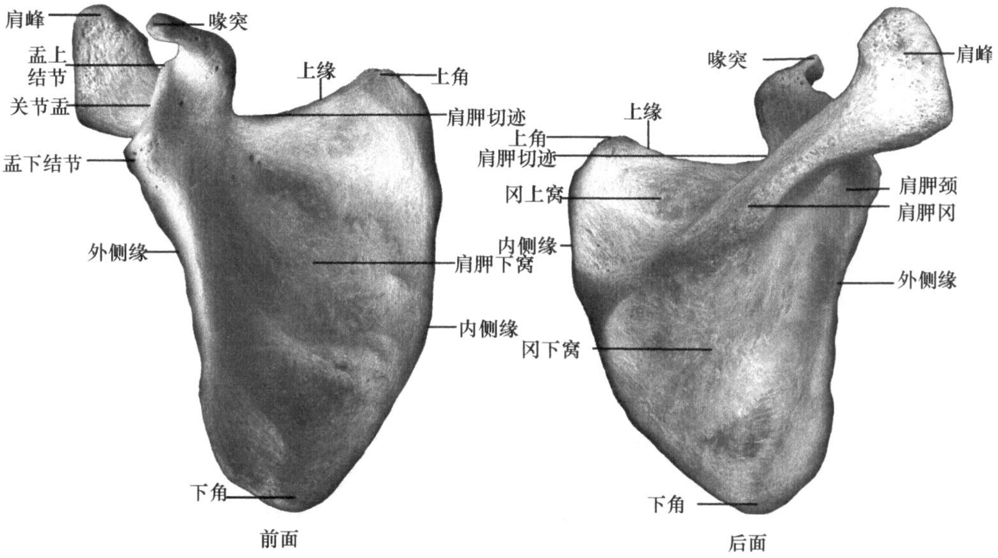

图 1-37 肩胛骨

在后前位 X 线片上（图 1-38），肩胛骨呈倒置的三角形，覆盖于第 2～7 肋区，透过锁骨、肋骨和肺野，可见其内侧缘垂直下行。肩胛骨下角圆钝致密，外侧缘由下角向外上方延伸，呈宽厚致密影。关节盂的前后缘呈浅弧形致密线，连成长椭圆形关节面。肩胛骨位置改变时，关节盂影的形状随之变化。肩胛骨上缘只显示其内侧部分，呈略微上斜的致密线横行到上角。

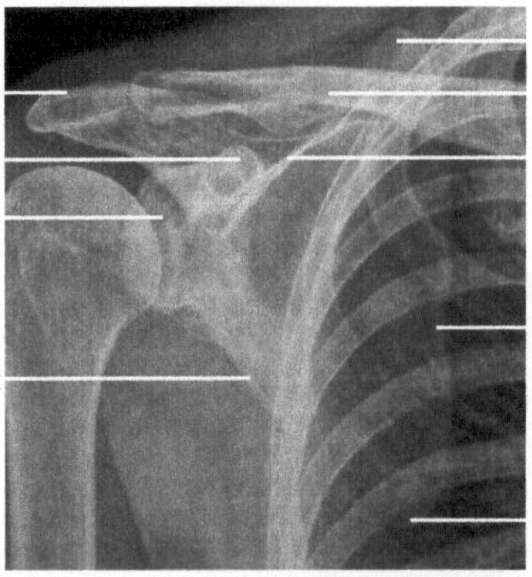

图 1-38　肩胛骨 X 线像（正位）

2. 自由上肢骨

（1）**肱骨**：位于臂部，为长骨，可分为上端、下端和体三部分（图 1-39）。肱骨上端为膨大的**肱骨头**，与肩胛骨的关节盂形成肩关节，外下方略微缩细为**解剖颈**。肱骨头的前、外侧有两个隆起，分别称**大结节**和**小结节**，下方稍缩细称**外科颈**，是易发生骨折的部位。肱骨体中部前外侧面，有“V”字形的**三角肌粗隆**，为三角肌附着处。体的后面中份有一从内上斜向外下方的略呈螺旋状的浅沟，称**桡神经沟**，有桡神经通过，故肱骨中段骨折，易损伤此神经。肱骨下端外侧部有半球状的**肱骨小头**，与桡骨头相关节，内侧部有形如滑车的关节面称**肱骨滑车**，与尺骨的滑车切迹相关节。在肱骨滑车的后上方有一深窝称**鹰嘴窝**，前上方一小窝称**冠突窝**。肱骨下端内、外两侧各有一突起，分别称为**内上髁**和**外上髁**。内上髁后下方有一浅沟称尺神经沟，有尺神经通过，故肱骨内上髁骨折易伤及此神经。

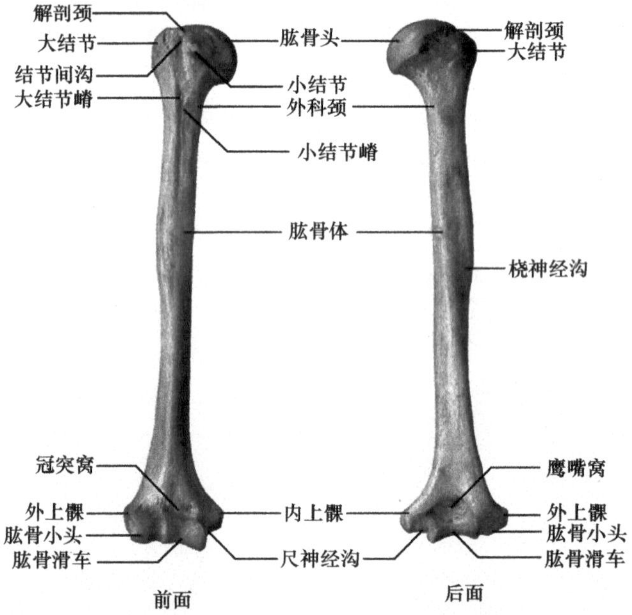

图 1-39　肱骨（前面、后面）

肱骨常规 X 线片是前后位及侧位，一般来说，摄肱骨上端 X 线片应包括肩关节（图 1-40），下端应包括肘关节。肱骨干中段最细，骨密质最厚，前内侧缘有滋养管透亮线。肱骨干中、上部外侧缘骨质增厚隆起，表面不整齐，为三角肌粗隆，其下缘可见桡神经沟的影像。肱骨下端向两侧明显增宽，可见内、外上髁、肱骨滑车和肱骨小头影像。肱骨下端中央密度减低，为冠突窝和鹰嘴窝重叠所致。

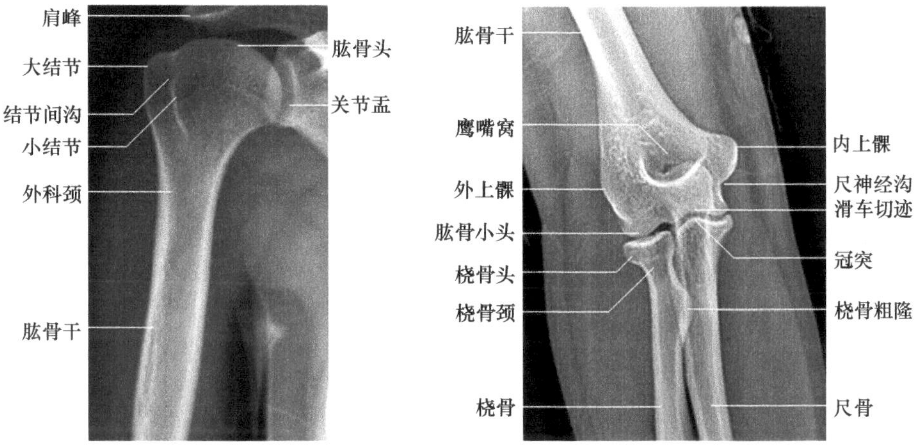

图 1-40　肱骨 X 线像（正位）

（2）**桡骨**：位于前臂的外侧（图 1-41），上端细小呈圆盘状称**桡骨头**，其上面的关节凹与肱骨小头相关节；头周围的环状关节面与尺骨的桡切迹形成**桡尺近侧关节**。桡骨体呈三棱柱状，内侧缘为锐薄的骨间缘。在体上端前内侧处一卵圆形隆起称**桡骨粗隆**。下端略弯向前，左右较宽，外侧向下突出的部分称桡骨**茎突**。下端内侧有一关节面称**尺切迹**。下面的腕关节面与腕骨相关节。

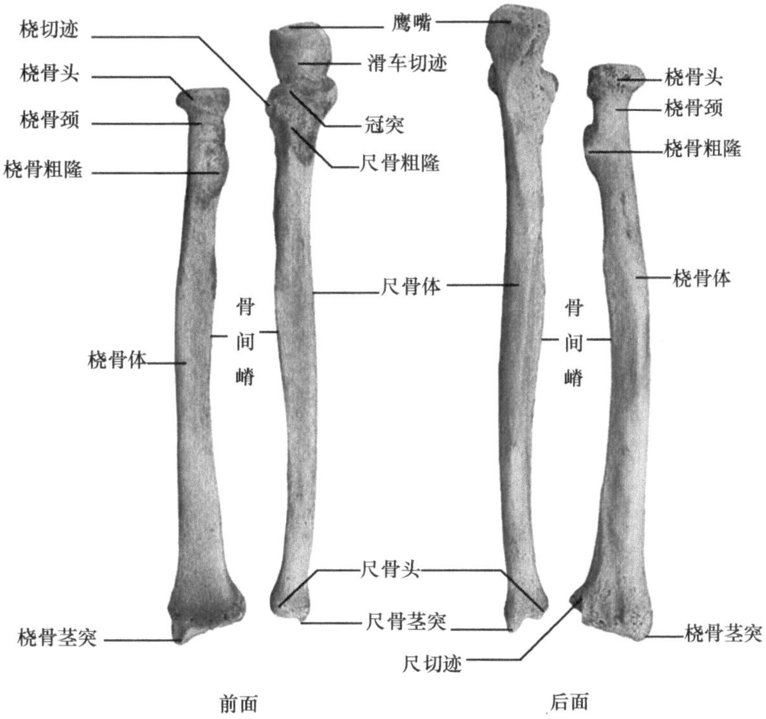

图 1-41　桡骨和尺骨（前面、后面）

（3）**尺骨**：位于桡骨的内侧。上端前面有一半月形关节面称**滑车切迹**，切迹上、下分别有**鹰嘴**和**冠突**。在冠突外侧面有凹陷的关节面称**桡切迹**，与桡骨头相关节；冠突前下面的粗糙隆起称**尺骨粗隆**。尺骨体上粗下细且呈圆柱状，外侧缘较薄称骨间缘，与桡骨骨间缘相对。下端称尺骨头，头的后内侧有向下伸出的突起称尺骨**茎突**。

前臂骨的 X 线常规摄前后位、侧位片（图 1-42）。前后位片上，两骨并行，尺骨在内侧，桡骨在外侧。桡骨上端的桡骨头呈圆盘状，桡骨颈下方的内侧缘显示三角致密影为桡骨粗隆影。尺骨上端大而不规则，主要参与构成肘关节。尺骨下端变细，尺骨头内后侧有尺骨茎突影。前臂侧位片，尺、桡骨上、下两端都显示部分重叠，但骨干分开，桡骨干后缘和尺骨前缘之间显示长梭形空白区，为透亮的骨间膜。

（4）**手骨**：包括腕骨、掌骨和指骨（图 1-43）。

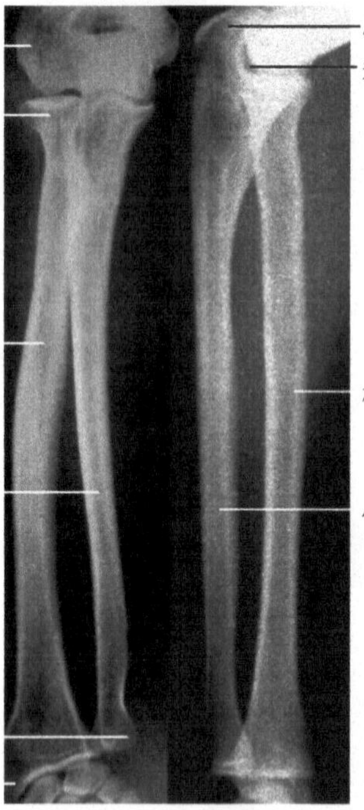

图 1-42　桡骨和尺骨 X 线像（正、侧位）

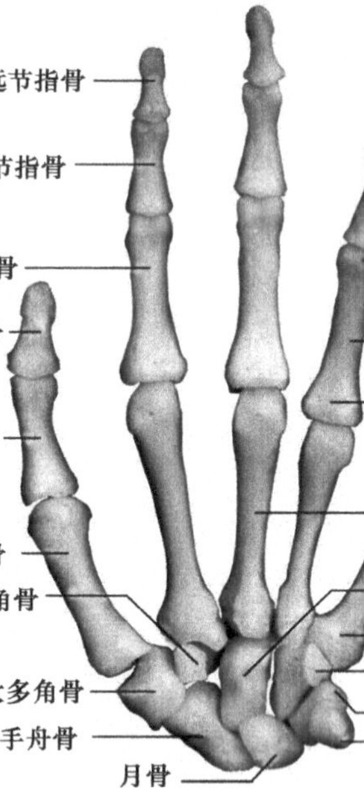

图 1-43　手骨（前面）

1）**腕骨**：由 8 块短骨构成，由近侧到远侧排成两列，每列 4 块。由桡侧到尺侧，近侧列依次是手舟骨、月骨、三角骨和豌豆骨；远侧列依次是大多角骨、小多角骨、头状骨和钩骨。

腕骨常规 X 线片包括腕部后前位及侧位片。后前位片上（图 1-44），桡骨下端膨大，它向外下方伸出的尖部为桡骨的茎突。下端远侧的致密边缘是腕关节面，与它相对的腕骨是手舟骨和月骨，其间相隔的透亮带是桡腕关节间隙的外侧半。尺骨下端的膨大是尺骨头，伸向内下方的突起是茎突。尺骨头的远侧与三角骨相对，两者之间有较宽的透亮区，是桡腕关节间隙的内侧半和桡尺远侧关节的关节间隙。因分隔这两个关节的关节盘不显影，所以关节间隙显得特别宽阔。手舟骨、月骨和三角骨形成一凸向近侧的弧形带状影，与桡、尺骨的远侧面相对。豌豆骨呈圆形，与三角骨重叠。大、小多角骨的近侧缘与手舟骨相对，远侧缘分别与第 1、2 掌骨底相对。头状骨与第 3 掌骨底相对，钩骨与第 4、5 掌骨底相对。钩骨钩呈致密的圆圈影重叠于钩骨的影像内。侧位片上，与桡腕关节对应的为手舟骨和月骨，月骨的远侧面呈弧形，与头状骨对应。

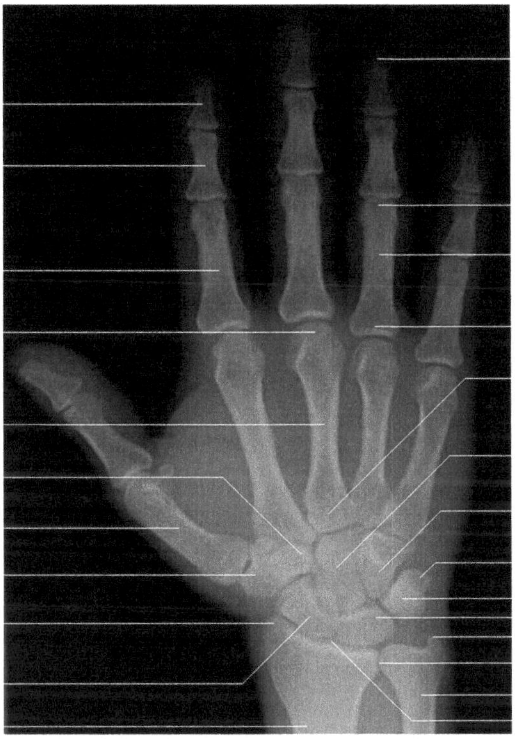

图 1-44 手骨 X 线像（正位）

2）**掌骨**：属于长骨，从桡侧到尺侧共 5 块，分别称第 1～5 掌骨。

3）**指骨**：亦属长骨，除拇指为 2 节外，余均为 3 节，共计 14 块。

掌骨、指骨的 X 线常规摄后前位，掌骨底略呈方形阴影，掌骨头阴影呈球形。远节指骨末端呈膨大的阴影。

（二）上肢骨连结

1. 胸锁关节 是上肢骨与躯干骨之间连结的唯一关节，由锁骨的胸骨端与胸骨柄构成（图 1-45）。关节囊坚韧，周围有韧带加强，关节囊内有关节盘。在胸部后前位片上（图 1-46），可见胸骨的锁切迹和锁骨的内侧端。胸锁关节与纵隔及胸椎影相重，显示不清，但仍可分辨胸、锁两骨之间的斜行透亮带，即胸锁关节间隙，关节盘则不显影。

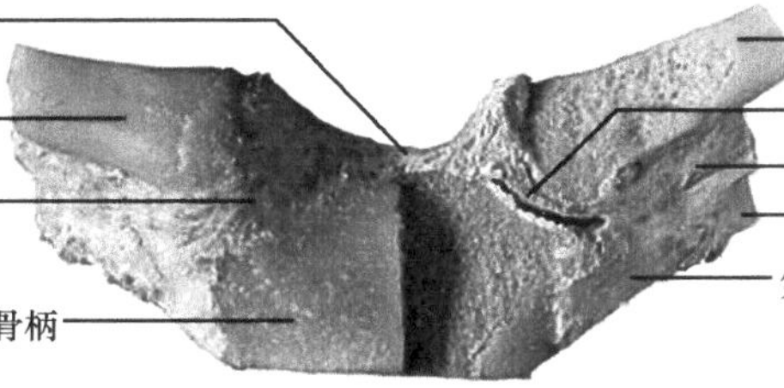

图 1-45 胸锁关节

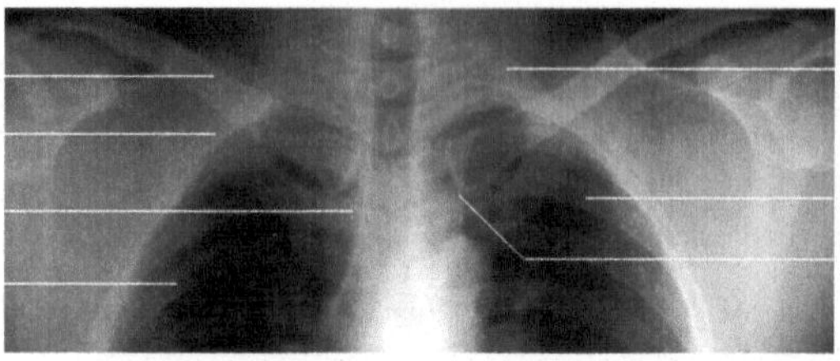

图 1-46　胸锁关节 X 线像（正位）

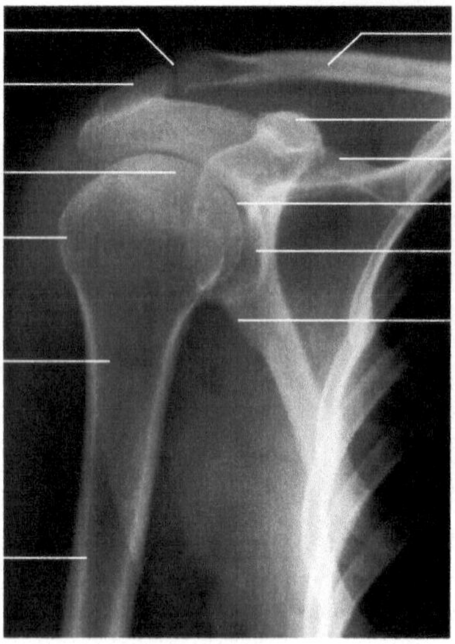

图 1-47　肩锁关节和肩关节 X 线像（正位）

2. 肩锁关节　由锁骨的肩峰端和肩胛骨的肩峰连结构成，周围有肩锁韧带和喙锁韧带加强。在肩锁关节正位 X 线片上，肩锁关节间隙明显（图 1-47）。正常情况下，锁骨外侧端影像高出肩峰影的上缘。

3. 肩关节　由肱骨头与肩胛骨的关节盂构成（图 1-48），周围有**盂唇**，关节囊内有肱二头肌长头腱穿过。肩关节上方有喙肩韧带加强，关节囊外有喙肱韧带加强上壁。肩关节的特点有：①肱骨头大，关节盂小而浅，关节囊薄而松弛，故运动灵活；②关节的上、前、后壁均有韧带和肌肉加强，但前下壁较薄弱，所以肱骨头易向前下方脱位。

在肩关节正位片上，肱骨头为半球状膨大阴影，关节盂呈纵向环状线影，两者重叠形成梭形的致密影。肱骨头的关节面与关节盂前缘之间的灰色弧形带是清晰显示的肩关节间隙，正常成年人肩关节间隙宽约 4mm，它基本重叠在关节盂影像内。肱骨头外侧的是大结节，小结节重叠在肱骨影内。肩峰与肱骨头间距为 6～14mm，若小于 5mm，说明有肩袖（见上肢肌）损伤。

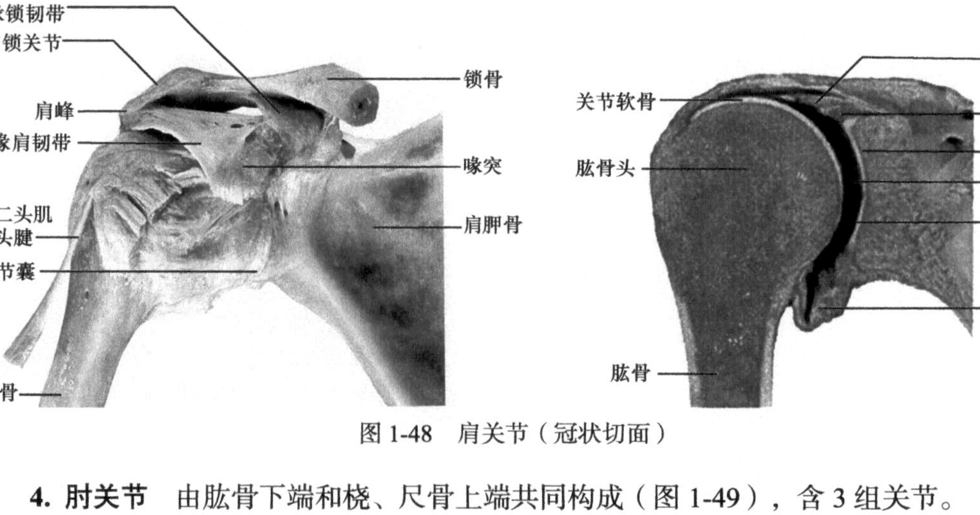

图 1-48　肩关节（冠状切面）

4. 肘关节　由肱骨下端和桡、尺骨上端共同构成（图 1-49），含 3 组关节。

（1）**肱尺关节**：由肱骨滑车与尺骨滑车切迹构成。

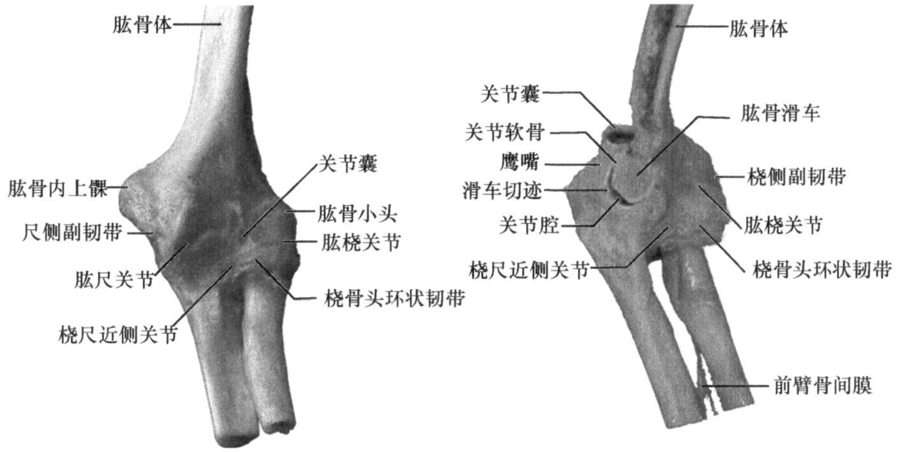

图 1-49 肘关节（前面、矢状切面）

（2）**肱桡关节**：由肱骨小头与桡骨头关节凹构成。

（3）**桡尺近侧关节**：由桡骨头环状关节面与尺骨桡切迹构成。桡骨环状关节面周缘的**桡骨环状韧带**，可防止桡骨头脱出。幼儿桡骨及环状韧带发育不全，易发生桡骨头半脱位。

肘关节的特点是：3 个关节同包在 1 个关节囊内，具有 1 个共同的关节腔；关节囊的前、后壁薄而松弛，两侧有**尺侧副韧带**和**桡侧副韧带**加强。

伸肘时，肱骨内上髁、外上髁和尺骨鹰嘴三点在一条直线上；屈肘时三点成等腰三角形，在肘关节脱位时，这三点的位置关系就会发生改变。

肘关节常规 X 线片包括伸肘前后位及屈肘 90°的侧位（图 1-50）。正位像肱桡关节间隙清晰，呈下凹的浅弧形；肱尺关节间隙有尺骨滑车切迹重叠而变暗，呈上凹的弧形，故正位片上肘关节间隙呈波浪状。屈肘侧位片，肱尺关节间隙清晰，呈半环形，前为冠突，后为鹰嘴。肱桡关节掌侧清晰，背侧部分和尺骨冠突相重叠。此时通过桡骨纵轴线的延长线也穿过肱骨小头中心。伸肘正位片上，肱骨、尺骨长轴线形成向外 165°～170°的夹角，此为生理性前臂外翻角，男性一般大于女性。若小于 165°称肘外翻，大于 190°称肘内翻，如果是 180°则称直肘（图 1-51），均属异常表现。肱骨长轴与尺骨长轴在内下方的夹角谓之提携角，正常范围为 5°～20°，女大于男。

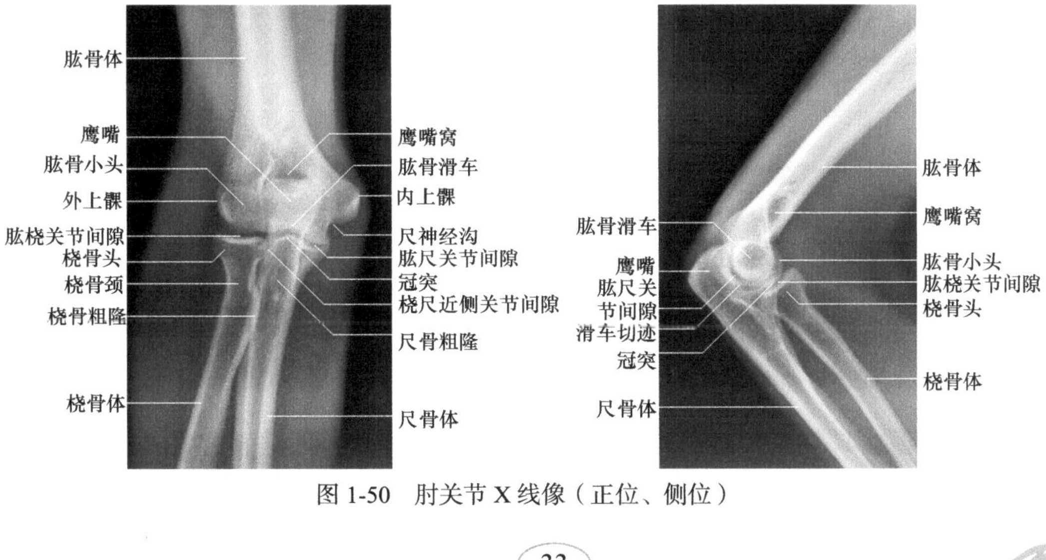

图 1-50 肘关节 X 线像（正位、侧位）

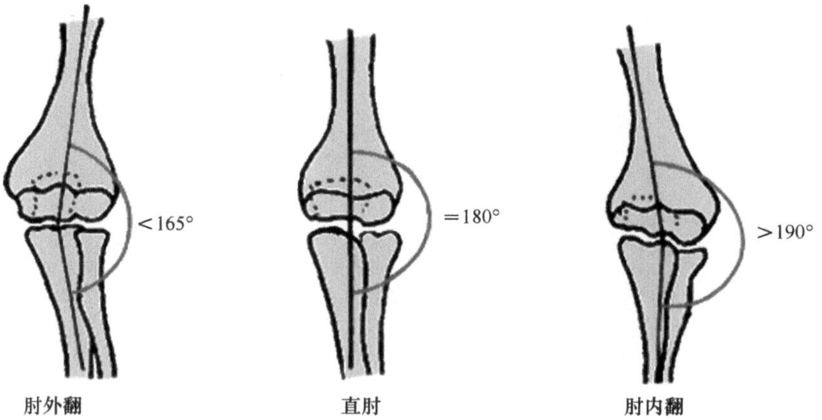

图 1-51　肘部畸形示意图

5. 前臂骨的连结

（1）**桡尺近侧关节**：属于肘关节的部分，在功能上与桡尺远侧关节同时联合运动。

（2）**桡尺远侧关节**：由桡骨尺切迹及关节盘与尺骨头环状关节面构成。

（3）**前臂骨间膜**：为坚韧的纤维膜，连在桡骨与尺骨的骨间缘之间。

6. 手关节

（1）**桡腕关节**：又称腕关节（图 1-52），由桡骨下端的腕关节面和尺骨下方的关节盘与手舟骨、月骨、三角骨的近侧关节面构成。关节囊松弛，周围有韧带加强。

（2）**腕骨间关节**：为腕骨之间的连结，可做微小的运动。

（3）**腕掌关节**：由远侧列的腕骨和 5 块掌骨底构成。

（4）**掌指关节**：由掌骨头与近节指骨底构成。

（5）**指骨间关节**：由各指相邻两节的指骨底与滑车构成。

手关节的 X 线解剖分别见腕骨、掌骨、指骨的 X 线解剖。

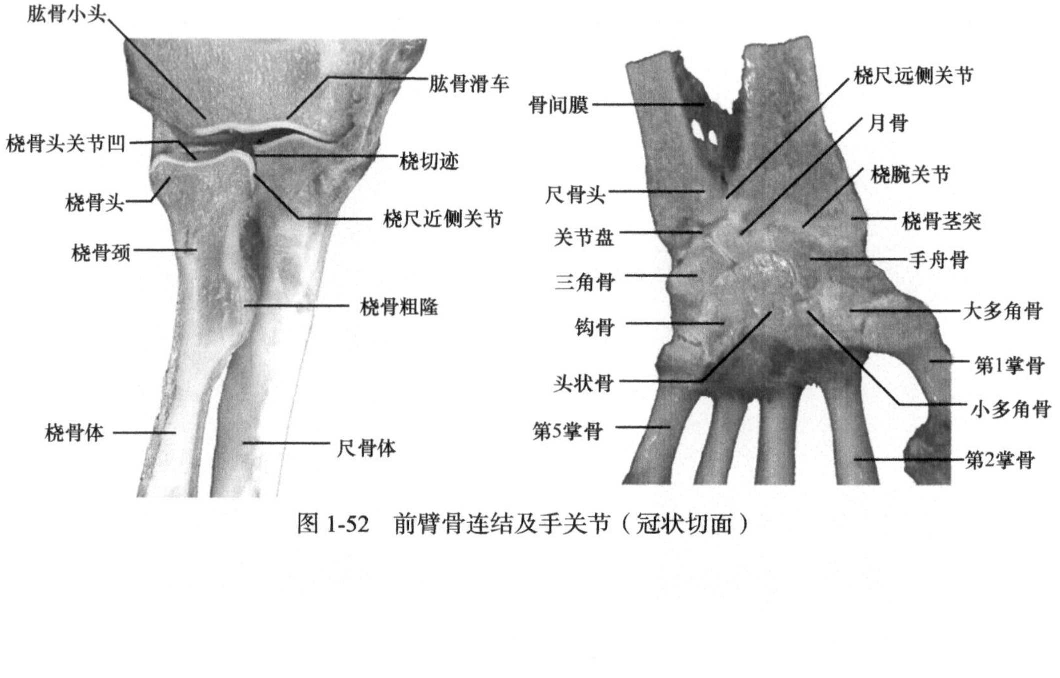

图 1-52　前臂骨连结及手关节（冠状切面）

四、下肢骨及其连结

（一）下肢骨

1. 下肢带骨 即左、右髋骨，它们与骶、尾骨共同构成骨盆。**髋骨**（图 1-53、图 1-54）由髂骨、耻骨和坐骨融合而成，融合处为一大而深的窝称**髋臼**，内有半月形关节面称**月状面**，髋臼下缘缺损处称**髋臼切迹**。

髂骨分为**体**和**翼**两部。髂骨体肥厚，髂骨翼宽阔，上缘称**髂嵴**，平第 4 腰椎棘突。髂嵴的前后突起分别称**髂前上棘**和**髂后上棘**，髂后上棘约平第 2 骶椎棘突，为蛛网膜下隙终止的标志。二棘下方又各有**髂前下棘**和**髂后下棘**。髂嵴外缘有一突起称**髂结节**，它是重要的体表标志，临床上进行骨髓穿刺术常选择于此。髂骨翼内面平滑稍凹称**髂窝**，髂窝下界为一骨嵴称**弓状线**，其后下有耳状面，与骶骨耳状面相关节。

耻骨位于髋骨前下部，分体和上、下两支。耻骨体较肥厚，与髂骨融合处的前面形成隆状突起称**髂耻隆起**。**耻骨上支**上有锐利的骨嵴称**耻骨梳**，耻骨梳向后与弓状线相连，向前终于一突起称**耻骨结节**；**耻骨下支**与坐骨支结合，共同围成**闭孔**。

坐骨位于髋骨后下部，分体和支。坐骨体较厚，下份的粗大隆起称**坐骨结节**，是坐骨最低部，体表可以摸到。髂后下棘与坐骨结节之间有三角形的突起称**坐骨棘**，上为**坐骨大切迹**，下为**坐骨小切迹**。

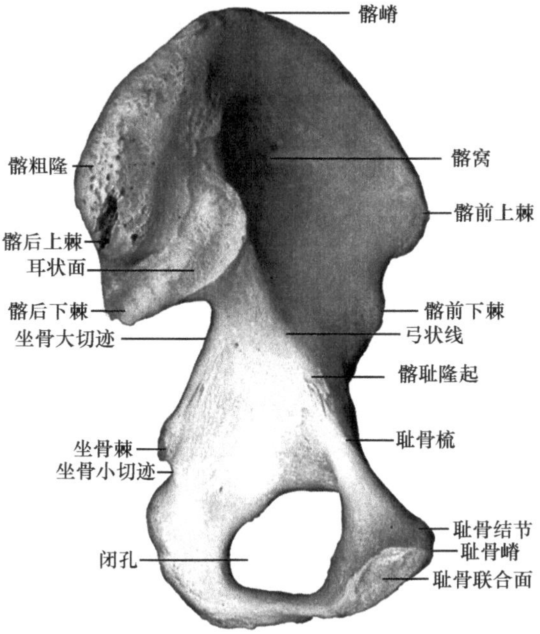

图 1-53 髋骨内面

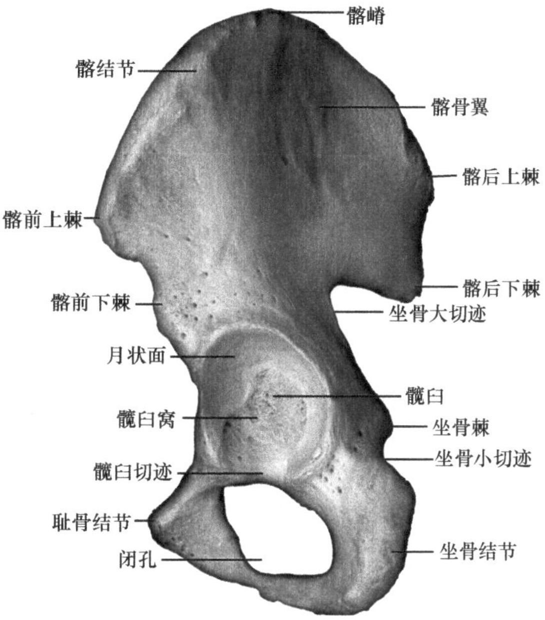

图 1-54 髋骨外面

髋骨的 X 线常规投照正位（图 1-55）和侧位。在 X 线像上，构成髋骨的 3 个部分融合于髋臼，可清晰分辨。髂骨翼的内侧 1/4 影像与骶骨影像重叠，外侧 3/4 因有髂窝而较透亮。髂嵴阴影较致密，边缘不光滑，外侧可见髂前上棘影，髂后上棘则重叠于骶骨影内。弓状线及骨盆腔内侧壁形成复合影像，外侧可见弧形的髋臼阴影。髋臼阴影的上段粗而致密，中段

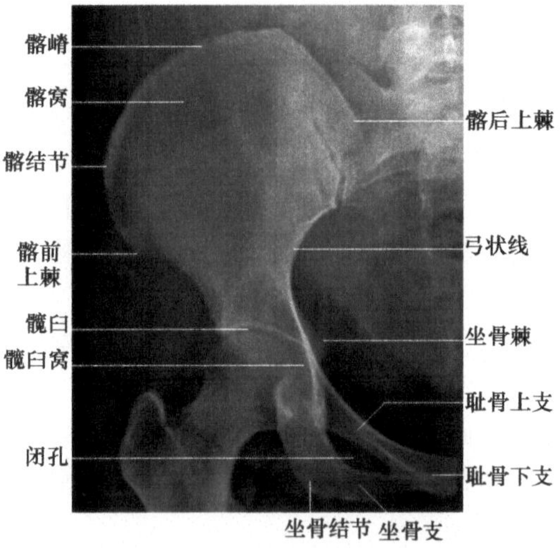

图 1-55 髋骨 X 线像（正位片）

较细，它向下绕过髋臼切迹前部的下缘，与耻骨体的内面形成一条“U”形的致密线，称为泪滴线（Koekler 泪滴），泪滴线二脚之间的距离，即髋臼窝的厚度。髋臼内下方的透亮影为闭孔。闭孔影的上界是耻骨上支、外侧界是坐骨体的下份，坐骨结节阴影与其重叠。坐骨棘的阴影呈三角形突向盆腔。

2. 自由下肢骨

（1）**股骨**：上端为球状的**股骨头**（图 1-56），与髋臼相关节。髋骨内面，头中央稍下有一小凹称**股骨头凹**，有股骨头韧带附着。头外下缩细部分称**股骨颈**，它与体之间形成一钝角称**颈干角**，此角男性平均为 132°，女性约为 127°，儿童为 150°～160°。颈与体交界处的上外侧有粗糙隆起称**大转子**，后内侧有一隆起称**小转子**，都有肌附着。

股骨体略向前弓，后面有纵形的骨嵴称**粗线**，向上延续为**臀肌粗隆**，由臀大肌附着。体中下部近粗线处有一滋养孔。

下端向左右两侧膨大且向后突出形成内侧髁和外侧髁，其间有深窝称**髁间窝**，两髁关节面在前面相连，与髌骨相关节称**髌面**，两髁侧面上方分别有较小的突起称**内上髁**和**外上髁**，是重要的体表标志。

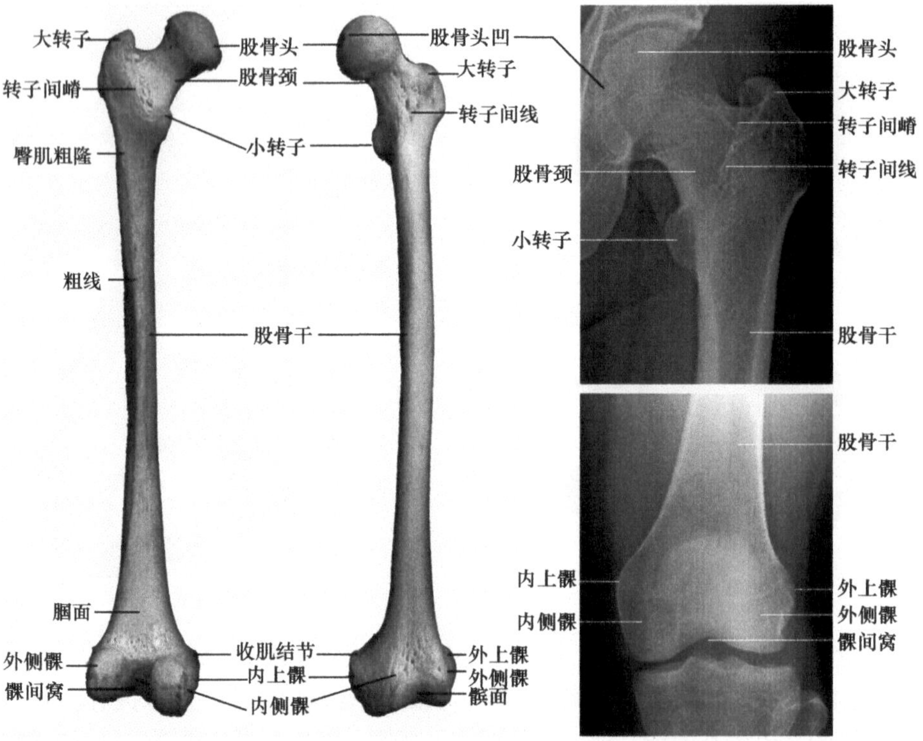

图 1-56 股骨（左侧）及 X 线像（正位片）

股骨的X线解剖：常规X线片包括前后位及侧位。股骨上段，股骨头及股骨颈的2/3包在髋关节囊内。股骨头近似圆形，外缘与股骨颈相连。股骨颈外上方的突起阴影是大转子，内下方的半圆阴影是小转子。从大转子根部行向小转子上缘的致密线为转子间嵴。股骨干下端膨大，前后位片上，显示股骨内、外髁关节面和胫骨上端相对关节面之间的关节间隙。侧位片上，整个股骨下端向后下倾斜，股骨两髁重合。股骨全长并不垂直，除了前述颈干角以外，侧位片上还可以显示数个弯度：一为上中段与下1/3段长轴在股骨干后方的成角，约170°；二为股骨干下段长轴与股骨髁在后方的成角，为90°～110°，谓之股骨髁干角。另外在正位片上，股骨长轴与两髁关节面的切线并不垂直，而是在外侧成角80°，称股骨角。

（2）**髌骨**：略呈三角形（图1-57），底朝上，尖朝下，前面粗糙，后面光滑有关节面，与股骨髌面相关节，是人体内最大的籽骨，位于膝关节前方，股四头肌腱包于其前面并向下延续为髌韧带。

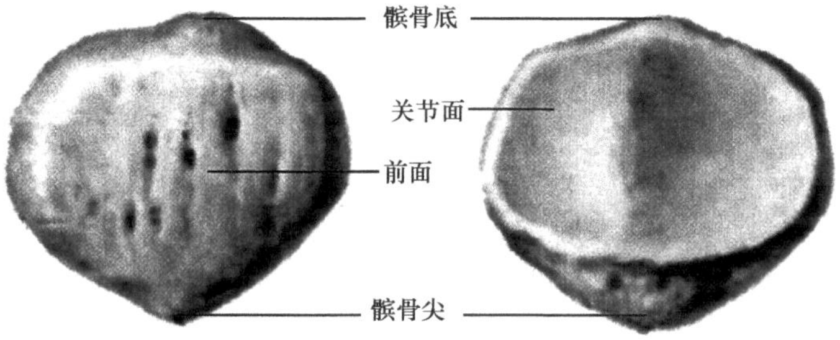

图1-57　髌骨

X线观察髌骨，常投照膝部后前位、侧位及轴位X线片（参见膝关节X线解剖），可从三个方位检查。正位片显示髌骨常与股骨下端重叠而呈倒三角形高密度影；侧位片髌骨近似前后扁的四边形，前缘略凸，后缘关节面光滑，关节间隙宽度约3.0cm。轴位片可见后缘关节面中央部隆突，和股骨髌面相对应。

（3）**胫骨**：是三棱形粗大的长骨（图1-58），位于小腿内侧，对支持体重起主要作用，分为一体和两端。上端粗大，形成与股骨内、外侧髁相对应的内侧髁和外侧髁，其上有关节面，两髁之间有向上的**髁间隆起**。外侧髁的后下方有一小关节面称**腓关节面**，与腓骨头相关节。上端与体移行处的前面有粗糙隆起称**胫骨粗隆**。胫骨体呈三棱柱形，前缘锐利，体表可以触到。下端稍膨大，内侧有一向下的突起称**内踝**，是重要的体表标志；下面有关节面与距骨相关节；外侧有一关节面称**腓切迹**，与腓骨相接。

（4）**腓骨**：细长，位于小腿的后外侧，上端膨大称**腓骨头**，头下方缩细称**腓骨颈**。体较细，内侧有骨间缘。下端膨大称**外踝**，较内踝低。

小腿骨的X线常规摄前后位及侧位X线片。正位片上胫、腓骨并行，长度相同，上、下端部分重叠，于骨干部分开。胫骨内外侧髁下方能见到致密骺线，正常胫骨粗隆是内、外侧髁在前面下部相连形成的骨性隆起，以侧位X线片观察最清楚。胫骨干中部较细，骨密质厚，前缘达10mm，后缘约5mm。胫骨下端膨大，内侧下端可见内踝。腓骨于侧位片上清楚显示较胫骨偏后，下端膨大形成外踝，位置较内踝低。

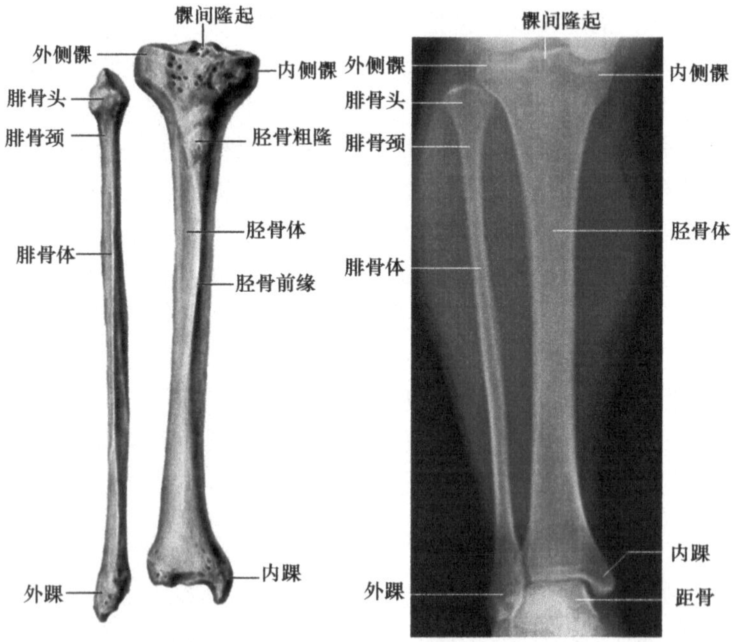

图 1-58　胫骨和腓骨及其 X 线像（正位片）

（5）**足骨**：包括跗骨、跖骨和趾骨（图 1-59、图 1-60）。

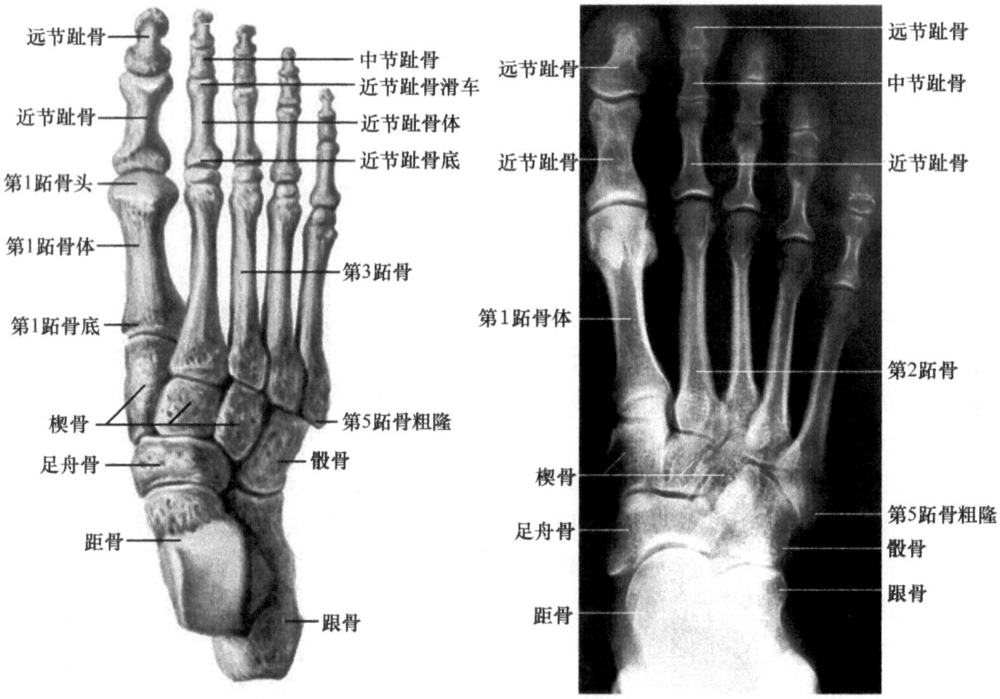

图 1-59　足骨前面观及 X 线像（正位片）

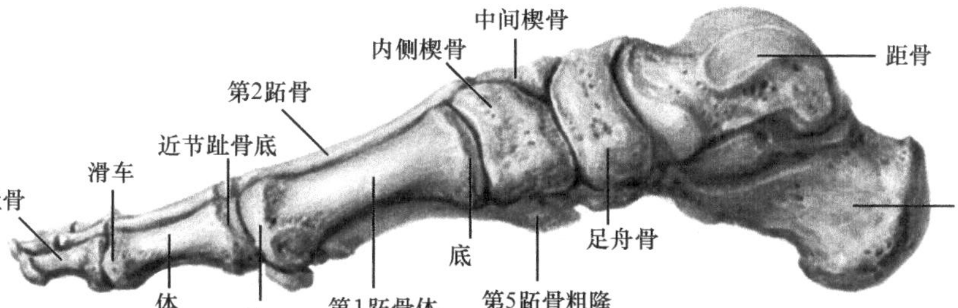

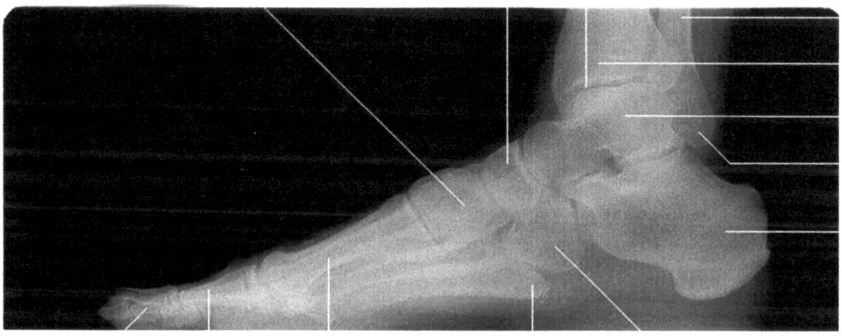

图 1-60 足骨内侧面观及 X 线像（侧位片）

1）**跗骨**：共 7 块，属于短骨，相当于腕骨，其排列为前、中、后三列，后列有**距骨**，与胫、腓骨形成关节，距骨下方为**跟骨**；中列为**足舟骨**，位于距骨前方偏内侧；前列由内侧向外侧，依次为**内侧楔骨**、**中间楔骨**、**外侧楔骨**和**骰骨**。

2）**跖骨**：共 5 块，属于长骨，相当于掌骨，由内侧向外侧依次称第 1～5 跖骨。

3）**趾骨**：共 14 块，较指骨短小。一般踇趾为 2 节，其他各趾为 3 节。

4）**足籽骨**：一般位于第 1 跖骨和第 5 跖骨头着力点的下方。

X 线观察足骨，足部前后位片除距、跟二骨的后部外，其他足骨的轮廓都较清晰。跟骨的前方是骰骨阴影，呈方形。足舟骨的前面，与内侧、中间和外侧楔骨相对，而外侧楔骨骨影较模糊。各骨间的透亮区为关节间隙。第 1、2、3 跖骨底分别与内侧、中间和外侧楔骨的前面相对，第 4、5 跖骨底与骰骨的前面相对，第 5 跖骨底向后外的突出影是第 5 跖骨粗隆。在第 1 跖骨头的阴影内可见与其重叠的两个长圆形的骨影是籽骨。趾骨影都较清晰可辨。

（二）下肢骨的连结

1. 骨盆 由骶骨、尾骨和左右髋骨及其间的骨连结构成（图 1-61）。骨盆各骨间主要靠骶髂关节及韧带连结。

骶髂关节由骶骨与髂骨的耳状面构成，连接牢固，活动甚微。骶骨与坐骨之间有两条韧带相连：①**骶结节韧带**，从骶、尾骨侧缘连至坐骨结节；②**骶棘韧带**，从骶、尾骨侧缘连至坐骨棘，呈三角形。这两条韧带与坐骨大切迹围成**坐骨大孔**，与坐骨小切迹围成**坐骨小孔**。

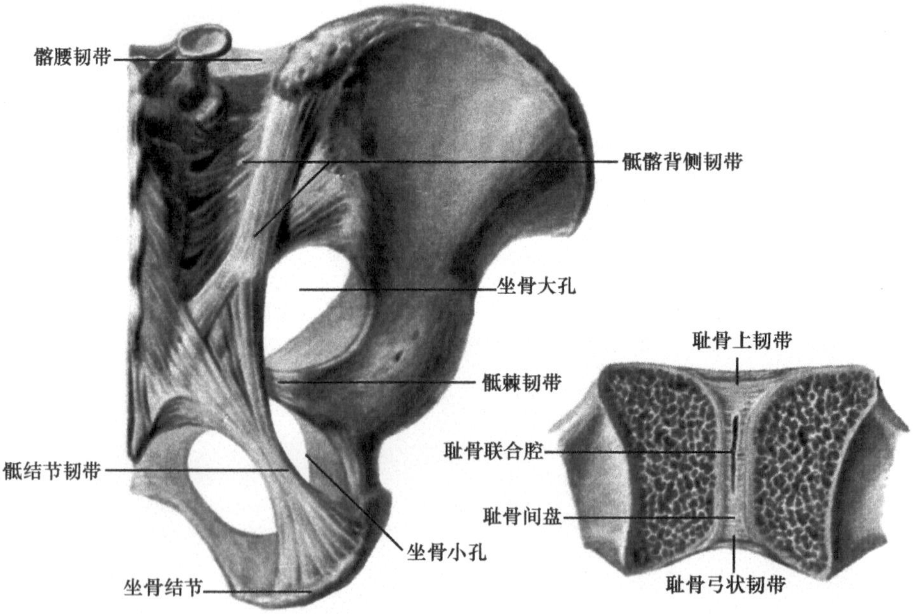

图 1-61　骨盆的连接

耻骨联合由两侧耻骨联合面借耻骨间盘连结而成，女性耻骨间盘较厚，裂隙较宽，分娩时稍分离，有利于胎儿的娩出。

在骨盆，由骶骨岬经两侧弓状线、耻骨梳、耻骨结节、耻骨嵴至耻骨联合上缘连成的环形线称**界线**。骨盆以界线为界分为上部的**大骨盆**和下部的**小骨盆**。大骨盆较宽大，参与腹腔的构成。小骨盆的上口称骨盆上口，由界线围成；骨盆下口由尾骨尖、骶结节韧带、坐骨结节、坐骨支、耻骨支和耻骨联合下缘围成。两侧耻骨下支之间的夹角称**耻骨下角**。骨盆上、下口之间的小骨盆内腔称**骨盆腔**。平常所说骨盆即指小骨盆。

骨盆具有承受、传递重力和保护盆内器官的作用。对女性骨盆而言，它还是胎儿娩出的产道。成年女性的骨盆，由于在功能上与妊娠和分娩相适应，所以在形态上与男性骨盆存在明显差异（图 1-62）。

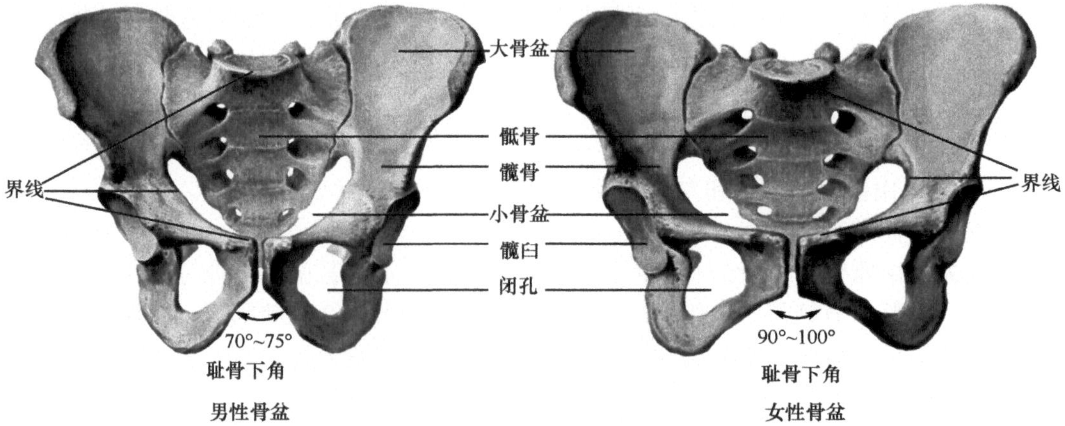

图 1-62　男女骨盆的差异

骨盆的 X 线一般投照前后位（图 1-63），检查骶、尾骨时可加照侧位，检查骶髂关节时应加照 45°斜位，产科骨盆测量另有其特殊投照方法。骨盆前后位片上，骶骨中线应通过耻骨联合。骶髂关节左右对称，关节间隙下半部分可以显示，上半部常投影出模糊双线影。界线的影像在女性呈卵圆形，在男性略呈鸡心形。髂嵴连线影正好通过第 4、5 腰椎间隙。由髂嵴影向外可追踪到髂前上、下棘，由髂前下棘到股骨颈外上缘的连线称髂颈线，用以判定髋关节是否正常。正位片上，可以测量耻骨下角，男性为锐角，女性为钝角。

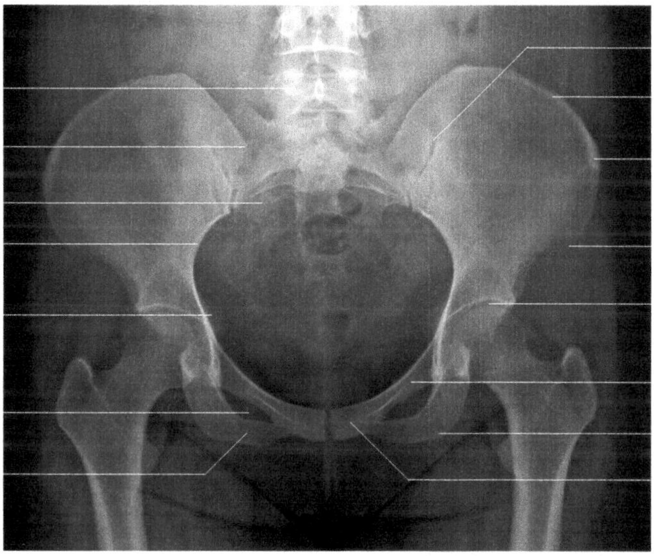

图 1-63 骨盆正位 X 线像

女性骨盆径线的测量，可以采用正位和侧位。正位片上，界线影像最远点连线为入口横径，正常为 12.3cm；两侧坐骨棘连线为中骨盆横径，正常为 10.5cm；两侧坐骨结节间距为小骨盆下口横径，正常为 11.8cm。侧位片上，耻骨联合后缘上端到骶骨岬连线为小骨盆上口前后径，正常为 11.6cm；耻骨联合后缘下端和坐骨棘中点的连线延长到骶骨的前缘，为中骨盆前后径，正常为 12.2cm；耻骨联合后下缘到骶尾关节的连线，为小骨盆下口前后径，正常为 11.8cm。

2. 髋关节 由髋臼与股骨头构成（图 1-64）。髋臼深，其周缘附有髋臼唇，关节囊厚而坚韧。股骨颈只有后面外侧 1/3 露于囊外，所以股骨颈骨折分囊内骨折和囊外骨折。髂股韧带起自髂前上棘，止于转子间线，可加强关节囊前部，并限制髋关节过伸。关节囊内有股骨头韧带，内含营养股骨头的血管。

髋关节的 X 线常规拍摄正位和侧位片。正位 X 线片上（图 1-65），因髋臼三骨之间以“Y”形软骨相连，融合之前，表现为横行带状透亮影，其宽窄随着年龄变化而改变。年龄越小此透亮带越宽；年龄越大，透亮带变窄，15～17 岁左右消失。股骨头大部套在髋臼内，表面光滑，为致密的细弧线。头的中心偏后下部有一小凹陷，是股骨头凹，有时可投影到股骨头弧线内侧，显示为小环形透亮圈。侧位片上，中央的凹窝是髋臼，呈半圆形的致密线。

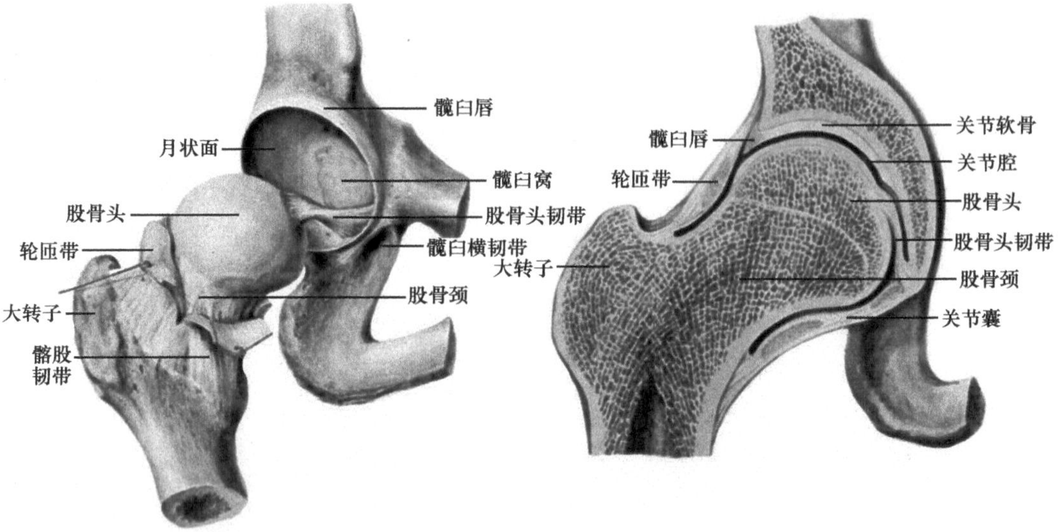

图 1-64　髋关节

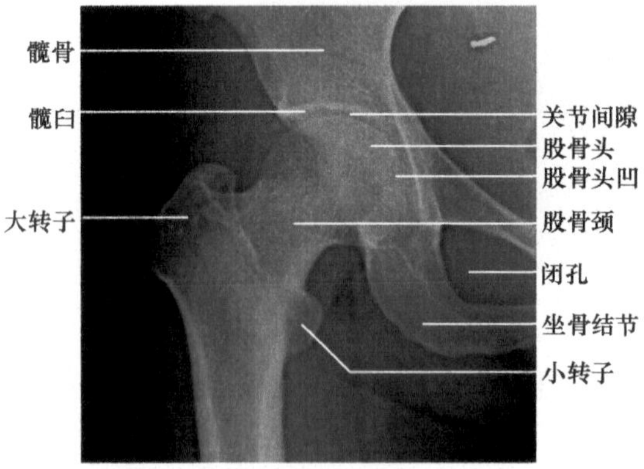

图 1-65　髋关节 X 线像（正位）

3. 膝关节　为人体最大、最复杂的关节，由股骨下端、胫骨上端和髌骨构成（图1-66）。关节囊宽阔而松弛；股四头肌腱包绕髌骨并延续为髌韧带，止于胫骨粗隆；关节囊两侧分别有**胫侧副韧带**和**腓侧副韧带**；关节囊内有**前交叉韧带**和**后交叉韧带**，可防止胫骨向前和向后移动。在关节腔内，股骨与胫骨相对关节面之间垫有两块纤维软骨板，分别称内侧半月板和外侧半月板（图 1-67）。内侧半月板较大，呈“C”形，外侧半月板较小，呈“O”形。半月板使关节面更适应，增强了稳固性。

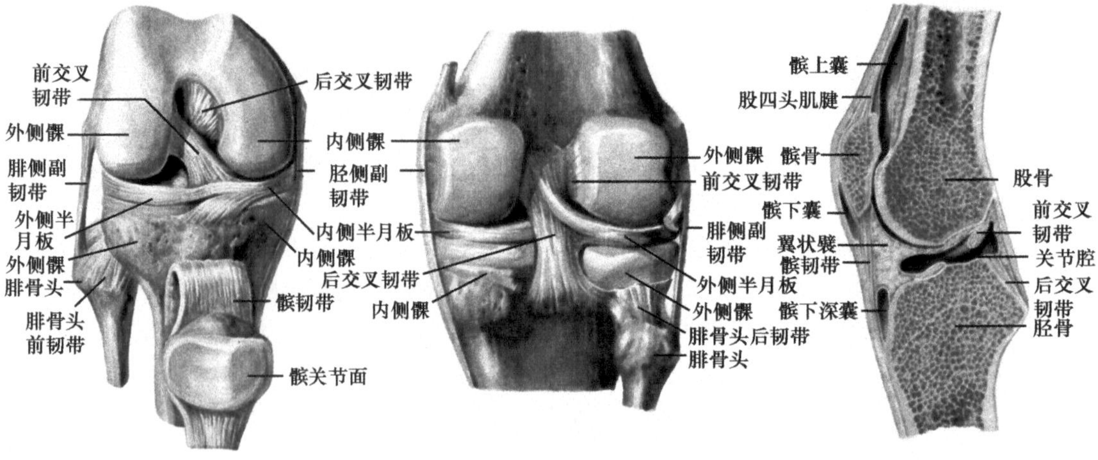

图 1-66　膝关节

膝关节的 X 线常规摄前后位、侧位及轴位片（图 1-68）。侧位片上，髌骨上、下可见清楚的低密度透亮区，为髌上滑膜囊、髌下滑膜囊的位置。因有髌下脂肪组织的陪衬，髌韧带亦能在侧位片上显影。膝关节后方腓肠肌外侧头肌腱内常见一枚小籽骨，侧位片显示在膝关节后方。无论正位和侧位，半月板和交叉韧带在 X 线平片上均不显影，故关节间隙较宽，为 4～8mm。

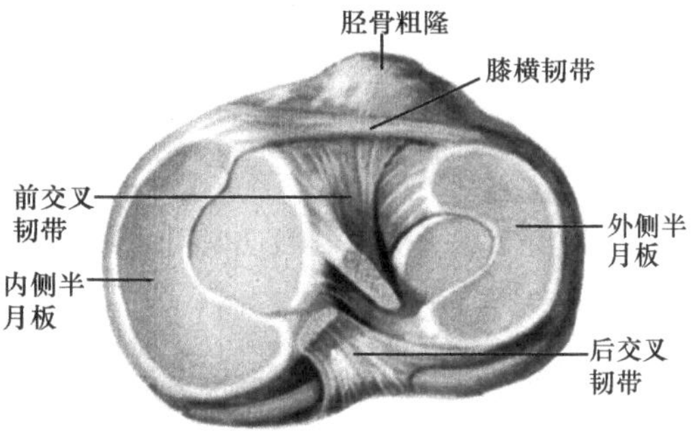

图 1-67　膝关节半月板

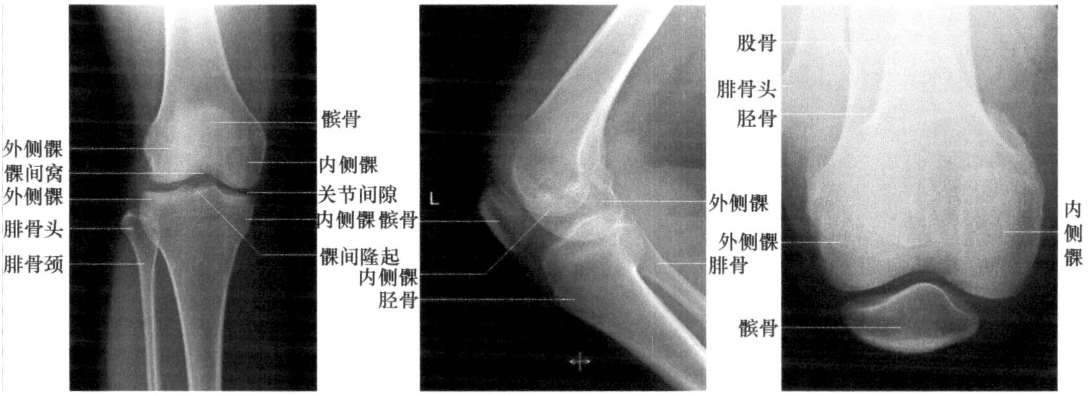

图 1-68　膝关节 X 线像

4. 胫骨和腓骨的连结　胫骨和腓骨的连结包括三部分：上端有胫骨的腓关节面与腓骨头构成**胫腓关节**；两骨干之间由小腿骨间膜相连；下端借韧带相连。胫骨和腓骨间活动度很小。

5. 足关节　包括距小腿关节、跗骨间关节、跗跖关节、跖趾关节、趾骨间关节（图 1-69）。

（1）**距小腿关节：**又称**踝关节**，由胫、腓骨下端与距骨构成。关节囊前、后部松弛，两侧有韧带加强。内侧韧带较厚；外侧韧带较薄弱，足过度内翻易引起外侧韧带损伤。

踝关节的 X 线常规摄前后位及侧位片（图 1-70）。前后位片上，踝关节间隙显示清晰，呈八字或鞍形，宽度均为 3～4mm。踝关节侧位片上，关节间隙呈前后走行并向上凸的弧形线。内、外踝与距骨阴影重叠而显示不清，距骨上关节面的前后长度远大于胫骨下关节面。

（2）**跗骨间关节：**为各跗骨之间的关节，其中较重要的有距跟关节、距跟舟关节和跟骰关节。

（3）**跗跖关节：**由 3 块楔骨及骰骨与 5 块跖骨底构成。

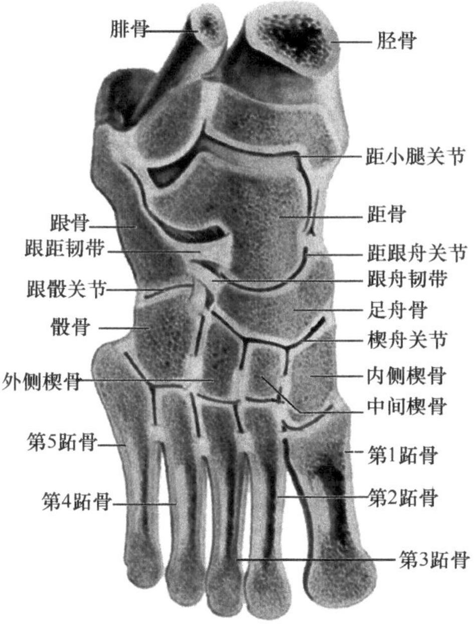

图 1-69　足骨的连结

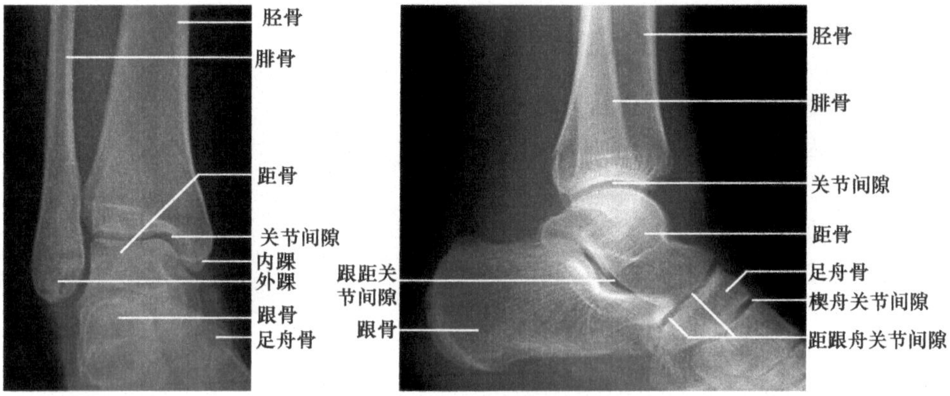

图 1-70　踝关节正侧位 X 线像

（4）**跖趾关节**：由跖骨头与近节趾骨底构成。

（5）**趾骨间关节**：同指骨间关节。

足弓是跗骨和跖骨借关节和韧带紧密连结而成的凸向上的弓，可分为前后方向的内、外侧纵弓和内外侧方向的横弓。足弓增加了足的弹性，有利于行走和跳跃，并能缓冲震荡，保护足底血管、神经免受压迫等。

五、颅骨及其连结

成人**颅**一般由 23 块不同形状、不同大小的**颅骨**组成，另外有 3 对听小骨位于颞骨内。

（一）颅的组成

颅分为脑颅和面颅两部分（图 1-71、图 1-72），通常以经过眶上缘和外耳门上缘的连线为分界线。

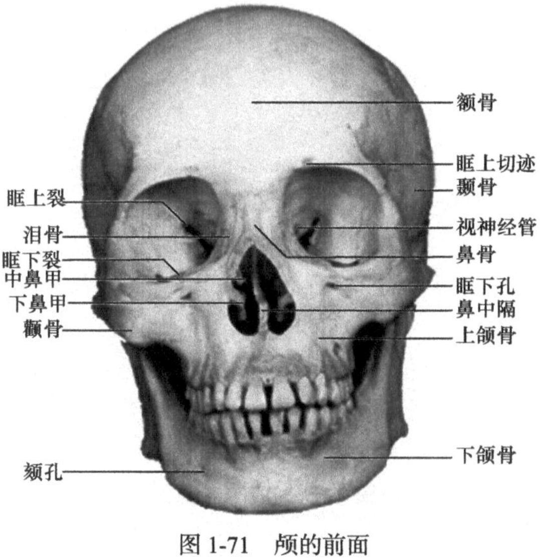

图 1-71　颅的前面

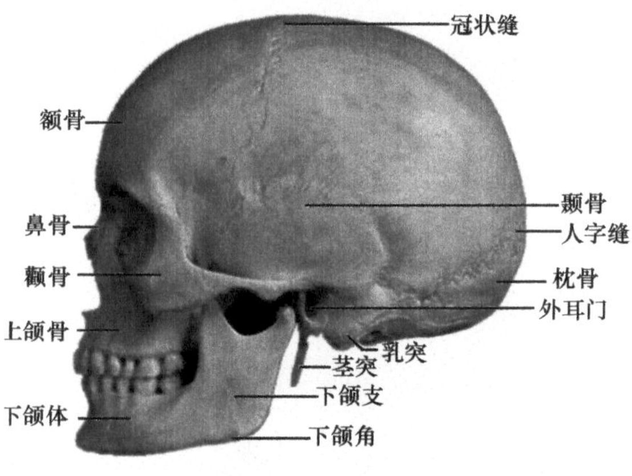

图 1-72　颅的侧面

1. 脑颅　位于颅的后上部分，有 8 块颅骨构成，它们共同围成颅腔，容纳脑。脑颅骨包括**额骨**1块、**顶骨**1对、**枕骨**1块、**颞骨**1对、**蝶骨**1块和**筛骨**1块。

2. 面颅　位于颅的前下部分，有15块颅骨构成，它们构成面部支架，并围成眶、骨性鼻腔和骨性口腔，容纳视觉、嗅觉和味觉器官。面颅骨包括**下颌骨**1块、**上颌骨**1对，二骨对应；**腭骨**1对，位于上颌骨之后；**鼻骨**1对，位于两上颌骨之间形成鼻背；**颧骨**1对，位于上颌骨外上方，形成面颊部的骨性突起；**犁骨**1块，位于鼻腔正中后下方，参与鼻中隔的形成；**下鼻甲骨**1对，位于鼻腔外侧壁下方；**泪骨**1对，位于两眶内侧壁前部；**舌骨**1块，游离于颈部上方。

（二）游离颅骨

1. 下颌骨　呈蹄铁形，分为中部的**下颌体**及两侧的**下颌支**，两者相交处为**下颌角**（图1-73），后方约平第3颈椎。下颌体前外侧有一对**颏孔**。下颌支向后上有两个突起，前方称**冠突**，后方称**髁突**，髁突上端膨大称**下颌头**，其下方缩细称**下颌颈**。下颌支内面中央有一开口向后上的**下颌孔**，向下经下颌管通颏孔。

2. 舌骨　呈“U”形，位于喉上方，后方约平第3、4颈椎间，借肌连于下颌骨及颅底。其中部称为**舌骨体**，自体向后伸出一对**大角**，体与大角结合处向上伸出一对**小角**。

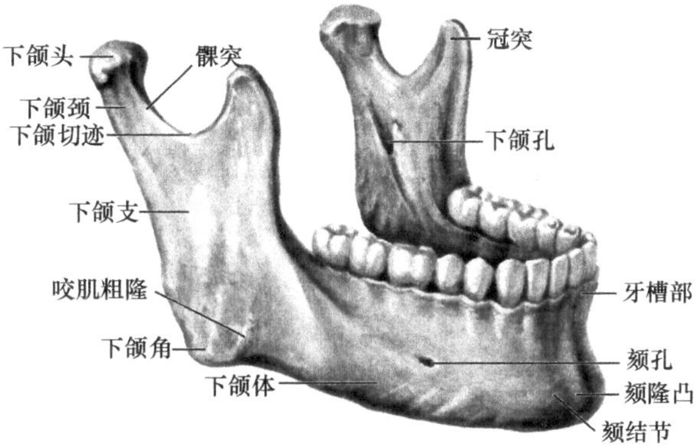

图1-73　下颌骨

（三）颅的整体观

1. 颅的上面观　颅的上面称**颅顶**，呈卵圆形，光滑隆凸，由顶骨、额骨及部分颞骨和枕骨构成。其有三条缝：**冠状缝**位于额骨与顶骨之间；**矢状缝**位于两顶骨之间；**人字缝**位于顶骨与枕骨之间。这些缝一般30岁以后逐渐融合。沿颅顶内面的正中线处有**上矢状窦沟**，沟两侧有许多**颗粒小凹**。在矢状缝中后部两侧常有**顶孔**，有**导静脉**通过。

2. 颅的侧面观　中部有**外耳门**，向内通外耳道。外耳门前方有一“骨桥”称**颧弓**，外耳门后下方有一突起称**乳突**，两者均可在体表摸到。颧弓内上方有一大而浅的凹陷称**颞窝**，窝内侧面的前下部有额骨、顶骨、颞骨和蝶骨大翼四骨相交而成的“H”形缝称为**翼点**，此区域骨质薄弱，其内表面有**脑膜中动脉**前支经过，骨折时，易损伤该血管引起颅内出血，形成硬膜外血肿，可压迫脑组织。

3. 颅的前面观　上部为额骨，其下方两侧有一对弓形隆起称**眉弓**，左右眉弓之间较平坦称**眉间**。眉弓的外下方有一对腔称**眶**，眶的内下方为**骨性鼻腔**，骨性鼻腔的下方是不完整的**骨性口腔**。

（1）**眶**：为四面锥体形腔，容纳眼球及附属结构。眶口上、下缘分别称**眶上缘**和**眶下缘**，眶上缘的内、中1/3交界处有一**眶上切迹**或**眶上孔**，眶下缘的中点下方有**眶下孔**。眶尖朝向后内，有一圆管称**视神经管**，通入颅中窝。在眶的内侧壁前下部有**泪囊窝**，容纳泪囊，此窝向下经**鼻泪管**通向鼻腔。外侧壁上下分别有**眶上裂**、**眶下裂**，分别通颅中窝和颞下窝。

（2）**骨性鼻腔**：位于面颅中央，腔内有正中矢状位的骨性鼻中隔将骨性鼻腔分为左、

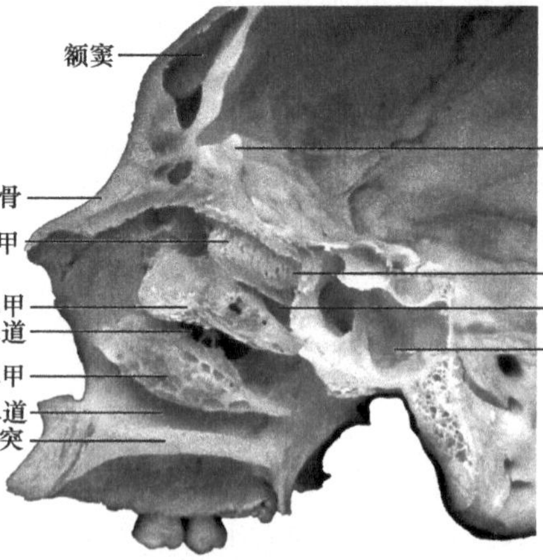

图 1-74　鼻腔的外侧壁

右两部分。**骨性鼻中隔**由筛骨垂直板和犁骨构成。前口为梨状孔，通外界；后口有两个鼻后孔，通向鼻咽部。每侧鼻腔的外侧壁（图 1-74）自上而下有 3 个向下弯曲的骨片，分别称**上鼻甲**、**中鼻甲**和**下鼻甲**，鼻甲的下方都有相应的鼻道，分别称**上鼻道**、**中鼻道**和**下鼻道**。上鼻甲的后上方与蝶骨体之间有一浅窝称**蝶筛隐窝**。

（3）**鼻旁窦**：又称**副鼻窦**或**鼻窦**，包括上颌窦、额窦、蝶窦和筛窦，是位于上颌骨、额骨、蝶骨和筛骨内的含气空腔，它们都位于鼻腔周围，并开口于鼻腔。**上颌窦**，容积最大，窦口高于窦底，开口于中鼻道；**额窦**，位于眉弓深面，左右各一，窦口向下开口于中鼻道；**蝶窦**，位于蝶骨体内，有骨板分为两腔，向前开口于蝶筛隐窝；**筛窦**，是筛骨内蜂窝状小房的总称，分前、中、后三群，前、中群开口于中鼻道，后群开口于上鼻道。下鼻道有鼻泪管开口。鼻旁窦对发音共鸣、减轻颅骨重量有一定作用。

（4）**骨性口腔**：由上颌骨、腭骨和下颌骨围成。顶为骨腭，前壁及外侧壁由上、下颌骨的牙槽和牙齿构成。底缺如，由软组织封闭。

4. 颅底内面观　凹凸不平，前部最高，后部最低，由前向后呈三级阶梯状的三个窝，分别称**颅前窝**、**颅中窝**和**颅后窝**（图 1-75）。

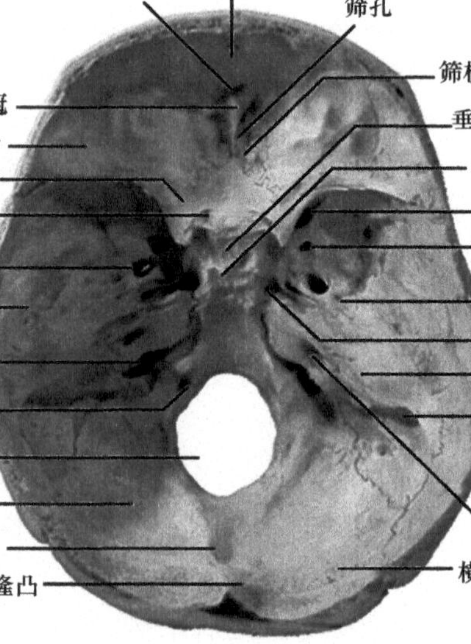

图 1-75　颅底内面观

（1）**颅前窝**：由额骨、筛骨、蝶骨的部分构成，容纳大脑额叶。窝底正中有一向上的突起称**鸡冠**，其两侧的水平骨板称**筛板**，板上有许多小孔称**筛孔**，通鼻腔。

（2）**颅中窝**：由蝶骨、颞骨的部分构成，容纳大脑颞叶。中央有马蹄形的结构称**蝶鞍**，鞍的正中有**垂体窝**，容纳垂体，窝前两侧有向后突起的**前床突**，窝后的横位隆起称**鞍背**，后外侧有**破裂孔**，续于孔内的**颈动脉管**。在蝶鞍两侧，由前向后外依次排列有**圆孔**、**卵圆孔**和**棘孔**。卵圆孔和棘孔的后方有一三棱锥状的骨突称**颞骨岩部**。岩部外侧较平坦称**鼓室盖**，为中耳鼓室的上壁。

（3）**颅后窝**：由枕骨和颞骨岩部构成，容纳小脑和脑干。此窝位置最低，中央有**枕骨大孔**，孔前上方的平坦斜面称**斜坡**，孔后的十字隆起称**枕内隆凸**，由此凸向上的浅沟延伸为**上矢状窦沟**，向两侧续于**横窦沟**，转向前下呈“乙”形的沟称**乙状窦沟**，再经**颈静脉孔**出颅。颅后窝的前外侧，颞骨岩部后面中央有一开口称**内耳门**，通内耳道。

5. 颅底外面观 高低不平，孔裂甚多。后部正中有枕骨大孔（图 1-76），其正后方的突起称**枕外隆凸**，它的两侧有弓形骨嵴称**上项线**。枕骨大孔两侧有椭圆形关节面称**枕髁**，与寰椎形成关节。髁前有一边缘不整齐的孔称**破裂孔**，髁的前外侧有颈静脉孔。在颈静脉孔前方有**颈动脉管外口**，向内通颈动脉管续于破裂孔。枕髁外侧有明显骨突称乳突，其前内侧有细长**茎突**，二突间有一小孔称**茎乳孔**，向内通**面神经管**。枕髁根部有一向前外方的开口称**舌下神经管外口**。茎突前外侧有明显的关节窝称**下颌窝**，窝前的横行突起称**关节结节**。

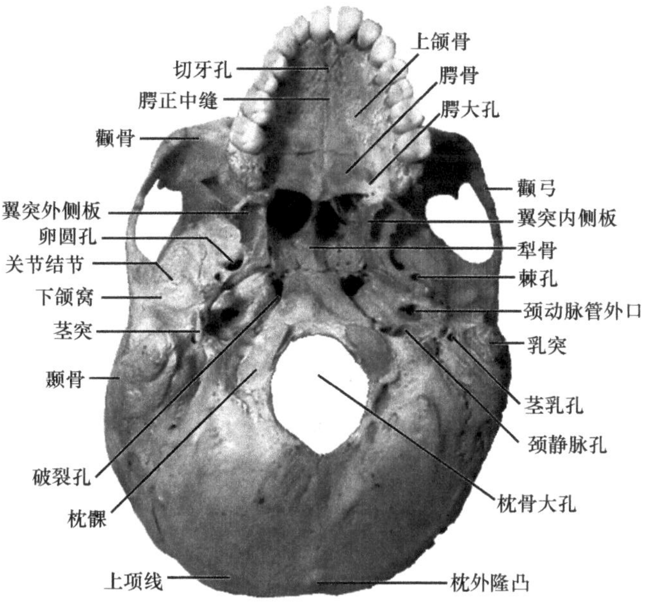

图 1-76 颅底外面观

颅底外面前部上颌牙齿围绕的部分称**骨腭**，其前部正中有一小孔称**切牙孔**，腭后部两侧有**腭大孔**。鼻后孔两侧的垂直突起称**翼突**，翼突根部的后外侧依次有卵圆孔和棘孔。

6. 颅的 X 线解剖 常规摄正侧位（图 1-77、图 1-78）。

（1）**颅壁的厚度、密度与结构**：颅壁的厚度、密度与结构因人而不同，这与性别、年龄及投照的位置、部位有很大的关系。正常成人颅盖的外板和内板均呈致密的线状影，构成颅影的前、上和后缘；板障位于内、外板之间，密度较低，呈弥漫的白色颗粒小点。不同部位的盖壁厚度不一，枕外隆凸和顶结节等处厚度最大，可达 10mm 左右，而颞鳞、枕鳞等处较薄，仅为 2～3mm。一般情况下，外板的厚度约为 1.5mm，内板的厚度约为 0.5mm。在颅壁厚的部位，板障也厚；在颅壁较薄的部位，常无板障影，如颞鳞、枕鳞及两侧顶骨后部可出现对称性局部变薄区，没有板障，与相邻骨壁形成明显对比。颅盖前部在接近颅底处，有一尖端向上的三角形透亮区，是额窦的影像。颅盖后部，内、外板增厚隆起处，分别是枕内隆凸和枕外隆凸。

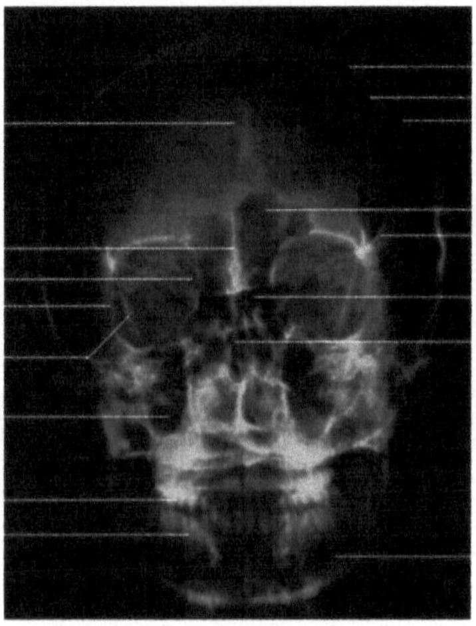

图 1-77　颅正位 X 线像

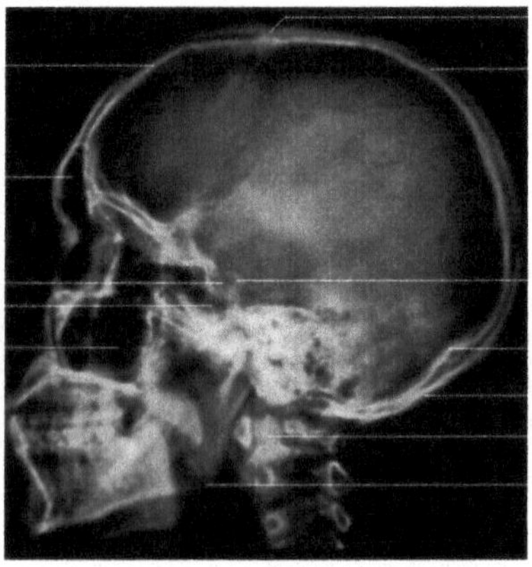

图 1-78　颅侧位 X 线像

（2）**颅缝**：位于颅顶骨之间的连接处，呈锯齿状线影。后前位片，矢状缝居中线，人字缝向两侧外下方走行，冠状缝亦可显示。侧位片上，冠状缝与人字缝自上向下清晰可见。正常人 30 岁时，颅缝开始骨化闭合，颅缝闭合后遗留条状致密影。

（3）**颅盖的压迹**：主要为脑回、血管及窦沟的压迹等。

脑回压迹是大脑脑回压迫颅盖内板所形成的局限变薄区，其影像多见儿童期，为散在的圆形、卵圆形或长条形的密度减低区，边缘模糊，其间界为密度高的骨嵴，骨嵴与脑间沟相对应，至成年压迹多不明显。

脑膜中动脉压迹表现为线条状透明影，边缘清楚。从颅中窝迂曲上行，在冠状缝后分为前、后两支。前支影较清楚，走向后上方，上行至颅顶部，逐渐变为细小的分支，消失在顶骨的上中部。后支细小显示不清。脑膜中动脉压迹与年龄相关，1 岁前很少出现，2～3 岁时约有 50%的出现概率，到成人，则几乎均可查到。

横窦沟和乙状窦沟压迹呈低密度的带状影。横窦沟起于枕内隆凸的窦汇，行向前外，直达岩部影像的后方，而后折向下与乙状窦沟影相连。乙状窦沟沿岩部影的后缘下降，消失于颅底的重叠影中。

此外，在颅盖的上缘附近，还有蛛网膜粒（见神经系统）的压迹影像，呈圆形、卵圆形或分叶状，边缘清晰，是小而局限性的透亮区。

（4）**颅前窝的 X 线**：后前位片上，颅前窝底中部为筛板和蝶骨体构成的低凹影像，中央为耸立的鸡冠致密影。侧位片上，两侧眶顶上面有横形或浅弧形致密线影，为额叶下面的脑回压迹及脑回间嵴，眶顶下面呈较平致密线。蝶骨小翼与额骨相连接的部分，表现为横置三角形致密影。颏顶位片上由于鼻腔、鼻窦，下颌骨、牙齿及眼眶等重叠而不清晰。

（5）**颅中窝的 X 线**：颅中窝结构在颏顶位片上显示最清楚，其次为侧位片。颏顶位像能比较清晰地显示颅中窝底，最前界为硬腭后缘，其中线为鼻中隔和犁骨的线条状影，犁骨的两侧后鼻孔的部位，犁骨阴影的后方为透明的蝶窦。侧位像显示，中央为**蝶鞍**。前床突凸向后方，轮廓清晰。前床突后方，呈圆形或卵圆形的低密度阴影，是**垂体窝**，其底称鞍底，呈单一弧形线。垂体窝的后壁，即**鞍背**，略向前倾。垂体窝前壁骨质线轻微后凸，为鞍结节阴影。鞍结节向上前与蝶平面的后端相续。鞍结节、鞍底和鞍背的前缘，为一连续、光滑的致密线。鞍底和蝶平面下方的半月形透亮区是蝶窦。

（6）**颅后窝的 X 线**：侧位片上，颅后窝的前壁为鞍背和枕骨斜坡，是脑干所在部位，后壁称枕骨窝，小脑居此。颞骨岩部形成一个致密的三角形影像，岩部影像的中心附近，有一直径约 5mm 的圆形透亮区，是外耳道和内耳道的重叠影，此影的后方为乳突小房的阴影，呈蜂窝状透亮区。颏顶位片上，可见中央的枕骨大孔，呈长椭圆形，大小为 30mm×35mm。于颞骨岩部后内缘能见到内耳道低密度管状影，与鼓室及外耳道影大体位于同一平面上。

（四）颅骨的连结

1. 颅骨的纤维连结和软骨连结　颅盖各骨之间，大多借结缔组织膜相连接，构成缝；颅底各骨之间则为软骨连结。随着年龄的增长，有些缝和软骨可转化成骨性结合。舌骨与颞骨茎突间借韧带连接。

2. 颞下颌关节　又称**下颌关节**（图 1-79），是颅骨间唯一的滑膜关节，它是由颞骨的下颌窝、关节结节与下颌头构成。关节囊松弛，前部较薄弱，外侧有韧带加强。关节囊内有椭圆形的关节盘，将关节腔分隔成上、下两部分。

颞下颌关节属于联合关节，由于关节囊较松弛，当张口过大时，下颌头有可能向前滑脱，离开关节窝，进入颞下窝而不能退回关节窝，造成下颌关节脱位。

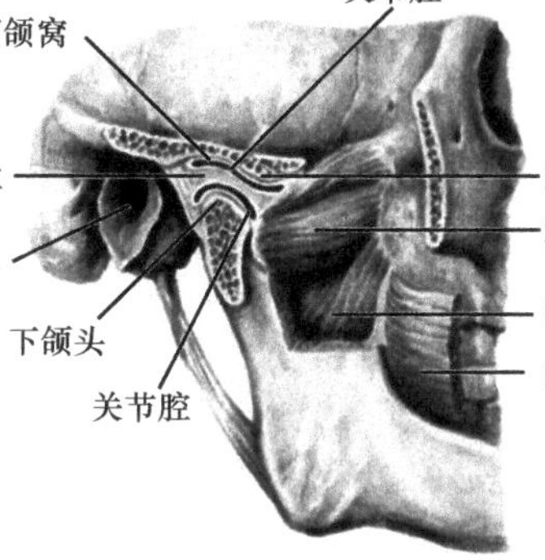

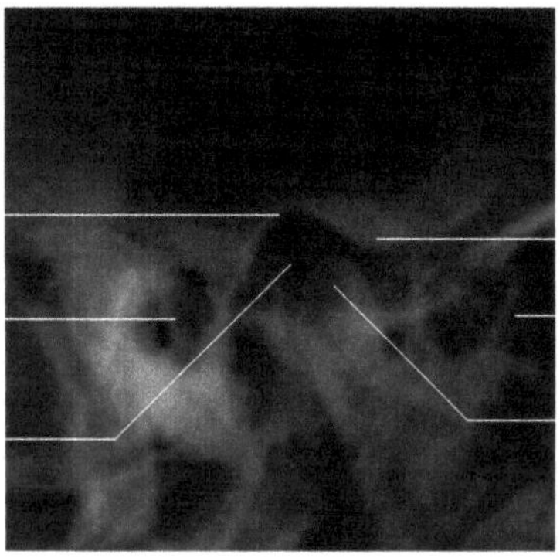

图 1-79　颞下颌关节及 X 线像（侧位）

X 线观察下颌骨及颞下颌关节，影像清晰。正位片上整个下颌骨呈马蹄状，中部为下颌体，两侧向上的是下颌支影。下颌支影的后下缘是下颌角。下颌支的上部，外侧的是髁突影，其上端的球形影即下颌头，与乳突、颧弓的阴影相重叠，冠突影狭长，密度较高，位于髁突内侧或重叠于下颌支影的内侧部，其下端续为下颌支的前缘。

侧位片上，下颌骨影构成颅影的前下部，显示同侧的下颌骨体和支，体和支移行处为下颌角，显影明显。体部的中央，相当于第 2 前磨牙下方见颏孔，由颏孔向后见透明管，为下颌管。两下颌支的大部分互相重叠，下颌支的前、后缘显影较平直、清晰。下颌支后缘影向上，可见髁突及下颌头。下颌头与下颌窝之间的弧形透亮带是颞下颌关节间隙。下颌支前缘向上，可见冠突。冠突阴影一般重叠在骨腭的后部和上颌窦内。

3. 新生儿颅的特征　新生儿脑颅大于面颅（图 1-80），初生时颅盖只有一层骨板，4 岁左右开始逐渐分内、外两层，其间夹有板障。颅顶各骨间的缝隙，由结缔组织膜封闭，缝隙交接处的膜称**囟**。新生儿一般有 6 个囟：冠状缝与矢状缝交界处为**前囟**，人字缝与矢状缝交界处为**后囟**，顶骨前下部和蝶骨之间为左右**前外侧囟（又称蝶囟）**，顶骨后下部和乳突及枕骨之间为左右**后外侧囟（又称乳突囟）**，其中较大的为前囟和后囟。颅缝与囟随年龄的增长而逐渐变窄和封合，封合速度因人因部位而不同。前囟一般于 1 岁半到 2 岁左右闭合，后囟出生后 2 个月闭合，蝶囟出生后 3 个月封合，后外侧囟于 2 岁时才开始封合，其中前囟闭合的早晚可作为婴儿发育的标志。囟在 X 线片上表现为边缘清楚的透明区，1 岁时 X 线上颅缝宽度约 1mm，呈边缘光滑的线状或带状透明影。

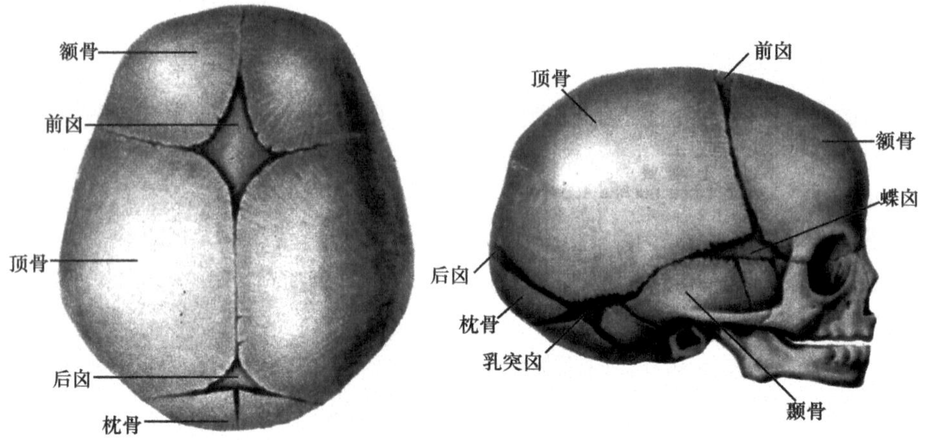

图 1-80　新生儿颅

第二节　肌

一、概　述

运动系统的肌均属**骨骼肌**，约占人体体重的 40%，全身共有 600 余块肌。每块肌都是一个器官，都有一定的形态、结构和功能，并有神经支配和血管营养。

（一）肌的形态与构造

根据肌的外形不同（图 1-81），可将其分为**长肌**、**短肌**、**阔肌**和**轮匝肌**四种。长肌呈长带状或梭形，多分布于四肢。短肌短小，有明显的节段性，多见于躯干深层。阔肌呈宽阔的薄片状，多见于胸、腹壁，除运动外还兼有保护内脏的作用。轮匝肌呈环状，位于裂孔周围，收缩时可关闭孔、裂。每块肌都由肌腹和肌腱构成。其中，肌腹主要由骨骼肌纤维组成，具有收缩能力；肌腱是由平行致密的胶原纤维束构成，强韧但无收缩力，多位于肌腹的两端，肌借肌腱附着于骨骼。阔肌的肌腱呈膜状，又称腱膜。

（二）肌的辅助结构

1. 筋膜

（1）**浅筋膜**：位于真皮之下，亦称**皮下筋膜**，包被身体各部，由疏松结缔组织构成，

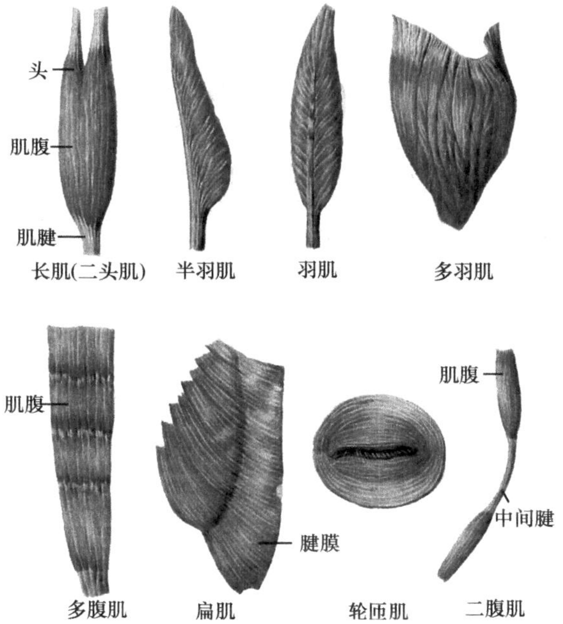

图 1-81 肌的形态

内含浅动脉、浅静脉、皮神经、淋巴管和脂肪组织等。浅筋膜内脂肪组织的多少因部位、性别和营养状况的不同而有差异。

（2）**深筋膜**：又称**固有筋膜**，位于浅筋膜的深面，由致密结缔组织构成，它包裹肌、肌群和体壁及血管、神经等，遍布全身且互相连续。

2. 滑膜囊 为封闭的结缔组织小囊，形扁壁薄，内含滑液，多存在于腱与骨面接触处，以减少两者间的摩擦。有些滑膜囊邻近关节，可与关节腔相交通。滑膜囊发炎时可致局部疼痛和功能障碍。

3. 腱鞘 手、足部的一些长肌腱，活动性大，腱鞘包套在这些长肌腱的表面，可保持腱的位置和减少运动时与骨面的摩擦。

（三）肌及辅助结构的影像解剖特点

肌及各种软组织结构易被 X 线穿过，相互之间缺乏良好的天然对比，一些病变组织的密度又与其相似，故在一般 X 线片中不易一一辨别。所以，在 X 线中能单独看清轮廓的肌不多，但个别肌若与周围结构对比条件较好，或与周围其他肌的厚度有明显差异时，在投照合适的 X 线片上，还是能够区分开来的。例如，腰椎两侧的腰大肌影就可以识别，因为内侧是高密度的腰椎，外侧以低密度的筋膜和腰方肌分开。

肌肉组织在 X 线及 CT 图像上呈灰白色，影像密度低于骨组织，高于脂肪及空气，在 MRI 图像上呈中等信号，周围可见高信号的脂肪间隔。脂肪组织在 X 线及 CT 图像上呈明显低密度。

二、头　　肌

头肌（图 1-82）分为面肌和咀嚼肌两部分。

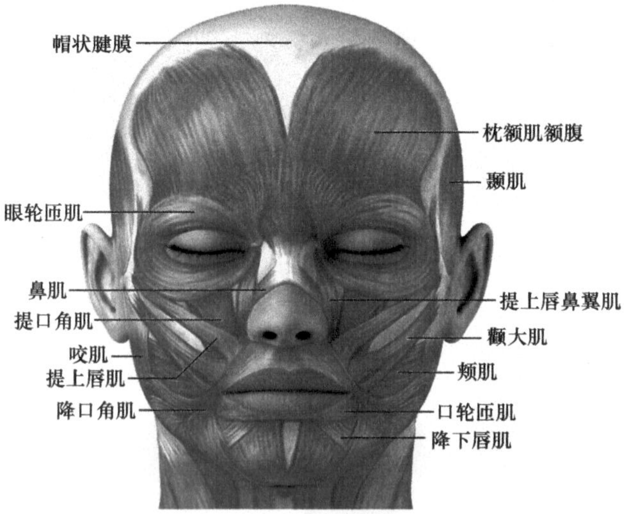

图 1-82　头肌

（一）面肌

面肌又称为**表情肌**。大部分属于皮肌，肌束起自颅骨的表面或筋膜，止于皮肤。**颅顶肌**分为额部的额腹和枕部的枕腹，中间由帽状腱膜连接。帽状腱膜坚韧并与头皮紧密结合。**眼轮匝肌**环绕眼裂周围，**口周围肌**位于口裂周围，包括辐射状肌和环行肌。

（二）咀嚼肌

咀嚼肌包括**咬肌**、**颞肌**、**翼内肌**和**翼外肌**等。其中咬肌起自颧弓，止于下颌骨的咬肌粗隆，为最强大的咀嚼肌。

三、颈　　肌

颈肌依其所在的位置分为颈浅肌群、舌骨肌群和颈深肌群（图 1-83）。

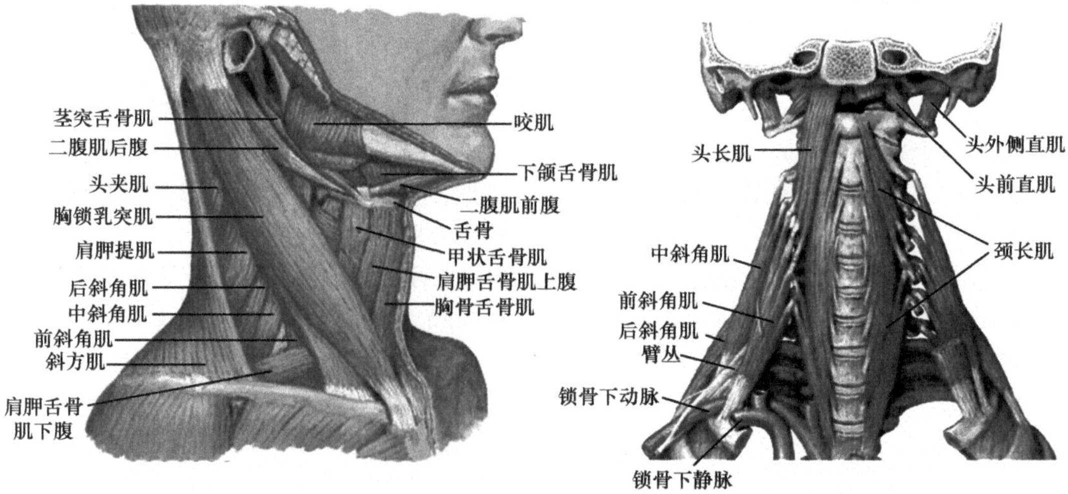

图 1-83　颈肌

（一）颈浅肌群

1. 颈阔肌 为一皮肌，薄而宽阔，位于颈浅筋膜中。

2. 胸锁乳突肌 位于颈部的两侧，大部分被颈阔肌所覆盖，起自胸骨柄和锁骨的胸骨端，二头会合斜向后上方，止于颞骨的乳突。一侧胸锁乳突肌收缩使头屈向同侧，面部转向对侧；两侧同时收缩可使头后仰。

（二）舌骨肌群

舌骨肌群包括**舌骨上肌群**和**舌骨下肌群**，前者位于舌骨、下颌骨和颅底之间，包括**二腹肌**、**下颌舌骨肌**、**颏舌骨肌**和**茎突舌骨肌**等。后者位于颈前正中线两侧，覆盖于喉、气管、甲状腺的前方，依其起止分别称为**胸骨舌骨肌**、**肩胛舌骨肌**、**胸骨甲状肌**和**甲状舌骨肌**。

（三）颈深肌群

颈深肌群主要有前、中、后**斜角肌**，它们均起自颈椎横突，前、中斜角肌止于第 1 肋，并与第 1 肋围成三角形间隙，称**斜角肌间隙**，锁骨下动脉和臂丛神经由此进入腋窝。后斜角肌止于第 2 肋。

四、躯 干 肌

躯干肌包括背肌、胸肌、膈、腹肌和盆底肌。

（一）背肌

背肌（图 1-84）分为浅、深两群，浅层多为阔肌，主要有**斜方肌**、**背阔肌**、**肩胛提肌**和**菱形肌**，深层主要为**竖脊肌**。

1. 浅群肌

（1）**斜方肌**：位于项部和背上部的浅层，一侧呈三角形，两侧合并为斜方形。起自枕外隆凸、项韧带和全部胸椎棘突，肌束向外集中止于锁骨、肩峰和肩胛冈。收缩时可使肩胛骨向脊柱靠拢，上部肌束收缩提肩胛骨（耸肩），下部肌束收缩降肩胛骨。斜方肌瘫痪可出现“塌肩”。

（2）**背阔肌**：为全身最大的阔肌，位于背下部、腰部和胸侧壁。起自第 6 胸椎以下的全部椎骨棘突和髂嵴的后部，肌束向外上方集中，止于肱骨小结节嵴，收缩时使臂内收、内旋和后伸，如背手姿势。

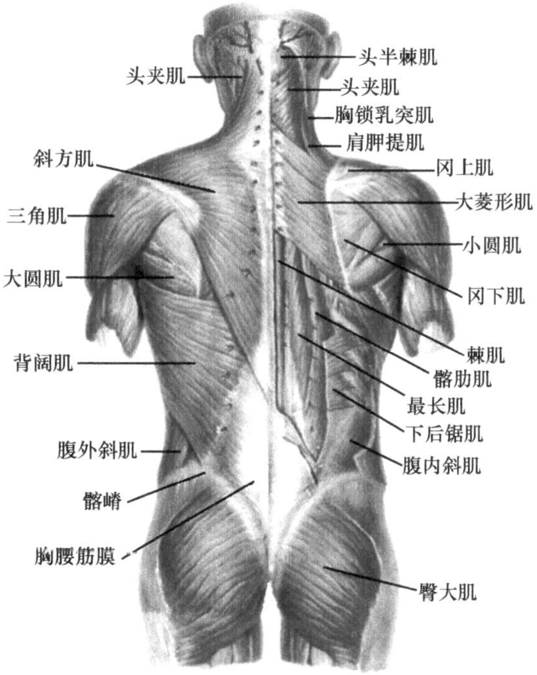

图 1-84 背肌

（3）**肩胛提肌**：呈带状位于项部两侧，斜方肌的深面。收缩时上提肩胛骨。

（4）**菱形肌**：位于斜方肌中部深面，菱形，收缩时牵拉肩胛骨移向内上方。

2. 深群肌　竖脊肌又称**骶棘肌**，位于背部深层全部椎骨棘突两侧的纵沟内，为两条强大的纵形肌柱，起自骶骨背面和髂嵴后份，向上分出多条肌束分别止于椎骨、肋骨和枕骨。竖脊肌是维持人体直立的重要肌，收缩时使脊柱后伸。

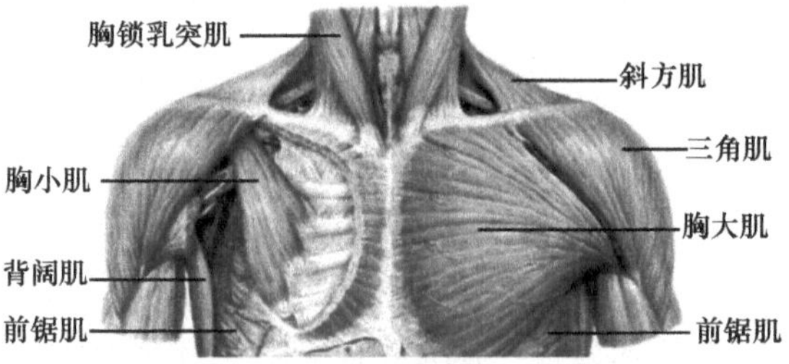

图 1-85　胸肌

（二）胸肌

胸肌（图 1-85）分两部分，一部分起自胸廓，止于上肢骨，收缩时运动上肢，称为**胸上肢肌**，主要有胸大肌、胸小肌和前锯肌；另一部分起、止点均在胸廓，收缩时运动胸廓，称为**胸固有肌**，主要有肋间外肌和肋间内肌。

1. 胸上肢肌

（1）**胸大肌和胸小肌**：胸大肌位于胸壁浅层，起自锁骨、胸骨和第 1～6 肋软骨，肌束向外上集中，止于肱骨大结节下方，收缩时可使肩关节内收、旋内和前屈。胸小肌位于胸大肌的深面。

（2）**前锯肌**：位于胸廓侧壁，起于第 1～8 肋，肌束行向后上方，止于肩胛骨的内侧缘和下角。收缩时拉肩胛骨向前，其下部肌束可使肩胛骨下角外旋，助臂上举。

2. 胸固有肌　包括**肋间外肌**和**肋间内肌**。**肋间外肌**位于浅层，起于上位肋骨下缘，肌束斜向前下，止于下位肋骨上缘，收缩时提肋助吸气。**肋间内肌**位于肋间外肌的深面，起于下位肋骨上缘，肌束斜向前上，止于上位肋骨下缘，收缩时降肋助呼气。

（三）膈

膈（图 1-86）为向上膨隆呈穹隆形的阔肌，位于胸腹腔之间，构成胸腔的底和腹腔的顶。其周围部为肌质；中央部为腱膜，称为中心腱。其起点分为胸骨部、肋部和腰部。胸骨部起自剑突后面；肋部起自第 7～12 肋内面；腰部以左、右两个膈脚起自第 2～3 腰椎体前面。三部肌纤维向中央集中，止于中心腱。在上述三部起点之间可留有三角形的小空隙，没有肌束，只有一些疏松结缔组织和膈肌筋膜，为膈的薄弱区，称为胸肋三角和腰肋三角。腹部脏器有可能经此突入胸腔，形成膈疝。

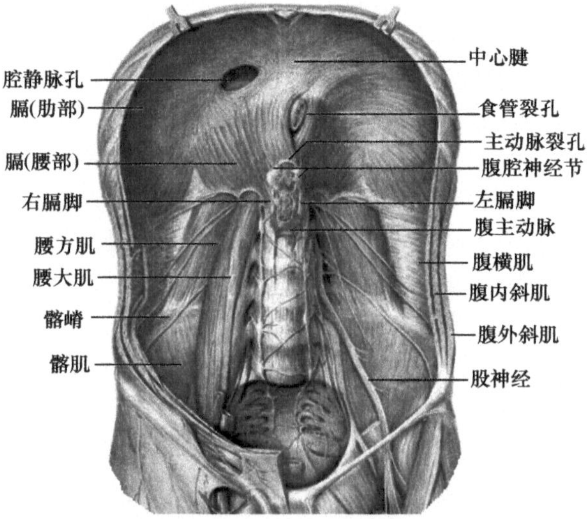

图 1-86　膈及腹后群肌

膈有三个裂孔：在第 12 胸椎前方有主动脉裂孔，内有主动脉和胸导管通过；约平第 10 胸椎水平有食管裂孔，内有食管和迷走神经通过；在中心腱上约平第 8

胸椎水平有腔静脉孔，内有下腔静脉通过。

膈是主要的呼吸肌。收缩时，膈穹隆下降，胸腔容积扩大，助吸气；舒张时，膈穹隆上升恢复原位，胸腔容积缩小，助呼气。膈与腹肌同时收缩，则能增加腹压，以协助排便、呕吐及分娩等活动。

（四）腹肌

腹肌参与构成腹腔的前壁、侧壁和后壁，分为前外侧群和后群。

1. 前外侧群　**腹直肌**为位于中线两侧的一对长带状肌，表面被腹直肌鞘包裹；**腹外斜肌**为一宽扁的阔肌，位于腹前外侧壁的浅层。腹外斜肌腱膜下缘增厚卷曲，张于髂前上棘和耻骨结节之间，称为**腹股沟韧带**；**腹内斜肌**位于腹外斜肌的深面；**腹横肌**位于腹内斜肌的深面（图 1-87）。

2. 后群　腹肌后群主要为**腰方肌**和**腰大肌**。腰方肌位于腹后壁两侧，起自髂嵴，止于第 12 肋。

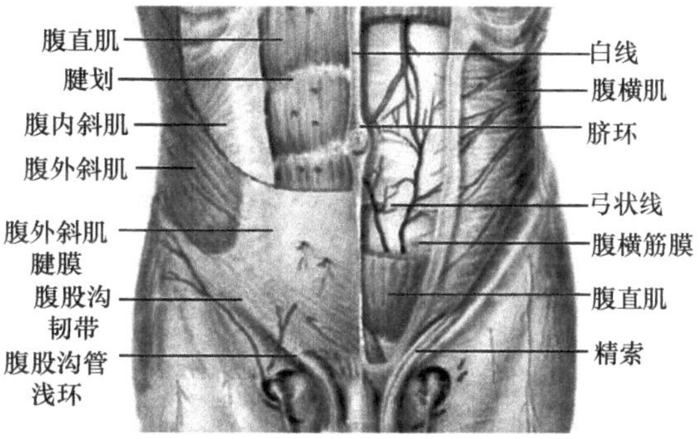

图 1-87　腹肌

（五）盆底肌

盆底肌（图 1-88、图 1-89）是指封闭小骨盆下口的诸肌，亦称会阴肌。其主要有肛提肌、会阴浅横肌、会阴深横肌和尿道括约肌等。**肛提肌**呈漏斗形，封闭小骨盆下口的大部分。肛提肌的上、下面分别被盆膈上、下筋膜覆盖，共同构成盆膈，有直肠通过。**会阴深横肌**位于小骨盆下口的前下部，肌束横行附着于两侧的坐骨支。**尿道括约肌**位于会阴深横肌的前方。会阴深横肌和尿道括约肌的上、下两面被尿生殖膈上、下筋膜覆盖，构成尿生殖膈，男性有尿道，女性有尿道和阴道通过。

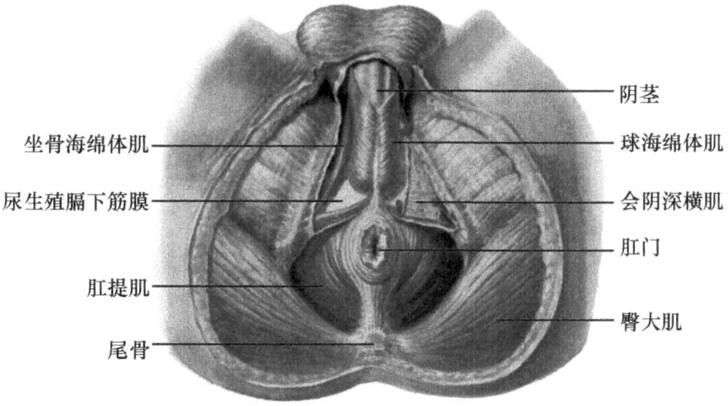

图 1-88　会阴肌（男性）

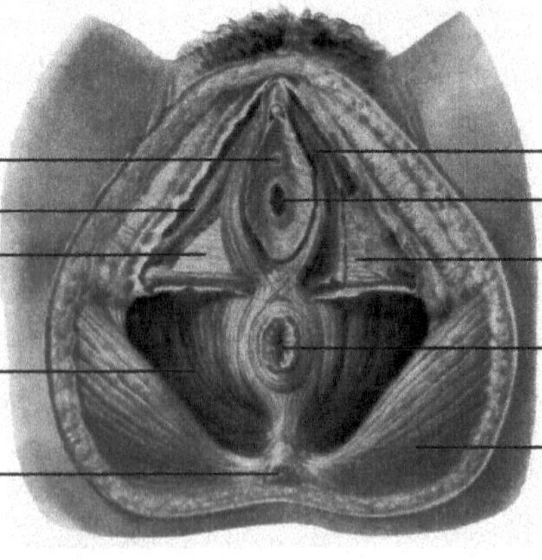

图 1-89　会阴肌（女性）

五、四　肢　肌

（一）上肢肌

上肢肌按部位分为肩肌、臂肌、前臂肌和手肌。

1. 肩肌　亦称**上肢带肌**，配布在肩关节周围，均起自上肢带骨，止于肱骨（图 1-90）。

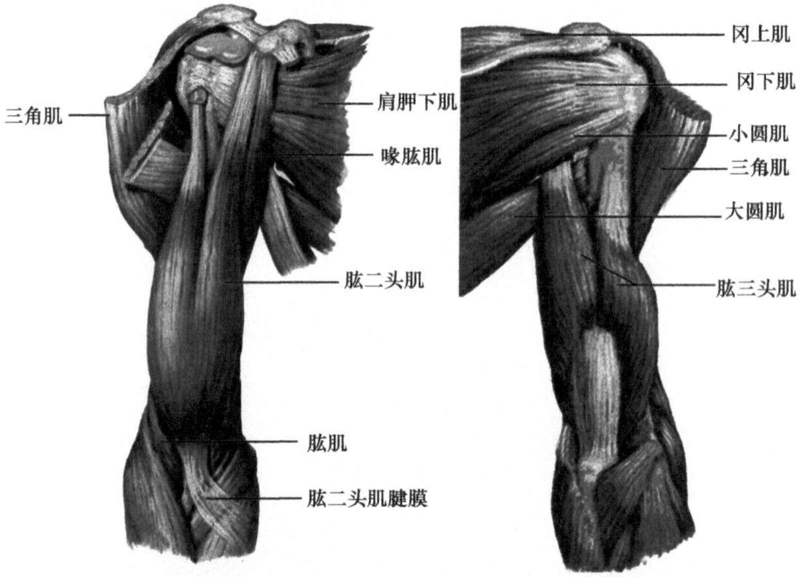

图 1-90　肩肌及臂肌

（1）**三角肌**：呈三角形，起自锁骨外侧份、肩峰和肩胛冈，肌束从前、后和外侧三面包围肩关节，止于肱骨的三角肌粗隆。收缩时，主要使肩关节外展。三角肌是肌内注射的常用部位。

（2）**冈上肌与冈下肌**：冈上肌位于冈上窝，冈下肌位于冈下窝。

（3）**小圆肌与大圆肌**：小圆肌位于冈下肌的下方，大圆肌位于小圆肌的下方。

（4）**肩胛下肌**：起自肩胛下窝，止于肱骨小结节。收缩时内收、内旋肩关节。

肩胛下肌、冈上肌、冈下肌和小圆肌的肌腱构成**肩袖**，对加固肩关节起重要作用。

2. 臂肌

（1）**前群**：包括**肱二头肌**、**喙肱肌**和**肱肌**。**肱二头肌**位于臂前面浅层，呈梭形，起端有长、短两头，长头起自肩胛骨盂上结节，通过肩关节囊，经结节间沟下降；短头起自肩胛骨喙突，两头合并成一个肌腹下行，止于桡骨粗隆。肱二头肌的主要作用是屈肘关节和肩关节。**喙肱肌**在肱二头肌的内侧，可屈肩关节。**肱肌**位于肱二头肌下半的深面，可屈肘关节。

（2）**后群**：为**肱三头肌**，有三个头。长头起自肩胛骨盂下结节，两个短头起自肱骨背面，三头合并成一个肌腹，止于尺骨鹰嘴。其主要作用是伸肘关节。

3. 前臂肌

（1）**前群**：共 9 块（图 1-91），分浅、深两层。

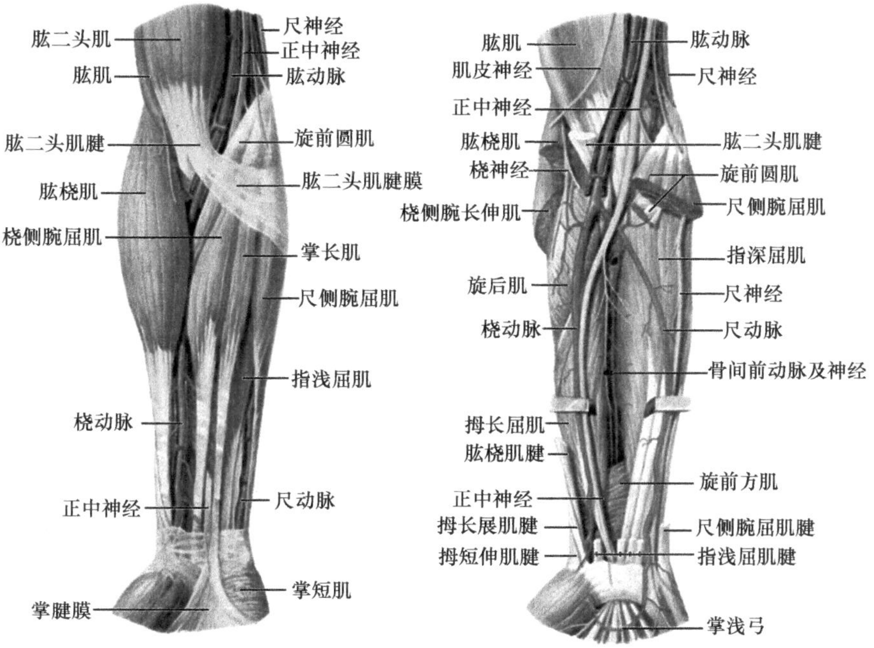

图 1-91　前臂前群肌

浅层有 6 块，从桡侧向尺侧依次为**肱桡肌**、**旋前圆肌**、**桡侧腕屈肌**、**掌长肌**、**指浅屈肌**和**尺侧腕屈肌**。肱桡肌屈肘关节，掌长肌屈腕关节，指浅屈肌屈腕、掌、指关节，旋前圆肌、桡侧腕屈肌和尺侧腕屈肌作用与名称一致。

深层有 3 块，即**拇长屈肌**、**指深屈肌**、**旋前方肌**。拇长屈肌和指深屈肌可屈腕、掌、指关节，旋前方肌可使前臂旋前。

（2）**后群**：共有 10 块（图 1-92），分浅、深两层。浅层有 5 块，由桡侧向尺侧，依次为**桡侧腕长伸肌**、**桡侧腕短伸肌**、**指伸肌**、**小指伸肌**和**尺侧腕伸肌**。深层也有 5 块，从上到下，由桡侧到尺侧依次为**旋后肌**、**拇长展肌**、**拇短伸肌**、**拇长伸肌**和**示指伸肌**。后群各肌的作用与名称一致。

4. 手肌　全部位于手的掌侧面，主要运动手指，分外侧群、内侧群和中间群。

（二）下肢肌

下肢肌按部位分为髋肌、大腿肌、小腿肌和足肌。

1. 髋肌　亦称下肢带肌，分为浅群和后群（图 1-93、图 1-94）。

（1）**前群**：主要为**髂腰肌**，它由**腰大肌**和**髂肌**结合而成。

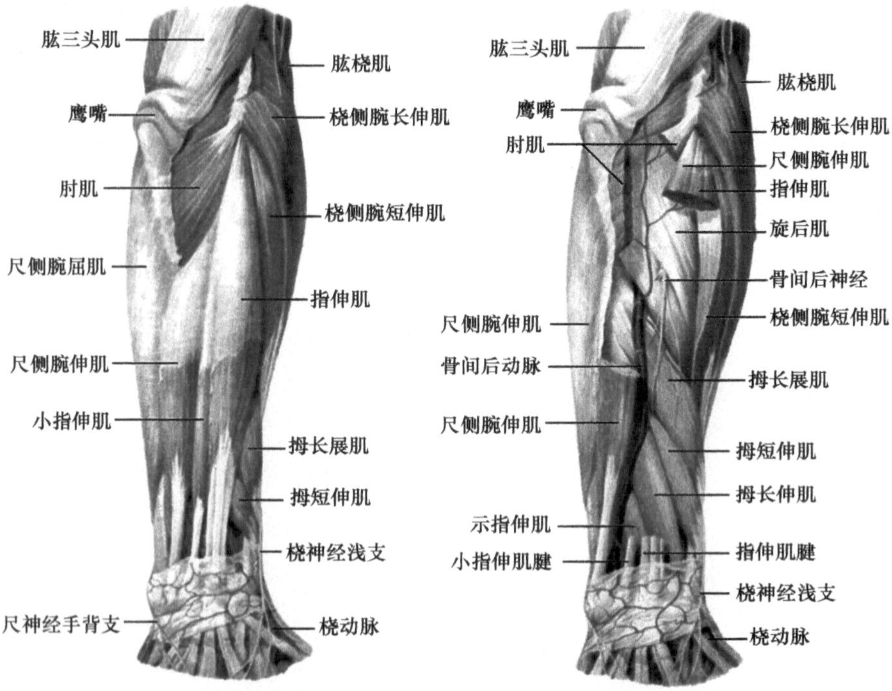

图 1-92　前臂后群肌

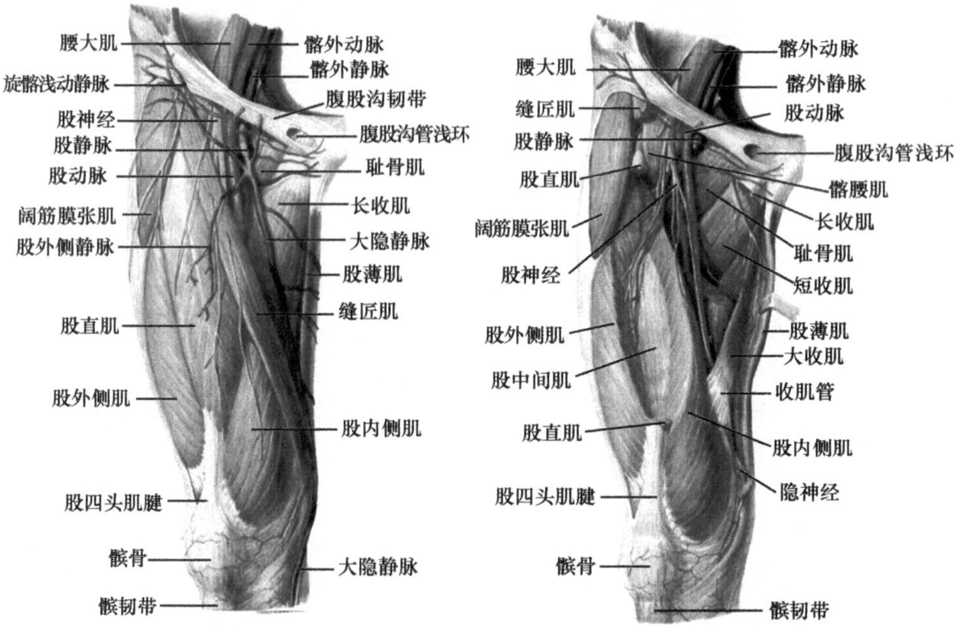

图 1-93　大腿肌前群

（2）**后群**：包括臀大肌、臀中肌、臀小肌和梨状肌等。**臀大肌**起自髂骨翼外面和骶骨后面，斜向下外，止于髂胫束和股骨的臀肌粗隆。臀大肌宽厚，和皮下组织形成臀部隆起，在臀部外上 1/4 处为临床常用的肌内注射部位。臀大肌主要作用为伸髋关节。**臀中肌**位于臀大肌的深面，**臀小肌**位于臀中肌的深面。**梨状肌**位于臀大肌的深面、臀中肌的内下方。

坐骨大孔被梨状肌分隔为梨状肌上孔和梨状肌下孔。

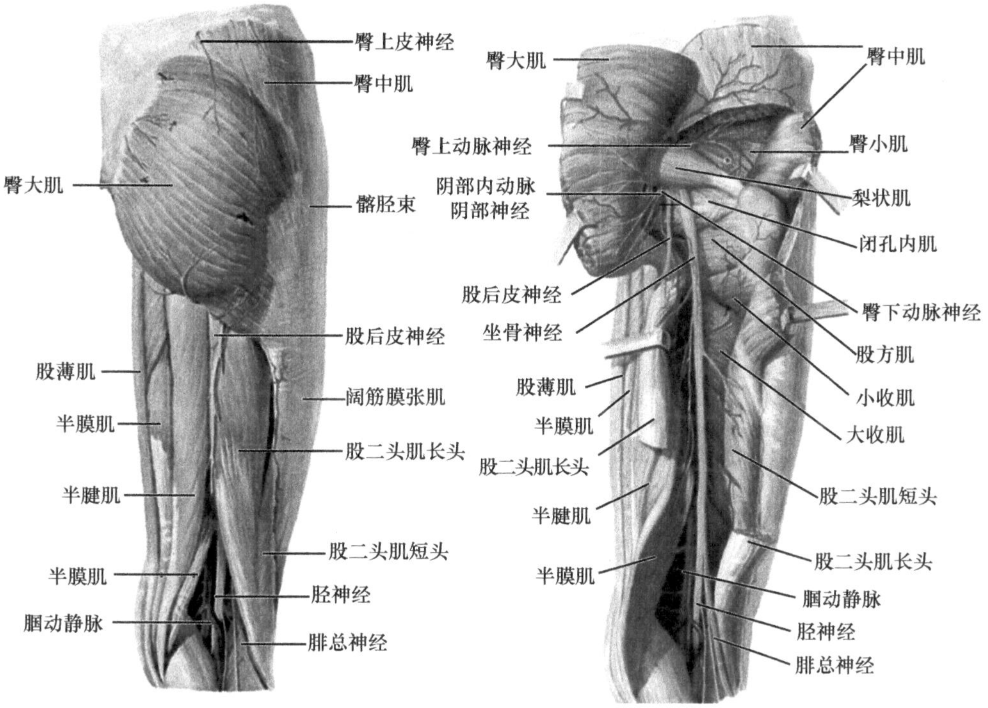

图 1-94　臀肌及大腿肌后群

2. 大腿肌

（1）**前群**：位于大腿前面，有缝匠肌和股四头肌。**缝匠肌**呈扁带状，是人体最长的肌，起自髂前上棘，止于胫骨上端内侧面。其作用为屈髋关节和屈膝关节。**股四头肌**肌有 4 个头，分别称为股直肌、股内侧肌、股外侧肌和股中间肌。除股直肌起于髂前下棘外，其余均起自股骨，4 头合并向下移行为肌腱，包绕髌骨的前面和两侧，向下延续为髌韧带，止于胫骨粗隆。其主要作用为伸膝关节。

（2）**内侧群**：共有 4 块肌，位于大腿的内侧，分三层排列。该肌群浅层自外向内有**耻骨肌**、**长收肌**和**股薄肌**。在耻骨肌和长收肌的深面有**短收肌**。在上述肌的深面有一块呈三角形宽而厚的**大收肌**。内侧群肌的作用主要是使大腿内收。

（3）**后群**：位于股骨后方，包括股二头肌、半腱肌和半膜肌。**股二头肌**位于股后部的外侧，有长、短两头。长头起自坐骨结节，短头起自股骨粗线，两头合并以长腱止于腓骨头。**半腱肌**位于股后部的内侧，肌腱细长，几乎占肌的一半。它与股二头肌长头一同起自坐骨结节，止于胫骨上端的内侧。**半膜肌**在半腱肌的深面，以膜状扁薄腱起自坐骨结节。膜状腱膜几乎占肌全长的 1/2，下端止于胫骨内侧髁。大腿后群肌可以伸髋关节，屈膝关节。当半屈膝位时，股二头肌可使小腿旋外，半腱肌和半膜肌可使小腿旋内。

3. 小腿肌

（1）**前群**：位于小腿前面（图 1-95），有三块肌，从内侧向外侧依次为**胫骨前肌**、**趾长伸肌**和**踇长伸肌**。三肌均可伸（背屈）踝关节。趾长伸肌和踇长伸肌还分别伸第 2～5 足趾和踇趾，胫骨前肌还可使足内翻。

（2）**外侧群**：位于小腿外侧，包括腓骨长肌和腓骨短肌。二肌可使足外翻，并使踝关节跖屈。

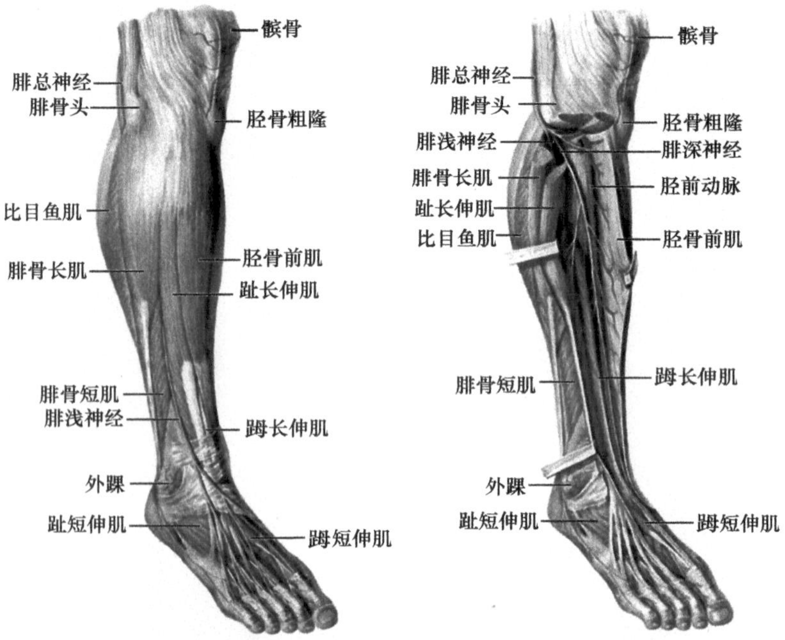

图 1-95　小腿前群及外侧群肌

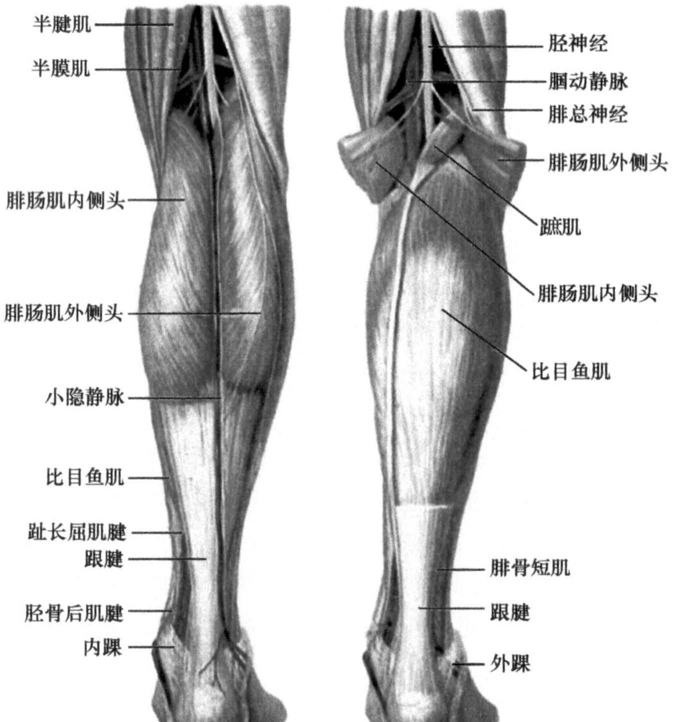

图 1-96　小腿后肌群浅层

（3）**后群**：位于小腿后方，分为浅层和深层（图 1-96、图 1-97）。浅层有**腓肠肌**和**比目鱼肌**两肌合称为小腿三头肌。小腿三头肌可跖屈踝关节、屈小腿和上提足跟。深层自胫侧向腓侧依次为**趾长屈肌**、**胫骨后肌**和**踇长屈肌**。趾长屈肌和踇长屈肌分别屈相应的足趾，并使足跖屈，胫骨后肌可跖屈踝关节和使足内翻。

4. 足肌　分为足背肌和足底肌。足背肌包**踇短伸肌**和**趾短伸肌**。足底肌的配布和作用与手肌相似，也可分为内侧群、外侧群和中间群。另外还有趾短屈肌和足底方肌等。

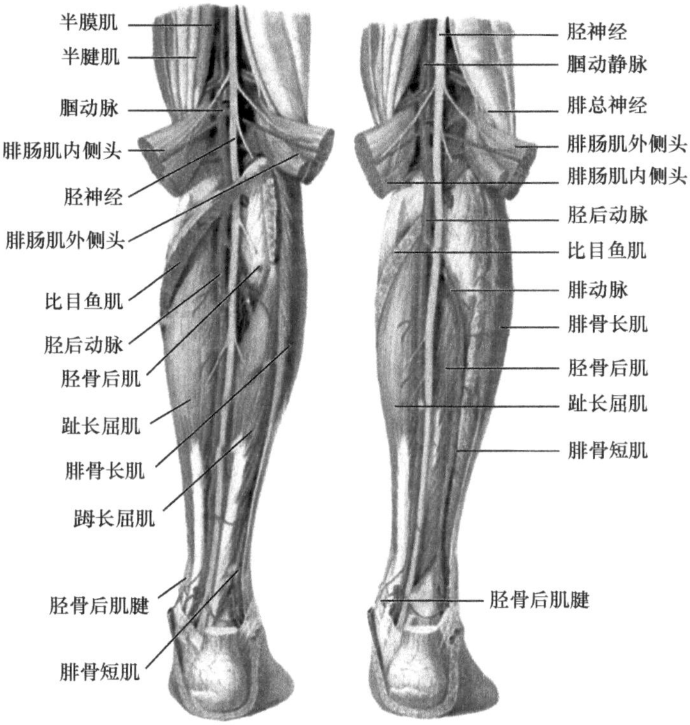

图 1-97　小腿后肌群深层

（李洪文）

第二章 消化系统

第一节 概 述

一、消化系统组成和功能

消化系统由消化管和消化腺两部分组成（图 2-1）。

消化管是一条弯曲而粗细不等的管道，包括口腔、咽、食管、胃、小肠（十二指肠、空肠和回肠）和大肠（盲肠、阑尾、结肠、直肠和肛管）。临床上，通常以十二指肠为界，将十二指肠以上的消化管称为**上消化道**，空肠以下的消化管称为**下消化道**。

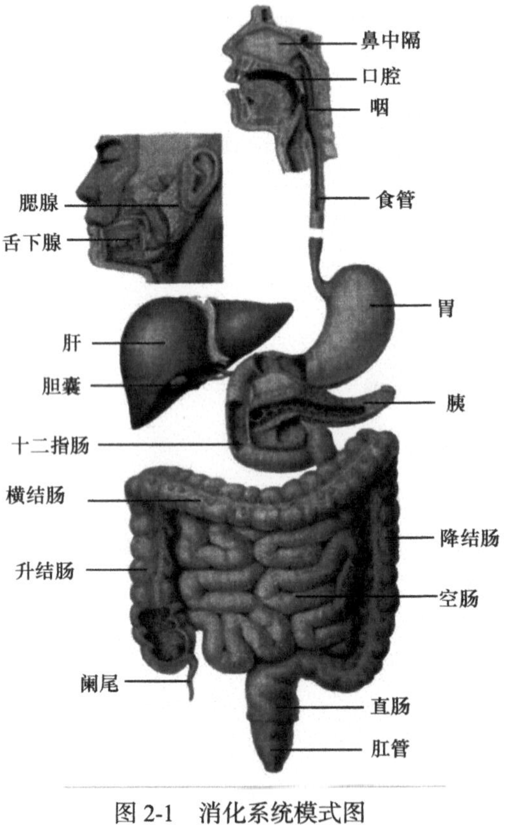

图 2-1 消化系统模式图

消化腺的功能是分泌消化液，可分为大消化腺和小消化腺两种。大消化腺包括 3 对大唾液腺、肝和胰，位于消化管管壁外；小消化腺位于消化管管壁内，如唇腺、食管腺、胃腺和肠腺等。它们均通过导管开口于消化管腔。

消化系统的主要功能是消化食物，吸收营养物质，排出食物残渣。

由于消化系统的大部分器官，与呼吸系统、泌尿系统、生殖系统的大部分器官一样，均位于胸、腹、盆腔内，并借一定的孔道直接或间接与外界相交通，因此将这 4 个系统称之为内脏。内脏各器官的形态不尽相同，按其构造可分为**中空性器官**和**实质性器官**两大类。中空性器官呈管状或囊状，内部均有空腔，如胃、肠、气管、膀胱、子宫等，X 线检查多采用人工造影术，如消化道钡剂造影、静脉肾盂造影等。实质性器官多属腺体，具有分泌功能，如肝、胰、肾和生殖腺等。实质性器官均有一凹陷的部位，是血管、淋巴管、神经和功能性导管等出入之处，称为该器官的门，如肝门、肺门和肾门等。实质性器官行 CT、MRI、超声检查均可达到很好的效果。

二、胸部标志线和腹部的分区

内脏的很多器官位于胸、腹腔，位置相对固定，为了便于描述器官的正常位置和体表投影，利于临床诊疗疾病，通常在胸、腹部体表确定若干标志线和分区。

（一）胸部的标志线

1. 前正中线　通过人体前面正中所作的垂直线。
2. 胸骨线　通过胸骨外侧缘所作的垂直线。
3. 锁骨中线　通过锁骨中点所作的垂直线。
4. 胸骨旁线　通过胸骨线和锁骨中线之间的中点所作的垂直线。
5. 腋前线　通过腋前襞所作的垂直线。
6. 腋后线　通过腋后襞所作的垂直线。
7. 腋中线　通过腋前线和腋后线之间的中点所作的垂直线。
8. 肩胛线　通过肩胛骨下角所作的垂直线。
9. 后正中线　通过人体后面正中所作的垂直线。

（二）腹部的分区

在腹部前面，通常用两条横线和两条纵线，将腹部分为 9 个区（图 2-2）。两条横线分别是通过左、右肋弓最低点的连线和通过左、右髂结节的连线；两条纵线分别是通过左、右腹股沟韧带中点所作的垂线。上述 4 条线将腹部分成的 9 个区为：上横线上方为中间的**腹上区**和两侧的**左**、**右季肋区**；下横线下方为中间的**腹下区**（**耻区**）和两侧的**左**、**右髂区**（**腹股沟区**）；上、下横线之间为中间的**脐区**和两侧的**左**、**右腹外侧区**（**腰区**）。

临床上，又以通过脐作垂直线和水平线，将腹部分为 4 个区，分别是**左上腹部**、**右上腹部**、**左下腹部**和**右下腹部**。

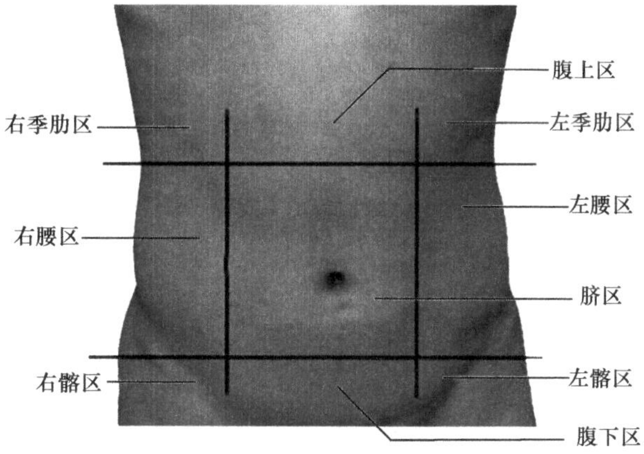

图 2-2　腹部分区

第二节　消　化　管

一、口　　腔

口腔是消化管的起始部。以上、下牙弓为界，可分为前外侧的**口腔前庭**和后内侧的**固有口腔**。当上、下颌牙咬合时，口腔前庭与固有口腔之间可借最后 1 颗磨牙后方的间隙相通。临床上当患者牙关紧闭时，可经此插管注入急救药物或营养物质。

（一）口腔的境界（图 2-3）

1. 前壁　为**唇**，可分上、下唇。上、下唇间的裂隙称口裂，两唇结合处称口角。上唇外面正中有一纵行的浅沟，称**人中**，昏迷患者急救时，可在此进行指压或针刺。

2. 侧壁　为**颊**。颊与上唇两侧之间各有一条浅沟，称**鼻唇沟**，是颊与上唇的分界线。

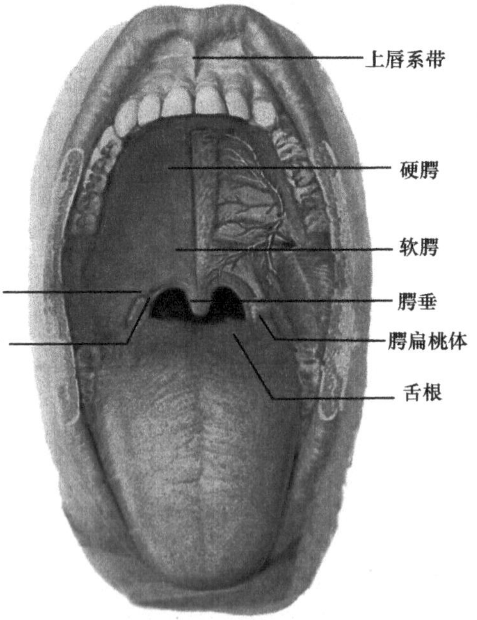

图 2-3　口腔、咽峡及舌的上面

在颊内面，正对上颌第 2 磨牙处的颊黏膜有腮腺导管的开口。

3. 上壁　为腭，即口腔顶，呈穹隆状，分隔口腔和鼻腔。腭前 2/3 以骨为基础，表面被覆黏膜称**硬腭**；后 1/3 以肌和腱为基础，表面被覆黏膜称**软腭**。软腭后缘游离，向后下倾斜称**腭帆**，中央向下的突起称**腭垂**或**悬雍垂**。腭垂两侧向外下各有一对弓形黏膜皱襞，前方的连于舌根，称**腭舌弓**；后方的连于咽侧壁，称**腭咽弓**。腭垂、两侧腭舌弓及舌根共同围成**咽峡**，是口腔与咽的分界，也是两者的通道。

4. 后壁　经咽峡与咽相通。

5. 下壁　即口腔底，主要由舌和软组织构成。

（二）口腔的器官

1. 舌　位于口腔底，由骨骼肌表面被覆黏膜而成。舌具有感受味觉、搅拌食物、协助咀嚼和辅助发音等功能。

（1）**舌的形态**：舌分前 2/3 的**舌体**和后 1/3 **舌根**两部分。舌体的前端称**舌尖**。舌的上面称**舌背**，其后部有开口向前的“∧”形界沟，是舌体和舌根的分界。

（2）**舌黏膜**：呈淡红色。舌背的黏膜上有许多小突起，称**舌乳头**。舌乳头形态各异，功能不一，主要有 4 种：①**丝状乳头**，呈白色丝绒状，数量最多，遍及舌体背面，具有一般感觉功能；②**菌状乳头**，呈鲜红色圆点状，散在于丝状乳头之间，以舌尖和舌体两侧缘较多；③**轮廓乳头**，最大，有 7～11 个，排列在界沟前方，乳头中央隆突，周围有环状浅沟。④**叶状乳头**，在人类已退化。后三种乳头内均含味觉感受器，称**味蕾**，具有感受酸、甜、苦、咸等味觉的功能。舌根的黏膜，有淋巴组织构成的大小不等的隆起，称**舌扁桃体**，具有防御功能。

舌下面（图 2-4）的黏膜，在正中线上有一纵行的皱襞连于口腔底，称**舌系带**。在舌系带根部两侧各有一圆形隆起称**舌下阜**，是下颌下腺导管和舌下腺大导管的共同开口处。由舌下阜向后外侧延续形成的斜行黏膜皱襞称**舌下襞**，其深面有舌下腺，表面有舌下腺小导管的开口。

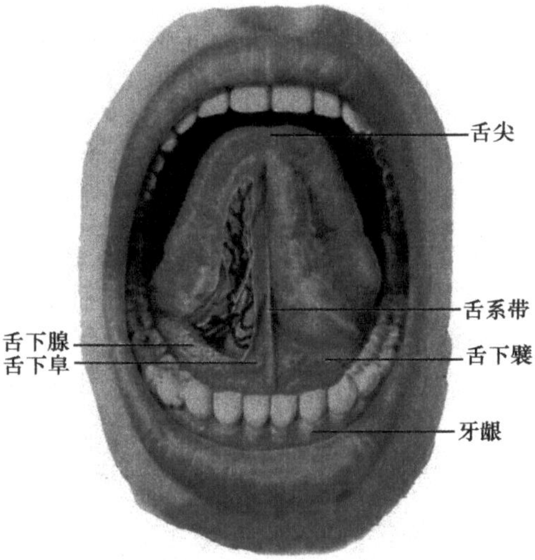

图 2-4　口腔底和舌下面

（3）**舌肌**：分舌内肌和舌外肌（图 2-5）。**舌内肌**构成舌的主体，起止均在舌内，肌束呈纵行、横行和垂直3种方向排列，收缩时可改变舌的形状；**舌外肌**起于舌外，止于舌内，收缩时可改变舌的位置，共有4对，其中在临床上较为重要的是**颏舌肌**。该肌起自下颌体内面的颏棘，肌纤维向后上呈扇形入舌内，止于舌正中线两侧。两侧颏舌肌同时收缩，舌伸向前下；一侧颏舌肌收缩，舌尖伸向对侧。如一侧颏舌肌瘫痪，伸舌时舌尖偏向患侧。

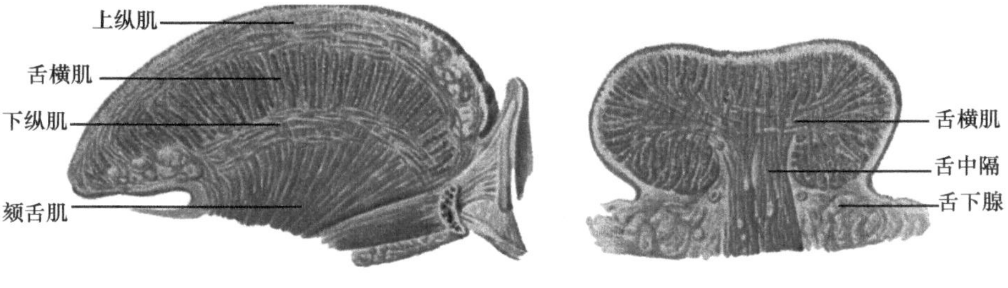

正中矢状切面　　冠状切面

图2-5　舌正中矢状面及冠状切面示意图

2. 牙　是人体最坚硬的器官，镶嵌于上、下颌骨的牙槽内，分别构成**上**、**下牙弓**。牙具有咀嚼食物、协助发音等功能。

（1）**牙的形态与构造**：每颗牙按其形态可分为牙冠、牙颈和牙根三部分（图2-6）。暴露在口腔内的部分称**牙冠**；嵌入上、下颌骨牙槽内的部分称**牙根**；两者移行处的部分稍细称**牙颈**。每颗的牙根末端均有**根尖孔**向内通**牙根管**，继而通向牙冠内的**牙冠腔**。牙根管和牙冠腔合称**牙腔**或**髓腔**。

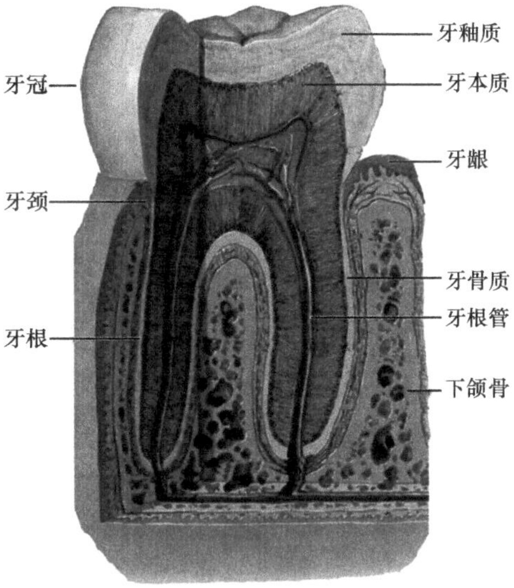

图2-6　牙的形态与构造模式图

牙主要由牙釉质、牙质、牙骨质和牙髓构成。**牙釉质**被覆于牙冠的表面，瓷白光亮，是牙最坚硬的部分；**牙质**围绕在牙腔周围，构成牙的主体；**牙骨质**被覆于牙根和牙颈表面；**牙髓**位于牙腔内，由结缔组织、血管、淋巴管和神经等组成。牙髓发炎时常引起剧烈疼痛。

（2）**牙的分类和排列**：人的一生中有两套牙，即乳牙（图2-7）和恒牙（图2-8）。

乳牙共20个，一般在出生后6个月开始萌出，3岁左右出齐，6岁后逐渐脱落。乳牙可分为乳切牙、乳尖牙、乳磨牙3类。恒牙共28～32个，6～7岁开始萌出，并相继代替乳牙，除第3磨牙外其他各恒牙约在13岁基本出齐。第3磨牙萌出最迟，又称迟牙或智牙，到成年后才萌出，有的甚至终生不出（表2-1）。恒牙可分为切牙、尖牙、前磨牙和磨牙4类。

乳牙上、下颌左右各5个，共20个。恒牙上、下颌左右各8个，共32个。临床上为了记录方便，常以被检查者的解剖学方位为准，以“十”字划分上、下颌和左、右侧，共4个区，并以罗马数字Ⅰ～Ⅴ表示乳牙，以阿拉伯数字1～8表示恒牙。如$\overline{\text{II}|}$表示右下颌乳侧切牙，$\underline{|7}$表示左上颌第2磨牙。

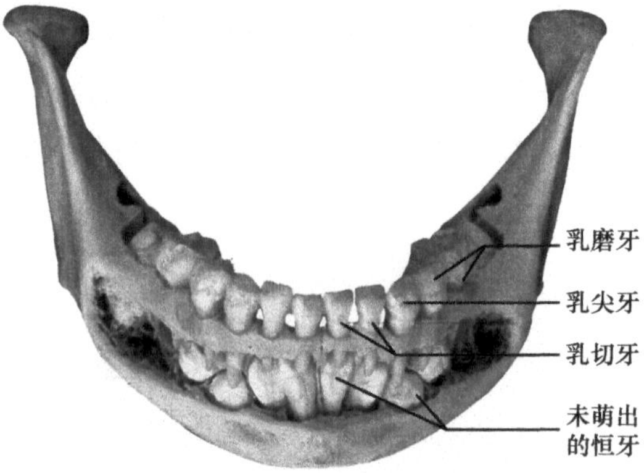

图 2-7　乳牙的名称及符号

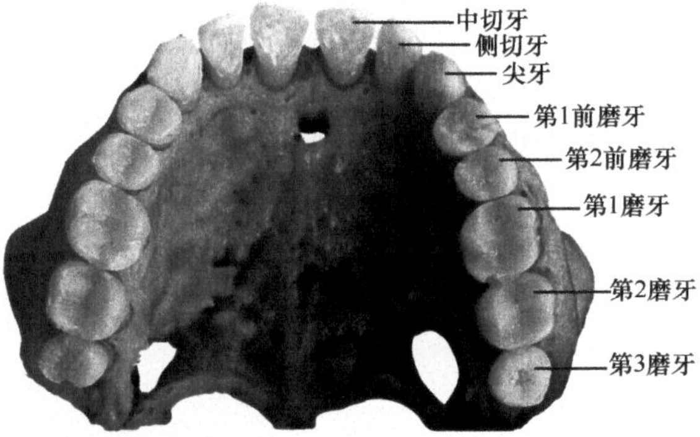

图 2-8　恒牙的名称及符号

表 2-1　牙的萌出和脱落时间

	名称	萌出时间	脱落时间
乳牙	乳中切牙	6～8 个月	6 岁
	乳侧切牙	6～10 个月	8 岁
	乳尖牙	16～20 个月	12 岁
	第 1 乳磨牙	12～16 个月	10 岁
	第 2 乳磨牙	20～30 个月	11～12 岁
恒牙	中切牙	6～7 岁	
	侧切牙	7～9 岁	
	尖牙	9～12 岁	
	第 1 前磨牙	10～12 岁	
	第 2 前磨牙	10～12 岁	
	第 1 磨牙	6～7 岁	
	第 2 磨牙	11～13 岁	
	第 3 磨牙	17～25 岁或更迟	

（3）**牙周组织**：包括牙周膜、牙龈和牙槽骨 3 部分。**牙周膜**是连于牙根与牙槽骨之间的致密结缔组织，可使牙根固定于牙槽内。**牙龈**呈淡红色，是被覆于牙槽弓与牙颈表面的口腔黏膜，富含血管。**牙槽骨**是构成上、下牙槽的骨质。牙周组织对牙起保护、固定和支持作用。

3. 口腔腺　又称**唾液腺**，分大、小两种。小唾液腺数量较多，位于口腔壁和舌的黏膜内，如唇腺、颊腺、腭腺和舌腺等。大唾液腺有腮腺、下颌下腺和舌下腺 3 对（图 2-9）。唾液腺分泌唾液，具有清洁和湿润口腔、杀菌和帮助初步消化食物等功能。

（1）**腮腺**：最大，略呈三角形，位于外耳门前下方，上至颧弓，下平下颌角，前邻咬肌，后邻乳突。部分腮腺伸入到下颌支与胸锁乳突肌间的深窝内。**腮腺导管**由腮腺前缘发出，于颧弓下一横指处横越咬肌表面，穿颊肌开口于上颌第 2 磨牙相对的颊黏膜。

（2）**下颌下腺**：呈卵圆形，位于下颌骨体内面。其导管沿口底黏膜深面前行，开口于舌下阜。

（3）**舌下腺**：较小，呈扁卵圆形，位于舌下襞深面。舌下腺导管有大、小两种，大导管 1 条，开口于舌下阜；小导管约 10 条，开口于舌下襞。

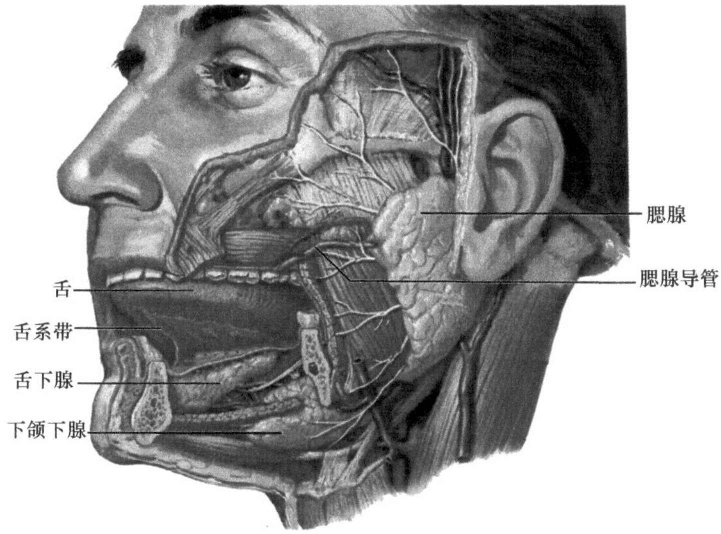

图 2-9　大唾液腺

二、咽

（一）咽的位置与形态

咽位于颈椎前方，上起自颅底，下至第 6 颈椎体下缘与食管相续，长约 12cm。咽为一前后略扁的漏斗形肌性管道，有前壁、后壁及两侧壁。前壁自上而下经鼻后孔、咽峡和喉口通鼻腔、口腔和喉腔。咽是消化道和呼吸道的共同通道（图 2-10）。

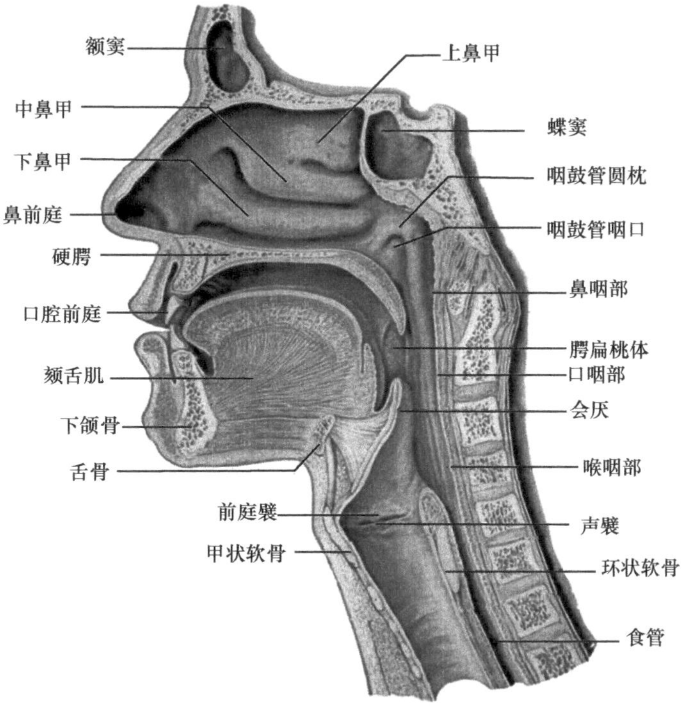

图 2-10　鼻腔、口腔、咽和喉的正中矢状切面

（二）咽的分部和交通

咽以软腭和会厌上缘为界，分为鼻咽、口咽和喉咽三部分。

1. 鼻咽 位于鼻腔后方，颅底与软腭平面之间，向前经鼻后孔通鼻腔。在鼻咽侧壁正对下鼻甲后方约1cm处，有略呈三角形的**咽鼓管咽口**，由此经咽鼓管通中耳鼓室。围绕在咽鼓管咽口前、上、后方有一明显的弧形隆起，称**咽鼓管圆枕**，是临床上寻找咽鼓管咽口的标志。咽鼓管圆枕后上方与咽后壁间有一纵行深窝，称**咽隐窝**，是鼻咽癌的好发部位。鼻咽顶壁后部及后壁黏膜内有丰富的淋巴组织，称**咽扁桃体**，幼儿时期较发达，6～7岁开始萎缩，约10岁以后完全退化。幼儿若咽扁桃体异常增大，可使鼻咽受阻，影响呼吸，常在熟睡时打鼾或张口呼吸。

2. 口咽 位于口腔后方，软腭与会厌上缘平面之间，向前经咽峡与口腔相通。在口咽侧壁腭舌弓与腭咽弓之间的凹陷称**扁桃体窝**，容纳**腭扁桃体**。腭扁桃体主要由淋巴组织构成，呈卵圆形，具有重要的防御功能。腭扁桃体内侧面朝向咽腔，表面被覆黏膜，黏膜形成许多深陷的小凹，称**扁桃体小窝**，细菌易存积并在此繁殖，引起扁桃体炎，化脓时脓液也常滞留于此。

口咽前壁主要为舌根后部，此部与会厌之间的横行沟状凹陷为**会厌谷**，异物可停留于此。

舌扁桃体、咽扁桃体和腭扁桃体共同形成咽淋巴环，是消化、呼吸道的重要防御结构。

3. 喉咽 位于喉的后方，会厌上缘与第6颈椎下缘平面之间，向前经喉口与喉腔相通，向下与食管相续。在喉口两侧各有一深凹，称**梨状隐窝**（图2-11），异物易滞留于此。

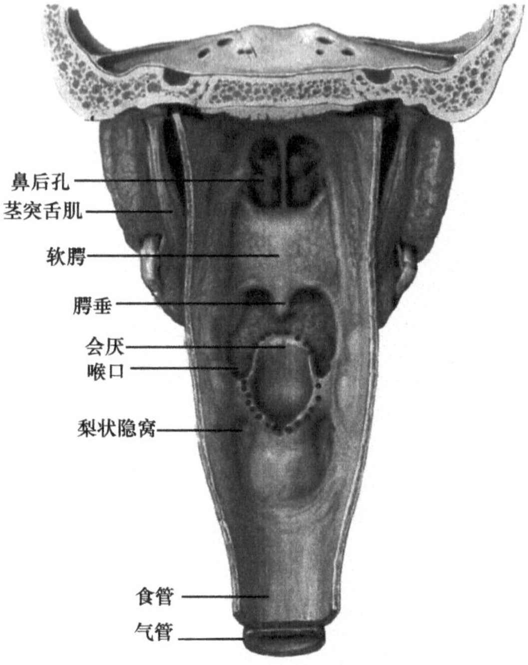

图2-11 咽腔（后壁切开）

（三）咽的X线

咽腔充满气体，与周围软组织形成对比。在咽的侧位片上，可见致密的下颌支骨影内重叠着透明的咽腔阴影。咽腔呈柱状透亮影，上方抵达颅底，下端延续为食管，前方通鼻腔、口腔和喉腔。

咽腔前壁，上段与鼻腔相通。在翼突下方，硬腭向后延续为软腭，软腭显影灰白，呈长条状垂向后下，末端为悬雍垂。软腭与舌根之间的透明腔隙为咽峡。舌根与会厌之间可见“U”形凹陷，为会厌谷。在舌根下方可见舌骨的侧位像，呈横位的舌骨大角影与从前下斜向后上的三角形会厌阴影交叉重叠。喉咽经喉口与喉腔相通。梨状隐窝与喉软骨的后部重叠，一般不能看清。

咽顶壁表面光滑，向后下弯曲呈弧形与

咽后壁移行。咽后壁平坦，与上位6个颈椎相邻，其与颈椎前缘之间夹有软组织，呈灰白色软组织影。咽顶壁和咽后壁移行部的软组织最厚，其内有咽扁桃体。咽后壁的软组织影系咽肌、脊柱颈段前方的若干小肌和结缔组织共同形成，它自寰椎前弓平面以下逐渐变薄，厚度较均匀，为上下连续的直线，不应有局部隆起。

在侧位片上（图2-12），鼻咽和口咽较宽，喉咽明显狭窄，甚至不显腔影。在鼻咽腔的中央，相当于下鼻甲的后方，有时还见更为透明的圆形阴影，为咽鼓管咽口。其后上缘有椭圆形软组织影，为咽鼓管圆枕。咽腔周围有丰富的淋巴组织。腭扁桃体位于咽峡部，肿大时可在口咽中央出现椭圆形软组织块影。

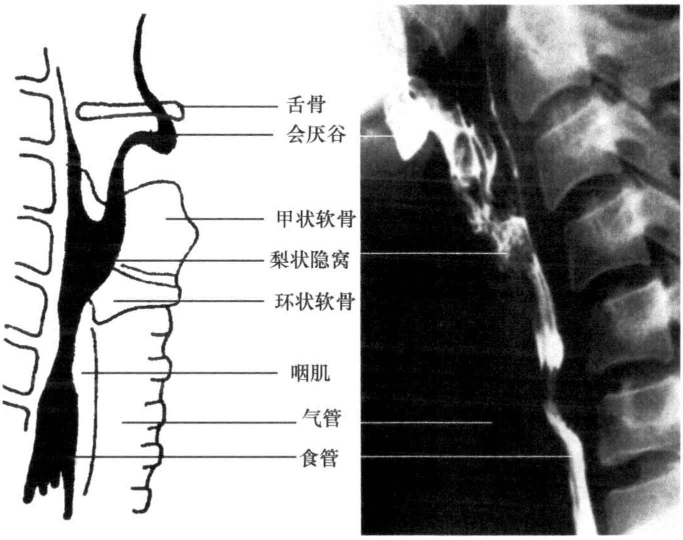

图2-12　咽部X线钡剂造影对照图（侧位）

三、食　管

（一）食管的位置及分部

食管为前后略扁的细长肌性管道，位于脊柱的前方，上端在第6颈椎体下缘平面续于咽，下行穿过膈的食管裂孔入腹腔，下端于第11胸椎体左侧连于胃，全长约25cm。按其行程可将食管分为颈部、胸部和腹部三部分（图2-13）。

1. 颈部　胸骨颈静脉切迹平面以上的部分，长约5cm。其前壁借疏松结缔组织与气管相连，后方借椎前筋膜与脊柱相隔，两侧近上端处与甲状腺侧页相邻，近下端处与颈总动脉和颈内静脉相邻。

2. 胸部　胸骨颈静脉切迹平面至膈的食管裂孔之间的部分，长为18～20cm。其前面自上而下与气管下段、主动脉弓、左主支气管和心包相邻。

3. 腹部　食管裂孔至胃的贲门之间的部分，长为1～2cm。其前面邻接肝左叶后缘。

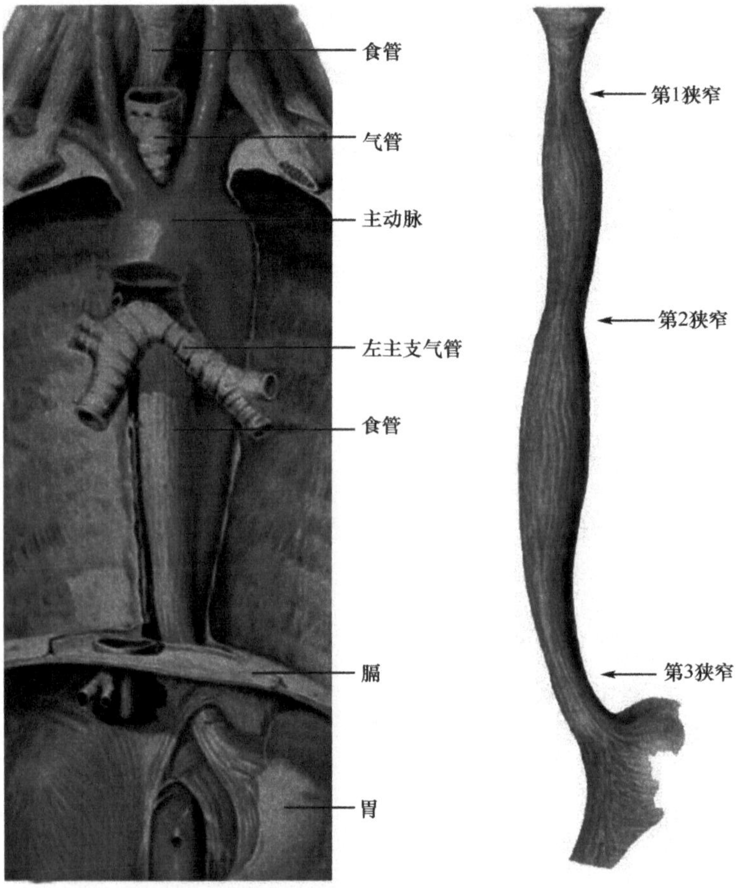

图 2-13　食管的位置及 3 个狭窄

（二）食管的狭窄

食管全长有 3 个生理性狭窄（图 2-13）。第 1 狭窄位于食管的起始处，平第 6 颈椎下缘，距中切牙约 15cm；第 2 狭窄位于食管与左主支气管交叉处，相当于胸骨角或第 4～5 胸椎体之间的高度，距中切牙约 25cm；第 3 狭窄位于食管穿过膈的食管裂孔处，平第 10 胸椎体，距中切牙约 40cm。这些狭窄是异物易滞留、易损伤和食管癌的好发部位。

（三）食管的 X 线

右前斜位是观察食管的常用位置。在此位片上，含钡的食管腔轮廓清晰，呈纵形影像，位于心与脊柱之间。正常食管可见 2 个生理性狭窄（图 2-14），即第 1 狭窄和第 3 狭窄。在食管前缘可见 3 个压迹，自上而下依次为：①**主动脉弓压迹**，在第 4 胸椎平面，是主动脉弓在食管左前壁形成的一个弧形压迹，该压迹随年龄而加深；②**左主支气管压迹**，在主动脉弓压迹下方，由左主支气管向食管左前壁挤压而成；③**左心房压迹**，在气管杈向下，左心房后壁向后挤压食管而成，该压迹长而浅，随体位和心的舒缩而变化。主动脉弓压迹与左主支气管压迹之间，食管壁向前略显膨出，当钡剂通过后，此膨出处有时可有少量钡剂残留，不要误认为憩室。深吸气时，随膈的下降，食管裂孔收缩，致使钡剂暂停顿于膈上方，可见食管的膈上部分出现一小段长 4～5cm 的暂时性壶腹状膨大影，称**膈壶腹**，呼气时膈壶腹消失。食管充盈时，轮廓光滑整齐，密度均匀，管壁伸缩自如，宽度可达 2～3cm。如食管周围有肿物，可使食管变位。在钡剂排空，食管处于收缩状态时，可见食管黏膜皱襞呈透亮的纵行细条形影，沿食管的长轴排列，至膈的食管裂孔处相互靠拢，向下与胃小弯的黏膜皱襞影相延续。

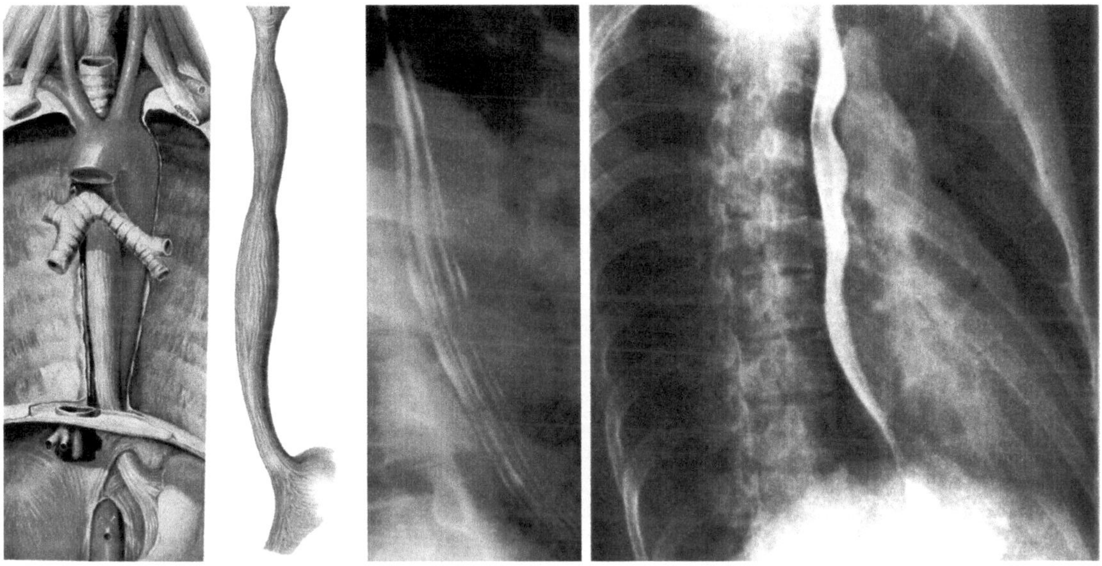

图 2-14 食管的狭窄与 X 线像对照

四、胃

胃是消化管中最膨大的部分（图 2-15），上接食管，下续十二指肠，具有容纳食物、分泌胃液和初步消化食物的功能。

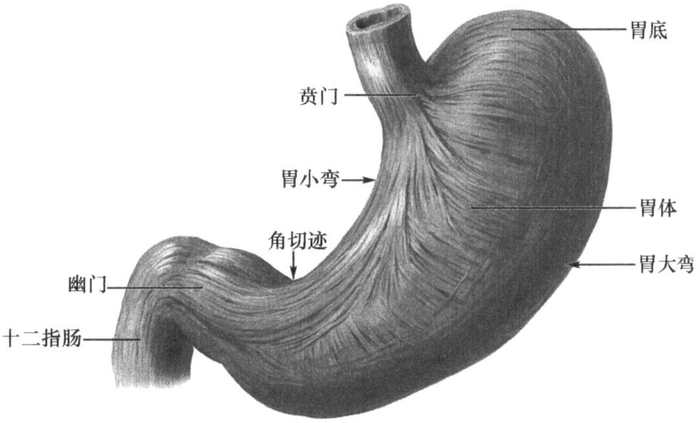

图 2-15 胃的形态、分部

（一）胃的形态及分部

胃有前、后两壁，入、出两口和上、下两缘。胃的入口称**贲门**，与食管相接，出口称**幽门**，与十二指肠相续。胃上缘较短，凹向右上方，称**胃小弯**，其最低点称**角切迹**。胃下缘较长，凸向左下方，称**胃大弯**。

胃分为贲门部、胃底、胃体和幽门部 4 部。位于贲门附近的部分称**贲门部**；高出贲门平面以上的部分称**胃底**；胃底与角切迹之间的部分称**胃体**；角切迹至幽门之间的部分称**幽门部**。在幽门部大弯侧有一浅沟，称**中间沟**，将幽门部分为左侧的**幽门窦**和右侧的**幽门管**。幽门窦近胃小弯处是胃溃疡和胃癌的好发部位。临床上所称的"胃窦"即为幽门窦或幽门部。

（二）胃的位置及毗邻

胃中等充盈时，大部分位于左季肋区，小部分位于腹上区。贲门位于第 11 胸椎体左侧，幽门位于第 1 腰椎体右侧。胃前壁右侧部分邻肝左叶，左侧部分邻膈，并被左肋弓所遮盖，在剑突下肝左叶与左肋弓之间的部分直接与腹前壁相贴（图 2-16）。胃后壁与胰和横结肠、左肾及左肾上腺相邻。胃底与膈和脾相邻。

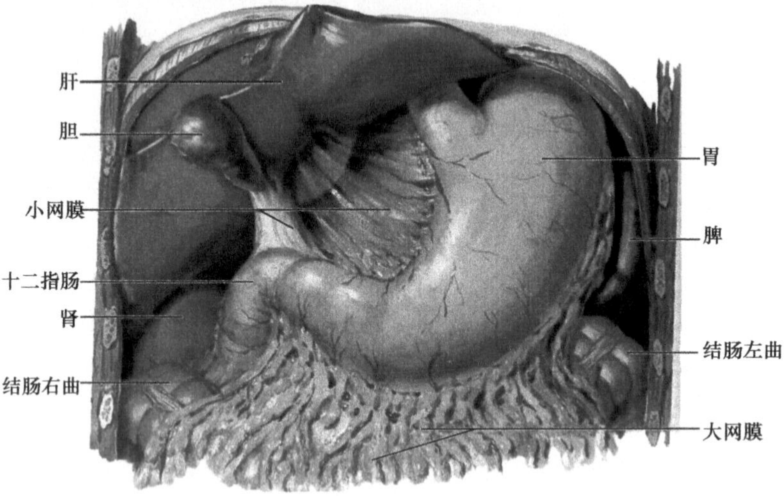

图 2-16　胃前面的毗邻

（三）胃壁的构造

胃壁由内向外依次由**黏膜**、**黏膜下层**、**肌层**和**外膜**构成。胃黏膜柔软，血供丰富，呈淡红色，空虚时形成许多皱襞。胃小弯处有 4～5 条纵行的黏膜皱襞，较为恒定。胃的黏膜下层含有丰富的血管、淋巴管和神经丛。胃壁的肌层较发达，由 3 层平滑肌构成，外层纵行，中层环行，内层斜行。在幽门处环行肌增厚，形成**幽门括约肌**，其表面的黏膜环行皱襞突向腔内，称**幽门瓣**，有延缓胃内容物排空和防止小肠内容物逆流至胃的作用。在婴儿，如幽门括约肌肥厚，可造成先天性幽门梗阻。胃的外膜为浆膜。

（四）胃的 X 线

1. 胃的轮廓和黏膜　胃充盈钡剂后，可见胃腔的轮廓。立位时，钡剂充盈于幽门部和胃体下部，气体聚集于胃底和胃体上部，形成泡状透明影，称**胃泡**。胃泡上缘呈弧形薄层软组织影，由胃壁和左膈相贴共同形成。仰卧位时，胃底和胃体上部被钡剂充填，气体移至幽门部，胃泡消失。由于胃体置于前凸的腰椎之上，有时钡剂可大部分沉积于胃体两侧，而胃体中部充盈不全。俯卧位时，钡剂沉积于幽门部和胃体，气体又移至胃底。

胃充盈像显示，胃小弯和胃大弯下部轮廓光滑、整齐，角切迹明显，左右对称。胃大弯中部边缘多呈锯齿状，系粗大的横、斜行黏膜皱襞所致。有时在此区域内，还可见到一个由脾或结肠左曲引起的浅压迹。幽门部的远侧为幽门。幽门是一短管，长约 0.5cm，平时关闭，开放时，其最大宽径可达 1cm（图 2-17）。

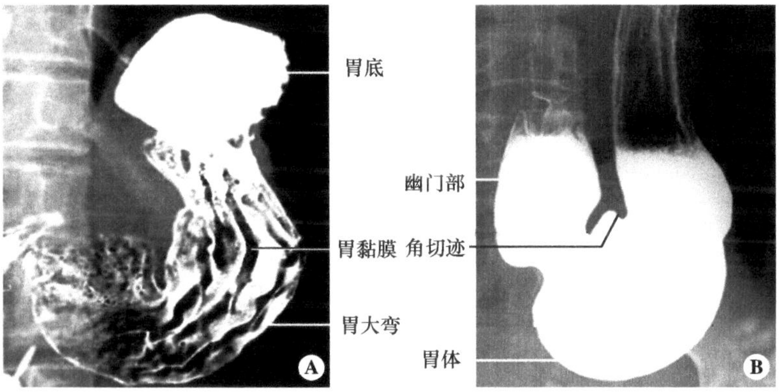

图 2-17　胃 X 线钡剂造影像

A. 少量钡剂；B. 大量钡剂

服少量钡剂后观察，可见胃各部的黏膜皱襞像。皱襞间的沟内充以钡剂，呈条纹状致密影，皱襞则呈条状透明影。胃底的黏膜皱襞粗大、弯曲，呈不规则的网格状影像。贲门部的皱襞与胃底处相似。胃小弯侧皱襞整齐，与胃小弯平行，有 4～5 条，它们至角切迹处，部分呈扇形斜向胃大弯，部分继续随胃小弯至胃窦上缘。胃大弯附近的黏膜皱襞宽阔、弯曲，多为斜行或横行，故影像呈锯齿状。幽门部的黏膜皱襞较狭细，多数为纵行，少数为斜行或横行。

双对比造影能清晰显示胃黏膜面胃小区和胃小沟的形态。胃小区是胃黏膜表面的微小皱襞，是由周围很浅的胃小沟围成的隆起部分。由于钡剂存留于胃小沟内，从而衬托出透明的胃小区影。胃小区一般呈圆形、椭圆形或多角形，大小为 1～3mm。胃小沟粗细一致，宽度在 1mm 以下，密度淡而均匀。胃小区多在胃窦部显影，胃体、胃底部难以显示。

2. 胃的分型及特征　胃的形态可因张力、体位、体型和充盈程度等因素的影响而有所不同，其中张力的影响尤为明显。张力是指平滑肌轻微而持续的收缩力，它能使空腔器官保持一定的形态和位置。立位时，中等充盈的胃，一般可分为四种类型（图 2-18）。

（1）**角型胃**：肌张力高，位置高，几乎呈横位，胃腔左上宽，右下窄，形如牛角。角切迹不明显，胃下缘在脐以上。此型胃多见于矮胖体型的人。

（2）**钩型胃**：肌张力中等。胃体垂直，角切迹明显，形如鱼钩。胃下缘约在髂嵴水平。此型胃多见于适中体型的人，也是最常见的类型。

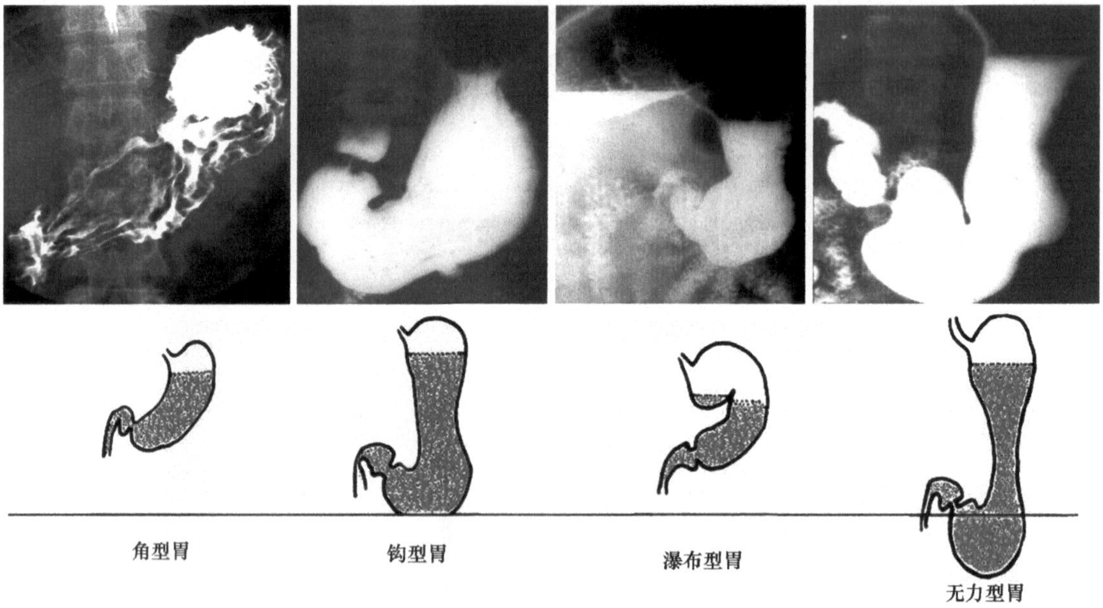

图 2-18　胃的分型

（3）**瀑布型胃**：肌张力高，位置也高。胃底较大并弯向胃体的上后方，胃泡大而后倾，胃体细小，幽门部多斜向右下，胃下缘多在脐部以上或平脐。立位造影时，钡剂先进入后倾的胃底，充满后再呈瀑布样流入胃体，故在胃底和胃体内各出现一个液平面。此型胃较少见。

（4）**无力型胃**：肌张力低。胃体下垂，中部狭长，整个胃形上窄下宽，如水袋状。幽门部向右上倾斜。胃下缘低于髂嵴水平，整个胃的位置约在脊柱左侧，角切迹呈锐角。此型胃多见于瘦长体型的人。

3. 胃的蠕动　服用钡剂后，在透视下可观察到胃的蠕动。胃的蠕动是由胃壁环行肌节律性收缩引起的。蠕动自胃体上部开始，逐渐向幽门方向推进，在推进过程中，波幅逐渐加大。胃大弯侧的波幅较胃小弯侧的更为显著。一般在胃影上可同时见到 2～3 个蠕动波。当蠕动波到达幽门管时，若幽门尚未开放，则钡剂壅积，可使幽门管膨大成球形。幽门的首次开放，多出现于服钡后的 2min 以内，钡剂一般于服钡后 2～4h 排空。

五、小　　肠

（一）小肠的位置、形态及分部

小肠是消化管最长的一段，上端起于幽门，下端止于盲肠，是消化食物、吸收营养物质的主要部位。成人全长 5～7m，可分为十二指肠、空肠和回肠三部分。

1. 十二指肠　是小肠的起始部，呈“C”字形包绕胰头，全长约 25cm，可分为上部、降部、水平部和升部 4 部（图 2-19）。

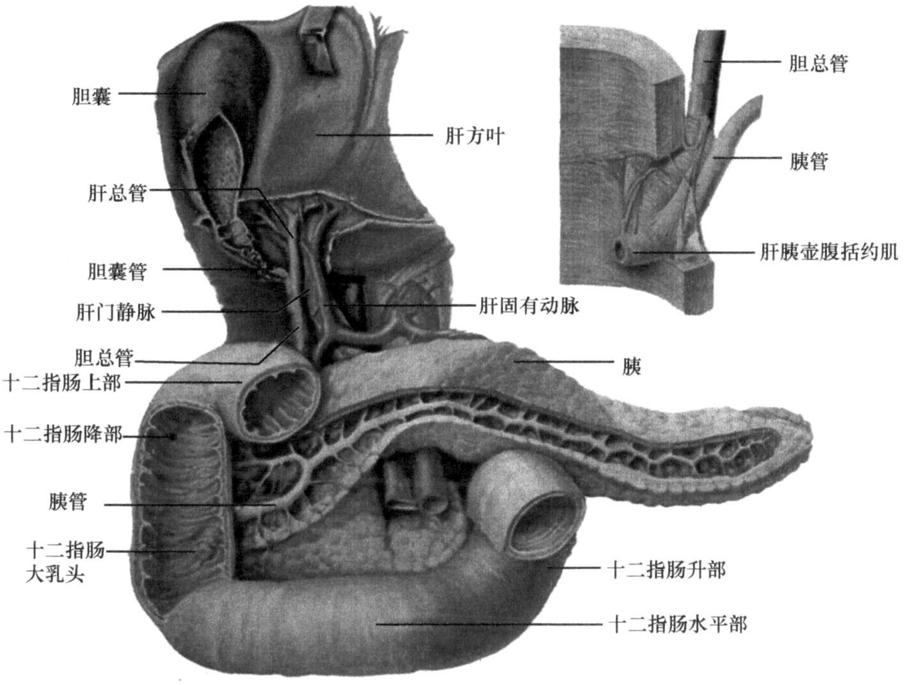

图 2-19　十二指肠和胰

（1）**上部**：较短，自幽门起始后，行向右后，至肝门下方转向下移行为降部。上部与降部的转折处，称**十二指肠上曲**。上部靠近幽门约 2.5 cm 的一段肠管，肠壁较薄腔大，黏膜光滑无皱襞，称**十二指肠球**（壶腹），是十二指肠溃疡的好发部位。十二指肠球至十二指肠上曲之间的部分，称**球后部**。

（2）**降部**：沿第 1～3 腰椎右侧垂直下降，至第 3 腰椎水平急转向左，移行为水平部，转折处称**十二指肠下曲**。降部内面除有发达的环形皱襞外，在后内侧壁还形成一纵行皱襞，称**十二指肠纵壁**，其下端的圆形隆起，称**十二指肠大乳头**，是胆总管和胰管的共同开口处。有时在大乳头稍上方可见**十二指肠小乳头**，是副胰管的开口之处。

（3）**水平部**：在第 3 腰椎前方横行向左，达第 3 腰椎左侧移行为升部。肠系膜上动脉和肠系膜上静脉从此部前面越过。

（4）**升部**：斜向左上至第 2 腰椎左侧，急转向前下，续接空肠。转折处形成**十二指肠空肠曲**。此曲被**十二指肠悬肌**连于右膈脚。十二指肠悬肌表面被覆腹膜共同构成**十二指肠悬韧带**，是手术中确定空肠起始部的重要标志。

2. 空肠和回肠　空肠起于十二指肠空肠曲，回肠末端接盲肠，两者在腹腔内迂回盘绕形成小肠袢，均由肠系膜连于腹后壁。空、回肠间无明显分界，一般将其全长的近侧 2/5 段称**空肠**，远侧 3/5 段称**回肠**。空肠主要位于腹腔的左上部，管径较大，管壁较厚，血管丰富，颜色较红，黏膜环状襞高而密，绒毛较多，肠系膜内血管弓少，直血管长，有散在的孤立淋巴滤泡。回肠则位于腹腔的右下部，管径较小，管壁较薄，血管较少，颜色较淡，环状襞和绒毛低而疏，肠系膜内血管弓多，直血管短，除有孤立淋巴滤泡外，还有集合淋巴滤泡（图 2-20）。肠伤寒病变多累及集合淋巴滤泡，易致肠穿孔和肠出血。

（二）小肠的X线

十二指肠充盈钡剂后（图2-21），十二指肠球呈锥形或三角形，三缘整齐，其底的中部与幽门相接，顶部多指向右上方。十二指肠球的左上缘称**小弯缘**，右下缘称**大弯缘**。两缘与底的夹角大致对称，分别称**左穹隆**和**右穹隆**。侧位投照时，可显示十二指肠球的前、后壁。十二指肠球的形状与体型有关，矮胖型者，多呈宽而短的三角形，顶部朝向右后方；瘦长型者，常呈长而窄的三角形，顶部向上；适中型者，球的长径略大于宽径，顶部多朝向右上方。

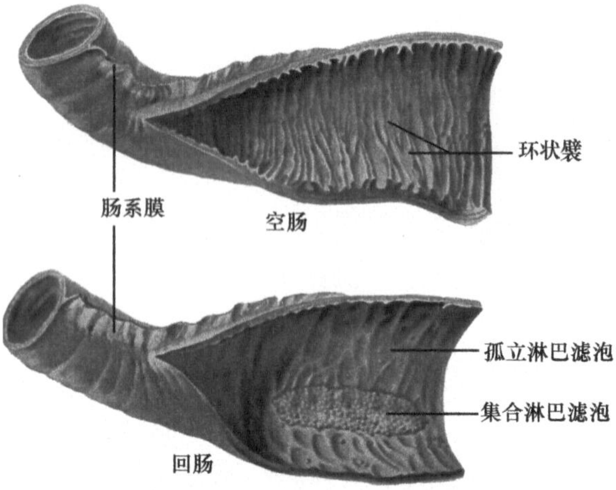

图2-20　空肠与回肠的比较

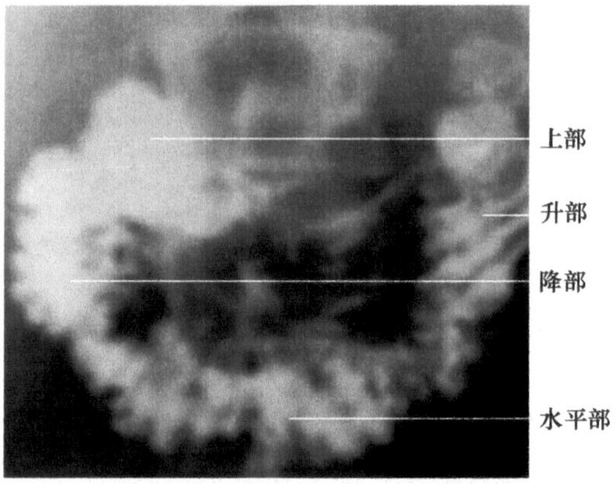

图2-21　十二指肠X线钡剂造影像

十二指肠球的轮廓光滑整齐，黏膜皱襞为纵行的条纹状影，自球的基底部向顶部集中。当十二指肠球处于松弛状态时，钡剂可暂时存留于左、右穹隆或球的基底部。

十二指肠充盈时，降部至升部肠管边缘呈锯齿状。钡剂排泄后，当肠管舒张时，黏膜皱襞常呈羽毛状。当肠管收缩时，黏膜皱襞常显纵行。

低张力十二指肠造影时，十二指肠平滑肌松弛，管径明显增宽，边缘清晰光滑。黏膜皱襞呈横行排列的环状或呈龟甲纹状。降部内侧缘中部常可见一肩状突起，称**岬部**，岬部以下肠管变宽，内缘平直，平直段内可见一条纵行皱襞。岬部下方可见一圆形或椭圆形透亮区，直径一般不超过1.5cm，为十二指肠大乳头。

十二指肠的蠕动，在十二指肠球表现为整体缩小，其他各部为波浪式推进。

空肠的蠕动较强，钡剂通过较快，黏膜皱襞高而密集，当钡剂充盈时（图2-22），常显羽毛状影像，但其形状可随功能状态的不同而改变。当收缩时，黏膜皱襞呈与长轴平行的细条状，舒张时呈弹簧状，当钡剂通过后，呈雪花状。

回肠的蠕动较弱，钡剂通过缓慢。造影时，其上段的影像与空肠相似，下段因黏膜皱襞低而稀少，常被钡剂展平，故皱襞影像不明显，常形成边缘光滑的腊肠样影像。回肠末端肠腔较细，斜向右上方，有时可见2～3条纵行的黏膜皱襞影。

空、回肠的蠕动，使钡剂向远端推进。钡剂通过小肠所需的时间变化较大，一般在服钡后2～6h，钡剂即可到达回盲部，7～9h小肠钡剂全部排空。

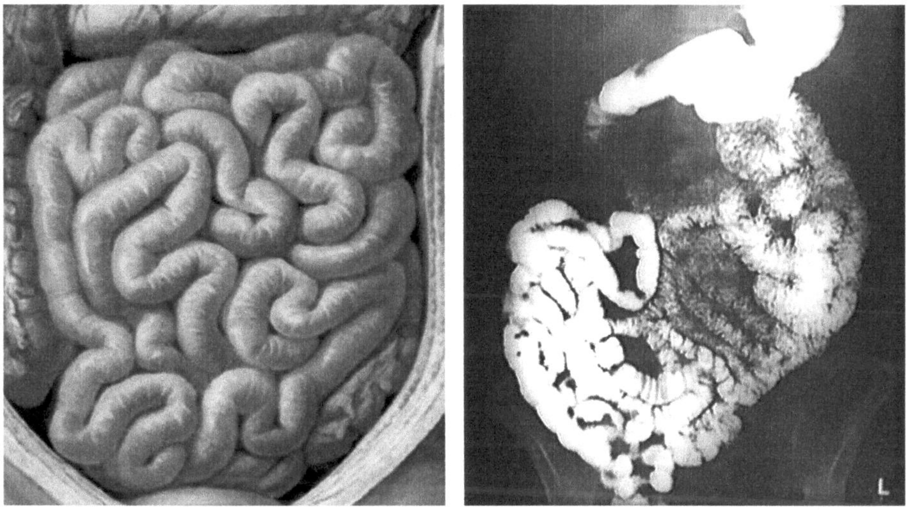

图 2-22 小肠位置与 X 线钡剂造影像对照

六、大 肠

（一）大肠的位置、形态及分部

大肠是消化管的末段，起于回肠，终于肛门，环绕在空、回肠周围，全长约 1.5m，分为盲肠、阑尾、结肠、直肠与肛管五部分（图 2-23）。大肠的主要功能是吸收水分、分泌黏液、形成和排出食物残渣。

盲肠和结肠在形态上具有三个特征性结构：①**结肠带**，是肠壁的纵行平滑肌局部增厚形成的带状结构，共有 3 条，沿肠的纵轴平行排列，汇聚于阑尾根部。②**结肠袋**，是肠壁向外膨出形成的囊袋状结构，因结肠带短于肠管所致。③**肠脂垂**，是分布于结肠带两侧的大小不等的脂肪突起。这 3 个特征可作为手术时区别结肠和小肠的重要标志。在结肠袋之间的横沟处，环形肌增厚，肠黏膜皱襞成**结肠半月襞**。

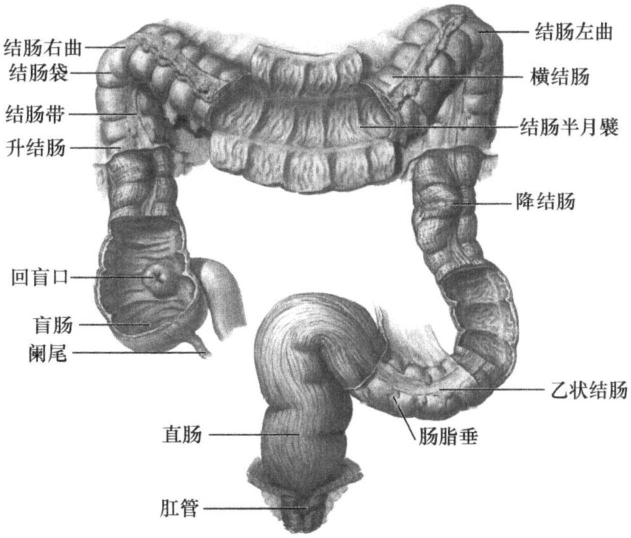

图 2-23 大肠

1. 盲肠和阑尾 **盲肠**是大肠的起始部，位于右髂窝，长 6～8cm，左接回肠，向上与升结肠相续。回肠末端突入盲肠，开口处形成上、下两片唇状皱襞，称**回盲瓣**。此瓣由增厚的环行肌外覆黏膜而成，可控制小肠内容物进入大肠的速度，保证食物在小肠内充分消化吸收，又可防止大肠内容物逆流到回肠。在回盲瓣下方约 2cm 处，有阑尾的开口。

阑尾是形似蚯蚓的盲管，开口于盲肠后内侧壁，长 6～8cm。阑尾末端游离，位置变化较大，以回肠前位、后位和盲肠后位较多见，还有盆位、盲肠下位等。阑尾根部位置恒定，恰在 3 条结肠带汇集处，故临床手术时可沿结肠带追踪寻找阑尾。阑尾根部的体表投影一般在脐与右髂前上棘连线的中、外 1/3 交点处，此点称**麦氏点**。急性阑尾炎时，此处有明显压痛，有重要的诊断价值。

2. 结肠 呈向下开放的“冂”形，围绕在空、回肠周围，起于盲肠，终于直肠。其可分为升结肠、横结肠、降结肠和乙状结肠四部分。

（1）**升结肠**：在右髂窝起于盲肠，沿右腹外侧区上升至肝右叶下方，向左前转折移行为横结肠，转折处的弯曲称**结肠右曲**或**肝曲**。

（2）**横结肠**:自结肠右曲向左横行，至脾的下方，以锐角转折向下，移行为降结肠，转折处的弯曲称**结肠左曲**或**脾曲**。横结肠中部常呈弓形下垂至脐或低于脐平面，活动度较大。结肠左曲接近脾和胰尾，与结肠右曲相比，其位置较高较深。

（3）**降结肠**：起于结肠左曲，沿左腹外侧区下行至左腹股沟区，在髂嵴平面移行为乙状结肠。

（4）**乙状结肠**：于左腹股沟区接降结肠，沿左髂窝降入盆腔，全长呈“乙”字形弯曲，向下至第 3 骶椎平面移行为直肠。乙状结肠借乙状结肠系膜连于骨盆侧壁，活动度较大，是肠扭曲的好发部位。

3. 直肠 位于盆腔内，长 10～14cm，上端在第 3 骶椎前面续接乙状结肠，沿骶、尾骨前面下行，穿过盆膈移行为肛管。直肠并非笔直，在矢状面上有两个弯曲，即骶曲和会阴曲。**骶曲**是直肠上段在骶、尾骨前面凸向后的弯曲，与骶骨弯曲一致；**会阴曲**是直肠下段绕过尾骨尖时凸向前的弯曲。临床上进行直肠镜或乙状结肠镜检查时，必须注意这些弯曲，以免损伤肠壁。

直肠下段膨大，称**直肠壶腹**。其内面有 3 个半月形皱襞，称**直肠横襞**，由环行肌被覆黏膜而成。其中最大且位置最恒定的一个横襞位于直肠右前壁，距肛门约 7cm，是直肠镜检查的定位标志。

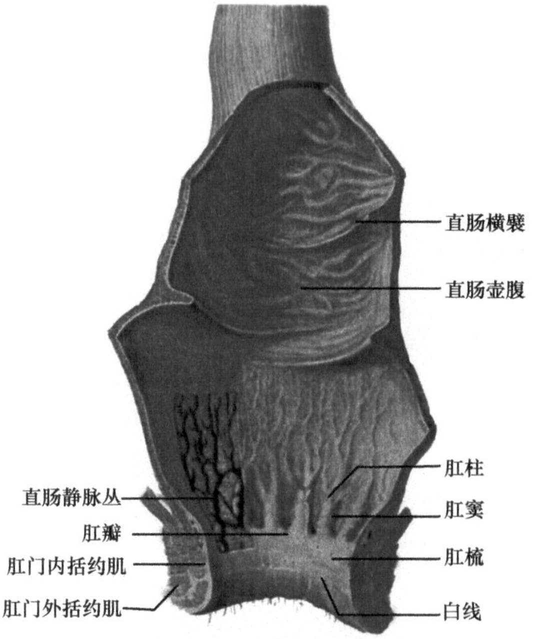

图 2-24　直肠和肛管腔面的形态

4. 肛管 位于盆膈以下，上续直肠，下端终于肛门，长约 4cm（图 2-24）。肛管内面有 6～10 条纵行黏膜皱襞，称**肛柱**。肛柱下端彼此借半月形的**肛瓣**相连。若有坚硬粪块通过时，可擦破肛瓣，造成创面感染，甚至形成久治不愈的肛裂。肛柱与肛瓣围成开口向上的小隐窝，称**肛窦**，粪屑常积存于此诱发感染，引起肛窦炎，甚至肛周脓肿。肛柱下端与肛瓣边缘共同连成锯齿状的环行线，称**齿状线**，是黏膜与皮肤的分界标志，又称**肛皮线**。此线上、下区域的胚胎来源、动脉供应、静脉回流和神经分布均不同。在齿状线下方有一宽约 1cm 的环形区，光滑且略微凸起，称**肛梳**，系由于其深面的肛门内括约肌紧缩而成。肛梳下方有一不甚明显的浅沟称**白线**，是肛门内、外括约肌的分界标志。

在肛管的黏膜下和皮下均有丰富的静脉丛，某种原因导致静脉丛淤血、曲张而突起时称为**痔**。发生在齿状线以上者称**内痔**，因受内脏神经支配而无明显的疼痛；发生在齿状线以下者称**外痔**，因受躯体神经支配，疼痛较明显。

肛门是肛管末端的开口，周围有内、外括约肌环绕，两者以白线分界。**肛门内括约肌**，由肠壁的环行平滑肌在肛管上 3/4 处增厚形成，有协助排便的功能。**肛门外括约肌**为骨骼肌，围绕在肛门内括约肌周围和下方，可随意括约肛门，有控制排便的功能。因此手术中应避免损伤肛门外括约肌，以免造成大便失禁。

（二）大肠的 X 线

观察大肠的形态结构，多采用钡剂灌肠（图 2-25）。钡剂灌肠是用压力将钡剂由肛门灌入大肠，使大肠各部在短时间内很快充盈、扩张和伸长。此时，结肠袋暂时消失，钡柱影表面光滑，外形粗大。随着肠内钡剂的扩散，钡柱影边缘出现结肠袋的影像，使钡柱影的轮廓呈边缘整齐的串珠状。结肠袋是结肠的特征性结构，其数目、深浅和位置，可随结肠功能状态的不同而改变。一般盲肠的结肠袋最深最大，升结肠的结肠袋较多而深，横结肠的最为整齐和典型，降结肠以下逐渐减少和变浅，至乙状结肠接近消失；纵行肌收缩时，结肠袋明显，松弛时不典型。直肠的边缘光滑，没有结肠袋，但在直肠壶腹的两侧缘可见与直肠横襞位置一致的 1～2 个凹陷影。

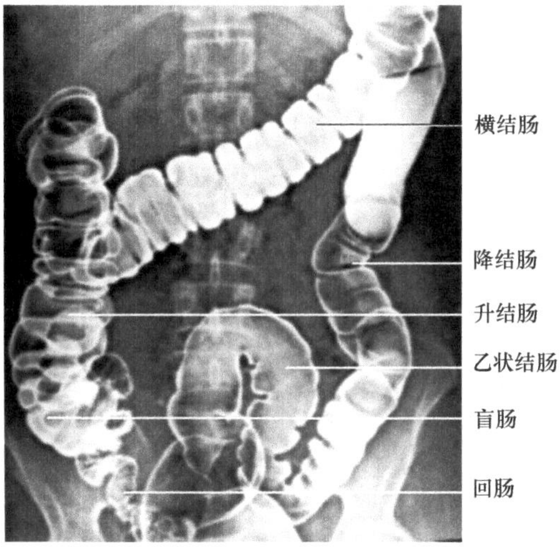

图 2-25　大肠 X 线造影像

大肠钡剂造影时，常可见到大肠的某些部位经常处于收缩狭窄状态，称**功能性收缩环**。收缩环处较狭窄，狭窄区的长度可为数毫米至数厘米不等。它们分别位于盲肠和升结肠交界处、升结肠中段、横结肠中段、结肠左曲、降结肠与乙状结肠交界处、乙状结肠中段、乙状结肠与直肠交界处，其中以横结肠中段者最为常见。所以，有狭窄区出现时，应注意与病变相区别。

钡剂排空后，黏膜上残留钡剂，形成黏膜纹。结肠的黏膜纹有纵行、横行和斜行 3 种，大多相互交错排列。黏膜纹的位置和形态，可随结肠的部位和舒缩状态的不同而变化。一般结肠近侧部的黏膜纹较密，以横行和斜行为主，远侧部的黏膜纹渐稀，以纵行居多；收缩部以纵行为主，结肠袋处横行的较多。

结肠气钡双重对比造影时，钡剂排空后的肠腔充以气体，黏膜纹消失，黏膜面残留的钡剂显示为一条白色线状影，称**边缘线**。边缘线宽约 1mm，粗细均匀，光滑连续，它勾画出结肠的轮廓。边缘线在相邻两结肠袋之间凹入，与结肠半月襞表面的钡线影相连。

口服钡剂或钡剂灌肠时，多数人可见阑尾充盈。充盈的阑尾呈长条状影，一般粗细均匀，外形光滑，移动性大。因阑尾在压力加大后方能充盈，因而阑尾不显影或因腔内有粪石而造成的充盈缺损，不一定为病理性改变。

钡剂到达结肠各部的时间常因人而异。一般在服钡后 3～4h，钡剂已达盲肠，6～9h 到达结肠左曲，24h 后开始排出，2～3d 内排空。

第三节　消　化　腺

消化腺除前面已叙述过的口腔腺以外，人体重要的大消化腺是肝和胰。消化腺的主要功能是分泌消化液，参与食物的消化。

一、肝

肝是人体最大的腺体，其功能极为复杂，具有分泌胆汁、参与多种物质代谢、储存糖原、解毒和吞噬防御等功能，胚胎时期还有造血功能。

（一）肝的形态

活体肝呈红褐色，质软而脆，受暴力作用易破裂出血。其外形呈不规则的楔形，左薄右厚。肝的后缘钝圆，前缘锐薄。前缘与胆囊底及肝圆韧带邻接处有**胆囊切迹**和**肝圆韧带切迹**。以前、后缘为界，肝可分为上、下两面（图 2-26）。

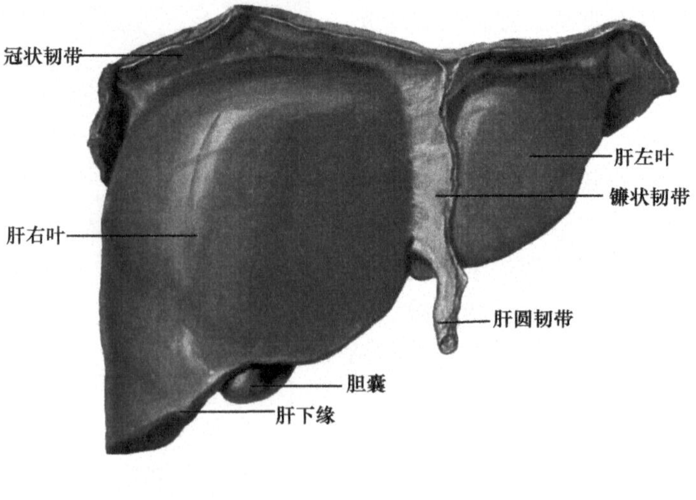

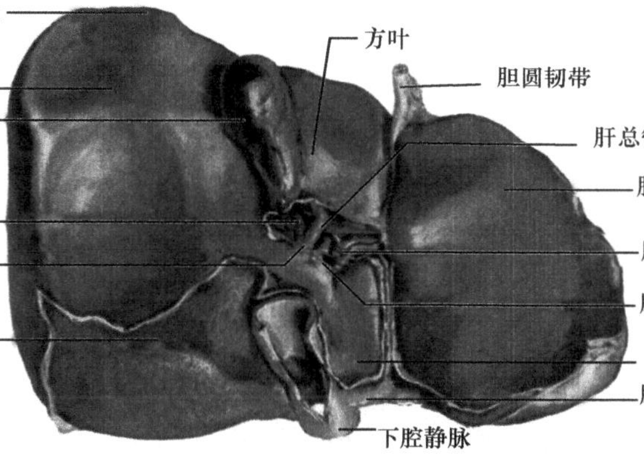

图 2-26 肝的形态

1. 上面 因与膈相贴，故又称**膈面**。膈面圆隆，前部借矢状位的**镰状韧带**分为厚而大的**肝右叶**与较小而薄的**肝左叶**。膈面后部没有腹膜覆盖的部分称**裸区**。裸区左侧有一宽沟称**腔静脉沟**，有下腔静脉通过。

2. 下面 因与腹腔脏器相邻，故又称**脏面**。脏面凹陷，中部有一近似"H"形的两条纵沟和一条横沟。左纵沟为深陷的狭窄裂隙，由前部的**肝圆韧带裂**与后部的**静脉韧带裂**组成，分别容纳**肝圆韧带**和**静脉韧带**。两韧带分别是胎儿时期脐静脉和静脉导管闭锁后的遗迹。右纵沟宽而浅，前部称**胆囊窝**，容纳胆囊，后部有下腔静脉通过，称**腔静脉沟**。连接左右纵沟间的为**横沟**，又称**肝门**，是肝管、肝固有动脉、肝门静脉、淋巴管和神经等出入肝的部位。这些结构被结缔组织包裹称**肝蒂**。

脏面可借"H"形的沟将其分为 4 叶：①**左叶**于左纵沟左侧；②**右叶**位于右纵沟右侧；③**方叶**位于横沟前方；④**尾状叶**位于横沟后方。尾状叶前下方左侧有乳头突；右侧有尾状突伸向肝右叶。有的人尾状突较长，离开肝下面，易误诊为肝肿瘤。

（二）肝的位置与毗邻

肝大部分位于右季肋区和腹上区，小部分位于左季肋区。

肝上界与膈穹隆一致，右侧最高点在右锁骨中线与第 5 肋相交处，左侧最高点在左锁骨中线与第 5 肋间隙相交处。肝下界右侧与右肋弓一致，故体检时，在右肋弓下缘不能触到肝。在腹上区，肝下界居剑突下约 3cm。3 岁以下的幼儿，由于腹腔容积较小，而肝体积相对较大，肝下界右侧常低于右肋弓下 1～2cm。以后逐渐上移，7 岁以后在右肋弓下才不能触及。

肝大部分被胸廓所遮盖，仅位于腹上区左、右肋弓间的部分直接与腹前壁相贴。肝上面借韧带与膈紧密相连，故呼吸时肝可随膈上下移动。平静呼吸时，肝上下移动的幅度为 2～3cm。肝左叶下面与胃前壁相邻，后上部与食管腹部邻接。肝右叶下面、前部与结肠右曲相接，中部近肝门处邻接十二指肠上曲，后部邻接右肾和右肾上腺。

（三）肝的分叶与分段

肝内有 4 套管道，组成 2 套系统，即肝静脉系和 Glisson 系统（图 2-27）。肝静脉系主要包括肝左静脉、肝中静脉、肝右静脉等，3 条静脉注入下腔静脉处称第二肝门。Glisson 系统包括肝门静脉、肝固有动脉及肝管3套管道的各级分支，该系统以肝门静脉及其分支为主，由结缔组织鞘包裹相伴同行。按照上述2个系统，可将肝划分为2半肝、5叶、8段（图2-28）。

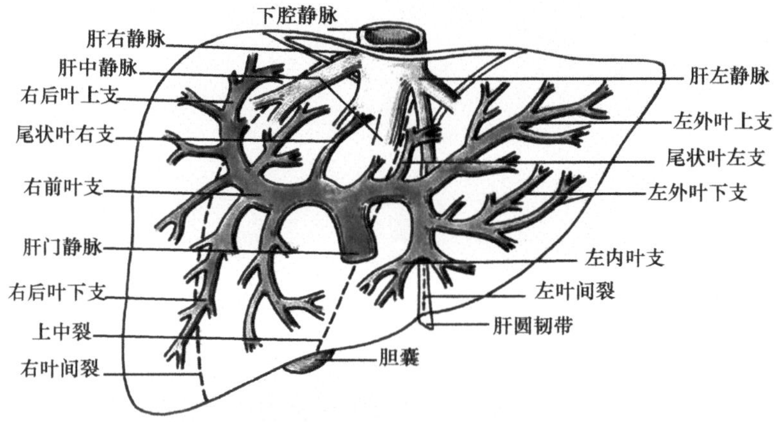

图2-27　肝门静脉肝内分支和肝静脉

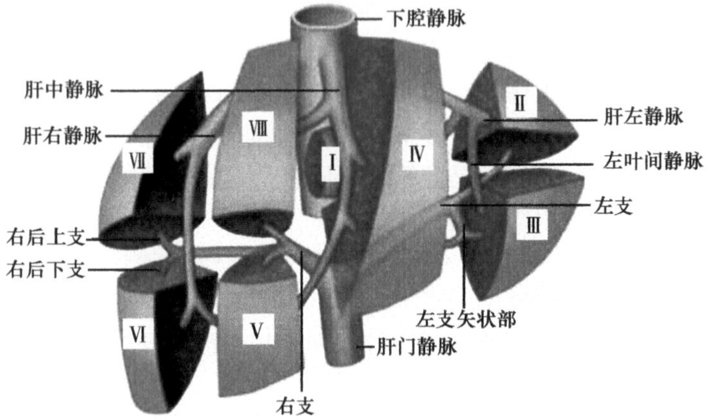

图2-28　肝叶与肝段

2半肝：即左半肝和右半肝，是以肝中静脉为正中裂，分肝为左、右半肝。

5叶：即右前叶、右后叶、左内叶、左外叶和尾状叶。右半肝以肝右静脉为右叶间裂，分右半肝为右前叶和右后叶。左半肝以肝圆韧带裂、左叶间静脉、肝门静脉左支矢状部等结构为左叶间裂，分左半肝为左内叶和左外叶。而位于下腔静脉左侧、静脉韧带裂之后的肝叶为尾状叶。

8段：尾状叶、左内叶自成1段；左外叶以肝左静脉为段间裂，分为左外叶上段和下段；右前叶和右后叶均以肝门平面为段间裂，分为上、下段。8段的命名方法是自尾状叶开始用罗马数字顺时针命名，即尾状叶为段Ⅰ、左外叶上段为段Ⅱ、左外叶下段为段Ⅲ、左内叶为段Ⅳ、右前叶下段为段Ⅴ、右后叶下段为段Ⅵ、右后叶上段为段Ⅶ、右前叶上段为段Ⅷ。

（四）胆道

1. 胆道的组成　**胆道**是将胆汁输送到十二指肠的管道，分肝内胆道和肝外胆道两部分。肝细胞分泌的胆汁先经肝内各级胆道收集，出肝后再经肝外胆道输送到十二指肠。肝外胆道包括肝左管、肝右管、肝总管、胆囊和胆总管（图2-29）。

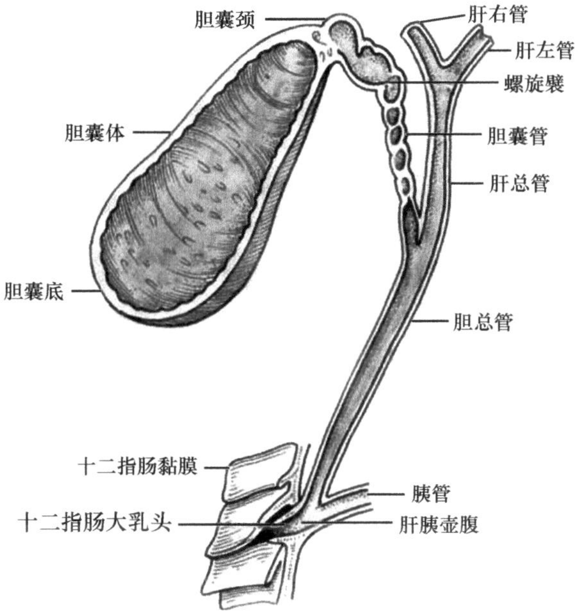

图 2-29 胆囊与胆道

（1）**胆囊**：形似长茄形，位于右季肋区，肝下面的胆囊窝内。胆囊按其形态可分为底、体、颈、管四部分。胆囊前端的膨大部分称**胆囊底**。当胆囊充盈时，胆囊底常露出于肝前缘，与腹前壁内面相贴，其体表投影在右锁骨中线与右肋弓相交处。胆囊炎时，此处常有明显的压痛。胆囊底向后延续为**胆囊体**，胆囊体后端缩细为**胆囊颈**，胆囊颈急转向后下移行的管道称**胆囊管**。胆囊管的黏膜形成螺旋状皱襞，称**螺旋襞**，可控制胆汁的进出，胆结石易滞留于此。胆囊的功能是储存和浓缩胆汁，容量为 40～60ml。

（2）**肝左、右管和肝总管**：**肝左管**和**肝右管**由肝内胆道汇合而成，出肝后合并为**肝总管**。肝总管长约 3cm，下端与胆囊管汇合成胆总管。肝总管、胆囊管和肝的脏面围成的三角形区域称**胆囊三角**，胆囊动脉一般在此三角经过，从胆囊颈左侧至胆囊。该三角是胆囊手术时寻找胆囊动脉的标志。

（3）**胆总管**：由肝总管和胆囊管汇合而成，长 4～8cm，管径 0.3～0.6cm，在肝与十二指肠韧带内下降，经十二指肠上部后方下行，至胰头与十二指肠降部之间，与胰管汇合成略膨大的**肝胰壶腹**，开口于十二指肠大乳头。肝胰壶腹周围有增厚环行平滑肌环绕，称**肝胰壶腹括约肌**，可控制胆汁和胰液的排出。肝胰壶腹括约肌平时处于收缩状态，肝细胞分泌的胆汁经肝左管和肝右管、肝总管、胆囊管进入胆囊储存并浓缩。进食后，受食物和消化液的刺激，胆囊收缩，肝胰壶腹括约肌舒张，使胆囊内的胆汁经胆囊管、胆总管、肝胰壶腹排入十二指肠，参与脂肪的消化。在肝总管和胰管末段周围，也有少量平滑肌环绕，分别称**胆总管括约肌**和**胰管括约肌**。胆道可因结石、蛔虫或肿瘤等造成阻塞，使胆汁排出受阻，并发胆囊炎或阻塞性黄疸等。

2. 胆道的 X 线 用造影的方法可观察到胆道的形状和位置（图 2-30）。充盈造影剂的胆囊，多位于第 12 后肋和上部腰椎的夹角内，长 7～10cm，宽 3～5cm，呈密度均匀、边缘光滑的卵圆形或梨形影。胆囊的形状和位置，与体型及胆囊的肌张力有关。矮胖型者，肌张力高，胆囊影多呈圆形，且较小，位于第 11 后肋平面；适中型者，肌张力中等，阴影多呈梨形，平对第 12 后肋或稍低；瘦长型者，肌张力低，阴影长圆，可低达髂嵴，且位置内移，接近脊柱。胆囊管呈螺旋状。

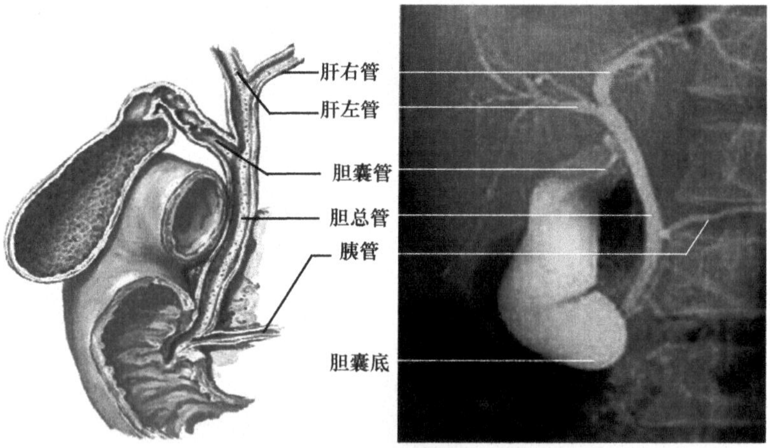

图 2-30　胆囊、胆道与 X 线造影像对照

肝内胆道呈树枝状分布，边缘清楚，由细变粗汇成肝左管和肝右管，肝左、右管较短小，合成肝总管。肝总管与胆囊管汇合成胆总管。胆总管在下行过程中呈轻度左凸弧形，末端稍细。

二、胰

胰是人体第二大腺体，由外分泌部和内分泌部两部分组成。外分泌部分泌胰液含多种消化酶，具有消化分解蛋白质、糖类和脂肪的功能。内分泌部即胰岛，主要分泌胰岛素和胰高血糖素等，参与调节糖代谢。

（一）胰的形态与分部

胰呈长棱柱形，长 14～20cm，质地柔软，色泽灰红，按其形态可分为头、颈、体、尾 4 部，各部无明显分界。**胰头**为胰右端膨大的部分，被十二指肠环抱。**胰颈**为胰头与胰体之间的狭窄部分，长 2～2.5cm。**胰体**位于胰头与胰尾之间，是胰中部较长的部分。**胰尾**为伸向左上方较细的部分，末端抵达脾门。

胰管是胰外分泌部的排泄管，位于胰实质内，起自胰尾，向右贯穿胰的全长，沿途收集许多小叶间导管后与胆总管汇合成肝胰壶腹，开口于十二指肠大乳头。在胰头上部，胰管的上方常有一条**副胰管**，开口于十二指肠小乳头。

（二）胰的位置与毗邻

胰横贴于腹后壁，平对第 1～2 腰椎高度。胰头上、下方和右侧有十二指肠环绕。胰头后面与胆总管、肝门静脉相邻，因此胰头癌患者可因肿块压迫胆总管引起阻塞性黄疸，压迫肝门静脉影响其血液回流，进而出现腹水、脾大等症状。胰颈的前上方为胃幽门，后方有肠系膜上静脉与脾静脉汇合成肝门静脉。胰体前面隔网膜囊与胃后壁相邻，故胃后壁的溃疡穿孔或癌肿常与胰粘连。

（冷攀菊）

第三章　呼吸系统

呼吸系统由呼吸道和肺两大部分组成（图 3-1）。其主要功能是进行气体交换，即吸入氧、排出二氧化碳。此外，还有嗅觉和发音功能。

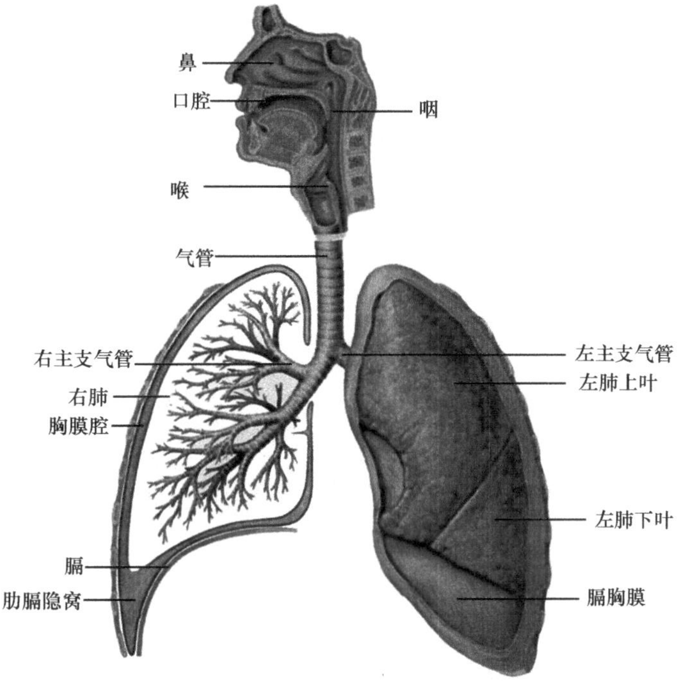

图 3-1　呼吸系统模式图

呼吸道包括鼻、咽、喉、气管和主支气管，它们的壁内均有骨或软骨作为支架，以维持呼吸道处于开放状态，保证气流的通畅。临床上把鼻、咽和喉称为上呼吸道；气管、主支气管及其在肺内的各级分支称为下呼吸道。肺由肺内各级支气管及肺泡组成，肺泡是气体交换的场所。此外，鼻尚有嗅觉功能；咽是呼吸道和消化道的共同通道；喉兼有发音功能。

第一节　呼　吸　道

一、鼻

鼻是呼吸道的起始部，又是嗅觉器官，并能辅助发音，它可分为外鼻、鼻腔和鼻旁窦三部分。

（一）外鼻

外鼻位于面部中央，以骨和软骨为支架，外覆皮肤。外鼻上端狭窄，突起于两眼之间，称鼻根，向下延成隆起的鼻背，下端最突出部为鼻尖，鼻尖两侧的弧形隆起称鼻翼，呼吸困难时可见鼻翼煽动。两侧鼻翼下缘各围成一个鼻孔。鼻翼和鼻尖处皮肤含有丰富的皮脂腺及汗腺，是酒糟鼻和痤疮的好发部位。

（二）鼻腔

鼻腔由骨和软骨围成，内面衬以黏膜和皮肤（图 3-2）。鼻腔被鼻中隔分为左、右两腔。**鼻中隔**由犁骨、筛骨垂直板和鼻中隔软骨等覆以黏膜而成。每侧鼻腔向前经鼻前孔与外界相通，向后经鼻后孔与咽腔鼻部相通，临床上常经此通道为患者插入鼻饲管。每侧鼻腔又可分为前部的鼻前庭和后部的固有鼻腔两部分。

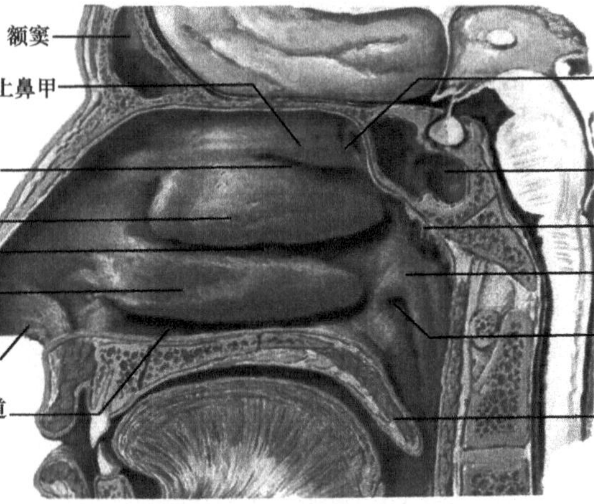

图 3-2　鼻腔外侧壁（右侧）

1. 鼻前庭　由鼻翼围成，内面覆以皮肤，生有鼻毛，有阻挡灰尘吸入的作用。该部缺乏皮下组织，富有神经末梢，当发生炎症或疖肿时，疼痛较为剧烈。鼻前庭上方的弧形的嵴称鼻阈，借此与固有鼻腔分界。

2. 固有鼻腔　是指位于鼻阈后上方的鼻腔主要部分，常简称鼻腔，由骨和软骨覆以黏膜而成，其形态大致与骨性鼻腔相同。鼻中隔是两侧鼻腔共同的内侧壁，但大多数均偏向一侧。鼻中隔前下部分黏膜内含有丰富的毛细血管丛，该处是鼻出血的好发部位，故称为**易出血区**（Little 区）。外侧壁上可见衬有黏膜的上、中、下鼻甲及各鼻甲下方的上、中、下鼻道。上鼻甲后上方与鼻腔顶壁间的凹陷为蝶筛隐窝。下鼻道前部有鼻泪管的开口。中、上鼻道和蝶筛隐窝有鼻旁窦的开口（图 3-3）。鼻腔顶壁隔薄层筛板与颅前窝相邻，当颅前窝骨折时，血液和脑脊液可从鼻腔流出。鼻腔的底壁即是口腔的顶。

上鼻甲内侧面及与其相对的鼻中隔部分的鼻黏膜内含有嗅细胞，具有嗅觉功能，称之为鼻腔黏膜的**嗅区**；而其余的大部分则称为**呼吸区**，与各鼻旁窦黏膜相延续，黏膜内含有丰富的血管、黏液腺和纤毛，对吸入的空气有加温、湿润和净化的作用。

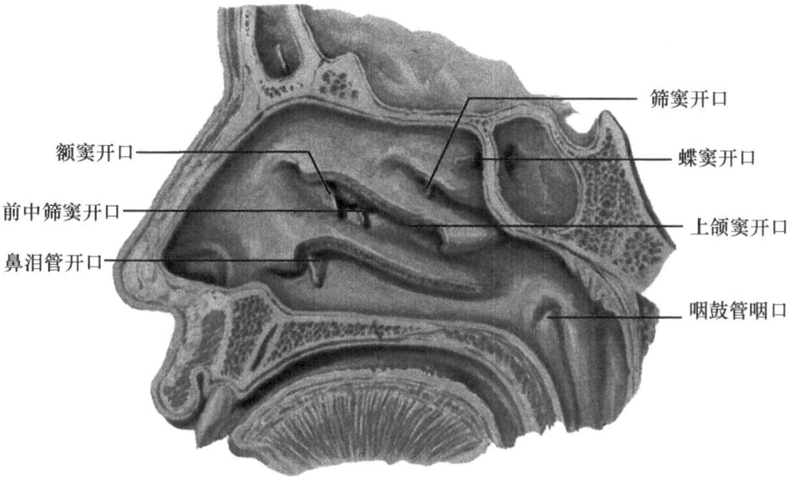

图 3-3 鼻腔外侧壁（鼻甲切除后）

（三）鼻旁窦

鼻旁窦又称副鼻窦，由同名骨性鼻旁窦衬以黏膜而成，均开口于固有鼻腔：额窦、上颌窦和筛小房前、中群开口于中鼻道（图 3-4）；筛窦后群开口于上鼻道；蝶窦开口于蝶筛隐窝。鼻旁窦对发音起共鸣作用。鼻旁窦的黏膜与鼻腔黏膜相互延续，故也能调节吸入空气的温湿度，但鼻腔炎症时也易引起鼻窦炎。上颌窦因其开口位置远高于窦底，故当其炎症化脓时，引流不畅易致积脓，临床常经下鼻道前份穿通骨质较薄的上颌窦内侧壁进行上颌窦穿刺。

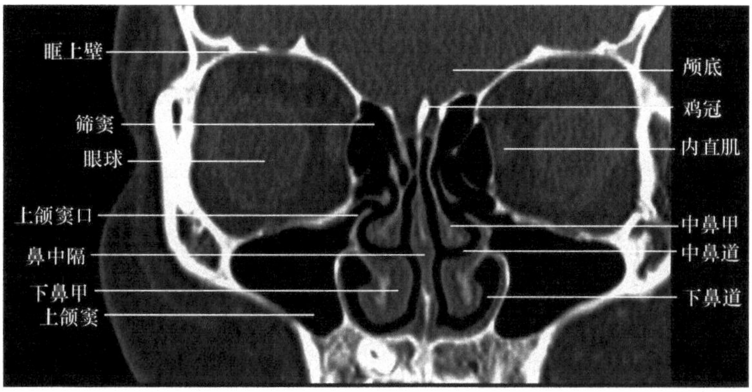

图 3-4 鼻腔冠状切面扫描像

鼻旁窦内含气体，X 线影像鼻旁窦与周围结构形成鲜明对比（图 3-5）。上颌窦常呈三角形，两侧对称，内侧壁较光滑，顶壁在眶下壁下方呈凹面向上的致密影。顶壁与内侧壁夹角区可见筛小房后群投影。眶下缘下方可见扁圆形的眶下孔。窦腔偏外侧的致密影是前壁和后外侧壁的切线投影。

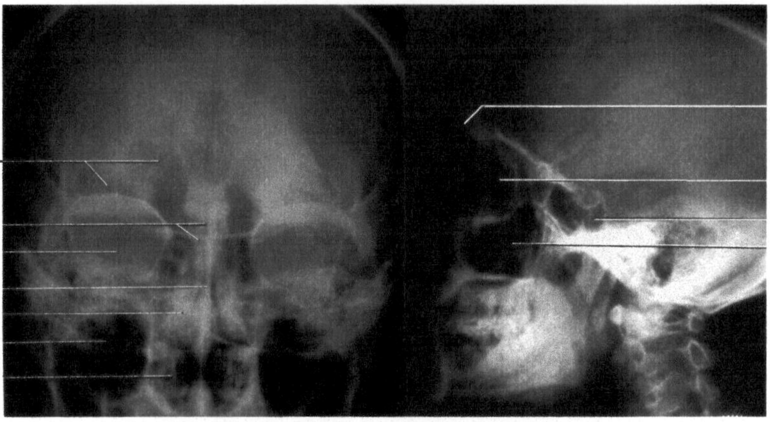

图 3-5　鼻旁窦 X 线像（正侧位）

二、喉

（一）喉的位置

喉既是呼吸道，又是发音器官，位于颈前部中份舌骨下方。成年人喉的位置平对第 4～6 颈椎体。喉的活动性大，可随吞咽或发音而上下移动。

喉的上方借韧带连于舌骨，下方续接气管，前方被舌骨下肌群覆盖，后方与咽腔喉部为邻，两侧有颈部大血管、神经和甲状腺侧叶。

喉由软骨、软骨间连结、喉肌和黏膜组成。

（二）喉的软骨

由不成对的甲状软骨、环状软骨、会厌软骨和成对的杓状软骨（图 3-6）构成喉的支架。

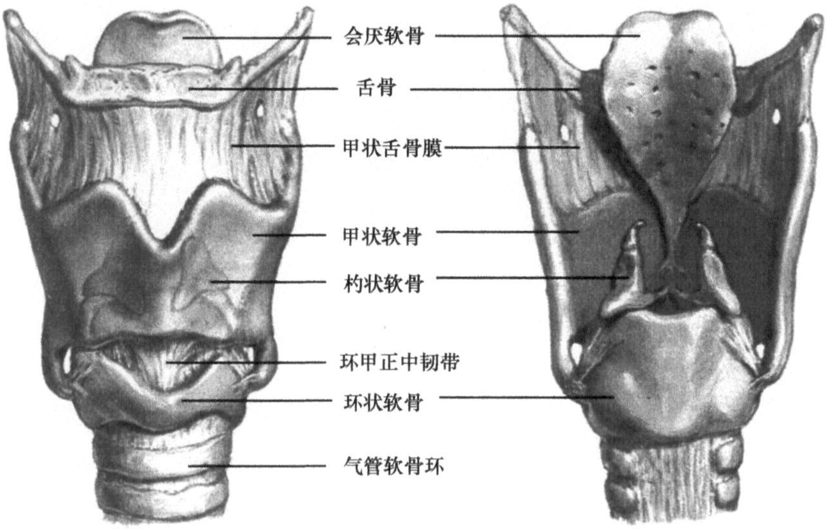

图 3-6　喉的软骨及连结

1. 甲状软骨 在喉软骨中最大，构成喉的前外侧壁，由左、右对称的两块方形软骨构成。两板前缘在中线相互融合构成前角，前角上端向前突出处称**喉结**，成年男性特别明显，是颈部的重要标志。两板后缘游离，向上、下各伸出一对突起，上方的一对称上角，借韧带与舌骨相连，下方的一对称下角，与环状软骨构成环甲关节。

2. 环状软骨 位于甲状软骨下方，构成喉的底座，形似指环，前部低窄称环状软骨弓，后部高宽称环状软骨板。环状软骨是喉唯一完整的环形软骨，对维持呼吸道的通畅有重要作用。

3. 会厌软骨 形似树叶，上端宽阔而游离，下端细尖附于甲状软骨前角的后（内）面。会厌软骨表面覆以黏膜，构成会厌。当吞咽时，喉上提，喉口即被会厌关闭，以防食物误入喉腔。

4. 杓状软骨 呈三棱锥体形，位于环状软骨板上方，左右各一。杓状软骨的尖朝上，底向下与环状软骨上缘形成环杓关节。底有两个突起，向前的称声带突，有声韧带附着，向外侧的称肌突，有喉肌附着。

（三）喉的连结

喉的连结包括喉软骨间及软骨与舌骨、气管间的连结。主要有：

1. 环杓关节 由杓状软骨与环状软骨板上缘的关节面构成。其可使杓状软骨做旋转运动，使两侧声带突接近或分开。

2. 环甲关节 由甲状软骨下角与环状软骨两侧的关节面构成，可使甲状软骨做前倾和复位运动，能使甲状软骨前角与杓状软骨声带突间的距离增大或恢复原位。

3. 弹性圆锥 是位于环状软骨弓上缘、甲状软骨前角后面和杓状软骨声带突之间的膜状结构，主要由弹性纤维构成，整体形态呈上窄下宽的圆锥状，圆锥的上缘游离，其前、后端分别附着于甲状软骨前角的后面和杓状软骨的声带突，称为声韧带，是发音的主要结构。弹性圆锥的前部较厚，张于甲状软骨下缘和环状软骨弓之间，称环甲正中韧带，此韧带位置表浅，当急性喉阻塞时，可在此处进行穿刺或切开进行急救，以建立暂时的呼吸通道。

4. 甲状舌骨膜 为连于甲状软骨上缘与舌骨之间的一层宽阔的薄膜。

（四）喉腔

上通咽腔的喉部，下通气管。喉腔的上口称喉口，朝向后上方，由会厌软骨上缘、杓状会厌襞和杓间切迹围成（图 3-7）。

喉腔的黏膜与咽、气管的黏膜相延续。在喉腔中部的两侧壁上有上、下两对黏膜皱襞，呈前后走向，上方一对称**前庭襞**，下方一对称**声襞**。左、右前庭襞之间的裂隙称**前庭裂**。左、右声襞之间的裂隙称**声门裂**，它是喉腔最狭窄的部位（图 3-8）。通常所称**声带**，乃指声襞及由其覆盖的声韧带和声带肌组成，功能与发音有关。

喉腔可被前庭裂和声门裂分为上、中、下三部分。前庭裂以上的部分，称**喉前庭**，前庭裂和声门裂之间的部分，称**喉中间腔**，喉中间腔向两侧突出的囊状间隙，称**喉室**，声门裂以下的部分，称**声门下腔**，此区黏膜下组织较疏松，当急性炎症时，易发生水肿，小儿因喉腔较窄小，水肿时尤易引起阻塞，造成呼吸困难。喉腔的三个部分在临床上常称为声门上区、声门区和声门下区。

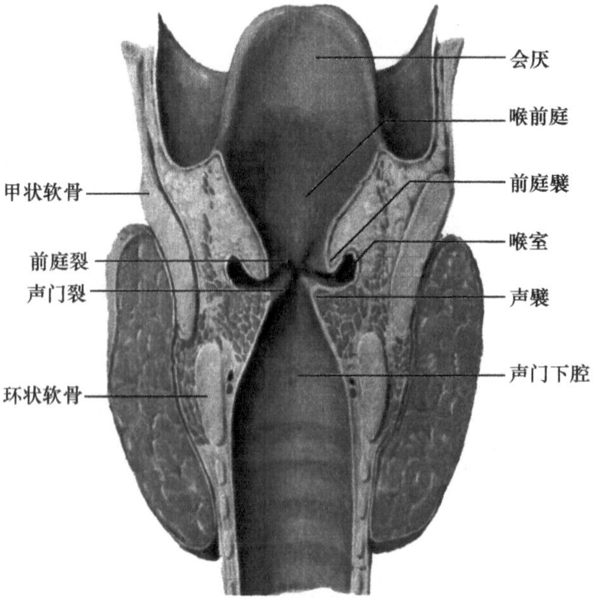

图 3-7　喉腔冠状切面

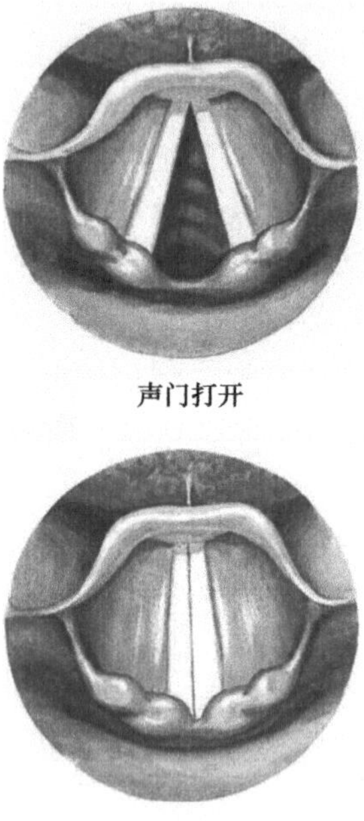

图 3-8　声门裂的变化

（五）喉肌

喉肌（图 3-9）全是细小的骨骼肌，作用是运动喉软骨和关节，使声门开大或缩小及声带紧张或松弛。开大声门的肌是位于环状软骨板后面的**环杓后肌**；缩小声门的肌有位于环状软骨两侧的**环杓侧肌**和位于两侧杓状软骨后面的**杓横肌**及**杓斜肌**。使声带紧张的肌主要是**环甲肌**，它起自环状软骨弓前外侧面，纤维行向上、后、外，止于甲状软骨的下缘和下角。使声带松弛的肌为紧贴声韧带的**声带肌**。后者实际上是位于弹性圆锥外面的甲杓肌上缘部分的肌纤维。因此喉肌的运动可控制发音的强弱并调节声调高低。当支配喉肌的神经损伤时，导致喉肌瘫痪，引起声音嘶哑等。

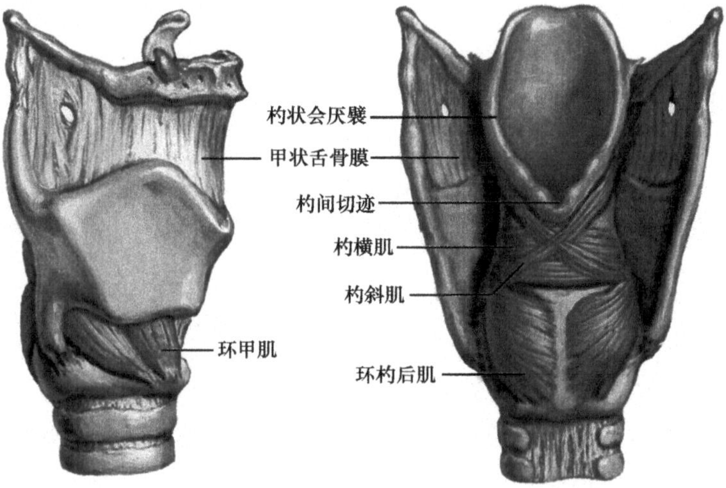

图 3-9　喉肌

三、气管和主支气管

气管和主支气管是连接喉和肺之间的管道（图 3-10）。它们均以“C”形的气管软骨为支架，以保持其开张状态，其缺口向后，并由平滑肌和结缔组织构成的膜壁封闭。相邻软骨间借环韧带连接在一起。

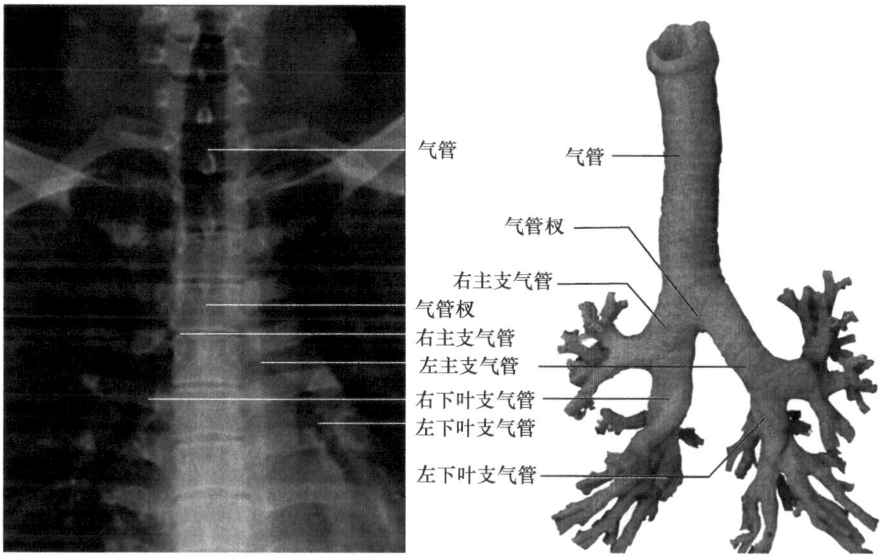

图 3-10　气管、支气管与 X 线影像对照

（一）气管

气管上端于第 6 颈椎下缘处起于环状软骨下缘，向下达胸骨角水平分为左、右主支气管，分杈处称**气管杈**，气管杈内面形成向上凸的纵嵴，呈半月状，称**气管隆嵴**，常偏向左侧，是气管镜检查的重要方位标志。左、右主支气管下方形成的夹角为 60°～80°。

气管根据其行程和位置，可分为颈、胸两段。颈段短而浅表，沿颈前正中线下行，在颈静脉切迹处可触及，当肺和胸膜疾患时，气管颈段可发生偏位，具有诊断价值。颈段前面除有舌骨下肌群外，在第 2～4 气管软骨环前方有甲状腺峡，两侧有颈部大血管、神经和甲状腺侧叶，因此甲状腺肿大可压迫气管引起呼吸困难；后方与食管毗邻。临床遇急性喉阻塞时，常在第 3～5 气管软骨环上沿正中线作气管切开术。胸段较长，位于上纵隔内，其前方有胸腺、左头臂静脉、主动脉弓等；后方紧邻食管。

（二）主支气管

主支气管为气管杈到肺门之间的管道。其左、右各一，由气管在胸骨角平面分出。**左主支气管**细长，长 4～5cm，走行近于水平，与中线成 40°～55°夹角，经左肺门入肺。**右主支气管**粗短，长 2～3cm，走行较垂直，与中线成 20°～30°夹角，经右肺门入肺。根据右主支气管的走行及形态特点，以及气管隆嵴常偏左侧，因此气管异物易坠入右主支气管。

在正位胸片上，由于气管、主支气管含气而呈透亮影。气管于纵隔的中部，垂直向下。

由于气管的左侧有主动脉弓，所以在正常人，尤其是老年者，气管下 1/3 段可轻度向右偏位，不应误认为病理性移位。气管的左壁下部，左侧主支气管分叉之上方，可有主动脉弓的压迹。

（三）支气管及其分支

两侧主支气管分别分为**肺叶支气管**，继而又分出**肺段支气管**（图 3-11）。右肺的三个肺叶支气管分出 10 个肺段支气管，左肺的两个肺叶支气管分出 8～10 个肺段支气管。再经多次分支，最后分为**终末细支气管**。

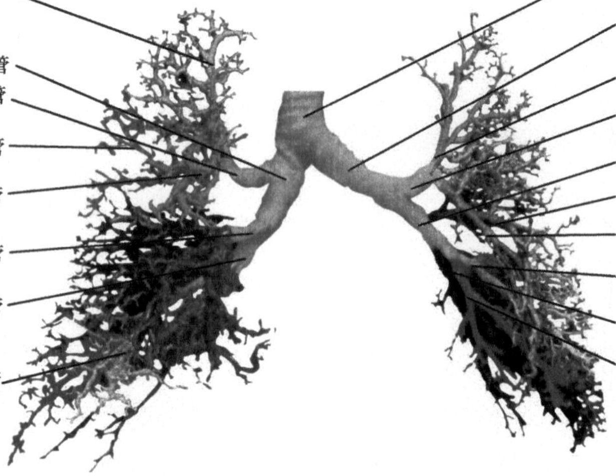

图 3-11　气管与各级支气管铸型标本

1. 右肺上叶支气管　入上叶后多数分三支：向外上方发出尖段支气管（BⅠ），向后外上方发出后段支气管（BⅡ），向前下方发出前段支气管（BⅢ）。少数 3 支中任何 2 支可合为一干。

2. 右肺中叶支气管　大多分为外侧段支气管（BⅣ）和内侧段支气管（BⅤ）。

3. 右肺下叶支气管　先发出上段支气管（BⅥ），行向后外上，主干向下再发出 4 个底段支气管，即内侧底段支气管（BⅦ）、前底段支气管（BⅧ）、外侧底段支气管（BⅨ）和后底段支气管（BⅩ），右肺下叶支气管的分支类型比较恒定。

4. 左肺上叶支气管　首先分为上、下二干，上干分为尖后段支气管（BⅠ+BⅡ）和前段支气管（BⅢ），尖后段支气管行向后上再分为尖段和后段支气管，前段支气管近水平方向走行。下干亦称舌干（或舌叶支气管），行向前下方分为上舌段支气管（BⅣ）和下舌段支气管（BⅤ）。这种分支类型在国人材料中占 1/3 以上。

5. 左肺下叶支气管　先向后外侧发出上段支气管（BⅥ），主干行向下后外，分为各底段支气管。内侧底段支气管（BⅦ）与前底段支气管（BⅧ）常共干。外侧底段支气管（BⅨ）和后底段支气管（BⅩ）共干者占 64%。

第二节　肺

肺是气体交换的器官，呈海绵状，富有弹性，表面因有脏胸膜包被，光滑润泽，透过脏胸膜可见许多多边形小区，即肺小叶的轮廓。幼儿新鲜肺呈淡红色，随年龄增长，吸入灰尘的沉积，颜色逐渐变为灰暗色，并出现许多黑色斑点。

一、肺的位置和形态

肺位于胸腔内（图 3-12），纵隔的两侧，膈以上，左右各一。右肺因膈下有向上隆凸的肝，故右肺宽而短，左肺窄而长。

肺的外形近似圆锥体形，具有一尖、一底、两面（肋面、内侧面）和三缘（前缘、后缘和下缘）（图 3-13）。

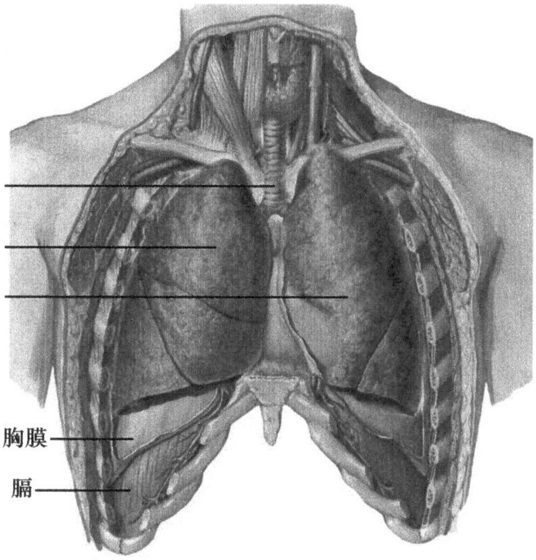

图 3-12　肺的位置（肋面）

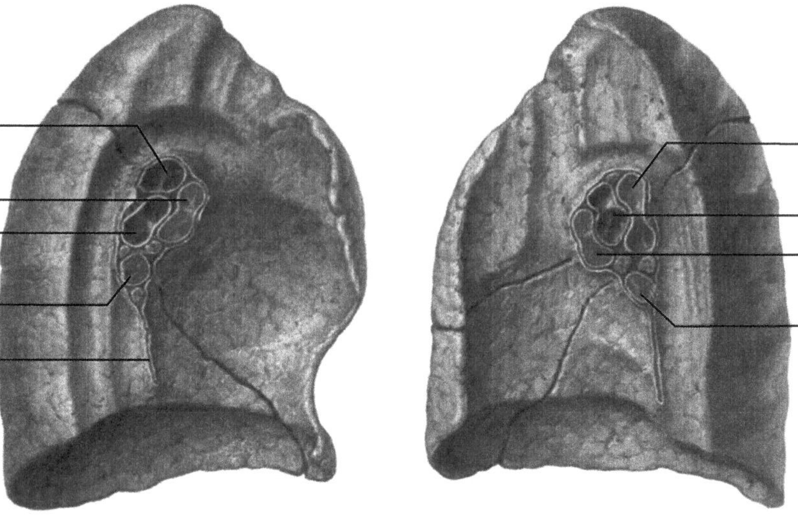

图 3-13　肺的纵隔面

肺尖呈钝圆形，经胸廓上口向上伸入颈根部，高出锁骨内侧 1/3 上方 2～3cm，故肺尖部听诊可在此处进行。肺尖是好发肺结核的部位。肺底与膈邻贴，向上凹陷，又称膈面；肋面圆凸，与胸壁内面贴近；内侧面与纵隔毗邻，又称纵隔面。内侧面中部有一长圆形的凹陷，称**肺门**，是主支气管、肺叶支气管、肺动静脉、淋巴管和神经出入肺的部位，这些结构被结缔组织包绕在一起，统称为**肺根**，把肺连于纵隔。

肺的前缘薄而锐，左肺前缘的下部有一明显的凹陷，称**心切迹**，贴于脊柱两侧。肺下缘较薄锐，伸入胸壁与膈的间隙内。

肺被肺裂分为数叶。左肺被由从后上斜向前下的一条**斜裂**分为上、下两叶。右肺除斜裂外，还有一条近于水平方向的**水平裂**，它们把右肺分成上、中、下三叶。

二、肺内支气管和支气管肺段

左、右主支气管入肺门后分出肺叶支气管，进入肺叶。肺叶支气管在各肺叶内再分为肺段支气管，并在肺内反复分支，呈树枝状，称支气管树。每一肺段支气管及其分支和它所属的肺组织共同构成一个**支气管肺段**，简称肺段（图 3-14）。肺段呈圆锥形，其尖朝向肺门，底朝向肺表面。各肺段有其固有位置，相邻肺段间仅以薄层结缔组织隔开。按照肺段支气管的分支分布，左、右肺各分为 10 个肺段。左肺上叶的尖段和后段支气管、下叶的内侧底段和前底段支气管均常发自一个支气管干，因此左肺可分为 8 个肺段（图 3-15）。

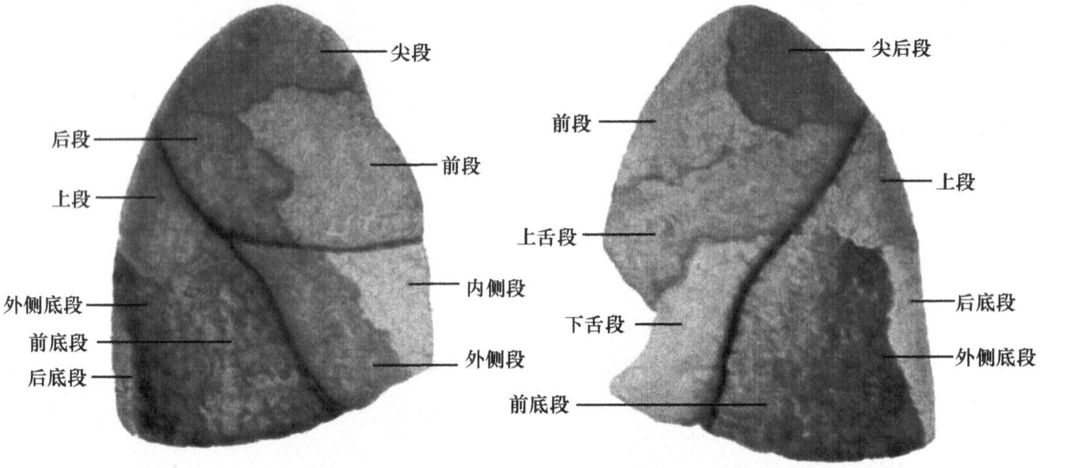

图 3-14　支气管肺段在肺表面的范围

右肺
- 上叶
  - 尖段(SⅠ)
  - 后段(SⅡ)
  - 前段(SⅢ)
- 中叶
  - 外侧段(SⅣ)
  - 内侧段(SⅤ)
- 下叶
  - 上段(SⅥ)
  - 内侧底段(SⅦ)
  - 前底段(SⅦ)
  - 外侧底段(SⅨ)
  - 后底段(SⅩ)

左肺
- 上叶
  - 尖段(SⅠ)、后段(SⅡ)：尖后段(SⅠ+SⅡ)
  - 前段(SⅢ)
  - 上舌段(SⅣ)
  - 下舌段(SⅤ)
- 下叶
  - 上段(SⅥ)
  - 内侧底段(SⅦ)、前底段(SⅧ)：内前底段(SⅦ+SⅦ)
  - 外侧底段(SⅨ)
  - 后底段(SⅩ)

图 3-15　肺段

三、肺 X 线影像

（一）肺野

在 X 线胸片上充满气体的两肺表现为均匀一致较透明的区域称为肺野。为便于指明病变的部位，常将两侧肺野分别在左右第 2、4 肋骨前端下缘划连线，将肺部分为上、中、下三野；再分别沿侧胸壁的弧线纵分，将两肺分为三等份：即内、中、外三带。此外，第 1 肋圈以内的部分称肺尖区，锁骨以下至第 2 肋圈外缘以内的部分称锁骨下区。两侧肺野内自肺门向外呈放射分布的树枝状影，称为肺纹理。肺纹理主要是肺动脉、肺静脉、支气管、淋巴管及少量间质组成。在正位胸片上，肺纹理自肺门向外延伸，且逐渐变细，至肺野外带几乎不能辨认。两侧肺野透明度基本相同，其透明度与肺内所含气体量成正比（图 3-16）。

（二）肺门

在 X 线正位胸片上，两中肺野内带第 2～4 前肋间长条状的密影称为肺门。肺门影由肺动脉、肺静脉、支气管及淋巴组织等构成，其中以肺动脉为主要成分。左肺门略高。两侧肺门可分上、下两部，上、下两部相交所形成的夹角，称肺门角，右侧显示较清楚。在侧位胸片上，两侧肺门大部分重叠，表现为一尾巴拖长的“逗号”影，其拖长的尾巴为两下肺的动脉干构成。

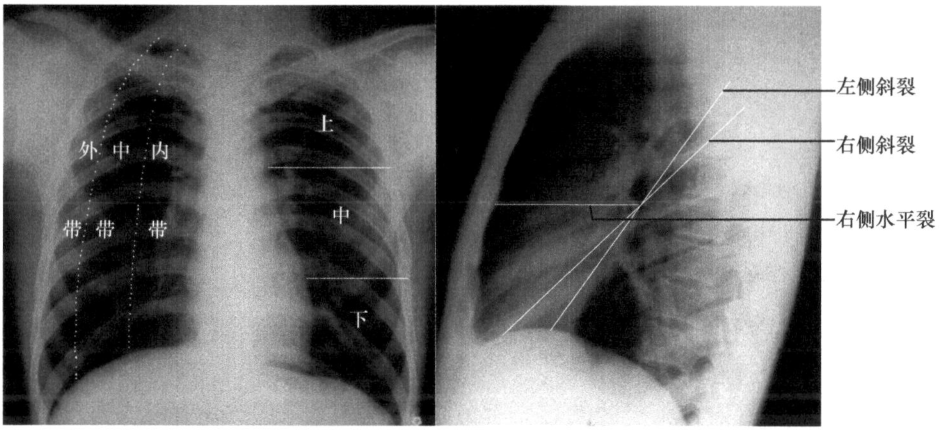

图 3-16 正常胸部正、侧位 X 线像

（三）肺叶

在胸片上，借显影的叶间胸膜可分辨肺叶，多不能完整地显示肺叶的界限，但结合正侧位胸片常可推断各肺叶的大致位置。①**右肺上叶**：位于右肺前上部上缘达肺尖，下缘以横裂与中叶分隔，后缘以斜裂与下叶为界。②**右肺中叶**：位于右肺前下部，上缘以横裂与上叶为界，下缘以斜裂与下叶分隔，以横裂最外端向内，向下斜行至右膈内侧部，内界直达右心缘，呈三角形。③**右肺下叶**：位于右肺后下部，以斜裂与上叶及中叶分界。④**左肺上叶**：相当于右肺上叶和中叶所占的范围。⑤**左肺下叶**：相当于右肺下叶所占的范围。⑥**副叶**：属于肺分叶的先天变异，常见的副叶有奇叶。

正位胸片上，上叶下部与下叶上部重叠，中叶与下叶下部重叠。侧位片上，上叶位于前上部，中叶位于前下部，下叶位于后下部，彼此不重叠。

第三节 胸膜和纵隔

一、胸膜及胸膜腔的概念

胸廓和膈围成胸腔，其上界为胸廓上口，可与颈部连通；下界借膈与腹腔分隔。胸腔中间为纵隔占据，两侧容纳肺和胸膜。

胸膜（图 3-17）为覆盖于肺表面、胸壁内面、纵隔侧面和膈上面的一层薄而光滑的浆膜，其中包被在肺表面的部分称**脏胸膜**；贴附于胸壁内面、纵隔两侧和膈的上面的部分，称**壁胸膜**。脏胸膜与壁胸膜在肺根处互相移行延续，这样，在左、右肺周围分别形成一个完全封闭的窄隙，即**胸膜腔**。胸膜腔内为负压，两层胸膜因而紧密相贴，腔内含有少量浆液，呼吸运动时，可减少两层胸膜间的摩擦。在肺根下方移行的胸膜前后两层重叠，形成一条双层皱襞状结构称**肺韧带**，其对肺有固定作用，也是肺手术的标志。

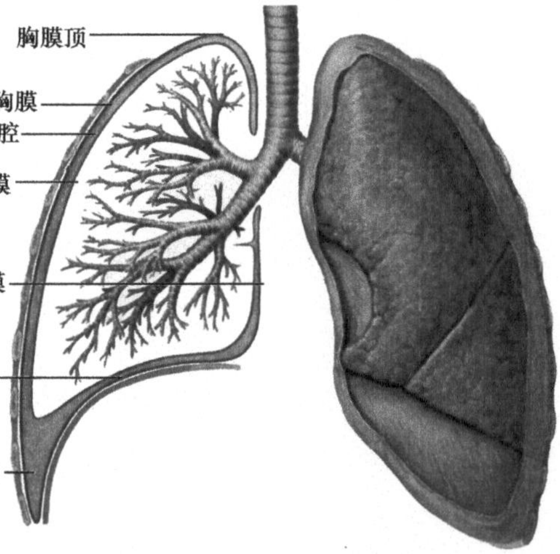

图 3-17　胸膜和胸膜腔示意图

二、胸膜的分部及胸膜隐窝

脏胸膜紧贴肺的表面，并深入肺裂。壁胸膜依其所在部位可分为四部分：①**胸膜顶**，覆盖在肺尖的上方，突出于颈根部，高出锁骨内侧 1/3 的上方 2～3cm。针刺或臂丛神经麻醉时，要注意胸膜顶的位置，以免伤及肺尖，造成气胸。②**肋胸膜**，贴于胸壁的内面。③**纵隔胸膜**，贴衬在纵隔的两侧。④**膈胸膜**，覆盖于膈的上面。在壁胸膜不同部位和移行处，如呈锐角转折，壁胸膜彼此贴近并留有间隙，当深吸气时肺缘也不能伸入其内，胸膜腔的这些部分统称为胸膜隐窝。其中最大最重要的胸膜隐窝位于肋胸膜和膈胸膜相互移行处，称**肋膈隐窝**，也称**肋膈窦**，其为半月形的间隙，是胸膜腔最低的部位。当胸膜发生炎症时，渗出液首先积聚于此处，为临床胸腔穿刺抽液的部位。此处也是炎症后易发生粘连的部位。

三、胸膜与肺的体表投影

胸膜顶与肺尖的体表投影一致，高出锁骨内侧 1/3 上方 2～3cm。

胸膜前界即肋胸膜与纵隔胸膜前缘间的反折线（图 3-18、图 3-19），两侧起自胸膜顶，向内下经胸锁关节后方，至第 2 胸肋关节水平互相靠拢并沿中线垂直下行，右侧至第 6 胸肋关节处转向右，移行于下界；左侧在第 4 胸肋关节处弯向外下，沿胸骨左缘外侧下行，至第 6 肋软骨处转向左，移行于下界。由于胸膜前界在第 2～4 肋软骨水平两侧靠拢，上下两端相互分开，所以在胸骨后方各形成一个三角形区域：上方的为胸腺区，内有胸腺；下方的为心包区，其间显露心及心包。

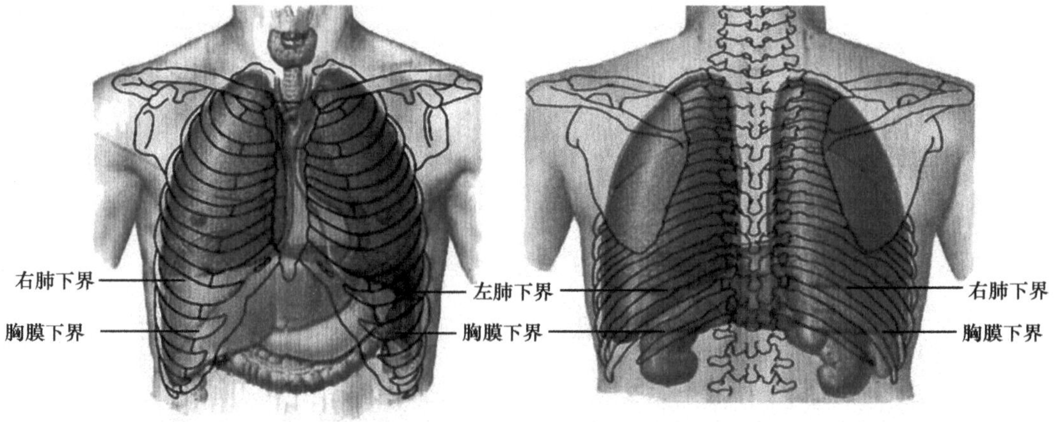

图 3-18　胸膜及肺的体表投影（前后观）

肺的前界几乎与胸膜前界一致，仅左侧在第 4 胸肋关节处急转向外，沿第 4 肋软骨下缘水平行走，于胸骨旁线附近转向下，至第 6 肋软骨中点处移行于下界。

胸膜下界是肋胸膜与膈胸膜的返折线，两侧大致相同。右侧起于第 6 胸肋关节处，左侧起于第 6 肋软骨。起始后均斜向外下方，在锁骨中线处与第 8 肋相交，在腋中线处与第 10 肋相交，在肩胛线与第 11 肋相交，在近后正中线处，达第 12 胸椎棘突高度。

肺的下界一般比胸膜下界高出两个肋骨，在接近后正中线处高出两个胸椎（表 3-1）。

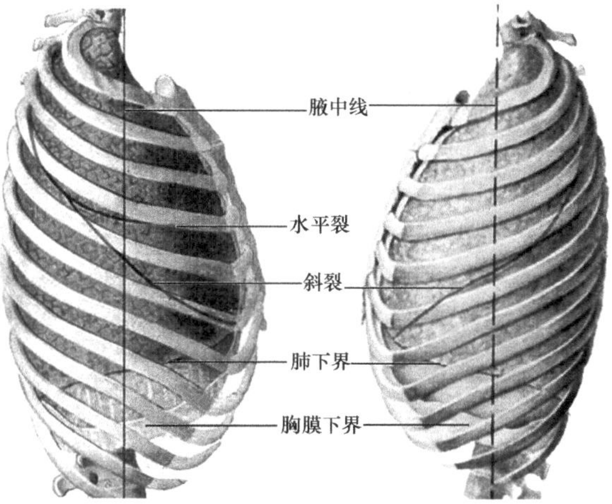

图 3-19　胸膜及肺的体表投影（侧面观）

表 3-1　肺和胸膜下界的体表投影

	锁骨中线	腋中线	肩胛线	后正中线
肺下界	第 6 肋	第 8 肋	第 10 肋	第 10 胸椎棘突
胸膜下界	第 8 肋	第 10 肋	第 11 肋	第 12 胸椎棘突

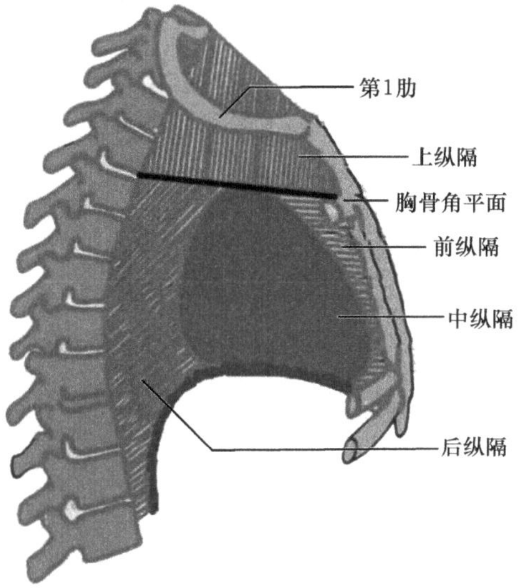

图 3-20　纵隔

四、纵　　隔

（一）纵隔的概念和境界

纵隔（图 3-20）是左、右纵隔胸膜之间全部器官、结构和结缔组织的总称。其前界为胸骨；后界为脊柱胸段；两侧为纵隔胸膜；上界为胸廓上口；下界为膈。

（二）纵隔的分部

纵隔通常以胸骨角平面为界，分为上纵隔和下纵隔。下纵隔又以心包为界分为前、中、后三部：胸骨与心包前面之间的部分为前纵隔；心包、心及与其相连的大血管根部所占部分为中纵隔；心包后面与脊柱胸段之间的部分为后纵隔。

纵隔的各部内容物分别为：上纵隔内主要有胸腺、头臂静脉、上腔静脉、主动脉弓及其分支、膈神经、迷走神经、食管、气管、胸导管和淋巴结等。前纵隔内有结缔组织和淋巴结。中纵隔内有心包、心和出入心的大血管根部。后纵隔内有胸主动脉、奇静脉、半奇静脉、副半奇静脉、食管、主支气管、迷走神经、胸交感干、胸导管和淋巴结等。

（冷攀菊）

第四章　泌 尿 系 统

泌尿系统由肾、输尿管、膀胱和尿道组成（图 4-1）。肾是泌尿系统中最重要的器官，其主要功能是产生尿液。肾通过尿液的形成，清除血液中的代谢废物（如尿素、尿酸等）及多余的水和无机盐，对保持人体内环境的相对稳定有重要作用。尿生成后，经输尿管输送到膀胱暂时储存，最后经尿道排出体外。

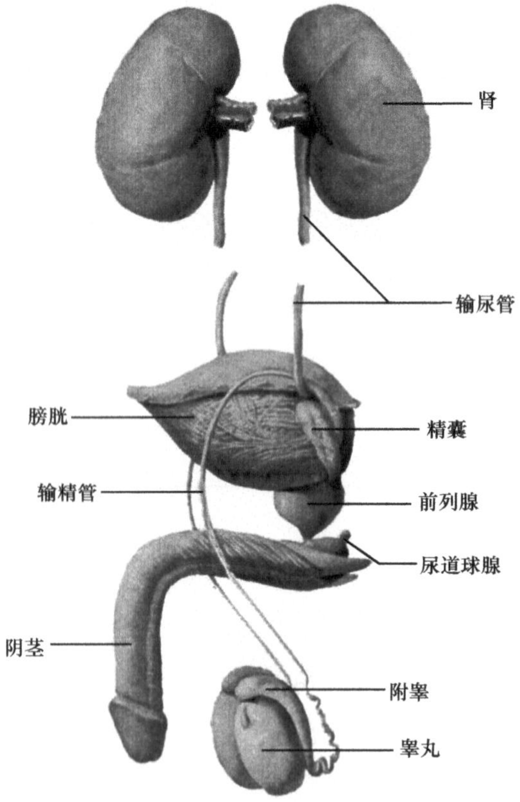

图 4-1　男性泌尿生殖器模式图

第一节　肾

一、肾的形态和位置

肾位于腹膜的后方，脊柱的两侧，左、右各一，属腹膜外位器官（图 4-2）。肾为实质性器官，形似蚕豆，肾的表面光滑，质地柔软，呈红褐色。肾可分上、下两端，前、后两面，内侧和外侧两缘。肾上、下两端都较钝圆。前面稍凸；后面平坦，紧贴腹后壁。肾的外侧缘凸隆；内侧缘中部凹陷，称**肾门**，是肾的血管、神经及淋巴管和肾盂出入肾的部位，这些出入肾的结构共同组成**肾蒂**。自肾门向肾内凹陷并扩大而成的腔隙，称**肾窦**，主要容纳肾小盏、肾大盏、肾盂、肾动脉的分支、肾静脉的属支、淋巴管、神经和脂肪等。

左肾上端通常与第 11 胸椎的下缘平齐，下端平第 2 腰椎体下缘。第 12 肋斜过左肾后方的中份。右肾由于受肝的影响，位置较左肾低约半个椎体。因此，第 12 肋斜过右肾后方的上部（图 4-3）。

肾的位置有个体差异。女性略低于男性，儿童低于成人，新生儿肾的位置最低。成人的肾门约平第 1 腰椎体，距正中线约 5cm。肾门在腹后壁的体表投影，一般在竖脊肌外侧缘与第 12 肋所成的夹角内，临床称此区域为**肾区**。当肾患某些疾病时，触压或叩击此区可引起疼痛。

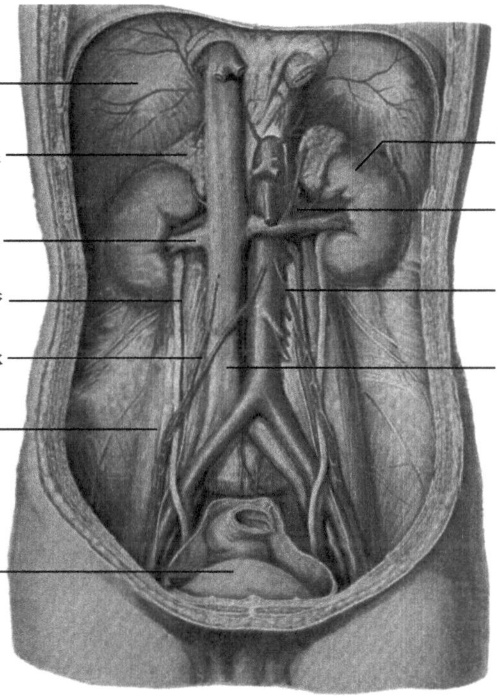

图 4-2 肾和输尿管的位置（前面观）

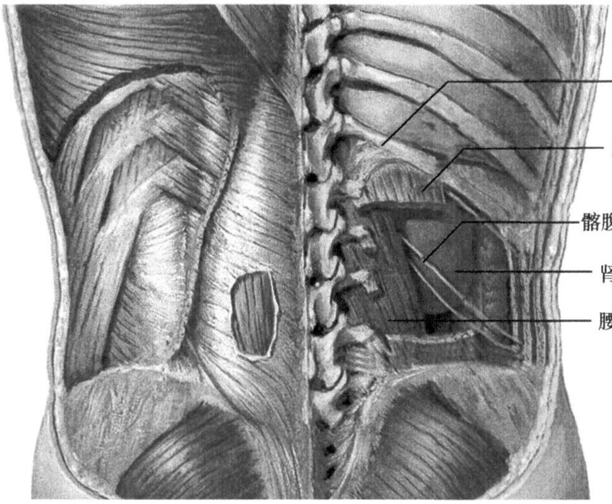

图 4-3 肾与肋骨和椎骨的位置关系（后面观）

二、肾的被膜

肾的表面有三层被膜，由内向外依次为纤维囊、脂肪囊和肾筋膜（图 4-4）。**纤维囊**包裹于肾的表面，由致密结缔组织和少量弹性纤维构成，薄而坚韧。纤维囊与肾连接疏松，易于剥离，但当肾发生某些疾患时，两者容易发生粘连，不易剥离。**脂肪囊**包被于纤维囊的外面，其厚薄与全身各处脂肪的发达程度相一致。临床上做肾囊封闭时，药物即注入此层。**肾筋膜**位于脂肪囊的外面，分前、后两层，包裹肾和肾上腺。前层与对侧者相连续；

后层与腰大肌筋膜相愈合；前、后两层在肾的外侧彼此移行；在肾上腺的上方相互融合；在肾的下方则互相分离，其间有输尿管通过。肾筋膜向深部发出许多结缔组织小束，穿过脂肪囊与纤维囊相连，有固定肾的功能。

肾的正常位置，依赖于肾的被膜、肾血管、肾的邻近器官、腹膜和腹压等多种因素维持，若上述因素发育不健全，则可引起肾下垂或游走肾。

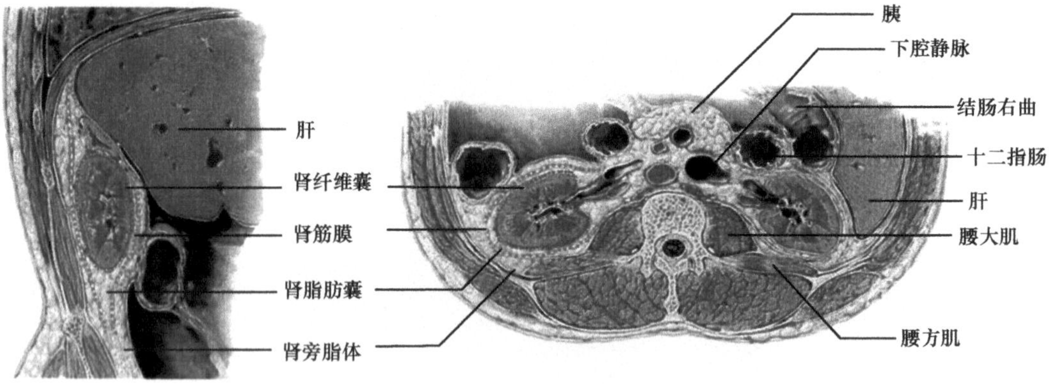

图 4-4　肾的被膜

三、肾的构造

肾的实质分浅、深两部，浅层为**肾皮质**，深层主要为**肾髓质**（图 4-5）。肾皮质富含血管，呈红褐色，主要由肾小体和肾小管组成，其深入肾髓质内的部分称**肾柱**。肾髓质位于皮质的深面，色泽较浅，由 15～20 个**肾锥体**组成。肾锥体呈圆锥形，底朝向皮质；尖端钝圆，朝向肾窦，稍伸入肾小盏，称**肾乳头**。肾乳头的尖端有许多集合管的开口，尿液由此流入**肾小盏**。肾小盏是漏斗状的膜性结构，其宽端包绕肾乳头。每 2～3 个肾小盏汇合成一个**肾大盏**。每侧肾有 2～3 个肾大盏。它们共同汇合成**肾盂**。肾盂呈前后略扁的漏斗状结构，出肾门后逐渐缩细，弯行向下，移行为输尿管。

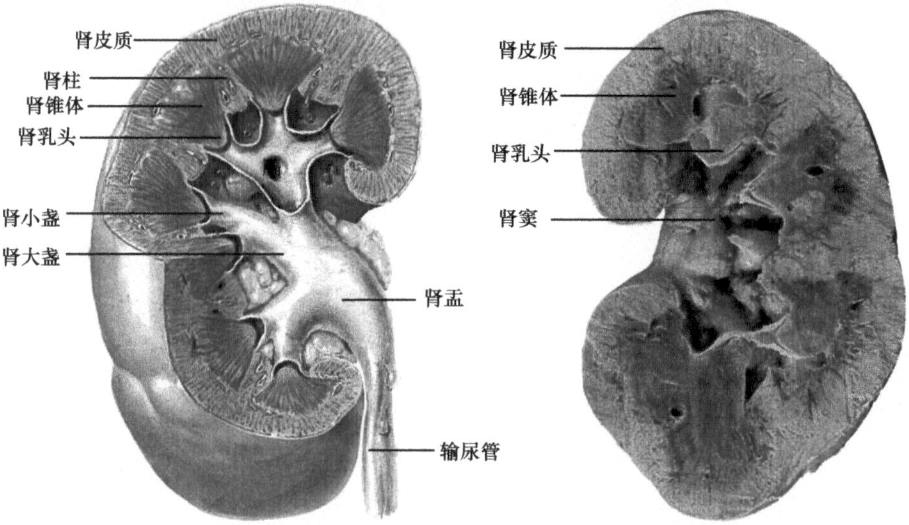

图 4-5　肾冠状切面

X线观察肾盂、肾小盏、肾大盏，须人工造影（图4-6）。造影后，肾盂的影像一般在第1～3腰椎之间，略呈三角形，上缘隆凸，下缘微凹，边缘较整齐。正常肾盂形态变异很大，常呈喇叭状，少数呈分支形或壶腹形。肾小盏分为体部和穹隆部：体部又称漏斗部，是与肾大盏相连的短管；管的远端为穹隆部，其顶端有由于肾乳头突入而形成杯口状凹陷，杯口两侧缘是尖锐的肾小盏穹隆。肾大盏边缘整齐，呈管状。正常肾小盏、肾大盏的形态有很大差异，有的粗短，有的细长，数目亦常不相同，两侧也不对称。

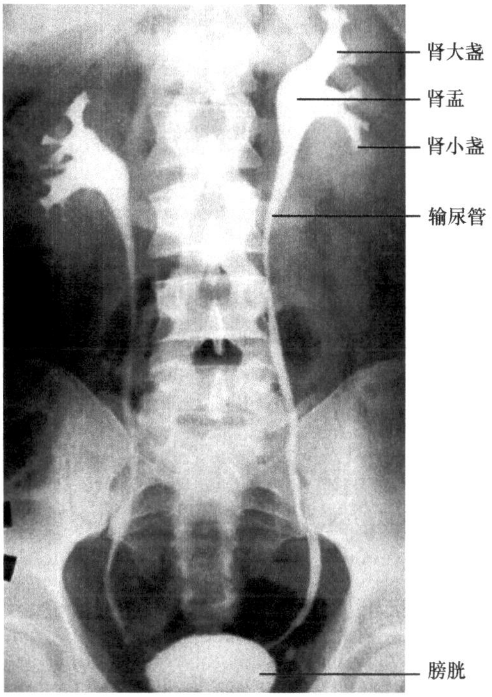

图4-6　肾盂、输尿管造影像

四、肾　段

肾动脉在肾实质的分支是按一定节段分布的，一般在肾门附近，分为前支和后支。前支较粗，供血区较大。由前、后支再分出5支肾段动脉，每一肾段动脉分布区的肾实质为一个**肾段**。每侧肾有五个肾段，即上前段、下前段、上段、下段和后段（图4-7）。各肾段由同名动脉供血，各段动脉之间一般无吻合。各肾段间有少血管的段间组织分隔，称乏血管带。若某一肾段动脉的血流受阻，所供应的肾段即可发生坏死。因此了解肾段的概念，临床上肾血管造影对肾疾病的定位和肾部分切除术具有实用意义。

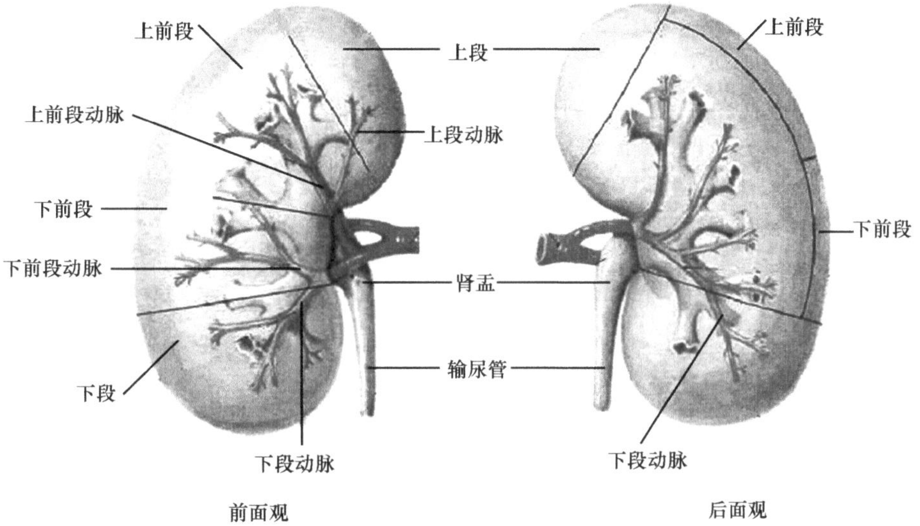

图4-7　肾段动脉和肾段（右肾）

第二节　输尿管

输尿管左右各一，是细长的肌性管道，长20～30cm，直径0.5～1.0cm。输尿管上端与肾盂相续，在腹膜的后方，沿腰大肌的前面下降，于小骨盆上口处跨越髂总动脉分叉处的前方，入盆腔至膀胱底的外上角，斜穿膀胱壁，开口于膀胱底内面。输尿管全长粗细不均，有 3 处较明显的狭窄，分别位于输尿管的起始部、跨越小骨盆上口处（髂总血管处）和穿膀胱壁处。当尿路结石下降时，易嵌顿于这些狭窄处。

X 线造影，输尿管呈细长条致密影，边缘光滑。输尿管的走向可迂曲、折叠；也可因蠕动波呈中断不连续影像。

第三节　膀　　胱

膀胱是一个储存尿液的肌性囊状器官，有较大的伸缩性。成人膀胱的容积为 300～500ml，最大容积可达 800ml，新生儿膀胱的容积约为 50ml。

一、膀胱的形态和毗邻

膀胱的形态、大小、位置和毗邻关系均可随其尿液的充盈程度而改变。膀胱充盈时，略呈卵圆形，空虚时则呈锥体形（图 4-8）。其尖朝向前上方，称**膀胱尖**；底朝向后下方，略呈三角形，称**膀胱底**；底、尖之间的大部分称**膀胱体**；膀胱的最下部，称**膀胱颈**，男性与前列腺相接，女性与尿生殖膈相邻。颈的下端有尿道内口通尿道。

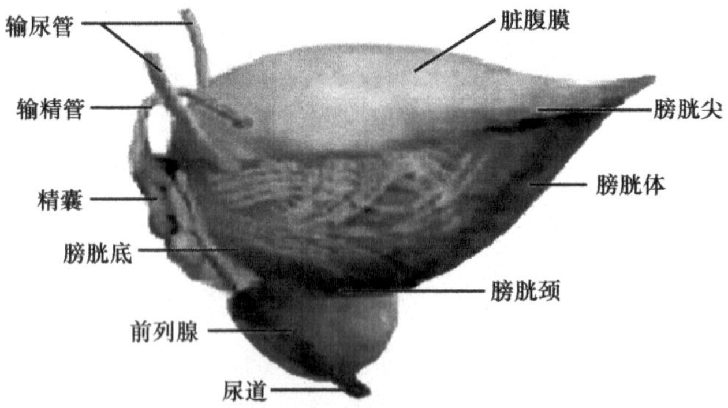

图 4-8　膀胱（侧面观）

二、膀胱的位置

新生儿的膀胱位于腹腔内，随着年龄的增长，逐渐下降，成人的膀胱位于耻骨联合的后方，膀胱空虚时位于盆腔内，其尖与耻骨联合的上缘平齐；充盈时，其上部可膨入腹腔，并与腹前壁相贴。因此当膀胱充盈时，沿耻骨联合上缘进行膀胱穿刺，穿刺针可不经腹膜腔而直接进入膀胱，以避免损伤腹膜。膀胱底在男性与精囊、输精管末段和直肠相邻；在女性则与子宫颈和阴道相邻。

三、膀胱壁的构造

膀胱壁分 3 层，由内向外依次为黏膜、肌层和外膜。黏膜的上皮为变移上皮，膀胱空虚时，黏膜形成许多皱襞，充盈时则消失。膀胱底的内面，两输尿管口和尿道内口之间的三角形区域，黏膜光滑无皱襞，称**膀胱三角**（图 4-9），是肿瘤的好发部位。肌层由平滑肌构成，大致分为外纵、中环、内纵 3 层，这 3 层肌束相互交错，共同构成逼尿肌。通常认为在尿道内口处，还有环形的膀胱括约肌。膀胱上面的外膜为浆膜，其他部分的外膜为纤维膜。

膀胱造影时可显示膀胱内腔。膀胱充盈时，横置在耻骨联合上方，边缘光滑整齐，密度均匀。男性的呈长圆形，女性的呈扁圆形。膀胱顶部可略凹陷，为乙状结肠或子宫压迹。膀胱充盈不全时，其粗大的黏膜皱襞致边缘不整齐而呈锯齿状。

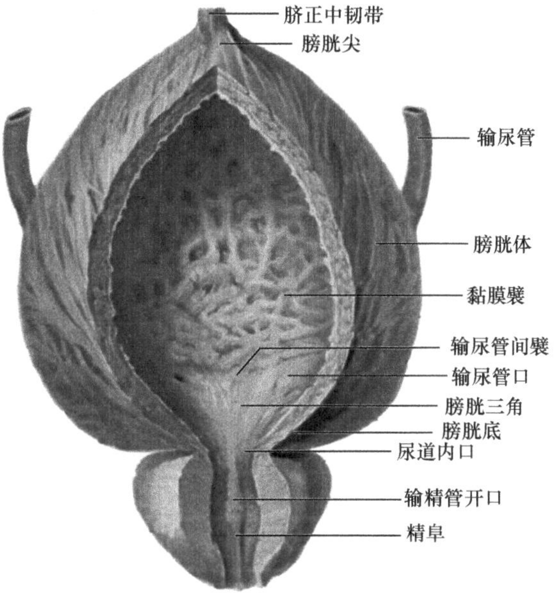

图 4-9 膀胱三角

第四节 尿 道

男性尿道与生殖系统关系密切，故在男性生殖系统内叙述。

女性尿道较男性尿道短而直，易于扩张，长 3～5cm，直径 0.6cm，仅有排尿功能，它起自膀胱的尿道内口，向前下方穿过**尿生殖膈**，开口于尿道外口。尿道外口呈矢状位，位于阴道的前方，距阴蒂头后方约 2.5cm。由于女性尿道与阴道相邻，且短、宽、直，故易于引发逆行性泌尿系感染。

（夏克言）

第五章 生殖系统

生殖系统的主要功能是产生生殖细胞，繁殖后代。男、女性生殖器都可分为内生殖器和外生殖器两部分：内生殖器多数位于盆腔内，主要包括产生生殖细胞的生殖腺及输送生殖细胞的生殖管道；外生殖器则显露于体表，主要为性的交接器官。

第一节 男性生殖系统

男性内生殖器包括睾丸、输精管道和附属腺体。睾丸为男性生殖腺，可产生精子并能分泌男性激素。输精管道包括附睾、输精管、射精管和尿道，为储存精子和运送精子排出体外的一系列管道。附属腺体包括精囊、前列腺和尿道球腺，它们的分泌物参与组成精液，具有营养精子和增强其活动能力作用。男性外生殖器包括阴囊和阴茎。

一、男性内生殖器

（一）睾丸

1. 睾丸的位置和形态 睾丸位于阴囊内，左、右各一，呈内外侧稍扁的椭圆形，表面光滑，包有一层浆膜（图 5-1）。睾丸分为上、下两端，前、后两缘，内侧、外侧两面。前缘游离，后缘有附睾和输精管起始段附着。

2. 睾丸的结构和功能 睾丸表面是一层坚厚的纤维膜，称**白膜**（其外面有浆膜被覆）。白膜沿睾丸后缘增厚，并深入睾丸内形**成睾丸纵隔**。从睾丸纵隔呈放射状发出许多结缔组织小隔，称睾丸小隔，将睾丸实质分隔成许多睾丸小叶。每个小叶内含 2～4 条盘曲的**精曲小管**，管的上皮能生成精子。精曲小管之间的结缔组织内含有间质细胞，该细胞可分泌男性激素，能促进男性附属腺体和第二性征的发育。精曲小管在接近睾丸纵隔处，互相结合成短而直的精直小管，进入睾丸纵隔内，相互交织成睾丸网（图 5-2）。从睾丸网发出 12～15 条睾丸输出小管，出睾丸后缘的上部进入附睾头。

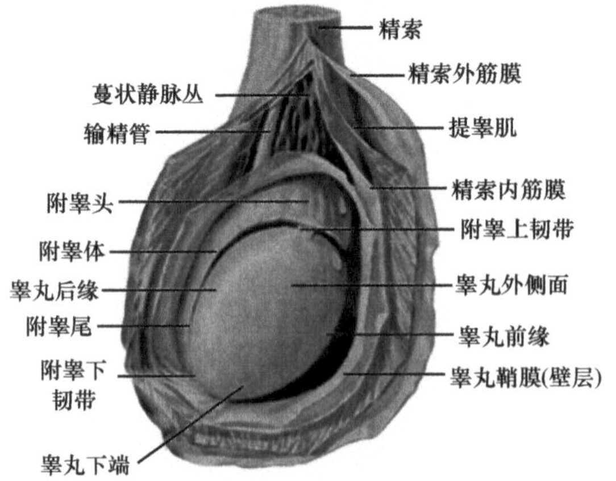

图 5-1 睾丸和附睾

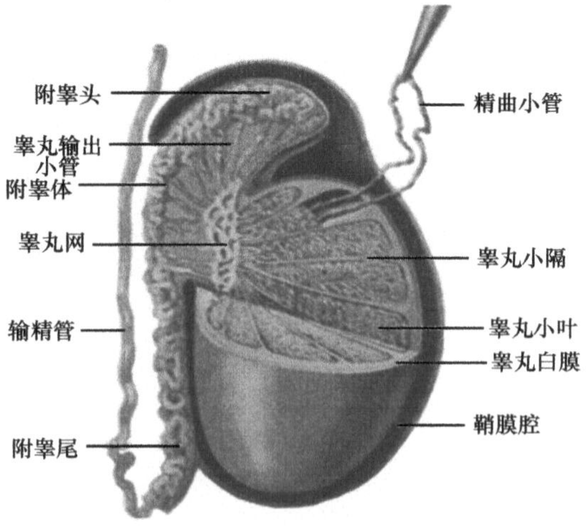

图 5-2 睾丸的结构

（二）输精管和射精管

1. 附睾 呈新月形，紧贴于睾丸后缘和上端，并略偏外侧。上端膨大，称附睾头，中部为附睾体，下端狭细为附睾尾。附睾尾转向后上方移行为输精管。

附睾头由睾丸输出小管迂回盘曲而成。睾丸输出小管最后汇集成一条附睾管。附睾管迂回盘曲组成附睾体和附睾尾。附睾可储存精子，其分泌液能营养精子，并促使其成熟。附睾是结核的好发部位。

2. 输精管 是附睾管的直接延续，为一对肌性管道，壁厚，腔小，全长约 50cm，活体触摸时，呈坚实的圆索状。

输精管的行程较长，全程可分为四部：①**睾丸部**，起自附睾尾，沿睾丸后缘上行，在附睾头水平移行为精索部。②**精索部**，是介于附睾头水平面与腹股沟管浅环之间的部分，它位于精索内其他结构的后内侧，此部输精管位置浅表，活体可触及，呈索条状，输精管结扎术常在此部进行。③**腹股沟管部**，为位于腹股沟管内的部分。④**盆部**，为输精管最长的一段，自腹股沟管深环处起，沿骨盆侧壁向后下行，经输尿管末端的前上方向内侧到膀胱底的后面。在此处两侧输精管逐渐接近并均膨大形成输精管壶腹，它恰位于精囊的内侧。

3. 射精管 输精管壶腹下端逐渐变细，与精囊的排泄管汇合成**射精管**。射精管长约 2cm，穿过前列腺实质，开口于尿道的前列腺部。

精索为一对柔软的圆索状结构，由腹股沟管深环延至睾丸上端。精索的主要成分是输精管、睾丸动脉和蔓状静脉丛，此外，还有输精管动静脉、神经、淋巴管、腹膜鞘突的残余等。精索表面有三层被膜，由内向外为精索内筋膜、提睾肌和精索外筋膜。

（三）附属腺体

1. 精囊 又称精囊腺，位于膀胱底的后方、输精管壶腹的外侧，是一对长椭圆形的囊状器官，表面凹凸不平，其排泄管与输精管末端合成射精管。精囊的分泌物为淡黄色黏稠液体，参与组成精液，有稀释精液使精子易于活动的作用。

2. 前列腺 为一不成对的实质性器官（图 5-3），位于膀胱与尿生殖膈之间，包绕尿道起始部，表面包有筋膜鞘，称前列腺囊。前列腺呈前后稍扁的栗子形，质硬。上端宽大，称前列腺底，与膀胱、精囊和输精管壶腹相接触。下端尖细，称前列腺尖，位于尿生殖膈上。尖与底之间的部分称前列腺体。前列腺体的前面凸隆，对向耻骨联合；前列腺体的后面较平坦，与直肠相邻。后面的正中线上有一纵行浅沟，称前列腺沟。临床做肛门指诊时，可隔着直肠前壁触及前列腺后面和前列腺

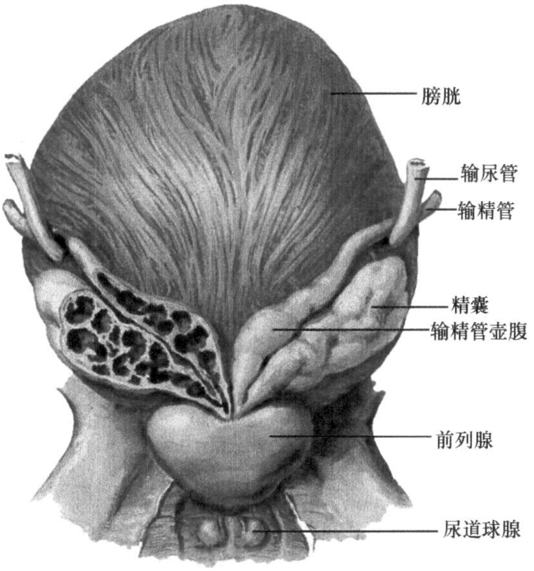

图 5-3 精囊、前列腺和尿道球腺

沟，老年人患前列腺增生时，此沟变浅或消失。前列腺的排泄管开口于尿道前列腺部的后壁，其分泌物是精液的主要成分，并含前列腺素。

前列腺一般可分成五叶（图 5-4），即前叶、中叶、后叶和两个侧叶。前叶位于尿道前方；中叶呈上宽下尖的楔形，位于尿道与射精管之间；后叶位于射精管的后下方；两个侧叶紧贴尿道的两侧。

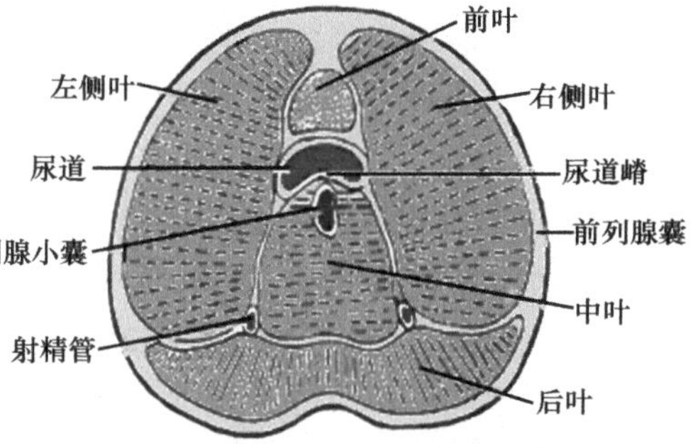

图 5-4　前列腺的分叶（横断面）

小儿前列腺甚小，性成熟期腺体发育迅速，老年人则腺组织渐萎缩，但常见有些老年人的前列腺内的结缔组织增生而形成前列腺肥大（中叶和侧叶多见），可压迫尿道引起排尿困难。

3. 尿道球腺　为埋藏于尿生殖膈的肌内的一对豌豆形小腺体，其导管开口于尿道球部，分泌物参与组成精液，并可润滑尿道。

精液：由睾丸产生的精子和各附属腺体及输精管产生的液体混合而成。精液呈乳白色，略呈碱性，适于精子的生存和活动。正常成年男性一次排精 2～5ml，每毫升含精子约 2 亿个。输精管结扎后，阻断了精子的排出途径，但射精时仍有各附属腺分泌的液体排出，也无损于睾丸的内分泌功能，故输精管结扎是一种理想的节育措施。

二、男性外生殖器

（一）阴囊

阴囊为一皮肤囊袋，位于阴茎根的后下方。阴囊壁由皮肤和肉膜组成（图 5-5），是腹壁皮肤及浅筋膜的延续。阴囊皮肤薄而柔软，生有少量阴毛，色素沉着明显，富有伸展性。**肉膜**位于皮肤深面，是阴囊的浅筋膜，内含散在的平滑肌，平滑肌随外界温度的变化反射性地收缩与舒张，以调节阴囊内的温度，有利于精子的生存和发育。肉膜在正中线向深部发出阴囊中隔将阴囊腔分为左、右两部，分别容纳两侧的睾丸、附睾及输精管起始段。

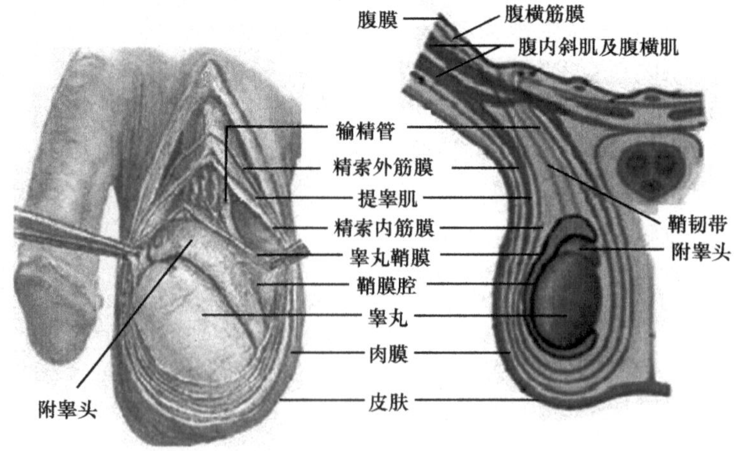

图 5-5　阴囊的结构及精索的被膜

睾丸和精索的被膜：在阴囊肉膜的深面还有三层被膜包绕睾丸和输精管等。它们均为腹前壁各层结构的延续，由外向内依次为：①**精索外筋膜**，为腹外斜肌腱膜的延续；②**提睾肌**，来自腹内斜肌和腹横肌的下部纤维；③**精索内筋膜**，是腹横筋膜的延续。在上述三层被膜的深面，睾丸还包有来自腹膜的**睾丸鞘膜**，睾丸鞘膜分壁层和脏层，脏层贴于睾丸和附睾的表面，在睾丸后缘后方与壁层相互移行，两层之间的潜在腔隙为**鞘膜腔**，内有少量浆液。炎症时液体增多，可形成鞘膜积液。

（二）阴茎

阴茎是男性性交器官，可分为头、体、根三部（图 5-6）。后端为阴茎根，固定于耻骨下支和坐骨支。中部为阴茎体，呈圆柱形，悬垂于耻骨联合的前下方，为可动部。阴茎前端膨大为阴茎头，头的尖端有矢状位的尿道外口。头与体的移行部缩细称阴茎颈。

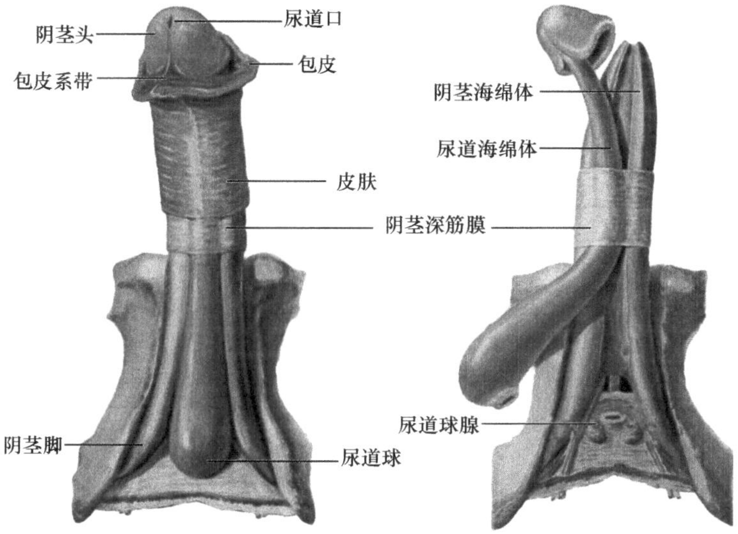

图 5-6　阴茎的形态与结构

阴茎由两个阴茎海绵体和一个尿道海绵体构成（图 5-7）。三个海绵体分别被致密结缔组织（白膜）所包绕，它们的外面又共同包有阴茎筋膜和皮肤。两个**阴茎海绵体**并列于阴茎的背侧部，各呈两端尖细的圆柱状，前端嵌入阴茎头底面的凹陷内，后端分离称阴茎脚，分别附着于两侧的耻骨下支和坐骨支。**尿道海绵体**亦呈圆柱形，位于阴茎海绵体的腹侧，尿道纵贯其全长。其前端膨大为阴茎头，后端膨大为**尿道球**，后者于两阴茎脚之间，固定于尿生殖膈的下面。海绵体为勃起组织，由许多小梁和腔隙组成，这些腔隙直接沟通血管，当腔隙充血时，阴茎则变硬勃起。

阴茎的皮肤薄而柔软，极易活动，富于伸展性。皮肤自阴茎颈游离向前延伸，形成双层皮肤皱襞，包绕阴茎头，称**阴茎包皮**，包皮游离缘围成包皮口。包皮内层与阴茎头之间的腔隙为包皮腔。在阴茎头下面正中线上尿道外口下方与包皮移行处，形成一条矢状位的皮肤皱襞，称**包皮系带**，做包皮环切术时，注意勿伤及此系带。幼儿包皮较长，包绕整个阴茎头，随年龄增长，包皮逐渐退缩。若成年后仍包被阴茎头不能退缩，称包皮过长或包茎。

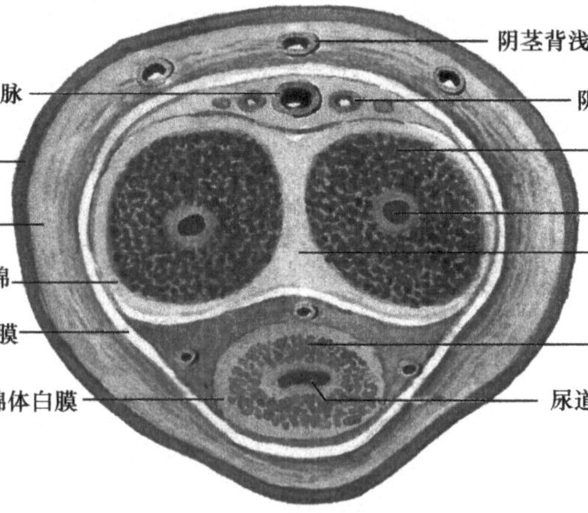

图 5-7 阴茎横断面

三、男 性 尿 道

男性尿道兼有排尿和排精的功能，起自膀胱的尿道内口，终于阴茎头的尿道外口。成年人长 16～22cm，管径平均 5～7mm。按其行程可分为前列腺部、膜部和海绵体部（图 5-8），临床上把前列腺部和膜部称为后尿道，海绵体部称前尿道。

1. 前列腺部 为尿道穿经前列腺的部分，管径最宽，长约 3cm。此段后壁中线有一纵行隆起，称尿道嵴，嵴上有一对射精管的开口，嵴的两侧有许多细小的前列腺排泄管的开口。

2. 膜部 为尿道穿过尿生殖膈的部分，长约 1.5cm，周围被尿道膜部括约肌环绕，此肌收缩可随意阻止排尿。此部位置较固定，外伤性尿道断裂易在此发生。

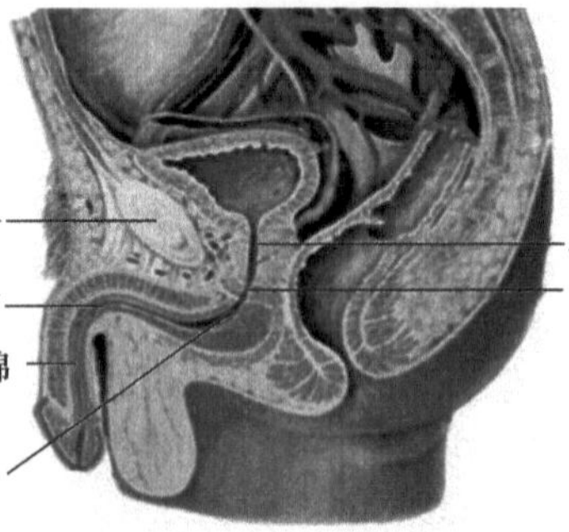

图 5-8 男性尿道矢状面观

3. 海绵体部 为尿道纵穿海绵体的部分，长 12～17cm。行于尿道球内的尿道最宽，称尿道球部，尿道球腺开口于此。在阴茎头处尿道扩大，称尿道舟状窝。

男性尿道在行程中粗细不一，形成三个狭窄、三处扩大、两个弯曲。三个狭窄分别位于尿道内口、膜部和尿道外口，尿道结石常易停留于此。三处扩大分别位于前列腺部、尿道球部和尿道舟状窝。两个弯曲：一个弯曲为**耻骨下弯**，在耻骨联合下方 2cm 处，凹向上，包括前列腺部、膜部和海绵体部的起始段，长 9～11cm，此弯曲是固定的；另一个弯曲为**耻骨前弯**，位于耻骨联合的前下方，凹向下，在阴茎体与阴茎根之间，长 6～8cm，如将阴茎向上提，此弯即消失变直。临床上向尿道插入导尿管时，应注意此弯曲的改变，以免损伤尿道。

第二节 女性生殖系统

女性内生殖器由卵巢、生殖管道（输卵管、子宫和阴道）和附属腺体（前庭大腺）组成。卵巢是女性生殖腺，可产生卵子并能分泌女性激素。输卵管为输送卵子的管道，同时也是卵子的受精部位。子宫为孕育胎儿的器官。阴道是胎儿产出的通道。外生殖器，即女阴，包括阴阜、大阴唇、小阴唇、阴蒂、阴道前庭和前庭球等。

女性乳房能分泌乳汁，是授乳育婴的器官，故附在本节一并叙述。

一、女性内生殖器

（一）卵巢

1. 卵巢的位置　**卵巢**是成对的实质性器官（图 5-9），呈扁卵圆形，位于盆腔侧壁，髂内、外动脉所形成的夹角内。

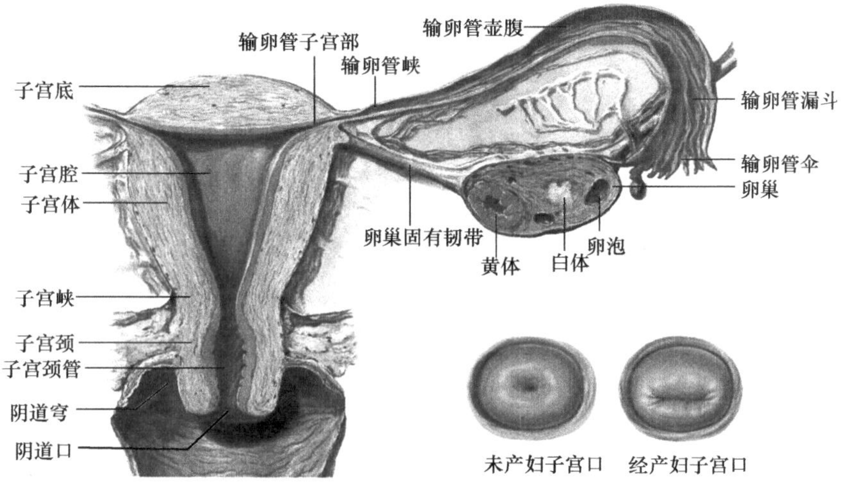

图 5-9　子宫及输卵管的形态

2. 卵巢的形态　卵巢分为内、外侧面，前、后缘和上、下端。内侧面朝向盆腔，与小肠相邻。外侧面与盆腔侧壁紧贴。后缘游离。前缘借**卵巢系**膜附于子宫阔韧带后层。上端钝圆与输卵管伞靠近，卵巢借**卵巢悬韧带**固定于盆壁。卵巢悬韧带内有分布于卵巢的血管、淋巴管、神经等，临床上称此韧带为骨盆漏斗韧带，是寻找卵巢血管的标志。下端尖细借**卵巢固有韧带**连于子宫底两侧。

卵巢的大小和形态随年龄而变化。在幼女期体积较小，表面光滑；性成熟期体积最大，由于多次排卵，其表面形成瘢痕，变得凹凸不平；35～40 岁卵巢开始缩小，50 岁左右随着月经停止而逐渐萎缩。

（二）输卵管

输卵管为一长而弯曲呈喇叭状的肌性管道，是输送卵子和受精的部位。内侧端开口于子宫腔，外侧端开口于腹膜腔。输卵管行于子宫阔韧带上缘内。

输卵管全长 10～14cm，由外侧向内侧可分为四部：①**输卵管漏斗**，为外侧端的扩大部分，呈漏斗状，口的游离缘有许多指状突起，称**输卵管伞**，覆盖于卵巢表面，是识别输卵管的标志。漏斗底有**输卵管腹腔口**与腹膜腔相通。②**输卵管壶腹**，管径粗而弯曲，约占输卵管全长的 2/3。卵子通常在此部位受精，受精卵进入子宫着床发育。若受精卵由于某种原因未能到达子宫，而在输卵管内或腹腔内发育，称宫外孕。③**输卵管峡**，细而直，呈水平位，壁厚腔窄。输卵管结扎术常在此部位进行。④**子宫部**，为贯穿子宫壁的一段，经输卵管子宫口开口于子宫腔。

卵巢和输卵管统称为子宫附件。

（三）子宫

子宫为一壁厚腔小的肌性器官，主要是孕育胎儿的所在。

1. 子宫的位置 子宫位于小骨盆腔的中央，膀胱与直肠之间，下端接阴道，两侧连有输卵管、子宫阔韧带和卵巢。成年女子，子宫的正常位置为轻度的前倾和前屈（图 5-10）。前倾是指子宫与阴道间形成向前开放的钝角；前屈是指子宫体与子宫颈之间形成一凹向前的弯曲，亦呈钝角。当直立时，子宫伏于膀胱上，几乎与地面平行。由于子宫前邻膀胱后贴直肠，膀胱和直肠的充盈度，可影响子宫的位置。临床上可经直肠指检来检查子宫的位置、大小或分娩前子宫口的开大程度。

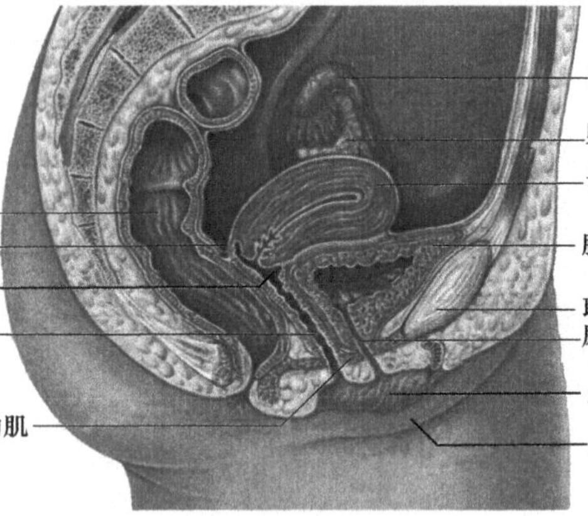

图 5-10 女性盆腔正中矢状面

2. 子宫的形态 子宫在成年人呈前后稍扁的倒置的梨形，长 7～9cm，宽约 4cm，厚 2～3cm，重 40～50g。子宫可分为子宫底、子宫体和子宫颈三部。**子宫底**为两侧输卵管子宫口以上的钝圆部分。**子宫颈**为下端的狭窄部分，成人长 2.5～3cm，它又分为上、下两部：其下 1/3 部伸入阴道内，称子宫颈阴道部，是宫颈癌和宫颈糜烂的好发部位；在阴道以上的部分称子宫颈阴道上部。**子宫体**是指底与颈之间的部分。在子宫颈与子宫体交界处稍狭细，称**子宫峡**。在非妊娠期子宫峡不明显，长仅 1cm，妊娠期间子宫峡逐渐伸展变长，形成子宫下段。妊娠末期此部可延至 7～11cm，其壁逐渐变薄，子宫容积逐渐变大，产科常经此处做剖腹取胎术。

子宫的内腔较狭窄，可分为上、下两部：在子宫体内的部分称**子宫腔**，呈前后扁的三角形裂隙，其基底向上，两侧通输卵管，尖向下通子宫颈管。在子宫颈内的管腔称**子宫颈管**，呈梭形，其上口通子宫腔，下口通阴道，下口称**子宫口**，未产妇女子宫口为圆形，边缘光滑整齐，分娩后变成横裂状。子宫口的前、后缘分别称为前唇和后唇，后唇较长，位置较高。

子宫和输卵管的 X 线造影摄片（图 5-11），与周围组织可形成明显的对比，临床上常使管腔显影，从而了解子宫及输卵管腔道内情况，不但能提示输卵管是否通畅，还能观察子宫腔形态。

3. 子宫的固定装置　子宫的正常位置主要靠下述韧带来维持（图 5-12）。

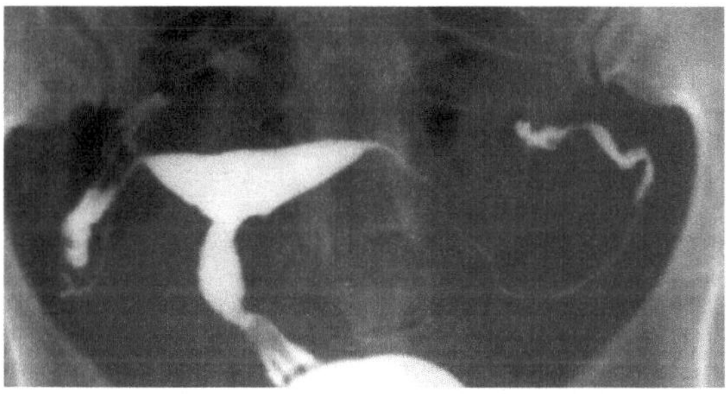

图 5-11　子宫、输卵管造影 X 线影像

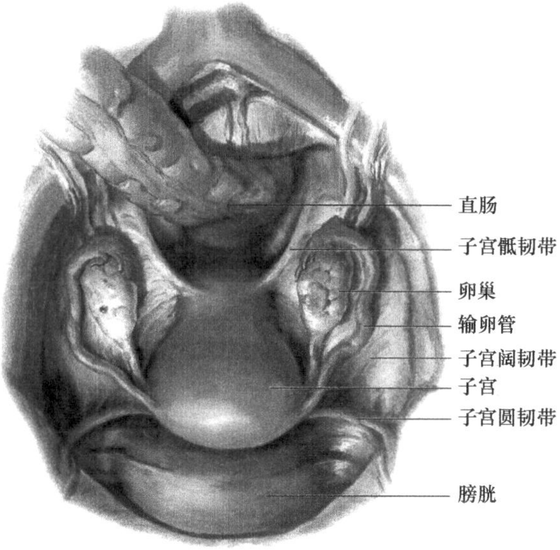

图 5-12　子宫的固定装置模式图（前上观）

（1）**子宫阔韧带**：为连于子宫两侧的双层腹膜皱襞，呈冠状位。其内侧缘于子宫侧缘处移行为子宫前后面的腹膜；外侧缘移行为骨盆侧壁和盆底的腹膜；上缘游离，包裹输卵管，其外侧端移行为卵巢悬韧带。子宫阔韧带依其连接的部位可分三部分：①卵巢系膜，连于卵巢前缘与阔韧带之间，为阔韧带后层包裹卵巢形成的双层腹膜皱襞，内含卵巢血管等。当卵巢肿瘤时，此系膜拉长可发生卵巢扭转引起剧烈腹痛，为妇科急腹症之一。②输卵管系膜，连于输卵管与卵巢系膜根之间，内含输卵管血管、神经等。③子宫系膜，为子宫阔韧带的其余部分，内含子宫圆韧带、子宫血管和卵巢固有韧带等。子宫阔韧带可限制子宫向两侧移动。

（2）**子宫圆韧带**：由平滑肌和结缔组织构成，呈圆索状，起于子宫前面的两侧、输卵管子宫口的下方，在子宫阔韧带前层覆盖下向前外侧弯行，然后通过腹股沟管止于大阴唇皮下组织。它是维持子宫前倾的主要结构。

（3）**子宫主韧带**：由阔韧带下部两层间的结缔组织和平滑肌构成，自子宫颈连至骨盆侧壁。其作用是维持子宫正常位置和防止子宫向下脱垂。

（4）**子宫骶韧带**：又叫直肠子宫韧带，由平滑肌和结缔组织构成，起自子宫颈后面，向后绕过直肠，止于骶骨前面。韧带表面有腹膜覆盖，形成弧形皱襞。该韧带有牵拉子宫颈向后上的作用，对维持子宫前屈位起重要作用。

子宫正常位置的维持，除上述韧带外，盆底肌和周围的结缔组织也起很大作用。如固定装置薄弱或损伤，可致子宫位置异常引起不同程度的子宫脱垂，严重者子宫可脱至阴道以外。

4. 子宫的年龄变化　新生儿子宫高出小骨盆上口，子宫颈比子宫体长而粗。性成熟前期子宫体迅速发育，壁渐增厚。性成熟期，子宫颈和子宫体的长度几乎相等。经产妇的子宫较大，壁厚内腔也增大。老年绝经期后，子宫萎缩变小，壁也变薄。

（四）阴道

阴道为一肌性管道，富有伸展性，上连子宫，下续外生殖器，它是女性的性交接器官，也是排出月经和娩出胎儿的通道。阴道呈前后稍扁内腔狭窄的塌陷状态，前邻膀胱底和尿道，后与直肠相邻，若相邻部位损伤，可发生尿道阴道瘘或直肠阴道瘘，致使尿液或粪便从阴道排出。阴道上端较宽阔，环包子宫颈，阴道壁与子宫颈之间形成环状的阴道穹。阴道穹可分为前、后部和两个侧部，以后部最深。阴道穹后部与直肠子宫陷凹之间仅隔以阴道后壁和一层腹膜，当腹膜腔积液时，可经阴道穹后部穿刺或引流。阴道下端以阴道口开口于阴道前庭。处女的阴道口周围有一环行的黏膜皱襞，称处女膜，处女膜破裂后，阴道口周围留有处女膜痕。

二、女性外生殖器

女性外生殖器（图 5-13），即女阴，包括以下结构。

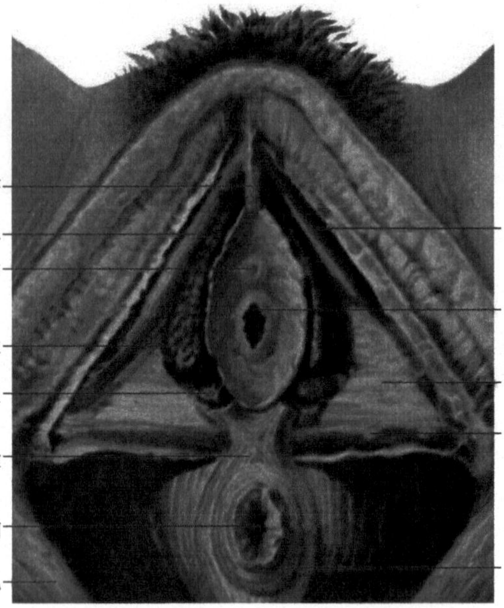

图 5-13 阴蒂、前庭球及前庭大腺

（一）阴阜

阴阜为位于耻骨联合前面的皮肤隆起，内含较多的脂肪，性成熟后此区长有阴毛。

（二）大阴唇

大阴唇为一对纵行隆起的皮肤皱襞，富有色素，长有阴毛。大阴唇的前、后端左右互相连合，分别称为唇前连合和唇后连合。两侧大阴唇之间的裂隙称女阴裂。

（三）小阴唇

小阴唇位于大阴唇的内侧，为一对较薄的皮肤皱襞，表面光滑无毛，富有弹性。小阴唇的前端又分为内、外侧两个小皱襞：外侧者在阴蒂背侧与对侧相连形成阴蒂包皮；内侧者在阴蒂下方与对侧相合，向上连于阴蒂，构成阴蒂系带。

（四）阴道前庭

阴道前庭为两侧小阴唇之间的裂隙。前部有尿道外口，后部有阴道口。阴道口两侧黏膜深部有一对豌豆大小的**前庭大腺**，为女性生殖器的附属腺体，能分泌黏液滑润阴道口，其导管开口于阴道前庭的小阴唇与处女膜之间的沟内，相当于小阴唇中、后 1/3 交界处。若炎症引起导管阻塞则可引起前庭大腺囊肿。

（五）阴蒂

阴蒂由两个阴蒂海绵体（相当于男性的阴茎海绵体）构成，其后端以两脚分开附着于耻骨下支和坐骨支，向前合成一体，折转向下末端形成阴蒂头，露于表面，富有感觉神经末梢，感觉敏锐。

（六）前庭球

前庭球位于大阴唇的皮下，相当于男性的尿道海绵体。其可分为一中间部和两个外侧部，呈蹄铁形。

（七）前庭大腺

前庭大腺位于阴道口的两侧，左右各一，形如豌豆，以细小的导管开口于阴道与小阴唇之间的沟内，相当于小阴唇中 1/3 与后 1/3 交界处，其分泌物有润滑阴道口的作用。

三、乳　　房

乳房（图 5-14、图 5-15）为哺乳动物特有的结构，男性不发达，女性于青春期后受雌激素的影响开始发育，妊娠和哺乳期有分泌活动。

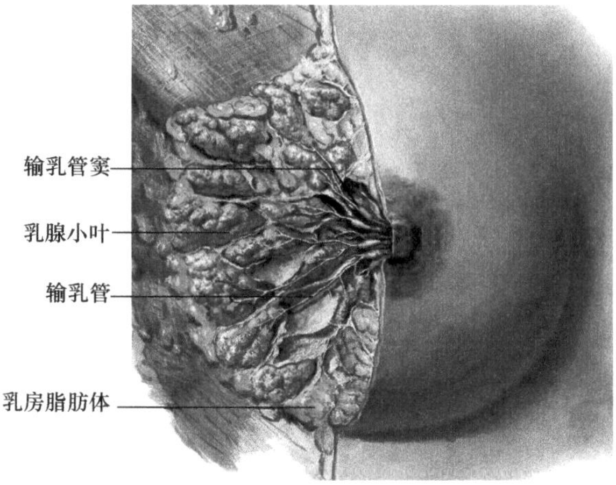

图 5-14　女性乳房模式图

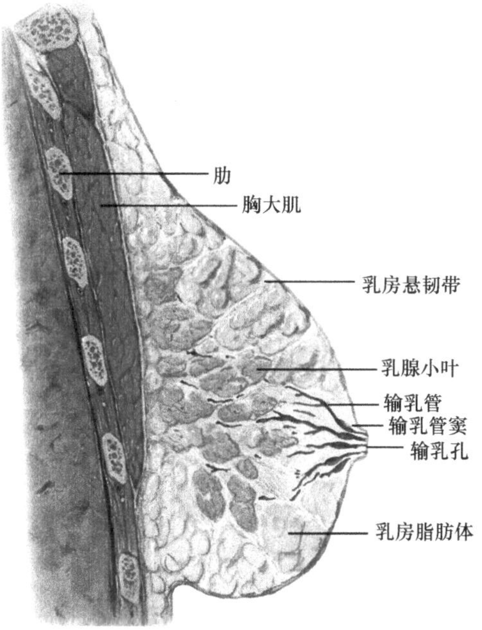

图 5-15　女性乳房矢状断面

（一）位置

乳房位于胸大肌表面、第 3～6 肋之间，内侧达胸骨旁线，外侧可达腋中线。未产妇乳头平对第 4 肋间隙或第 5 肋水平。

（二）形态

成年未产妇乳房呈半球形，中央有一突起为**乳头**。乳头表面有输乳管的开口，称输乳孔。乳头周围色素较深的皮肤环形区，称**乳晕**。乳晕区有许多小圆形突起，其深面有乳晕腺，可分泌脂状物润滑乳头。乳头和乳晕的皮肤薄弱，易损伤，尤其在哺乳期应注意清洁，以防感染。乳房的形态大小，随年龄变化而不同，妊娠期和哺乳期乳腺组织增生，乳房增大，停止哺乳后，乳腺萎缩，乳房变小。

（三）结构

乳房由皮肤、乳腺和脂肪组织构成。**乳腺**被脂肪分隔成 15～20 个乳腺叶，以乳头为中心呈放射状排列。每叶有一排泄管，称**输乳管**。输乳管在近乳头处扩大为输乳管窦，其末端变细开口于乳头的输乳孔。乳房手术时应尽量采取放射状切口，以减少以输乳管和乳腺组织的损伤。在乳腺与表面皮肤及深部的胸肌筋膜之间，连有许多结缔组织小束，称**乳房悬韧带**或 Cooper 韧带，对乳腺起支持作用。当乳腺有癌细胞浸润时，结缔组织小束纤维牵拉皮肤形成许多小凹陷，呈“橘皮样”改变，是乳腺癌的一种特殊体征。

四、会　阴

会阴有广义和狭义之分。广义的会阴是封闭骨盆下口的所有软组织结构，其境界与骨盆下口一致，呈菱形：前为耻骨联合下缘；后为尾骨尖；两侧为耻骨下支、坐骨支、坐骨结节和骶结节韧带。通常以两侧坐骨结节之间的连线为界，将广义的会阴分成前、后两个三角：前为**尿生殖三角**，男性有尿道通过，女性有尿道和阴道通过；后为**肛门三角**，有直肠通过。临床上常将肛门与外生殖器之间的软组织称为会阴，即为狭义的会阴。妇女分娩时，要保护此区，以免造成会阴撕裂。

会阴的结构除男、女外生殖器之外，主要是一些肌和筋膜。在尿生殖三角后界的中点附近为腱性结构，称会阴中心腱，它是会阴诸肌的附着点。

（夏克言）

第六章　腹　　膜

一、概　　述

腹膜是衬贴于腹、盆壁内面和覆盖于腹盆腔各脏器的表面的浆膜。腹膜是人体内面积最大和配布最复杂的浆膜，由间皮和少量的结缔组织构成，薄而光滑。其中，衬贴于腹、盆壁内面的腹膜称**壁腹膜**，覆盖于脏器表面的腹膜称为**脏腹膜**。壁腹膜和脏腹膜互相移行，形成一个不规则的潜在间隙，称为**腹膜腔**（图 6-1）。男性腹膜腔完全密闭，与外界不通；女性腹膜腔可经输卵管、子宫和阴道通外界，故女性生殖道感染可扩散至腹膜腔，发生盆腔炎和腹膜炎。

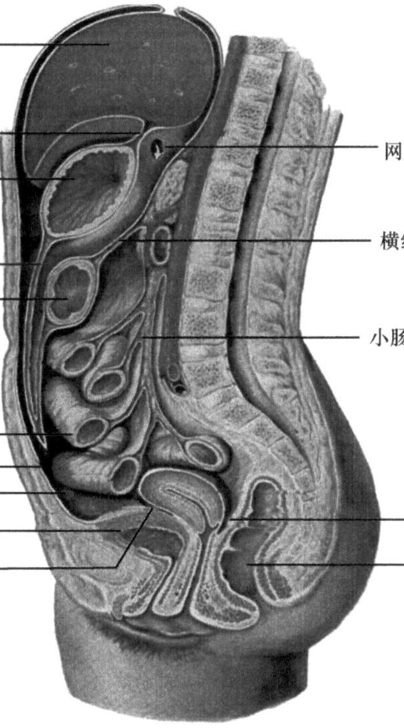

图 6-1　腹膜腔矢状切面模式图（女性）

腹腔与腹膜腔是两个完全不同的概念。**腹腔**是指小骨盆上口以上由腹壁和膈围成的腔。而腹膜腔则是壁腹膜和脏腹膜之间的潜在间隙。实际上，腹腔内的脏器均位于腹膜腔之外。

腹膜对脏器具有支持、固定、保护和防御功能。正常情况下，腹膜可分泌少量浆液，以湿润脏器并减少脏器之间或脏器与腹壁之间的摩擦。另外，腹膜还具有很强的吸收能力，使腹膜分泌的浆液不断更新，保持动态平衡。腹膜各部的吸收能力有所不同，一般认为，腹上部的腹膜吸收能力较强，而下部的吸收能力则较差。因此，腹膜炎和腹腔手术后的患者多采取半卧位，以减少对腹膜渗出液和毒素的吸收。

二、腹膜与腹盆腔脏器的关系

脏腹膜构成多个脏器的外膜，但各脏器表面的被覆情况不全一样。根据腹膜包被脏器的程度不同，可将腹、盆腔脏器分为三类（图 6-2）。

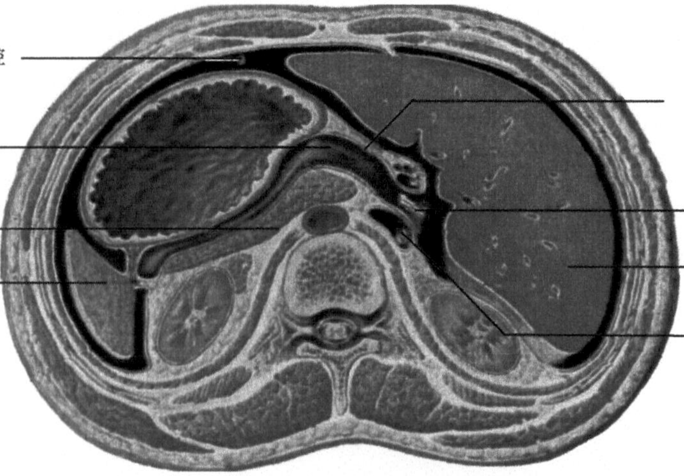

图 6-2　腹腔横断面

（一）腹膜内位器官

腹膜内位器官是指脏器表面均被腹膜包被的器官，如胃、十二指肠上部、空肠、回肠、盲肠、阑尾、横结肠、乙状结肠、脾、卵巢和输卵管等。腹膜内位器官一般活动性较大。

（二）腹膜间位器官

腹膜间位器官是指脏器表面大部分被腹膜包被的器官，如肝、胆囊、升结肠、降结肠、直肠上部、膀胱和子宫等。

（三）腹膜外位器官

腹膜外位器官亦称腹膜后位器官，是指仅有一面被覆腹膜的器官，如十二指肠的降部和水平部、胰、肾上腺、肾、输尿管及直肠下部等。

了解脏器被覆腹膜的情况，有重要的临床意义。腹膜内位器官的手术，如胃大部切除、阑尾切除术等，必须经腹膜腔才能进行。而腹膜外位器官，如肾、输尿管的手术则可在腹膜腔外进行。这样，可以避免腹膜腔感染和术后脏器的粘连。

三、腹膜形成的结构

壁腹膜与脏腹膜相互移行，脏腹膜从一个器官移行到另一个器官，其移行部分常形成一些结构，如网膜、系膜和韧带等。这些结构不仅对器官起连接和固定作用，也是血管、神经等出入器官的路径。

（一）网膜

网膜由双层腹膜构成，薄而透明，两层腹膜间夹有血管、神经、淋巴管和结缔组织等。网膜包括大网膜（图 6-3）、小网膜（图 6-4）及网膜囊。

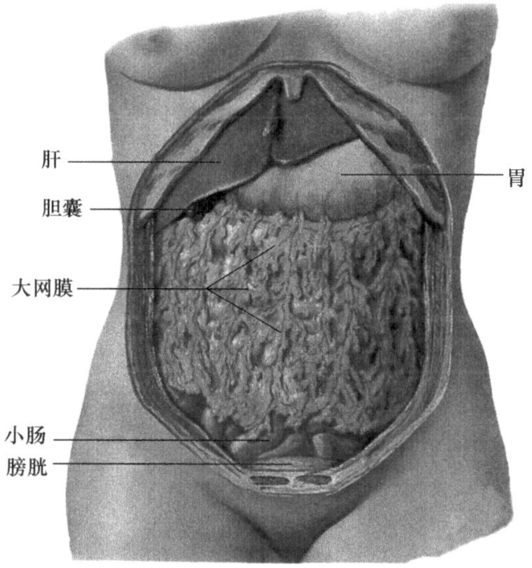

图 6-3 大网膜

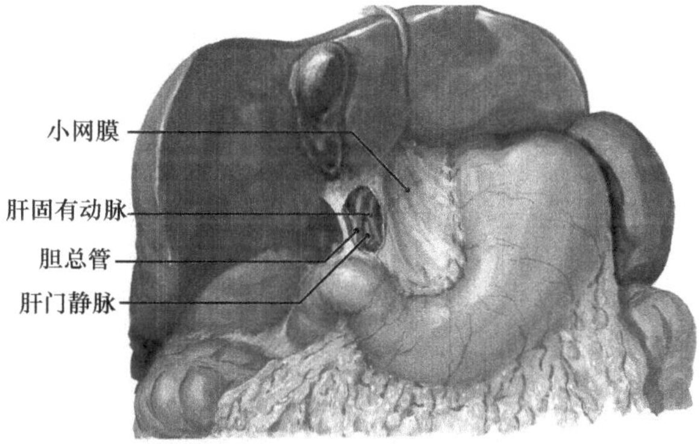

图 6-4 小网膜

1. 大网膜 连于胃大弯与横结肠之间，形似围裙悬垂于小肠和结肠前面。大网膜由四层腹膜构成，前两层起于胃大弯，是胃前、后面脏层腹膜的延续，当下垂至腹下部后返折向上形成后两层，再向后上包裹横结肠并与横结肠系膜相延续。大网膜的前、后两层常融合为一体。其中从胃大弯至横结肠的前两层大网膜又称为胃结肠韧带。大网膜内含丰富的血管、脂肪等，其中含有许多巨噬细胞，有重要的防御功能。大网膜具有包围炎性病灶、防止炎症蔓延的作用，有“腹腔卫士”之称。但小儿大网膜较短，当阑尾炎穿孔时易形成弥漫性腹膜炎。随着显微外科和整形外科的发展，大网膜作为移植材料，被广泛应用于临床。

2. 小网膜 是连于肝门至胃小弯和十二指肠上部之间的双层腹膜结构。其中连于肝门与胃小弯的部分称**肝胃韧带**，两层间的胃小弯附近有胃左、右动脉。连于肝门与十二指肠之间的部分称**肝十二指肠韧带**，内含胆总管、肝固有动脉和肝门静脉。其右侧为游离缘，该缘的后方为**网膜孔**（又称 Winslow 孔）。通过网膜孔可进入胃后方的网膜囊。

3. 网膜囊 是位于小网膜和胃后方的扁窄间隙。网膜囊的前壁为小网膜、胃后壁和大网膜的前两层；后壁为大网膜的后两层、横结肠及其系膜，以及覆盖于胰、左肾和左肾上腺前面的腹后壁腹膜；上壁是肝和膈下面的腹膜；下壁是大网膜前、后两层的愈着处；左壁是胃脾韧带和脾肾韧带及脾；右壁上部有网膜孔，此孔是网膜囊与大腹膜腔的唯一通道，成人可容 1～2 指。手术时常经此孔探查胆道和网膜囊。

（二）系膜

系膜（图 6-5）是壁、脏腹膜相互延续移行，形成许多将肠管连至腹后壁的双层腹膜结构。其内含有进出器官的血管、神经、淋巴管、淋巴结和脂肪等。

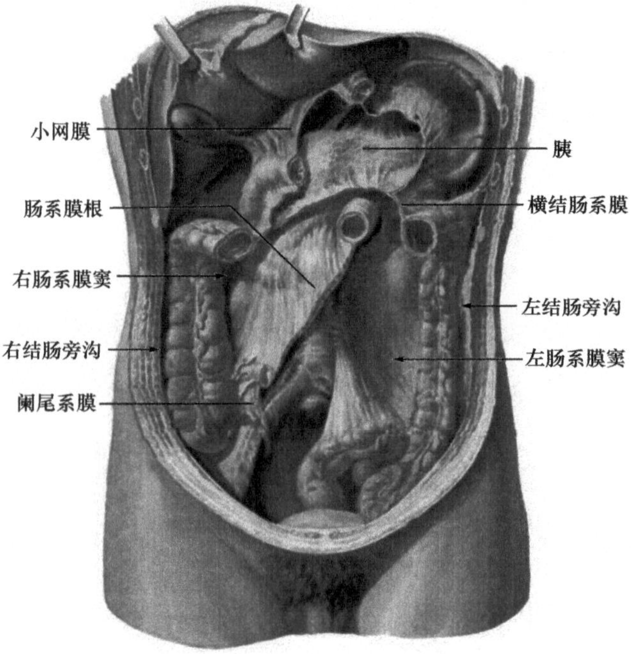

图 6-5　腹膜形成的结构

1. 肠系膜　是连接空肠回肠与腹后壁之间的双层结构，整体呈褶扇状。其附于腹后壁的部分称**小肠系膜根**，起自第 2 腰椎左侧，斜向右下方，至右侧骶髂关节的前方，长约 15cm。因肠系膜长而宽阔，故空、回肠活动性较大，有利于食物的消化和吸收，但也是发生肠扭转的解剖学基础。系膜两层之间含有肠系膜上血管的分支和属支、淋巴管、神经、脂肪及大量的肠系膜淋巴结。

2. 阑尾系膜　是阑尾与小肠系膜下端之间的三角形腹膜皱襞，一边附着于阑尾全长，另一边游离。其游离缘内有阑尾血管、淋巴管、神经。行阑尾切除术时，应从系膜的游离缘进行血管结扎。

3. 横结肠系膜　是连接横结肠与腹后壁之间的双层腹膜结构。其根部自结肠右曲起始，向左经右肾中部、十二指肠降部和胰的前方，沿胰前缘到左肾中部，止于结肠左曲。系膜两层间含有横结肠血管、淋巴管、淋巴结和神经丛等。

4. 乙状结肠系膜　是乙状结肠与左髂窝之间的双层腹膜结构。其内含有乙状结肠血管、直肠上血管、淋巴管、淋巴结和神经丛等。该系膜较长，乙状结肠的活动性较大，故易发生乙状结肠扭转。

（三）韧带

韧带是连于腹、盆壁与脏器之间或连接相邻脏器之间的腹膜结构，对脏器起固定作用。

1. 肝的韧带 除肝胃韧带和肝十二指肠韧带外，还有肝镰状韧带和肝冠状韧带。

（1）**肝镰状韧带**：是位于膈穹隆与肝上面之间的呈矢状位的双层腹膜结构，偏前正中线右侧，其游离缘内含有肝圆韧带。

（2）**肝冠状韧带**：是膈下与肝上面的腹膜结构，呈冠状位，分前、后两层，之间为肝裸区，此区直接与膈相连。

2. 脾的韧带 主要有**胃脾韧带**和**脾肾韧带**。胃脾韧带是自脾门至胃底的双层腹膜皱襞，其内有胃短血管和胃网膜左血管与胰的淋巴管和淋巴结等。脾肾韧带是自脾门连至左肾前面的双层腹膜结构，其内含有脾血管、淋巴管和胰尾等。

（四）隐窝与陷凹

1. 肝肾隐窝 位于肝右叶下面与右肾和结肠右曲之间，仰卧时为腹膜腔的最低处，是液体易于聚积的部位。

2. 陷凹 主要位于盆腔内，是盆腔脏器表面的腹膜互相移行返折形成的凹窝。在男性，直肠与膀胱之间有深而较大的**直肠膀胱陷凹**，是男性腹膜腔的最低点。在女性，前面一个位于膀胱与子宫之间，浅而较小的**膀胱子宫陷凹**；后面有一个位于直肠与子宫之间，较大而深的**直肠子宫陷凹**，也称 Douglas 腔，为女性腹膜腔的最低点，是液体易于聚积的部位。

（夏克言）

第七章　脉 管 系 统

脉管系统是人体执行运输功能的一系列封闭和连续的管道系统，可分为心血管系统和淋巴系统。心血管系统由心和动脉、静脉、毛细血管组成，其内有血液循环流动着。淋巴系统由淋巴管道、淋巴器官和淋巴组织组成。淋巴管道以盲端起于组织间隙，管内有淋巴向心流动。脉管系统的主要功能是把营养物质和氧等输送到全身各个器官的组织和细胞；同时又将组织和细胞的代谢产物如二氧化碳、尿素等运送到肺、肾、皮肤等器官排出体外。内分泌系统分泌的激素主要也由脉管系统运送到靶器官和靶细胞，对机体进行体液调节。脉管系统对机体内环境理化特性的相对稳定和防御功能的实现均有重要作用。脉管系统的某些结构还具有内分泌功能。

第一节　心血管系统

一、心血管系统的组成与血液循环

（一）组成

心血管系统由心和动脉、静脉、毛细血管组成。

1. 心　是中空的肌性器官，借房间隔和室间隔将其分为左、右半心，两半心互不相同。每侧半心包括心房和心室，心房经房室口通向心室。心房接受静脉的注入，心室发出动脉。左半心内流动着动脉血，又称动脉心；右半心内流动着静脉血，又称静脉心。每侧心的房室口和动脉口处均有瓣膜，它们形似阀门，顺血流开放，逆血流关闭，以保证血液单向流动。

2. 动脉　是由心室发出引导血液离心的血管，在行程中不断分支，越分越细，最后移行为毛细血管。动脉可随心的舒缩、血压的高低而明显地搏动，称动脉脉搏。用手指在体表的某些部位可触摸到动脉脉搏。

3. 静脉　是引导血液回心的血管。静脉起始于毛细血管静脉端，在运送血液回心过程中，不断接其受属支而逐渐汇合增大，最终汇集成大静脉注入左、右心房。

4. 毛细血管　大多连于动脉和静脉之间，是最细小血管，管壁薄，管径 6～9μm。毛细血管数量多，面积大，管壁薄，血流慢，彼此吻合成网。毛细血管遍及除软骨、角膜、晶状体、毛发、牙釉质和被覆上皮外的全身各处。毛细血管是血液和组织之间进行物质交换的场所。

（二）血液循环途径

血液由心室射出，经动脉、毛细血管、静脉返回心房，这种周而复始的循环流动称为血液循环。依循环途径不同，分为体循环和肺循环，两者同时进行，彼此相通（图 7-1）。

1. 体循环（大循环） 当心室收缩时，血液动脉血从左心室射入主动脉，再经主动脉的各级分支到达全身毛细血管，在此处与组织细胞进行物质交换，再经小静脉、中静脉，最后汇集成上、下腔静脉及冠状窦返回右心房。其特点是流程长，流经范围广，其主要功能是将含氧量高和营养物质丰富的动脉血运送到滋养全身各器官、组织和细胞，并将全身各部的二氧化碳和代谢产物运回心。回流入右心房的血液，经右房室口流入右心室，接续肺循环。

2. 肺循环（小循环） 当心室收缩时，静脉血从右心室射入肺动脉，再经肺动脉干及各级分支至肺泡周围毛细血管网，在此处与肺泡进行气体交换，再由毛细血管逐渐汇合，最后经肺静脉注入左心房。肺循环的特点是流程短，流经范围小，只经过肺，其主要功能是将二氧化碳含量高的静脉血运送到肺，经气体交换后转变成的动脉血运回心。回流入左心房的血液，经左房室口流入左心室，接续体循环。

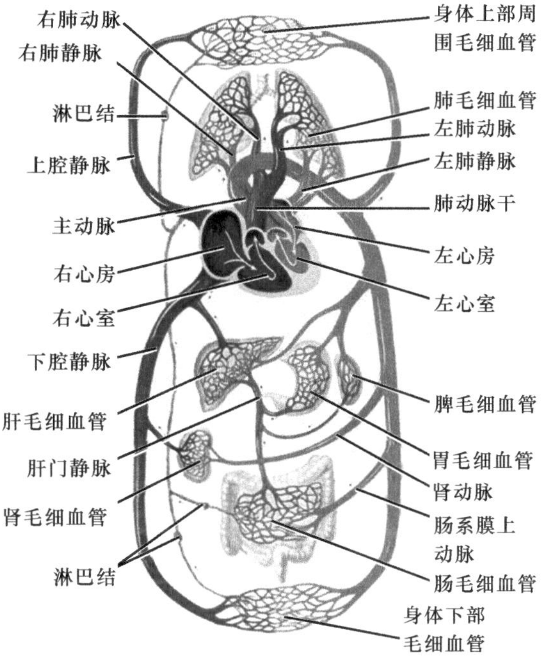

图 7-1　血液循环途径模式图

（三）血管的吻合及侧支循环

人体的血管除借动脉-毛细血管-静脉相通连外，在动脉与动脉之间、静脉与静脉之间，甚至动、静脉之间，均可借细小的吻合支形成血管吻合（图 7-2），这些血管吻合具有一定的生理意义。

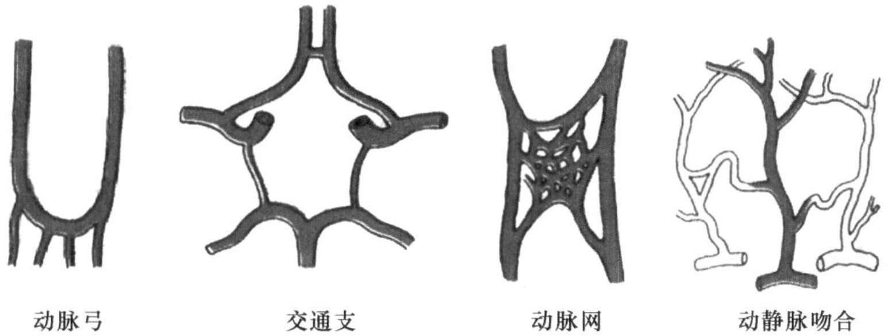

图 7-2　血管吻合形式

1. 动脉间吻合 人体内许多部位两条动脉干之间可借交通支相连（如脑底动脉之间），在经常活动或易受压部位，其邻近的多条动脉分支常互相吻合成动脉网（如关节动脉网），在经常改变形态的器官，两动脉末端或其分支可直接吻合成动脉弓（如手掌和足底、胃肠的动脉弓等）。这些吻合具有缩短循环时间和调节血流量的作用。

2. 静脉间吻合 静脉间的吻合比动脉丰富，除具有与动脉相似的吻合形式外，在浅静脉间常吻合成静脉网，在深静脉间吻合成静脉丛，以保证脏器扩大或腔壁受挤压时血流保持畅通。

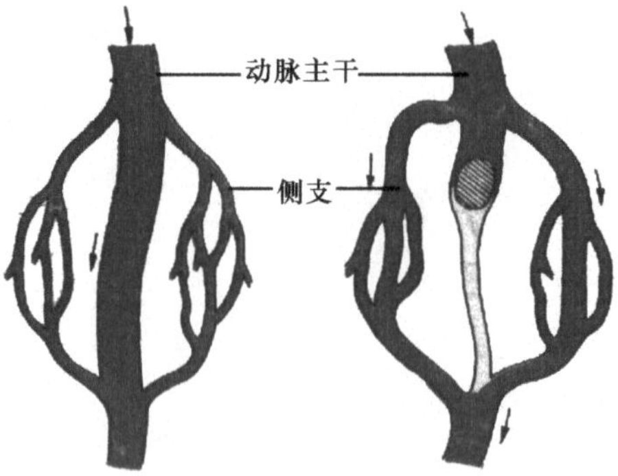

图 7-3　侧支循环

3. 动静脉吻合　在体内的许多部位，如指尖和趾端、消化管黏膜、鼻、唇、外耳皮肤、生殖器勃起组织等处，小动脉和小静脉之间借血管支直接交连，称为动静脉吻合。这种吻合有缩短循环途径、调节局部血流量和局部温度的作用。

4. 侧支吻合　有些较大的血管在行程中常发出与主干平行的侧副管，它可与同一主干远侧发出的返支或另一主干的侧副管相吻合，称**侧支吻合**（图 7-3）。正常情况下，侧副管比较细小，但当主干阻塞时，侧副管逐渐增粗，代替主干发挥运送血液的作用，使血管受阻区域血液供应得到不同程度的代偿恢复，这种通过侧支建立的循环称**侧支循环**。侧支循环对保证器官在病理情况下的血液供应和临床应用具有重要意义。

二、心

心是血液循环的动力器官，其大小、形状及位置随年龄、性别、体型和健康状况不同而有差异。

（一）心的位置与外形

心位于胸腔中纵隔内，约 2/3 位于正中矢状面左侧，1/3 位于右侧。前方对胸骨体和第 2～6 肋软骨，后方平对第 5～8 胸椎体，与食管、胸主动脉、迷走神经相邻。两侧借纵隔胸膜与胸膜腔及肺相邻。心的前面大部分被肺和胸膜遮盖，只有下部在左肺心切迹内侧的较小区域借心包直接与胸骨体下部左半及左侧第 4、5 肋软骨相邻，故临床行心内注射时，多在左侧第 4 肋间隙靠胸骨左缘进针，以免伤及肺和胸膜。心的上方有出入心的大血管，下方是膈（图 7-4）。

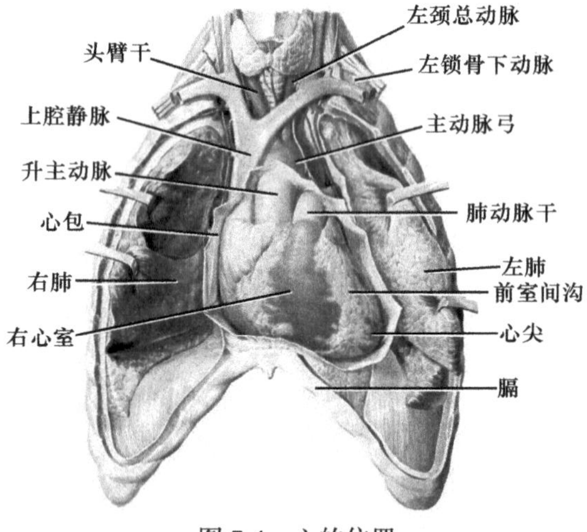

图 7-4　心的位置

心形似前后略扁的倒置的圆锥体，其大小一般相当于本人拳头。其可分为一尖、一底、两面、三缘及四条沟（图 7-5、图 7-6）。

心尖朝向左前下方，圆钝而游离，由左心室构成。在左侧第 5 肋间左锁骨中线内侧 1～2cm 处，可触摸到心尖冲动。

心底朝向右后上方，大部由左心房构成，小部由右心房构成，与出入心的大血管相连。

两面：前面又称**胸肋面**，大部由右心房和右心室构成，小部由左心耳和左心室构成。下面又称**膈面**，朝向下后方，隔心包与膈相邻。该面约大部分由左心室构成，小部分由右心室构成。

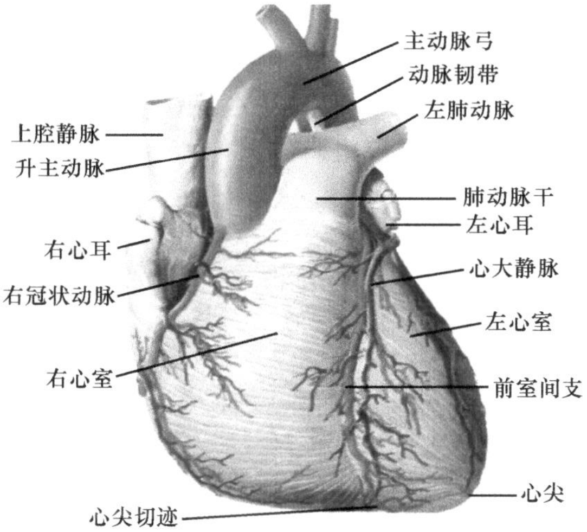

图 7-5 心的外形（前面）

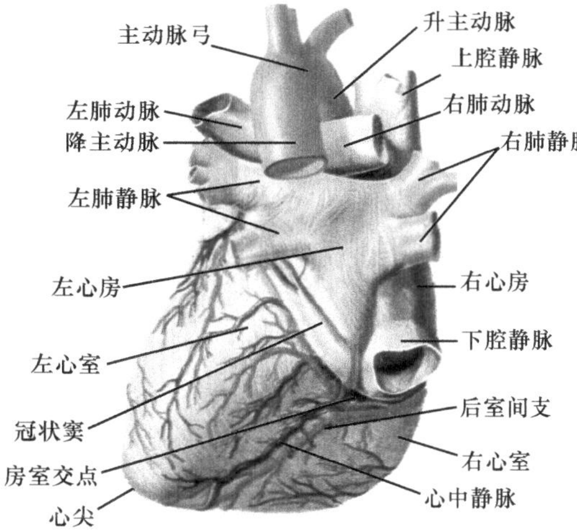

图 7-6 心的外形（后面）

三缘：**右缘**近乎垂直而圆钝，由右心房构成，向上延续为上腔静脉。**左缘圆钝**，主要由左心室构成，仅上方一小部分由左心耳构成。**下缘**锐利，接近水平位，由右心室和心尖构成。下缘在心尖稍右侧有一凹陷称**心尖切迹**。

四沟：**冠状沟**位于心底，接近冠状位，几乎环绕心一圈，在前方被肺动脉根部隔断。冠状沟是心房和心室在心表面的分界。心的胸肋面和膈面各有一条自冠状沟延伸至心尖切迹的浅沟，分别称**前室间沟**和**后室间沟**，为左、右心室在心表面的分界标志。上述三沟内有血管通过并被脂肪组织填充。在右肺上、下静脉与右心房间有一条浅沟称**房间沟**，是左、右心房的表面分界。冠状沟与后室间沟交汇处称为**房室交点**。

（二）心腔的结构

1. 右心房 位于心的右上部（图 7-7），壁薄腔大，可分为前方的**固有心房**和后方的**腔静脉窦**，两部以表面的**界沟**和内面的**界嵴**为界。固有心房向左前方突出的部分称**右心耳**，固有心房和右心耳内面有许多大致平行排列肌束，呈梳状隆起，称**梳状肌**。当心功能障碍致血流淤滞时，易在心耳内形成血栓，一旦脱落形成栓子，可致血管堵塞。右心房有 3 个入口，腔静脉窦上部有**上腔静脉口**；下部有**下腔静脉口**；在下腔静脉口与右房室口之间有**冠状窦口**。固有心房前下部有一出口为**右房室口**，通向右心室。右心房的内侧壁主要由房间隔组成，其下部有一浅凹称**卵圆窝**，此处较薄，是胎儿卵圆孔闭锁后的遗迹。此处是**房间隔缺损**的好发部位，也是心导管穿刺术时从右心房进入左心房的理想部位。

2. 右心室 位于右心房的左前下方（图 7-8）。室腔呈尖端向下的锥体形，腔底分别借右房室口和肺动脉口与右心房和肺动脉相通。两口之间在室壁上有一弓形肌隆起称**室上嵴**，将右心室分为**窦部**（流入道）和**漏斗部**（流出道）两部分。

（1）**窦部**：是右心室的主要部分，其内面的肌束形成纵横交错的隆起称肉柱。入口是右房室口，口周围的纤维环上附有三个三角形的瓣膜称**三尖瓣**。按位置可分为前尖、后尖和内侧尖瓣，瓣膜游离缘借**腱索**与乳头肌相连。该肌为从室壁突入室腔的锥形肌性隆起，

有前、后、内三个。每个乳头肌借数条腱索连于相邻的两个尖瓣。前乳头肌根部有一条桥

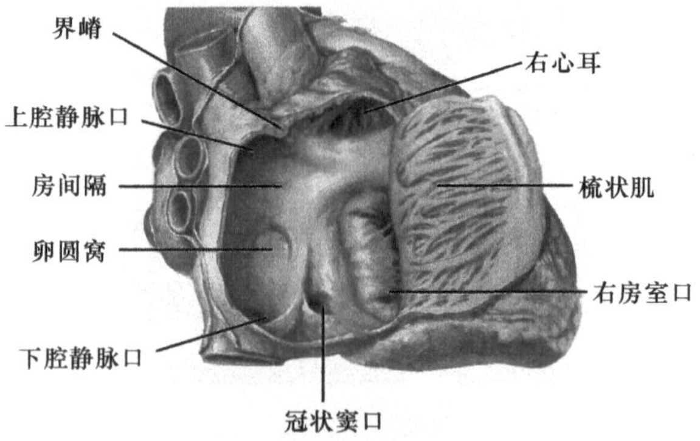

图 7-7　右心房的结构

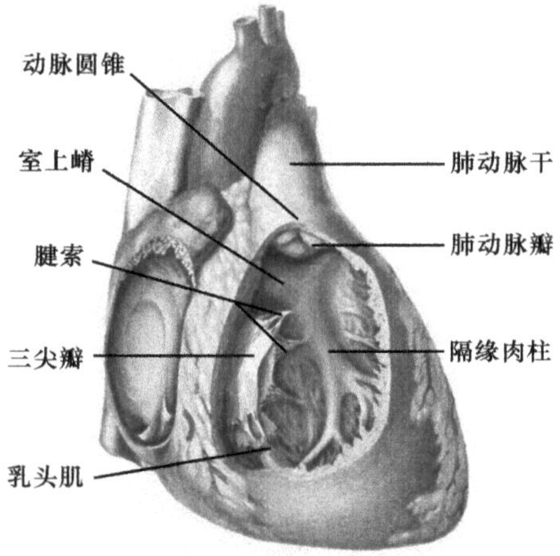

图 7-8　右心室的结构

状肌束连至室间隔下部称**隔缘肉柱**（节制索），内有心传导系纤维经过。纤维环、三尖瓣、腱索和乳头肌在功能上是一个整体，称**三尖瓣复合体**。心室收缩时，三尖瓣被血液推挤而互相靠拢，封闭房室口，阻止血液向右心房内反流。

（2）**漏斗部**：又称**动脉圆锥**，是右心室腔向左上方延伸的部分，向上逐渐变细，形似倒置的漏斗，其上端借肺动脉口通肺动脉干，口周围的纤维环上有三个袋口向上的半月形瓣膜称**肺动脉瓣**。当心室舒张时，因血液逆流而使该瓣膜与肺动脉壁形成袋状，3 个瓣膜互相靠拢将肺动脉口封闭，阻止血液向右心室反流。每个瓣膜的游离缘中点处增厚部分称**半月瓣小结**。右心室舒张时，有利于瓣膜封闭肺动脉口。

3. 左心房　位于右心房的左后方（图 7-9），构成心底的大部分，是最靠后方的心腔。其前部向右前方突出的部分称左心耳，内面有与右心耳相似的梳状肌。左心房有 4 个入口和 1 个出口。入口时开口于后壁两侧的左、右两对**肺静脉口**；出口是通左心室的**左房室口**。

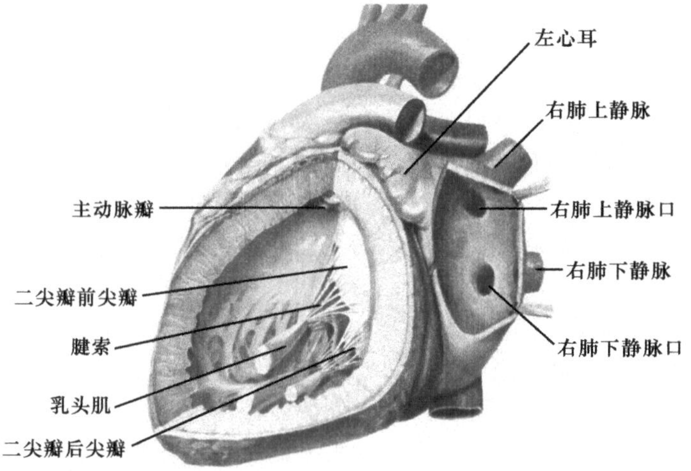

图 7-9　左心房与左心室的结构

4. 左心室　位于右心室的左后下方，室腔近似锥体形，以二尖瓣前尖瓣为界分为**窦部**（流入道）和**主动脉前庭**（流出道）两部分。

（1）**窦部**：有入口即**左房室口**，口周围的纤维环上有两片近似三角形瓣膜称**二尖瓣**，分为前尖瓣和后尖瓣。瓣膜游离缘也借腱索连于室壁内面的乳头肌。纤维环、二尖瓣、腱索和乳头肌合称**二尖瓣复合体**，其功能同三尖瓣复合体。

（2）**主动脉前庭**：是左室腔前内侧的部分，有出口即**主动脉口**，口周纤维环上附有 3 个半月形的**主动脉瓣**，大而坚韧。主动脉瓣的功能与肺动脉瓣相同。各瓣膜与主动脉壁之间形成的衣袋状的间隙称**主动脉窦**，可分为左、右、后三个窦，其中左、右窦分别有左、右冠状动脉的开口。

心像一个“血泵”，瓣膜类似泵的闸门，保证了心内血液的定向流动。两侧心室或心房的收缩、舒张是同步的。心室收缩时，二尖瓣和三尖瓣关闭，主动脉瓣和肺动脉瓣开放，血液进入动脉（图 7-10）；心室舒张时，二尖瓣和三尖瓣开放，主动脉瓣和肺动脉瓣关闭，血液由心房进入心室（图 7-11）。二、三尖瓣复合体或动脉瓣损伤，均会引起血流动力学的改变。

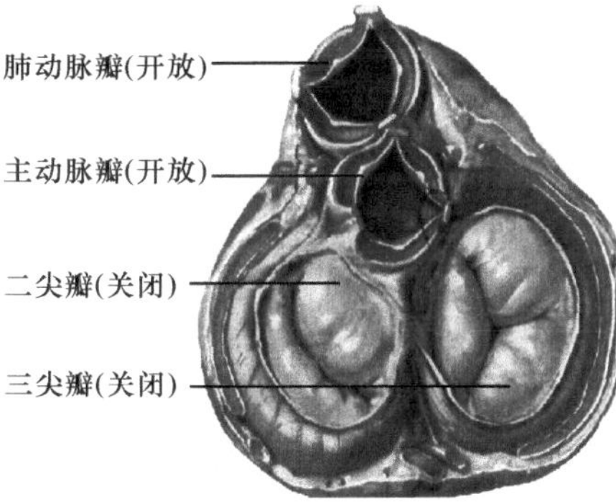

图 7-10　心室收缩时，瓣膜的状况

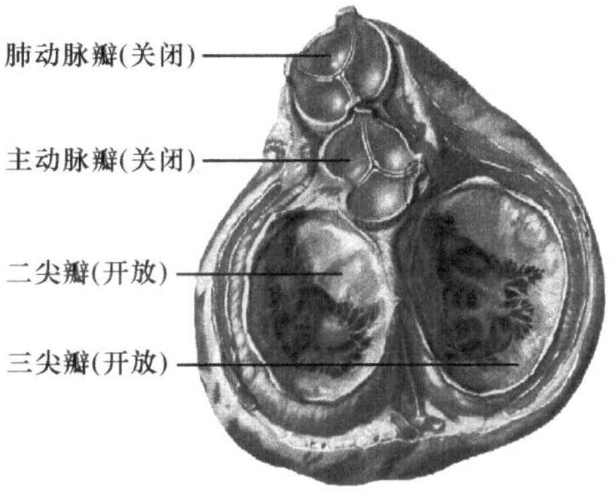

图 7-11　心室舒张时，瓣膜的状况

5. 心腔超声影像　超声波检查心腔可以在不同部位扫查到许多切面，常见有左心长轴切面和心尖四腔心切面等。

（1）**左心长轴切面**：超声束的扫查平面与心纵轴平行，可获左心室长轴切面声像图（图 7-12）。该切面的右侧是心底部，左侧是心尖部。右心室流出道位于图像的上方，向下或由前向后为室间隔、主动脉前壁、左心室流出道、主动脉、主动脉瓣、左心室、主动脉后壁、二尖瓣前尖瓣、左室后壁和左心房。主动脉前壁与室间隔和主动脉后壁与二尖瓣前尖瓣的回声都是连续的，称为“前、后连续”。

（2）**心尖四腔切面**：超声声束自心尖指向心底，接近冠状面横断心脏，而获得双流入道的四腔切面图（图 7-13）。图上方是两个心室，下方是两个心房。左心室呈椭圆形，右心室呈三角形，左、右心室与左、右心房之间分别有室间隔和房间隔将它们隔开。房间隔与室间隔的回声是连续的。

（三）心的构造

1. 心壁的构造　心壁从内向外依次由心内膜、心肌层和心外膜构成。**心内膜**是衬贴于

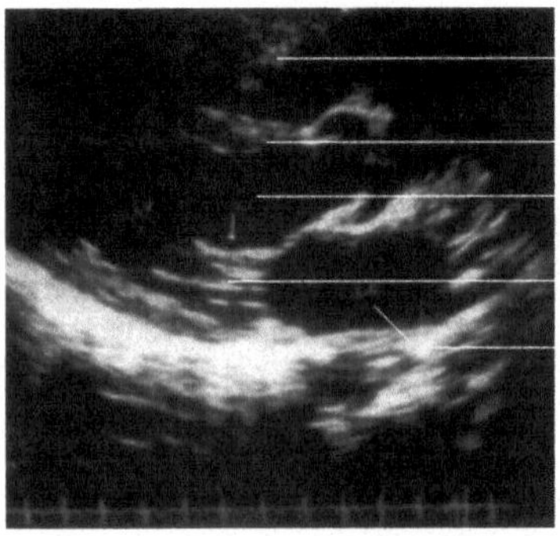

图 7-12　左心长轴切面声像图（收缩期）

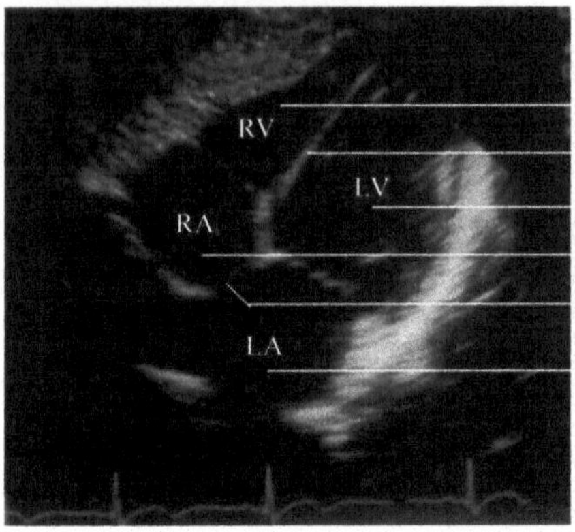

图 7-13　心尖四腔切面声像图

房室内面光滑而湿润的薄膜，与大血管内膜相延续。心瓣膜由心内膜在房室口和动脉口处折叠，并夹杂一层致密结缔组织而构成。**心肌层**是中间的一层，主要由心肌纤维构成，为心壁的主体。其可分为心房肌与心室肌，两者在房室口由纤维环分隔而不连续，故心房肌与心室肌不同时收缩。心房肌薄，心室肌厚，左心室肌又比右心室肌厚。**心外膜**为浆膜性心包脏层，被覆于心肌表面。

2. 房间隔和室间隔

（1）**房间隔**：由两层心内膜夹少量心肌和结缔组织构成，位于左右心房之间，厚 1～4mm。卵圆窝处最薄，厚约 1mm。

（2）**室间隔**：由心内膜和心肌构成，其下大部分由心肌构成称**肌部**；上部紧靠主动脉口下方，有一卵圆形较薄部分，无肌层，仅由一层结缔组织构成，称**膜部**，是**室间隔缺损**的好发部位。

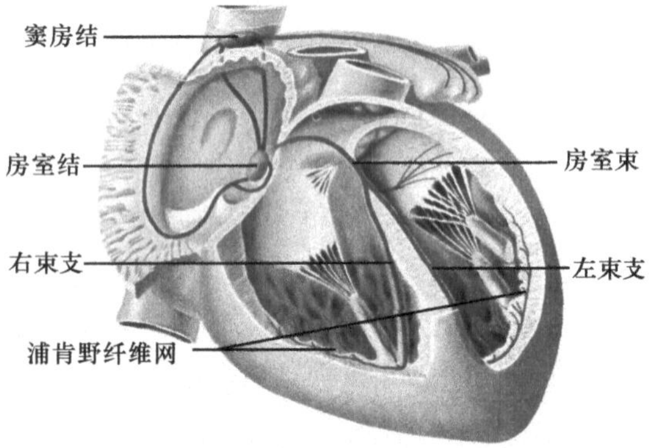

图 7-14　心的传导系

（四）心的传导系统

心的传统系统由特殊心肌细胞组成，位于心壁内，能产生兴奋，传导冲动，维持心正常节律性搏动。其主要包括窦房结、房室结、房室束及其分支（图 7-14）。

1. 窦房结　位于上腔静脉与右心耳交界处的心外膜深面，呈椭圆形小节。它是心的正常起搏点。

2. 房室结　位于右房室口与冠状窦口之间的心内膜深面，结向前下方续为房室束进入心室，它把窦房结传来的冲动经房室束传向心室。

3. 房室束　也称**希氏束**（His 束），从房室结发出后，在室间隔膜部下行，至室间隔肌部上缘处分为**左束支**和**右束支**，分别由右、左侧心内膜深面下行至左、右心室。在心室壁内束支的分支于心内膜深面交织成**浦肯野纤维网**，与心室肌相连。

（五）心的血管

营养心的动脉为左、右冠状动脉，在心壁内交换后，心的静脉血液大部分经冠状窦回流入右心房（图 7-15）。

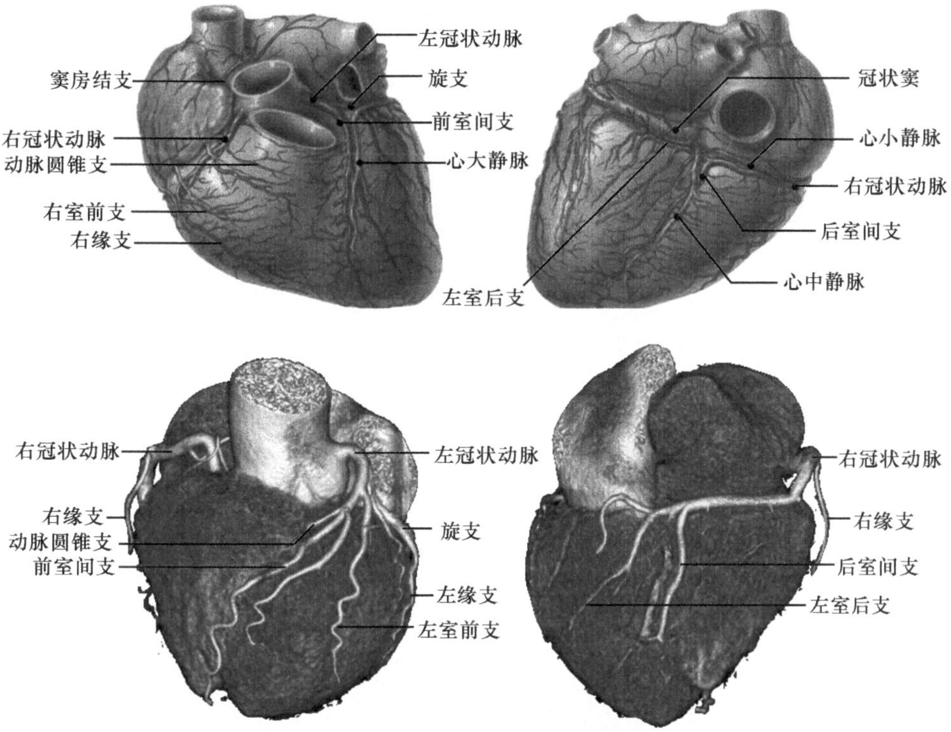

图 7-15 心的血管与多层螺旋 CT 冠状动脉成像

1. 动脉

（1）**左冠状动脉**：起始于主动脉左窦，在左心耳与肺动脉之间进入冠状沟，立即分为旋支和前室间支。

1）旋支：沿冠状沟绕心左缘入心膈面，沿途主要分支有左缘支和左室后支。旋支及其分支分布于左心房、左心室左侧面和膈面。

2）前室间支：沿前室间沟下行，绕心尖稍右侧至后室间沟上行与后室间支吻合。沿途的主要分支有动脉圆锥支、左室前支、右室前支和室间隔支。前室间支及其分支分布于左心室前壁、右心室前壁和室间隔前上 2/3 部。

（2）**右冠状动脉**：起始于主动脉右窦，经右心耳与肺动脉干之间进入冠状沟，沿冠状沟绕心右缘至心膈面，在房室交点附近发出后室间支和左室后支。后室间支沿后室间沟下行，在心尖切迹处与前室间支的末梢吻合。右冠状动脉沿途的主要分支有窦房结支、动脉圆锥支、右室前支、右缘支、后室间支和左室后支。右冠状动脉常分布于窦房结、房室结、右心房、右心室、室间隔后下 1/3 和左心室后壁一部分。右冠状动脉发生阻塞时，常引起房室传导阻滞和后壁心肌梗死。

1）窦房结支：分布于窦房结和心房壁。

2）动脉圆锥支：分布于动脉圆锥上部。

3）右室前支：分布于右心室前壁。

4）右缘支：分布于心下缘附近心壁。

5）后室间支：沿后室间沟走行分支分布于后室间沟两侧的心室壁和室间隔后 1/3 部。

6）左室后支：分布于左心室后壁。

2. 静脉 心的静脉主干是**冠状窦**，位于心膈面的冠状沟内，左心房与左心室之间，右端开口于右心房。属支主要有：

（1）**心大静脉**：在前室间沟内与前室间支伴行，上行至冠状沟，然后沿冠状沟向左，绕过心的左缘至心膈面注入冠状窦左端。

（2）**心中静脉**：在后室间沟内与后室间支伴行，注入冠状窦右端。

（3）**心小静脉**：在冠状沟内与右冠状动脉伴行，向左注入冠状窦右端。

此外，还有位于心壁内若干心最小静脉直接开口于附近的心腔，直径约 1mm。心最小静脉无瓣膜，冠状动脉阻塞时，可成为心肌从心腔获取血液供应的一个途径，对心肌内层可起到一定的保护作用。

（六）心包

心包是包在心及大血管根部外面的囊状结构，可分为纤维性心包和浆膜性心包（图 7-16）。

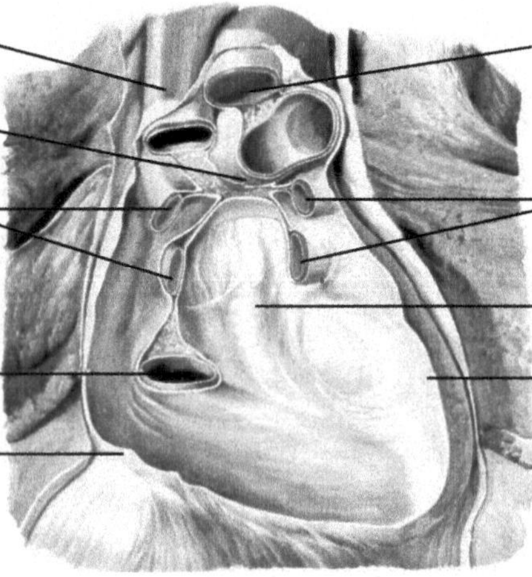

图 7-16　心包

纤维性心包由致密结缔组织构成，上方与大血管外膜相续，下方附着于膈的中心腱。纤维性心包厚而坚韧，无伸缩性，能防止心过度扩大，以保持循环血量的相对稳定。

浆膜性心包薄而光滑，分脏、壁两层。衬贴纤维性心包内面的为壁层，被覆在心肌层表面的为脏层，构成心外膜。脏、壁两层在大血管根部互相移行形成的潜在腔隙称心包腔，内含少量浆液，起润滑作用，可减少心脏搏动时的摩擦。

（七）心的体表投影与 X 线影像

1. 心的体表投影 一般采用下列 4 点及连线表示心在胸前壁的体表投影（图 7-17）。①左上点：在左侧第 2 肋软骨下缘，距胸骨左缘约 1.2cm。②右上点：在右侧第 3 肋软骨上缘，距胸骨右缘约 1cm。③右下点：在右侧第 6 胸肋关节处。④左下点：在左侧第 5 肋间，左锁骨中线内侧 1～2cm，或距正中线 7～9cm。左、右上点的连线为心上界，左、右下点的连线为心下界，右上、下点的弧形连线为心右界，左上、下点的弧形连线为心左界。高血压性心脏病时，因左心室扩大，心左界下部明显向左移。

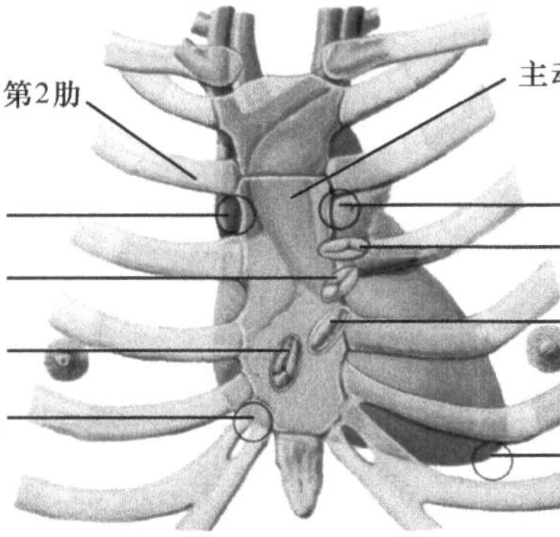

图 7-17 心及瓣膜的体表投影

2. 心的 X 线影像 常规 X 线观察心影，一般采取后前正位、右前斜位、左前斜位和侧位等多角度体位来观察。

（1）**后前正位**：心与大血管根部的阴影构成了纵隔阴影的左、右缘（图 7-18）。

心右缘为上、下两个向外侧微凸的弧。上弧为升主动脉及上腔静脉的复合阴影；下弧由右心房构成，近膈面处有时可见下腔静脉向内上方斜行。心左、右缘与膈围成的夹角称**心膈角**。**心左缘**为上、中、下三个向外侧凸的弧。上弧为主动脉弓和胸主动脉起始部构成的半球形凸出称**主动脉结**或**主动脉球**；中弧由肺动脉干外缘构成，可呈平直线或略有凸凹，称**肺动脉段**或**心腰**；下弧由左室缘构成的大而突出的弧形影称**左室缘**，其左下端为心尖，一般以锐角与横膈相接。

（2）**右前斜位**：心脏大血管阴影位于脊柱左侧，分前、后两缘（图 7-19）。

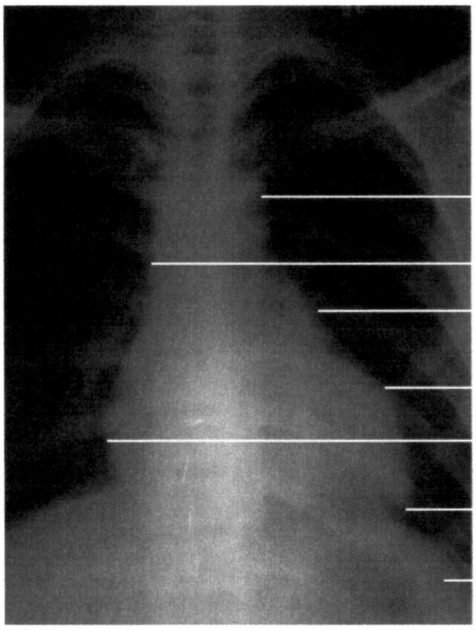

图 7-18 心的后前正位 X 线像

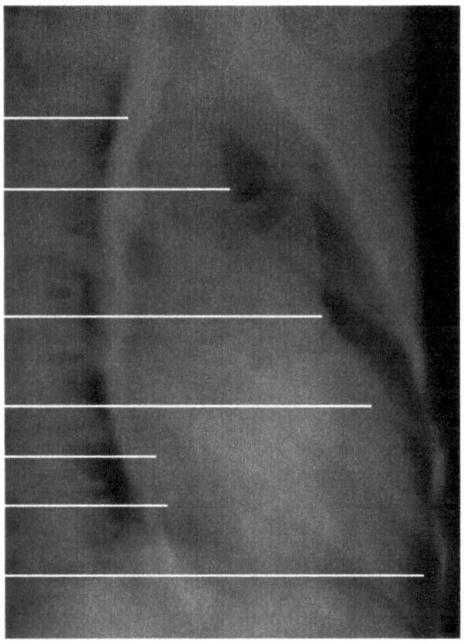

图 7-19 心的右前斜位 X 线像

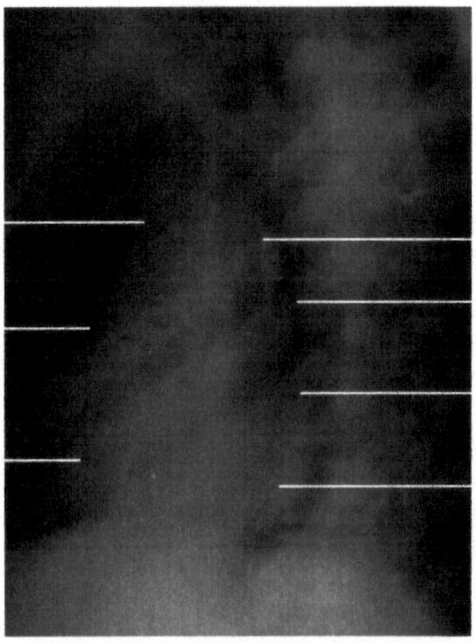

图 7-20　心的左前斜位 X 线像

1）**心前缘**：自上而下依次为升主动脉、肺动脉干、右心室漏斗部，下段大部为右心室，仅膈上的一小部分为左心室心尖部。

2）**心后缘**：①上段：由升主动脉后缘、主动脉弓、气管及上腔静脉重叠构成。②下段：由心房构成，上部较长段为左心房，略呈弧形，膈上的小部分为右心房。心后缘与脊柱之间为心后间隙，内有胸主动脉和食管通过。

（3）**左前斜位**：心脏大血管投影在脊柱右侧，分前、后两缘（图 7-20）。

1）**心前缘**：分上、下两段。上段自下而上形成两个弧度，下弧为右心房与右心室融合而成，上弧为升主动脉，上、下弧之间分界明显并稍有夹角，升主动脉向前膨隆上升。

2）**心后缘**：分上、下两段。上段小部分为左心房，下段大部分为左心室，向后膨凸弧度大，左心房弧度较平。左心房上方可见一柱状透亮影为左主支气管。在左前斜位上，升主动脉、主动脉弓及胸主动脉均可显示，在主动脉弓下方围成一透亮区称**主动脉窗**。

（4）**侧位**：常取左侧位，心影前下缘为右心室，向上后为右心室流出道及肺动脉干。胸骨后与右心室前之间有一倒置三角形透亮影为心前间隙。后缘上份为左心房，下份为左心室。

三、肺循环的血管

（一）肺循环的动脉

肺动脉干是起自右心室肺动脉口的一条粗而短的动脉干，经升主动脉前方，向左后上斜行，至主动脉弓下方分为左、右肺动脉。

左肺动脉较短，水平向左行，经左主支气管前方至左肺门，分两支进入左肺上、下叶。

右肺动脉较长，水平向右行，经上腔静脉及升主动脉后方，分三支进入右肺上、中、下叶。

在肺动脉干分叉处稍左侧有一结缔组织条索连于主动弓下缘，称**动脉韧带**或**动脉导管索**，是胚胎时期动脉导管闭锁后的遗迹。一般在出生后 6 个月左右闭锁，如不闭锁，肺动脉与主动脉仍相交通，称**动脉导管未闭**，属于先天性心脏病中常见的一种。

（二）肺循环的静脉

肺静脉无静脉瓣，由肺泡壁上的毛细血管反复汇合，在肺门处形成左肺上、下静脉和右肺上、下静脉；出肺门后，注入左心房后部两侧。肺静脉内为含氧较高的动脉血。

四、体循环的动脉

体循环的动脉是从心运送动脉血到全身各部的血管（图 7-21），动脉分支离开主干进入器官前，称为**器官外动脉**，进入器官内的分支称**器官内动脉**。器官外动脉分布的一般规律有：①分布于头颈、四肢和躯干的动脉都左、右对称；②胸、腹、盆部的动脉有分布于体壁的壁支和分布于脏器的脏支之分，壁支一般有明显的节段性；③动脉多走行在身体的屈侧、深部或安全隐蔽处，常与静脉、神经等伴行，外包结缔组织形成血管神经束；④动脉常以最短的距离到达所分布的器官；⑤动脉的粗细、分支多少、配布形式与器官的形态、大小和功能密切相关。

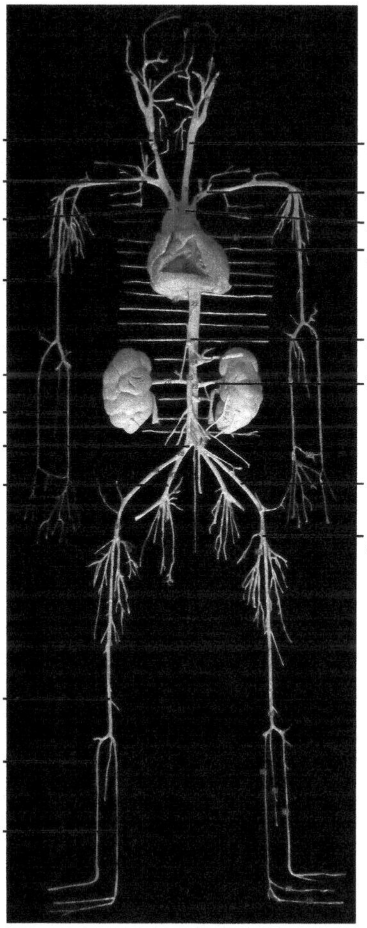

图 7-21　全身体循环动脉分布概况

（一）主动脉

主动脉是体循环的动脉主干，全长可分为升主动脉、主动脉弓和降主动脉三部分。

1. 升主动脉　起自左心室的主动脉口，向右上斜行至右第 2 胸肋关节后方移行为主动脉弓。其起始处发出左、右冠状动脉。

2. 主动脉弓　位于胸骨柄的后方（图 7-22），自右第 2 胸肋关节处，向左后方弓形弯曲，至第 4 胸椎下缘水平移行于降主动脉。自主动脉弓凸侧向上发出三大分支，从右前向左后依次为**头臂干、左颈总动脉**和**左锁骨下动脉**。头臂干向右上斜行至右胸锁关节后方分为右颈总动脉和右锁骨下动脉两个终末支。主动脉弓壁内有压力**感受器**，可感受血压的变化而调节血压。主动脉弓下方有 2～3 个粟粒状小体，称**主动脉小体**，为**化学感受器**，可感受血中氧和二氧化碳分压及氢离子的变化而调节呼吸。

3. 降主动脉　沿脊柱前方下行，至第 12 胸椎水平穿膈的主动脉裂孔入腹腔，至第 4 腰椎体下缘处分为左、右髂总动脉两个终末支。降主动脉以膈为界分为胸腔内的**胸主动脉**和腹腔内的**腹主动脉**。

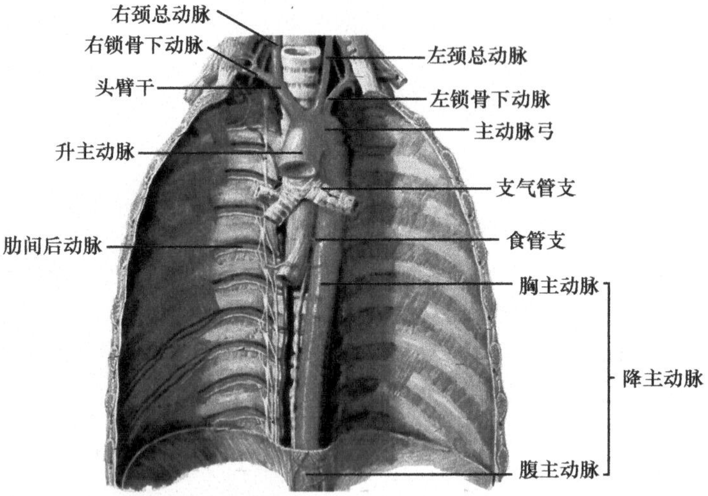

图 7-22　主动脉的分部及胸主动脉的分支

（二）头颈部的动脉

1. 颈总动脉　是头颈部的动脉主干（图 7-23），左侧起自主动脉弓，右侧起自头臂干。两侧颈总动脉均经胸锁关节后方上行，沿食管、气管和喉的外侧行至甲状软骨上缘水平，分为颈内动脉和颈外动脉。在分叉处有两个重要结构：

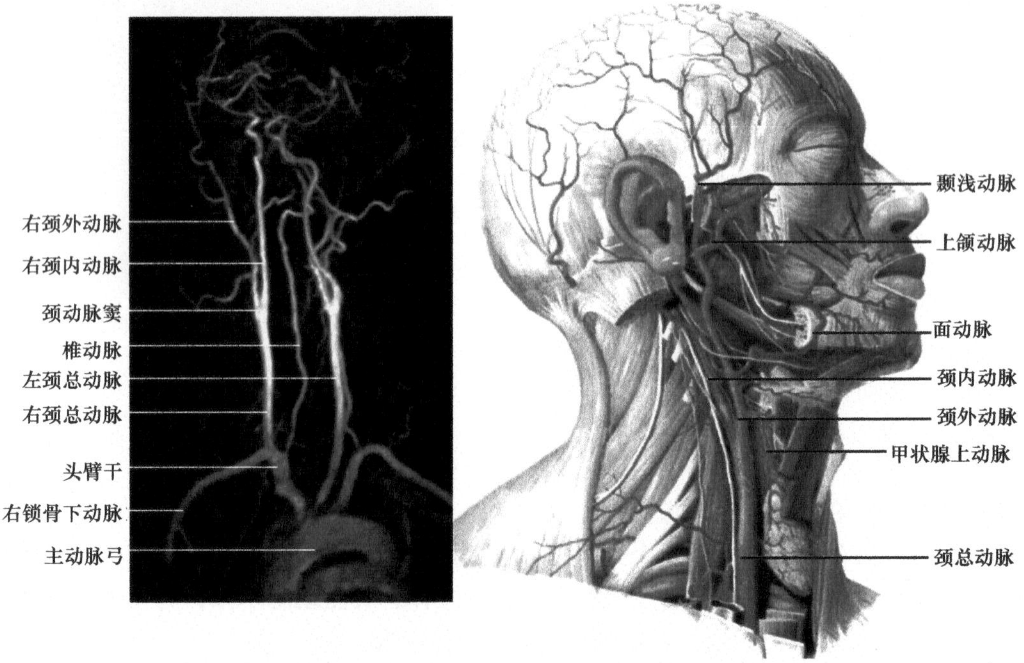

图 7-23　头颈部动脉及磁共振血管造影像（MRA）

（1）**颈动脉窦**：是颈总动脉末端和颈内动脉起始部的膨大，其管壁内含有压力感受器，其功能与主动脉弓的压力感受器相同。

（2）**颈动脉小体**：是颈总动脉分叉处后方的一米粒大小的扁椭圆形小体，为化学感受器，其功能与主动脉小体相类似。

2. 颈外动脉 自颈总动脉发出后，沿胸锁乳突肌深面上行，穿腮腺实质至下颌颈高度，分为颞浅动脉和上颌动脉两个终支。其主要分支有：

（1）**甲状腺上动脉**：自颈外动脉起始部稍上方从前壁发出，行向前下方，分布于喉和甲状腺上部。

（2）**舌动脉**：平舌骨大角处起于颈外动脉，向前内行，分布于舌、舌下腺和腭扁桃体等。

（3）**面动脉**：在舌动脉稍上方起自颈外动脉，向前经下颌下腺深面至咬肌前缘，绕下颌骨下缘达面部，再经口、鼻外侧迂曲向上行，至眼内眦，改名为**内眦动脉**。它分布于面部软组织、下颌下腺和腭扁桃体。面动脉在咬肌止点前缘与下颌骨下缘交界处（下颌角前约 3cm）位置表浅，可触及搏动。当面部出血时，可将面动脉压向下颌骨而止血。

（4）**颞浅动脉**：为颈外动脉终末支之一，穿过腮腺实质，经外耳门前方上行，越颧弓根部至颞部皮下，沿途分布于腮腺和额、颞、顶部的软组织。该动脉在耳屏前上方位置表浅，可触摸到其搏动。颅前外侧部外伤出血时，可在此处将颞浅动脉压向颞骨进行止血，也可在此处计数脉搏。

（5）**上颌动脉**：为颈外动脉的另一终末支，于下颌颈深面向前内入颞下窝，沿途分支分布于外耳道、中耳、颞下颌关节、颊部、鼻腔、腭部和腭扁桃体、咀嚼肌、牙及牙龈、硬脑膜等。其中分布到硬脑膜的重要分支称脑膜中动脉，由上颌动脉发出后向上穿棘孔入颅中窝，分前、后两支紧贴颅骨内面行走，分布于颅骨和硬脑膜。其前支较粗大，行于颅骨翼点深面，当翼点处骨折时，易受损伤破裂出血，引起硬膜外血肿，抢救不及时可危及生命。

此外，颈外动脉向后还发出枕动脉、耳后动脉和咽升动脉等。

3. 颈内动脉 自颈总动脉发出后，垂直上升至颅底，经颞骨岩部的颈动脉管入颅腔，分支分布于脑和视器。

（三）锁骨下动脉及上肢的动脉

1. 锁骨下动脉 左侧起于主动脉弓，右侧起于头臂干。两侧锁骨下动脉均经胸锁关节后方斜行向外至颈根部，呈弓形越过胸膜顶前方，穿斜角肌间隙，横过第 1 肋上面外缘移行为腋动脉。上肢出血时，可在锁骨中点上方的锁骨上窝处向后下方将锁骨下动脉压向第 1 肋上面进行止血。锁骨下动脉的主要分支有（图 7-24）：

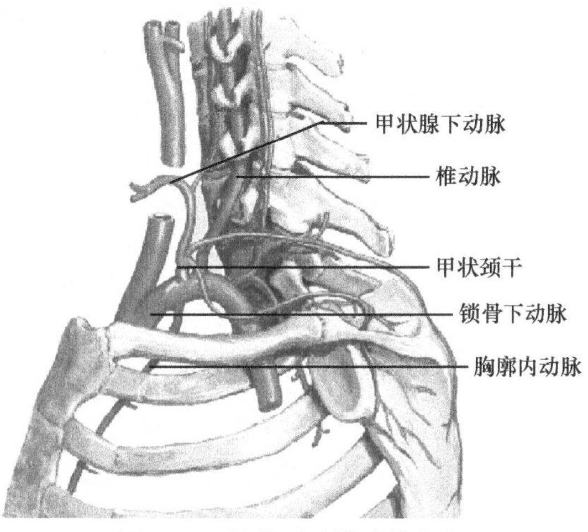

图 7-24 锁骨下动脉及其分支

（1）**椎动脉**：在前斜角肌内侧发自锁骨下动脉的上壁，向上穿第 6～1 颈椎横突孔，经枕骨大孔入颅腔，分布于脑和脊髓。

（2）**胸廓内动脉**：在椎动脉起始的对应处发自锁骨下动脉下壁，向下进入胸腔，经第 1～6 肋软骨后面距胸骨外侧缘约 1.5cm 处继续下行，至第 6 肋间隙附近分为**肌膈动脉**和**腹**

壁上动脉两终支。腹壁上动脉穿膈进入腹直肌鞘内，在脐平面并与腹壁下动脉吻合。胸廓内动脉沿途分布于胸前壁、乳房、心包、膈和腹直肌。

（3）**甲状颈干**：在椎动脉起始处外侧发自锁骨下动脉上壁，为一短干，起始后立即分成数支，重要的分支有**甲状腺下动脉**，分布于甲状腺和喉、气管、咽和食管。甲状颈干的分支还分布于颈、肩部的肌、脊髓及其被膜。

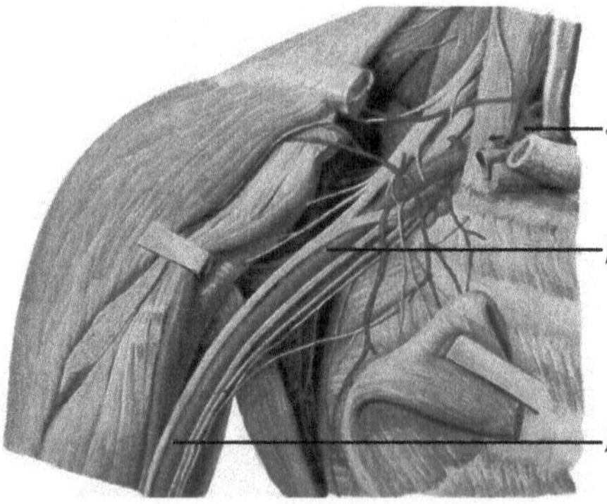

图 7-25 锁骨下动脉、腋动脉和肱动脉

2. 上肢的动脉

（1）**腋动脉**：在第 1 肋外缘续于锁骨下动脉，行于腋窝，至大圆肌下缘移行为肱动脉，其主要分支分布到肩肌、胸肌、背肌、肩关节和乳房等处（图 7-25）。

（2）**肱动脉**：自大圆肌下缘续腋动脉，沿肱二头肌内侧缘伴正中神经下行至肘窝中点平桡骨颈高度，分为桡动脉和尺动脉。在肘窝稍上方，肱二头肌腱内侧，肱动脉位置表浅，可触摸其搏动，是测量血压时的听诊部位。肱动脉沿途分支布于臂部和肘关节。当前臂和手外伤发生大出血时，可在臂中部的内侧把肱动脉压向肱骨以暂时止血。肱动脉的主要分支是**肱深动脉**，伴桡神经，沿桡神经沟下行，分支布于肱三头肌和肱骨。

（3）**桡动脉**：自肱动脉分出后，先经肱桡肌与旋前圆肌之间下行（图 7-26），在前臂下段走行于肱桡肌腱与桡侧腕屈肌腱之间。在桡腕关节上方位于皮下，位置表浅，是临床切脉和计数脉搏的部位。此后桡动脉下行到桡腕关节处，经桡骨茎突远侧绕到手背，再穿第 1 掌骨间隙至掌深部，其末端与尺动脉的掌深支吻合成掌深弓。桡动脉的主要分支有：①**掌浅支**，在桡腕关节上方分出，穿鱼际肌或沿其表面至手掌，与尺动脉的末端吻合成掌浅弓；②**拇主要动脉**，在桡动脉入手掌处发出，分为 3 支分布于拇指两侧和示指桡侧缘。

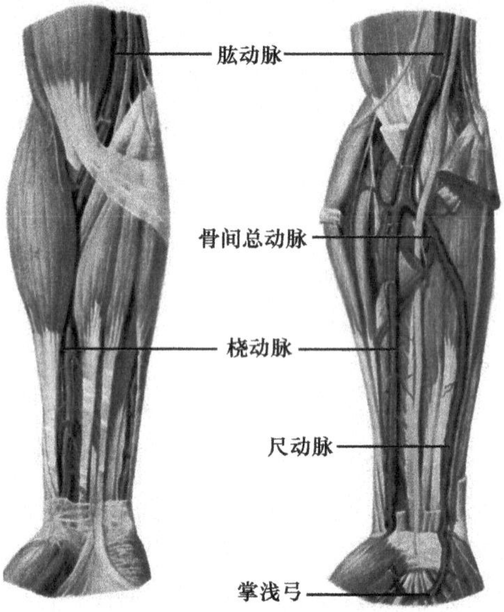

图 7-26 桡、尺动脉

（4）**尺动脉**：自肱动脉发出后，斜向内下，走行在尺侧腕屈肌与指浅屈肌之间，到达腕关节，经豌豆骨外侧入手掌，行于掌腱膜的深面，其末端与桡动脉的掌浅支吻合成掌浅弓。当手外伤出血时，可在桡腕关节上方两侧，同时压迫桡、尺动脉而暂时止血。尺动脉的主要分支有：①**掌深支**，在豌豆骨外侧由尺动脉发出，穿小鱼际肌至掌腱膜深面，与桡动脉末端吻合成掌深弓；②**骨间总动脉**，自尺动脉上端发出，在前臂骨间膜上缘分为**骨间前动脉**和**骨间后动脉**，分别沿骨间膜前、后面下行，分支布于前臂诸肌和尺、桡骨，并分支参与构成肘、腕关节动脉网。

（5）**掌浅弓**：由桡动脉的掌浅支和尺动脉的末端吻合而成（图 7-27），位于掌腱膜与指浅屈肌腱之间，位置浅，其最凸处相当于自然握拳时中指所指的位置，或掌中纹处。在处理手外伤时，应注意保护。掌浅弓从凸侧发出 3 条指掌侧总动脉和 1 条小指尺掌侧动脉。指掌侧总动脉下行至掌指关节附近，每条又可分为 2 条指掌侧固有动脉，分布于第 2～5 指相对缘；小指尺掌侧动脉分布于小指尺侧缘。手指外伤出血时，可在手指两侧压迫止血。

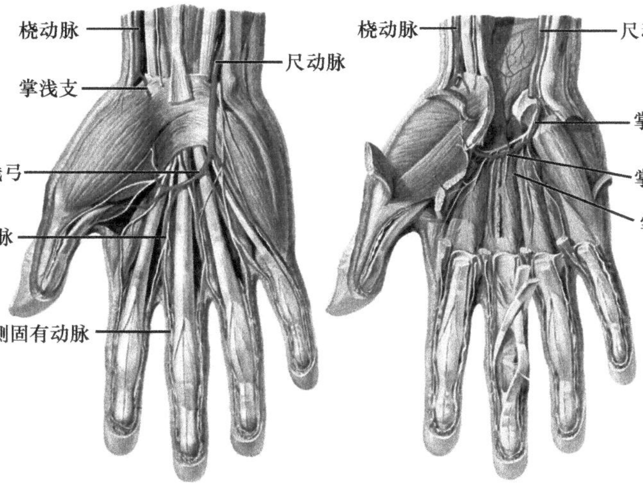

图 7-27　掌浅弓与掌深弓

（6）**掌深弓**：由桡动脉终端支与尺动脉的掌深支吻合而成（图 7-27），位于屈指肌腱深面，弓的凸侧缘约平腕掌关节高度，高出掌浅弓约 1 横指。掌深弓从凸侧发出 3 条掌心动脉，下行至掌指关节附近，分别与相对应的指掌侧总动脉吻合。

（四）胸部的动脉

胸部动脉主干是**胸主动脉**，于第 4 胸椎体左侧续于主动脉弓，沿脊柱下降至第 12 胸椎高度穿膈的主动脉裂孔，移行为腹主动脉。胸主动脉的分支有脏支和壁支两种。

1. 脏支　较细小，主要有分布于气管、食管和心包等处的支气管支、食管和心包支。

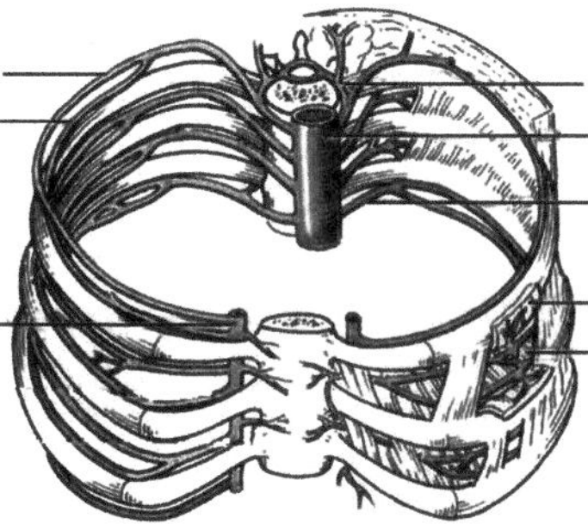

图 7-28　胸壁动脉

2. 壁支　由胸主动脉发出 9 对（即第 3～11 对）**肋间后动脉**（图 7-28）、1 对**肋下动脉**和 1 对**膈上动脉**。肋间后动脉分别走行于第 3～11 肋间隙，肋下动脉走向于第 12 肋下方，在相应肋骨的肋沟内前行。在肋角处，肋间后动脉发出肋间前支沿下位肋上缘前行。肋间后动脉和肋下动脉分支分布于胸壁和脐平面以上的腹前外侧壁、脊髓及其被膜等。膈上动脉分布于膈上面。临床行胸膜腔穿刺时，为了避免伤及肋间后动脉及其分支，不宜在肋角内侧进针；在肋角外侧穿刺时，应靠近肋骨上缘进针；在胸前壁穿刺时，应在肋间隙中部进针。

（五）腹部的动脉

腹部动脉主干是**腹主动脉**。在膈的主动脉裂孔处，续于胸主动脉，再沿脊柱左前方下行，至第 4 腰椎下缘分为左、右髂总动脉两终支（图 7-29）。腹主动脉的分支也分壁支和脏支。

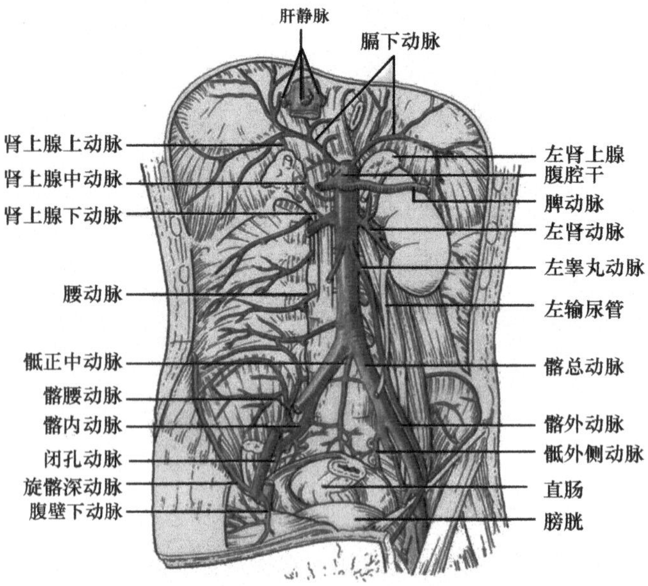

图 7-29　腹主动脉及其分支

1. 壁支　主要是 4 对腰动脉、1 对膈下动脉和 1 条骶正中动脉。**腰动脉**横行向外，分布于腹后壁、背肌、脊髓及其被膜。**膈下动脉**斜行向外上，分布于膈，并发出肾上腺上动脉至肾上腺。**骶正中动脉**分布于盆腔后壁。

2. 脏支　分为成对脏支和不成对脏支 2 种。成对脏支有肾上腺中动脉、肾动脉和睾丸动脉（男）或卵巢动脉（女），不成对脏支有腹腔干、肠系膜上动脉和肠系膜下动脉。

（1）**肾上腺中动脉**：在平第 1 腰椎高度起自腹主动脉，横行向外分布到肾上腺中部，并与肾上腺上、下动脉吻合。

（2）**肾动脉**：在平第 1、2 腰间盘高度起自腹主动脉，横行向外，到肾门分为前、后两干，经肾门入肾。在肾内再分为肾段动脉，至相应的肾段。肾动脉入肾前发出肾上腺下动脉至肾上腺。

（3）**睾丸动脉**：又称**精索内动脉**，较细长，在肾动脉起始处稍下方由腹主动脉前壁两侧发出，沿腰大肌前面斜行向外下，经腹股沟管，参与组成精索，至阴囊分支布于睾丸和附睾。在女性则称**卵巢动脉**，经卵巢悬韧带内下行入盆腔，分布到卵巢和输卵管壶腹。

（4）**腹腔干**：为一粗短动脉干，在膈的主动脉裂孔稍下方由腹主动脉前壁发出（图 7-30），立即分为胃左动脉、肝总动脉和脾动脉三支。主要分布到食管腹段、胃、十二指肠、肝、胆、胰、脾等。

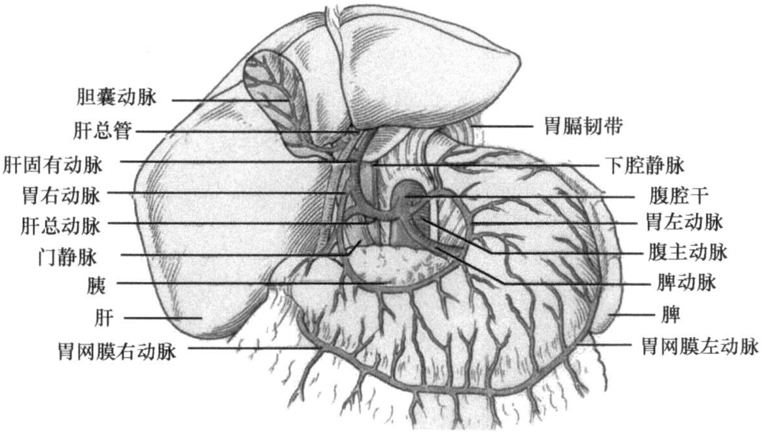

图 7-30 腹腔干及其分支

1）**胃左动脉**：先向左上方行至胃的贲门，然后沿胃小弯向右走行在小网膜两层腹膜间，与胃右动脉吻合，沿途分支分布于食管、贲门和胃小弯侧胃壁和小网膜。

2）**肝总动脉**：由腹腔干分出后，向右行，至十二指肠上部上方如肝十二指肠韧带内，分为肝固有动脉和胃十二指肠动脉。①**肝固有动脉**：在肝十二指肠韧带内上行，到肝门附近分为左、右两支入左、右半肝。右支入肝前发出**胆囊动脉**，分布于胆囊。肝固有动脉在起始处稍上方还发出**胃右动脉**，沿胃小弯左行，在小网膜内与胃左动脉吻合，分支分布胃侧胃壁和十二指肠上部。②**胃十二指肠动脉**：沿十二指肠上部后方下行，在幽门下缘处分为胃网膜右动脉和胰十二指肠上动脉。**胃网膜右动脉**沿胃大弯向左行，分布于胃大弯侧胃壁和大网膜，并与胃网膜左动脉吻合。**胰十二指肠上动脉**分为前、后 2 支，在胰头与十二指肠降部之间下行，分布于胰头和十二指肠，并与胰十二指肠下动脉吻合。

3）**脾动脉**：沿胰上缘左行至脾门，分为数支入脾，沿途发出许多胰支分布胰体和胰尾。脾动脉末端还发出胃网膜左动脉和胃短动脉。**胃网膜左动脉**沿胃大弯向右行，与胃网膜右动脉吻合，沿途分支分布于胃大弯侧胃壁和大网膜。**胃短动脉**有 3～5 支，经脾胃韧带内分布于胃底。

（5）**肠系膜上动脉**：在腹腔干起点稍下方，约平第 1 腰椎高度起自腹主动脉前壁，经胰头与胰体交界处后方下行入小肠系膜根部，分支分布于胰头及十二指肠到横结肠的消化管（图 7-31）。

肠系膜上动脉的分支有：①**胰十二指肠下动脉**，分前、后 2 支分布于胰头和十二指肠，并与胰十二指肠上动脉吻合。②**空肠动脉和回肠动脉**，分布于空肠和回肠，共有 12～18 支，由肠系膜上动脉左侧壁发出，行于小肠系膜内，反复分支吻合成多级动脉弓，空肠的动脉弓一般为 1～2 级，回肠的可多至 2～5 级，最后一级弓发出直行小支入肠壁。③**回结肠动脉**，为肠系膜上动脉最下的一支，向右下方行至盲肠附近，分支分布于回肠末端、盲肠和升结肠。至阑尾的分支称**阑尾动脉**，越回肠末端后方入阑尾系膜，沿阑尾系膜游离缘行到阑尾尖，沿途分支分布于阑尾。④**右结肠动脉**，向右行，分升、降 2 支与中结肠动脉和回结肠动脉吻合，分支分布于升结肠。⑤**中结肠动脉**，走行在横结肠系膜内，与左、右结肠动脉吻合，分支分布于横结肠。

（6）**肠系膜下动脉**：约平第 3 腰椎高度起自腹主动脉前壁，向左下方行走，分布于结肠左曲到直肠上部的消化管（图 7-32）。肠系膜下动脉的分支有：①**左结肠动脉**，沿腹后壁向左走行，分支布于降结肠，有升、降支与中结肠动脉和乙状结肠动脉吻合。②**乙状结肠动脉**，常为 2～3 支，斜向左下方入乙状结肠系膜内，各支间互相吻合成动脉弓，分支布于乙状结肠。③**直肠上动脉**，为肠系膜下动脉直接延续，在乙状结肠系膜内下行，至第 3 骶椎处分为 2 支，沿直肠上部的两侧下降入直肠上部，在直肠壁内与直肠下动脉吻合。

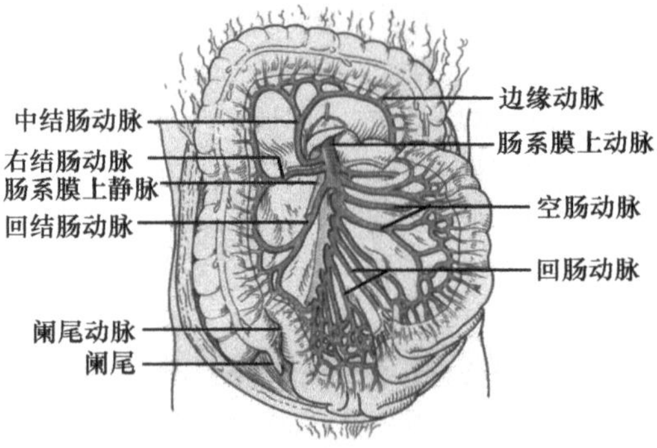

图 7-31　肠系膜上动脉及其分支

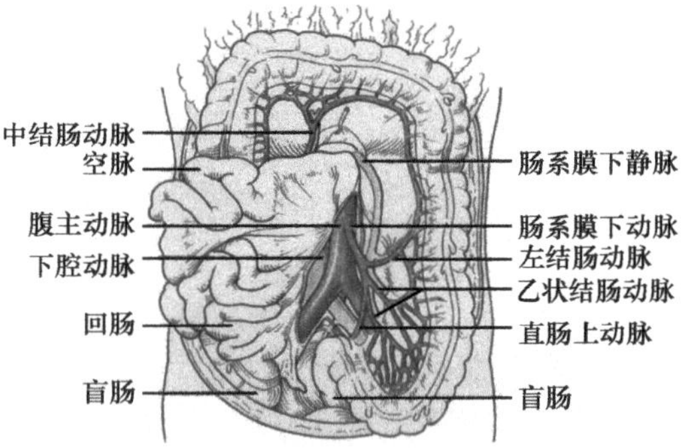

图 7-32　肠系膜下动脉及其分支

（六）盆部的动脉

髂总动脉左、右各一，为腹主动脉在第 4 腰椎体下缘分出的 2 个终末支，沿腰大肌内侧向外下走行，至骶髂关节前方分为髂内动脉和髂外动脉（图 7-33）。

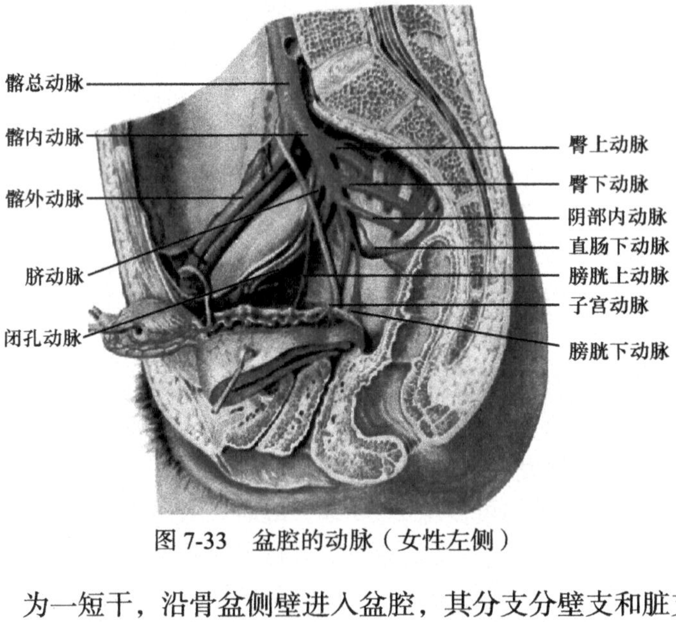

图 7-33　盆腔的动脉（女性左侧）

1. 髂内动脉　为一短干，沿骨盆侧壁进入盆腔，其分支分壁支和脏支。

（1）**壁支**：主要有①**闭孔动脉**，穿闭孔出盆腔，分布于大腿内侧群肌和髋关节。②**臀上动脉和臀下动脉**，分别经梨状肌上、下孔出盆腔。臀上动脉分支布于臀中肌、臀小肌和髋关节；臀下动脉分支分布于臀肌、髋关节、臀部和股后部的皮肤。

（2）**脏支**：主要有①**直肠下动脉**，分布于直肠下部，并与直肠上动脉和肛动脉分支吻合。②**子宫动脉**，从髂内动脉分出后，入子宫阔韧带两层间，向内下方走行，至子宫颈外侧 1～2cm 处越过输尿管前方抵子宫颈，再沿子宫侧缘上行达子宫底，分支分布于子宫、阴道、卵巢和输卵管。③**阴部内动脉**，穿梨状肌下孔出盆腔，再经坐骨小孔入坐骨肛门窝，分支分布于肛区及外生殖器。布于肛门周围结构的分支称**肛动脉**。④**脐动脉**，是胚胎时期的动脉干，出生后远侧段闭锁形成脐内侧韧带，近侧段未闭锁，发出 2～3 条膀胱上动脉，分布于膀胱尖和膀胱体。⑤**膀胱下动脉**，沿盆腔侧壁下行，分布于膀胱底、精囊、前列腺和输尿管下段，在女性发出小支至阴道壁。

2. 髂外动脉 沿腰大肌内侧缘下行，经腹股沟韧带中点深面入大腿，移为股动脉。在腹股沟韧带上方发出腹壁下动脉。**腹壁下动脉**行向内上入腹直肌鞘，分布于腹直肌，在脐平面与腹壁上动脉吻合。

（七）下肢的动脉

1. 股动脉 是髂外动脉的直接延续（图 7-34），入大腿后，在股三角内行于股静脉和股神经之间，向下穿收肌管，出收肌腱裂孔至腘窝，移行为腘动脉。股动脉在腹股沟韧带中点稍下方可触及到搏动，下肢出血时可在此处把股动脉压向耻骨下支止血。在股三角内，利用股动脉进行动脉穿刺和插管最方便。**股深动脉**是股动脉的主要分支，在腹股沟韧带下方 2～5cm 处发出，其分支分布于大腿肌、股骨和髋关节。

2. 腘动脉 在腘窝深部下行，至腘窝下角处分为胫前动脉和胫后动脉两个终支（图 7-35）。腘动脉分支分布于膝关节和周围诸肌，参与构成膝动脉网。

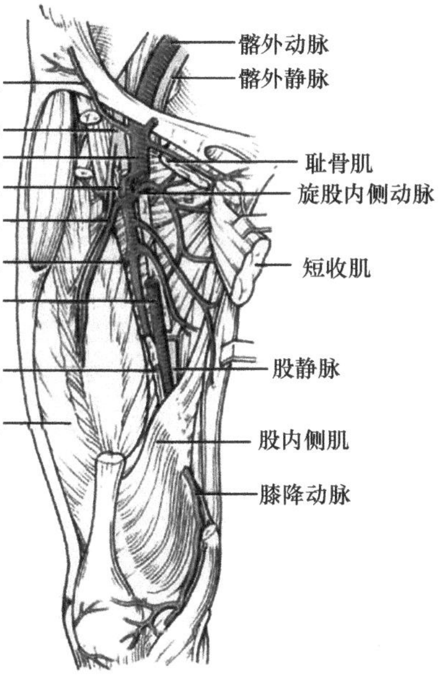

图 7-34 大腿前面动脉

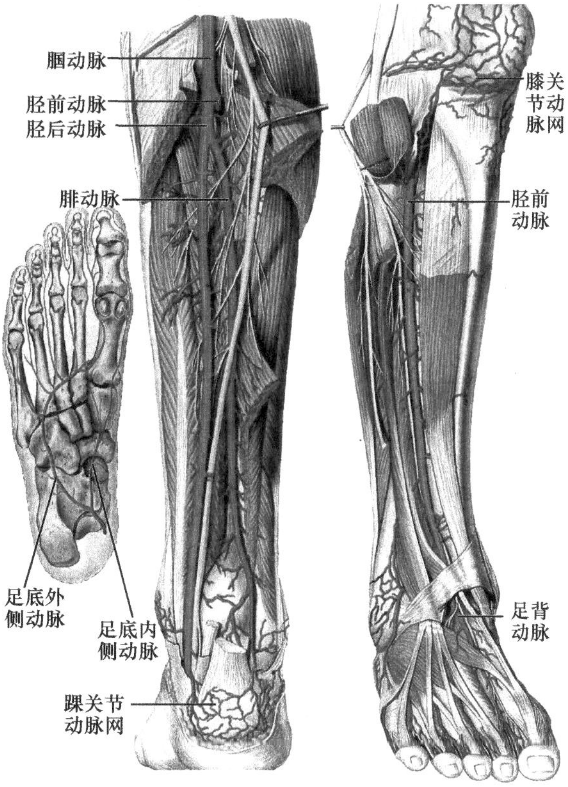

图 7-35 小腿动脉及足背动脉

3. 胫后动脉 是腘动脉的延续，沿小腿后群浅、深层肌之间下行，经内踝后方入足底，分为**足底内侧动脉**和**足底外侧动脉**。胫后动脉的分支分布于小腿后群及外侧群肌；足底内、外侧动脉分布于足底诸结构和足趾。足底外侧动脉与足背动脉的足底深支吻合，构成**足底深弓**。

4. 胫前动脉 从腘动脉分出后，穿小腿骨间膜至小腿前面，再沿小腿前群肌之间下行至足背，移行为**足背动脉**。胫前动脉沿途分布于小腿前群肌。

5. 足背动脉 是胫前动脉直接延续，沿踇长伸肌腱与趾长伸肌腱之间前行，其分支分布于足背、足底和足趾。在踝关节前方，内、外踝连线的中点处易触及其搏动。下肢脉管炎时，足背动脉的搏动可减弱甚至消失。

（八）动脉造影X线影像与CT最大密度投影（MIP）

临床上，为了使欲检查动脉得到最佳显示，有时候需要注入造影剂，如主动脉弓造影、冠状动脉造影、肠系膜上动脉造影（图7-36）、腹腔干造影等。造影剂注入肠系膜上动脉后，摄X线照片所见，正常显影动脉解剖位置、数目、走行方向均较恒定，肠系膜上动脉主干显示密度均匀，边缘光滑整齐，由近端至远端管腔逐渐变细并依次分支而无中断现象。肠系膜上动脉左侧壁发出空肠动脉及回肠动脉12～16支；肠系膜上动脉右侧壁最下方发出回结肠动脉；在回结肠动脉上方发出右结肠动脉，在右结肠动脉上方发出中结肠动脉。

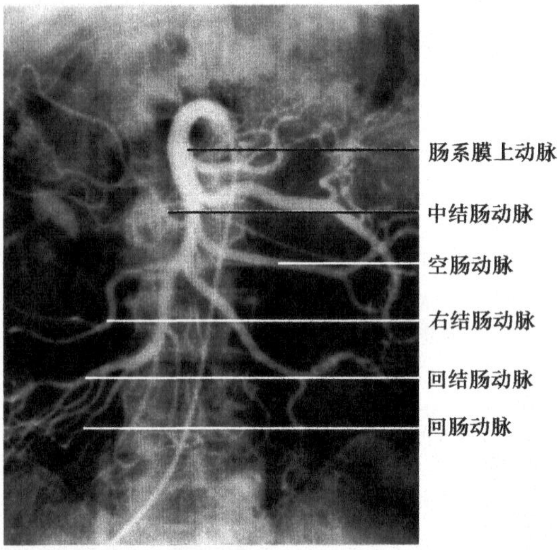

图7-36　肠系膜上动脉X线造影像（前后位）

CT最大密度投影（MIP）最大的特点是不用造影剂、无创伤，而且获得的动脉图像逼真清晰（图7-37）。

五、体循环的静脉

体循环的静脉始于全身各部毛细血管，在向心回流过程中逐渐汇合增大，最后形成上、下腔静脉和冠状窦注入右心房。与动脉相比，静脉的结构和配布有以下特征为：①管腔大，管壁薄，数量多，容量大，血流缓，压力低。②静脉管壁内面有成对的呈半月形向心开放

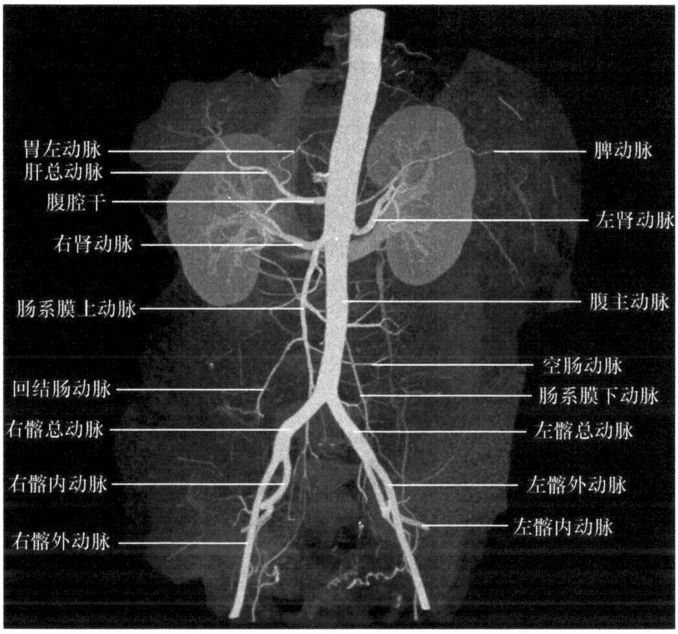

图 7-37 腹主动脉最大密度投影（MIP）

的**静脉瓣**，尤以重力影响大、血液回流比较困难。四肢静脉的静脉瓣多，浅静脉的多于深静脉。静脉瓣可防止血液逆流。③分**浅静脉**和**深静脉**。浅静脉位于皮下，称**皮下静脉**，透过皮肤可以见到，最后注入深静脉。深静脉位于深筋膜或体腔内，多与同名动脉伴行，也称**伴行静脉**。④静脉之间有丰富的吻合，包括浅静脉之间、深静脉之间及浅、深静脉之间吻合。浅静脉在手、足和胸腹壁等部位吻合成静脉网。深静脉在一些空腔器官（如膀胱、子宫和直肠等）壁内或其周围常形成静脉丛，在脏器扩张或受压的情况下，静脉丛仍能保持血流的畅通。⑤几种特殊结构的静脉：**板障静脉**位于颅盖骨的板障内，壁薄无静脉瓣，借导静脉与头皮静脉和硬脑膜窦相通；**硬脑膜窦**是颅内硬脑膜两层围成的管道，管壁无平滑肌和静脉瓣，故受损时止血困难。

体循环的静脉包括上腔静脉系、下腔静脉系（含肝门静脉系）和心静脉系（已述于心）。

（一）上腔静脉系

上腔静脉系由上腔静脉及其属支组成，收集头颈、上肢和胸部（心壁除外）的静脉血。其主干是上腔静脉（图 7-38）。

上腔静脉为一条短而粗的静脉干，在右侧第 1 胸肋结合部后方，由左、右头臂静脉汇合而成，沿升主动脉右侧下行，注入右心房。

头臂静脉左、右各一，由同侧颈内静脉和锁骨下静脉在胸锁关节后方汇合而成。汇合处的夹角，称**静脉角**，是淋巴导管注入静脉的部位。

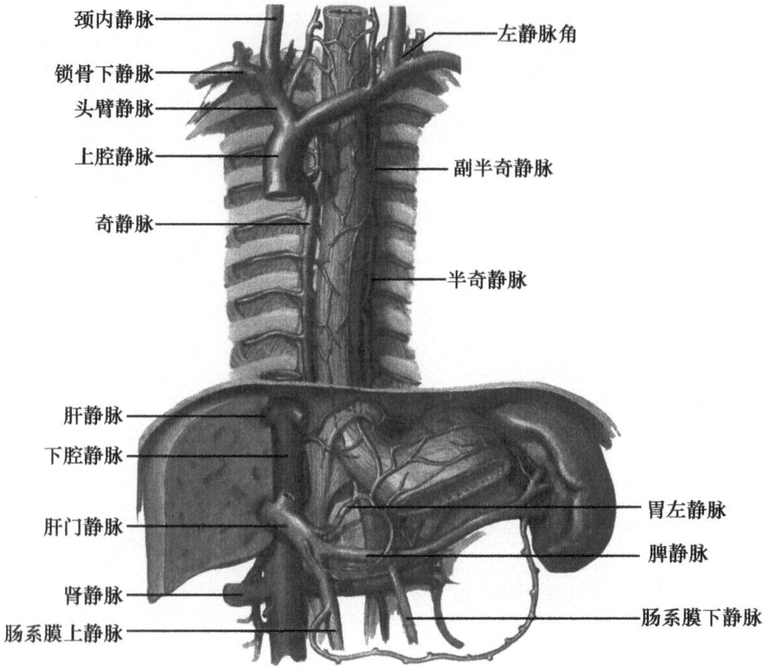

图 7-38　上、下腔静脉及其属支

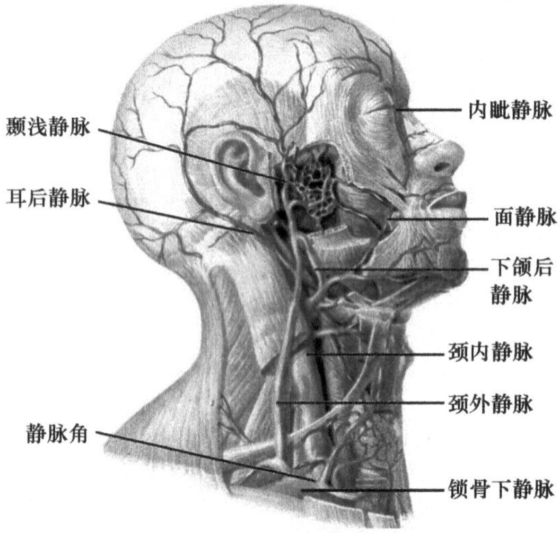

图 7-39　头颈部静脉

1. 头颈部的静脉

（1）**颈内静脉**：上端在在颅底颈静脉孔处续于乙状窦，沿颈内动脉和颈总动脉外侧下行（图 7-39），至胸锁关节后方，与锁骨下静脉汇合成头臂静脉。颈内静脉的属支有颅内支和颅外支两种：

1）**颅内支**：通过颅内静脉及硬脑膜窦收集脑、脑膜、视器、前庭蜗器和颅骨的静脉血。

2）**颅外支**：收集头面颈部的静脉血，主要有面静脉和下颌后静脉。

面静脉起于内眦静脉，与面动脉伴行，至下颌角附近与下颌后静脉前支汇合，向后下行注入颈内静脉。面静脉收集面前部软组织的静脉血，借内眦静脉、眼静脉与颅内海绵窦相通。面静脉在口角以上至海绵窦一般都没有静脉瓣。因此，面部尤其以鼻根至两侧口角的三角区内发生化脓性感染（如疖子）时，若处理不当（如挤压等），细菌、脓液可经上述途径传入颅内，导致颅内感染或栓塞。故临床上将此区称为**面部危险三角区**。

下颌后静脉由颞浅静脉与上颌静脉在腮腺内汇合而成。其下行至腮腺下缘时分前、后两支，前支与面静脉汇合，后支与耳后静脉及枕静脉汇合成颈外静脉。

（2）**颈外静脉**：由下颌后静脉后支与耳后静脉及枕静脉合成，是颈部最大的浅静脉，沿胸锁乳突肌浅面下行，至颈根部注入锁骨下静脉。颈外静脉位置表浅，是小儿穿刺抽血的常选部位。正常人站位或坐位时，颈外静脉常不显露，当右心衰竭时，上腔静脉系回流受阻，至颈外静脉回流不畅，在体表可见静脉充盈的轮廓，称**颈静脉怒张**。

（3）**锁骨下静脉**：在第 1 肋外侧缘续于腋静脉，行向内越过第 1 肋上面，至胸锁关节后方，与颈内静脉汇合成头臂静脉。锁骨下静脉收集上肢和颈浅部的静脉血。

2. 上肢的静脉 分浅、深两种。深静脉与同名动脉伴行，最后合成腋静脉，后者延续为锁骨下静脉。从指尖到腋窝，每条动脉周围伴 2 条同名静脉。浅静脉主要有 3 条，即**头静脉**、**贵要静脉**和**肘正中静脉**（图 7-40）。头静脉、贵要静脉起自手背静脉网，肘正中静脉连接于头静脉和贵要静脉之间，临床上常在这些浅静脉和手背静脉网处穿刺采血、输液和输血。

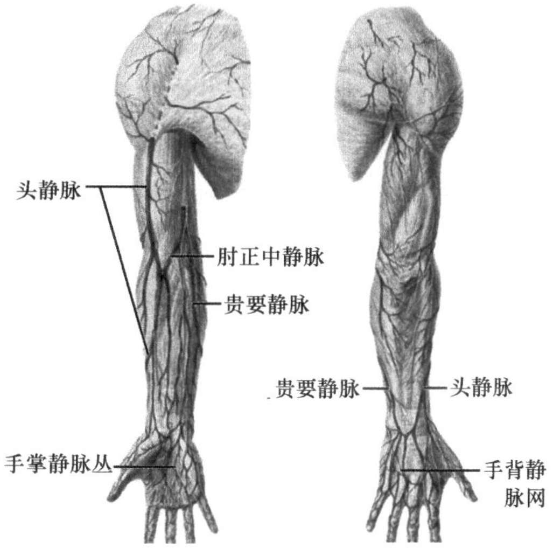

图 7-40 上肢的浅静脉

1）**头静脉**：起于手背静脉网桡侧，沿前臂桡侧缘上行，在肘窝与肘正中静脉相连，至臂沿肱二头肌外侧沟上行，经三角胸大肌间沟至锁骨下窝，穿深筋膜注入腋静脉或锁骨下静脉。头静脉主要收集手和前臂桡侧浅层结构的静脉血。

2）**贵要静脉**：起于手背静脉网尺侧，沿前臂尺侧上行，在肘窝接受肘正中静脉注入，至臂沿肱二头肌内侧沟上行，在臂中部注入肱静脉或上行注入腋静脉。贵要静脉主要收集手和前臂尺侧前层结构的静脉血。

3）**肘正中静脉**：位于肘窝皮下，连接头静脉和贵要静脉，此静脉变异较多。

3. 胸部的静脉 主要有奇静脉及其属支（图 7-41）和椎静脉丛（图 7-42）。

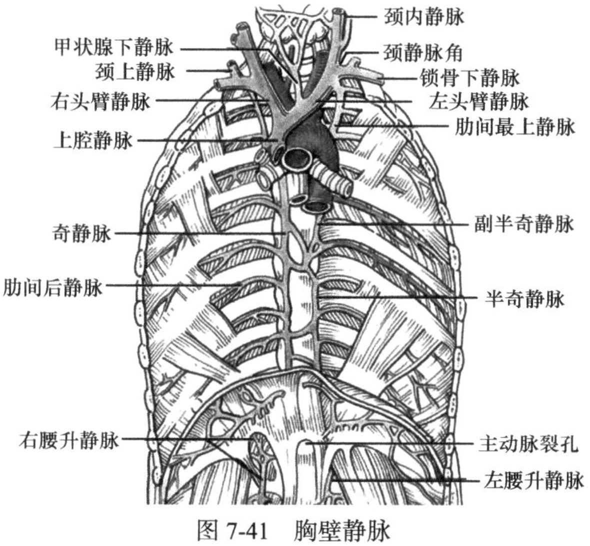

图 7-41 胸壁静脉

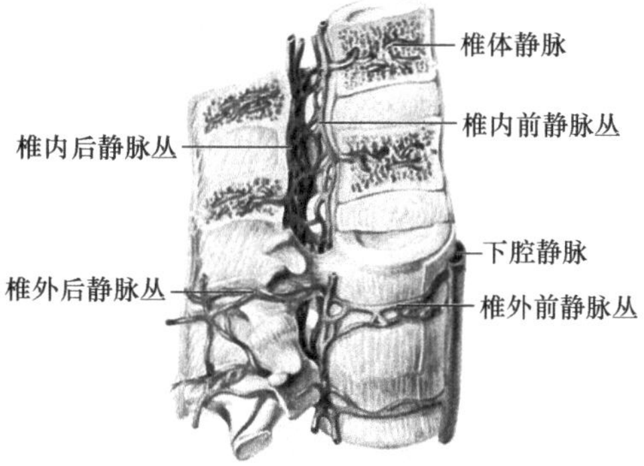

图 7-42 椎静脉丛

（1）**奇静脉**：起自右腰升静脉，沿脊柱右侧上行入胸腔，至第 4 胸椎高度呈弓形弯向前，越右肺根上方，注入上腔静脉。奇静脉沿途收纳右侧肋间后静脉、食管静脉、支气管静脉和半奇静脉的血液。

半奇静脉起自左腰升静脉，沿脊柱左侧上行入胸腔，至第 7～9 胸椎高度，向右横过脊柱前面，注入奇静脉。它收集左侧下部肋间后静脉和副半奇静脉的血液。

副半奇静脉收纳左侧上部肋间后静脉及左支气管静脉的血液，形成一纵干沿胸椎体左侧下行，注入半奇静脉。

（2）**椎静脉丛**：位于椎管内、外，纵贯脊柱全长，收集脊髓及其被膜、椎骨和邻近肌的静脉血。其分别与椎静脉、肋间后静脉、腰静脉和骶外侧静脉相交通，向上经枕骨大孔与颅内硬脑膜窦相通，向下与盆腔静脉丛相连。椎静脉丛是沟通上、下腔静脉系和颅、内外静脉的重要通道。

（二）下腔静脉系

下腔静脉系由下腔静脉及其属支组成，收集下肢、盆部和腹部的静脉血，其主干是下腔静脉。

下腔静脉是全身最粗大的静脉，在第 4～5 腰椎体右侧由左、右髂总静脉汇合而成，在脊柱右前方沿腹主动脉右侧上升，经肝后方，穿膈的腔静脉孔入胸腔注入右心房。

1. 下肢的静脉　分浅、深两种。深静脉与同名动脉伴行，最后合成股静脉，后者延续为髂外静脉。从趾尖到腘窝，每条动脉周围伴 2 条同名静脉。浅静脉主要有 2 条，即**大隐静脉**、**小隐静脉**（图 7-43）。

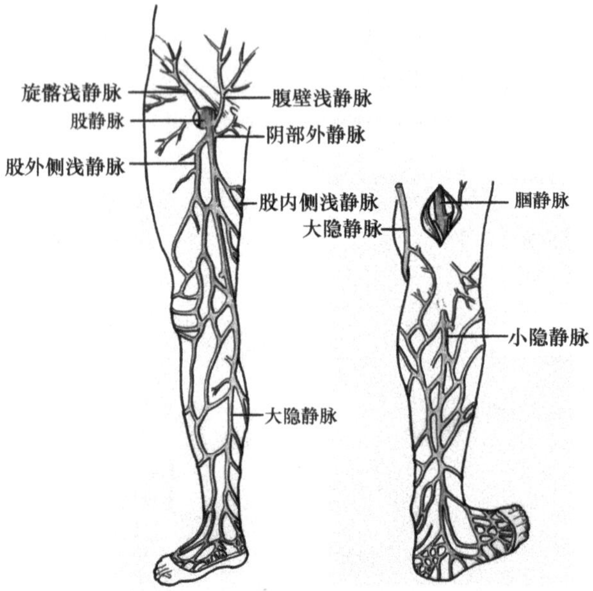

图 7-43　大隐静脉和小隐静脉

（1）**大隐静脉**：在足背内侧缘起自足背静脉弓，经内踝前方，沿小腿内侧面上行，经膝关节内后方、大腿内侧及前面上行，至耻骨结节外下方 3～4cm 处经卵圆窝穿深筋膜注入股静脉。大隐静脉沿途收集足和小腿内侧、大腿前内侧浅层结构、外生殖器、腹前壁下部和腹股沟区的静脉血。大隐静脉在内踝前方位置表浅而固定，临床上常在此做静脉穿刺或切开输液、输血和插管。

（2）**小隐静脉**：在足背外侧缘起自足背静脉弓，经外踝后方，沿小腿后面上行至腘窝，穿深筋膜注入腘静脉。小隐静脉沿途收集小腿后外侧浅层结构的静脉血。

2. 盆部的静脉　盆部的静脉主要有髂总静脉、髂内静脉和髂外静脉及其属支。

（1）**髂总静脉**：由髂内静脉和髂外静脉在骶髂关节前方汇合而成，收集同名动脉供给区域的静脉血。左、右髂总静脉伴髂总动脉向内上方行至第 4～5 腰椎体右侧，汇合成下腔静脉。

（2）**髂内静脉**：为一短粗的静脉干，沿小骨盆侧壁内面伴同名动脉上行，收集同名动脉供给区域的静脉血。盆腔脏器的静脉在器官周围或壁内形成丰富的静脉丛，如直肠静脉丛和膀胱静脉丛。此外，女性尚有子宫静脉丛和阴道静脉丛。

（3）**髂外静脉**：在腹股沟韧带深面续于股静脉，伴同名动脉上行，收纳同名动脉分布区的静脉血。

3. 腹部的静脉 分壁支和脏支两种。成对的壁支与脏支直接或间接入下腔静脉；不成对的脏支（肝除外）先汇合成肝门静脉入肝后，在肝内反复分支，最后汇合成肝静脉回流入下腔静脉。

（1）**壁支**：包括 2 对膈下静脉和 4 对腰静脉，与同名动脉伴行。每侧的腰静脉连于 1 条纵行的**腰升静脉**。左、右腰升静脉向上分别延续为半奇静脉和奇静脉，向下注入左、右髂总静脉。

（2）**脏支**：主要有肾上腺静脉、肾静脉、睾丸静脉、肝静脉。

1）**肾上腺静脉**：左侧注入肾静脉，右侧注入下腔静脉。

2）**肾静脉**：与同名动脉伴行，注入下腔静脉。左肾静脉比右肾静脉长，从腹主动脉前面跨过，并接受左肾上腺静脉和左睾丸静脉（或卵巢静脉）注入。

3）**睾丸静脉**：起自睾丸和附睾，在精索内形成蔓状静脉丛，此丛向上逐渐汇合成睾丸静脉，伴睾丸动脉上行。右侧以锐角注入下腔静脉，左侧以直角注入左肾静脉。睾丸静脉管径细，行程长，血液回流不利，易发生静脉曲张，尤以左侧多见。此对应静脉在女性称**卵巢静脉**，起自卵巢静脉丛，在卵巢悬韧带内上行，汇入部位同睾丸静脉。

4）**肝静脉**：收纳肝门静脉和肝固有动脉进入肝血窦的血液。肝血窦汇成中央静脉，再汇集成小叶下静脉，最后在肝实质内近肝后缘处汇集成 2～3 条肝静脉，在肝的腔静脉窝经第二肝门注入下腔静脉。

（3）**肝门静脉系**：肝门静脉系收集腹腔内不成对器官（肝除外）的静脉血。主干是**肝门静脉**，为一条粗短的静脉干，由肠系膜上静脉和脾静脉在胰头后方汇合而成（图 7-44），向上进入肝十二指肠韧带内，沿胆总管和肝固有动脉之间的后方上行，至肝门处分为左、

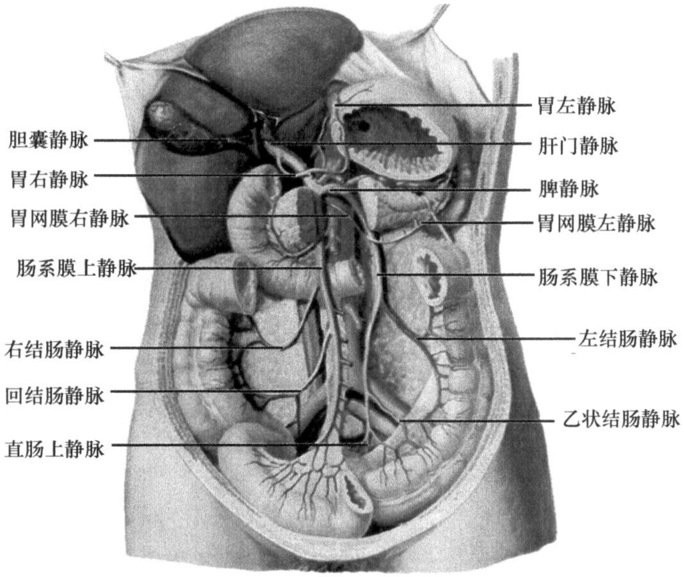

图 7-44 肝门静脉的属支

右支入肝，在肝内反复分支，最后注入肝血窦。在此与来自肝固有动脉分支的动脉血混合。代谢后的血液汇集到肝静脉，注入下腔静脉。肝门静脉系起端与终端均为毛细血管，而且一般无静脉瓣。当肝门静脉压力升高时，血液可发生逆流。

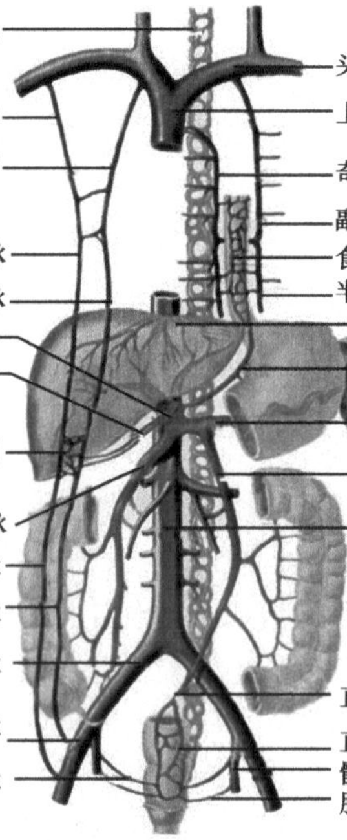

图 7-45 肝门静脉系与上、下腔静脉系的吻合途径

肝门静脉的属支有：①**肠系膜上静脉**，在小肠系膜根内伴同名动脉右侧上行，收集同名动脉分布区域的静脉血。②**脾静脉**，起于脾门，与同名动脉伴行，收集同名动脉和肠系膜下动脉分布区域的静脉血。③**肠系膜下静脉**，与同名动脉伴行，收集同名动脉分布区域的静脉血，其末端多数注入脾静脉。④**胃左静脉**，与同名动脉伴行，在贲门处接受食管静脉丛下部的分支注入肝门静脉。⑤**胃右静脉**，与同名动脉伴行，在幽门附近注入肝门静脉。⑥**附脐静脉**，起自脐周静脉网，沿肝圆韧带入肝，注入肝门静脉左支。⑦**胆囊静脉**，收集胆囊静脉血，注入肝门静脉主干或右支。

肝门静脉系与上、下腔静脉系之间有 3 条重要交通途径（图 7-45）：①胃左静脉经**食管静脉丛**与上腔静脉系的奇静脉和半奇静脉相交通；②直肠上静脉经**直肠静脉丛**与下腔静脉系的直肠下静脉和肛静脉相交通；③附脐静脉经**脐周静脉网**分别与上腔静脉系的胸腹壁静脉和腹壁上静脉相交通，与下腔静脉系的腹壁浅静脉和腹壁下静脉相交通。此外，腹后壁属于肝门静脉系的一些小静脉还经椎内、外静脉丛与上、下腔静脉系的肋间后静脉和腰静脉相交通。

正常情况下，上述静脉的交通支细小，血流量少，各自分流到所属静脉系统。当肝内外病变（如肝硬化和肝肿瘤，肝门淋巴结肿大、胰头或胆总管肿瘤）压迫肝门静脉或其分支，致肝门静脉回流受阻时，部分血液可经上述静脉的交通支形成侧支循环，通过上、下腔静脉系回流。随着血流量增多，可致食管静脉丛、直肠静脉丛和脐周围静脉网曲张。曲张的食管静脉丛和直肠静脉丛破裂，可引起呕血和便血等。肝门静脉回流受阻，亦可致脾和胃肠壁的静脉淤血，引起脾大和腹水等。

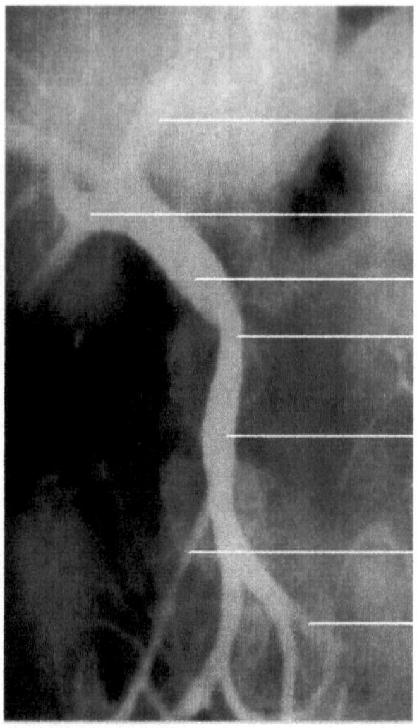

图 7-46 肠系膜上静脉 X 线造影像（前后位）

经肝导管插入肝门静脉注入造影剂后（图 7-46），显示肠系膜上静脉各属支位置、数目、走行较恒定，静脉管腔由远端至近端逐渐增粗、管壁光滑，比相应动脉（肠系膜上动脉）管径粗，并常见其汇入肝门静脉，各属支远端显影较淡。

第二节 淋巴系统

淋巴系统是脉管系统的重要组成部分，由淋巴管道、淋巴组织和淋巴器官组成（图 7-47）。淋巴管道内流动着的液体称**淋巴**。

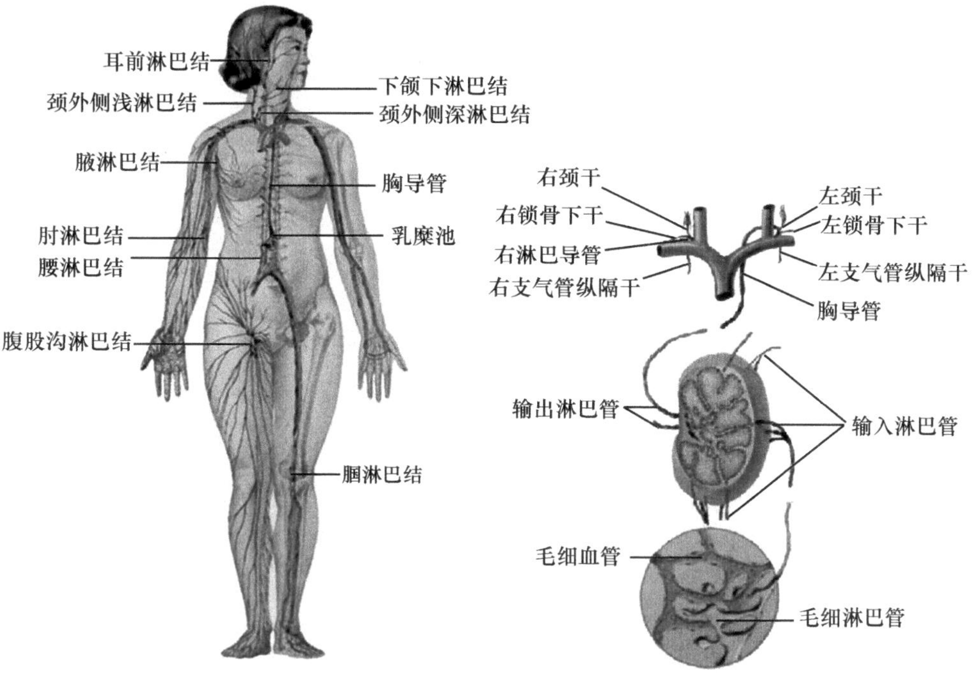

图 7-47 淋巴系统概观

淋巴为无色透明的液体，当血液流动到毛细血管时，部分液体滤出，进入组织间隙，形成组织液。组织液与细胞进行物质交换后，大部分在毛细血管静脉端被重吸收入血；小部分含大分子物质的组织液进入毛细淋巴管，成为淋巴。淋巴沿各级淋巴管道向心流动，途中经若干淋巴结的滤过，最后注入静脉。

淋巴系统不仅能协助静脉进行体液回流，而且淋巴器官和淋巴组织还具有产生淋巴细胞、过滤淋巴液和参与免疫应答等功能。

一、淋巴管道

淋巴管道包括毛细淋巴管、淋巴管、淋巴干和淋巴导管。

（一）毛细淋巴管

毛细淋巴管是淋巴管道的起始部分，它以膨大的盲端起自组织间隙，彼此吻合成毛细淋巴管网。其管径粗细不等，一般比毛细血管略粗。管壁由单层内皮细胞构成，无基膜，通透性比毛细血管大。组织液中一些不易透过毛细血管壁的大分子物质，如蛋白质、细菌、癌细胞和异物等较易进入毛细淋巴管内。毛细淋巴管分布较广，除中枢神经系统、骨髓、表皮、角膜、晶状体、软骨和牙釉质外，几乎遍及全身。

（二）淋巴管

由毛细淋巴管汇合而成。其管壁结构似小静脉，但管径较细，管壁薄。管壁内面有丰富的瓣膜，以保证淋巴向心流动。当淋巴管局部阻塞时，其远侧段的管腔扩大可致瓣膜关闭不全，造成淋巴逆流。淋巴管分浅、深两种：浅淋巴管位于皮下，多与浅静脉伴行；深淋巴管与深部的血管和神经血管伴行。浅、深淋巴管间有广泛交通。淋巴管在向心的行程中常穿过一个或多个淋巴结。

（三）淋巴干

全身各部的浅、深淋巴管通过一系列的淋巴结后，其最后一群淋巴结的输出管汇合成较大的**淋巴干**（图 7-48）。全身共有 9 条淋巴干，分别是左、右颈干，左、右支气管纵隔干，左、右锁骨下干，左、右腰干和 1 条肠干。

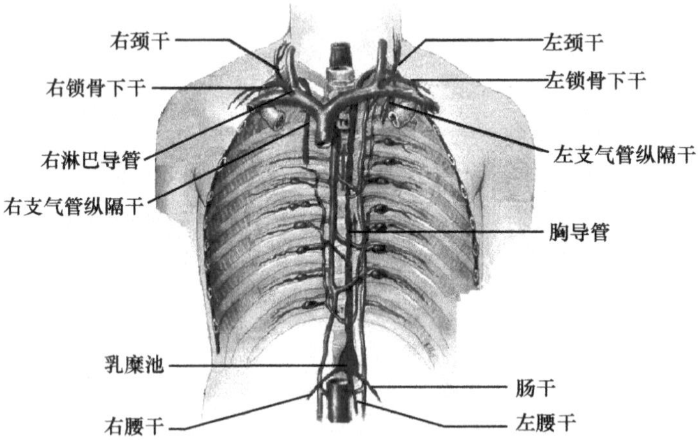

图 7-48　淋巴干与淋巴导管

（四）淋巴导管

全身 9 条淋巴干最后汇成 2 条淋巴导管，即胸导管和右淋巴导管，分别注入左、右静脉角。

1. 胸导管　是全身最大的淋巴管道，长 30～40cm。通常起自第 1 腰椎体前方的**乳糜池**。乳糜池由左、右腰干和肠干汇合而成，较膨大。胸导管起始后，向上经膈的主动脉裂孔入胸腔，在食管后方沿脊柱右前方上行，至第 5 胸椎体附近斜向左侧，继续上行出胸廓上口至颈根部，呈弓形弯向左，注入左静脉角。注入前，收纳左颈干、左锁骨下干和左支气管纵隔干。胸导管收集左侧上半身和人体下半身的淋巴，即人体 3/4 的淋巴。丝虫病可致胸导管的淋巴回流受阻，从小肠吸收乳糜经腰干反流入肾，从曲张破裂的淋巴管溢出形成乳糜尿。

2. 右淋巴导管　为一短干，长约 1.5cm，在右颈根部由右颈干、右锁骨下干和右支气管纵隔干汇合而成，注入右静脉角。它收集右头颈部、右上肢和右半胸的淋巴，即人体右上 1/4 的淋巴。

二、淋巴器官

（一）胸腺

1. 胸腺的位置 胸腺（图 7-49）位于上纵隔前部，胸骨柄和肋软骨后方，主动脉弓和上腔静脉前方。

2. 胸腺的形态 胸腺呈上窄下宽的锥体形，分为不对称的左、右两叶，色灰红、质软。新生儿及幼儿时期相对较大，随年龄增长逐渐增大。青春期以后，逐渐退化、萎缩，成人胸腺组织被脂肪组织代替。

3. 胸腺的功能 胸腺能分泌胸腺素和胸腺生成素，可使骨髓迁移而来的造血干细胞分裂分化为初始化的 T **淋巴细胞**，并向周围淋巴器官和淋巴组织输送，为细胞免疫做物质准备。

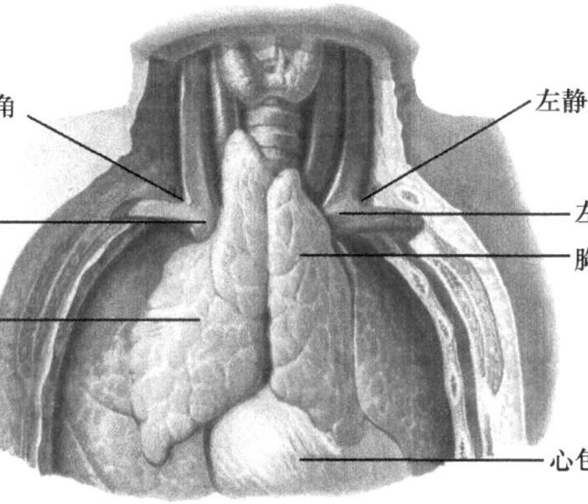

图 7-49 胸腺

（二）淋巴结

淋巴结是淋巴再向心回流过程中必经的淋巴器官，呈圆形或椭圆形小体，直径 2～20mm。一侧隆凸，有数条输入淋巴管分散进入；另一侧凹陷称淋巴结门，有 2～3 条输出淋巴管集中穿出，并有神经血管出入。淋巴回流行程中，通常要经过数次淋巴结。因此，某一淋巴结的输出管又可成为下一淋巴结的输入管。淋巴结是数量最多的淋巴器官，常聚集成群，亦有浅、深之分。淋巴结多沿血管分布，位于关节屈侧面和体腔的隐蔽部位，如腋窝、腘窝，体腔大血管和器官“门”的附近。

引流人体某区域或器官的第一级的淋巴结，称**局部淋巴结**，临床通常称为**哨位淋巴结**。当某器官或局部发生病变时，病原体或癌细胞等可沿淋巴管到达相应的局部淋巴结，引起局部淋巴结肿大。如该淋巴结不能阻止消灭它们，病变则可沿淋巴管的流向扩散和转移。因此，了解局部淋巴结的位置、收纳淋巴的范围及淋巴回流的途径，具有重要的临床意义。以下是全身各部主要淋巴结。

1. 头颈部的主要淋巴结（图 7-50、图 7-51）

（1）**下颌下淋巴结群：**位于下颌下腺附近和下颌下腺实质内，引流面部和口腔器官的淋巴，其输出管注入颈外侧深淋巴结。

（2）**颈外侧浅淋巴结**：位于胸锁乳突肌表面，沿颈外静脉排列，引流耳前后部、枕部和颈外侧浅层结构的淋巴。其输出管注入颈外侧深淋巴结。

（3）**颈外侧深淋巴结**：位于胸锁乳突肌深面，沿颈内静脉排列。它直接或间接收纳头颈部各淋巴结的输出管，颈外侧深淋巴结的输出管合成颈干。颈外侧淋巴结分上、下两组，上组沿颈内静脉上段排列，主要有咽后淋巴结，其引流鼻、鼻旁窦和鼻咽部等处的淋巴，鼻咽癌患者，癌细胞首先转移至此淋巴结。下组位于颈内静脉下段，位于颈根部延伸到锁骨上窝内的淋巴结称**锁骨上淋巴结**。胃癌和食管下段癌患者，癌细胞常经胸导管转移，再经左颈干逆流到左锁骨上淋巴结。临床检查时，在胸锁乳突肌后缘与锁骨上缘形成的夹角处可触摸到肿大的淋巴结。

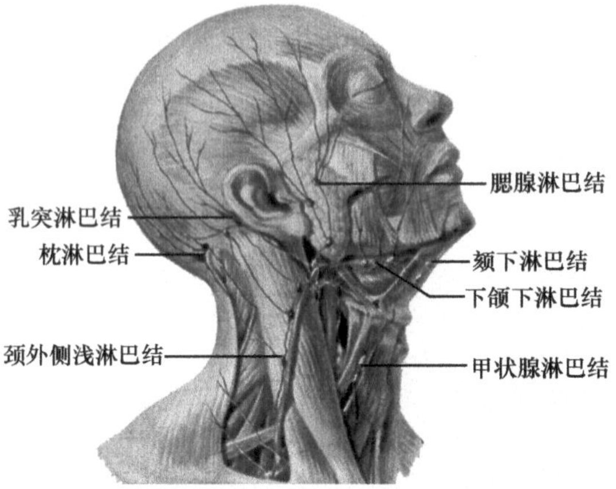

图 7-50　头颈部淋巴结

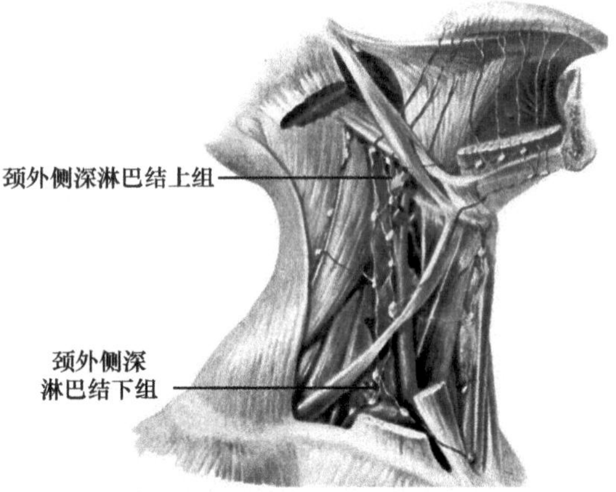

图 7-51　颈外侧深淋巴结

2. 上肢的淋巴结　主要是**腋淋巴结群**（图 7-52）。上肢的淋巴结位于腋窝内，有 15～20 个，引流上肢、胸壁和乳房、项部和肩胛区和脐平面以上腹前外侧壁等处的淋巴。乳腺癌患者，癌细胞转移常首先到腋淋巴结。

3. 胸部的淋巴结

（1）**胸壁淋巴结**：包括沿胸廓内血管排列的**胸骨旁淋巴结**、沿肋间血管排列的**肋间淋巴结**和**膈上淋巴结**。

（2）**胸腔内器官淋巴结**：位于胸腔内大血管和心包前方的**纵隔前淋巴结**，主要引流胸腺、心包和心等器官的淋巴，其输出管参与组成支气管纵隔干（图 7-53）。位于食管和胸主动脉前方的**纵隔后淋巴结**，引流食管、心包和胸主动脉的淋巴，并收纳膈上淋巴结的部分输出淋巴管，其输出管多直接注入胸导管。

位于肺门处主支气管的周围的**支气管肺淋巴结**，又称**肺门淋巴结**，引流肺的淋巴，其输出管汇入气管杈周围的**气管支气管淋巴结**，后者的输出管注入气管旁淋巴结。**气管旁淋巴结**的输出管汇集成支气管纵隔干。

4. 腹部的淋巴结

（1）**腰淋巴结**：排列在腹主动脉和下腔静脉周围，收纳腹后壁、腹腔内成对脏器的淋巴管和髂总淋巴结的输出淋巴管。其输出管汇合成左、右腰干，注入乳糜池（图 7-54）。

（2）**腹腔淋巴结、肠系膜上淋巴结和肠系膜下淋巴结**：分别位于同名动脉根部周围，引流同名动脉分布区的淋巴。其输出管汇合成肠干，注入乳糜池。

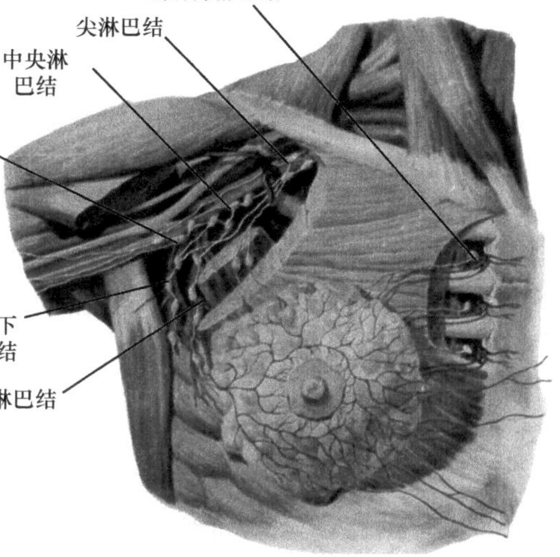

图 7-52　腋淋巴结群及乳房淋巴回流

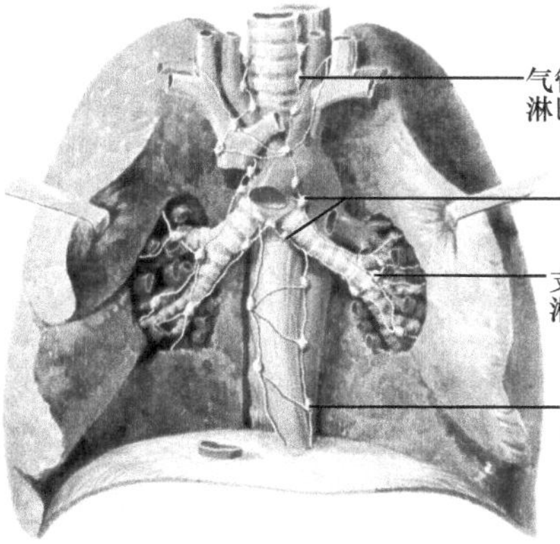

图 7-53　胸腔内器官淋巴结

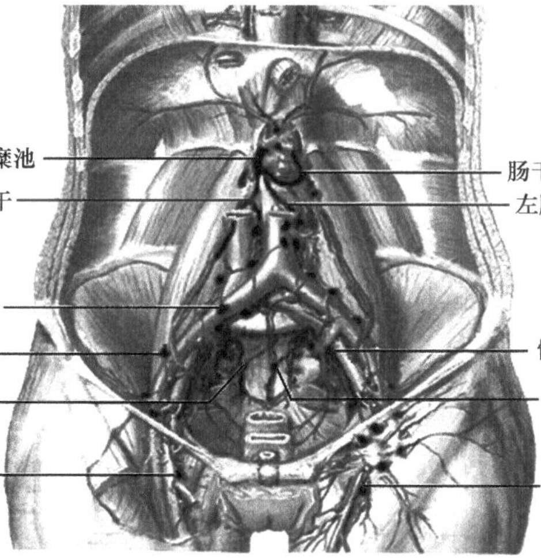

图 7-54　腹部及盆部的淋巴结

5. 盆部的淋巴结　有髂内淋巴结、髂外淋巴结和髂总淋巴结，分别沿髂内、髂外和髂总血管排列。髂内、外淋巴结引流同名动脉分布区的淋巴，其输出管注入髂总淋巴结。髂总淋巴结输出管注入腰淋巴结。

6. 下肢的淋巴结

（1）**腹股沟浅淋巴结**：浅居皮下，位于腹股沟韧带下方和大隐静脉末端周围。引流腹前壁下部、会阴、肛门、外生殖器、足及小腿内侧份和大腿的浅层结构的淋巴，其输出管注入腹股沟深淋巴结或髂外淋巴结。

（2）**腹股沟深淋巴结**：位于股静脉根部周围，收纳腹股沟浅淋巴结输出管及下肢和会阴部的深淋巴管，其输出管注入髂外淋巴结。

（三）脾

脾是人体最大的淋巴器官，位于左季肋区，居第 9～11 肋深面，其长轴与第 10 肋一致，在左肋弓下不能触及（图 7-55）。脾呈扁椭圆形，活体呈暗红色，质软而脆，易受打击而破裂。脾可分为膈、脏两面，前、后两端和上、下两缘。膈面平滑隆凸，朝外上，与膈相贴。脏面凹陷，朝向内下，与胃底、左肾、左肾上腺和胰尾相邻。近中央处的椭圆形凹陷称脾门，为血管、淋巴管和神经的出入之处。脾上缘较锐，有 2～3 个脾切迹，可作为脾大时触诊脾的标志。脾的主要功能是参与机体的免疫应答、滤血、造血和储血等。

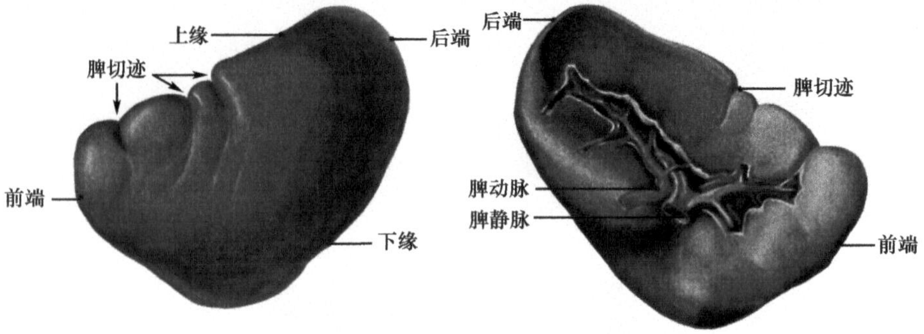

图 7-55　脾

（肖日东）

第八章　感　觉　器

感觉器是机体感受刺激的装置，是**感受器**及其附属结构的总称。感受器主要指能感受某种刺激而产生兴奋的结构。一般感受器由感觉神经末梢构成，它们广泛地分布于机体各部；有的结构较为复杂，由一些结构形成被囊包裹神经末梢构成，如环层小体、触觉小体等。而感觉器不仅感受装置更完善，而且具有复杂的附属装置。例如，视器除感受器之外，还包括眼的屈光系统和保护、运动装置、泪器等。听觉器官不仅指声音感受器，还包括耳的其他结构，如耳的传音部分。因此视器、听器等属特殊感受器或简称感觉器。

根据感受器的特化程度可分为两类：①一般感受器，分布全身各部，如触、压、痛、温度、肌、腱、关节、内脏和心血管的感受器。②特殊感受器，只分布于头部，包括嗅、味、视、听和平衡的感受器。

第一节　视　　器

视器又称**眼**，是感受可见光刺激的视觉器官，由眼球和眼副器两部分组成（图 8-1）。

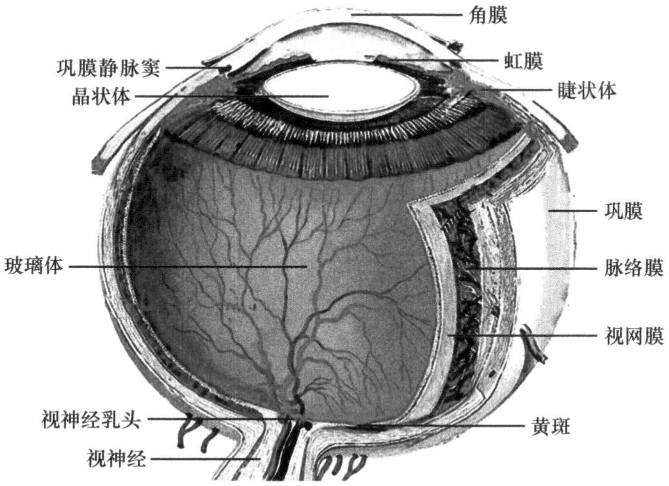

图 8-1　右眼球的水平切面

一、眼　　球

眼球位于眶内，借筋膜与眶壁相连。眼球前面有眼睑，后面有视神经连于脑，周围有泪腺和眼球外肌等，并有眶脂体衬垫。前面正中点称前极，后面正中点称后极，通过前、后极的连线称眼轴。由瞳孔的中央至视网膜中央凹的连线称视轴。

（一）眼球壁

1. 外膜或纤维膜　由致密、结缔组织构成，具有维持眼球形态和保护作用，可分为角膜和巩膜两部分。

（1）**角膜**：占外膜前 1/6，无色透明，曲度较大，有屈光作用，角膜内无血管但有丰富的神经末梢，感觉十分敏锐。正常角膜表面曲率各个方向是一致的，如果不同方向曲率出现差异，可导致眼球不同经线方向的屈光度不等，临床上称散光。

（2）**巩膜**：占外膜后 5/6，呈乳白色，不透明。在巩膜与角膜交界处深部有一环形的巩膜静脉窦（图 8-2），后方与视神经鞘相延续。

2. 中膜或血管膜　在外膜内面，含丰富血管、神经和色素，呈棕黑色。其可分为虹膜、睫状体和脉络膜三部分（图 8-3）。

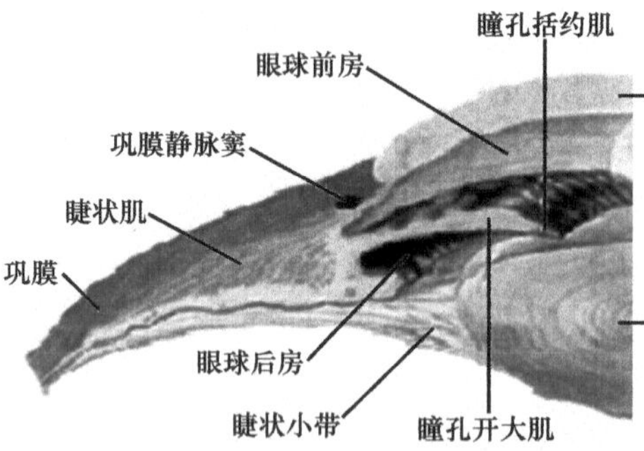

图 8-2　眼球壁结构

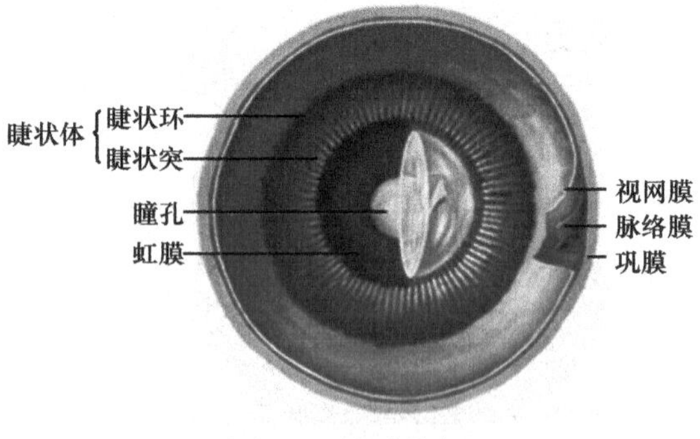

图 8-3　眼球前部

（1）**虹膜**：是中膜的最前部，呈冠状位圆盘形的薄膜，中央有圆形的**瞳孔**。虹膜颜色因种族而异，可有黑、棕、蓝和灰色等数种。虹膜内有两种不同方向排列的平滑肌，环绕瞳孔周围的称**瞳孔括约肌**；放射状排列的称**瞳孔开大肌**。瞳孔的开大和缩小，可调节进入眼球内的光线。

（2）**睫状体**：位于巩膜与角膜移行处的内面，是中膜最肥厚的部分。前面有**睫状突**。由睫状体发出睫状小带与晶状体相连。睫状体内有平滑肌称**睫状肌**，该肌收缩可使睫状小带松弛与紧张，从而调节晶状体的曲度。

（3）**脉络膜**：占中膜后 2/3，薄而柔软，外面与巩膜结合疏松，内面紧贴视网膜的色素层。其功能是输送营养物质并吸收眼内分散的光线以免光线反射干扰视觉。

3. 内膜或视网膜　**视网膜**贴于中膜内面，分两层。外层为色素上皮层，由含大量色素的单层细胞组成。内层为神经层，含有感光细胞等多种神经细胞。视网膜自前向后可分为虹膜部、睫状体部和视部。前两部分无感光作用称视网膜盲部。视部附着在脉络膜的内面，为视器的感光部分。视部的后部于视神经的起始处有白色圆形隆起，称**视神经盘**，又称视神经乳头，此处无神经细胞，故称盲点。视网膜中央动、静脉即由此穿行（图 8-4）。在视神经盘的颞侧稍下方约 3.5mm 处有一黄色区域称**黄斑**，其中央凹陷，称**中央凹**，是感光最敏锐的部位。

（二）眼球内容物

眼球内容物包括房水、晶状体和玻璃体。这些结构无色透明并无血管，具有屈光作用，它们与角膜共同组成眼的屈光系统。

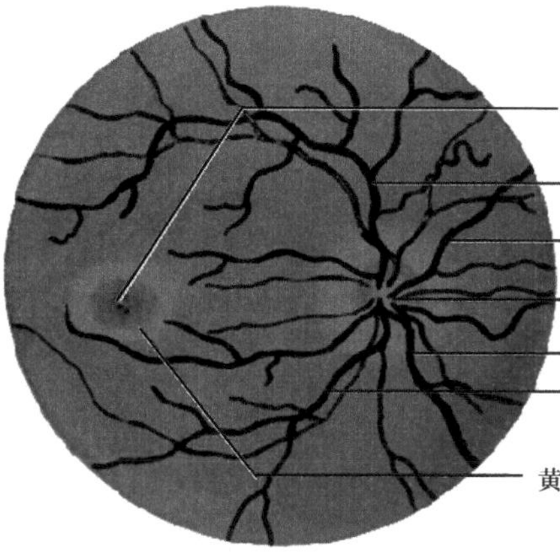

图 8-4 眼底（右侧）

1. 房水 为充满眼房内的液体，由睫状体产生后自眼后房经瞳孔入眼前房，再由虹膜角膜角入巩膜静脉窦，最后汇入眼静脉。房水除屈光作用外，还具有营养角膜和晶状体及维持眼压的作用。房水经常循环更新，如循环障碍时，可引起眼压增高，可致视力受损，临床上称青光眼。

2. 晶状体 位于虹膜后方，以睫状小带与睫状体相连，形似双凸透镜，无色透明，具有弹性，无血管神经。晶状体表面包有高度弹性的晶状体囊，周围部较软称晶状体皮质，中央部较硬称晶状体核。晶状体若因疾病或创伤而变混浊，称为白内障。

晶状体是唯一可调节的屈光装置。当视近物时，睫状肌收缩，睫状体向前内移位，使睫状小带放松，晶状体因本身的弹性变凸，屈光力加强，使物像能聚焦于视网膜上。视远物时与此相反。随着年龄的增长，晶状体逐渐变大、变硬，弹性减退，以及睫状肌逐渐萎缩，晶状体调节功能减弱，看近物时，晶状体曲度不能相应增大，导致视物不清，称老视。

3. 玻璃体 位于晶状体与视网膜之间，除屈光作用外，尚有支撑视网膜作用。若玻璃体发生浑浊，可影响视力；若支撑作用减弱，可导致视网膜剥离。

二、眼 副 器

眼副器包括眼睑、结膜、泪器、眼球外肌、眶内脂肪及筋膜等，对眼球起保护、运动和支持作用。

（一）眼睑

眼睑分上睑和下睑，位于眼球前方。上下睑之间的裂隙称睑裂。睑裂的内、外侧端分别称内眦和外眦。上、下睑的内侧端各有一小突起，突起的顶部有一小孔，称泪点。眼睑的游离缘称睑缘，睑缘上生长有睫毛，睫毛根部有睫毛腺，此腺的急性炎症即睑腺炎（麦粒肿）。

眼睑的结构分 5 层，由外向内依次为皮肤、浅筋膜、肌层、睑板和睑结膜。皮肤薄，皮下组织疏松，故可因积水或出血而肿胀。肌层主要是眼轮匝肌，收缩时闭合睑裂。**睑板**由致密结缔组织构成，呈半月形。睑板内有睑板腺，开口于睑缘，分泌油样液体，有润滑睑缘防止泪液外溢的作用。睑板腺导管阻塞时，形成睑板腺囊肿（霰粒肿）。

（二）结膜

结膜为薄而透明的黏膜，分睑结膜和球结膜。睑结膜位于眼睑后面，球结膜覆盖在巩膜前面，上、下睑的睑结膜与球结膜移行处分别形成结膜上穹和下穹。结膜围成的囊状腔隙称结膜囊，通过睑裂与外界相通。

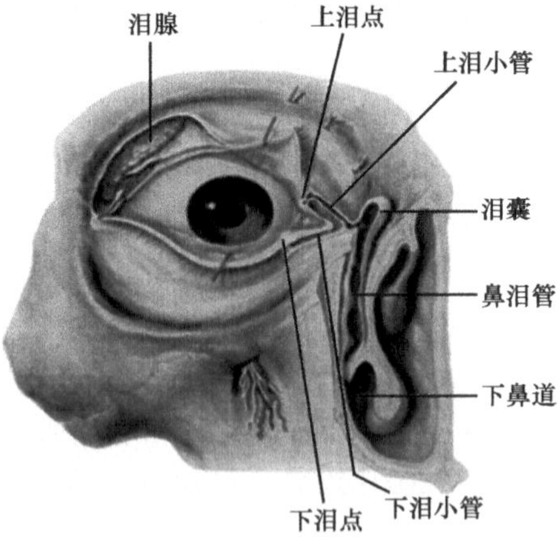

图 8-5　泪器

（三）泪器

泪器包括泪腺和泪道（图 8-5）。

1. 泪腺　位于泪腺窝内，有 10～20 条排泄管，开口于结膜上穹的外侧部，泪腺分泌泪液湿润和清洁角膜，冲洗结膜囊内异物，保护眼球。泪液内含有溶菌酶，有杀菌作用。

2. 泪道　包括**泪点**、**泪小管**、**泪囊**和**鼻泪管**。泪点是泪小管的入口，泪小管在眼睑皮下，起于泪点，上、下各一，先分别向上或向下，然后转折向内侧开口于泪囊。泪囊位于泪囊窝内，下端移行为鼻泪管。鼻泪管上接泪囊，下端开口于下鼻道前部。

（四）眼球外肌

眼球外肌包括 6 条运动眼球的肌和一条上睑提肌，都是骨骼肌（图 8-6），即上睑提肌、内直肌、外直肌、上直肌、下直肌、上斜肌和下斜肌。上睑提肌沿眶上壁向前，止于上睑，收缩时提上睑，开大睑裂。4 条直肌和 2 条斜肌都起于视神经管周围的总腱环，只有下斜肌起于眶下壁的前内侧部，全部止于眼球巩膜。内直肌可使眼球转向内侧，外直肌可使眼球转向外侧，上直肌可使眼球向上内，下直肌可使眼球向下内，上斜肌可使眼球向外下，下斜肌可使眼球向外上。眼球向各个方向的灵活转动，是由数条肌协同作用的结果。

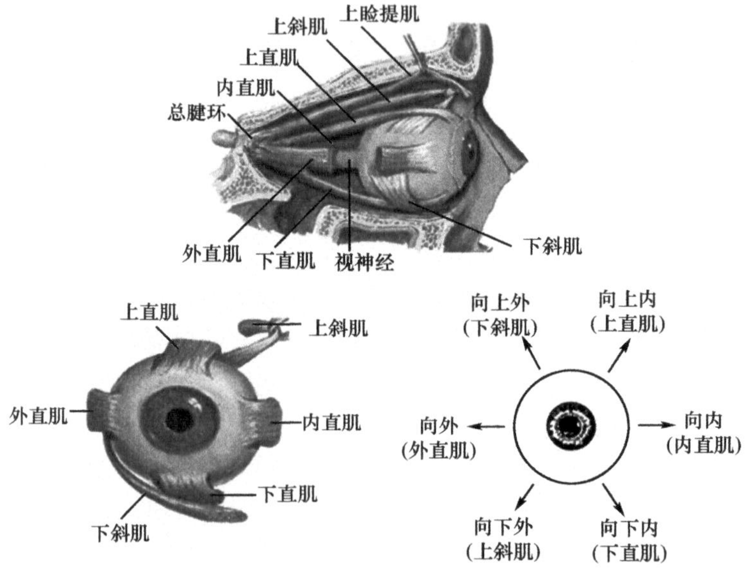

图 8-6　眼球外肌

三、眼 的 血 管

1. 眼的动脉 **眼动脉**起于颈内动脉，经视神经管入眶（图 8-7），分布到眼球、眼球外肌、泪腺、眼睑、额部皮肤等，其中主要分支是**视网膜中央动脉**。它于眼球后方穿入神经内，沿视神经中轴行至视神经盘，分成 4 支，即视网膜鼻侧上、下小动脉和视网膜颞侧上、下小动脉，营养视网膜内层。临床常用检眼镜观察此动脉，以帮助诊断某些疾病。

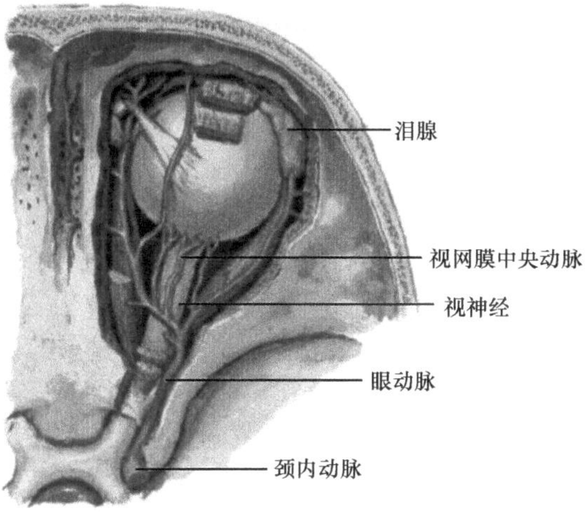

图 8-7 眼的动脉

2. 眼的静脉 主要有眼上静脉和眼下静脉，其属支与同名动脉伴行。眼上静脉向后经眶上裂注入海绵窦。眼下静脉向后分 2 支，一支入眼上静脉，另一支经眶下裂入翼静脉丛。眼静脉内无静脉瓣，向前经内眦静脉与面静脉吻合，因此，面部感染可经此途径侵入颅内。

第二节 前 庭 蜗 器

前庭蜗器，又称**耳**，感受位置觉和听觉，故称位听器。耳包括外耳、中耳和内耳三部分（图 8-8）。

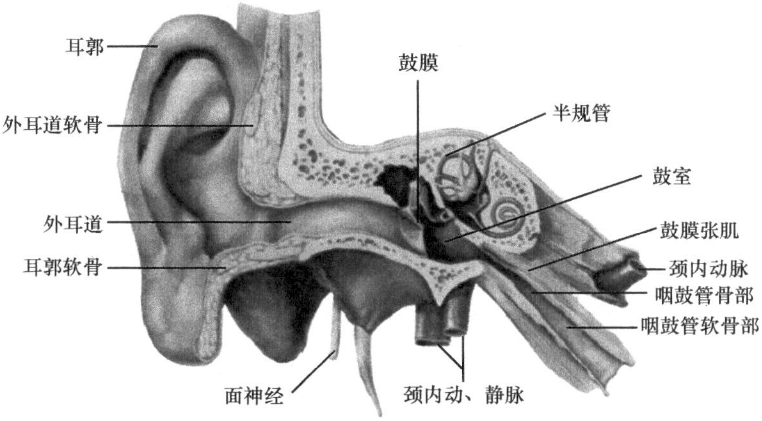

图 8-8 耳全貌模式图

一、外 耳

外耳包括耳郭、外耳道和鼓膜三部分。

（一）耳郭

耳郭位于头部两侧，大部分以弹性软骨为支架，外覆皮肤，皮下组织很少，但血管丰富。下方的小部分称耳垂，内无软骨，仅含结缔组织和脂肪，是临床采血的常用部位。耳郭的游离缘称耳轮，中部的深窝内有外耳门，外耳门前外方有耳屏（图 8-9）。

（二）外耳道

外耳道为长约 2.5cm 的盲管，外口称外耳门，底由鼓膜构成，分外侧 1/3 的软骨部和内侧 2/3 的骨部。外耳道由外向内，先斜向后上，后斜向前下。检查外耳道和鼓膜时应向后上方牵拉耳郭，可使外耳道变直。但检查婴儿时须将耳郭向后下方牵拉。外耳道皮肤内含有耵聍腺，分泌物称耵聍。外耳道皮下组织稀少，皮肤与骨膜和软骨膜结合紧密，故炎症肿胀时疼痛剧烈。

（三）鼓膜

鼓膜为椭圆形半透明薄膜（图 8-10），在外耳道底呈倾斜位，外面朝向前下外方，其中心向内凹陷，为锤骨柄，末端附着处，称**鼓膜脐**。鼓膜上 1/4 为松弛部，活体呈淡红色，下 3/4 为紧张部，活体呈灰白色，其前下方有一三角形反光区称**光锥**。

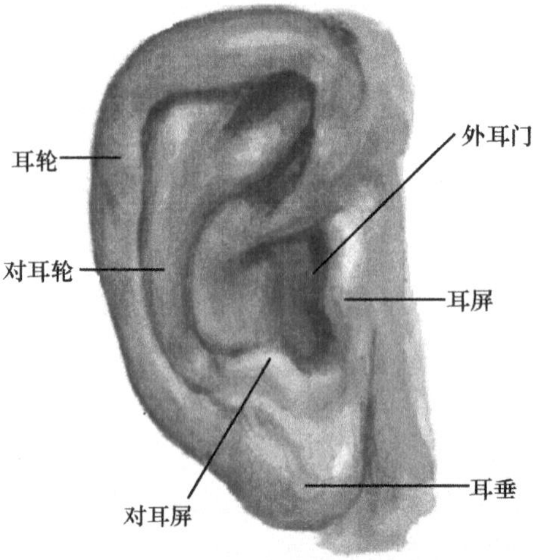

图 8-9　耳郭

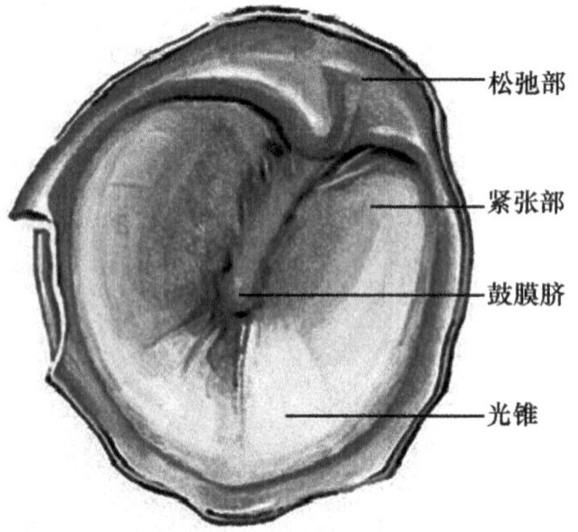

图 8-10　鼓膜（外面观）

二、中　　耳

中耳包括鼓室、咽鼓管、乳突窦和乳突小房。

（一）鼓室

鼓室是颞骨岩部内含气的不规则小腔，内衬黏膜，鼓室内有 3 块听小骨和 2 块听小骨肌。

1. 鼓室壁　鼓室有 6 个壁。

（1）上壁：称盖壁，为一分隔鼓室与颅中窝的薄骨板。

（2）下壁：称颈静脉壁，借薄层骨板与颈内静脉起始处分隔。

（3）前壁：称颈动脉壁，即颈动脉管的后壁，其上部有咽鼓管的开口。

（4）后壁：称乳突壁，上部有乳突窦的开口，由此经乳突窦与乳突小房相通。开口稍下方有一锥形突起，称锥隆起，内藏镫骨肌。

（5）外侧壁：称鼓膜壁，主要由鼓膜构成，中耳炎时脓液可破坏鼓膜，造成鼓膜穿孔。

（6）内侧壁：称迷路壁，即内耳迷路的外壁。此壁的中部隆突，称岬。岬的后上方有一卵圆形的**前庭窗**，为镫骨底封闭。岬的后下方有一圆形的**蜗窗**，被第二鼓膜封闭。前庭窗后上方有面神经管凸，管内有面神经通过，在中耳炎症或施行中耳内手术时易伤及面神经。

2. 听小骨 从外向内依次有锤骨、砧骨和镫骨（图 8-11）。三骨相互连接于鼓膜和前庭窗之间，当声波振动鼓膜时，三个听小骨的连续运动使镫骨底在前庭窗上来回摇动，将声波的振动传入内耳。

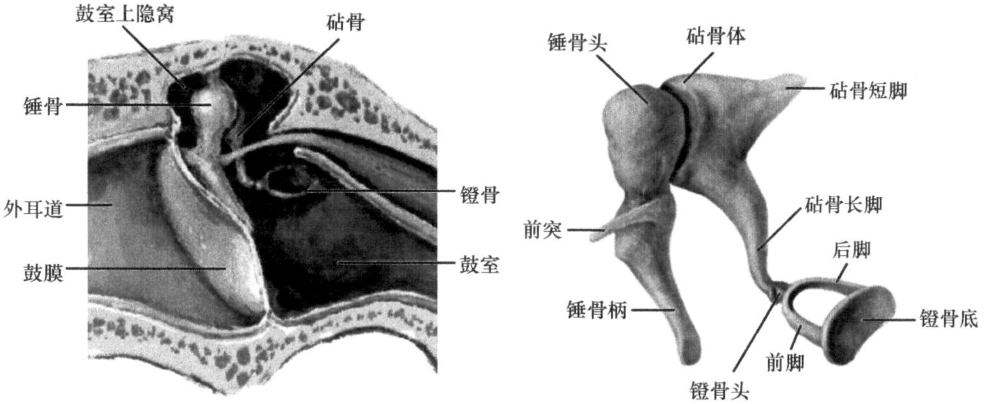

图 8-11 听小骨

3. 听小骨肌

（1）鼓膜张肌：位于咽鼓管上方，止于锤骨柄，可紧张鼓膜。

（2）镫骨肌：位于锥隆起内，止于镫骨，作用是向外方牵拉镫骨底，以减小镫骨传向内耳的压力。

（二）咽鼓管

咽鼓管连通咽腔和鼓室，近鼓室的 1/3 段为骨部，近咽的 2/3 段为软骨部，其内侧端开口于鼻咽部的侧壁的咽鼓管咽口，主要功能是维持鼓膜内外气压的恒定，以保证鼓膜正常振动。幼儿的咽鼓管较成人短而平，故咽部感染易沿咽鼓管蔓延到鼓室，引起化脓性中耳炎。

（三）乳突窦和乳突小房

乳突窦是一个介于乳突小房与鼓室之间的腔，向前通向鼓室，向后下与乳突小房相通。**乳突小房**是颞骨乳突内许多互相连通的含气小腔。

三、内　　耳

内耳又称**迷路**，包括骨迷路和膜迷路，位于颞骨岩部内，介于鼓室和内耳道底之间。骨迷路为骨性隧道，膜迷路套在骨迷路内，由互相连通的膜性小管和小囊组成。膜迷路内、外充满液体，分别为内淋巴和外淋巴。内、外淋巴互不相通。位、听觉感受器即位于膜迷路内。

（一）骨迷路

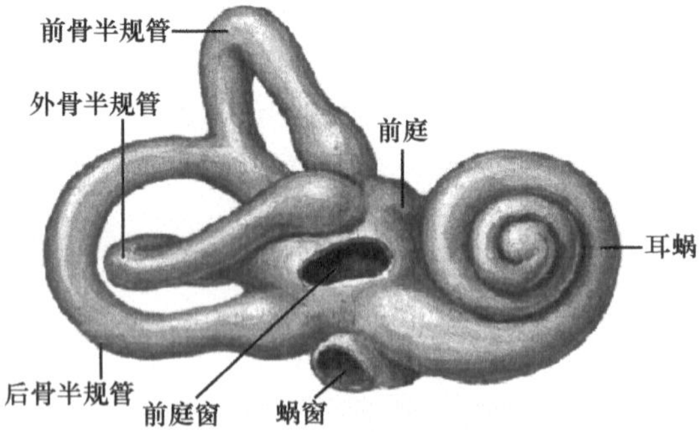

图 8-12　骨迷路

骨迷路由后外向前内分骨半规管、前庭、耳蜗三部分（图 8-12）。

1. 骨半规管　是三个相互垂直排列的半环形小管，分别称前、后、外骨半规管。每管有两个脚，其中一脚膨大形成骨壶腹。前、后两个骨半规管的另一脚合成一个总脚，因此三个半规管共有五个脚分别通向前庭。

2. 前庭　是一个不规则小腔，其外侧壁即鼓室内壁，有前庭窗和蜗窗，内侧壁为内耳道底，后壁有 5 个孔与 3 个骨半规管相通，前壁有一大孔通向耳蜗。

3. 耳蜗　位于骨迷路的前部，形似蜗牛壳。其尖端称蜗顶，朝向前外侧。蜗底朝向后内侧，对向内耳道。耳蜗的骨性中轴称蜗轴，蜗轴伸出的骨片称骨螺旋板，伸入骨螺旋管内，并与膜迷路的蜗管相连，将蜗螺旋管分为上方的前庭阶和下方的鼓阶，两阶的外淋巴在蜗顶借蜗孔相通（图 8-13）。

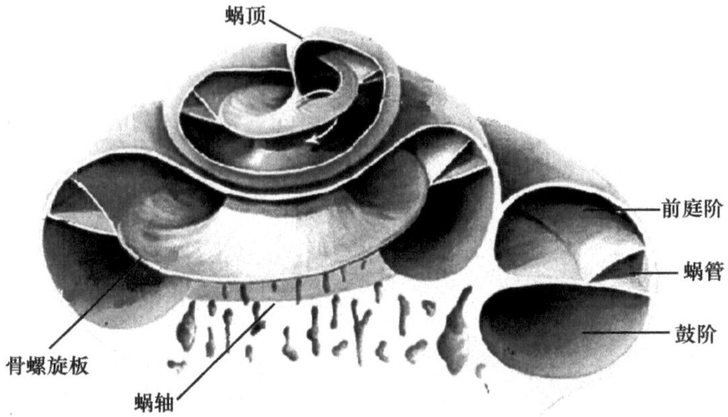

图 8-13　耳蜗（纵切面）

（二）膜迷路

膜迷路为套在骨迷路三部分内的膜小管和小囊（图 8-14）。

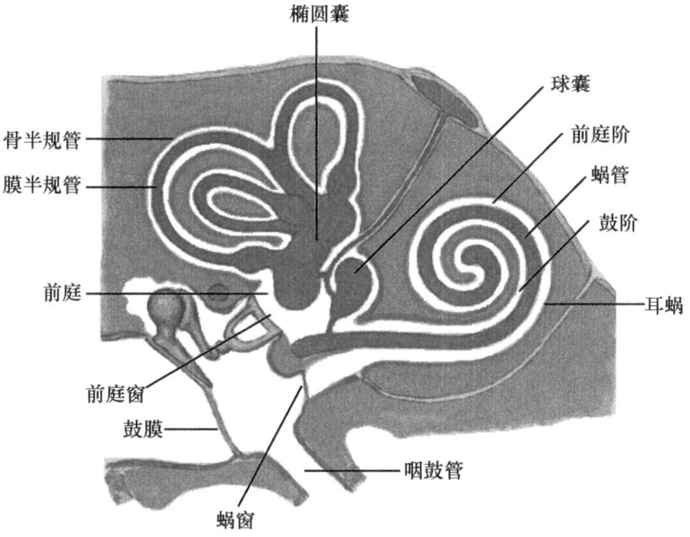

图 8-14　膜迷路示意图

1. 膜半规管　为套在同名骨半规管内的膜性细管，膜半规管在骨壶腹内的部分膨大，称膜壶腹，膜壶腹壁上有**壶腹嵴**，是位觉感受器，能感受头部旋转变速运动的刺激。

2. 椭圆囊和球囊　是位于前庭内的两个膜性小囊。椭圆囊位于后上方，与膜半规管的五个小孔相通。球囊位于前下方，与蜗管相通。两囊之间以细管相通。囊壁内面均有斑状隆起，分别称椭圆囊斑和球囊斑，是位觉感受器，感受直线运动的刺激。

3. 蜗管　为套在蜗螺旋管内的三棱形膜管。蜗管的横断面呈三角形，上壁为前庭膜，外侧壁贴在蜗管骨壁上，表面为血管纹上皮，下壁为基膜（螺旋膜），在基膜上有突向蜗管内腔的隆起，称**螺旋器**，为听觉感受器。

四、声波的传导途径

声波的传导途径有两条，一是空气传导，二是骨传导。

1. 空气传导　声波经外耳门、外耳道振动鼓膜，再经听骨链传至前庭窗，引起前庭阶和鼓阶的外淋巴波动，外淋巴的波动再引起蜗管的内淋巴和基膜振动，刺激螺旋器产生神经冲动，经蜗神经传到中枢，最后到达大脑皮质的听区产生听觉。

2. 骨传导　声波经颅骨和骨迷路导致内耳的内淋巴波动，刺激螺旋器产生神经冲动引起听觉。由于没有听小骨的放大作用，传导微弱。

第三节　其他感觉器

除视器和听器之外，特殊感受器还有嗅器和味器。不过，它们与视器和位听器相比较，其构造简单并附属于其他器官。这些特殊感受器都集中于头部，专司接受某种特殊刺激。而一般感受器弥散地分布于身体各部的组织结构中，分别接受痛、温、触、压等外部刺激或来自体内环境的刺激。

一、嗅 器

嗅器在鼻腔上部，即上鼻甲及与其相对的鼻中隔部分。此部黏膜微具黄色，血管比呼吸部少。此部黏膜内含双极的嗅细胞，细胞的远端有纤毛。嗅细胞的中枢突集成嗅丝（约20条），它们穿过筛骨的筛板进入嗅球。

二、味 器

味器即**味蕾**。人类的味蕾分布在舌、腭、会厌等处，但以舌的菌状乳头和轮廓乳头上最多。味蕾内含味细胞，其一端向味孔，另一端（基部）有味觉神经分布。分布在味蕾的神经主要是面神经和舌咽神经。软腭、会厌部味蕾有迷走神经分布。味觉刺激主要有酸、甜、苦、咸四种。

三、皮 肤

皮肤覆盖体表，总面积达1.2～2.0m^2，占体重的16%左右，是人体最大的器官。各处皮肤厚薄不一，手掌、足底等处较厚，阴囊、眼睑等处较薄。皮肤借皮下组织与深部的组织相连。

皮肤内有毛、指（趾）甲、皮脂腺和汗腺等表皮衍生的附属器。皮肤直接与外界环境接触，有屏障、保护、排泄、吸收、调节体温和感觉功能，近年来研究证明皮肤还具有免疫功能。当皮肤受到破坏，如大面积烧伤时，可以危及生命。

（宗克成）

第九章　神 经 系 统

第一节　概　　述

神经系统是机体内起主导作用的调节机构，由位于颅腔和椎管内的脑和脊髓及遍布全身的周围神经所组成。在神经系统的调控下，各器官系统相互制约、相互协调，以适应机体活动的协调统一。

一、神经系统的区分

神经系统（图 9-1）分为中枢部和周围部。中枢部即中枢神经系统，包括脑和脊髓。周围部即周围神经系统，分为与脑相连的 12 对脑神经和与脊髓相连的 31 对脊神经；若按其分布的部位不同，可区分为躯体神经和内脏神经。周围神经有运动成分和感觉成分，分别称运动神经和感觉神经，或传出神经和传入神经。内脏神经主要分布于内脏、心血管和腺体，它包括内脏感觉神经和内脏运动神经。因内脏运动神经的调节活动不受主观意识控制，又称自主神经或植物神经。植物神经的传出神经又分为交感神经和副交感神经。

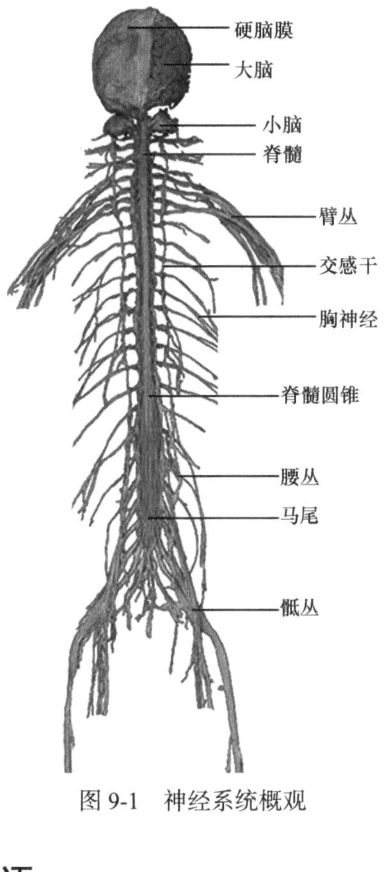

图 9-1　神经系统概观

二、神经系统的活动方式

神经系统的基本活动方式是反射。神经系统在调节机体的活动中接受内、外环境的刺激并作出适宜的反应称反射。反射活动靠反射弧来完成。反射弧包括五个环节，即感受器→传入（感觉）神经→中枢→传出（运动）神经→效应器（图 9-2）。例如，膝反射，其感受器位于髌韧带内，传入神经是股神经的感觉纤维，中枢在脊髓腰段，传出神经沿股神经达股四头肌。一般的反射弧，在传入和传出神经元之间有一个或多个中间神经元参加，中间神经元越多，引起的反射活动就越复杂。如果反射弧任何一部分损伤，反射即出现障碍。

三、神经系统的常用术语

（一）灰质和白质

在中枢神经内，神经元细胞体连同其树突集中的部位，在新鲜标本上色泽灰暗，称为

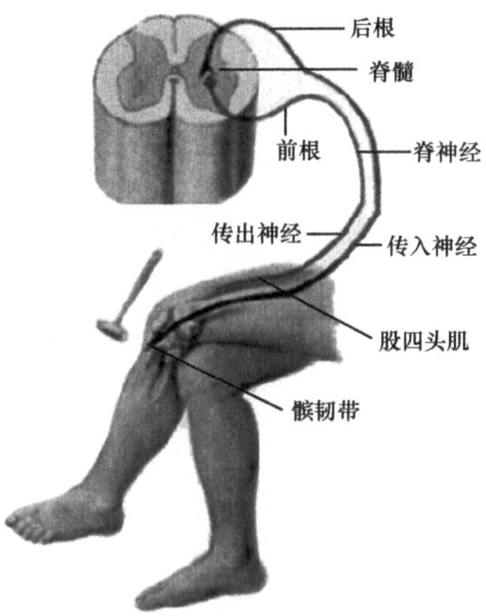

图 9-2　反射弧示意图

灰质；神经元突起集中的部位，在新鲜标本上颜色苍白，称为**白质**。位于大、小脑表层的灰质，称为**皮质**，位于大、小脑深部的白质，称为**髓质**。

（二）神经核和神经节

在中枢部，形态与功能相似的神经元胞体聚集成团或柱，称为**神经核**。在周围部，细胞体聚集的部位，形状略显膨大，称为**神经节**，如脑神经节、脊神经节。

（三）纤维束和神经

在中枢部，起止、功能相同的神经纤维聚集在一个区域内走行，称为**纤维束**。在周围部，神经纤维集成大、小不等的集束，由不同数目的集束再集合成一条**神经**。在每条纤维、集束及整个神经的周围，均包有结缔组织被膜。

（四）网状结构

在中枢神经内，神经纤维交织成网状，网眼内含有分散的大小不等的神经细胞核团称**网状结构**。

第二节　中枢神经系统

一、脊　　髓

（一）脊髓的位置与外形

脊髓位于椎管内，并被三层被膜包绕（图 9-3）。上端在枕骨大孔处与延髓相连，下端达第 1 腰椎体下缘平面，新生儿可达第 3 腰椎下缘平面，约占椎管全长的 2/3。

脊髓呈前后稍扁的柱形，长度为 42～45cm，最宽处的直径约为 1cm；脊髓全长粗细不匀，呈现两个膨大。上位者为**颈膨大**，位于颈髓第 4 节至胸髓第 1 节；下位者为**腰骶膨大**，位于腰髓第 2 节至骶髓第 3 节。脊髓下端迅速变细呈圆锥状，称为**脊髓圆锥**。脊髓圆锥向下延续为由软脊膜构成的细丝，称**终丝**，在第 2 骶椎水平为硬脊膜包裹，终

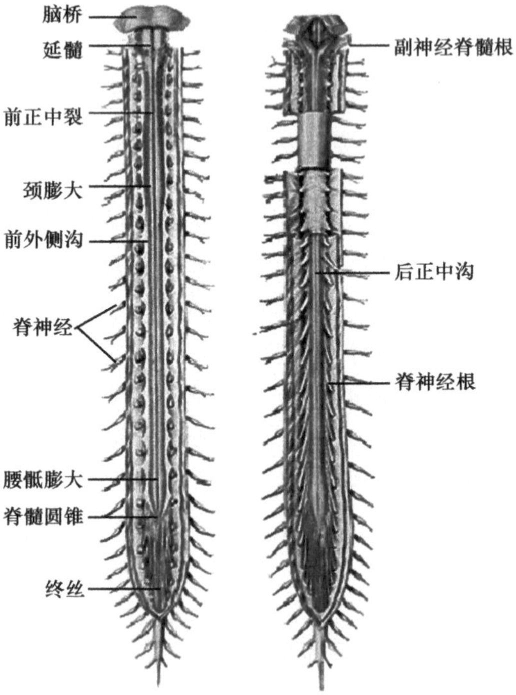

图 9-3　脊髓的外形

于尾骨背面。

脊髓前、后表面正中线上，各有一纵沟。前面的纵沟较深，称为**前正中裂**；后面的沟较浅，称为**后正中沟**。在前正中裂和后正中沟的两侧，分别有成对的前外侧沟和后外侧沟。在前、后外侧沟，均有成列的根丝出入。由数个根丝组成一个神经根，前后各有 31 对根。在前外侧沟者，称为前根，由运动纤维组成；在后外侧沟者，称为后根，由感觉纤维组成。每一后根与前根会合之前，形成一个膨大，即**脊神经节**，内含假单极神经元胞体。前、后根在椎间孔处合成脊神经。脊神经中的感觉纤维将躯体和内脏的感觉冲动从后根传入脊髓；而脊髓发出的神经冲动则由运动纤维从前根传出，分别到达躯体和内脏的效应器官（图 9-4）。

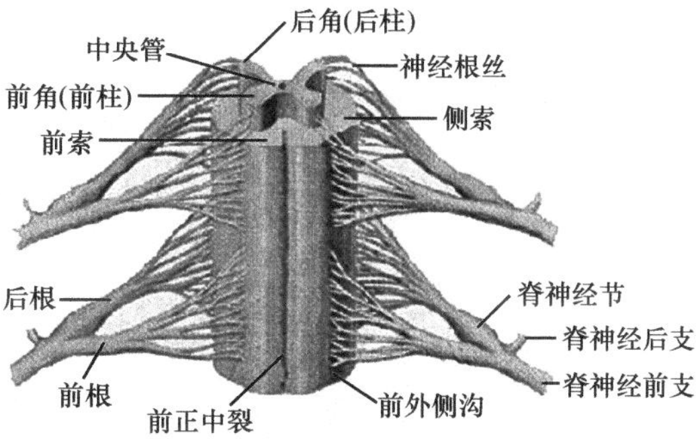

图 9-4 脊髓结构示意图

（二）脊髓节段及其与椎骨的对应关系

全身有 31 对脊神经，而与每对脊神经前、后根丝相连的一段脊髓，称为一个**脊髓节段**，因此脊髓分为 31 节段，脊髓颈部（C）有 8 节段，脊髓胸部（T）有 12 节段，脊髓腰部（L）和脊髓骶部（S）各 5 节段，脊髓尾部（Co）1 节段（图 9-5）。

由于在胚胎 3 个月后，人体脊柱的生长速度比脊髓快，致使成人脊髓与脊柱的长度不相等，以致脊髓的节段与脊柱的节段并不完全对应。在成人，椎骨与脊髓的对应位置关系是：上颈髓（$C_{1\sim4}$）大致与同序数椎骨相对应；下颈髓（$C_{5\sim8}$）和上胸髓（$T_{1\sim4}$）与同序数椎骨的上一节椎体平对；中胸（$T_{5\sim8}$）约与同序数椎骨上方第 2 节椎体平对；下胸（$T_{9\sim12}$）约与同序数上方第 3 节椎体平对；腰髓约平对第 11 及第 12 胸椎范围；骶髓和尾髓约平对第 12 胸椎及第 1 腰椎。腰、骶、尾部的脊神经前后根在通过相应的椎间孔离开脊柱以前，在椎管内向下行走一段距离形成马尾。因此，成人椎管内在相当第 1 腰椎以下已无脊髓而只有马尾（图 9-6）。为安全起见，临床上常选择第 3、4 或第 4、5 腰椎棘突之间进行穿刺。

（三）脊髓的内部结构

从横切面观察脊髓（图 9-7），可见正中央有窄小的中央管，围绕中央管可见“H”形的灰质。每一侧灰质可见向前后方向伸出的**前角**和**后角**，前、后角之间的宽阔区域为中间带，在胸髓和上腰髓（$L_{1\sim3}$）的中间带还可见向外伸出细小的**侧角**。位于中央管周围，连接双侧的灰质称**灰质连合**。白质借脊髓的纵沟分为三个索。前正中裂与前外侧沟之间为**前索**，前、后外侧沟之间为**外侧索**，后外侧沟与后正中沟之间为**后索**。在中央管前方，左右前索间有纤维横越，称**白质前连合**。在灰质后角基部外侧与外侧索白质之间，灰、白质混合交织，此处称为网状结构，在颈部比较明显。

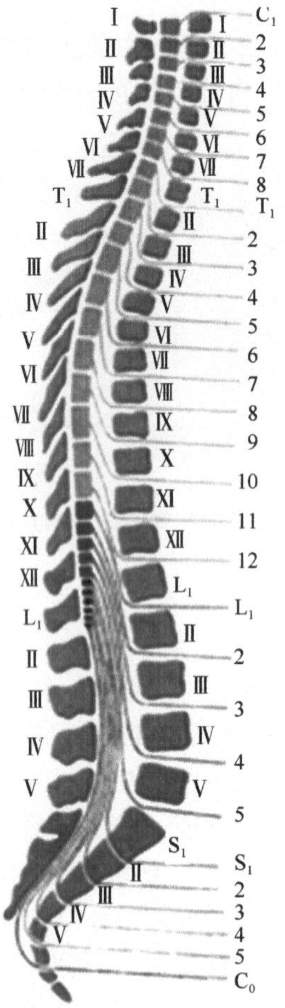

图 9-5　脊髓节段与椎骨的对应关系

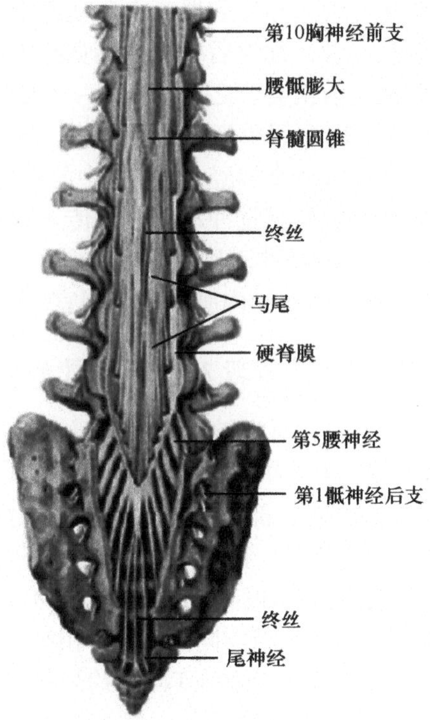

图 9-6　脊髓圆锥与马尾

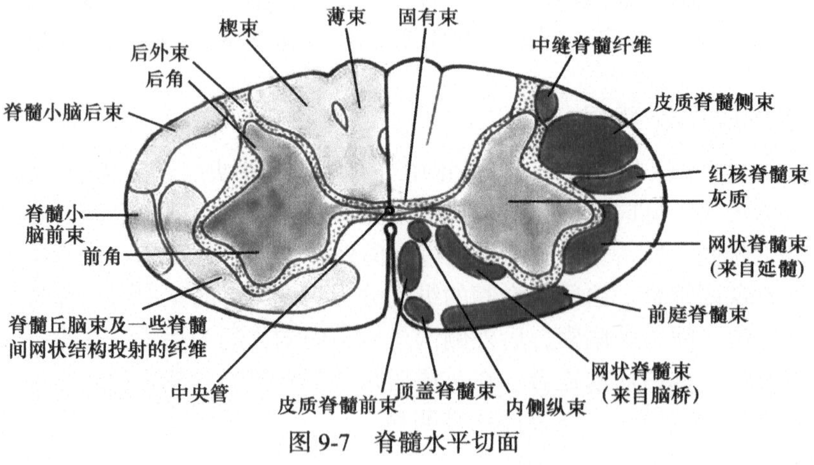

图 9-7　脊髓水平切面

1. 灰质

（1）**前角**：纵观呈连续的柱状，也称前柱，主要由运动神经元组成。其轴突出脊髓构成前根中的躯体运动成分。临床上的脊髓前角灰质炎，是指前角运动细胞受病毒侵犯，致使相应肌瘫痪，常见于小儿，故称小儿麻痹症。

（2）**侧角**：又称侧柱，内含交感神经元（交感神经低级中枢）。它们的轴突出脊髓构成前根中的内脏运动交感成分。在第 2～4 骶节段的前后角之间，有副交感神经元核团，称为骶副交感核，是副交感神经在脊髓的中枢，其轴突也经前根走出，构成前根的内脏运动副交感成分。

（3）**后角**：纵观呈连续的柱状，也称后柱，内含中间神经元，统称后角细胞。它们接受后根感觉纤维传来的神经冲动，其轴突有的进入对侧白质形成长距离的上行纤维束，将后根传入的神经冲动传导到脑。

2. 白质　脊髓的白质主要由三个索组成，每个索都由不同的上行或下行的纤维束所构成。在脊髓白质中，大致可分为长的上行纤维和下行纤维，以及短的脊髓固有纤维等，这些纤维把脊髓内部各节段联系起来。脊髓固有纤维本身含有上、下行两个方向走行的纤维，它们主要紧靠脊髓灰质分布，共同组成脊髓固有束。

（1）**上行（感觉）纤维束**：主要有**薄束**、**楔束**和**脊髓丘脑束**等。

1）**薄束和楔束**：薄束在后正中沟两旁；楔束在薄束的外侧，它们都是后根入脊髓后转而上行的纤维。薄束来自第 5 胸节以下，楔束来自第 4 胸节以上。两束都由脊神经节内假单极神经元中枢突在同侧后索的直接上延。脊神经节细胞的周围突至运动系和皮肤的感受器。薄束和楔束传导来自身体同侧的运动器官和皮肤的神经冲动，在脑内经过两次中继最后传入对侧大脑皮质，引起本体觉（临床称深感觉，即位置觉、运动觉和震动觉）和精细触觉（辨别两点距离和物体纹理粗细的感觉）。

2）**脊髓丘脑束**：包括**脊髓丘脑前束**和**脊髓丘脑侧束**，分别位于脊髓前索和外侧索前部内，均由对侧后角细胞的轴突组成，上行至背侧丘脑。脊髓丘脑前束传导皮肤的粗触觉和压觉，脊髓丘脑侧束传导皮肤的痛觉和温度觉。

（2）**下行（运动）纤维束**：主要有皮质脊髓束、红核脊髓束等。

1）**皮质脊髓束**：包括皮质脊髓侧束和皮质脊髓前束，它们的功能是传导随意运动的冲动。皮质脊髓侧束位于外侧索的后部，由对侧大脑皮质运动神经元的轴突组成。皮质脊髓束下行经内囊和脑干，在延髓的锥体交叉处，大部分纤维交叉到对侧后继续下行于脊髓外侧索后部形成皮质脊髓侧束，途中陆续分支到脊髓各节段灰质，间接或直接终止于同侧前角细胞。皮质脊髓前束位于正中裂的两侧，此束一般只下行到颈髓和上胸髓，其纤维大部分逐节经白质前连合越边交叉后止于对侧的脊髓前角运动细胞，也有一些纤维不交叉止于同侧的前角运动细胞。

2）**红核脊髓束**：位于皮质脊髓侧束的腹侧。纤维起自中脑红核，纤维自核发出后立即交叉到对侧，下行于脊髓外侧索内，其纤维经脊髓后角神经元中继后止于前角运动细胞。其主要功能是调节肌肉（主要是屈肌）的紧张度，并使运动协调。

3）**前庭脊髓束**：位于前索，起自前庭神经核，止于前角运动细胞，与兴奋同侧伸肌运动神经元和抑制屈肌的运动神经元有关，调节身体平衡。

（四）脊髓的功能

1. 传导功能　脊髓白质是传导功能的主要结构，它使身体周围部分与脑的各部分联系起来。例如，通过上行纤维束将感觉信息传至脑，同时又通过下行纤维束接受高级中枢的调控。因此，脊髓成为脑与脊髓低级中枢和周围神经联系的重要通道。

2. 反射功能 脊髓作为一个低级中枢，有许多反射中枢位于脊髓灰质内。通过固有束和脊神经的前、后根等完成一些反射活动。例如，腱反射、屈肌反射、排尿和排便反射等。在正常情况下，脊髓的反射活动始终在脑的控制下进行。

在脊髓受损时，脊髓的反射功能和传导功能都可能出现障碍。例如，损伤腰髓第2～4节段的患者可出现：脊髓反射障碍，以此部腰髓为中枢的膝跳反射消失；脊髓传导障碍，由于途经伤区的上、下行传导束被阻断，下肢的各种感觉丧失；而下肢的骨骼肌因为失去神经控制而不能随意运动，整个下肢处于瘫痪状态；除此而外，由于脑通过腰髓到骶副交感核的下行传导被阻断，患者还可能出现大、小便功能障碍。

二、脑

脑位于颅腔内，由端脑、间脑、脑干（包括中脑、脑桥、延髓）及小脑组成（图 9-8、图 9-9），脑内的腔隙构成脑室系统。中国成人脑的重量平均约为 1400g。

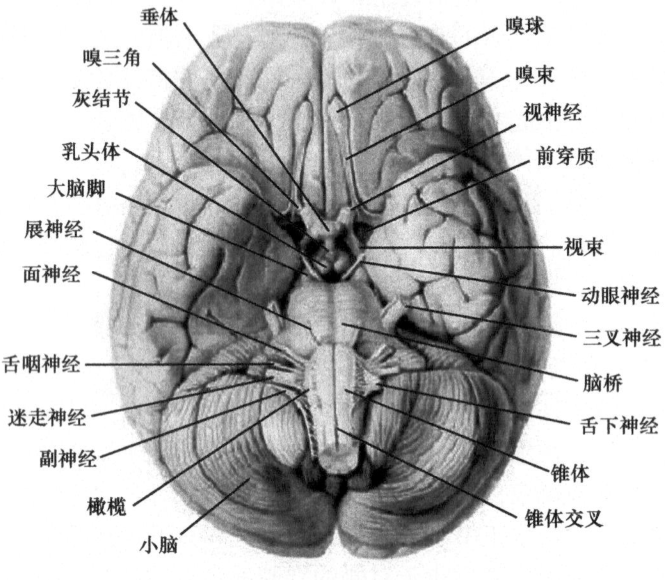

图 9-8 脑的底面

（一）脑干

脑干自下而上由延髓、脑桥和中脑三部分组成。延髓在枕骨大孔处下接脊髓，中脑向上与间脑相接，脑桥和延髓的背面与小脑相连。

1. 脑干的外形

（1）**腹侧面**：延髓腹侧面形似倒置的锥体，长约 3cm，前靠枕骨基底部，后上方为小脑，下在枕骨大孔处与脊髓相接。延髓上端与脑桥在腹面以横行的**延髓脑桥沟**分界，在背面则以第四脑室底上横行的**髓纹**为界线（图 9-10）。

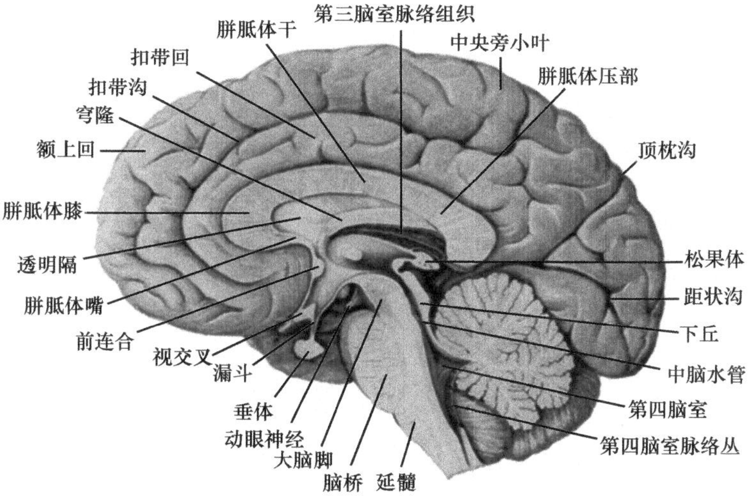

图 9-9 脑的正中矢状面

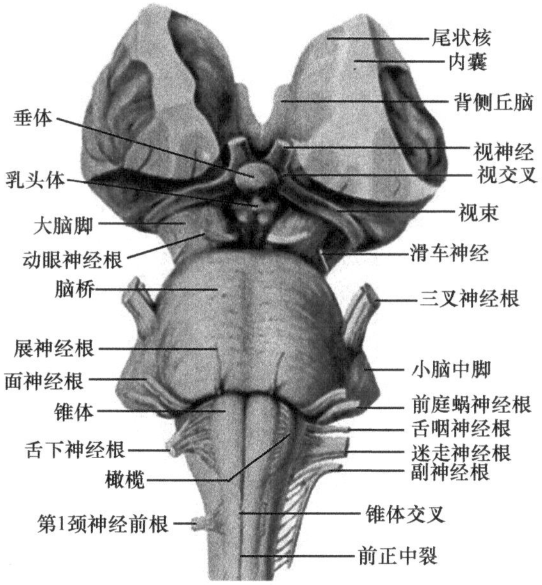

图 9-10 脑干的外形（腹面）

脊髓表面的纵行沟裂向上延续到延髓。在延髓腹面，前正中裂两侧有隆起的**锥体**，主要由皮质脊髓束纤维聚成，因此皮质脊髓束也可称为锥体束。在延髓和脊髓交界处，组成锥体的纤维束大部交叉，在外形上可以看到**锥体交叉**。锥体的外侧有卵圆形隆起的橄榄，内含下橄榄核。橄榄和锥体之间的前外侧沟中有舌下神经根出脑。在橄榄的后方，自上而下可见舌咽、迷走和副神经的根。

脑桥腹面宽阔膨隆，称脑桥基底部。基底部正中有纵行的**基底沟**，容纳基底动脉。基底部向两侧延伸的巨大纤维束称**脑桥臂**（小脑中脚），在移行处有粗大的三叉神经根出入。脑桥的下缘借延髓脑桥沟与延髓分界。沟中自内向外分别有展神经、面神经和前庭蜗神经根出入。脑桥上缘与中脑的大脑脚相接。

中脑腹面有一对粗大的圆柱状隆起，称**大脑脚**，由大量来自大脑皮质的下行纤维束组成。大脑脚底之间的深凹为**脚间窝**，有动眼神经根出脑。

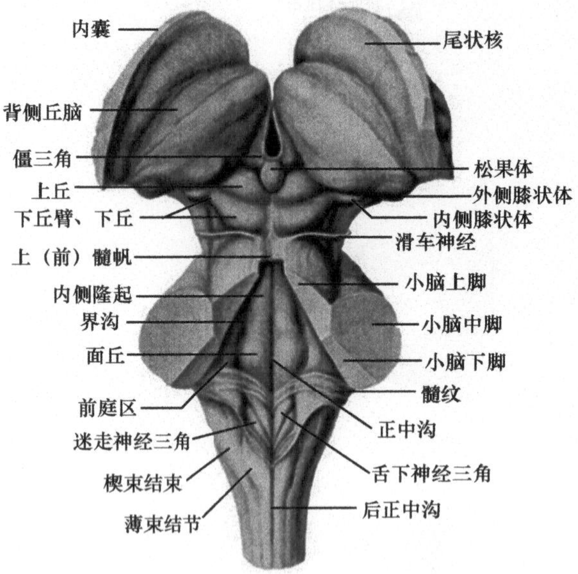

图 9-11　脑干的外形（背面）

（2）**背侧面**：延髓下部形似脊髓，上部中央管敞开为第四脑室，构成菱形窝的下部。在延髓背面下部，脊髓的薄、楔束向上延伸，分别扩展为膨隆的**薄束结节**和**楔束结节**，其深面有薄束核和楔束核，它们是薄、楔束终止的核团。在楔束结节的外上方有隆起的小脑下脚称绳状体（小脑下脚），由进入小脑的神经纤维构成，并成为第四脑室侧界的一部分（图 9-11）。

脑桥的背面形成第四脑室底的上半，此处室底的外侧壁为左右小脑上脚，称结合臂（小脑上脚），两个上脚间夹有薄层的白质层，称为**上（前）髓帆**，参与构成第四脑室顶。

中脑背面有 4 个圆形突起，上一对为**上丘**，是视觉反射中枢；下一对为**下丘**，是听觉反射中枢。两者分别连于间脑的外侧膝状体和内侧膝状体。下丘的下部连有滑车神经根，是唯一从脑干背面发出的脑神经。

菱形窝构成第四脑室的底，呈菱形，下界为两侧的薄束结节、楔束结节和小脑下脚，上界为两侧的小脑上脚。窝的侧角处为第四脑室的外侧隐窝。由外侧隐窝横向中线的数条白色的神经纤维称为**髓纹**，常作为延髓和脑桥在背面的分界线。在窝的正中有纵贯全窝的**正中沟**，将菱形窝分为对称的两半。正中沟的外侧各有一纵行隆起，称内侧隆起。隆起的外侧有纵行的界沟。界沟的外侧为呈三角形的前庭区，深面有前庭神经核。前庭区的外侧角上有一小隆起，称为听结节，内隐蜗神经核。靠近髓纹上方，内侧隆起上有一圆形隆起，称面神经丘，其深面有展神经核。在髓纹以下内侧隆起上可见有两个三角区，迷走神经三角位于外侧，内含迷走神经胸核；舌下神经三角位于内侧，内隐舌下神经核。

2. 脑干的内部结构　脑干的内部结构主要包括脑神经核、非脑神经核，上、下行纤维束和网状结构。

（1）**脑神经核**：是脑干灰质的一部分，发出或接受除嗅神经、视神经外的脑神经纤维。按功能不同，由内侧向外侧排列成 4 种性质的纵行神经核团，即躯体运动核、内脏运动核、内脏感觉核和躯体感觉核（图 9-12）。

1）**躯体运动核**：由 8 对核团组成。①**动眼神经核**：位于中脑上丘平面，由此核发出的纤维参与组成动眼神经，支配除外直肌和上斜肌以外的眼球外肌。②**滑车神经核**：位于中脑下丘平面。发出纤维组成滑车神经，支配眼球外肌中的上斜肌。③**三叉神经运动核**：位于脑桥中部展神经核的外上方，由此核发出的纤维组成三叉神经运动根，出脑后加入下颌神经，支配咀嚼肌、二腹肌前腹，下颌舌骨肌等。④**展神经核**：位于脑桥中下部，相当于面神经丘的深方。此核发出的纤维组成展神经，支配眼球外肌中的外直肌。⑤**面神经核**：位于脑桥中下部，由此核发出的纤维参与组成面神经，主要支配面肌，此外还支配二腹肌后腹、茎突舌骨肌和镫骨肌。⑥**舌下神经核**：位于延髓上部，相当于舌下神经三角的深方，由此核发出的纤维组成舌下神经，支配舌肌的运动。⑦**疑核**：位于延髓上部的网状结构中。从此核上部发出的纤维加入舌咽神经，中部发出的纤维加入迷走神经，下部发出的纤维组成副神经的颅根，支配咽、喉各肌的运动。⑧**副神经核**：位于躯体运动柱的最尾端，由延髓部和脊髓部组成，延髓部发出的纤维并入迷走神经，支配咽喉肌的运动。由脊髓部发出的纤维组成副神经脊髓根，支配胸锁乳突肌和斜方肌的运动。

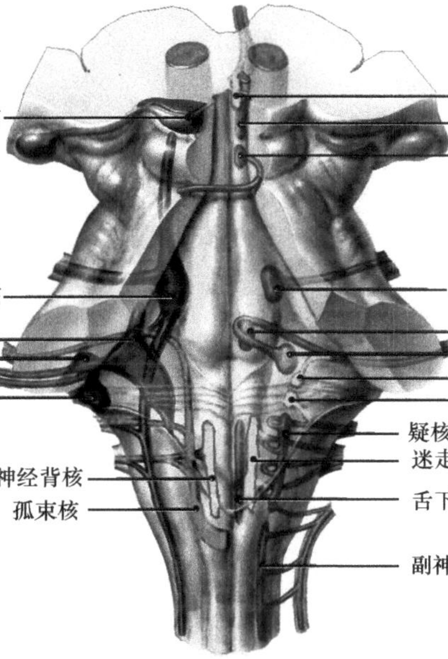

图 9-12 脑神经核在脑干的投影（背面）

2）**内脏运动核**：位于躯体运动柱的外侧，靠近界沟，由 4 对核团组成。①**动眼神经副核**：位于动眼神经核上端的背内侧。由此核发出的纤维行于动眼神经内，在副交感神经节换神经元，由此节发出的副交感节后纤维支配瞳孔括约肌和睫状肌。②**上泌涎核**：位于脑桥下部的网状结构中。由此核发出的纤维进入面神经，经副交感神经节换神经元后支配舌下腺、下颌下腺和泪腺等的分泌。③**下泌涎核**：位于延髓上部的网状结构。由此核发出的纤维进入舌咽神经，经副交感神经节换神经元后支配腮腺的分泌。④**迷走神经胸核**：位于迷走神经三角深面，舌下神经核的外侧，由此核发出的纤维加入迷走神经，控制颈部、胸腔和腹腔大部分脏器的活动。

3）**内脏感觉核**：由单一的**孤束核**构成，是一般和特殊（味觉）内脏感觉纤维的终止核，其中特殊内脏感觉纤维止于核的上端。面神经、舌咽神经和迷走神经中的内脏感觉纤维进入延髓后下行，组成孤束。

4）**躯体感觉核**：位于内脏感觉核的腹外侧，由 5 对核团构成。①**三叉神经中脑核**：位于中脑，其功能与传导咀嚼肌、面肌和眼球外肌的本体感觉有关。②**三叉神经脑桥核**：在脑桥中部。③**三叉神经脊束核**：此核细长，是脊髓颈段后角胶状质和后角固有核向上的延续，向上直达脑桥，与三叉神经脑桥核相续。三叉神经脑桥核与头面部的触觉传递有关，而三叉神经脊束核，与头面部痛觉和温度觉的传导有关。④**蜗神经核**：分为蜗腹侧核和蜗背侧核，分别位于小脑下脚的腹外侧和背侧，接受蜗神经的传入纤维。⑤**前庭神经核**：位于第四脑室底前庭区的深面，接受前庭神经的传入纤维，传导平衡觉冲动。

（2）**非脑神经核**：是脑干灰质的另一部分。

1）**薄束核与楔束核**：分别位于延髓中下部背侧的薄束结节和楔束结节的深方，接受来自薄束和楔束的神经冲动。由此二核发出的纤维呈弓形走向中央管的腹侧，在中线上左右交叉，称为内侧丘系交叉，交叉后的纤维在中线两侧折向上行，形成内侧丘系（图 9-13）。

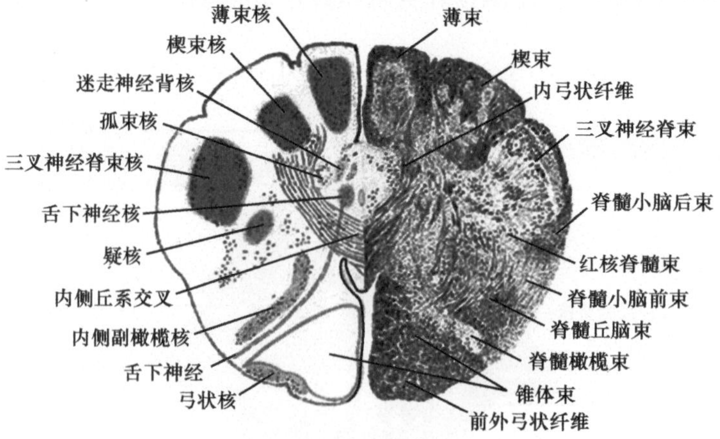

图 9-13　平延髓锥体交叉水平切面

2）**红核**：位于中脑上丘平面的被盖部，圆柱状，横切面上呈一对边界明显的圆核团。接受大脑和小脑皮质的纤维，发出红核脊髓束，经相互交叉后到对侧，下行至脊髓（图 9-14）。

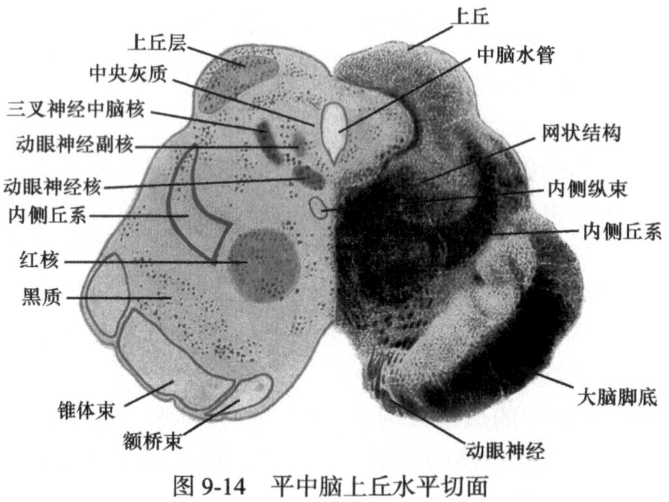

图 9-14　平中脑上丘水平切面

3）**黑质**：位于中脑被盖和大脑脚底间的板状灰质，延伸于中脑全长。细胞内含黑色素和多巴胺。黑质病变，多巴胺减少，可出现震颤麻痹。

（3）**纤维束**：组成脑干的白质。脑干内部有上行纤维束和下行纤维束。上行纤维束有内侧丘系、外侧丘系、脊髓丘系和三叉丘脑束。下行纤维束有锥体系和锥体外系。

1）**内侧丘系**：由薄束核及楔束核发出的纤维在中央管腹侧交叉后上行而构成。内侧丘系继续上行进入间脑后止于背侧丘脑的腹后外侧核。内侧丘系传导本体感觉和精细触觉。

2）**脊髓丘系**：由脊髓丘脑束进入脑干后，与一些从脊髓上行的纤维（功能与脊髓丘脑束相同）合在一起而构成。脊髓丘系行于延髓的外侧区，进入间脑后，止于背侧丘脑腹后外侧核。脊髓丘系传导对侧躯干及四肢的痛、温和触觉。

3）**三叉丘脑束**：由三叉神经脊束核和三叉神经脑桥核发出上行纤维交叉至对侧组成，行于内侧丘系的外方，止于背侧丘脑腹后内侧核。

4）**外侧丘系**：由蜗神经核发出的纤维，在脑桥被盖腹侧部横行，相互交叉至对侧形成斜方体。斜方体的纤维折向上行，称外侧丘系，止于间脑的内侧膝状体，传导听觉信息。

5）**锥体系**：由起自大脑皮质额叶的下行纤维束组成。经端脑内囊到达脑干，行于中脑的大脑脚底中 3/5 部，进入脑桥基底部后继续下行入延髓锥体。锥体束包括皮质脊髓束和皮质核束（皮质脑干束）。**皮质脊髓束**经内囊后肢下行至延髓下端时，绝大部分纤维交叉至对侧，形成锥体交叉，交叉后的纤维组成皮质脊髓侧束，下降于对侧脊髓侧索内。小部分未交叉的纤维形成皮质脊髓前束，行于脊髓前索内。**皮质核束**经内囊膝部下行至中脑的大脑脚底，此后，纤维构成小束，大多数终止于两侧的脑神经运动核，但面神经核的下半（分布到眼裂以下的面肌）和舌下神经核仅接受对侧的皮质核束支配。

（4）**脑干网状结构**：在脑干内，除了神经核和纤维束以外，还存在一个广泛区域，由纵横交错成网状的神经纤维和散在其中的大小不等的神经细胞团块构成。网状结构是中枢神经系统的整合中心，对维持大脑皮质的清醒和警觉，调节躯体运动、内脏活动及参与睡眠发生和抑制等有重要作用。此外，网状结构内的某些核团为中枢，如延髓内有管理心血管运动和呼吸运动的基本中枢，统称为生命中枢。

（二）小脑

小脑位于颅后窝，其上面平坦，贴近由硬脑膜形成的小脑幕；下面的中部凹陷，两侧呈半球形隆起，凸面依托在颅后窝底。小脑在前方借三对小脑脚与脑干背面相连接。

1. 小脑的外形　小脑两侧膨隆为**小脑半球**（图 9-15、图 9-16），中间狭窄部为**小脑蚓**。小脑表面有许多平行浅沟，将小脑分成若干部分。小脑半球下面靠近枕骨大孔附近的突起部分为**小脑扁桃体**，当颅内压增高时，易被挤压而嵌入枕骨大孔，形成小脑扁桃体疝，可压迫延髓危及生命。

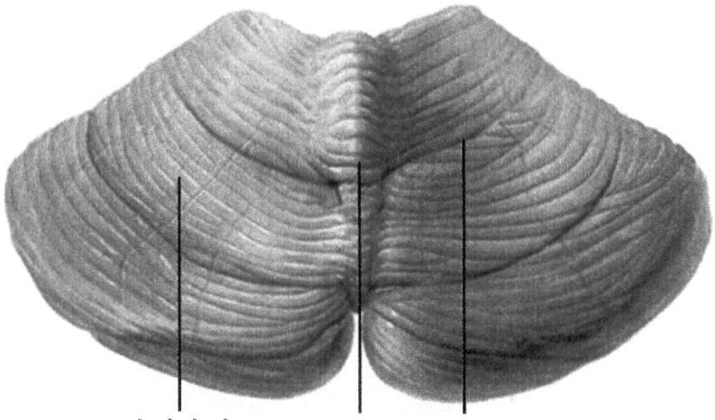

图 9-15　小脑外形（上面）

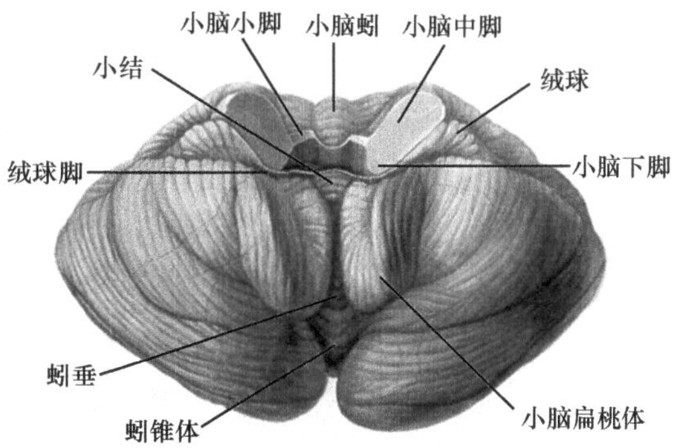

图 9-16　小脑的外形（下面）

2. 小脑的分叶　根据小脑的发生、功能和纤维联系，将小脑分为三叶。

（1）**绒球小结叶**：位于小脑下面的最前部，包括小脑蚓前端的小结和绒球。小结向两侧伸出的白质带是绒球脚，其末端与**绒球**相连。绒球、绒球脚和小结总称为绒球小结叶，是进化上出现最早的部分，又称为**原（古）小脑**，与维持身体平衡功能有关。

（2）**前叶**：在小脑上面前、中 1/3 之间的深裂为原裂，原裂前方的部分称为前叶。前叶在进化上出现晚于原小脑，故又称为**旧小脑**。此叶主要接受脊髓小脑前、后束的纤维，与肌张力的调节功能有关。

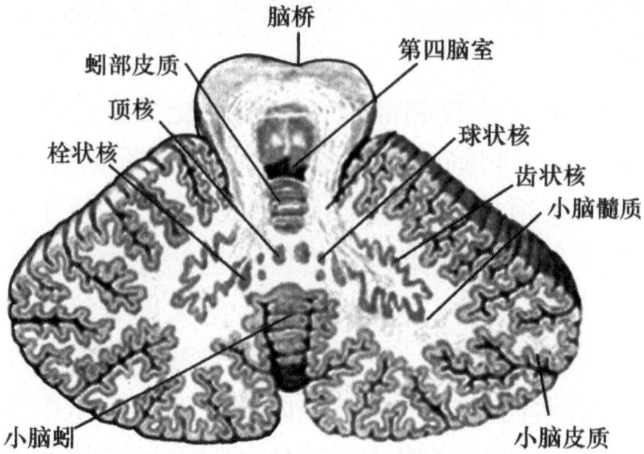

图 9-17 小脑内部结构

（3）**后叶**：位于原裂之后的小脑其余部分，称为后叶。此叶在进化上出现最晚，又称为**新小脑**，与肌群的协调功能有关。

3. 小脑的内部结构 小脑的灰质大部分集中在表面，称小脑皮质。小脑白质集中在深面，称小脑髓体。髓体中有灰质团块，称小脑核（图 9-17）。

（1）**小脑皮质**：主要由神经元胞体构成。

（2）**小脑髓体**：由出入小脑的纤维构成，有三对小脑脚。①小脑下脚，主要是由脊髓和延髓进入小脑的纤维和小脑传出至延髓和脊髓的纤维组成。②小脑中脚，是由脑桥核发出的纤维组成，进入小脑。③小脑上脚，主要是由起自小脑的传出纤维组成，上行至中脑（图 9-18）。

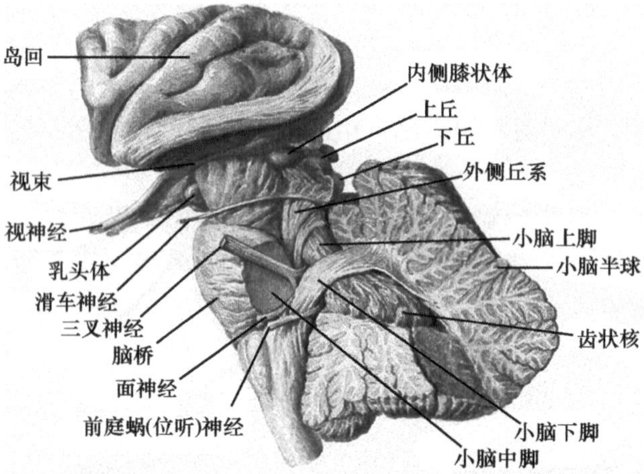

图 9-18 小脑脚及外侧丘系

（3）**小脑核**：有四对，深埋于白质内。由外侧向内侧依次为：①**齿状核**，为小脑核中最大者，左右各一，位于半球的白质内，形状似下橄榄核，呈皱缩的口袋状，属新小脑。②**栓状核**均细小，位于齿状核与顶核之间，属旧小脑。③**球状核**。④**顶核**，为成对的圆形小核，位于蚓部的白质内，属原小脑。

4. 小脑的功能 小脑是重要的运动调节中枢。古小脑的功能是维持身体的平衡，损伤后患者平衡失调，站立时身体摇摆不稳，步履蹒跚。旧小脑的功能是调节肌的张力，损伤后患者肌张力降低。新小脑的功能主要是协调骨骼肌的随意运动。新小脑损伤主要表现是共济失调，使肌群收缩的强度、运动的方向及肌群间的协调运动出现混乱，致使辨距不清，交替运动不能，动作分裂等。例如，指鼻不准，不能立即由旋前转为旋后运动，运动时表现震颤，静止时震颤消失，持物时过度伸开手指等。

5. 第四脑室 位于延髓、脑桥和小脑之间的室腔。第四脑室形似帐篷。前部由小脑上脚及上（前）髓帆组成，后部由下（后）髓帆和第四脑室脉络组织形成，下髓帆也是一薄片白质，它与上髓帆都伸入小脑，以锐角相会合。附于下髓帆和菱形窝下角之间的部分，朝向室腔的是一层上皮性室管膜，其表层有软膜和血管被膜，它们共同形成第四脑室脉络组织。脉络组织上的一部分血管反复分支缠绕成丛，夹带着软膜和室管膜上皮突入室腔，成为第四脑室脉络丛，产生脑脊液。第四脑室脉络组织的两侧和正中分别有两个第四脑室外侧孔和一个第四脑室正中孔。第四脑室向上经中脑水管通第三脑室，向下通延髓中央管，并借第四脑室正中孔和第四脑室外侧孔与蛛网膜下隙相通（图 9-19）。

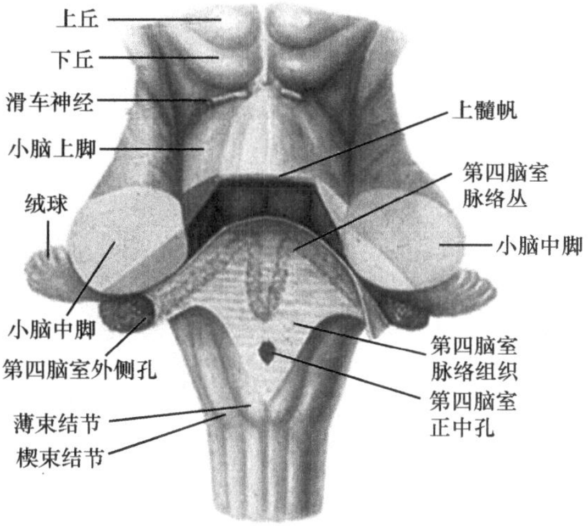

图 9-19 第四脑室脉络组织

（三）间脑

间脑位于中脑和大脑半球之间（图 9-20），连接两侧大脑半球和中脑。由于大脑半球高度发展而掩盖了间脑的背面及侧面，仅部分腹侧部露于脑底。间脑可分为背侧丘脑（丘脑）、上丘脑、后丘脑、下丘脑和底丘脑。

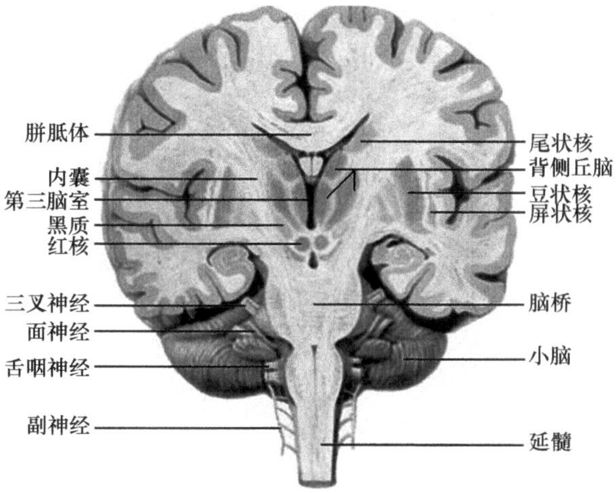

图 9-20 脑冠状切面

1. 背侧丘脑 又称丘脑（图 9-21）。

（1）**外形**：由两个卵圆形的灰质团块借丘脑间黏合（中间块）连接而成，其前端的突出部为丘脑前结节，后端膨大称丘脑枕。内侧面有下丘脑沟，由室间孔行向中脑水管，为背侧丘脑与下丘脑的分界线。

（2）**内部结构**：丘脑被“Y”形的白质纤维板，即**内髓板**分为前核、内侧核和外侧核三部分。其中外侧核又可分为背、腹两层，腹层由前向后分为**腹前核**、**腹中间核**（又称腹外侧核）和**腹后核**。腹后核又分为**腹后内侧核**和**腹后外侧核**。

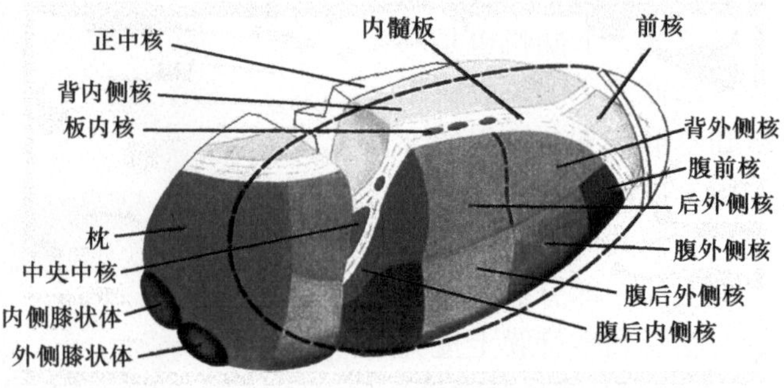

图 9-21　背侧丘脑核团模式图（右侧）

2. 上丘脑　位于第三脑室顶部周围，后方连于松果体。

3. 后丘脑　位于丘脑的后下方，包括内侧、外侧膝状体。内侧膝状体接受下丘来的听觉纤维，外侧膝状体接受视束的传入纤维。

4. 底丘脑　位于间脑和中脑过渡区，内含丘脑底核及部分黑质、红核，与纹状体有密切联系，属锥体外系的重要结构。

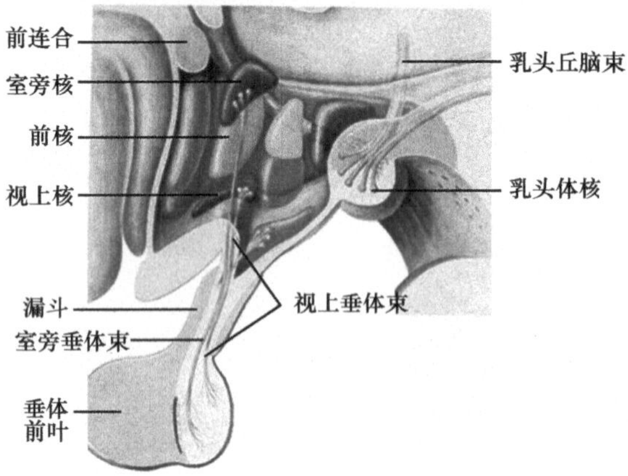

图 9-22　下丘脑

5. 下丘脑　位于背侧丘脑的下方（图 9-22），构成第三脑室的下壁和侧壁的下部。第三脑室下壁的结构由前向后是**视交叉**、**灰结节**和**乳头体**。灰结节下方依次连有漏斗和垂体。

（1）**下丘脑的核团**：下丘脑内的主要核团有**室旁核**和**视上核**，能分泌加压素和催产素。室旁核位于第三脑室侧壁的上部，视上核位于视交叉外端的背外侧。从两核发出的纤维终于垂体后叶。

（2）**下丘脑的功能**：下丘脑是调节内脏活动的皮质下中枢，也是调节内分泌的皮质下中枢。在机体内，对体温、摄食、水盐代谢和平衡、内分泌等的调节主要依靠下丘脑，同时下丘脑也参与情绪反应活动。

6. 第三脑室　是位于两侧背侧丘脑和下丘脑之间的狭窄腔隙。脑室顶部为第三脑室脉络组织封闭，其底由乳头体、灰结节和视交叉组成。第三脑室前方借左、右室间孔与通向两侧大脑半球内的侧脑室，后下方连通中脑水管。

（四）端脑

端脑是脑的最高级部位，由左、右大脑半球在近底部处借胼胝体连接而成，胼胝体的上方为大脑纵裂，分隔左、右大脑半球。每个半球表层的灰质，为**大脑皮质**。皮质深面为

髓质（白质），位于髓质内的灰质核团称为**基底核**。大脑半球内的腔隙，称为**侧脑室**。

1. 端脑的外形和分叶　大脑半球（图 9-23、图 9-24）可分为 3 面 3 极，即隆凸的上外侧面、平直的内侧面和凹凸不平的下面。前端突出的部分为额极，后端突出的部分为枕极，在外侧面，向前、下突出的部分为颞极。

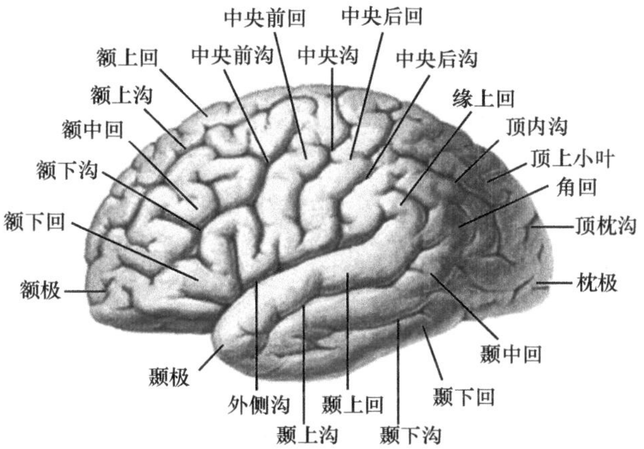

图 9-23　大脑半球（外侧面）

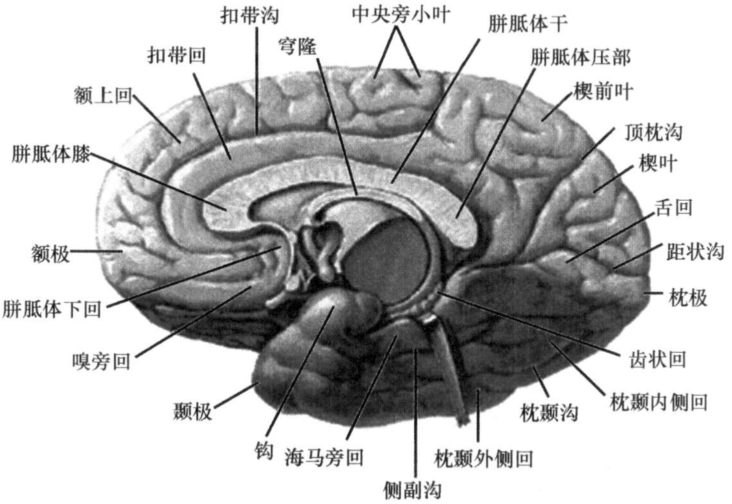

图 9-24　大脑半球（内侧面）

半球表面有许多深浅不等的沟，沟与沟之间的隆起，称为**脑回**。有三条较恒定的叶间沟：①**外侧沟**，位于半球上外侧面，是由前下行向后上的深沟。②**中央沟**，位于上外侧面。由半球上缘中点稍后起始，行向下前。③**顶枕沟**，位于内侧面，起自中央沟上端与枕极连线的中点，行向下前，在胼胝体后方不远处，与距状沟相接。

大脑半球借上述三沟，分为五叶。**额叶**是中央沟以前、外侧沟以上的部分，位于颅前窝内。**枕叶**是顶枕沟以后的部分；位于小脑上方。**顶叶**是中央沟与顶枕沟之间，外侧沟以上的部分、位于顶骨深方。**颞叶**是外侧沟以下的部分，位于颅中窝内。**岛叶**（图 9-25）位于外侧沟深部。各叶表面都有重要沟回。

（1）**大脑半球背外侧面主要沟回**：**额叶**后份，有与中央沟相平行的**中央前沟**。从中央

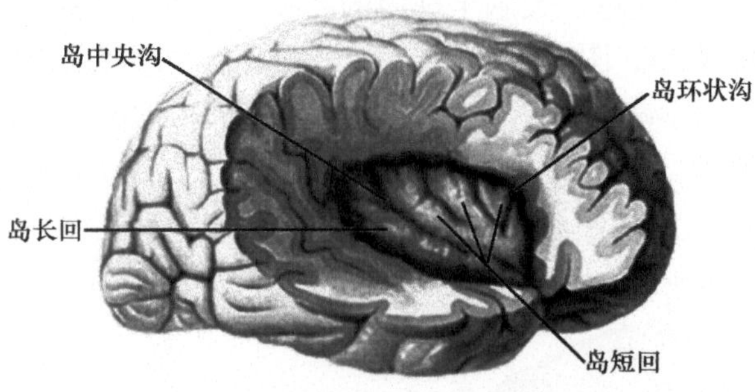

图 9-25　岛叶

前沟的上份和下份，各向前伸出一沟，分别称为**额上沟**和**额下沟**。上述各沟将额叶分为以下的脑回：中央沟与中央前沟之间为**中央前回**；额上沟以上为**额上回**；额上、下沟之间为**额中回**；额下沟以下为**额下回**。**顶叶**前份，与中央沟平行的沟，为**中央后沟**，此沟中份有伸向后的沟，为**顶内沟**。中央沟与中央后沟之间为**中央后回**，顶内沟以上为**顶上小叶**、以下为**顶下小叶**。后者又分为围绕外侧沟末端的**缘上回**和围绕颞上沟末端的**角回**。**颞叶**有两条与外侧沟相平行的沟，即**颞上沟**和**颞下沟**。自外侧沟至颞下沟下方，由上而下依次为**颞上回**、**颞中回**、**颞下回**。自颞上回转入外侧沟的部分有两条横行的大脑回，称为**颞横回**。**枕叶**最小，在外侧面有一些不规则的沟回。**岛叶**呈锥体状，位于外侧沟深部，被额、顶、颞三叶覆盖，并借环状沟与额、顶、颞叶分隔。

（2）**大脑半球内侧面主要沟回**：在半球的内侧面，自中央前、后回背外侧面延伸到内侧面的部分为**中央旁小叶**。中部有前、后方向，略呈弓形的**胼胝体**。在胼胝体后下方，有呈弓形的**距状沟**向后至枕叶后端，此沟中部与顶枕沟相连。距状沟与顶枕沟之间称**楔叶**，距状沟下方为**舌回**。在胼胝体背面有**胼胝体沟**，此沟绕过胼胝体后方，向前移行于**海马沟**。在胼胝体沟上方，有与之平行的**扣带沟**，此沟末端转向背方，称**边缘支**。扣带沟与胼胝体沟之间为**扣带回**。

（3）**大脑半球底面主要沟回**：在半球底面，额叶内有纵行的**嗅束**，其前端膨大为**嗅球**，后者与嗅神经相连。嗅束向后扩大为**嗅三角**。嗅三角与视束之间为**前穿质**，内有许多小血管穿入脑实质内。颞叶下方有与半球下缘平行的**枕颞沟**，在此沟内侧并与之平行的为**侧副沟**，侧副沟的内侧为**海马旁回**（又称海马回），后者的前端弯曲，称**钩**。

2. 大脑皮质的功能定位　**大脑皮质**是中枢神经系发育最复杂和最完善的部位，是运动、感觉的最高中枢和语言、意识思维的物质基础。人类大脑皮质的神经细胞，它们依照一定的规律分层排列并组成一个整体。

随着大脑皮质的发育和分化，不同的皮质区具有不同的功能，这些具有一定功能的脑区称为中枢。不同的功能相对集中在某些特定的皮质区，进行功能的分析综合，为皮质功能定位（图 9-26）。

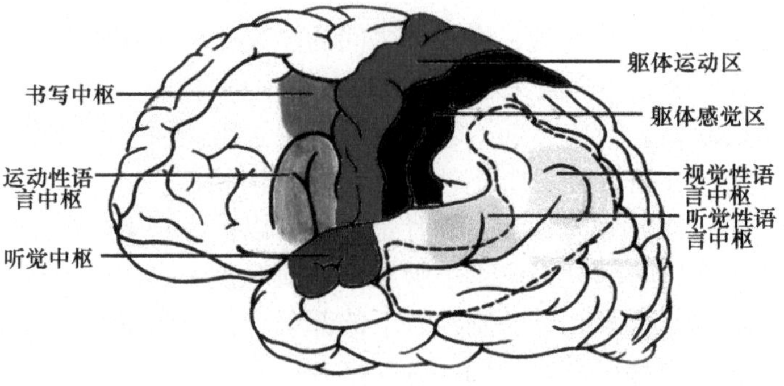

图 9-26　大脑皮质功能定位（大脑半球上外侧面）

（1）**第Ⅰ躯体运动区**：位于中央前回和中央旁小叶前部。身体各部在此区的投影特点为：①上下颠倒，但头部是正的。中央前回最上部和中央旁小叶前部与下肢运动有关，中部与躯干和上肢的运动有关，下部与面、舌、咽、喉的运动有关。②左右交叉，即一侧运动区支配对侧肢体的运动。但一些与联合运动有关的肌则受两侧运动区的支配，如面上部肌、眼球外肌、咽喉肌、咀嚼肌、呼吸肌和躯干、会阴肌，故在一侧运动区受损后这些肌不出现瘫痪。③身体各部投影区的大小与各部形体大小无关，而取决于功能的重要性和复杂程度。例如，手的代表区比足的大得多（图 9-27）。

（2）**第Ⅰ躯体感觉区**：位于中央后回和中央旁小叶后部，接受背侧丘脑腹后核传来的对侧半身痛、温、触、压及位置觉和运动觉。身体各部在此区的投射特点是：①上下颠倒，但头部也是正的。中央旁小叶的后部与足、小腿和会阴部的感觉有关，中央后回的最下方与头面部的感觉有关。②左右交叉，一侧躯体感觉区管理对侧半身的感觉。③身体各部在该区投射范围的大小也与形体的大小无关，而取决于该部感觉的敏感程度。例如，手指和唇在感觉区的投射范围就最大（图 9-28）。

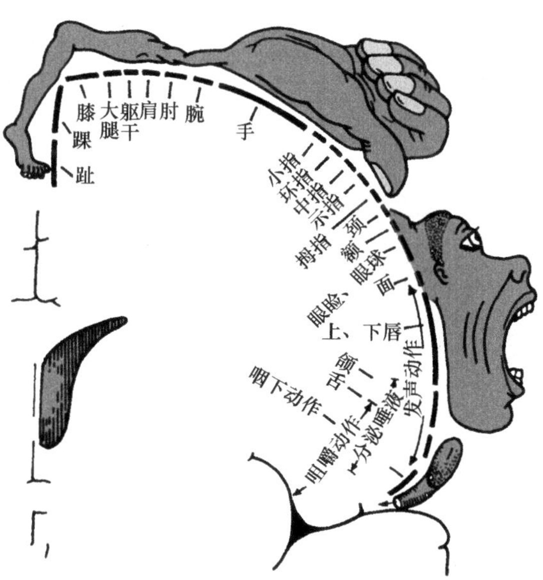

图 9-27 人体各部在第Ⅰ躯体运动区的定位

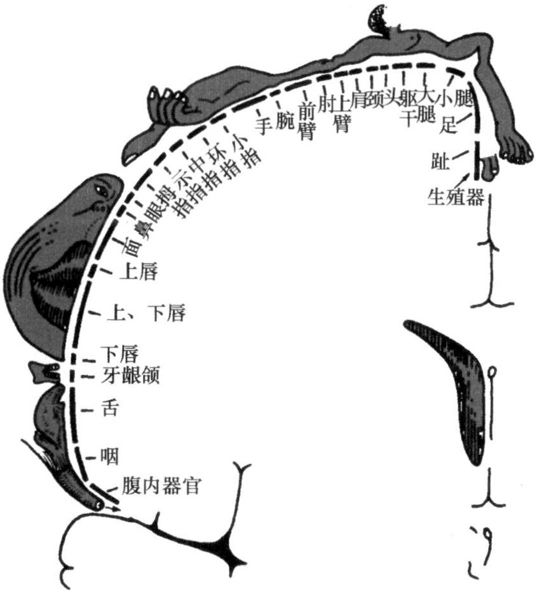

图 9-28 人体各部在第Ⅰ躯体感觉区的定位

（3）**视觉区**：位于枕叶内侧面距状沟两侧的皮质。一侧视区接受同侧视网膜颞侧半和对侧视网膜鼻侧半的纤维经外侧膝状体中继传来的视觉信息。损伤一侧视区，可引起双眼视野对侧同向性偏盲。

（4）**听觉区**：位于大脑外侧沟下壁的颞横回上。每侧听区接受自内侧膝状体传来的两耳听觉冲动。因此，一侧听区受损，不致引起全聋。

（5）**平衡觉区**：位于中央后回下端头面部代表区附近。

（6）**嗅觉区**：位于海马旁回的钩附近。

（7）**语言中枢**：语言区域是人类大脑皮质所特有的。语言区域多在左侧。临床实践证明，右利者（惯用右手的人），其语言区在左侧半球，大部分左利者，其语言中枢也在左侧，只有少数位于右侧半球。在长期的进化和发展过程中，大脑皮质的结构和功能得到了高度的分化，而且左、右大脑半球的发育情况不完全相同，左侧大脑半球与语言、意识、数学分析等密切相关，因此语言中枢主要在左侧大脑半球；右侧大脑半球则主要感知非语言信息、音乐、图形和时空概念。左、右大脑半球各有优势，它们互相协调配合以完成高级神经精神活动。

视觉性语言中枢（阅读中枢），位于角回。若此中枢受损伤，患者视觉虽然完好但不能阅读书报，临床上称为失读症。**听觉性语言中枢（听话中枢）**，位于缘上回。若此中枢受到损伤，患者能听到别人谈话，但不能理解谈话的意思。故称感觉性失语症。**运动性语言中枢（说话中枢）**，在额下回后部。当其损伤后。患者将失去说话能力，但与发音说话有关的肌及结构并不瘫痪和异常。临床上称此为运动性失语症。**书写中枢**，在额中回的后部，若其受损，患者其他的运动功能仍然存在，但写字绘画等精细运动发生障碍，称为失写症。

3. 端脑的内部结构　大脑半球表面被灰质覆盖，称大脑皮质。深面有大脑的白质，在端脑底部的白质中有基底核，端脑内的腔为侧脑室。

（1）**侧脑室**：位于半球内，左、右各一，形状不规则，可分为中央部、前角、后角和下角 4 部（图 9-29、图 9-30）。中央部是其主要的部分，位于顶叶内，为狭窄的裂隙，顶为胼胝体；内侧壁为薄板状的透明隔；底由内侧向外上，依次为穹隆、侧脑室脉络丛、背侧丘脑和尾状核。

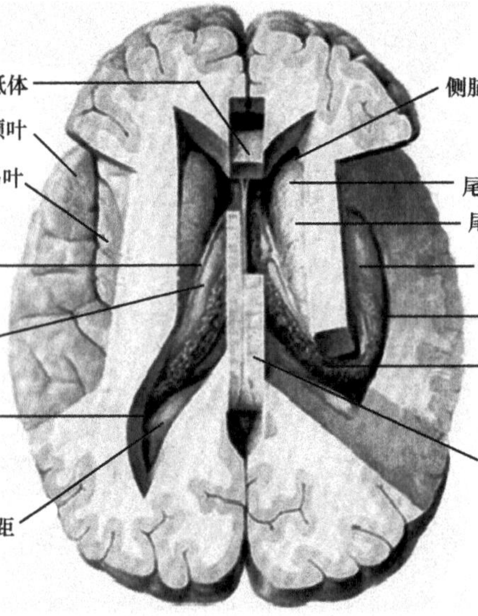

图 9-29　侧脑室

侧脑室中央部向前延伸达室间孔平面，并在此续连伸入额叶的前角。中央部向后延伸至胼胝体压部，向后移行为下角和后角。从中央部后端绕背侧丘脑转向下前，成为伸入颞叶的下角，其前端几达颞极；从中央部（后端）向后伸出枕叶的部分为后角。下角底内侧份有隆起的海马，是海马旁回卷入侧脑室的部分。

（2）**基底核**：位于白质内，靠近大脑半球底部（图 9-31）。基底核包括尾状核、豆状核、杏仁体和屏状核（图 9-32），尾状核和豆状核又合称**纹状体**。①**尾状核**呈“C”形弯曲的蝌蚪状，分头、体、尾 3 部，围绕豆状核和丘脑，伸延于侧脑室前角、中央部和下角。②**豆状核**位于岛叶深部，在水平切面和额状切面上均呈尖向内侧的楔形，并被两个白质薄

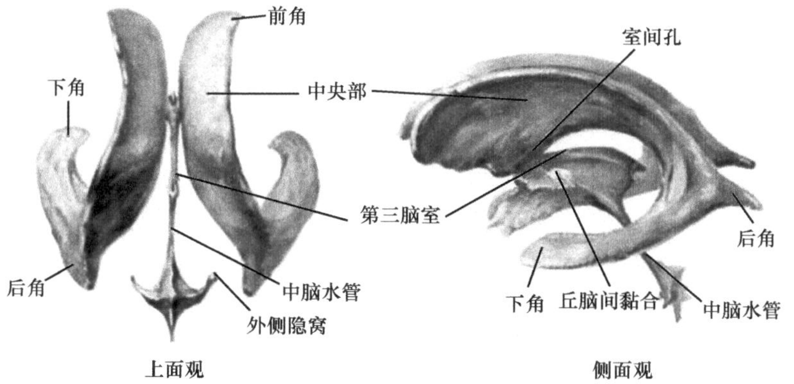

图 9-30 脑室系统铸型

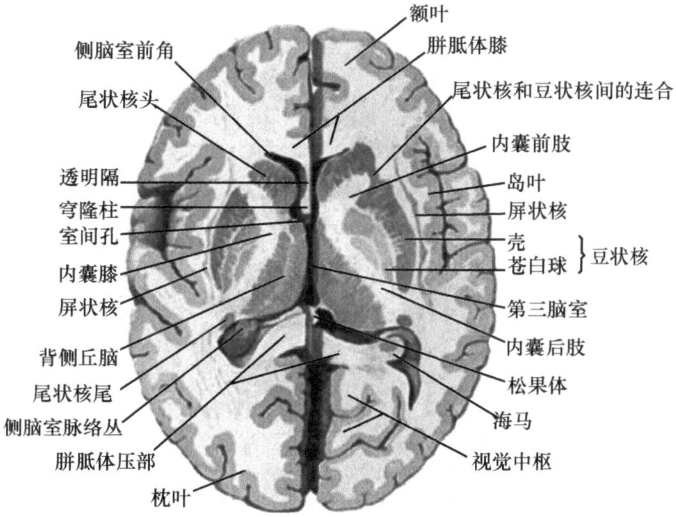

图 9-31 大脑水平切面

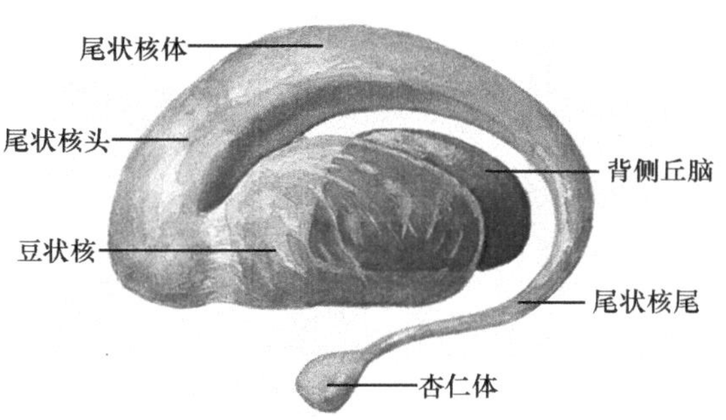

图 9-32 基底核和背侧丘脑示意图（示内囊位置）

板分为 3 部：外侧部最大，称壳；内侧的 2 部合称苍白球。尾状核头部与豆状核之间借灰质条索相连，外观呈条纹状，故两者合称纹状体。苍白球在鱼类已有，出现较早，称旧纹状体；壳和尾状核称新纹状体。纹状体是锥体外系的重要结构，其功能是维持骨骼肌的紧张度，使骨骼肌的运动协调。③**杏仁体**位于海马旁回深面，连于尾状核的尾部。④**屏状核**为岛叶与豆状核之间的一薄层灰质，与豆状核之间的白质称外囊。

（3）**髓（白）质**：大脑半球髓（白）质由大量的神经纤维组成，主要包括联络纤维、连合纤维和投射纤维。

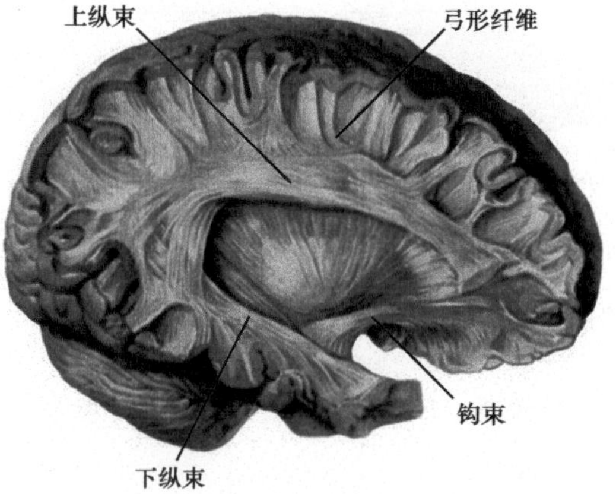

图 9-33　大脑髓质联络纤维（外侧面）

1）**联络纤维**：是联系同侧半球内各部皮质的纤维，其中短纤维联系相邻脑回称弓状纤维。长纤维联系本侧半球各叶，其中主要有连接额、颞两叶前部的钩束，呈钩状绕过外侧裂；连接额、顶、枕、额四个叶的上纵束，在豆状核与岛叶的上方；连接枕叶和额叶的下纵束，沿侧脑室下角和后角的外侧壁行走；连接边缘叶各部的扣带束，位于扣带回和海马旁回的深部（图 9-33）。

2）**连合纤维**：是连接左、右大脑半球皮质的纤维，包括胼胝体、前连合和穹隆连合。①**胼胝体**为强大的白质纤维板，连接两侧半球广大区域的相应部位，纤维向前、后和两侧放射，联系两半球的额、枕、顶、颞叶（图 9-34、图 9-35）。②**前连合**位于穹隆的前方，呈“X”形，连接左、右嗅球和两侧颞叶。③**穹隆**和**穹隆连合**，穹隆是由海马至下丘脑乳头体的弓形纤维束，两侧穹隆经胼胝体的下方前行并互相靠近，其中一部分纤维越至对边，连接对侧的海马，称穹隆连合。

3）**投射纤维**：是联系大脑皮质与下位中枢的纤维，包括下行的运动纤维和上行的感觉纤维，这些纤维共同组成一个尖朝下的扇形纤维束板，通过基底核与背侧丘脑之间构成内囊。

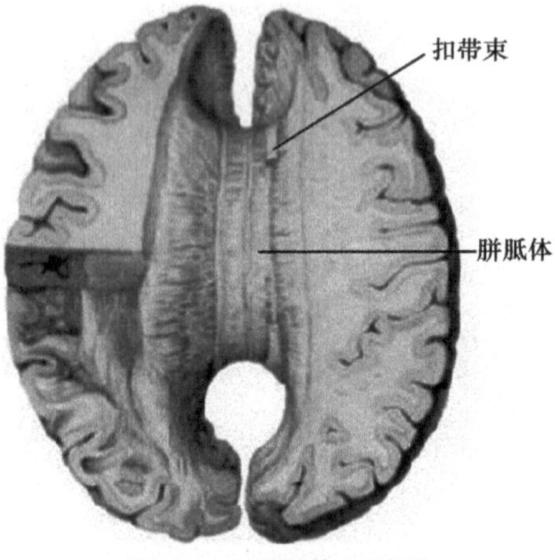

图 9-34　胼胝体上面观

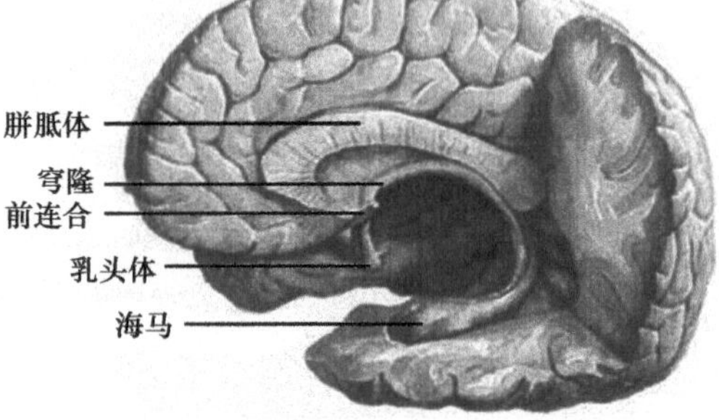

图 9-35　胼胝体、前连合和穹隆连合

内囊为一厚的白质板，位于内侧的尾状核、背侧丘脑与外侧的豆状核之间（图 9-36）。在半球水平切面上，内囊呈开口向外侧的“＞＜”形折线。

内囊分为三部：①**内囊前肢**，较短，位于豆状核与尾状核之间；②**内囊后肢**，较长，位于豆状核与背侧丘脑之间；③**内囊膝**，位于前后脚相交处。

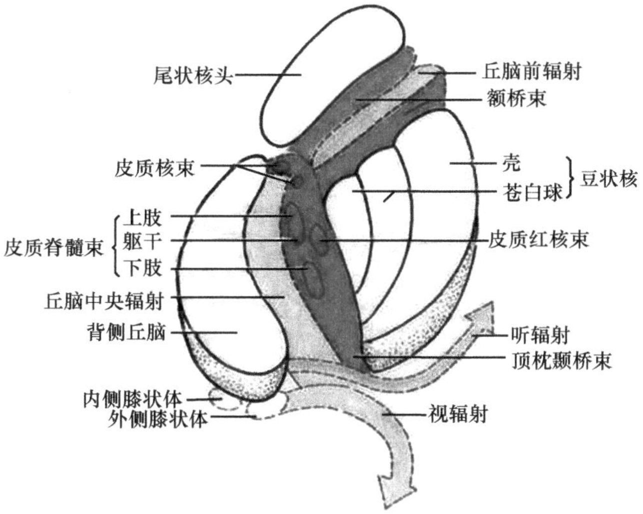

图 9-36 内囊模式图

通过内囊各部的主要纤维束有：①通过前肢的为额桥束、丘脑前辐射（由丘脑前核、背内侧核投射至额叶和扣带回的纤维）；②通过内囊膝的是皮质核束；③通过后肢的为皮质脊髓束、皮质红核束、丘脑中央辐射（来自丘脑腹后核的躯体感觉纤维）、顶枕颞桥束、视辐射（来自外侧膝状体的视觉纤维）和听辐射（来自内侧膝状体的听觉纤维）。

由于内囊的区域狭小，而又集聚了所有出入大脑半球的纤维，故内囊后肢受到损害时，可出现“三偏综合征”，即对侧身体的感觉丧失（偏身感觉丧失），对侧肢体运动丧失（偏瘫），双眼出现对侧视野偏盲。

（五）边缘系统

边缘系统在大脑半球内侧面，扣带回、海马旁回、海马和齿状回等脑回几乎围绕胼胝体一圈，共同组成**边缘叶**。边缘叶加上与它联系密切的皮质和皮质下结构如杏仁体、隔核、下丘脑、上丘脑、丘脑前核一些结构等，共同组成边缘系统。由于它与内脏联系密切，故又称内脏脑。边缘系统是脑的古老部分，管理内脏活动、情绪反应和性活动等。近年还发现边缘系统与记忆，特别是与近期记忆有关。

三、脑和脊髓的被膜、血管及脑脊液循环

（一）脑和脊髓的被膜

脑和脊髓的表面包有三层被膜，他们相互连续，由外向内依次为硬膜、蛛网膜和软膜，有支持、保护脑和脊髓的作用。

1. 硬膜 包括硬脊膜和硬脑膜。

（1）**硬脊膜**：由致密结缔组织构成，厚而坚韧，包裹脊髓（图 9-37）。上端附于枕骨大孔边缘，与硬脑膜相延续；下部在第 2 骶椎水平逐渐变细，包裹马尾；末端附于尾骨。硬脊膜与椎管内面骨膜之间的疏松间隙称**硬膜外隙**，内含疏松结缔组织、脂肪、淋巴管和

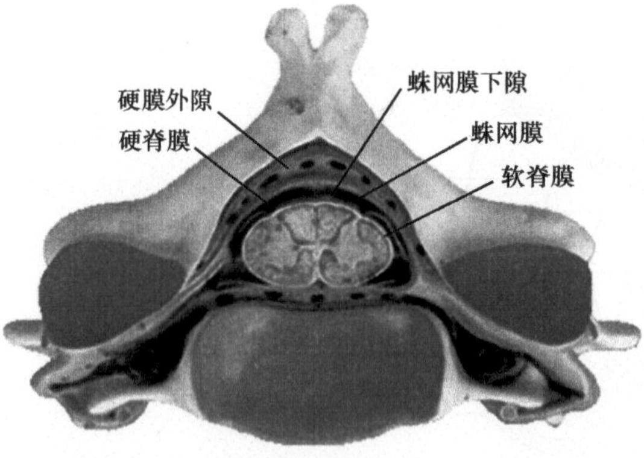

图 9-37　脊髓的被膜及间隙（水平切）

静脉丛，此隙略呈负压，有脊神经根通过。临床上进行硬膜外麻醉，就是将药物注入此隙，以阻滞脊神经根内的神经传导。在硬脊膜与脊髓蛛网膜之间有潜在的硬膜下隙。硬脊膜在椎间孔处与脊神经的外膜相延续。

（2）**硬脑膜**：坚韧而有光泽，由两层合成（图 9-38），外层兼具颅骨内骨膜的作用，内层较外层坚厚，两层之间有丰富的血管和神经。硬脑膜与颅盖骨连接疏松，易于分离，当硬脑膜血管损伤时，可在硬脑膜与颅骨之间形成硬膜外血肿。硬脑膜在颅底处则与颅骨结合紧密，故颅底骨折时，易将硬脑膜与脑蛛网膜同时撕裂，使脑脊液外漏。例如，颅前窝骨折时，脑脊液可流入鼻腔，形成鼻漏。硬脑膜在脑神经出颅处移行为神经外膜，在枕骨大孔的周围与硬脊膜相延续。硬脑膜不仅包被在脑的表面，而且其内层折叠形成若干板状突起，深入脑各部之间，以更好地保护脑。这些由硬脑膜形成的特殊结构有：

1）**大脑镰**：呈镰刀形，伸入两侧大脑半球之间，后端连于小脑幕的上面，下缘游离于胼胝体上方。

2）**小脑幕**：形似幕帐，伸入大脑和小脑之间。后外侧缘附于枕骨和颞骨岩部上缘，前内缘游离形成幕切迹。切迹与鞍背形成一环形孔称小脑幕裂孔，内有中脑通过。小脑幕将颅腔不完全地分隔成上下两部。当上部颅脑病变引起颅内压增高时，位于小脑幕切迹上方的海马旁回和钩可能被挤入小脑幕切迹，形成小脑幕切迹疝而压迫大脑脚和动眼神经。

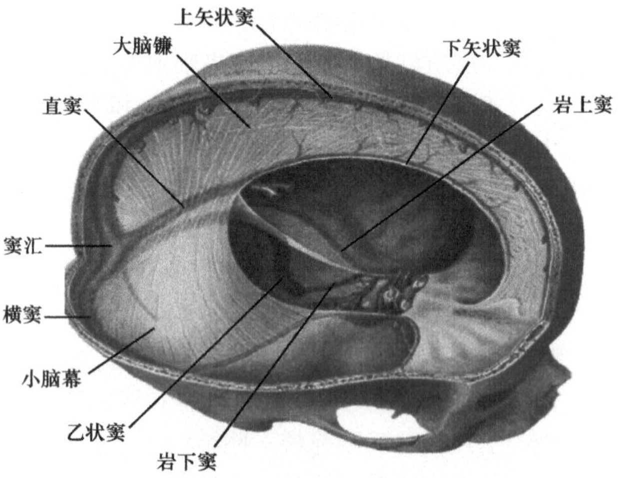

图 9-38　硬脑膜及静脉窦

3）**硬脑膜窦**：硬脑膜在某些部位两层分开，内面衬以内皮细胞，构成硬脑膜窦。窦内含静脉血，窦壁无平滑肌，不能收缩，故损伤时出血难止，容易形成颅内血肿。主要的硬脑膜窦有：①**上矢状窦**，位于大脑镰的上缘，前方起自盲孔，向后流入窦汇。②**下矢状窦**，位于大脑镰下缘，其走向与上矢状窦一致，向后汇入直窦。③**直窦**，位于大脑镰与小脑幕连接处，由大脑大静脉和下矢状窦汇合而成，向后通**窦汇**。窦汇由左右横窦、上矢状窦及直窦在枕内隆凸处共同汇合而成。④**横窦**，成对，位于小脑幕后外侧缘附着处的枕骨横沟内，连于窦汇与乙状窦之间。⑤**乙状窦**：成对，位于乙状沟内，是横窦的延续，向前内于颈静脉孔处出颅续为颈内静脉。⑥**海绵窦**，位于蝶鞍两侧，为硬脑膜两层间的不规则腔隙，形似海绵，两侧海绵窦借横支相连。窦内有颈内动脉和展神经通过，在窦的外侧壁内，自上而下有动眼神经、滑车神经、眼神经和上颌神经通过。海绵窦与周围的静脉有广泛联系和交通。它前方接受眼静脉，两侧接受大脑中静脉，向后外经岩上窦、岩下窦连通横窦、乙状窦或颈内静脉。海绵窦向前借眼静脉与面静脉交通，向下经卵圆孔的小静脉与翼静脉丛相通，故面部感染可蔓延至海绵窦，引起海绵窦炎和血栓形成，因而累及经过海绵窦的神经，出现相应的症状。

硬脑膜窦内血液流注关系如下：

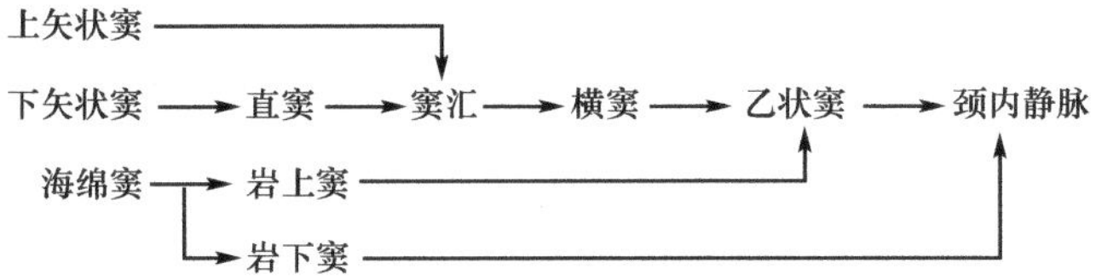

2. 蛛网膜 为半透明的薄膜，位于硬膜与软膜之间，脑蛛网膜与脊髓蛛网膜相延续。蛛网膜与软膜之间有较宽阔的间隙称**蛛网膜下隙**，两层间有许多结缔组织小梁相连，隙内充满脑脊液。蛛网膜在靠近硬脑膜处，特别是在上矢状窦处形成许多绒毛状突起，突入上矢状窦内，称**蛛网膜粒**。脑脊液经这些蛛网膜粒渗入硬脑膜窦内，回流入静脉。

蛛网膜下隙在某些部位扩大称**蛛网膜下池**。在椎管，蛛网膜下隙的下部，自脊髓下端至第2骶椎水平扩大，称为**终池**，内有马尾。因此临床上常在第3、4或第4、5腰椎间进行腰椎穿刺，以抽取脑脊液或注入药物而不伤及脊髓。

在颅腔内，位于大脑半球背面的蛛网膜下隙相当狭窄，而位于大脑底面或巨大的脑沟附近，蛛网膜下隙往往较宽，这些宽阔区称为脑池（图9-39）。

（1）成对的脑池：**大脑纵裂池**、**大脑外侧窝池**、**大脑脚池**、**环池**、**脑桥小脑角池**等。

（2）不成对的脑池：位于背侧的有**帆间池**、**大脑大静脉池**、**四叠体池**、**小脑上池**、**小脑延髓池**和**小脑溪**等；位于腹侧的有**终板池**、**交叉池**、**脚间池**、**桥池**和**延池**等。**小脑延髓池**位于小脑与延髓背面之间，临床上可在此进行穿刺，抽取脑脊液进行检查。

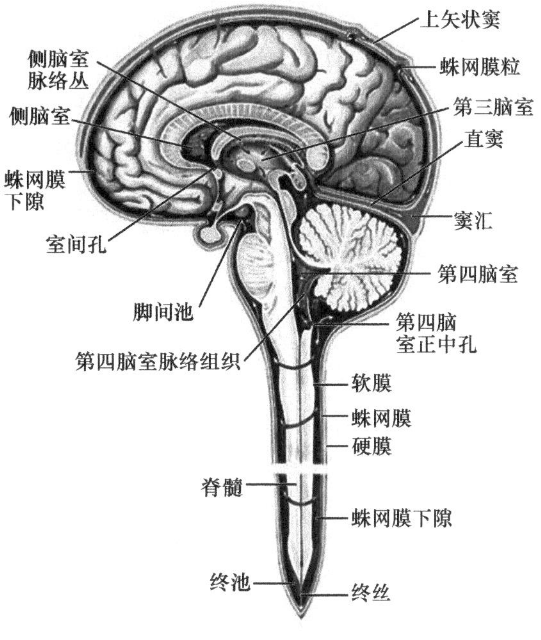

图9-39 脑脊液循环模式图

3. 软膜 薄而富有血管，紧贴脑和脊髓表面，并延伸至脑和脊髓的沟裂中，按位置分为软脑膜和软脊膜。在脑室的一定部位，软脑膜及其血管与该部位的室管膜上皮共同构成脉络组织，某些部位，脉络组织的血管反复分支成丛，连同其表面的软脑膜和室管膜上皮一起突入脑室，形成脉络丛，是产生脑脊液的主要结构。软脊膜在脊髓下端移行为终丝。

（二）脑脊液及其循环

脑脊液是充满脑室系统、蛛网膜下隙和脊髓中央管内的无色透明液体，内含各种浓度不等的无机离子、葡萄糖、微量蛋白和少量淋巴细胞，功能上相当于外周组织中的淋巴，对中枢神经系统起缓冲、保护、运输代谢产物和调节颅内压等作用。脑脊液总量在成人平均约 150ml，它处于不断产生和回流的动态平衡中。

脑脊液主要由脑室脉络丛产生，少量由室管膜上皮和毛细血管产生。由侧脑室脉络丛产生的脑脊液经室间孔流至第三脑室，与第三脑室脉络丛产生的脑脊液一起，经中脑水管流入第四脑室，再汇合第四脑室脉络丛产生的脑脊液一起经第四脑室正中孔和两个外侧孔流入蛛网膜下隙，然后，脑脊液再沿蛛网膜下隙流向大脑背面，经蛛网膜粒渗透到硬脑膜窦（主要是上矢状窦）内，回流入血液中。若在脑脊液循环途径中发生阻塞，可导致脑积水和颅内压升高，使脑组织受压移位，甚至形成脑疝而危及生命。此外，有少量脑脊液可经室管膜上皮、蛛网膜下隙的毛细血管、脑膜的淋巴管和脑、脊神经周围的淋巴管回流。

（三）脑和脊髓的血管

1. 脑的血管

（1）**脑的动脉**：来源于颈内动脉和椎动脉（图 9-40）。以顶枕沟为界，大脑半球的前 2/3 和部分间脑由颈内动脉分支供应，大脑半球后 1/3 及部分间脑、脑干和小脑由椎动脉供应。

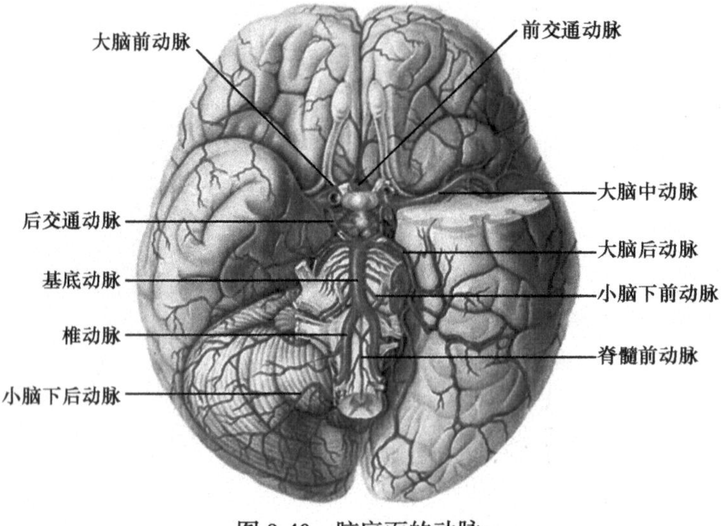

图 9-40　脑底面的动脉

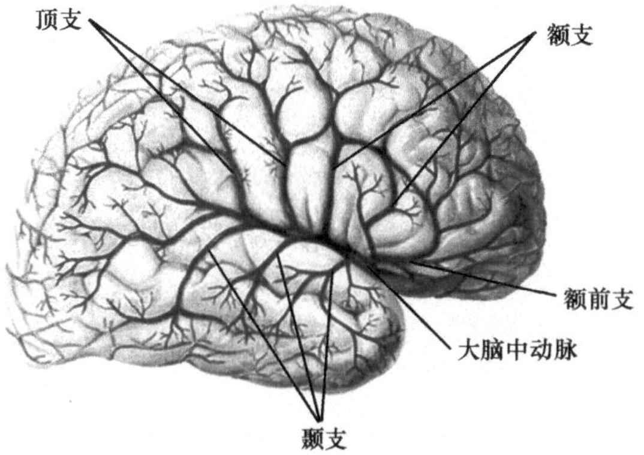

图 9-41　大脑半球外侧面的动脉分布

1）**颈内动脉**：起自颈总动脉，自颈部向上至颅底，经颞骨岩部的颈动脉管进入颅内，紧贴海绵窦的内侧壁，穿出海绵窦行至蝶骨的前床突内侧而分支。颈内动脉在穿出海绵窦处发出眼动脉，然后在视交叉的外侧分为大脑前动脉和大脑中动脉等分支（图 9-41、图 9-42）。①**大脑前动脉**在视神经上方向前内行，进入大脑纵裂，与对侧的同名动脉借**前交通动脉**相连，然后沿胼胝体沟向后行。皮质支分布于顶枕沟以前的半球内侧面、额叶底面的一部分和额、顶两叶上外侧面的上部；中央支自大脑前动脉的近侧段发出，经前穿质入脑实质，供应尾状核、豆状核前部和内囊前肢。②**大脑中动脉**可视为颈内动脉的直接延续，向外行进入外侧沟内，分为数支皮质支，营养大脑半球上外侧面的大部分和岛叶，其中包括躯体运动中枢、躯体感觉中枢和语言中枢。若该动脉发生阻塞，将出现严重的功能障碍。大脑中动脉发出一些细小的中央支（图 9-43），垂直向上进入脑实质，营养尾状核、豆状核、内囊膝和后肢的前部。在高血压动脉硬化时容易破裂（故又名出血动脉）而导致脑出血，出现严重的功能障碍。③**脉络丛前动脉**终止于脉络丛。沿途发出分支供应外侧膝状体、内囊后肢的后下部、大脑脚底的中 1/3 及苍白球等结构。此动脉细小且行程又长，易被血栓阻塞。④**后交通动脉**在视束下面行向后，与大脑后动脉吻合，是颈内动脉系与椎-基底动脉系的吻合支。

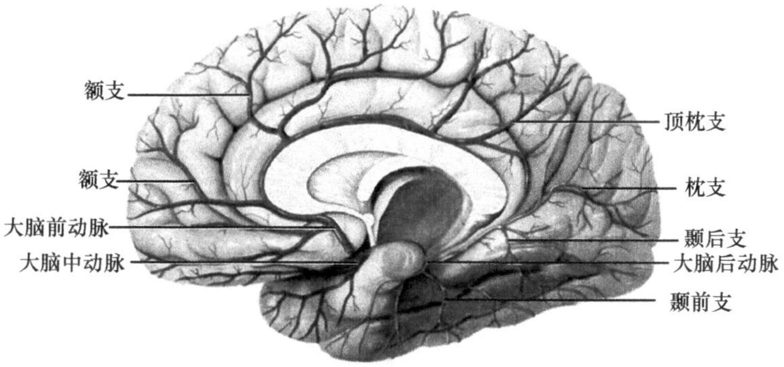

图 9-42　大脑半球内侧面的动脉分布

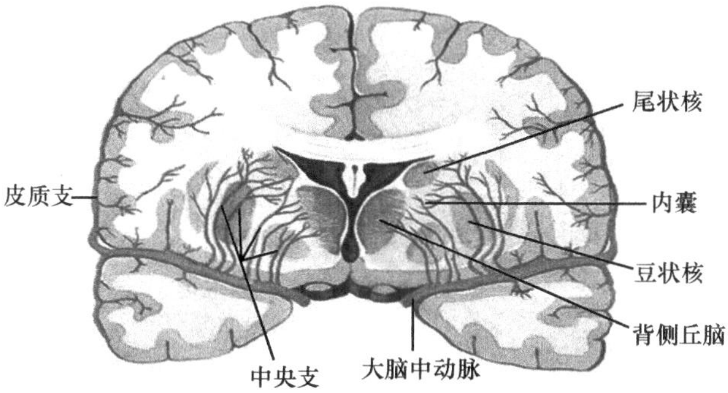

图 9-43　大脑中动脉的中央支和皮质支

2）**椎动脉**：起自锁骨下动脉穿第 6～1 颈椎横突孔，经枕骨大孔进入颅腔，入颅后，左、右椎动脉逐渐靠拢，在脑桥与延髓交界处合成一条**基底动脉**，后者沿脑桥腹侧的基底沟上行，至脑桥上缘分为左、右大脑后动脉两大终支。椎动脉、基底动脉的主要分支有：①**脊髓前、后动脉**（见脊髓的血管）。②**大脑后动脉**，是基底动脉的终末分支，绕大脑脚向后，沿海马旁回的钩转至颞叶和枕叶内侧面。皮质支分布于颞叶的内侧面和底面及枕叶，大脑后动脉起始部发出中央支，供应背侧丘脑、内外侧膝状体、下丘脑和底丘脑等。

在脑底下方，蝶鞍上方，由前交通动脉、大脑前动脉、颈内动脉末端、后交通动脉和大脑后动脉吻合而成**大脑动脉环**（Willis 环）（图 9-44）。此环环绕视交叉、灰结节及乳头体周围，使两侧颈内动脉系与椎-基底动脉系相交通。在正常情况下大脑动脉环两侧的血液不相混合。当此环的某一处发育不良或被阻断时，可在一定程度上通过大脑动脉环使血液重新分配和代偿，以维持脑的血液供应。

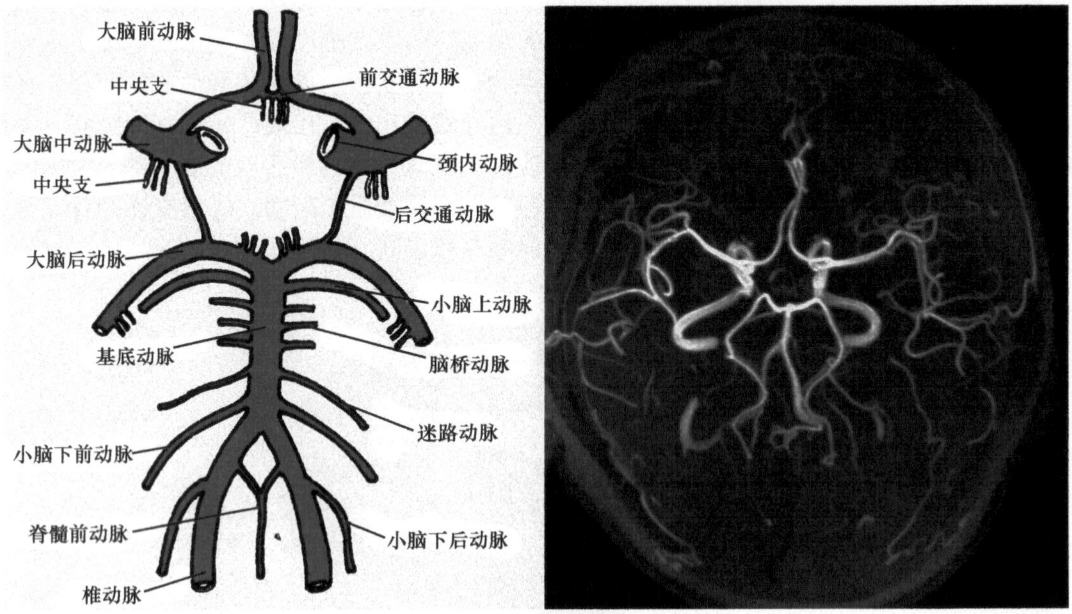

图 9-44　大脑动脉环与 MRA 对照图

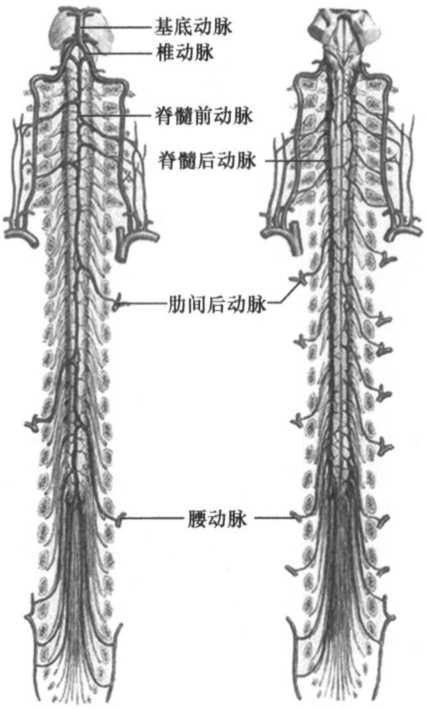

图 9-45　脊髓的动脉

（2）**脑的静脉**：不与动脉伴行，可分浅、深静脉，都注入硬脑膜窦。浅静脉管壁无瓣膜和平滑肌，较薄，主要有大脑上静脉、大脑中静脉和大脑下静脉。三者相互吻合成网，分别注入上矢状窦、海绵窦和横窦等。深静脉收集大脑髓质、基底核、间脑和脑室脉络丛的静脉血，注入大脑大静脉，再注入直窦。

2. 脊髓的血管

（1）**脊髓的动脉**：有两个来源（图 9-45），即椎动脉和节段性动脉。椎动脉发出脊髓前动脉和脊髓后动脉。在下行过程中，不断得到节段性动脉分支的增补，以保障脊髓足够的血液供应。

（2）**脊髓的静脉**：较动脉多而粗，收集脊髓内的小静脉，最后汇集成脊髓前、后静脉，通过前、后根静脉注入硬膜外隙的椎内静脉丛。

（王长青）

第三节　周围神经系统

周围神经系统联络于中枢神经和其他各系统器官之间，包括与脑相连的**脑神经**和与脊髓相连的**脊神经**，它们都既含躯体神经又含内脏神经。内脏神经分布于内脏、心血管和腺体的周围神经部分。

一、脊 神 经

（一）概述

脊神经共 31 对，借**前根**和**后根**与脊髓相连（图 9-46）。前根属运动性，后根属感觉性，两者在椎间孔处汇合而成**脊神经**。脊神经后根在椎间孔附近有一椭圆形膨大，称**脊神经节**，内含感觉神经元的胞体。31 对脊神经包括颈神经 8 对、胸神经 12 对、腰神经 5 对、骶神经 5 对和尾神经 1 对。

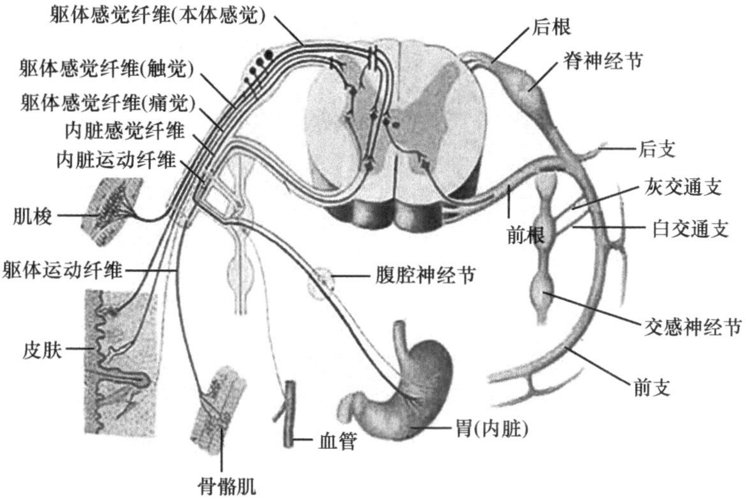

图 9-46 脊神经的组成和分支、分布示意图

脊神经属混合性神经，出椎间孔后，立即分为前支、后支、脊膜支和交通支。**脊神经后支**较细而短，分出后经相邻椎骨的横突之间或骶后孔向后走行，分布于项、背、腰、骶部的深层肌和皮肤。**脊膜支**经椎间孔返回椎管内，分布于脊髓的被膜等处。**交通支**为连于脊神经与交感干之间的细支。

脊神经的**前支**粗大，除第 2～11 胸神经的前支外，其余脊神经的前支分别交织成神经丛，由神经丛发出分支到头颈、躯干前外侧、上肢和下肢。脊神经丛包括**颈丛**、**臂丛**、**腰丛**和**骶丛**。

（二）颈丛

1. 颈丛的组成和位置 颈丛由第 1～4 颈神经前支交织构成（图 9-47），位于胸锁乳突肌上部深面，中斜角肌和肩胛提肌起端的前方。

2. 颈丛的分支 主要包括皮支和肌支。皮支从胸锁乳突肌后缘中点附近浅出后，再散开行向各方。胸锁乳突肌后缘中点，是颈部浅层结构浸润麻醉的注射点。肌支除支配颈部深层肌、肩胛提肌、舌骨下肌群外，主要有膈神经。颈丛的主要分支有：

（1）**枕小神经**：沿胸锁乳突肌后缘上行，分布于枕部及耳郭背面上部的皮肤。

（2）**耳大神经**：沿胸锁乳突肌表面向耳垂方向上行，分布于耳郭及附近皮肤。

（3）**颈横神经**：也称颈皮神经，发出后横过胸锁乳突肌表面向前行，分布于颈部皮肤。

（4）**锁骨上神经**：有 2～4 支辐射状行向下、外方，分布于颈侧区、胸壁上部和肩部的皮肤。

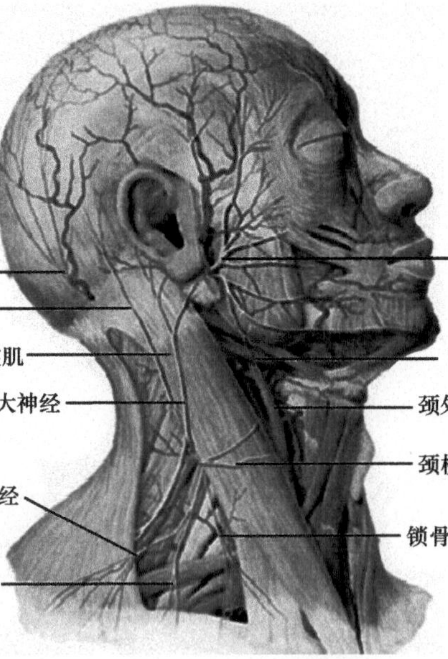

图 9-47　颈丛的组成及分支

（5）**膈神经**：是颈丛中最重要的分支，先位于前斜角肌上端外侧，继而沿该肌前面下降至内侧，在锁骨下动、静脉之间经胸廓上口进入胸腔，经肺根前方，在纵隔胸膜与心包之间下行达膈，于中心腱附近穿入膈肌。膈神经中的运动纤维支配膈肌，感觉纤维分布于胸膜和心包及膈下面的部分腹膜。一般认为右膈神经的感觉纤维尚分布到肝、胆囊和肝外胆道的浆膜（图 9-48）。

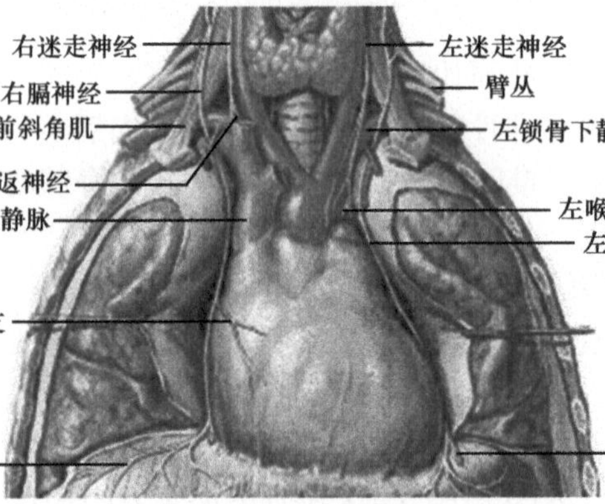

图 9-48　膈神经

膈神经损伤的主要表现是同侧半膈肌瘫痪，腹式呼吸减弱或消失，严重者可有窒息感。膈神经受刺激时可产生呃逆。

（三）臂丛

1. 臂丛的组成和位置　臂丛由第 5～8 颈神经前支和第 1 胸神经前支大部分纤维组成。臂丛经斜角肌间隙穿出，于锁骨下动脉的后上方，经锁骨后方进入腋窝（图 9-49），锁骨中点后方是臂丛麻醉的注射点。

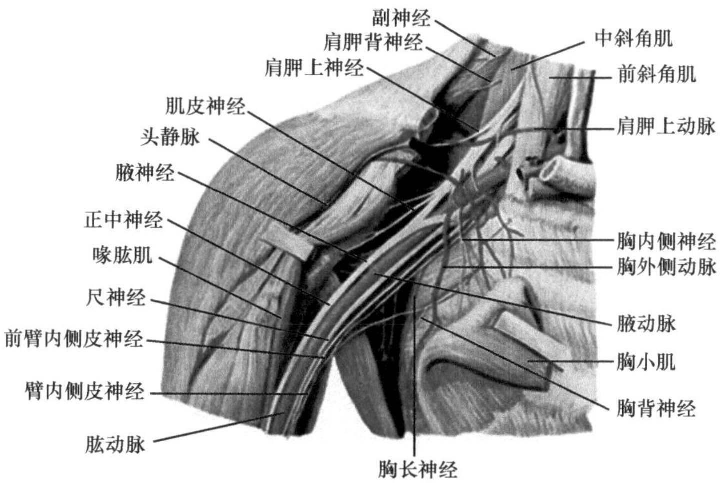

图 9-49 臂丛组成

2. 臂丛的分支

（1）**胸长神经**：起自臂丛神经根，经其后方进入腋窝，沿前锯肌表面下降，支配前锯肌和乳房。损伤此神经可引起前锯肌瘫痪，出现“翼状肩”体征。

（2）**胸背神经**：起自后束，沿肩胛骨外侧缘伴肩胛下血管下行，分布背阔肌。乳腺癌根治术清除淋巴结时，注意勿伤此神经。

（3）**肌皮神经**：自臂丛外侧束发出后，向外侧斜穿喙肱肌，经肱二头肌与肱肌间下行，发支分布这三块肌。其余纤维在肘关节稍下方，经肱二头肌下端外侧穿出深筋膜，称为前臂外侧皮神经，分布前臂外侧皮肤。

（4）**正中神经**：由发自臂丛内、外侧束的两个根合成，两根夹持腋动脉向下。在臂部，正中神经沿肱二头肌内侧沟，伴肱动脉至肘窝（图 9-50）。继而在前臂指浅、深屈肌间达腕部，经腕管，在掌腱膜深面到达手掌。

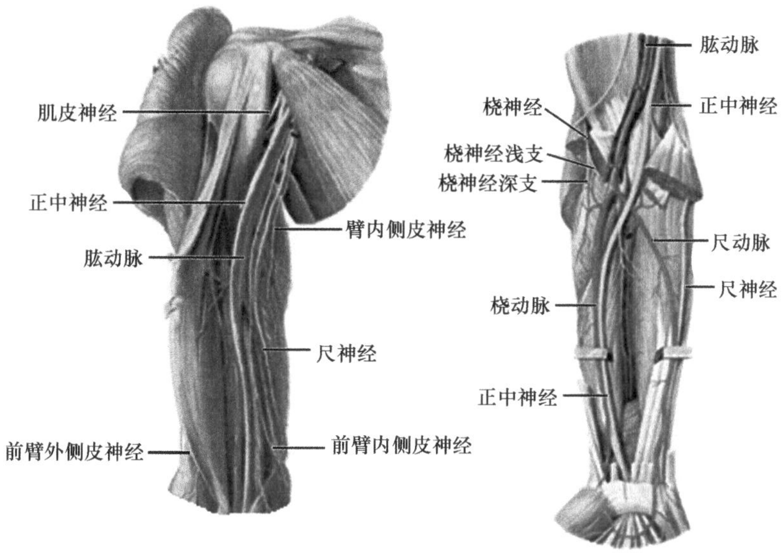

图 9-50 右上肢前面的神经

正中神经在臂部无分支，在肘部及前臂发许多肌支，分布于除肱桡肌、尺侧腕屈肌和指深屈肌尺侧半以外的所有前臂屈肌和旋前肌。在手掌分布于拇收肌以外的鱼际肌。在手掌区，正中神经发出数支至指尖分布于掌心、桡侧三个半手指掌面的皮肤，以及其中节和远节指背的皮肤（图 9-51）。

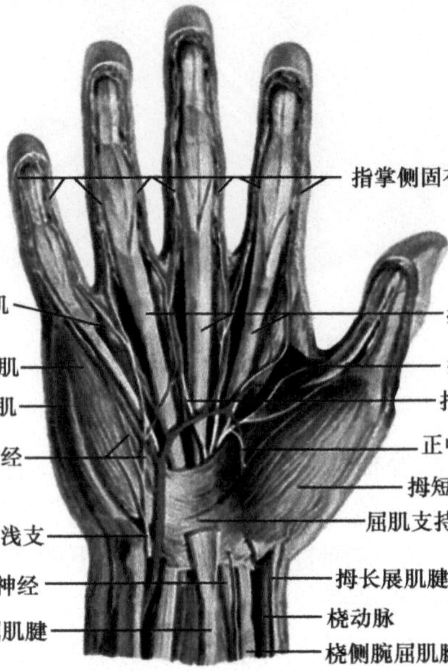

图 9-51　手掌面的神经

正中神经损伤易发生于前臂和腕部。表现为：①运动障碍：前臂不能旋前，屈腕力减弱，拇指、示指、中指不能屈曲，拇指不能做对掌运动。②感觉障碍：皮支分布区感觉迟钝，以拇指、示指、中指远节明显。③肌肉萎缩：鱼际肌萎缩，手掌平坦，也称**“猿手”**。

（5）**尺神经**：发自臂丛内侧束，在腋动、静脉之间出腋窝后，沿肱动脉内侧、肱二头肌内侧沟下行至臂中份，经肱骨内上髁后方的尺神经沟，向下穿过尺侧腕屈肌起端转至前臂前内侧，下行至桡腕关节上方发出手背支。本干分浅、深两支入手掌（图 9-52）。

尺神经在前臂上部发肌支，支配尺侧腕屈肌和指深屈肌尺侧半。浅支分布于小鱼际表面的皮肤和尺侧一个半指掌面皮肤。深支分布于小鱼际肌等。

尺神经受损后可引起：①运动障碍，表现为屈腕力减弱，环指和小指远节指关节不能屈曲，拇指不能内收，各指不能互相靠拢。②感觉障碍，手掌、手背内侧缘皮肤感觉丧失。其他分布区感觉迟钝。③肌肉萎缩，小鱼际肌萎缩致小鱼际平坦，过伸掌指关节，屈第 4、5 指指间关节，表现为**“爪形手”**（图 9-53）。

（6）**桡神经**：发自臂丛后束的粗大神经。在腋窝内位于腋动脉后方，伴肱深动脉向下外行。先经肱三头肌长头与内侧头之间，继而沿桡神经沟绕肱骨中段后面（图 9-54），旋向下外，在肱骨外上髁前方分为浅支与深支。

浅支即皮支，在肱桡肌深面，伴桡动脉下行，至前臂中、下 1/3 交界处转向手背。浅支分布于手背桡侧半和桡侧两个半手指近节背面的皮肤。

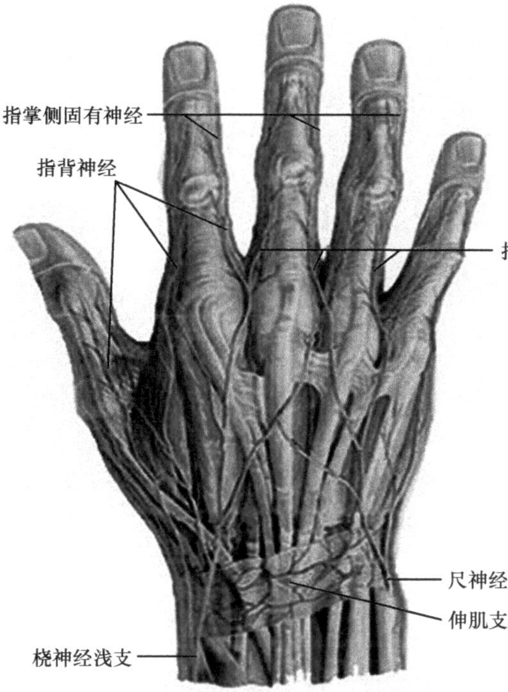

图 9-52 手背面的神经

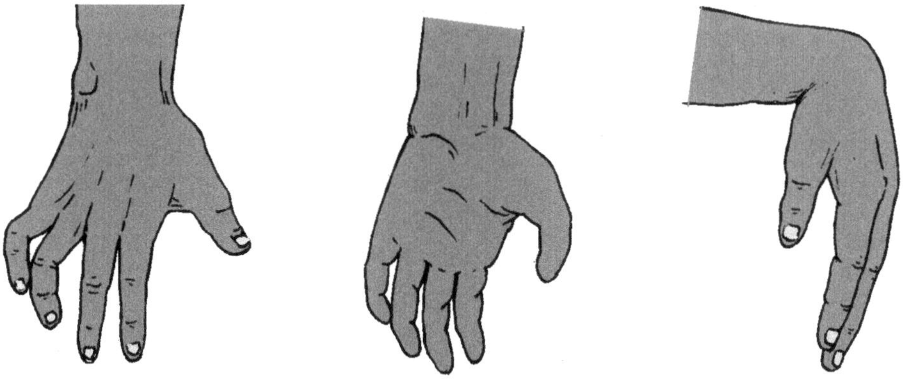

图 9-53 上肢神经损伤的手形

深支较粗，主要为肌支。于前臂背侧深、浅肌之间下行，分数支，其长支可达腕部。

桡神经肌支分布于肱三头肌、肱桡肌、旋后肌和前臂后群所有伸肌。

桡神经最易损伤的部位有以下两处，即在臂中段后部，贴肱骨桡神经沟处及穿旋后肌行于桡骨附近。肱骨中段或中、下 1/3 交界处骨折时容易合并桡神经损伤，主要是前臂伸肌瘫痪，表现为抬前臂时呈**"垂腕"**状，第 1、2 掌骨间背面皮肤感觉障碍明显。桡骨颈骨折时，可损伤桡神经深支，主要表现为伸腕力弱、不能伸指。

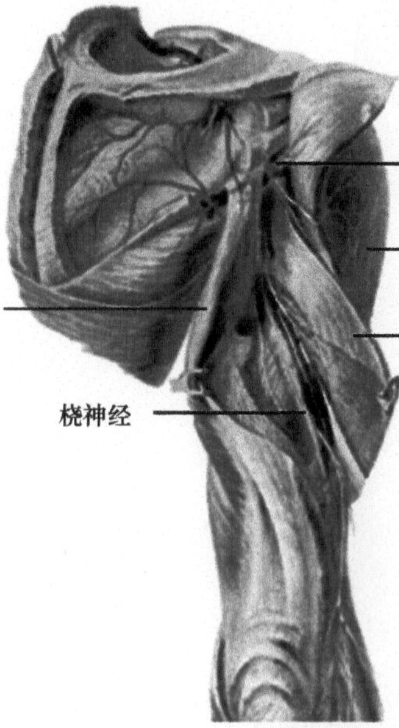

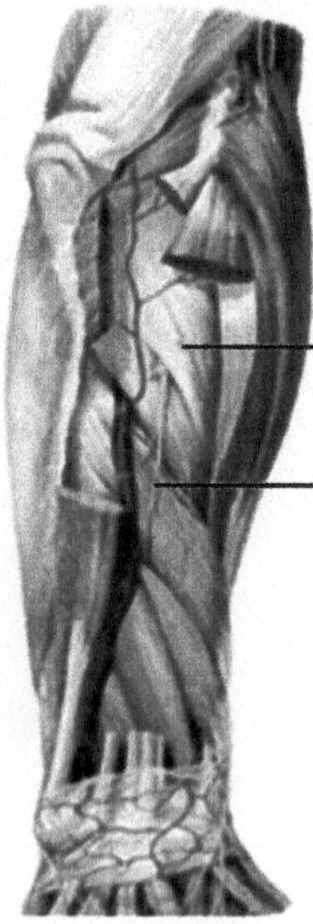

图 9-54　右上肢后面的神经

（7）**腋神经**：自臂丛发出，绕肱骨外科颈的后方至三角肌深面。肌支支配三角肌和小圆肌；皮支分布于肩关节周围的皮肤。肱骨外科颈骨折、肩关节脱位或被腋杖压迫，都可造成腋神经损伤而导致三角肌瘫痪，臂不能外展，肩部、臂外上部感觉障碍。由于三角肌萎缩，肩部失去圆隆的外形，呈“方肩”。

（四）胸神经前支

胸神经前支共有 12 对。除第 1 对的大部分参加臂丛、第 12 对的少部分参加腰丛外，其余不形成神经丛。第 1～11 对胸神经位于各自相应的肋间隙称为**肋间神经**，第 12 对胸神经前支位于第 12 肋下方，故名**肋下神经**。肋间神经伴随肋间后血管，在肋间内、外肌之间，沿肋沟行走。下 5 对肋间神经远侧部和肋下神经斜向下内，行于腹内斜肌与腹横肌之间，并进入腹直肌鞘。肋间神经和肋下神经的肌支分布于肋间肌和腹前外侧肌群，皮支分布于胸、腹壁皮肤及相应的壁胸膜和壁腹膜。

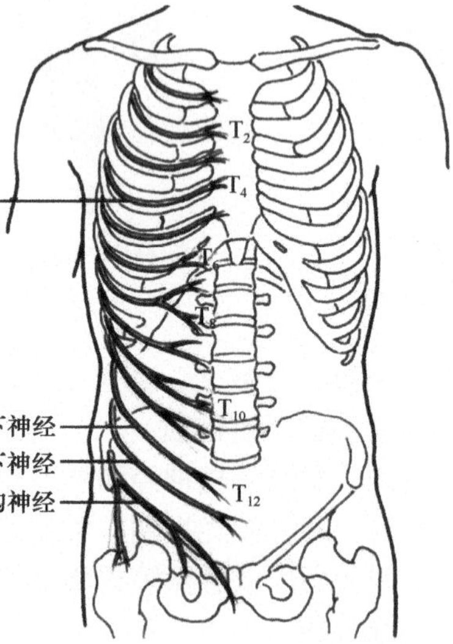

图 9-55　肋间神经在胸腹壁的分布

胸神经前支，在胸、腹壁皮肤呈明显的节段性分布。第 2、4、6、8、10、12 对胸神经前支，分别分布于胸骨角、乳头、剑突、肋弓、脐、脐与耻骨联合连线中点平面，临床常以节段性分布区的感觉障碍平面来推断脊髓损伤的节段（图 9-55）。

（五）腰丛

1. 腰丛的组成和位置 腰丛由第 12 胸神经前支一部分、第 1～3 腰神经前支及第 4 腰神经前支的一部分组成，位于腰大肌深面，其分支自腰大肌穿出（图 9-56）。

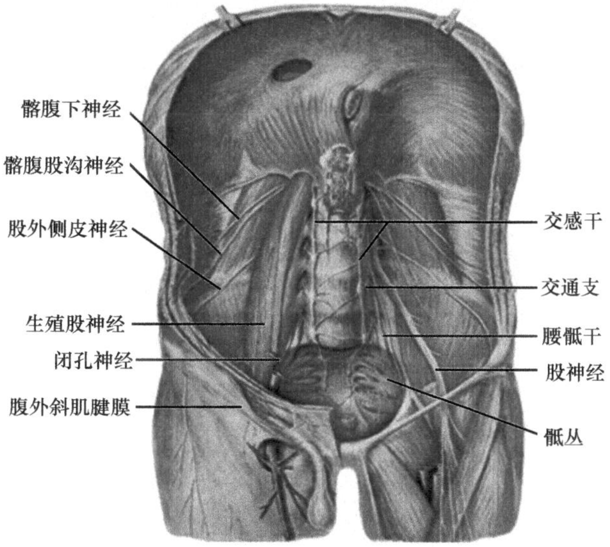

图 9-56 腰、骶丛组成模式图

2. 腰丛的分支 除发肌支就近支配髂腰肌与腰方肌外，还发出：

（1）**髂腹下神经**：自腰大肌外侧缘穿出后，约在腹股沟管浅环上方 3cm 处穿腹外斜肌腱膜达皮下。沿途发支分布于腹壁诸肌，发皮支分布于臀外侧区、腹股沟区及下腹部的皮肤。

（2）**髂腹股沟神经**：与髂腹下神经共干发出，穿经腹股沟管，伴精索或子宫圆韧带下行，自腹股沟管浅环穿出。其肌支分布于腹壁肌，皮支布于腹股沟部、阴囊或大阴唇皮肤。

（3）**股外侧皮神经**：自腰大肌外侧缘穿出后，向前外侧走行，越过髂肌表面达髂前上棘内侧，经腹股沟韧带深面达股部，在髂前上棘下方 5～6cm 处穿出深筋膜，分布于大腿前外侧部的皮肤。

（4）**股神经**：是腰丛最大的分支（图 9-57），自腰大肌外缘侧穿出，于腰大肌与髂肌之间下行，在腹股沟韧带中点稍外侧经韧带深面、股动脉外侧进入股三角区，随即分为数支。①肌支，分布于髂肌、耻骨肌、股四头肌和缝匠肌。②皮支，股中间、股内侧皮神经，分布于大腿及膝关节前面的皮肤。最长的皮支，为隐神经，伴随股动脉入内收肌管，下行至膝关节内侧浅出皮下后，与大隐静脉伴行，分布于小腿内侧面及足内侧缘皮肤。

股神经损伤后表现为：①运动障碍：股前肌群瘫痪，行走时抬腿困难，不能伸小腿。②感觉障碍：大腿前面和小腿内侧面皮肤感觉丧失。③股四头肌萎缩，髌骨突出。④膝反射消失。

（5）**闭孔神经**：自腰大肌内侧缘穿出，贴小骨盆内侧壁前行，穿闭膜管出小骨盆至大腿内侧，分布于大腿内收肌群，大腿内侧面皮肤。

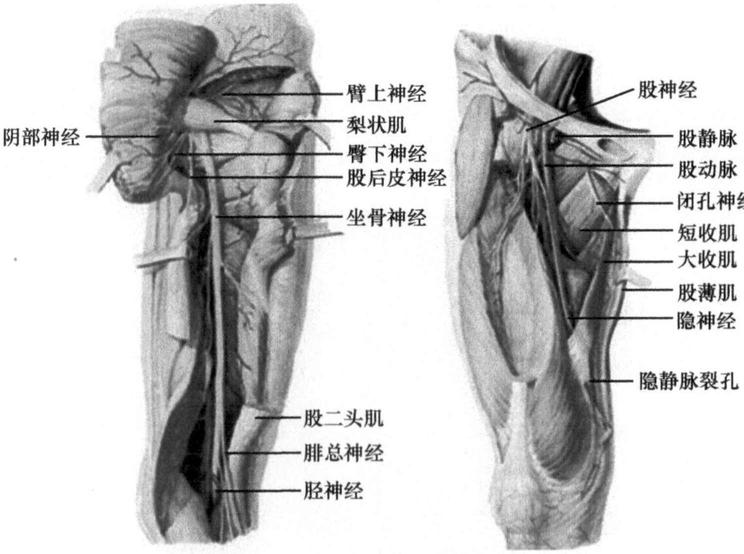

图 9-57　大腿的神经

（6）**生殖股神经**：自腰大肌前面穿出后，在腹股沟韧带上方分成生殖支和股支。生殖支于腹股沟管深环处进入该管，分布于提睾肌和阴囊（或随子宫圆韧带分布于大阴唇）。股支穿过股鞘和阔筋膜分布于股三角部的皮肤。

（六）骶丛

1. 骶丛的组成和位置　骶丛由腰骶干（第 4 腰神经前支余部和第 5 腰神经前支结合而成）、全部骶神经和尾神经前支组成，是全身最大的脊神经丛。骶丛位于盆腔内，骶骨和梨状肌的前面。骶丛呈三角形，尖朝下，移行为坐骨神经。

2. 骶丛的分支　骶丛直接发出短支分布于梨状肌、闭孔内肌、股方肌等。其他分支如下：

（1）**臀上神经**：经梨状肌上孔出盆腔，行于臀中、小肌之间，分布于臀中、小肌和阔筋膜张肌。

（2）**臀下神经**：伴臀下血管经梨状肌下孔出盆腔，行于臀大肌深面，分布于臀大肌。

（3）**股后皮神经**：穿梨状肌下孔出盆腔，在臀大肌下缘浅出下行至腘窝。该神经分布于臀区、股后区和腘窝的皮肤。

（4）**阴部神经**：自骶丛发出后，经梨状肌下孔出骨盆，分布于会阴部、外生殖器、肛门周围的肌和皮肤。

（5）**坐骨神经**：是全身最粗大、最长的神经。经梨状肌下孔出盆腔，于臀大肌深面，坐骨结节与大转子之间下行至股后区，在股二头肌长头深面下行至腘窝上方，分为胫神经和腓总神经两大终支。坐骨神经干在股后区发肌支分布股二头肌、半腱肌和半膜肌，同时发肌支分布于髋关节。

坐骨神经干的体表投影：是自坐骨结节和大转子之间的中点，向下至股骨内、外侧髁之间中点连线的上 2/3 段，为其投影。坐骨神经痛时，常在此连线上出现压痛。

胫神经为坐骨神经本干的直接延续，于股后区下部沿中线下行入腘窝（图 9-58），与腘血管伴行，在小腿后区，比目鱼肌深面下行，经内踝后方进入足底区，分为两终支即足底内侧神经和足底外侧神经。胫神经分布于小腿后肌群和足底肌，小腿后面和足底的皮肤。

胫神经损伤后主要表现为：①运动障碍：小腿后群肌无力，足不能跖屈，不能内翻。②感觉障碍：小腿后面及足底皮肤感觉迟钝或丧失。③足畸形：因小腿前外侧群肌过度牵拉，使足背屈、外翻位，出现“**钩状足**”或称“**仰趾足**”（图 9-59）。

腓总神经沿腘窝上外侧行向外下，绕腓骨颈外侧向前，穿过腓骨长肌起始部，分为腓浅神经和腓深神经。①**腓浅神经**：于腓骨长、短肌与趾长伸肌之间下行，沿途发支分布于腓骨长、短肌。在小腿中下 1/3 交界处浅出成为皮支，分布于小腿外侧、足背和第 2～5 趾背的皮肤。②**腓深神经**：经腓骨与腓骨长肌间斜向前，伴胫前动脉下行于胫骨前肌与趾长伸肌之间，经踝关节前方达足背。腓深神经分布于小腿前群肌、足背肌和第 1、2 趾相对缘的皮肤。

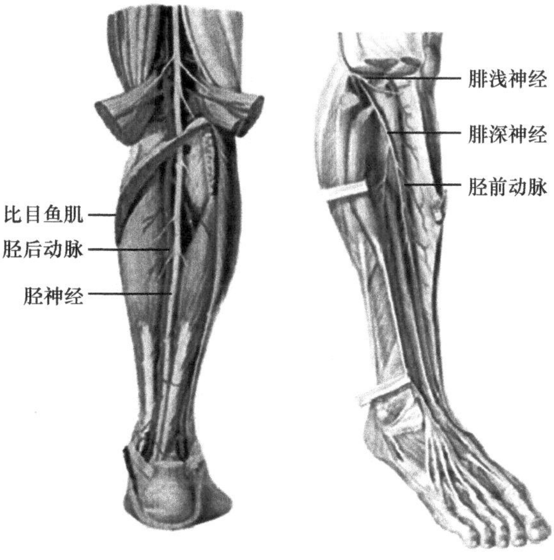

图 9-58　小腿的神经

腓总神经绕行腓骨颈处位置表浅，易受损伤。受损伤后表现为：①运动障碍：足不能背屈，趾不能伸，足下垂且内翻，行走时呈“跨阈步态”（用力屈髋、屈膝提高下肢以抬起足尖来行走。②感觉障碍：小腿前外侧、足背及趾背感觉迟钝或丧失。③足畸形，久之可呈“**马蹄内翻足**”。

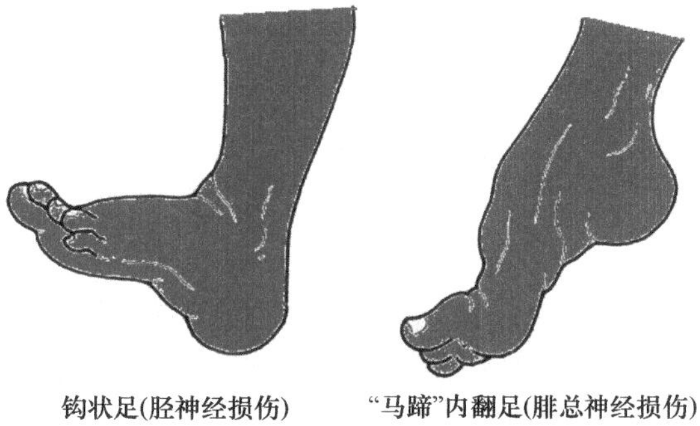

图 9-59　小腿神经损伤足形

二、脑　神　经

脑神经（图 9-60）是周围神经的一部分，它将脑与各部感受器和效应器联系起来。脑神经共 12 对，其排列顺序一般用罗马数字表示。

脑神经的纤维成分较脊神经复杂，含有 7 种纤维成分。①一般躯体感觉纤维，分布于皮肤、肌、肌腱和口、鼻大部分黏膜。②特殊躯体感觉纤维，分布于特殊感觉器官视器和前庭蜗器。③一般内脏感觉纤维，分布于头、颈、胸、腹的脏器。④特殊内脏感觉纤维，分布于味蕾和嗅器。⑤一般躯体运动纤维，分布于眼球外肌、舌肌等。⑥一般内脏运动纤维，分布于平滑肌、心肌和腺体。⑦特殊内脏运动纤维，分布于咀嚼肌、面肌和咽喉肌等。

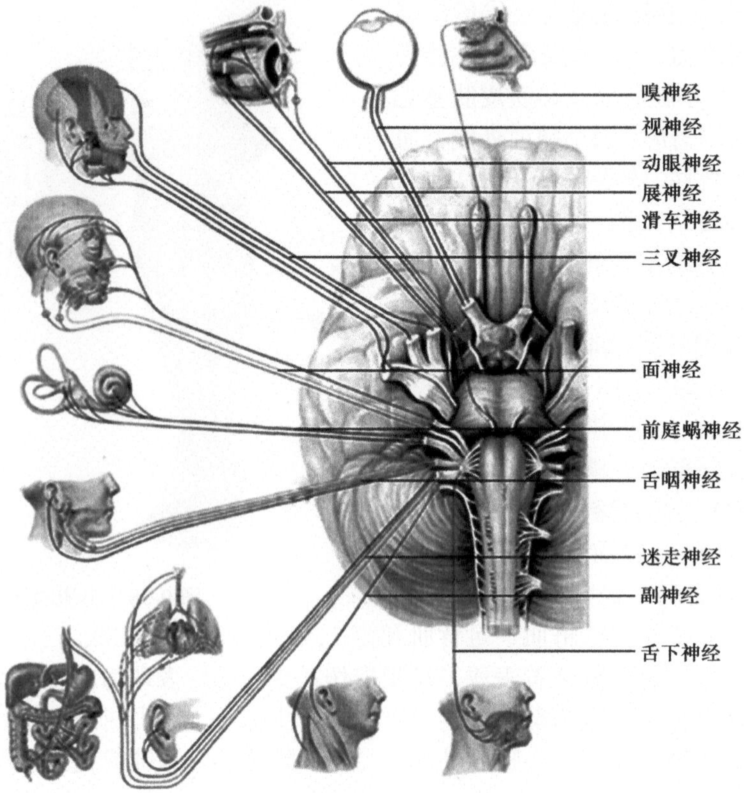

图 9-60　脑神经示意图

每一对脑神经内所包含的纤维成分种类多少不同，因此，可根据脑神经所含纤维成分性质的不同，将脑神经分为感觉性脑神经（第Ⅰ、Ⅱ、Ⅷ对脑神经）、运动性脑神经（第Ⅲ、Ⅳ、Ⅵ、Ⅺ、Ⅻ对脑神经）和混合性脑神经（Ⅴ、Ⅶ、Ⅸ、Ⅹ对脑神经）。

（一）嗅神经

嗅神经含特殊内脏感觉纤维，由 20 多条嗅细胞中枢突聚集而成，嗅细胞周围突分布于鼻腔嗅区的嗅黏膜上皮。嗅神经穿过筛孔入颅前窝，进入嗅球传导嗅觉。

（二）视神经

视神经含特殊躯体感觉纤维，由视网膜节细胞的轴突，在视神经盘处聚集后穿过巩膜筛板而构成视神经。视神经在眶内行向后内，穿经视神经管入颅中窝，向后内走行于垂体前方形成视交叉，再经视束连于外侧膝状体，传导视觉冲动。

（三）动眼神经

动眼神经（图 9-61）为运动性神经，含一般躯体运动和一般内脏运动两种纤维。一般躯体运动纤维起于中脑上丘平面的动眼神经核，一般内脏运动纤维起于动眼神经副核。动眼神经穿海绵窦外侧壁，经眶上裂入眶，分支分布于上睑提肌、上直肌、下直肌、内直肌和下斜肌。动眼神经中的内脏运动纤维（副交感纤维），进入视神经后段外侧的睫状神经节交换神经元，节后纤维进入眼球，分布于睫状肌和瞳孔括约肌，兴奋时使瞳孔缩小、晶状体曲度加大。

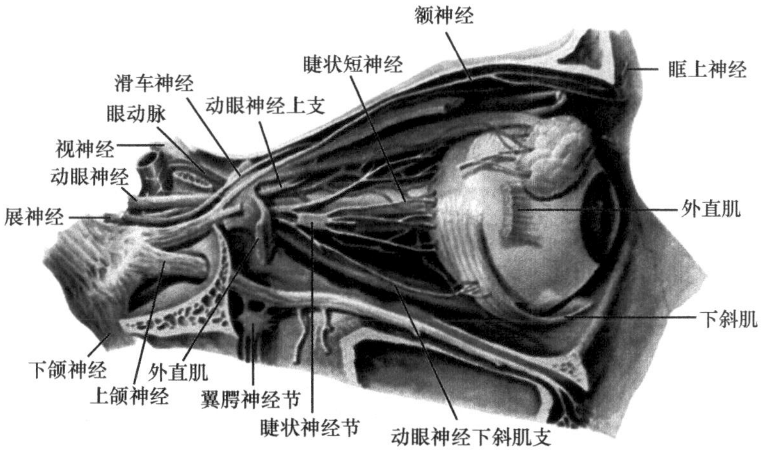

图 9-61 眶内神经侧面观

一侧动眼神经损伤后，可致上睑提肌、上直肌、内直肌、下直肌、下斜肌瘫痪，出现上睑下垂、眼外斜视、瞳孔扩大和患侧眼瞳孔对光反射消失。

（四）滑车神经

滑车神经含一般躯体运动纤维，为运动性脑神经。滑车神经起于中脑下丘平面对侧的滑车神经核，自中脑背侧下丘下方出脑，绕过大脑脚外侧前行，穿海绵窦外侧壁向前，经眶上裂入眶，支配上斜肌。

（五）三叉神经

三叉神经（图 9-62）为最粗大的混合性脑神经，含一般躯体感觉和特殊内脏运动两种纤维。躯体感觉纤维来自三叉神经节，三叉神经节的周围突分为三大分支，第 1 支为眼神经、第 2 支为上颌神经、第 3 支为下颌神经。特殊内脏运动来自三叉神经运动核，纤维组成三叉神经运动根，加入下颌神经。

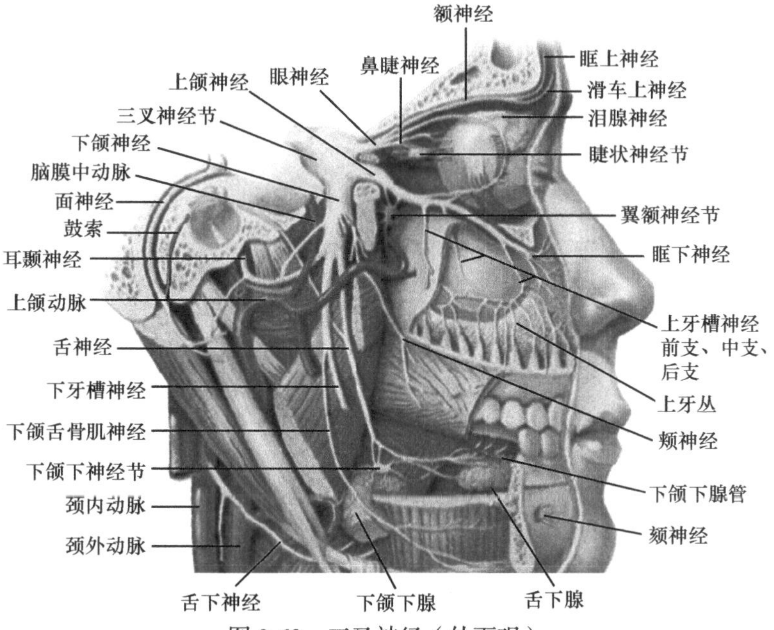

图 9-62 三叉神经（外面观）

1. 眼神经 仅含躯体感觉纤维。经眶上裂入眶，分支分布于眶、眼球、泪腺、结膜、硬脑膜、部分鼻黏膜、额顶部及上睑和鼻背部的皮肤（图 9-63）。

2. 上颌神经 仅含躯体感觉纤维。向前进入海绵窦外侧壁，经圆孔出颅。其主要分支如下：

（1）**眶下神经**：向前经眶下裂入眶，眶下管出眶，分布于下睑、鼻翼、上唇的皮肤和黏膜。上颌部手术可经眶下孔进行麻醉。

（2）**上牙槽神经**：分为上牙槽后、中、前三支，上颌骨内相互吻合，分支分布于上颌牙齿、牙龈及上颌窦黏膜。

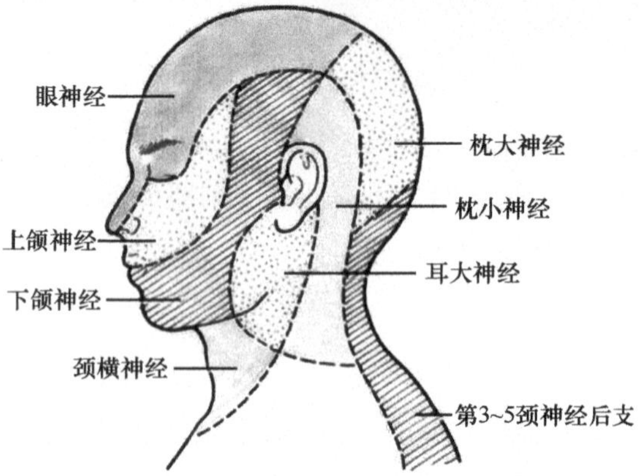

图 9-63 三叉神经皮支的分布范围

3. 下颌神经 为混合性神经，自卵圆孔出颅后，发出肌支分布于咀嚼肌、鼓膜张肌、二腹肌前腹、下颌舌骨肌等。分支如下：

（1）**耳颞神经**：分布于腮腺、耳屏、外耳道及颞区皮肤。

（2）**颊神经**：分布于颊部皮肤及口腔侧壁黏膜。

（3）**舌神经**：分布于口腔底及舌前 2/3 黏膜，传导一般感觉。

（4）**下牙槽神经**：穿下颌孔入下颌管，分布于下颌牙及牙龈，其终支自颏孔穿出，称颏神经，分布于颏部及下唇的皮肤和黏膜。

（六）展神经

展神经属躯体运动神经，起自展神经核，向腹侧经延髓脑桥沟中线两侧出脑，前行至颞骨岩部尖端入海绵窦，在窦内沿颈内动脉外下方穿出，经眶上裂入眶。展神经分布于外直肌，损伤后可引起外直肌瘫痪，产生内斜视。

（七）面神经

面神经为混合性脑神经，在延髓脑桥沟于展神经外侧连于脑桥，含有 4 种纤维成分：①特殊内脏运动纤维，起自面神经核，主要支配面肌的运动。②一般内脏运动纤维，起自上泌涎核，其节后纤维分布于泪腺、下颌下腺、舌下腺及鼻、腭的黏膜腺，支配腺体的分泌。③特殊内脏感觉纤维，分布于舌前 2/3 黏膜的味蕾。④一般躯体感觉纤维，传导耳部皮肤的躯体感觉和表情肌的本体感觉。

面神经进入内耳门，穿内耳道底入面神经管，自茎乳孔出颅，向前穿过腮腺到达面部（图 9-64）。

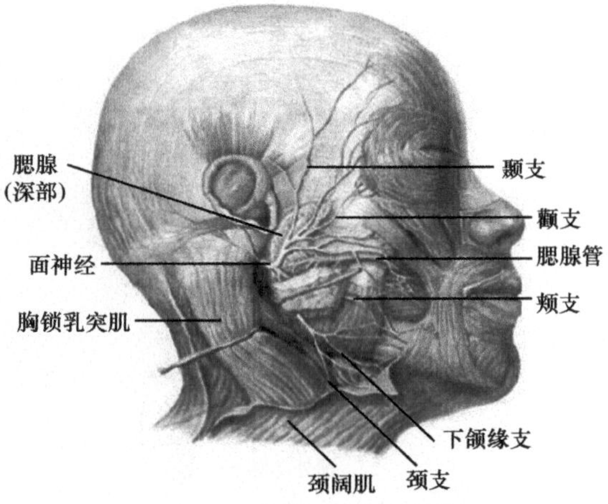

图 9-64 面神经在面部的分支

1. 面神经管内的分支

（1）**鼓索**：在面神经出茎乳孔上方发出，加入三叉神经的舌神经中，味觉纤维随舌神经分布于舌前 2/3 的味蕾，副交感节后纤维分布于下颌下腺和舌下腺，支配其分泌活动。

（2）**岩大神经**：其节后纤维分布于泪腺、腭及鼻黏膜的腺体，支配其分泌。

2. 面神经的颅外分支　面神经出茎乳孔后，前行在腮腺内分支组成腮腺内丛，由该丛发分支至腮腺前缘呈辐射状穿出。分支如下：

（1）**颞支**：常为 3 支，支配额肌和眼轮匝肌等。

（2）**颧支**：3～4 支，支配眼轮匝肌及颧肌。

（3）**颊支**：3～4 支，在腮腺导管上、下方走行，至颊肌、口轮匝肌及其他口周围肌。

（4）**下颌缘支**：沿下颌缘向前，分布于下唇诸肌。

（5）**颈支**：在下颌角附近下行于颈阔肌深面，支配该肌。

（八）前庭蜗神经

前庭蜗神经为感觉性脑神经，含有传导平衡觉和传导听觉的特殊躯体感觉纤维，由前庭神经和蜗神经两部分组成（图 9-65）。在延髓脑桥沟于面神经外侧连于脑桥。**前庭神经**传导平衡觉，**蜗神经**传导听觉。前庭蜗神经损伤后，可致伤侧耳聋和平衡功能障碍；眩晕和眼球震颤，伴有呕吐等症状。

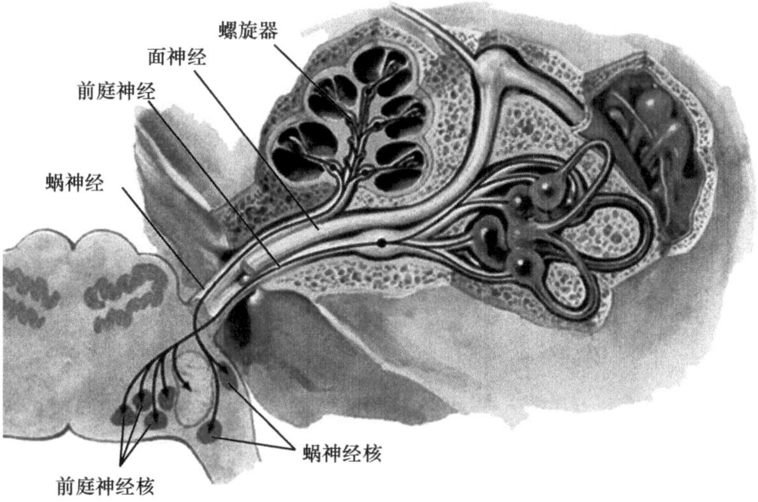

图 9-65　前庭蜗神经

（九）舌咽神经

舌咽神经为混合性脑神经，经颈静脉孔出颅腔（图 9-66），含有 5 种纤维成分：①特殊内脏运动纤维，起于疑核，支配茎突咽肌。②一般内脏运动（副交感）纤维，起于下泌涎核，支配腮腺分泌。③一般内脏感觉纤维，分布于咽、舌后 1/3，咽鼓管和鼓室等处黏膜，以及颈动脉窦和颈动脉小球。④特殊内脏感觉纤维，分布于舌后 1/3 的味蕾。⑤一般躯体感觉纤维，分布于耳后皮肤。

1. 舌支　分数支分布于舌后 1/3 黏膜和味蕾，传导一般感觉和味觉。

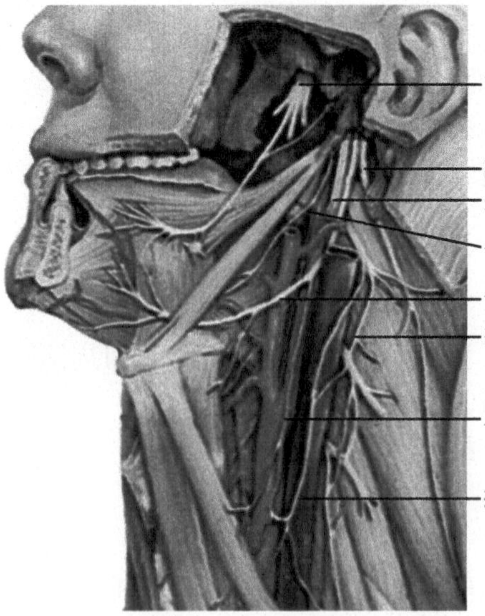

图 9-66 舌咽神经和舌下神经

2. 咽支 分布于咽肌及咽黏膜。

3. 鼓室神经 分布于鼓室、乳突小房和咽鼓管黏膜，支配腮腺分泌活动。

4. 颈动脉窦支 有 1～2 支，至颈动脉窦和颈动脉小球，将动脉压力变化和二氧化碳浓度变化的刺激传入中枢，反射性地调节血压和呼吸。

一侧舌咽神经损伤表现为同侧舌后1/3 味觉消失，舌根及咽峡区痛觉消失，但咽反射和吞咽反射障碍多不出现，同侧咽肌无力。

（十）迷走神经

迷走神经为混合性神经，是行程最长、分布最广的脑神经（图 9-67）。迷走神经含有 4 种纤维成分：①一般内脏运动（副交感）纤维，起于延髓的迷走神经胸核，分布于颈、胸、腹部多种器官，控制这些器官的平滑肌、心肌和腺体的活动；②特殊内脏运动纤维，起于延髓的疑核，支配咽喉部肌；③一般内脏感觉纤维，分布于颈、胸、腹部的多种器官，传导一般内脏感觉冲动；④一般躯体感觉纤维，分布于硬脑膜、耳郭及外耳道皮肤，传导一般感觉。

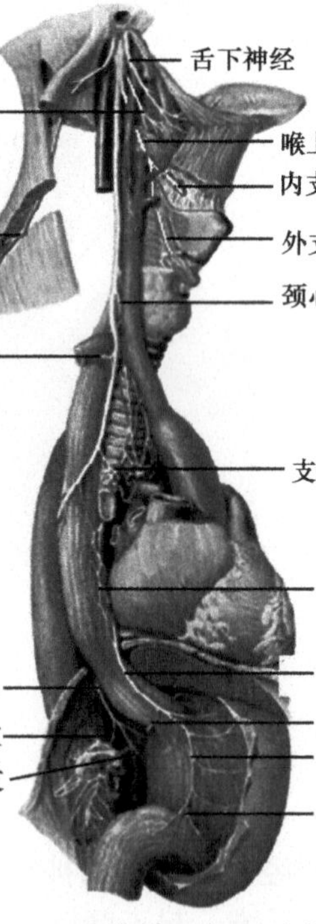

图 9-67 迷走神经行程及分支

迷走神经也是经颈静脉孔出颅，出颅后在颈部下行于颈动脉鞘内，位于颈内静脉与颈内动脉或颈总动脉之间的后方，下行至颈根部。左、右迷走神经分别形成迷走神经**前干和后干**，伴食管一起穿膈肌食管裂孔进入腹腔，分布于胃前、后壁，其终支为腹腔支，参与内脏运动神经构成的腹腔丛。其中较重要的分支如下：

1. 颈部的分支

（1）**喉上神经**：在颈内动脉内侧下行（图 9-68），内支分布于声门裂以上的喉黏膜及会厌、舌根等，外支支配环甲肌。

（2）**颈心支**：参与心丛的构成，由此发出分支分布于心肌。

2. 胸部的分支

（1）**喉返神经**：左、右喉返神经的起点和行程有所不同。右喉返神经在迷走神经干经右锁骨下动脉前方处发出后，由下后方钩绕此动脉上行，返回颈部。左喉返神经发起点稍低，在左迷走神经干跨过主动脉弓前方时发出，继而绕主动脉弓下后方上行，返回颈部。特殊内脏运动纤维支配除环甲肌以外的所有喉肌，内脏感觉纤维分布于喉黏膜。喉返神经是支配大多数喉肌的运动神经，在入喉以前与甲状腺下动脉及其分支相互交叉，在甲状腺手术时应避免损伤喉返神经。喉返神经一侧受损，可致声音嘶哑或发音困难，若两侧喉返神经同时受损，可引起失声、呼吸困难，甚至窒息。

（2）**支气管支、食管支、胸心支**：分布于气管、支气管、肺及食管，传导脏器和胸膜的感觉，并支配器官的平滑肌及腺体。

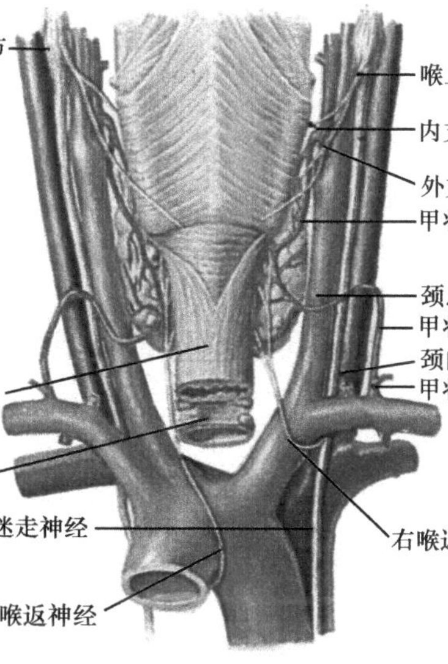

图 9-68 迷走神经在颈部的分支（后面）

3. 腹部的分支 全部由内脏运动（副交感）纤维和内脏感觉纤维构成。

（1）**胃前支**：沿胃小弯向右，分布于胃前壁，其终支以“鸦爪”形分支分布于幽门部前壁。

（2）**肝支**：向右行于小网膜内，分支分布于肝、胆囊等处。

（3）**胃后支**：沿胃小弯后面走行，终支与胃前支相似，也以“鸦爪”形分支分布于幽门窦及幽门管后壁。

（4）**腹腔支**：为迷走神经后干的终支，分支分布于肝、胆、胰、脾、肾及结肠左曲以上的腹部消化管。

迷走神经主干损伤后，内脏活动障碍表现为脉速、心悸、恶心、呕吐、呼吸深慢和窒息等症状。由于咽喉感觉障碍和肌肉瘫痪，可出现声音嘶哑、语言和吞咽困难，腭垂偏向一侧等症状。

（十一）副神经

副神经为运动性脑神经，由起于疑核和脊髓的副神经核组成，分为颅根和脊髓根。经颈静脉孔出颅后，颅根纤维加入迷走神经分布于咽喉部肌；脊髓根纤维较粗，经颈内动、静脉之间，向外下后斜行穿胸锁乳突肌，自胸锁乳突肌后缘上、中 1/3 交点处浅出，于斜方肌前缘中、下 1/3 交点处，进入斜方肌深面，分支支配此二肌。副神经脊髓根损伤时，由于胸锁乳突肌瘫痪使头偏向健侧，面部转向患侧。由于斜方肌瘫痪，患侧肩胛骨下垂。

（十二）舌下神经

舌下神经为运动性脑神经，由躯体运动纤维组成。由舌下神经核发出后，经舌下神经管出颅，在颈内动、静脉之间弓形向前下走行，达舌骨舌肌浅面，在舌神经和下颌下腺管下方穿颏舌肌入舌内，支配全部舌内肌和舌骨舌肌和颏舌肌。一侧舌下神经损伤时，患侧半舌肌瘫痪，伸舌时舌尖偏向患侧。

三、内 脏 神 经

内脏神经是神经系统中分布于内脏、心血管和腺体的部分，它和躯体神经一样，可分为内脏运动神经和内脏感觉神经。内脏运动神经支配平滑肌、心肌的运动和腺体的分泌，主要影响物质代谢活动，这种调节是人的意志难以控制的，故而又称之为**自主神经**或**植物性神经**。内脏感觉神经的末梢分布于内脏及心血管各处的内感受器，通过反射调节器官的活动，以维持机体内、外环境的动态平衡。

（一）内脏运动神经

内脏运动神经（图 9-69）和躯体运动神经一样，都受大脑皮质和皮质下各级中枢的控制、调节，但两者无论在功能上还是形态结构上都有许多不同之处。

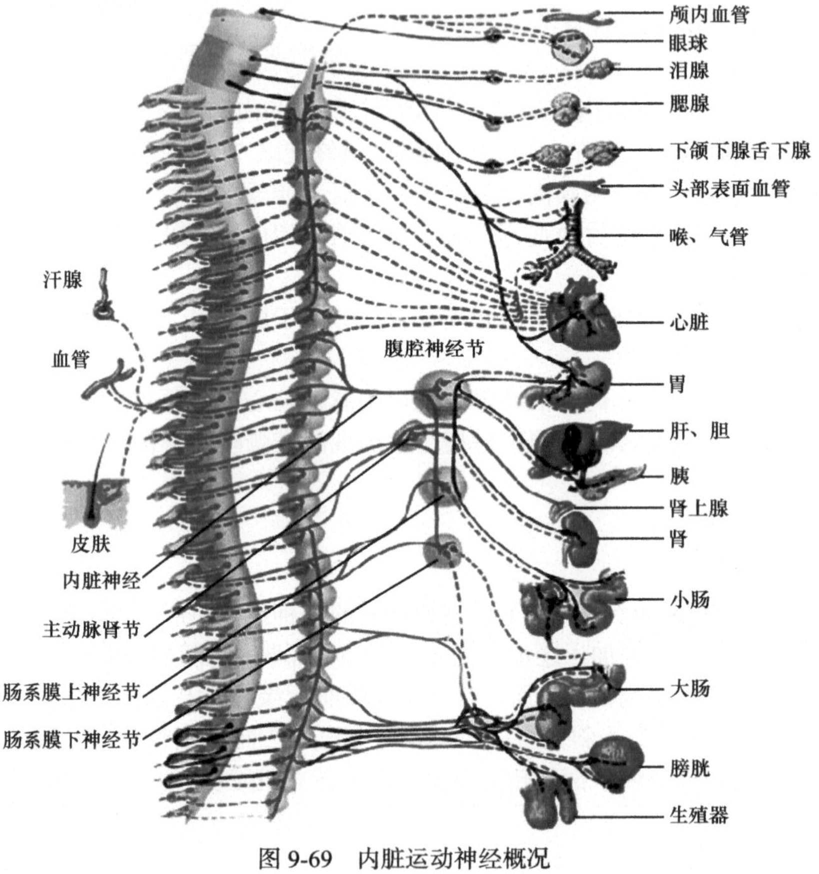

图 9-69　内脏运动神经概况

内脏运动神经和躯体运动神经差异主要表现在：①支配的对象不同，躯体运动神经支配骨骼肌并受意志控制，而内脏运动神经支配平滑肌、心肌和腺体，在一定程度上不受意志控制。②纤维成分不同，躯体运动神经只有一种纤维成分，而内脏运动神经包括交感、副交感两种纤维成分，并且多数内脏器官同时接受两种纤维的共同支配。③低级中枢不同，躯体运动神经低级中枢是位于脑干的躯体运动核和脊髓灰质前角，而内脏运动神经低级中枢较分散地位于脑干的内脏运动核和脊髓 $T_1 \sim L_3$ 节段的侧角、$S_{2\sim4}$ 节段的骶副交感核。④走行不同，躯体运动神经自低级中枢至骨骼肌只有一个神经元，而内脏运动神经自低级中枢发出（节前纤维）后，必须在内脏运动神经节内换神经元，由此发出的纤维（节后纤维）才能到达支配器官。⑤分布形式不同，躯体运动神经以神经干的形式分布于效应器，而内脏运动神经的节后纤维则通常先在效应器周围形成神经丛，后由神经丛分支到器官。

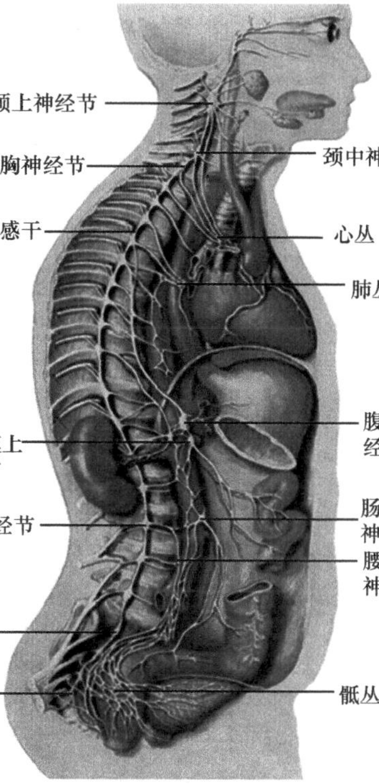

图 9-70 交感干及其分布模式图

1. 交感神经 分为中枢部和周围部（图 9-70）。其低级中枢位于脊髓 $T_1 \sim L_3$ 节段灰质侧角。周围部包括交感神经节、交感神经干、神经和交感神经丛等。

（1）**交感神经节**：根据交感神经节所在位置不同，又可分为椎旁节和椎前节。①**椎旁节**，位于脊柱两旁，呈梭形或多角形，每一侧**椎旁节**的总数为 21～26 个。②**椎前节**，位于脊柱前方，腹主动脉脏支根部。椎前节包括**腹腔神经节**、**肠系膜上神经节**、**肠系膜下神经节**和**主动脉肾节**等。

（2）**交感干**：位于脊柱两侧，由交感神经节和节间支连成。上至颅底，下至尾骨，于尾骨的前面两干合并于奇神经节。

（3）**交通支**：每一个交感干神经节与相应的脊神经之间有交通支相连，分白交通支和灰交通支两种（图 9-71）。①**白交通支**，主要由有髓鞘的节前纤维组成，呈白色；节前神经元的细胞体仅存在于脊髓 $T_1 \sim L_3$ 节段的脊髓侧角，故白交通支也只存在于脊髓 $T_1 \sim L_3$ 脊神经的前支至相应的交感神经节之间。②**灰交通支**，连于交感干与 31 对脊神经前支之间，由交感干神经节细胞发出的节后纤维组成，多无髓鞘，色灰暗。

交感神经节前纤维由脊髓中间带外侧核发出后，经脊神经前根、脊神经干、白交通支进入交感干后，有 3 种去向：①终止于相应的椎旁节，并交换神经元。②在交感干内上行或下行后，终于上方或下方的椎旁节。在交感干内上升或下降的纤维在所有椎旁节之间即构成节间支。③穿过椎旁节后，至椎前节换神经元。

交感神经节后纤维也有 3 种去向：①发自交感干神经节的节后纤维经灰交通支返回脊神经，随脊神经分布至头颈部、躯干和四肢的血管、汗腺和竖毛肌等。②攀附动脉走行，在动脉外膜形成相应的神经丛（如颈内、外动脉丛，腹腔丛，肠系膜上丛等），并随动脉分布到所支配的器官。③离开交感神经节直接分布到所支配的脏器。

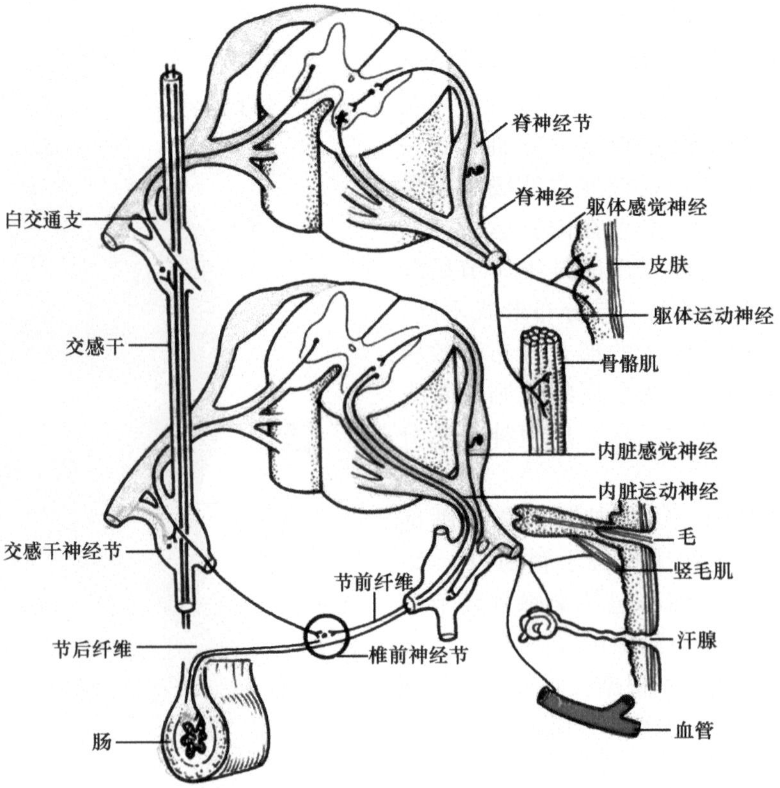

图 9-71 交感神经纤维走向模式图

交感神经节前、节后纤维分布均有一定规律（表 9-1）。

表 9-1 交感神经的节后纤维分布概况

节前纤维的来源	神经元胞体的部位	节后纤维的分布
脊髓 $T_{1\sim5}$ 节段的侧角	椎旁节	头颈、胸腔器官及上肢的血管、汗腺、竖毛肌
脊髓 $T_{5\sim12}$ 节段的侧角	椎旁节或椎前节	肝、胰、脾、肾等腹腔实质器官，结肠左曲以上的消化管
脊髓 $L_{1\sim3}$ 节段的侧角	椎旁节或椎前节	结肠左曲以下的消化管、盆腔脏器和下肢的血管、汗腺、竖毛肌

2. 副交感神经 分为中枢部和周围部。低级中枢位于脑干的副交感神经核和脊髓骶部第 2～4 节段灰质的骶副交感核。周围部包括副交感神经节、节前纤维和节后神经元。

副交感神经节，分器官旁节和器官内节，节内的细胞即为节后神经元。位于颅部的副交感神经节较大，肉眼可见。颅部副交感神经节前纤维即在这些神经节内交换神经元，然后发出节后纤维随相应脑神经到达所支配的器官。

（1）**脑干的副交感神经**：其节前纤维行于第Ⅲ、Ⅶ、Ⅸ、Ⅹ对脑神经内，已于脑神经中详述。

（2）**骶部副交感神经节**：节前纤维由脊髓骶部第 2～4 节段的骶副交感核发出，随骶神经出骶前孔，又从骶神经分出组成盆内脏神经加入盆丛，随盆丛分支分布到盆腔脏器，在脏器附近或脏器壁内的副交感神经节交换神经元，节后纤维支配结肠左曲以下的消化管和盆腔脏器。

3. 交感神经与副交感神经的主要区别 交感神经和副交感神经都是内脏运动神经，常共同支配一个器官，形成对内脏器官的双重神经支配。但在神经来源、形态结构、分布范围和功能上，交感神经与副交感神经又有明显的区别（表 9-2）。

表 9-2　交感神经和副交感神经的比较

	低级中枢的部位	周围神经节的位置	节前纤维和节后纤维的比较	分布范围
交感神经	位于脊髓的 T_1～L_3 节的侧角内	脊柱的两旁或脊柱的前方	节前纤维短，节后纤维长	分布范围广，一般认为除分布于胸、腹腔、盆腔器官外，尚遍及头、颈器官及全身的血管、皮肤、汗腺和竖毛肌
副交感神经	脑干内的副交感核，脊髓第 2～4 骶节的骶副交感核	位于所支配器官的附近或在其壁内	节前纤维长，节后纤维短	不如交感神经分布广泛，一般认为大部分血管、汗腺、竖毛肌、肾上腺髓质无副交感神经支配

4. 内脏神经丛　交感神经、副交感神经和内脏感觉神经在到达所支配的脏器的过程中，常互相交织共同构成内脏神经丛（自主神经丛或植物神经丛），如心丛、肺丛、腹腔丛、腹主动脉丛、腹下丛等。由这些神经丛发出分支，分布于胸、腹及盆腔的内脏器官。

（二）内脏感觉神经

人体各内脏器官除有交感和副交感神经支配外，也有感觉神经分布。内感受器接受来自内脏的刺激，内脏感觉神经将其变成神经冲动，并将内脏感觉性冲动传到中枢，中枢可直接通过内脏运动神经或间接通过体液调节各内脏器官的活动。内脏感觉和躯体感觉相比有以下特点：

（1）正常的内脏活动一般不引起感觉，只有在较强的内脏活动的情况下才引起感觉。

（2）内脏对牵拉、膨胀和痉挛等刺激较敏感，而对切、割等刺激不敏感。

（3）内脏感觉的转入途径分散，因此，内脏痛往往是比较弥散的，定位模糊。

（三）牵涉性痛

当某些内脏器官发生病变时，常在体表一定区域产生感觉过敏或痛觉，这种现象称为牵涉性痛。牵涉性痛有时发生在患病内脏邻近的皮肤区，有时发生在距患病内脏较远的皮肤区。例如，心绞痛时，常在胸前区及左臂内侧皮肤感到疼痛。肝胆疾患时，常在右肩部感到疼痛等。

关于牵涉性痛的发生机制，现在认为，发生牵涉性痛的体表部位与病变器官往往受同一节段脊神经的支配，体表部位和病变器官的感觉神经进入同一脊髓节段，并在后角内密切联系。因此，从患病内脏传来的冲动可以扩散或影响到邻近的躯体感觉神经元，从而产生牵涉性痛。

第四节　神经系统的传导通路

神经传导通路是从感受器到大脑皮质，或从大脑皮质至效应器的神经元链。其中，从感受器到大脑皮质的神经元链，称感觉（上行）传导通路；从大脑皮质到效应器的神经元链，称运动（下行）传导通路。

一、感觉传导通路

（一）本体感觉和精细触觉传导通路

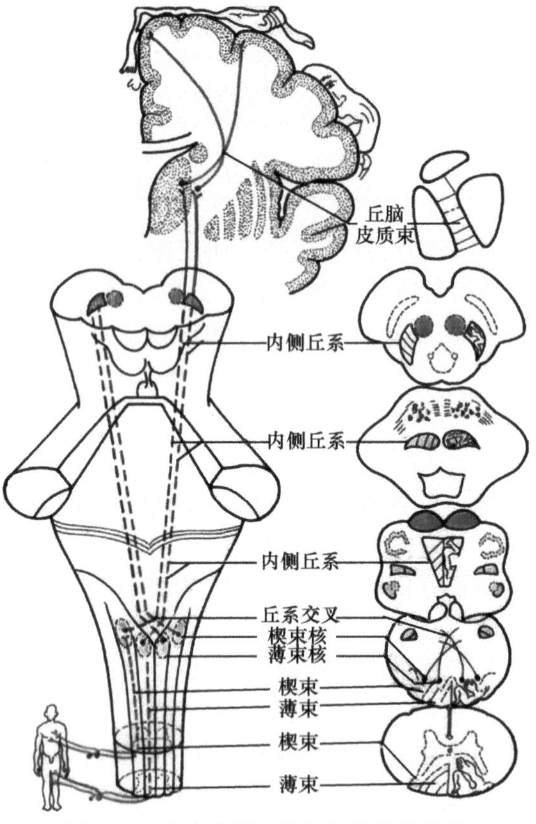

图 9-72　本体感觉和精细触觉传导通路

本体感觉是指肌、腱、关节等运动器官本身在不同状态时产生的感觉。因位置较深，又称深部感觉。此外在本体感觉传导通路中，还传导皮肤的精细触觉（即辨别两点间距离和感受物体的纹理粗细等）。该传导通路由3级神经元组成（图 9-72）。

第①级神经元的胞体是脊神经节内的大型假单极神经元，周围突构成脊神经的感觉纤维，分布于四肢、躯干的肌、腱、关节和骨膜等处的深部感受器（肌梭、腱梭等）和皮肤精细胞触觉感受器；中枢突经后根内侧部进入脊髓后索。其中，来第 5 胸节以下的纤维，形成薄束，来自第 4 胸节以上的纤维形成楔束。薄束和楔束的纤维至延髓后分别终止于薄束核与楔束核。

第②级神经元，胞体位于薄束核与楔束核内，其纤维行向腹侧，构成内弓状纤维，在中央灰质腹侧中线处，与对侧者交叉，即丘系交叉。交叉后的纤维转向上行于锥体后方（背侧）中线的两侧，即内侧丘系。向上经脑桥、中脑，最后终于丘脑腹后外侧核。

第③级神经元，胞体位于丘脑腹后外侧核，发出的第③级纤维，组成丘脑中央辐射，经内囊后肢，投射到中央后回上 2/3 和中央旁小叶后部的皮质。

（二）痛温觉和粗触觉传导通路

该通路又称浅感觉传导通路，该传导通路由 3 级神经元组成（图 9-73），分为躯干四肢痛温觉及粗触觉传导通路和头面部痛温觉及触觉传导通路。

1. 躯干四肢痛温觉和粗触觉传导通路　第①级神经元是脊神经节内的小型和中型假单极神经元。周围突构成脊神经内的感觉纤维，分布到躯干和四肢的皮肤。中枢突通过后根的外侧部进入脊髓后外侧束，上升 1～2 个脊髓节，然后进入灰质。

第②级神经元，胞体主要位于后角。其传出纤维在同节段内行向腹侧，经白质前连合交叉至对侧脊髓侧索和前索，再转行向上，形成脊髓丘脑束，最后终于丘脑腹后外侧核。

第③级神经元，胞体位于丘脑腹后外侧核。由该核发出的纤维即第③级纤维组成丘脑中央辐射，经内囊后肢，投射到中央后回上 2/3 和中央旁小叶后部的皮质。

2. 头面部痛温觉和触觉传导通路 第①级神经元胞体位于三叉神经节内。三叉神经节内假单极神经元的周围突随三叉神经的分支分布于面部，中枢突构成三叉神经感觉根。进入脑桥后，传导触觉与压觉的纤维止于三叉神经脑桥核；传导痛温觉的纤维止于三叉神经脊束核。

第②级神经元胞体在脑桥核和脊束核内。第②级神经元发出的纤维交叉至对侧组成三叉丘脑束，在内侧丘系背侧上升至丘脑，终止于丘脑腹后内侧核。

第③级神经元胞体位于丘脑腹后内侧核，由核发出的第③级纤维组成丘脑中央辐射，经内囊后肢，投射到中央后回下 1/3 的皮质。

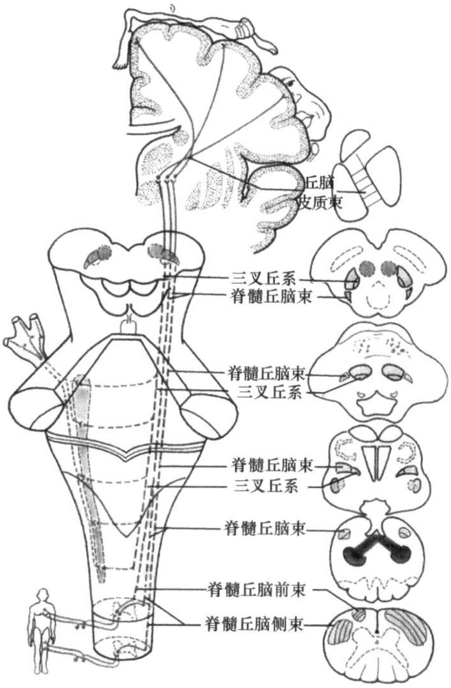

图 9-73 痛温觉和粗触觉传导通路

（三）视觉传导通路和瞳孔对光反射通路

1. 视觉传导通路 由 3 级神经元组成（图 9-74）。第①级神经元为双极细胞，其周围突与视网膜内的视锥细胞和视杆细胞形成突触，中枢突与节细胞形成突触。

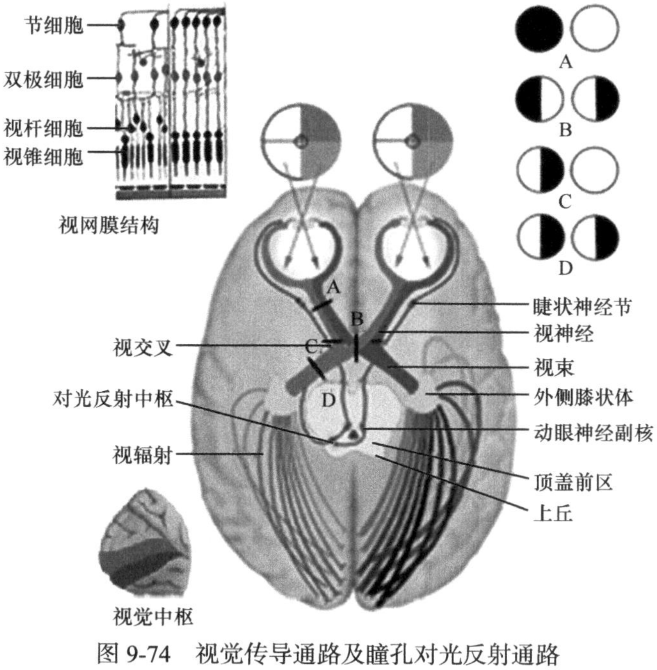

图 9-74 视觉传导通路及瞳孔对光反射通路

第②级神经元是节细胞，其轴突在视神经盘（乳头）处集合成视神经。视神经由视神经管入颅腔，形成视交叉后，延为视束。在视交叉中，来自两眼视网膜鼻侧半的纤维交叉，交叉后加入对侧视束；来自视网膜颞侧半的纤维不交叉，走在同侧视束内。经交叉后的视束内含有同侧眼视网膜的颞侧半纤维和对侧眼视网膜的鼻侧半纤维。视束向后绕大脑脚终于外侧膝状体。

第③三级神经元的胞体在外侧膝状体内，由外侧膝状体发出的纤维组成视辐射，经内囊后肢投射到大脑皮质距状沟周围的视区。

2. 瞳孔对光反射通路 光照一侧瞳孔，引起两眼瞳孔缩小的反应称瞳孔对光反射。光照侧的反应称直接对光反射，未照射侧的反应称间接对光反射。瞳孔对光反射通路为：

光→一侧视网膜→视神经→视交叉→视束→上丘臂→顶盖前区→两侧动眼神经副核→动眼神经→睫状神经节→睫状短神经→双侧瞳孔括约肌收缩→双侧瞳孔缩小。

（四）听觉传导通路

听觉传导的第 1 级神经元是双极细胞，位于耳蜗内的蜗螺旋神经节内。其周围突分布于内耳的螺旋器；中枢突组成蜗神经，与前庭神经一道进入脑桥，止于蜗神经腹侧核和背侧核。第 2 级神经元胞体在蜗神经腹侧核和背侧核，发出纤维大部分在脑桥内交叉至对侧并折向上行形成外侧丘系，外侧丘系的纤维大多数止于下丘，第 3 级神经元胞体在下丘，其纤维经下丘臂止于内侧膝状体。第 4 级神经元胞体在内侧膝状体，发出纤维组成听辐射，经内囊后肢止于听觉中枢。

少数蜗神经腹侧核和背侧核的纤维不交叉，进入同侧外侧丘系；也有少数外侧丘系的纤维直接止于内侧膝状体；还有一些蜗神经核发出的纤维在上橄榄核换神经元，然后加入同侧的外侧丘系。因此，听觉冲动是双侧传导的。若一侧通路在外侧丘系以上受损，不会产生明显症状，但若损伤了蜗神经、内耳或中耳，则将导致听觉障碍。

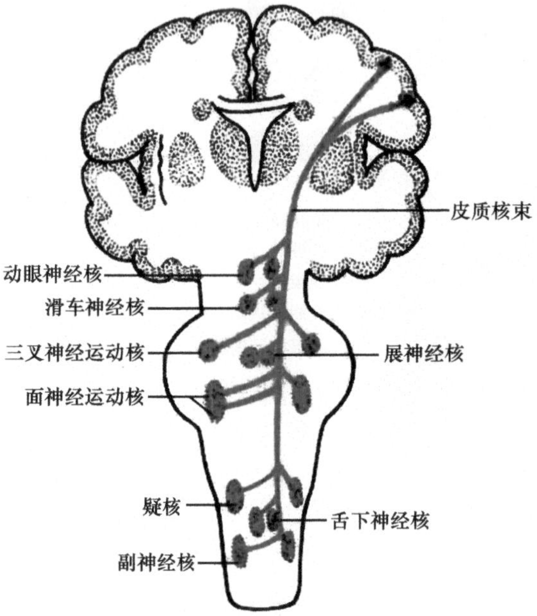

图 9-75 皮质核束

二、运动传导通路

（一）锥体系

锥体系主要管理骨骼肌的随意运动。锥体系的神经元位于大脑运动中枢的中央前回和中央旁小叶皮质。

1. 皮质核束 其纤维由中央前回下 1/3 发出，经内囊膝部下行至中脑的大脑脚底（图 9-75），此后，纤维构成小束，穿内侧丘系下行，大多数下行纤维止于两侧的脑神经运动核，但面神经核的下半（分布到眼裂以下的面肌）和舌下神经核仅接受对侧的皮质核束支配。故一侧的皮质核束受损伤时，受两侧皮质核束支配的脑神经运动核和面神经核上半的支配区域不受影响，而对侧面神经核下半和舌下神经核的支配区出现病态（图 9-76）。表现为对侧眼裂以下的面肌和对侧舌肌瘫痪，即对侧鼻唇沟消失，口角低垂，流涎、口角歪向病灶侧，进食时食物停留于病灶对侧的口前庭，且不能做吹口哨、鼓腮、露齿等动作，伸舌时舌尖偏向对侧，但舌肌不发生萎缩。

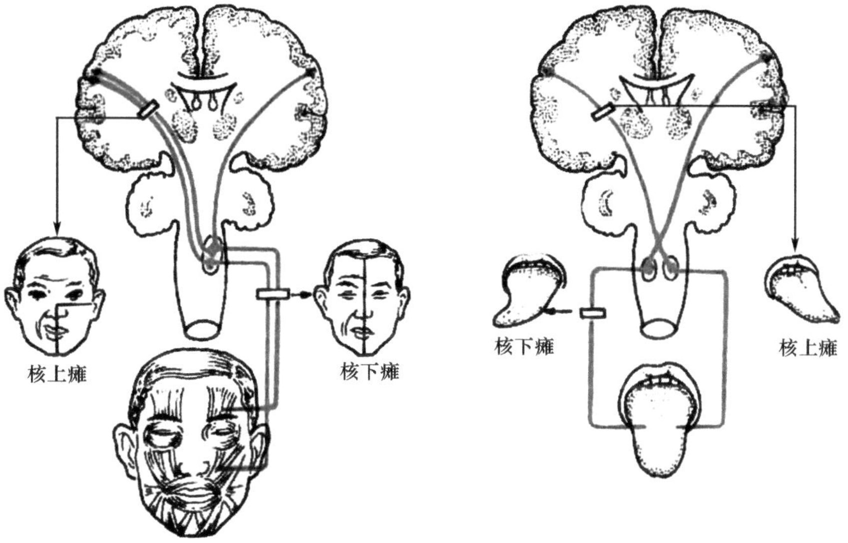

图 9-76　面神经、舌下神经核上、下瘫

2. 皮质脊髓束　中央前回中、上部和中央旁小叶前部及其他一些皮质区域锥体细胞的轴突集合组成皮质脊髓束（图 9-77），经内囊后肢下行，至中脑的大脑脚底，占其中间 3/5 的外侧部；然后经脑桥基底部至延髓锥体，在锥体下端，绝大部分纤维（75%～90%）左右相互交叉，形成锥体交叉。交叉后的纤维继续于对侧脊髓侧索内下行，形成皮质脊髓侧束。此束纤维在下行过程中，逐节止于同侧前角运动细胞，支配四肢肌。在延髓锥体小部分未交叉的纤维在同侧脊髓前索内下行，形成皮质脊髓前束。该束仅达胸节，部分纤维经白质前连合逐节交叉至对侧，止于前角运动细胞，支配躯干和四肢骨骼肌的运动。皮质脊髓前束中有一部分纤维始终不交叉而止于同侧前角运动细胞，支配躯干肌。所以，躯干肌是受两侧大脑皮质支配的。一侧皮质脊髓束在锥体交叉前受损，主要引起对侧肢体瘫痪，而躯干肌的运动没有受到明显影响。

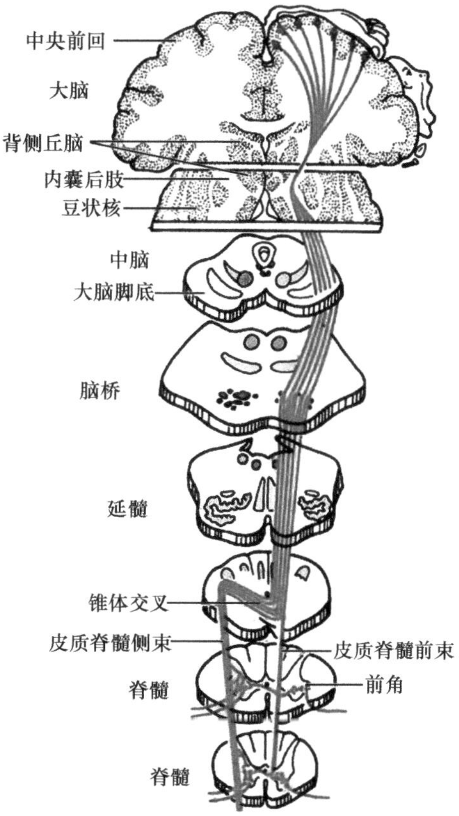

图 9-77　皮质脊髓束

锥体系的任何部位损伤都可引起随意运动的障碍，出现肢体瘫痪。上运动神经元损伤（核上瘫）：表现为随意运动障碍，肌张力增高，所以瘫痪是痉挛性的（硬瘫），这是由于上运动神经元对下运动

神经元的抑制被取消的缘故。因肌肉尚有脊髓前角运动细胞发出的神经支配，所以无营养障碍，肌不萎缩，深反射因失去上运动神经元控制而表现亢进，因锥体束的完整性破坏，浅反射（如腹壁反射、提睾反射等）减弱或消失，同时因锥体束的功能受到破坏，出现病理反射（如 Babinski 征）。下运动神经元损伤（核下瘫）：表现为因失去神经直接支配所致的肌张力降低，随意运动障碍，瘫痪是弛缓性的（软瘫）。由于神经营养障碍，导致肌肉萎缩，因所有反射弧中断，故浅、深反射消失，无病理反射（表 9-3）。

表 9-3　上、下运动神经元损害后的临床表现比较

症状与体征	上运动神经元损害	下运动神经元损害
瘫痪范围	常较广泛	常较局限
瘫痪特点	痉挛性瘫（硬瘫、中枢性瘫）	弛缓性瘫（软瘫、周围性瘫）
肌张力	增高	减低
深反射	亢进	消失
浅反射	减弱或消失	消失
腱反射	亢进	减弱或消失
病理反射	有（+）	无（-）
肌萎缩	早期无，晚期为失用性萎缩	早期即有萎缩

（二）锥体外系

锥体外系是锥体系以外的下行传导通路的统称。在结构上，锥体外系并不是一个简单独立的结构系统，而是一个复杂的涉及脑内许多结构的功能系统。锥体外系包括大脑皮质、背侧丘脑、苍白球、壳、尾状核、黑质、红核、脑桥核、前庭神经核、小脑、脑干的某些网状核及它们的联络纤维等，这些结构共同组成复杂的多级神经元链。

锥体外系的主要功能是调节肌张力、协调肌的活动、维持和调整体态姿势、进行习惯性和节律性动作等。锥体外系的活动是在锥体系的主导下进行的，而锥体外系的活动又给锥体系的活动以最适宜的条件。两者相互协调、相互依赖，从而共同完成人体各项复杂的随意运动。

（史俊青）

第十章　内分泌系统

内分泌系统包括内分泌器官和内分泌组织两部分，是人体神经系统以外的重要调节系统，它与神经系统共同调节机体的生长发育和各种代谢，维持内环境的稳定，并影响行为和控制生殖等。内分泌器官即内分泌腺，是指结构上独立存在，肉眼可见的内分泌器官，如甲状腺、甲状旁腺、肾上腺、垂体、松果体和胸腺（图 10-1）。内分泌组织是散在于其他器官组织中的内分泌细胞团块，如胰腺内的胰岛、睾丸内的间质细胞、卵巢中的卵泡和黄体等。此外，还有分散存在于胎盘、胃肠道、前列腺及心、肝、肺、肾、脑等器官内的内分泌细胞。

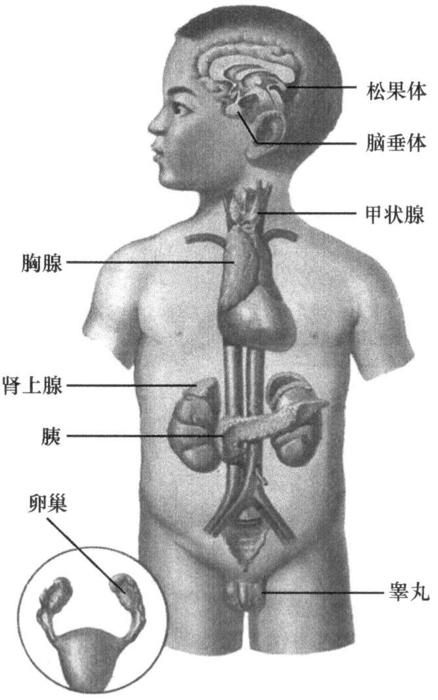

图 10-1　人体主要的内分泌器官

内分泌腺的细胞多排列成索状、团状或围成滤泡，内分泌腺有丰富的毛细血管和淋巴管。内分泌细胞的分泌物称**激素**。各种激素均作用于特定器官或细胞，称为该激素的**靶器官**或**靶细胞**。内分泌系统的任何器官或组织的功能亢进或低下，均可引起机体的功能紊乱，甚至形成疾病。

内分泌系统与神经系统关系密切。一方面内分泌系统受神经系统的控制和调节，神经系统通过对内分泌腺的作用，间接地调节人体各器官的功能，这种调节称神经体液调节；另一方面内分泌系统也可影响神经系统的功能，如小儿甲状腺分泌的甲状腺素可影响脑的发育和正常功能。

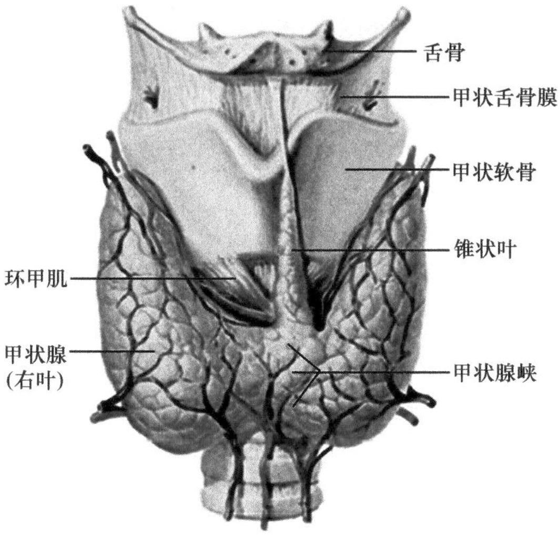

图 10-2　甲状腺前面

一、甲　状　腺

甲状腺略呈“H”形，分为两个侧叶和中间的峡，峡的上缘常有锥状叶向上伸出（图 10-2）。侧叶贴附在喉下部和气管上部的侧面，上达甲状腺软骨中部，下至第 6 气管软骨环。峡部多位于第 2～4 气管软骨环前方。甲状腺外有纤维囊包裹。囊外有颈深筋膜包绕，且甲状腺侧叶与环状软骨之间有结缔组织相连，故吞咽时甲状腺可随喉上下移动。甲状腺侧叶的后外方与颈部血管相邻，内侧面与喉、气管、咽、食管、喉返神经等相邻。故当甲状腺肿大时，可压迫上述结构，导致呼吸困难、吞咽困难和声音嘶哑等症状。

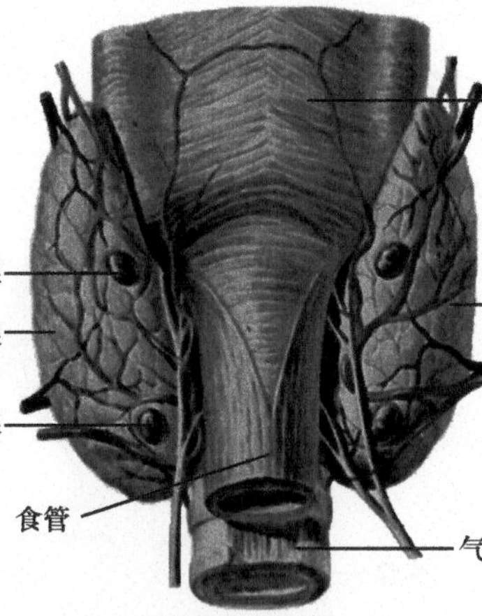

图 10-3　甲状腺和甲状旁腺（后面）

甲状腺能合成和分泌**甲状腺素**。甲状腺素作用于机体的多种细胞，主要功能是促进机体的新陈代谢，提高神经兴奋性，促进生长发育，尤其对婴幼儿的骨骼发育和中枢神经系统发育影响很大。小儿若甲状腺功能低下，不仅身材矮小，而且会出现脑发育障碍，导致呆小症。在成人则引起新陈代谢率降低、毛发稀少、精神呆滞和黏液性水肿。甲状腺功能亢进时，甲状腺素分泌增多，可出现甲状腺功能亢进症，简称甲亢。

二、甲状旁腺

甲状旁腺为棕黄色扁圆形小体，位于甲状腺左、右叶的后缘（图 10-3），上、下各一对，也偶可埋入甲状腺的实质内，使手术时寻找困难。

甲状旁腺分泌**甲状旁腺素**。甲状旁腺素可增强破骨细胞的活性，促使骨质溶解，并能促进肠和肾小管对钙的吸收，从而使血钙升高。

三、肾　上　腺

肾上腺呈黄色，左、右各一，左侧近似半月形，右侧近似呈三角形，分别位于肾的内上方，与肾共同包在肾筋膜内（图 10-4）。

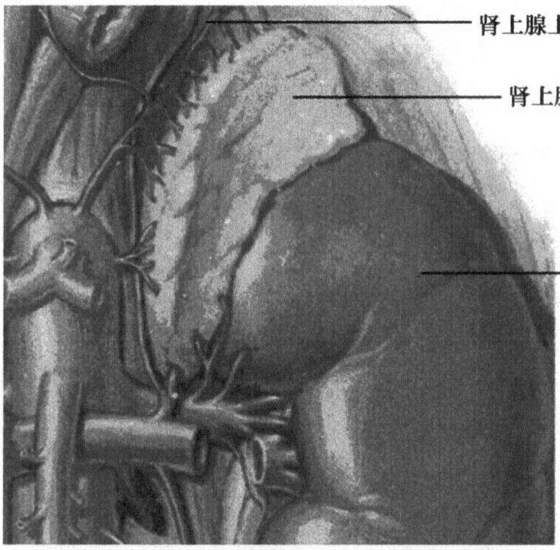

图 10-4　肾上腺的形态和位置（左侧）

肾上腺表面包有结缔组织被膜，其实质可分为周围较厚的皮质和中央髓质两部。肾上腺皮质分泌**盐皮质激素**和**糖皮质激素**，前者主要功能是调节钠、钾和水的代谢；后者可调节糖和蛋白质的代谢，还有抑制免疫应答及抗炎症反应等作用。

肾上腺髓质位于肾上腺的中央部，分泌**肾上腺素**和**去甲肾上腺素**，前者可使心肌收缩力增强，心率加快，心和骨骼肌的血管扩张，皮肤的血管收缩；后者可使血压升高，心、脑和骨骼肌内的血流加速。

四、垂　　体

垂体呈椭圆形，重约 0.6g，位于颅中窝的垂体窝内，借漏斗与下丘脑相连。因视交叉位于垂体前上方，故当垂体有肿瘤时，常可压迫视交叉的交叉纤维，导致双眼颞侧视野偏盲。

垂体可分为腺垂体和神经垂体两部分（图 10-5）。腺垂体包括远侧部、结节部和中间部，神经垂体包括神经部和漏斗部。一般将远侧部和结节部合称垂体前叶，中间部和神经部合称垂体后叶。

腺垂体分泌的激素不同，作用也不同。**生长激素**（GH）能促进体内多种代谢过程，尤其是能促进骨的增长。幼年时期，该激素分泌不足可导致侏儒症，分泌过多则引起巨人症。成人时期，该激素分泌过多则导致肢端肥大症。**催乳激素**可促进乳腺发育和乳汁分泌。**促甲状腺激素**（TSH）能促进甲状腺滤泡的增生和甲状腺激素的合成与释放。**促肾上腺皮质激素**（ACTH），可促进肾上腺皮质束状带分泌糖皮质激素。

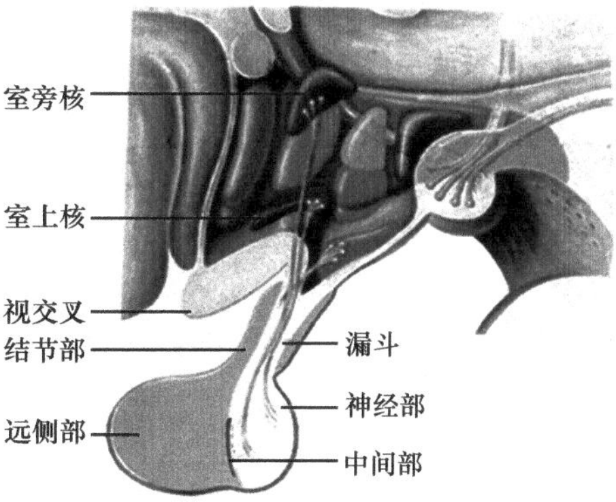

图 10-5　垂体与下丘脑

神经垂体与下丘脑直接相连，因此两者是结构和功能的统一体（图 10-6）。下丘脑的视上核和室旁核的神经内分泌细胞可合成**加压素**和**催产素**。加压素可使小动脉收缩，升高血压，也可增强肾小管对水的重吸收，使尿量减少，因此又称抗利尿激素。该激素分泌减少，可引发尿崩症。催产素使子宫壁平滑肌收缩，促进分娩，并促进乳汁分泌。

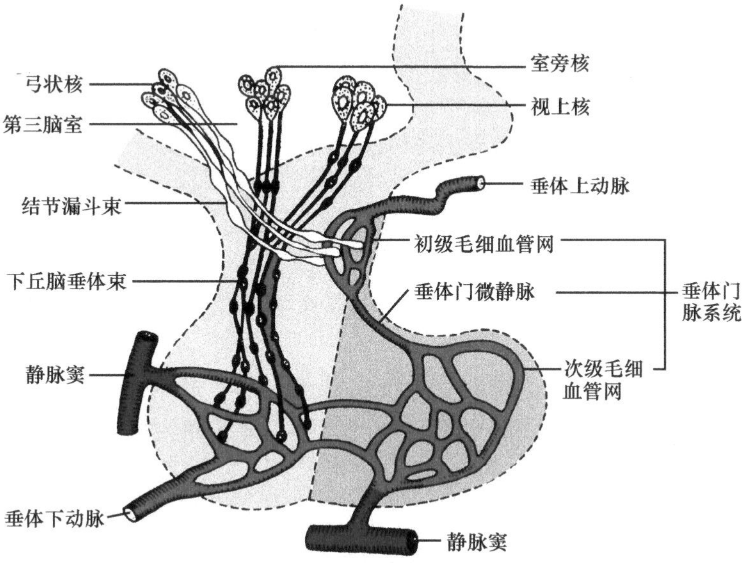

图 10-6　垂体的血管分布及其与下丘脑的关系（示意图）

五、松　果　体

松果体为一椭圆形小体，灰红色，形似松果。松果体位于丘脑的后上方，两上丘间的浅凹内，以细柄连于第三脑室顶的后部。松果体在儿童时期较发达，一般在 7 岁以后开始退化。成年后部分钙化形成钙斑，在 X 线片上可以看到，临床可作为颅 X 线片定位的一个标志。松果体分泌褪黑激素，可通过抑制垂体促性腺激素的分泌而间接抑制性腺的发育。在幼年时期松果体有防止性早熟的作用。

（宗克成）

第二篇 断层影像解剖学

第十一章 头颈部断层影像解剖

一、概　述

（一）境界、分区与重要结构

1. 头部 借下颌骨下缘、下颌角、乳突尖端、上项线和枕外隆凸的连线与颈部分界。重要的器官有脑、脑神经、视器、前庭蜗器、口腔和鼻等。

2. 颈部 其上界为头部的下界，下界为胸骨颈静脉切迹、胸锁关节、锁骨上缘和肩峰至第 7 颈椎下缘的连线。颈部的前方正中有呼吸道和消化管的颈段；两侧有纵行走行的大血管和神经；后方有脊柱的颈段；颈根部有胸膜顶、肺尖及斜行于颈部和上肢之间的大血管和神经。

（二）体表重要的标志性结构

1. 眉弓 为眼眶上缘的弓形隆起，适对大脑额叶的下缘，其内侧份的深面有额窦。

2. 额结节 为眉弓上方约 5 cm 处的最突出部，其深面正对额中回。

3. 顶结节 为顶骨最突出部，其下方约 2cm 处的深面正对大脑外侧沟升支的末端。

4. 颧弓 由颞骨的颧突和颧骨的颞突共同组成，其上缘相当于大脑颞叶前端的下缘。

5. 乳突 位于耳垂的后方，其根部的前内方有茎乳孔，面神经的躯体运动纤维由此出颅。

6. 枕外隆突 为枕骨外面正中向后最突出部的隆起，其内面与窦汇相对应。

7. 上项线 为枕外隆突向两侧水平延伸的骨嵴，其深面为横窦，也是大脑和小脑的分界线。

8. 舌骨 平对第 3、4 颈椎间盘平面。

9. 胸锁乳突肌 是颈部最明显的肌性标志，颈动脉鞘居其深面。

10. 胸骨上窝 位于胸骨柄颈静脉切迹上方的凹陷处，是触诊气管的标志。

11. 锁骨上大窝 位于锁骨中 1/3 上方，窝中可摸到第 1 肋及锁骨下动脉的搏动点。

（三）头部常用基线

1. Reid 基线（RBL） 也称**下眶耳线**，为眶下缘至外耳门中点的连线。头部横断层标本的制作常以此基线为准，冠状断层标本制作和冠状扫描基线常与此基线垂直。

2. 眦耳线（CML） 也称**眶耳线**，为外眦与外耳门中点的连线。颅脑水平扫描多以此线为基线。但在实际应用中往往依检查目的不同使扫描平面与 CML 向上或向下成 0º～20º 角。

3. 上眶耳线 为眶上缘中点至外耳门中点的连线。依此平面扫描有利于显示颅后窝结构及减少颅骨的伪影。

4. 连合间线 为前连合至后连合的连线，颅脑定位常用基线。前连合是在终板上方横过中线的一束连合纤维，主要连接两侧嗅球和两侧颞叶。后连合是中脑水管上口背侧壁内的横行纤维束。

（四）CT 与 MRI 在头颈部应用选择

CT 在头部适应证比较广泛，主要有颅内肿瘤、颅脑外伤、脑血管病、脑变性疾病、先天性畸形、颅内感染性疾病、脑积水、代谢性疾病等。CT 在颈部可用于诊断颈部肿瘤、颈椎病、喉及气管疾病、颈部淋巴结病变、颈部血管病变等。多排螺旋 CT 能细致显示颅骨骨折的形状、位置、凹陷程度。

MRI 对脑外伤、脑出血、脑梗死、脑肿瘤等检查效果与 CT 类似。脑梗死或脑肿瘤的早期，CT 不能查出，而 MRI 有可能显示。但 MRI 对钙化和脑膜瘤显示效果不如 CT。

MRI 在头部可清晰分辨脑灰质和脑白质，对颅脑病变的定位、定性诊断明显高于 CT 等其他各种影像检查。有研究表明，其定位正确率高达 98%左右，因此，颅脑绝大部分疾病均是 MRI 的首选症。

头颈部器官较多，本章着重讲述脑断层影像解剖。

二、脑水平断层影像解剖

颅脑水平扫描多以眦耳线为基线，向上或向下平行扫描，从下面观察。从颅顶脑叶出现到颅底脑叶消失，大体可以胼胝体为界分为上、中、下三个部分。

（一）脑上部水平断层

从颅骨矢状缝到胼胝体及侧脑室中央部上方为止，主要为额叶和顶叶的脑回。该部分以辨别中央沟为重点，从而分辨出额叶和顶叶的脑回。主要层面的标志性结构有：中央旁小叶、顶内沟、半卵圆中心等。

1. 经中央旁小叶层面 脑叶被大脑镰一分为二（图 11-1）。自脑叶断面外缘大约中份处，有一向后内延伸，呈弯曲走行的深沟，是为中央沟，其前、后分别有近似平行的中央前、后沟。以中央沟为界，前方的额叶脑回分别是：额上回、中央前回；后方的顶叶脑回分别是：中央后回、顶上小叶。大脑半球内侧面，中央前、后回延伸为中央旁小叶，中央旁小叶前后方分别是中央旁沟和扣带沟缘支，此二沟将内侧面脑回由前向后依次分为额内侧回、中央旁小叶和楔前叶。

一般在水平断面上根据以下几点可准确地辨别中央沟：①中央沟大部分为一连续不被中断的沟；②中央沟较深，一般自脑断面外缘大约中份处向后内延伸，弯曲走行；③在中央沟前方和后方可见中央前沟、中央后沟与之伴行；④一般中央前回厚于中央后回；⑤可先通过位于大脑半球内侧面的扣带沟缘支辨认出中央旁小叶，再进一步辨认中央沟；⑥通过大脑白质的髓型观察有助于辨认中央沟，在 CT 图像上，正常脑沟宽度不超过 5mm。

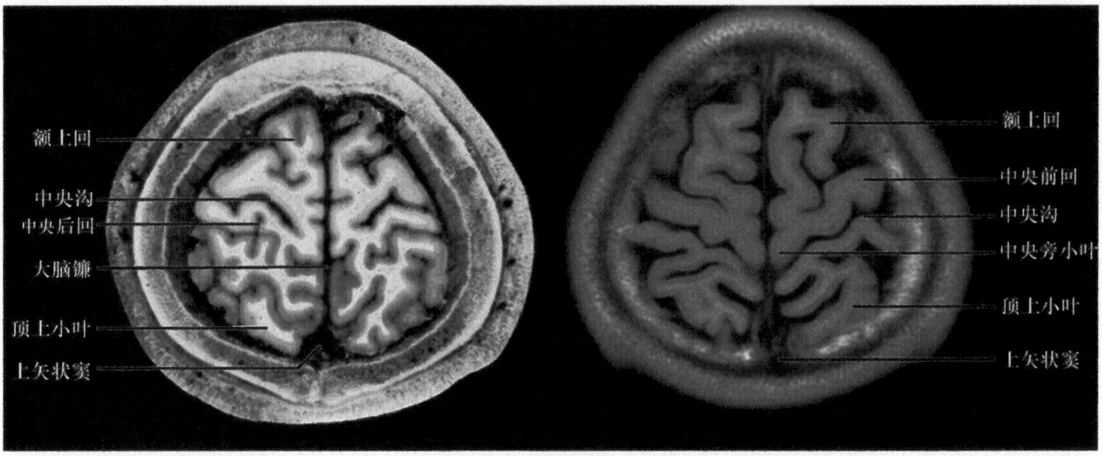

图 11-1　经中央旁小叶层面水平断层（标本与 MRI T_1 加权像）

2. 经顶内沟中份层面　此层面与上一层面基本一致（图 11-2），脑叶较上一层面范围扩大，由上一层面不难辨认出中央沟。在中央前沟前和中央后沟后，分别出现额上沟和顶内沟。大脑半球外侧面由前向后依次为额上回、额上沟、中央前回、中央沟、中央后回、中央后沟和顶下小叶。顶下小叶内面为顶内沟及顶上小叶。大脑半球内侧面由前向后依次为额内侧回、中央旁沟、中央旁小叶、扣带沟缘支、楔前叶、顶枕沟。

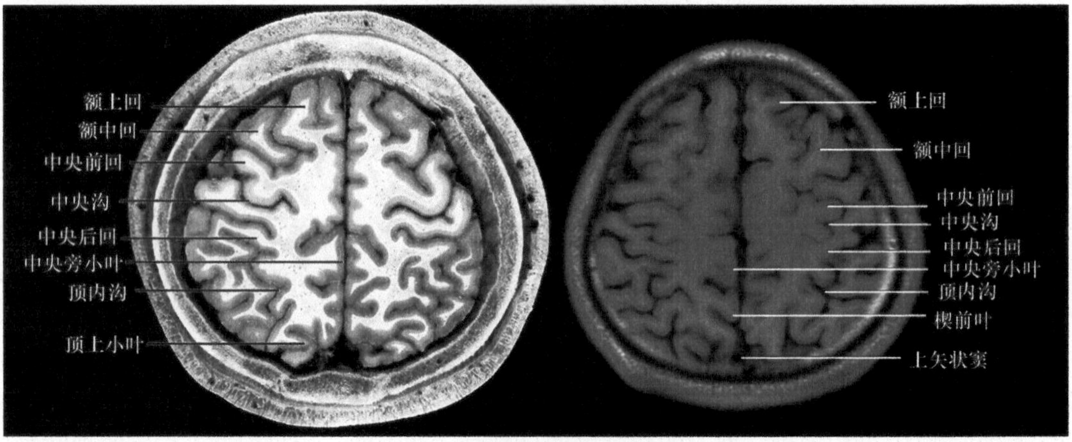

图 11-2　经顶内沟中份层面（标本与 MRI T_1 加权像）

3. 经半卵圆中心层面　此层面中线两侧由髓质广泛分布的区域，每一侧均形似半卵圆（图 11-3），称**半卵圆中心**，是白质最为宽厚的层面，由投射纤维、连合纤维和联络纤维组成，以联络纤维为最多。与上一层面相比较，最明显的是在扣带沟之后出现顶枕沟，枕叶出现。此时，在大脑半球外侧面由前向后主要脑沟依次为额上沟、额下沟、中央前沟、中央沟、中央后沟；脑回依次为额上回、额中回、额下回、中央前回、中央后回、顶下小叶和枕叶。大脑半球内侧面脑回由前向后依次为额内侧回、扣带回、楔前叶和楔叶。

（二）脑中部水平断层

从侧脑室中央部上壁至胼胝体消失为止，各层面均可见到胼胝体。主要层面的标志性结构有：胼胝体干、胼胝体膝、胼胝体压部等。

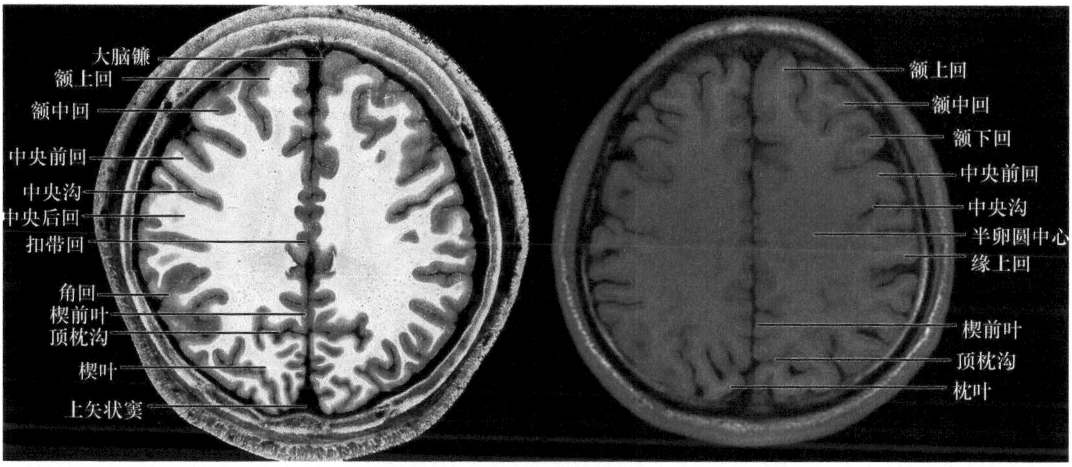

图 11-3　经半卵圆中心层面（标本与 MRI T_1 加权像）

1. 经胼胝体干层面　标志结构为胼胝体干（图 11-4）。胼胝体干位居中线，两侧可见刚刚出现的近似“月牙状”侧脑室，侧脑室内常可见脉络丛。侧脑室前角的外侧为尾状核。

在大脑半球内侧面，以胼胝体为界分为前、中、后三部分。前部脑回由前向后分别是额内侧回和扣带回，中部为胼胝体干，后部脑回由前向后依次为扣带回、楔叶和舌回。

大脑半球外侧面，由于中央后沟后方将出现外侧沟和颞上沟的末段，围绕两者的脑回是角回和缘上回。此时，额叶的脑回由前向后外依次为额上回、额中回、额下回和中央前回。顶叶脑回为中央后回、角回和缘上回。顶叶后方是枕叶。

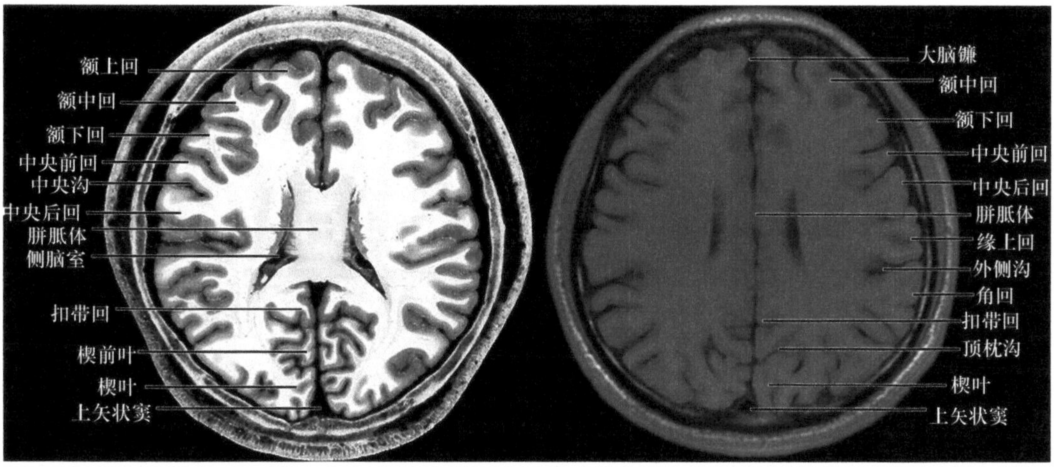

图 11-4　经胼胝体干层面（标本与 MRI T_1 加权像）

2. 经胼胝体压部层面　胼胝体膝以前，大脑半球外侧面由前向后依次为额上回、额上沟、额中回、额下沟、额下回（图 11-5）。大脑半球内侧面有扣带沟及其前方的扣带回。

胼胝体膝和胼胝体压部之间，在正中矢状位上为透明隔，透明隔后方与穹隆柱相连。两侧透明隔之间偶可见一矢状位的纵行裂隙，称透明隔腔，若与侧脑室相交通则称为第五脑室。中线两侧有尾状核头和背侧丘脑呈前后排列。两侧背侧丘脑间为第三脑室，透明隔、胼胝体和尾状核头之间为侧脑室前角，尾状核头与背侧丘脑的外侧为呈“〉〈”的内囊。内囊外侧由内向外依次为豆状核、外囊、屏状核、最外囊和岛叶。岛叶外侧为大脑外侧沟，沟内有大脑中动脉及其分支，沟的前方为中央后回，后方为缘上回。

胼胝体压部后方，可见小脑幕的剖面结构，小脑幕与大脑镰连接成开口向前的“Y”字形。大脑镰两侧为舌回，舌回前方为距状沟和扣带回峡。大脑半球外侧面前后分别为角回和枕叶。

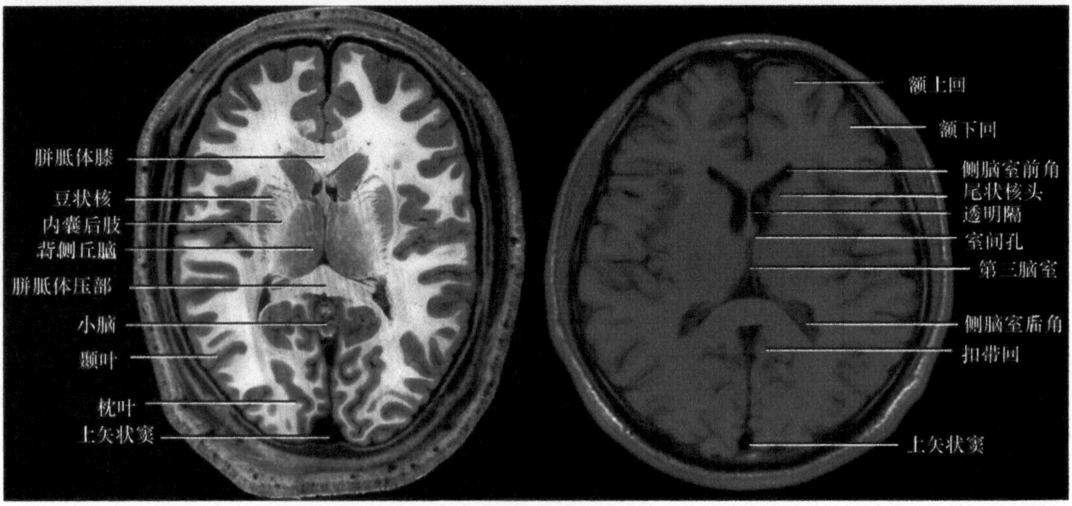

图 11-5　经胼胝体压部层面（标本与 MRI T_1 加权像）

3. 经胼胝体膝或松果体层面　胼胝体膝的前方由前向后依次为额内侧回、扣带沟、扣带回和胼胝体沟。大脑半球外侧面由前向后依次为额上回、额上沟、额中回、额下沟、额下回。

中部位于胼胝体膝和上丘之间（图 11-6）。正中矢状位为透明隔，两侧透明隔间有透明隔腔，透明隔外侧为侧脑室前角，再外侧为尾状核头。尾状核头后方较大的灰质团块为背侧丘脑，背侧丘脑内可见“Y”字形的内髓板，将其分为丘脑前核群、丘脑内侧核群和丘脑外侧核群。位于尾状核、背侧丘脑和豆状核之间的内囊清晰可见。两侧内囊前肢排列成倒“八”字形，内囊后肢排列成正“八”字形，内囊膝位于豆状核内侧角尖端的内侧。豆状核外侧依次为外囊、屏状核、最外囊和岛叶。大脑半球外侧面由前向后依次为中央前回、中央沟、中央后回、中央后沟和颞上回。

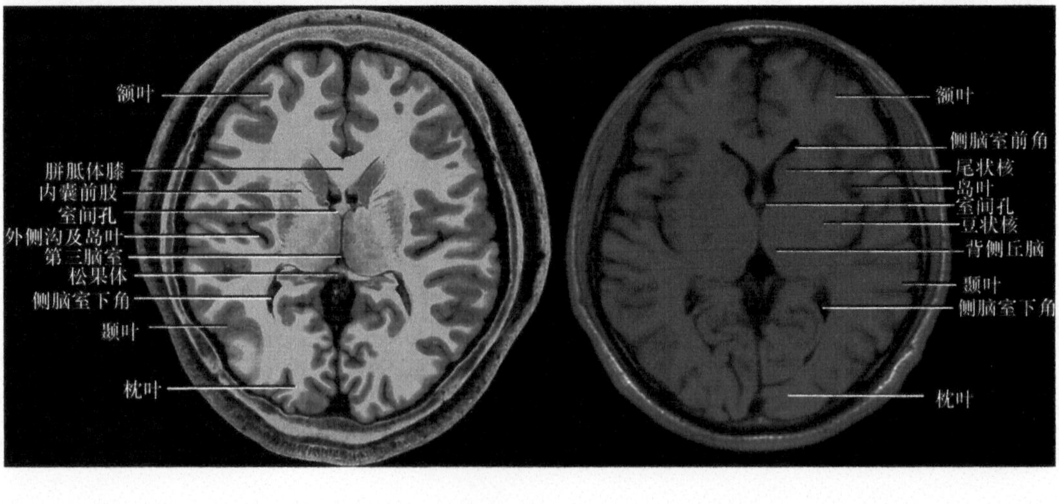

图 11-6　经松果体层面（标本与 MRI T_1 加权像）

后部为松果体和上丘后方的部分。松果体位于第三脑室后方，上丘在松果体后外侧，老年松果体常钙化，在 CT 影像格外明显（图 11-7）。上丘后方及两侧的腔隙为四叠体池，池内有大脑后动脉、小脑上动脉和基底静脉通过。池的后方为小脑蚓，小脑蚓后方的直窦汇入窦汇。小脑幕外侧前后分别为海马旁回和舌回。大脑半球外侧为枕叶。

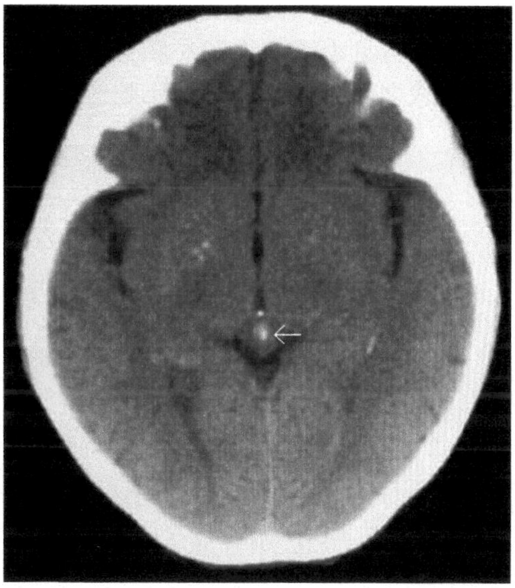

图 11-7　经松果体层面 CT 影像（箭头所示为松果体的钙化影像）

（三）脑下部水平断层

胼胝体以下至颅底。主要层面的标志性结构有：前连合、乳头体、视交叉、垂体等。

1. 经前连合层面　此层面在胼胝体膝消失的部位可见前连合，前连合在 MRI 影像易于识别，位置恒定，空间标示明显（图 11-8），是立体定向的重要标志。但在标本制作过程中常因锯切损耗而不多见。

大脑半球外侧面，外侧沟较深，略呈“Y”形，围绕外侧沟形成外侧窝池。外侧沟之前为额叶，外侧沟之后是颞叶，紧贴外侧沟内侧缘为岛叶。

在中线，大脑纵裂内有大脑纵裂池。大脑纵裂后方可见“X”形前连合，前连合后方为第三脑室。第三脑室两侧为背侧丘脑，后界可见后连合。背侧丘脑前方为尾状核与前外侧方为豆状核几乎相贴在一起，内囊后肢较为明显。后部可见小脑及枕叶。

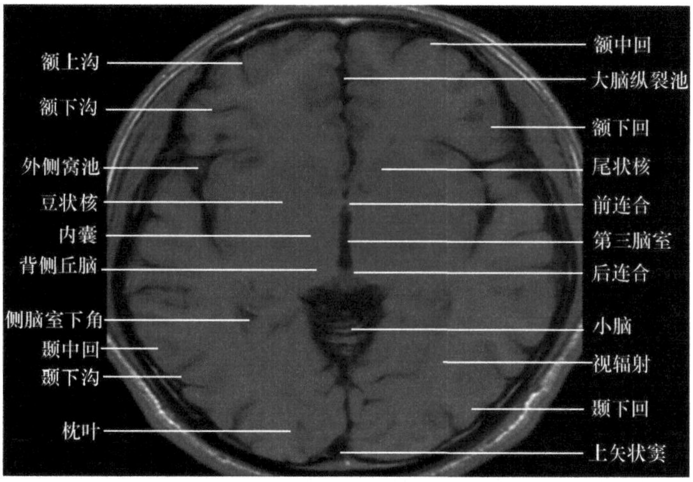

图 11-8　经前连合层面 MRI 影像

2. 经乳头体层面　在大脑纵裂内有大脑镰和大脑纵裂池（图 11-9）。大脑纵裂后方有下丘脑，下丘脑漏斗中间的裂隙为**第三脑室漏斗隐窝**，之后是成对的乳头体。乳头体后方有呈“V”字形的脚间窝，窝内有动眼神经。脚间窝后部稍外侧的灰质团块为黑质和红核。中脑后部的成对突起为下丘。**环池**环绕在中脑周围，池内有大脑后动脉、小脑上动脉和滑车神经通过。大脑半球外侧面的脑回由前向后依次为额上回、额中回、额下回和颞上回等。大脑外侧沟内有外侧窝池和大脑中动脉。

后部可见小脑前缘和小脑幕，最外侧处有乙状窦的断面。硬脑膜由枕内嵴向前突入到小脑半球之间形成的隔幕为小脑镰。

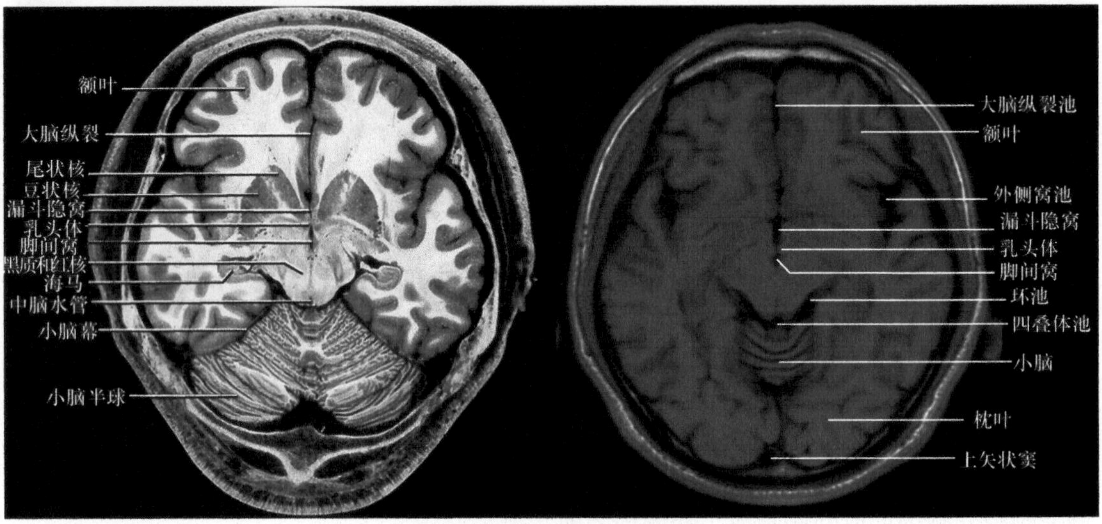

图 11-9　经乳头体层面（标本与 MRI T_1 加权像）

3. 经视交叉层面　前部为视交叉及大脑外侧沟以前的部分（图 11-10）。大脑纵裂内有大脑镰和大脑纵裂池，两侧有直回和眶回，两回间有嗅束沟。大脑外侧沟内有大脑外侧窝池和大脑中动脉。

中部为位于视交叉及大脑外侧沟与脑桥及小脑幕前缘之间的部分。视交叉为一横行的纤维，后方为漏斗。漏斗的后方为基底动脉，往前外为后交通动脉，再前外为颈内动脉。基底动脉两侧为动眼神经，上述结构均在鞍上池内。蝶鞍两侧为大脑颞叶和枕叶，颞叶向内指向蝶鞍的突起为海马旁回钩。钩的后外方有侧脑室的下角，再往后由前内向后外依次为海马旁回、侧副沟、枕颞内侧回、枕颞沟和枕颞外侧回。

后部位于蝶鞍后方和小脑幕内侧的部分。蝶鞍后方为脑桥，脑桥中份两侧有三叉神经。脑桥后方由前向后依次可见第四脑室、小脑蚓垂、小脑蚓锥及小脑镰。蚓垂两侧为齿状核。小脑幕最外侧为乙状窦。

4. 经垂体层面　以鞍背和颞骨岩部为界分为前、后两部（图 11-11）。鞍背前方有垂体柄及垂体，鞍背及垂体的两侧为海绵窦。海绵窦外侧为大脑颞叶，形似梯形。海绵窦与颞叶间隔以海绵窦外侧壁，壁内有颈内动脉和眼神经穿行。垂体前方为蝶窦，两侧蝶窦间的骨性间隔清晰可见。蝶窦前方为额叶的直回和眶回。额叶前方为额窦，两侧额窦间的骨性间隔往往偏向一侧。眶回及额窦内侧为锥形眼眶，眶底朝前外，眶尖向后内连于视神经管，可见管内视神经的斜形断面。眶底靠外方可见泪腺的断面。颞叶外侧为构成内侧壁的蝶骨大翼。颞窝内有颞肌，其后外方有颞浅静脉。

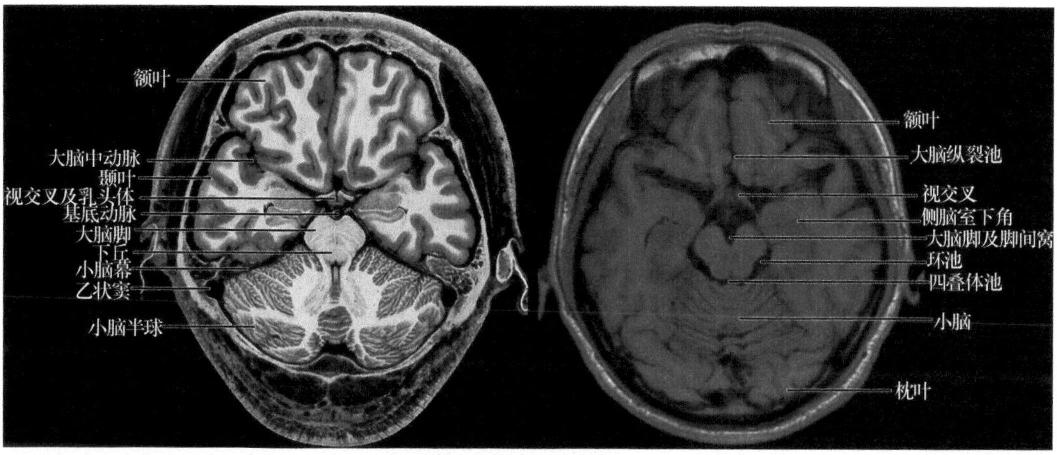

图 11-10　经视交叉层面（标本与 MRI T_1 加权像）

鞍背后方有脑桥，脑桥正前方有基底沟及沟内的基底动脉。脑桥外侧有内耳道及经内耳道的面神经及前庭窝神经。小脑向内耳道前方的突起为小脑绒球，小脑与脑桥间的横裂为第四脑室。

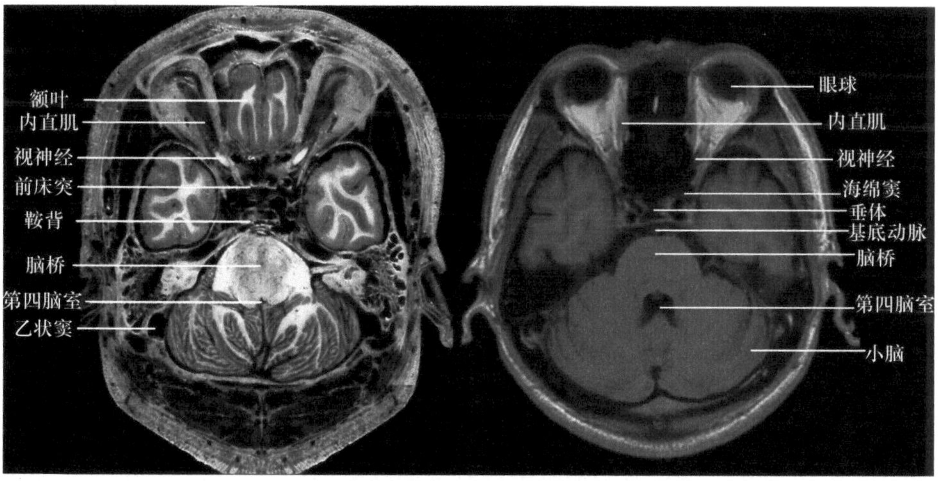

图 11-11　经垂体层面（标本与 MRI T_1 加权像）

5. 经下颌头层面　以下颌头和蝶骨大翼连线为界，分为前、后两部（图 11-12）。

前部为位于下颌头和蝶骨大翼连线前方的部分。蝶骨两侧的大翼呈“八”字形排列，中间有犁骨。每侧大翼呈底朝前内，尖向后外的三角形。大翼靠后端处可见卵圆孔和棘孔。大翼外侧及下颌小头前方为颞下窝，窝内有后内侧的翼外肌和前外侧的颞肌，窝的外侧界为颧弓。颞下窝向内通向翼腭窝，窝内有翼腭动脉。犁骨与其前方的鼻中隔软骨共同构成鼻中隔。鼻中隔后部两侧有中鼻甲及中鼻道。

后部为位于下颌小头和蝶骨大翼连线后方的部分。犁骨后端正对枕骨基底部。枕骨基底部前端两侧有破裂孔，后端的后外侧为颈静脉孔，乙状窦在此处续为颈内静脉。颈内静脉前方为颞骨岩部的断面，中央有颈动脉管，管内有颈内动脉穿过。枕骨基底部后缘与脑桥之间正中线上有基底动脉，后外侧有舌咽神经、迷走神经和副神经。脑桥后方由前向后依次有第四脑室、小脑的绒球小结及小脑蚓锥体、枕内嵴，枕内嵴的前方有枕窦。

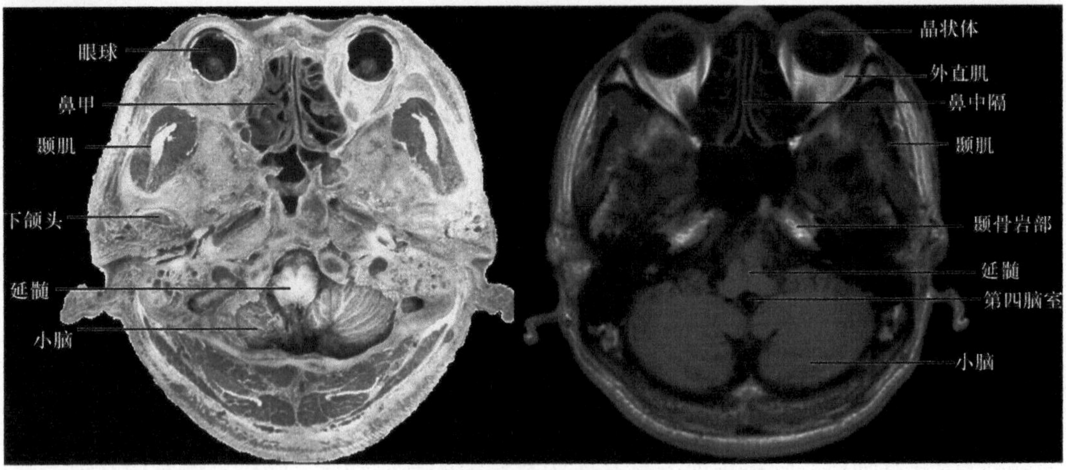

图 11-12　经下颌头层面（标本与 MRI T_1 加权像）

三、脑矢状断层影像解剖

（一）正中矢状断层

1. 胼胝体及其周围结构　胼胝体是颅内的一个重要标志性结构（图 11-13）。胼胝体呈弓形弯向下，分为胼胝体嘴、膝、干和压部四部分。环绕胼胝体膝、干和压部的为扣带回，胼胝体与扣带回之间为胼胝体沟。胼胝体干后部的扣带回上方为中央旁小叶，中央旁小叶前方为中央旁沟。中央旁沟前方为额上回，后方由前向后依次为扣带沟边缘支、楔前叶、顶枕沟、楔叶、距状沟和舌回。胼胝体干下方、胼胝体膝后方为透明隔。透明隔向后连于穹隆。透明隔下方，正对胼胝体嘴后方处有前连合，穹隆后下方有背侧丘脑。背侧丘脑后下方为松果体，背侧丘脑前下方为下丘脑诸结构，可见到的有乳头体、视交叉、垂体等。下丘脑前方，有位于颅前窝中线两侧的直回及直回外侧的嗅球。胼胝体压部后下方有左、右两侧大脑内静脉汇合而成的大脑大静脉，大脑大静脉与下矢状窦汇合成直窦，直窦与上矢状窦共同汇入窦汇。直窦前下方为小脑，其断面为小脑蚓，小脑蚓外侧下方为小脑扁桃体。

2. 脑干及其周围结构　中脑前部为大脑脚及脚间窝，窝内有动眼神经和大脑后动脉；中脑后部为四叠体，后方及两侧有四叠体池，向下与小脑上池相连。脑桥前面与枕骨斜坡之间有桥池，池内有基底动脉。桥池向上通脚间池，向两侧通脑桥小脑角池。脑桥、延髓与小脑之间的第四脑室清晰可见。延髓后面与小脑下面之间有小脑延髓池，是最大的脑池。

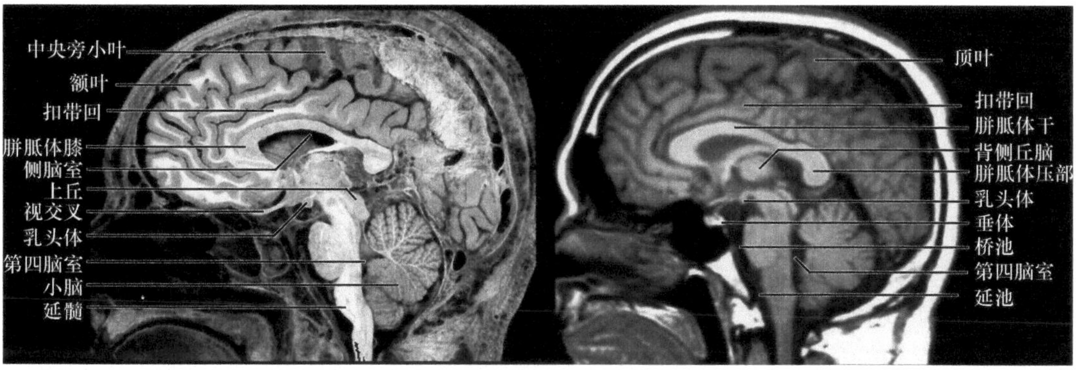

图 11-13　正中矢状断层（标本与 MRI T_1 加权像）

（二）经内囊膝矢状断层

1. 幕上区结构　胼胝体嘴消失，只见胼胝体膝、干和压部（图 11-14）。环绕胼胝体的扣带回和扣带沟已不连续，暴露出扣带回深面的扣带。胼胝体压部后方为扣带回峡。从扣带回峡后下方起始的顶枕沟仍清晰可见，顶枕沟前方为楔前叶。楔前叶前方的脑回由后向前依次为中央后回、中央前回和额上回，在中央前、后回上方可见到上矢状窦向外扩张形成的外侧陷窝，距离正中线一般不超过 2cm。胼胝体膝的后方、干的下方和压部的前方为侧脑室，侧脑室下方前、后分别为尾状核和背侧丘脑。尾状核头后下方有终板和前连合，背侧丘脑前下方为中脑。中脑内有红核和黑质，中脑的大脑脚前方有海马旁回的钩。钩位于小脑幕切迹上方，幕上区的占位性病变可将钩挤入小脑幕切迹下方而引起小脑幕切迹疝（也称海马钩回疝）。钩的外上方为大脑外侧窝池，池内有大脑中动脉，其前下方有眼动脉。钩的前下方有颈内动脉的海绵窦段通过海绵窦。

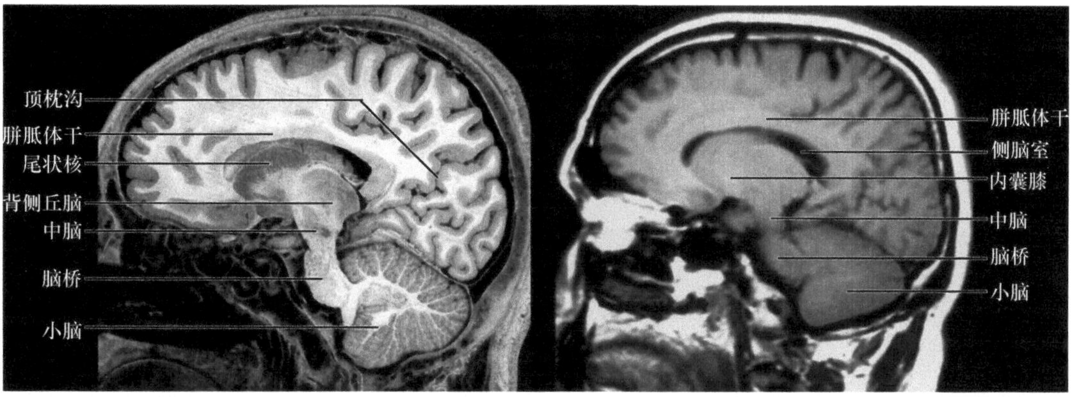

图 11-14　经内囊膝的矢状断层（标本与 MRI T_1 加权像）

2. 幕下区结构　小脑幕呈“弓”形分隔大脑枕叶和小脑，幕的后端为上矢状窦汇入窦汇处。小脑幕下方的小脑借小脑中脚与脑桥相连，脑桥前方有桥池。小脑髓质内的齿状核呈囊袋状。

（三）经豆状核壳的矢状断层

1. 幕上区结构　大脑半球占的面积较大，皮质分布于周边（图 11-15）。外侧沟正对眼眶后方，沟内有大脑中动脉。沟的上方为额叶，后上方的大块灰质为豆状核壳，壳后方的白质为内囊后肢，壳的后上方为顶叶。中央沟位于半球中点稍后方，沟前方的中央前回较宽，中央前回的髓突粗大。沟后方的中央后回较窄，髓突也薄。顶内沟在半球后缘中点稍上方，沟的前方为楔前叶，后下方为楔叶，楔叶与舌回以距状沟相隔。外侧沟后方为颞叶，可见伸入其内的侧脑室下角。侧脑室下角的前方有前连合和杏仁体，半球的顶叶、枕叶和颞叶移行处（即侧脑室中央部、后角和下角三者汇合处）可见侧脑室三角区，其前下方有呈“鞋底状”的海马。海马的下方是海马旁回，此回与枕颞内侧回以侧副沟相隔。

2. 幕下区结构 小脑幕呈弓形凸向上，后端连横窦，小脑半球内的髓质呈“树枝状”。

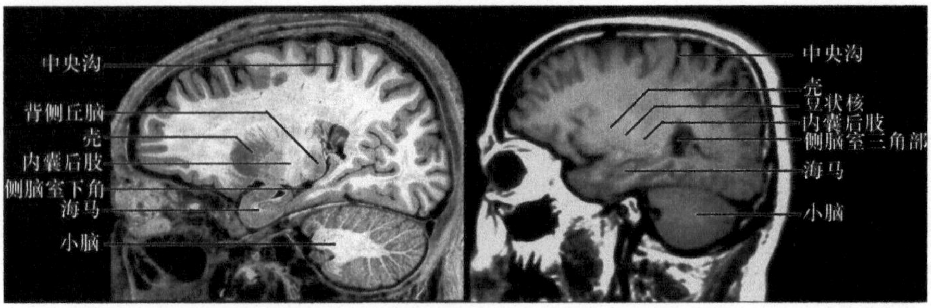

图 11-15 经豆状核壳的矢状断层（标本与 MRI T_1 加权像）

（四）经颈内静脉的矢状断层

1. 幕上区结构 岛叶的出现，使大脑半球内白质区的面积减少（图 11-16）。蝶骨小翼后对外侧沟，沟内有大脑中动脉和岛叶，岛叶的上方有额盖和顶盖。大脑半球外侧面的脑回由前向后依次为额下回、额中回、额上回、中央前回、中央后回、顶上小叶和枕叶；脑沟主要有额上沟、额下沟、中央前沟、中央后沟、顶枕沟，以中央沟最深，中央沟内前、后壁有壁间回突入沟内。颞叶前部自上而下可见颞上回、颞中回和颞下回。颞叶内可见侧脑室下角，以及构成下角底壁内侧份的海马。

2. 幕下区结构 有小脑半球。小脑半球的后上方有横窦，前下方有乙状窦。

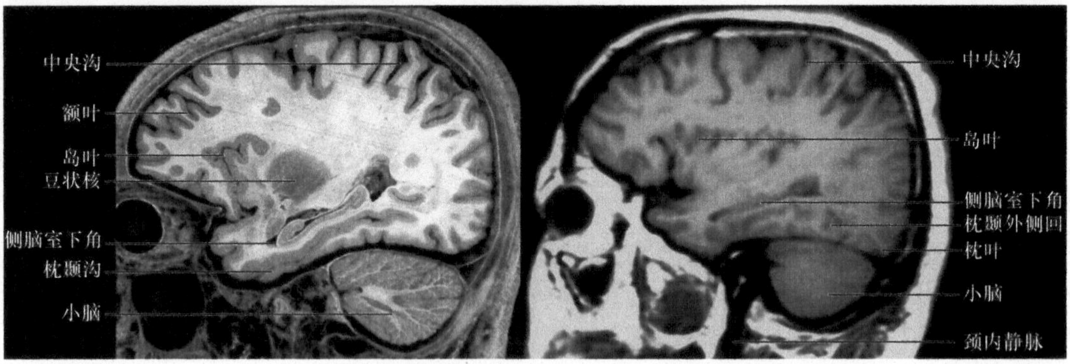

图 11-16 经颈内静脉的矢状断层（标本与 MRI T_1 加权像）

（五）经颞下颌关节内侧份矢状断层

最明显的标志是外侧沟，前端对蝶骨小翼（图 11-17）。外侧沟在此断层分为三部分，其前端发出前支走向前上，前端稍后发出升支，前支和升支呈“V”形，其余向后延续为长的后支。前支和升支之间为额下回的三角部，升支以后的皮质为岛盖部。三角部和岛盖部两部合称为 Broca 区，均属额下回的后部，为运动语言中枢所在。如此部受损，患者虽能发音，但说不出具有意义的句子，称运动性失语症。外侧沟上方有与之近似平行的数条沟，由前向后依次为中央前沟、中央沟和中央后沟。中央前沟的前方，下份是 Broca 区，上份是额中回。向后依次为中央前回、中央后回、缘上回和角回。

外侧沟下方有与之平行的颞上沟和颞下沟，与之相平行的回为颞上回、颞中回和颞下回。颞上回和颞中回向后上分别与缘上回和角回相延续，颞下回的后方为枕颞外侧回。枕颞外侧回下方正对小脑幕，幕后方有横窦，幕下方可见小脑半球的残余部分，幕的前下方为乙状窦。

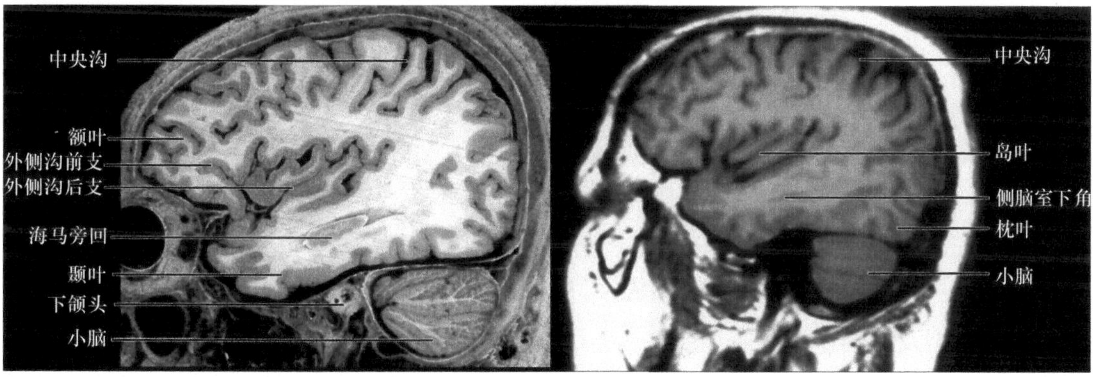

图 11-17　经颞下颌关节内侧份矢状断层（标本与 MRI T_1 加权像）

四、脑冠状断层影像解剖

（一）经额极后方的冠状层面

大脑镰两侧自上而下依次为额内侧回、扣带回和直回，额叶外侧面由上内向下外依次为额上回、额中回、额下回（图 11-18）。额叶下面可见嗅束沟，沟内侧为较窄的直回，沟外侧为较宽的眶回。此断层及其前方断层所见的皮质，除扣带回外，余均为前额区，属于不能产生运动的额叶皮质。但此区与各叶皮质均有往返联系，其功能与抽象思维和高级的智力活动有关。

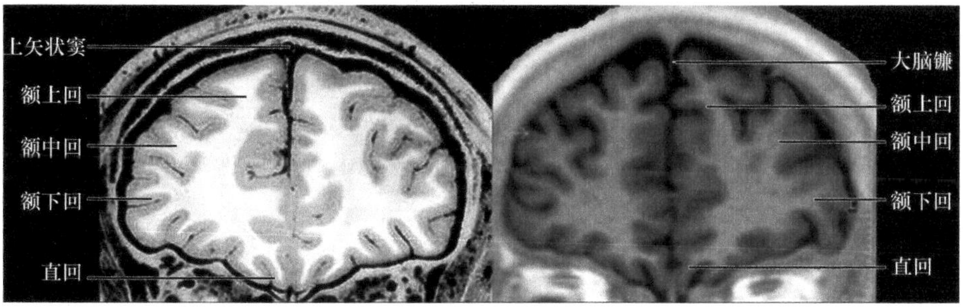

图 11-18　经额极后方的冠状层面（标本与 MRI T_1 加权像）

（二）经颞极前方的冠状层面

大脑镰上缘连上矢状窦，大脑镰中份两侧可见大脑前动脉的多个断面（图 11-19）。额叶内侧面的脑回：扣带回位于中份偏下，其上、下方是围绕它的额内侧回，最下方是直回。额叶外侧面由上向下是额上回、额中回和额下回。额叶下面以嗅束沟为界，沟的内侧为直回，外侧为眶回，沟内为嗅束。此断层额叶的髓质增多，向各脑回发出髓突，伸入扣带回内的髓突称扣带。

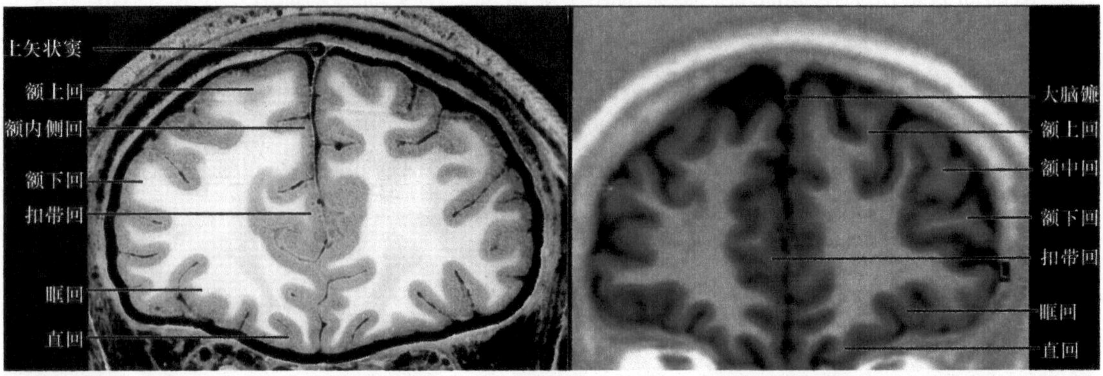

图 11-19　经颞极前方的冠状层面（标本与 MRI T_1 加权像）

（三）经胼胝体膝的冠状层面

大脑纵裂及大脑镰被胼胝体膝隔为上、下两段（图 11-20）。两段纵裂内均可见到大脑前动脉的断面。额叶内侧面在胼胝体膝以上为额上回和扣带回，胼胝体下方为胼胝体下区（为扣带回延续的部分）。额叶外侧面由内上向外下仍依次为额上回、额中回和额下回。额下回与岛叶间有外侧沟的前支相隔，额叶下面仍可见嗅沟及其内、外侧的直回和眶回。此断层所见的髓质为半卵圆中心的前份，分别向额上回、额中回和额下回内发出数条髓突。此断面出现侧脑室的前角，位于胼胝体膝外下方，可见尾状核，构成侧脑室前角的外下壁。颞叶内侧靠海绵窦外侧壁，此处有动眼神经、滑车神经、眼神经等通过。

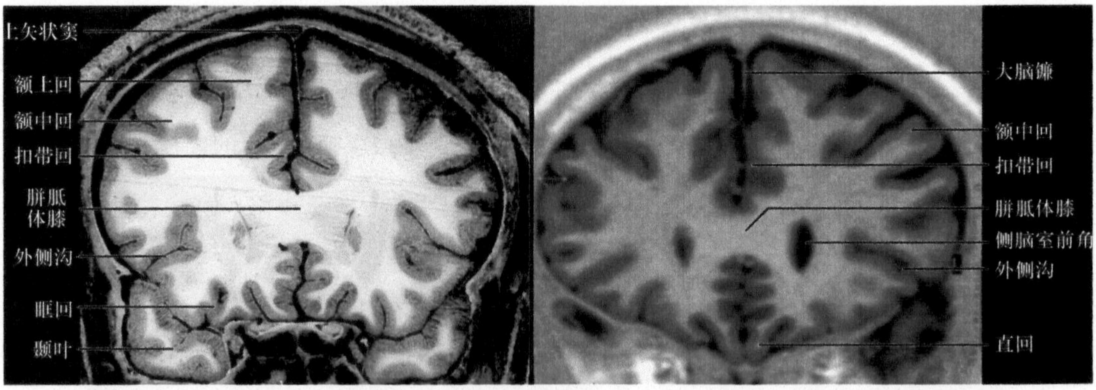

图 11-20　经胼胝体膝的冠状层面（标本与 MRI T_1 加权像）

（四）经垂体和视交叉的冠状层面

外侧沟以上为额叶，外侧沟以下为颞叶，沟的内侧为岛叶（图 11-21）。大脑镰上端连上矢状窦，下方邻胼胝体。大脑镰靠近胼胝体处有大脑前动脉。大脑纵裂两侧为额内侧回和扣带回。额叶外侧面由内上向外下仍依次为额上回、额中回和额下回。胼胝体下方为侧脑室前角，前角外下壁为尾状核，内侧壁为透明隔。两侧透明隔之间有时可见透明隔间腔，有人称为第五脑室，也有人认为只有当它与侧脑室相交通时才能称为第五脑室。该脑室内有时形成囊肿，阻塞室间孔而使脑脊液循环障碍，导致颅内压升高。透明隔向下连胼胝体嘴，嘴的外下方为伏隔核。伏隔核属于隔区的皮质下核，与某些药物的成瘾性有关。尾状核、豆状核和屏状核由内上向外下排列。尾状核与豆状核之间为内囊前肢，豆状核与屏状核之间为外囊，屏状核与岛叶之间为最外囊。

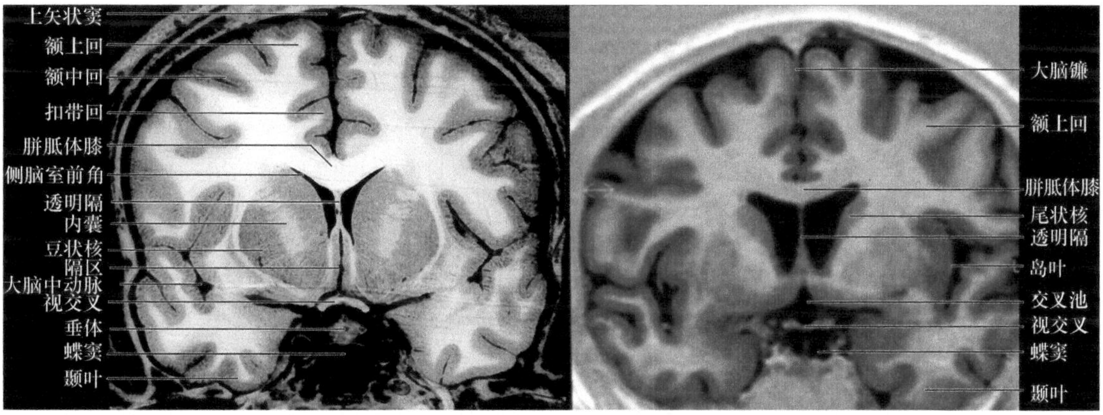

图 11-21　经垂体和视交叉的冠状层面（标本与 MRI T_1 加权像）

在两侧颞叶之间，额叶下方为蝶鞍。垂体居蝶鞍的中心，垂体上方为视交叉。视交叉的上方有大脑前动脉，外下方为大脑中动脉。垂体两侧为海绵窦，窦内有颈内动脉通过，窦的外侧壁有动眼神经、滑车神经、眼神经和上颌神经通过。

（五）经红核和黑质的冠状层面

在大脑半球内侧面，胼胝体以上的结构同前（图 11-22）。大脑半球外侧面，出现了中央沟。中央沟以上为额叶，以下为顶叶，外侧沟以下为颞叶。额叶外侧面除前一层面见到的额上、中、下三个回而外，还有中央沟上方的中央前回。顶叶仅见到中央后回。颞叶外侧面自上而下依次为颞上回、颞中回和颞下回，颞叶底面由外向内依次为枕颞外侧回、枕颞内侧回和海马旁回。海马旁回上方为海马体，为海马沟突入侧脑室下角的潜在性皮质，它构成角底的内侧部。颞上回向外侧沟面延伸为颞横回，外侧沟内侧为岛叶，外侧沟内可见到大脑中动脉及其分支的几个断面。胼胝体下方为侧脑室前角与中央部相移行处，其内侧壁仍为透明隔。构成侧脑室中央部下壁的背侧丘脑较宽大，其内可见内髓板。背侧丘脑与豆状核之间为内囊后肢，豆状核外侧由内向外依次为外囊、屏状核、最外囊和岛叶。背侧丘脑下方有中脑内的核团，内侧是近似圆形的红核，外侧是呈倒“八”字形的黑质，两侧黑质下份之间有后穿质。中脑两侧有小脑幕向外下附着于颞骨岩部。小脑幕以下有脑桥、延髓和小脑，三者交界处有脑桥小脑三角池，第四脑室外侧孔开口于此池，面神经和前庭蜗神经经此池由内耳门入内耳道。在枕骨大孔边缘可见椎动脉。

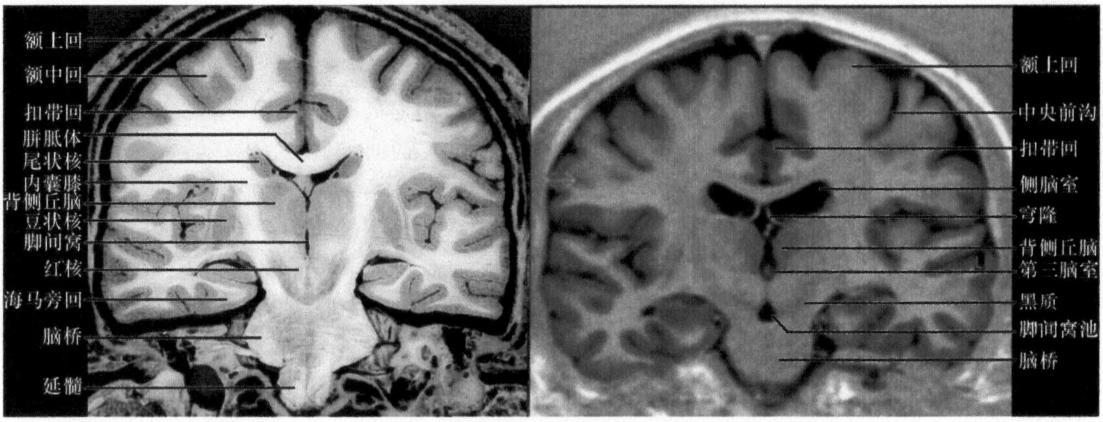

图 11-22 经红核和黑质的冠状层面（标本与 MRI T_1 加权像）

（六）经胼胝体压部的冠状层面

可见大脑镰上端相连的上矢状窦向两侧扩张形成的外侧陷窝，窝的外侧壁距离正中线一般不超过 2cm，窝内可见到蛛网膜颗粒。因此，做颅骨钻孔时一般应在正中线的外侧 2cm 以外。大脑镰两侧自上而下依次为中央旁小叶、楔前叶和扣带回（图 11-23）。大脑纵裂靠胼胝体压部上方有大脑前动脉。在大脑半球内侧面，额叶、顶叶和颞叶均可见到。外侧沟为后支部分，接近水平位，沟内有大脑中动脉。外侧沟上方由内上向外下依次为中央前回、中央后回和缘上回。外侧沟以下自上而下依次为颞上回、颞中回和颞下回。大脑半球底面由外向内依次为枕颞外侧回、枕颞内侧回、海马旁回和扣带回。胼胝体压部两侧为侧脑室三角，是侧脑室的中央部、后角和下角三部的移行处，内有脉络丛。侧脑室三角区的外侧有视辐射，一侧的视辐射完全受损，可引起两侧视野向对侧同向偏盲。胼胝体压部下方有大脑内静脉和大脑后动脉。

小脑幕呈伞形，向两侧连于横窦。幕下方的小脑可见山顶、山坡、小脑核和小脑蚓等，小脑半球呈锥体形突向两侧。小脑蚓下方的狭窄间隙为小脑溪，为脑池的一部分，小脑溪的两侧是小脑扁桃体。

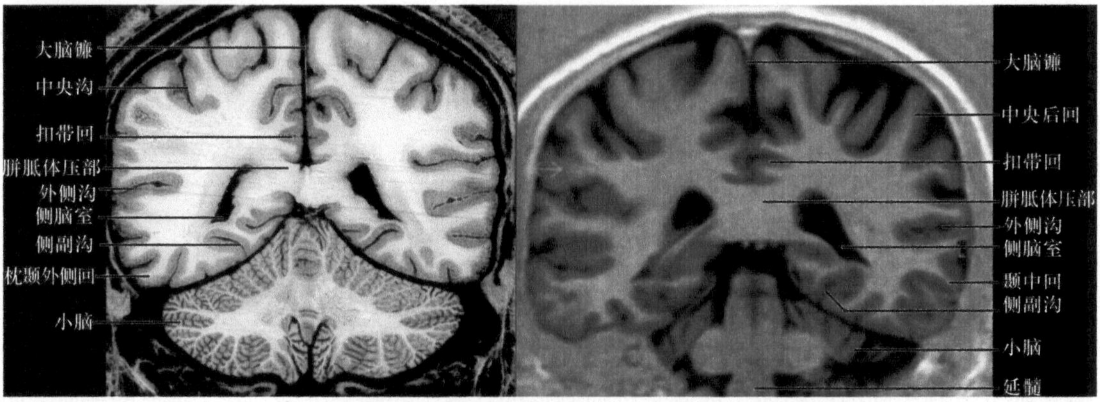

图 11-23 经胼胝体压部的冠状层面（标本与 MRI T_1 加权像）

（七）经侧脑室后角的冠状层面

大脑镰与小脑幕相连，呈“人”字形，两者连接处有直窦（图 11-24）。上矢状窦向两侧扩张形成外侧陷窝。大脑半球外侧面自上而下依次为中央旁小叶后部、楔前叶和扣带回峡。大脑半球外侧面由内上向外下依次为中央后回、顶上小叶、顶下小叶及顶下小叶的角回、颞上回、颞中回和颞下回。大脑半球底面由外向内有枕颞外侧回、枕颞内侧回、海马旁回和舌回，舌回的上方为距状沟。枕叶内可见侧脑室的后角，后角的外侧仍可见视辐射。

小脑幕呈“人”字形，向两侧连于横窦，幕下方的小脑可见山坡、蚓垂及两侧的小脑半球。在中线上枕骨向颅内的突起为枕内嵴。

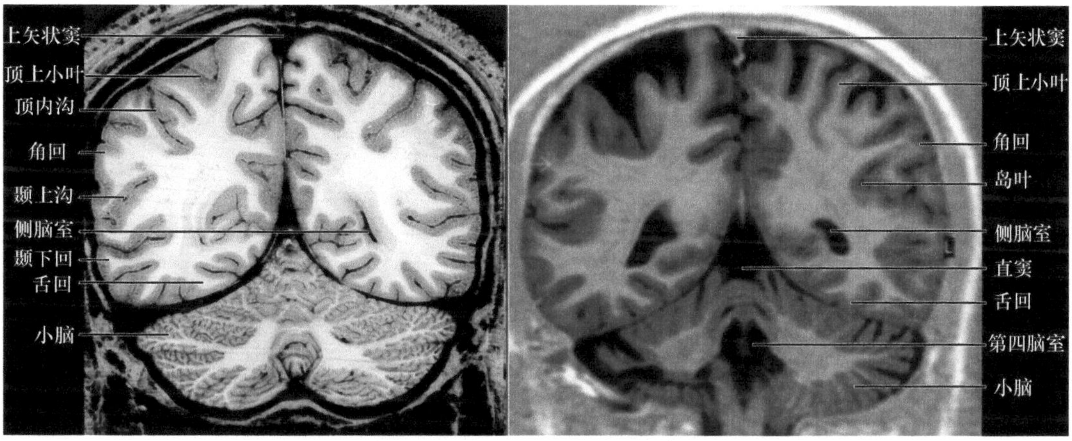

图 11-24　经侧脑室后角的冠状断层（标本与 MRI T_1 加权像）

（八）经小脑镰的冠状层面

大脑镰与小脑幕相连，大脑镰上、下缘分别连上、下矢状窦（图 11-25）。大脑半球内侧面自上而下依次为中央旁小叶的后部、楔前叶、楔叶和舌回。大脑半球外侧面由内上向外下依次为中央旁小叶的后部、顶上小叶、顶下小叶及其角回、颞中回和颞下回。大脑半球底面全为枕叶。

小脑幕向两侧连横窦，枕内嵴上方有小脑幕向小脑半球之间突入而形成的小脑镰。小脑的其他结构与前一断层相似。

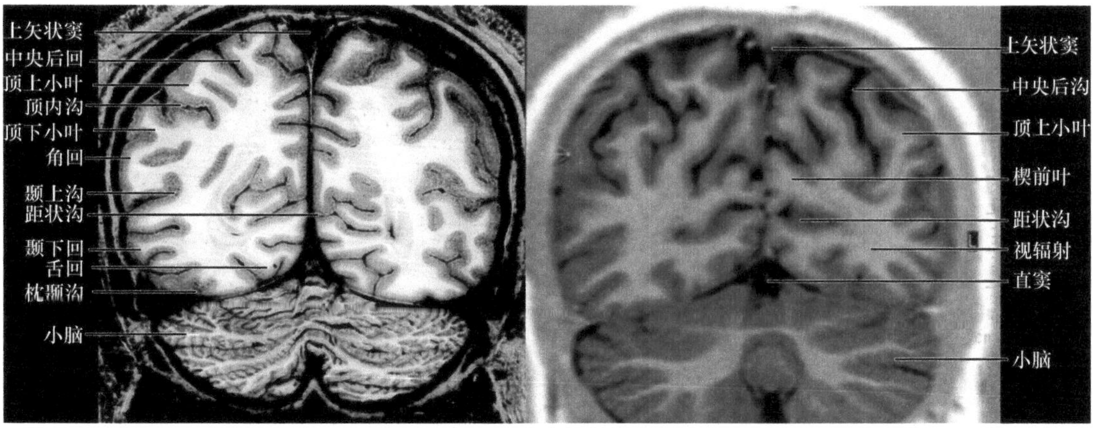

图 11-25　经小脑镰的冠状层面（标本与 MRI T_1 加权像）

（九）经窦汇的冠状层面

大脑镰与小脑幕在窦汇处相交，小脑幕两侧连横窦（图 11-26）。窦汇与两侧横窦几乎在一条直线上。大脑半球内侧面自上而下依次为楔前叶、楔叶和舌回。大脑半球外侧面由外上向内下依次为顶上小叶、顶下小叶及角回、枕外侧回。大脑半球底面为枕颞外侧回和枕颞内侧回。

小脑幕以下被窦汇和枕内隆突隔为两腔，腔内容纳小脑半球最后份的残余部分。

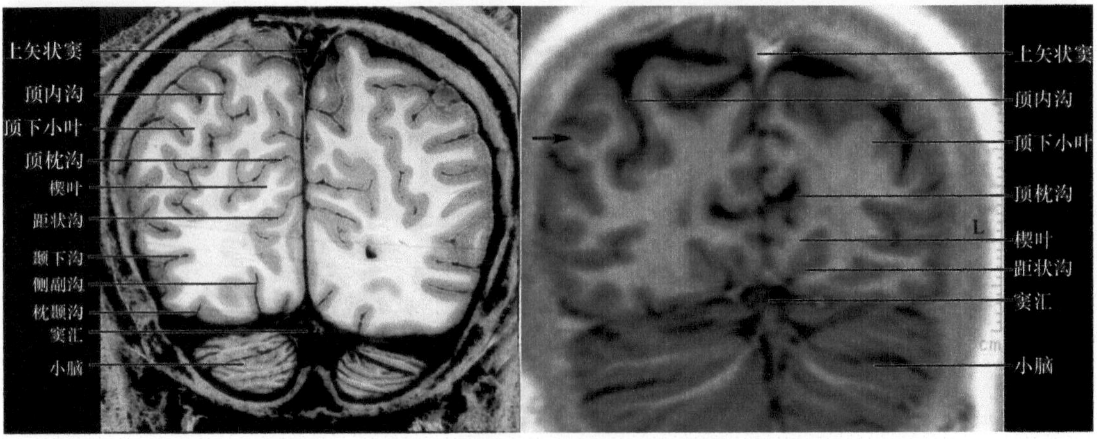

图 11-26　经窦汇的冠状层面（标本与 MRI T_1 加权像）

五、脑池断层影像解剖

（一）大脑纵裂池

大脑纵裂池位于两侧大脑半球之间的大脑纵裂内，被大脑镰分隔为左、右两部（图 11-27）。池的底部绕于胼胝体周围，称胼胝体周池，向前下连于终板池，向后下续于大脑大静脉池。大脑纵裂池在胼胝体以上层面所见为大脑纵裂池全长，在胼胝体及其以下层面所见为前、后两段，分别位于胼胝体横断层面的前方和后方。

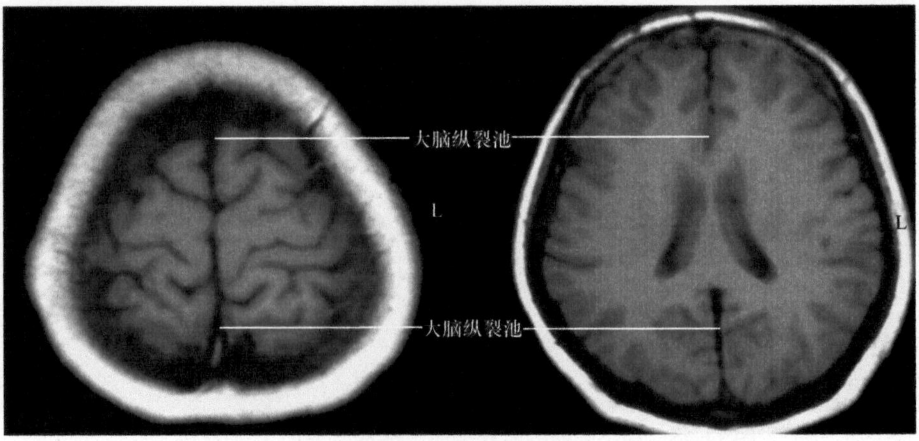

图 11-27　大脑纵裂池

（二）大脑外侧窝池

大脑外侧窝池位于大脑外侧沟内，周围是额叶、顶叶、颞叶和岛叶。此池在横断面上的典型表现是横置的“Y”字形（图 11-28），主干伸入到岛叶表面即分为前、后两支，前支短，后支长。大脑外侧窝池内有大脑中动脉及其分支和大脑中浅静脉通过。该池在青年人不明显，但在老年人常较清晰，脑萎缩者则明显增宽。

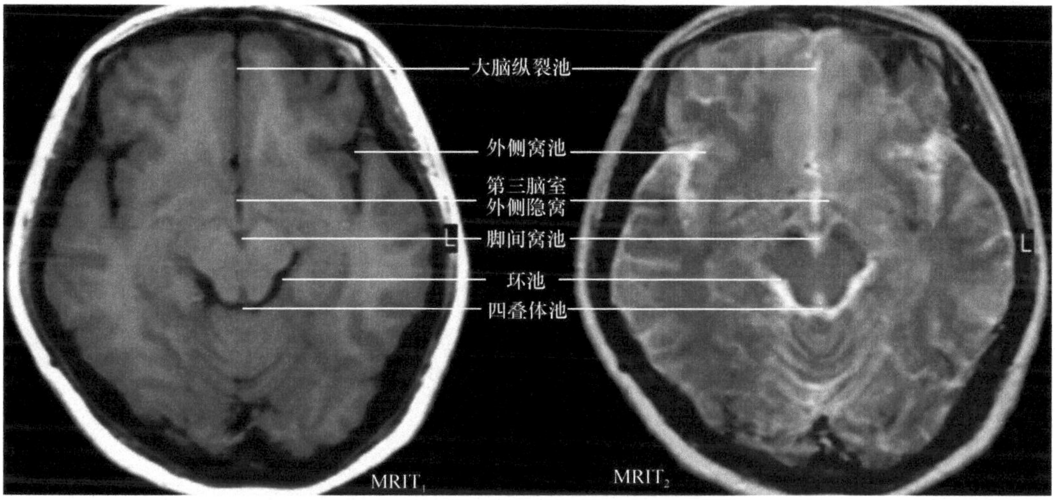

图 11-28　大脑外侧窝池、环池及四叠体池

（三）环池

环池分本部和翼部。本部环绕中脑的大脑脚外侧面，向前连于脚间池，向后连于四叠体池；翼部向外延伸至丘脑枕后下方，也称丘脑后池。环池内有大脑后动脉、小脑上动脉、脉络丛前动脉、脉络丛后动脉、基底静脉和滑车神经通过。

（四）脑桥小脑角池

脑桥小脑角池位于脑桥、延髓与小脑交界处。前外侧界是颞骨岩部的内侧面，后界是小脑中脚和小脑半球，内侧界是脑桥基底部下部和延髓上外侧部。该池为桥池向外的延续，也称桥池侧突。第四脑室外侧孔开口于该池，池内有面神经和前庭蜗神经通过。蜗神经瘤时，可使此池出现肿块影并伴有内耳门和内耳道的扩大或变形等。

（五）帆间池

帆间池也称中间帆腔（图 11-29），或称第三脑室上池，或第三脑室脉络组织池。帆间池位于第三脑室顶的上方，穹隆体和穹隆连合的下方，为一尖向前的三角区。其两前外侧界为穹隆的内侧缘，后界为胼胝体压部的下方。此池向后经胼胝体下方通大脑大静脉池。因该池较小，正常情况下不全显影，只有当扩大时才显影。

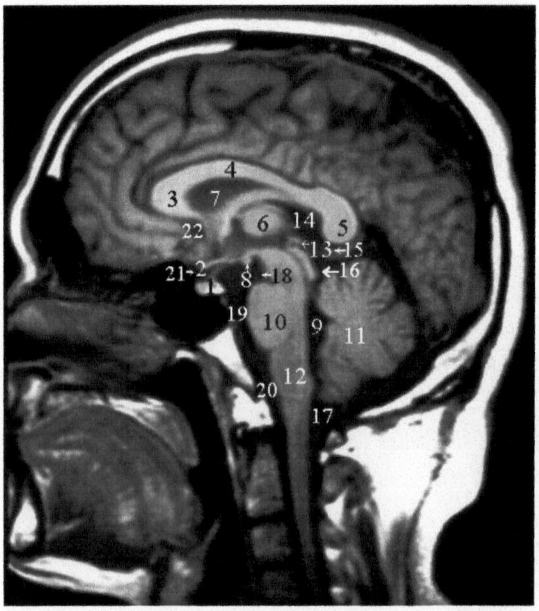

图 11-29 颅脑 MRI T_1 正中矢状图像（示脑池）

1. 垂体；2. 视交叉；3. 胼胝体膝；4. 胼胝体干；5. 胼胝体压部；6. 背侧丘脑；7. 透明隔；8. 乳头体；9. 第四脑室；10. 脑桥；11. 小脑；12. 延髓；13. 松果体；14. 帆间池；15. 大脑大静脉池；16. 四叠体池；17. 小脑延髓池；18. 脚间窝池；19. 桥池；20. 延池；21. 交叉池；22. 终板池

（六）大脑大静脉池

大脑大静脉池位于胼胝体压部的后下方，四叠体和松果体的上方。该池向前上通帆间池，向后下通四叠体池。该池内前部有松果体，后部有大脑大静脉。松果体易显影，是该池的重要标志，如钙化时更明显。

（七）四叠体池

四叠体池位于中脑四叠体后面与小脑上蚓前缘之间，向前外通环池，向上通大脑大静脉池。四叠体池和环池均位于小脑幕切迹内，幕上、下区的病变可经这些脑池延伸，小脑幕切迹疝可致这些脑池变窄或消失。

（八）小脑延髓池

小脑延髓池又名枕大池，是最大的脑池，位于颅后窝，在矢状位上显示明显。其上界为小脑半球后部的下面，前界为延髓背侧面，后界为枕鳞下部的前方，被矢状位的小脑镰分为左、右两部。该池向前通第四脑室，向下通脊髓的蛛网膜下隙。池内有小脑下后动脉通过。在 CT 图像上，该池为位于小脑扁桃体与枕内隆凸之间的三角形低密度影，池的两侧为小脑半球的后下部。

（九）终板池

终板池位于终板的前方，胼胝体嘴的后方，为一纵形的狭长裂隙，向后下通交叉池。

（十）交叉池

交叉池位于视交叉周围，前界是颈内动脉，前方有大脑前动脉和前交通动脉，池内有视交叉。

（十一）脚间池

脚间池也称基底池，其前界是视交叉，后界是脚间窝及大脑脚的内面，两侧界是大脑的颞极。池内有动眼神经和大脑后动脉的水平段。

（十二）桥池

桥池位于枕骨斜坡与脑桥腹侧面之间，故也称桥前池。该池扁而宽阔，向上通脚间池，向两侧通脑桥小脑角池，池内有基底动脉及其分支。

（十三）延池

延池位于枕骨斜坡下部与延髓的腹侧面之间。左、右椎动脉在此池内两侧互相接近汇合成基底动脉，椎动脉在此池内发出小脑后下动脉，池内还有舌咽神经、迷走神经、副神经和舌下神经通过。

（十四）鞍上池

鞍上池系影像学的术语，位于蝶鞍的上方，是轴位横断扫描时交叉池、脚间池或桥池的共同显影（图 11-30）。因扫描的层面和患者的体位不同，以及年龄与个体的差异，鞍上池可显示为六角形、五角形和四角形等。CT 扫描时如层面偏高或患者头倾向前，显示为六角形鞍上池图像。六角形鞍上池包括交叉池和脚间池，六个角分别是：一个前角，伸入两侧大脑额叶之间，与大脑纵裂池相连；一对前外侧角，伸入额叶与颞叶之间，与大脑外侧窝池相连；一对后外侧角，伸入大脑与中脑之间，与环池相连；一个后角，为脚间池。池内主要有视交叉或视束、漏斗或垂体柄、乳头体、颈内动脉、动眼神经和大脑后动脉。CT 扫描时如患者头伸向后，显示为五角形鞍上池图像。五角形鞍上池包括交叉池和桥池，与六角形脑池相比，缺少后角，因后方为脑桥的基底部，其五个角同六角形鞍上池。五角鞍上池内主要有视交叉垂体柄、颈内动脉、基底动脉末端和鞍背。CT 扫描时层面过高，显示为四角形鞍上池图像，此层面因环池不显影而缺少后两个外侧角。四角鞍上池的毗邻：前为额叶的直回，后为脚间窝，两侧为海马旁回的钩，池内主要有视束、视交叉、漏斗和乳头体。

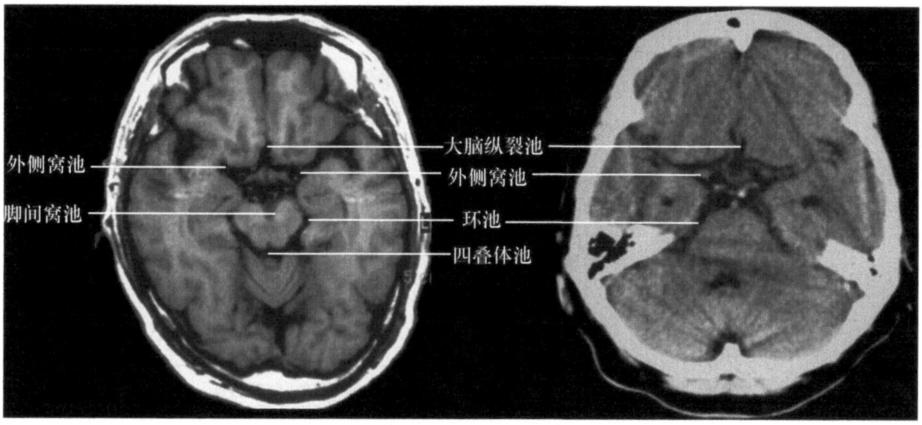

图 11-30　鞍上池（左：MRIT_2 加权像；右：CT 扫描像）

六、眼耳断层影像解剖

（一）眼 CT 解剖

在以眼球和视神经为中心的横断层面上（图 11-31），眼眶显示最大前后径。眼球壁呈密度均匀的环状影，又称眼环。眼环前部略前突部分为角膜，其后方有一浓白的横置梭形影为晶状体，晶状体后方为均匀灰白的玻璃体。视神经自球后极中央至眶尖，粗细均匀，轮廓部分清晰，部分模糊。在视神经的内、外侧分别可见长条状软组织影为内、外直肌，两者在黑色脂肪间隙衬托下显影清晰。

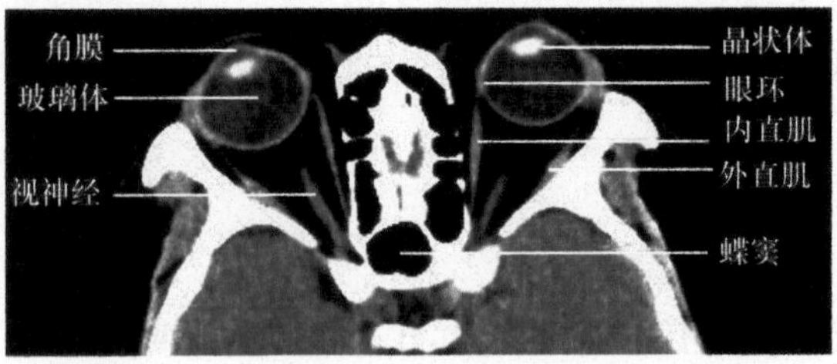

图 11-31 眼球中部横断层面 CT 扫描像

（二）耳 CT 解剖

在经内耳道横断层面 CT 扫描图像上（图 11-32），可见内耳道前后缘光滑锐利，由后内侧向前外走行，内有面神经与前庭蜗神经经过。在内耳道底，有一向前延伸的线状低密度影为面神经管的迷路段。内耳道前外侧为耳蜗，后外侧为前庭，前庭与外半规管内端相连。在外半规管的外侧，可见前方上鼓室、后方鼓窦及两者之间较狭小的鼓窦入口，三者共同构成哑铃状的含气影像。鼓窦入口的内侧为外侧半规管凸，是术中寻找面神经的一个标志。在上鼓室内可见部分锤骨头与砧骨体。

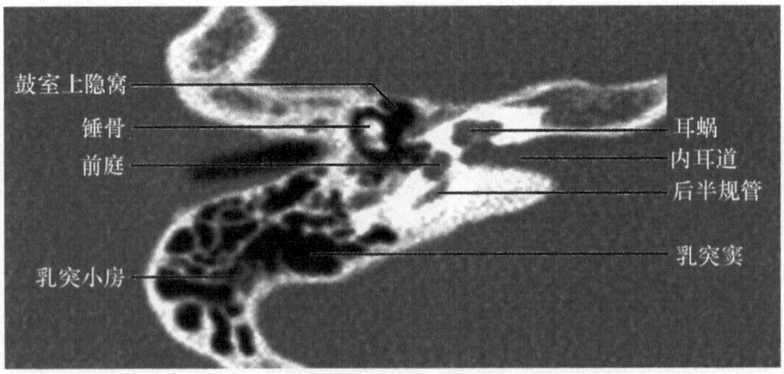

图 11-32 经内耳道横断层面 CT 扫描像

七、颈部喉区横断层影像解剖

颈部前方主要有喉、气管、咽和食管、甲状腺，两侧主要有颈部大血管和神经。喉位于颈前部，以软骨为支架，借关节、韧带、弹性纤维膜及肌肉连接而成。甲状腺分为左右侧叶和甲状腺峡，甲状腺峡位于第 2～4 气管软骨环的前方。

（一）经会厌水平面的 CT 解剖

舌骨呈开口向后的“C”字形高密度影，舌骨两侧有下颌下腺，后方有舌根及舌会厌正中襞，舌会厌正中襞的两侧为会厌谷。会厌谷的后方为咽腔的喉部，向两侧有梨状隐窝。舌骨大角的外侧有颈部大血管，动脉为颈总动脉或颈外动脉、颈内动脉，静脉为颈内静脉。会厌构成喉口的前界（图 11-33）。

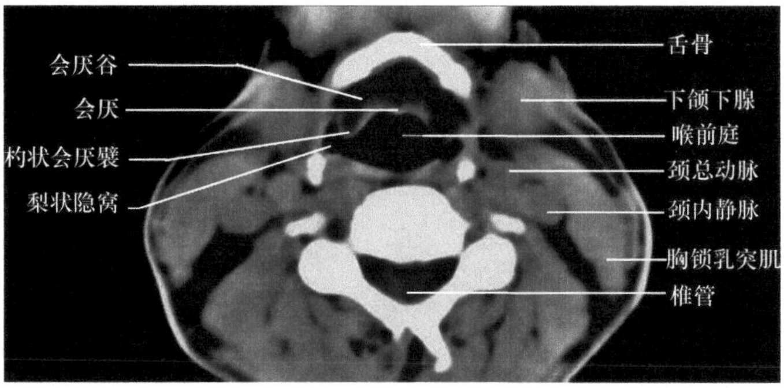

图 11-33　经会厌水平面的 CT 扫描像

（二）经声襞层面的 CT 解剖

两侧声襞之间的声门裂近似于椭圆形，呈矢状位，周围的甲状软骨、杓状软骨和环状软骨清晰可见（图 11-34）。

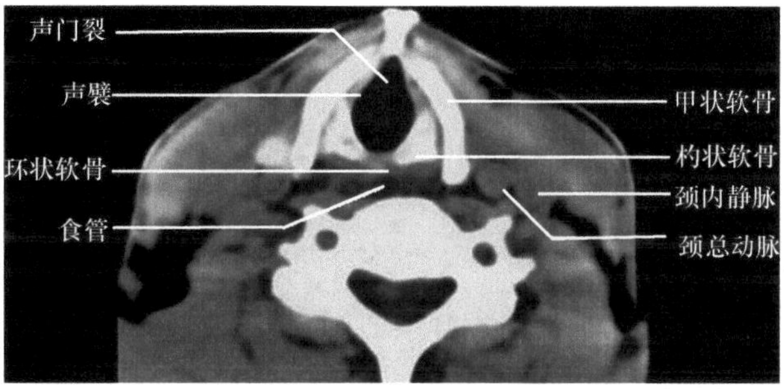

图 11-34　经声襞层面的 CT 扫描像

（三）经环状软骨层面的 CT 解剖

经环状软骨横断层的喉腔为声门下腔，向两侧有环状软骨和甲状软骨。环状软骨在老年人易发生钙化，故在 CT 图像上呈现低信号，青年人的环状软骨常与周围的脂肪组织呈等信号（图 11-35）。

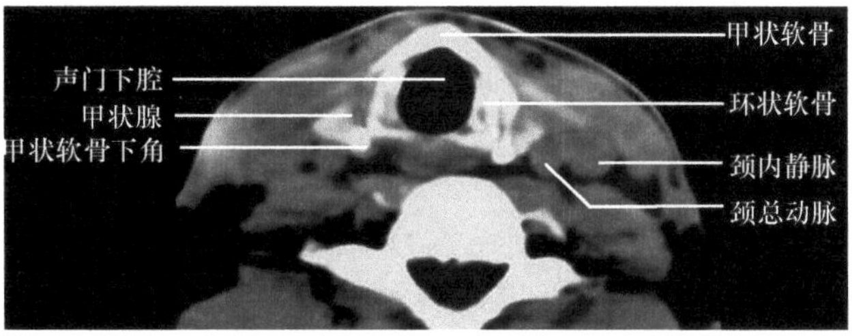

图 11-35　经环状软骨层面的 CT 扫描像

（刘荣志）

第十二章　胸部断层影像解剖

一、概　　述

（一）境界与分区

胸部上界以胸骨柄上缘、胸锁关节、锁骨上缘、肩峰及由此向后至第 7 颈椎棘突的连线与颈部分界；下界以从剑胸结合向两侧沿肋弓、第 11 肋前端、第 12 肋下缘至第 12 胸椎棘突的连线与腹部分界；上部两侧以三角肌前、后缘上份和腋前、后襞下缘中点连线与上肢分界。

胸部可分为胸壁和胸腔两部分。胸壁以胸廓为支架，覆以软组织而构成。胸腔由胸壁和膈围成，其内容可分为中部的纵隔和左、右胸膜腔及肺三部分。

（二）体表重要的标志性结构

1. 颈静脉切迹　为胸骨柄上缘中部的切迹，平对第 2～3 胸椎之间。

2. 胸骨角　为胸骨柄与胸骨体连结处形成微向前突的结构。两侧与第 2 肋软骨相接，该角向后平对第 4 胸椎下缘。此角向后尚平对气管杈、左主支气管与食管交叉处、主动脉弓的起始部和末端、胸导管由右向左移行处及奇静脉弓平面。

3. 剑胸结合　胸骨体与剑突连结处，平对第 9 胸椎平面，两侧与第 7 肋软骨相接。

4. 肋弓　肋弓最低点平对第 3 腰椎。

5. 乳头　男性乳头一般在锁骨中线与第 4 肋间隙交界处，女性者略低，并偏外下方。

二、胸部水平断层影像解剖

胸部 CT、MRI 扫描通常以颈静脉切迹平面作为胸部的基线，向下连续扫描至剑胸结合。胸部水平断层采取向下以 10mm 厚作连续断层至剑胸结合。在胸部横断层解剖中应重点观察和把握肺门、肺根和纵隔内结构在不同层面中的形态、位置、毗邻及配布关系。

（一）经颈静脉切迹层面

本层面约平第 2 胸椎间盘（图 12-1）。上纵隔前宽后窄，大致呈倒三角形，分五层，即胸腺、静脉、动脉、气管和食管，五层结构自前向后略呈以胸椎为中心的同心圆状排列。胸腺位于胸骨后，左、右头臂静脉分别走行于纵隔的两前外侧角，之后自左至右依次有头臂干、左颈总动脉和左锁骨下动脉。头臂干之后为气管，食管居最靠近胸椎处，此处为三角形纵隔的尖，其与气管之间的左侧有左喉返神经，与左锁骨下动脉之间有胸导管。气管的后面恒定地与食管相邻，但大多数人的食管不在其正后方，而是居其左后方。食管左侧左锁骨下动脉常突入左胸膜肺区，使左肺上叶内前缘形成一个凹陷。胸膜肺区为左、右肺的尖段（SⅠ）。

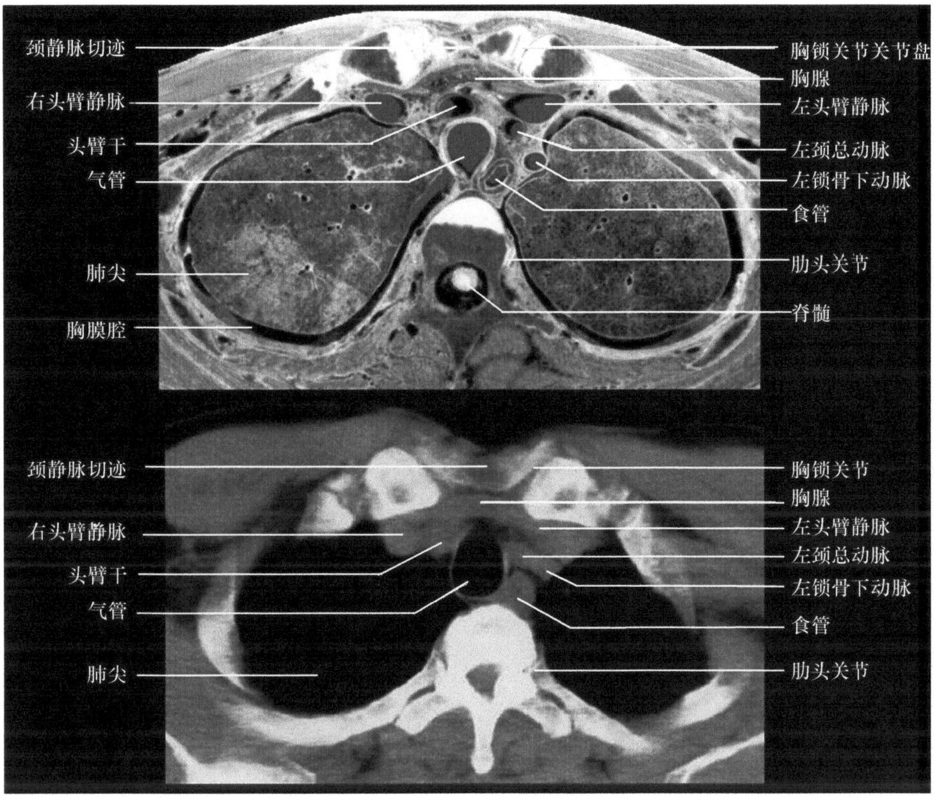

图 12-1　经颈静脉切迹层面（上：标本图；下：CT 纵隔窗）

（二）经头臂静脉汇合处层面

本层面约平第 4 胸椎（图 12-2）。纵隔区内胸腺后方可见左、右头臂静脉在中线右侧即将汇合，形成上腔静脉。主动脉弓三大分支因接近起始部位，故较上一层面偏左。气管断面多呈马蹄形或卵圆形，若气管断面矢状径大于冠状径一倍以上，则提示与慢性呼吸道阻塞性肺部疾患有关。食管呈扁椭圆形，管壁周围有薄层脂肪组织与周围结构相隔，食管癌向外浸润可致脂肪消失。胸导管位于食管与左锁骨下动脉之间。胸膜肺区位于纵隔及胸椎椎体两侧，肺断面增大，仍为左、右肺上叶。左肺为尖后段（SⅠ+Ⅱ），右肺尖段（SⅠ）前移，出现后段（SⅡ）。

（三）经主动脉弓层面

本层面约平第 4 胸椎间盘（图 12-3）。纵隔区内胸腺居胸骨柄后方，略呈梯形，胸腺的形态、位置、大小有明显的年龄及个体差异，40 岁以后多呈萎缩性改变，在 CT 影像片上胸腺形态主要呈箭头形、双叶形。上腔静脉和主动脉弓位于纵隔断面中部，上腔静脉在右侧，主动脉弓自前方行向左后方，依次发出头臂干、左颈总动脉和左锁骨下动脉，在纵隔后部，气管断面居右前方，呈椭圆形，此处已接近气管杈。在主动脉弓右侧、上腔静脉后方和气管前方之间充满疏松结缔组织，在 CT 图像上为一低密度三角区，称气管前间隙，常见有直径约 7mm 的正常右下气管旁淋巴结。食管位于气管左后方，胸导管在食管与胸椎椎体之间上行。胸膜肺区内，右肺上叶前部仍是尖段（SⅠ），后部为后段（SⅡ）；左肺尖后段（SⅠ+Ⅱ）后移，前方出现前段（SⅢ）。左肺斜裂之后为左肺下叶的上段（SⅥ）。

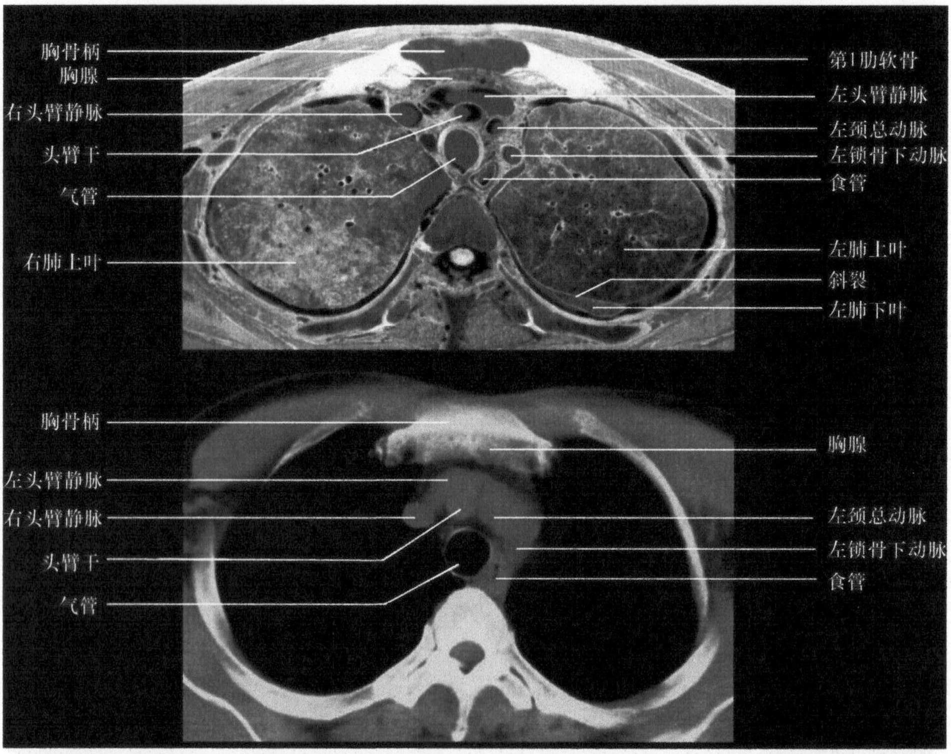

图 12-2　经头臂静脉汇合处层面（上：标本图；下：CT 纵隔窗）

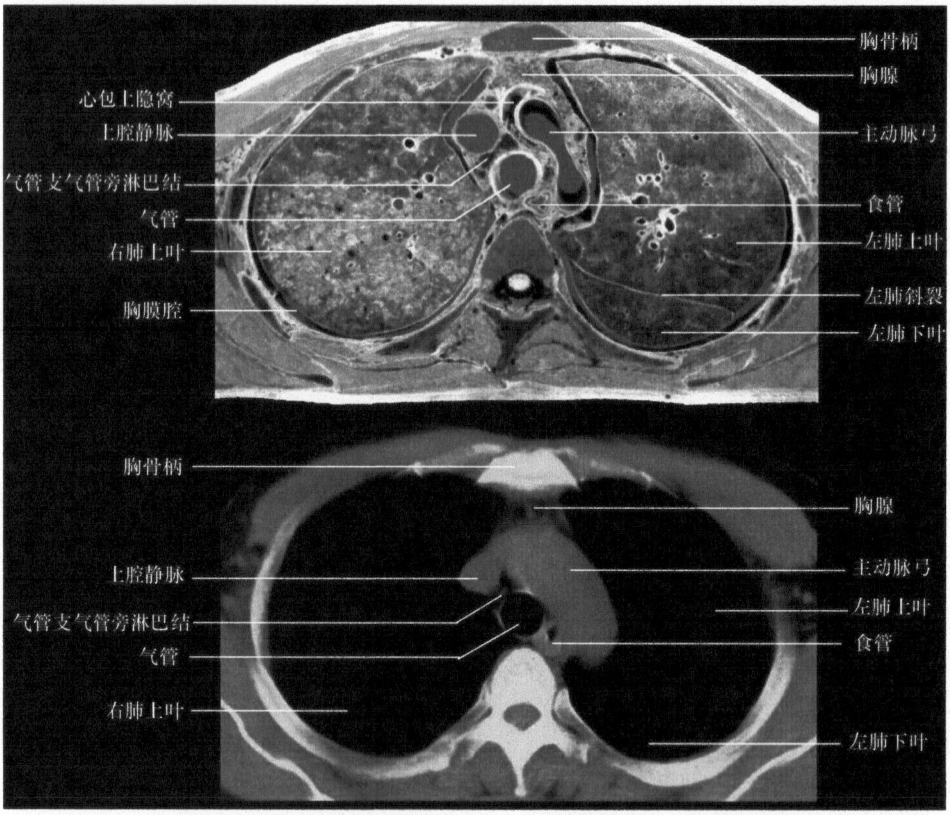

图 12-3　经主动脉弓中份层面（上：标本图；下：CT 纵隔窗）

（四）经气管杈层面

本层面约平第 5 胸椎上份（图 12-4），恰经胸骨角、奇静脉弓和气管杈，为上、下纵隔的分界线。

纵隔前方为尖朝胸骨的三角区，在 CT 图像上称血管前间隙，由胸腺充填。上腔静脉与上一层面相较位置不变，主动脉弓已向下延为升主动脉和胸主动脉。升主动脉与胸主动脉间至纵隔左缘在 CT 图像上为一低密度间隙，影像学上称主动脉肺动脉窗，内有动脉韧带、左喉返神经和左下气管旁淋巴等结构。正常情况下 CT 难以显示该区淋巴结，有时可辨认出动脉韧带。气管杈呈横置的椭圆形，与大血管之间的气管前间隙的一部分内有淋巴结和结缔组织。气管杈后方有食管，其右后方可见奇静脉弓跨越右肺根上方，向前注入上腔静脉。

胸膜肺区内，右肺斜裂出现。左、右肺斜裂分别分左、右肺为上、下叶。此断面肺段的划分，右肺上叶内侧为尖段（SⅠ），前方为前段（SⅢ），后方为后段（SⅡ）；右肺下叶为上段（SⅥ）。左肺上叶前方为前段（SⅢ），后方为尖后段（SⅠ+Ⅱ），左肺下叶为上段（SⅥ）。

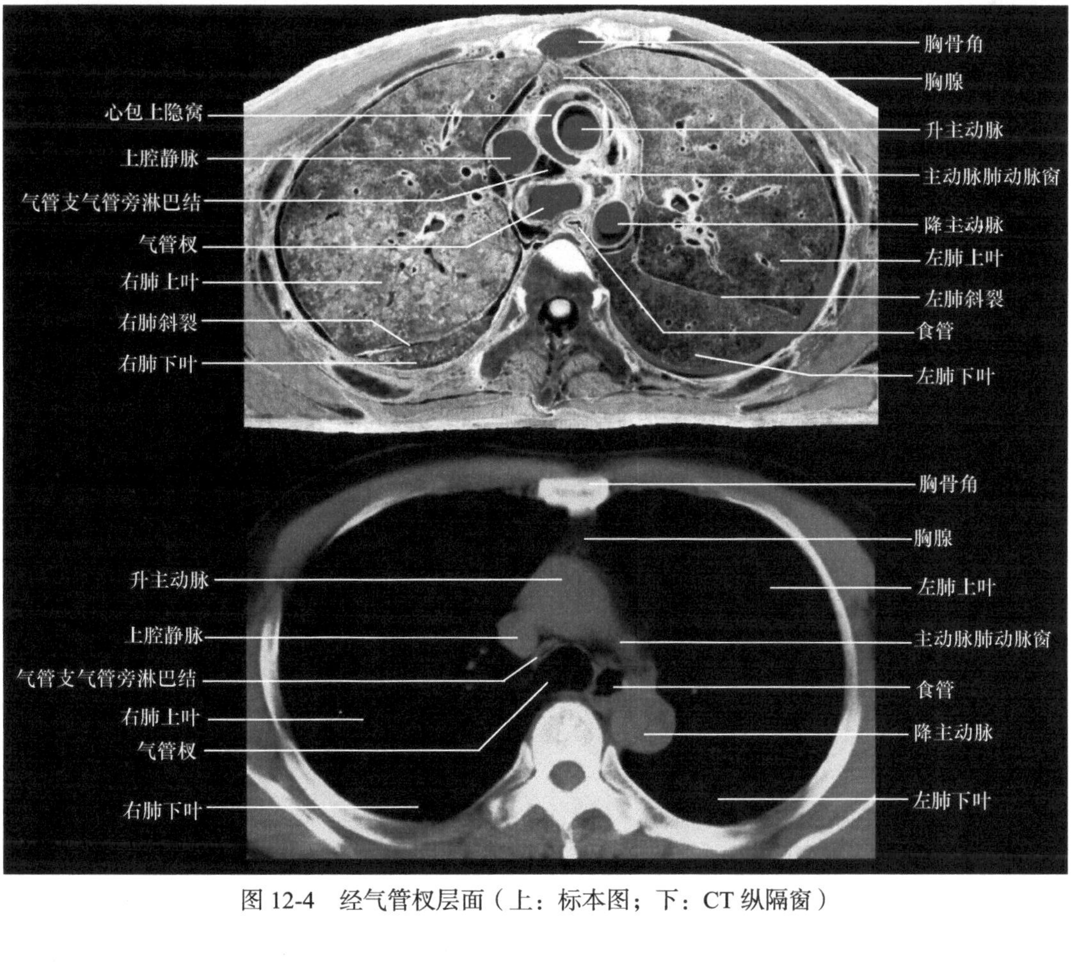

图 12-4　经气管杈层面（上：标本图；下：CT 纵隔窗）

（五）经肺动脉杈层面

本层面约平第5胸椎下份（图12-5），主要显示肺及前、中、后纵隔结构。胸骨与大血管之间属前纵隔，内含胸腺等结构。肺动脉干分出左、右肺动脉并呈“人”字形排列，是本层面标志性结构。右肺动脉前方从右向左有上腔静脉、升主动脉和肺动脉干，后方有左右主支气管、食管、胸导管和胸主动脉。胸膜肺区内，左、右肺门开始出现，左肺动脉为左肺门出现的标志，右肺上叶支气管为右肺门出现的标志。左肺门前方是左上肺静脉的属支，左肺动脉的外侧是左上叶支气管及其分支，关系恒定。右肺门最前方的结构是尖段静脉及其属支。此断面肺段划分，胸膜肺区内右肺尖段已消失，两肺上叶前部为前段（SⅢ），后部右肺为后段（SⅡ），左肺为尖后段（SⅠ+Ⅱ）；斜裂后方为两肺下叶的上段（SⅥ）。

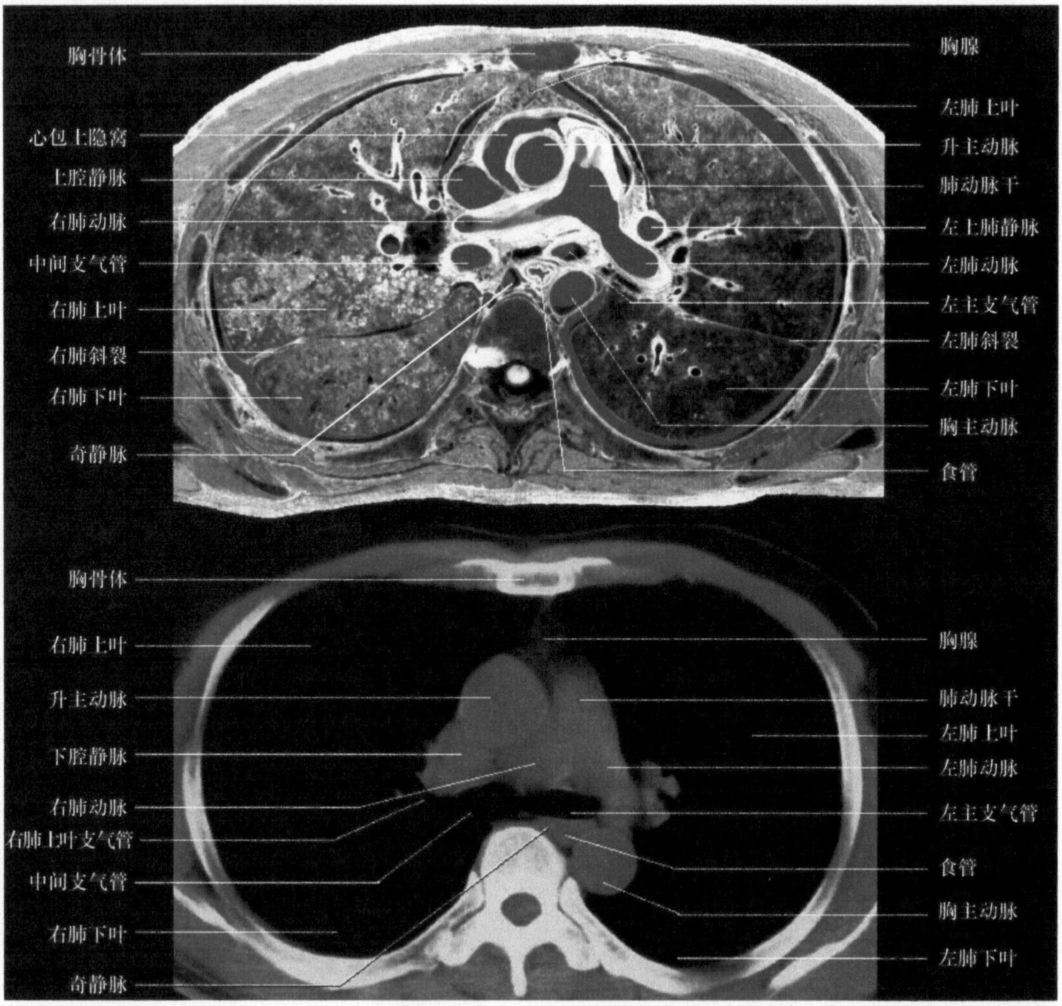

图12-5　经肺动脉杈层面（上：标本图；下：CT纵隔窗）

（六）经左肺上叶支气管层面

本层面约平第 6 胸椎上份（图 12-6），主要显示肺、肺门及中纵隔结构。中纵隔内为心底及大血管根部占据。升主动脉位居中央，其右侧有上腔静脉和右心耳，左前方为肺动脉口，左后方有左心耳和心包横窦。食管居后纵隔中央，其后方是奇静脉，左侧为胸主动脉。从此层面向下，食管均紧贴心包后方，这种毗邻关系是经食管超声心动图检查的解剖学基础。胸膜肺区内，右肺门结构由前向后依次是右肺上叶静脉、中间动脉和中间支气管。右主支气管和中间支气管的后外侧壁直接邻肺，CT 影像上，在它们与肺组织之间出现较高密度影像即可能是病变。左肺门结构由前向后为左上肺静脉、左主支气管和左肺下叶动脉。左主支气管前外侧可见左上叶支气管，在胸主动脉与左肺下叶动脉之间，左肺下叶肺组织呈小舌状伸入，达左主支气管后面，如果该舌状肺组织被推出两大动脉之间，提示肺门或下叶有病变。由于右肺水平裂出现，右肺断面上叶为前段（SⅢ），中叶是内侧段（SⅤ）和外侧段（SⅣ），右肺下叶是上段（SⅥ），左肺前部是上舌段（SⅤ），中部是下舌段（SⅣ），斜裂后方是上段（SⅥ）。

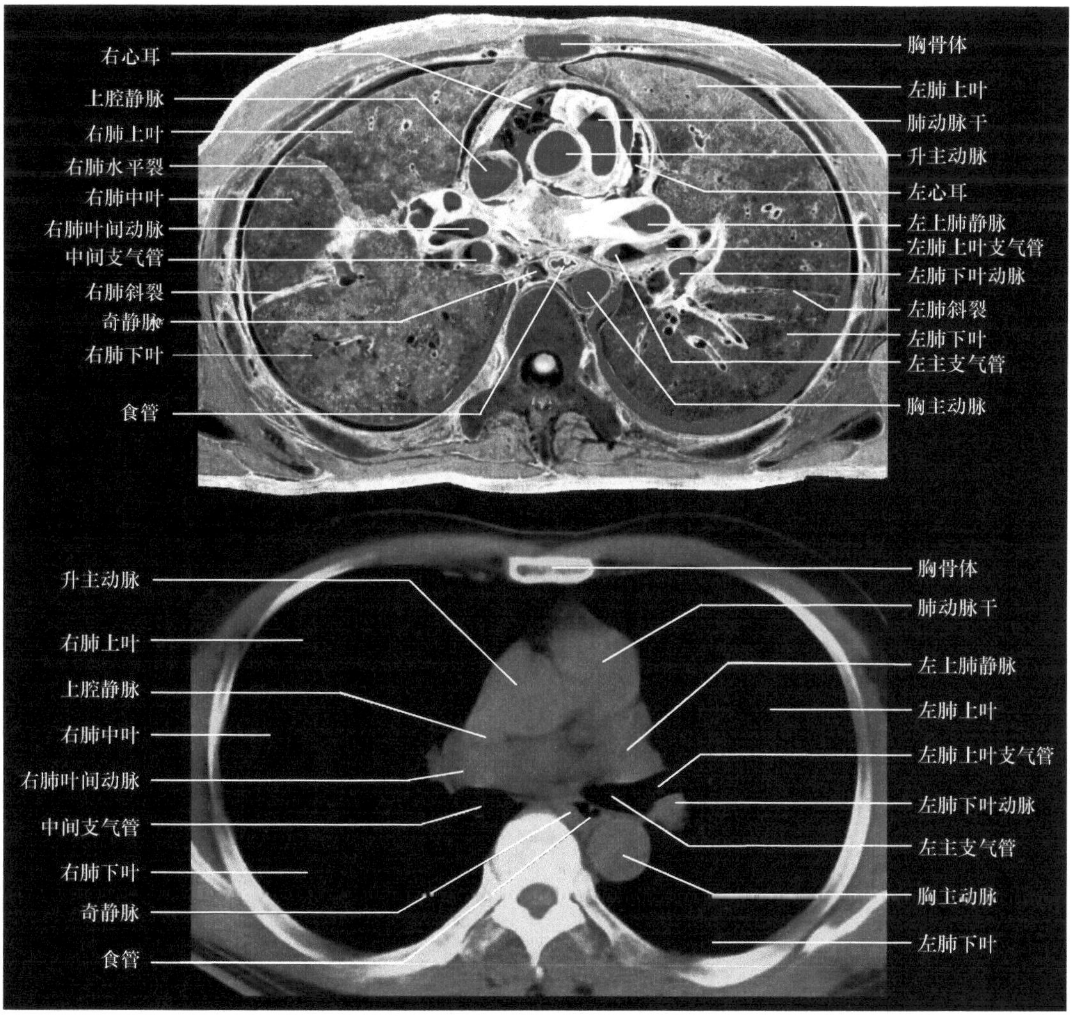

图 12-6　经左肺上叶支气管层面（上：标本图；下：CT 纵隔窗）

（七）经左、右上肺静脉层面

本层面约平第 6 胸椎体下份（图 12-7），主要显示肺及中、后纵隔结构。中纵隔内仍然被心底及大血管根部占据。主动脉窦居心断面中央，其前方为右心室的流出道，右侧是右心房，后方是左心房，左心房两侧有左、右上肺静脉汇入。后纵隔内胸椎前方从右向左可见食管、奇静脉和胸主动脉。胸膜肺区内，两肺斜裂逐渐前移，下叶断面面积逐层增大。肺段划分与上一层面基本一致。

（八）经左、右下肺静脉层面

本层面约平第 6 胸椎间盘，恰通过 4 个心腔（图 12-8），主要显示心、后纵隔及肺。纵隔区主要被心和心包占据，心内结构显示良好。右半心居纵隔的右前方，右心室呈三角形。左半心在纵隔的左后方，左心室呈半卵圆形。后纵隔自右向左可见食管、奇静脉、胸导管和胸主动脉。胸膜肺区内，两肺上叶的前段都消失，右肺中叶位于前部为内侧段（S V）和位于后部的外侧段（SⅣ），左肺上叶位于前部为上舌段（SⅣ），已较细小，位于后部的为下舌段（SⅤ），较粗大。

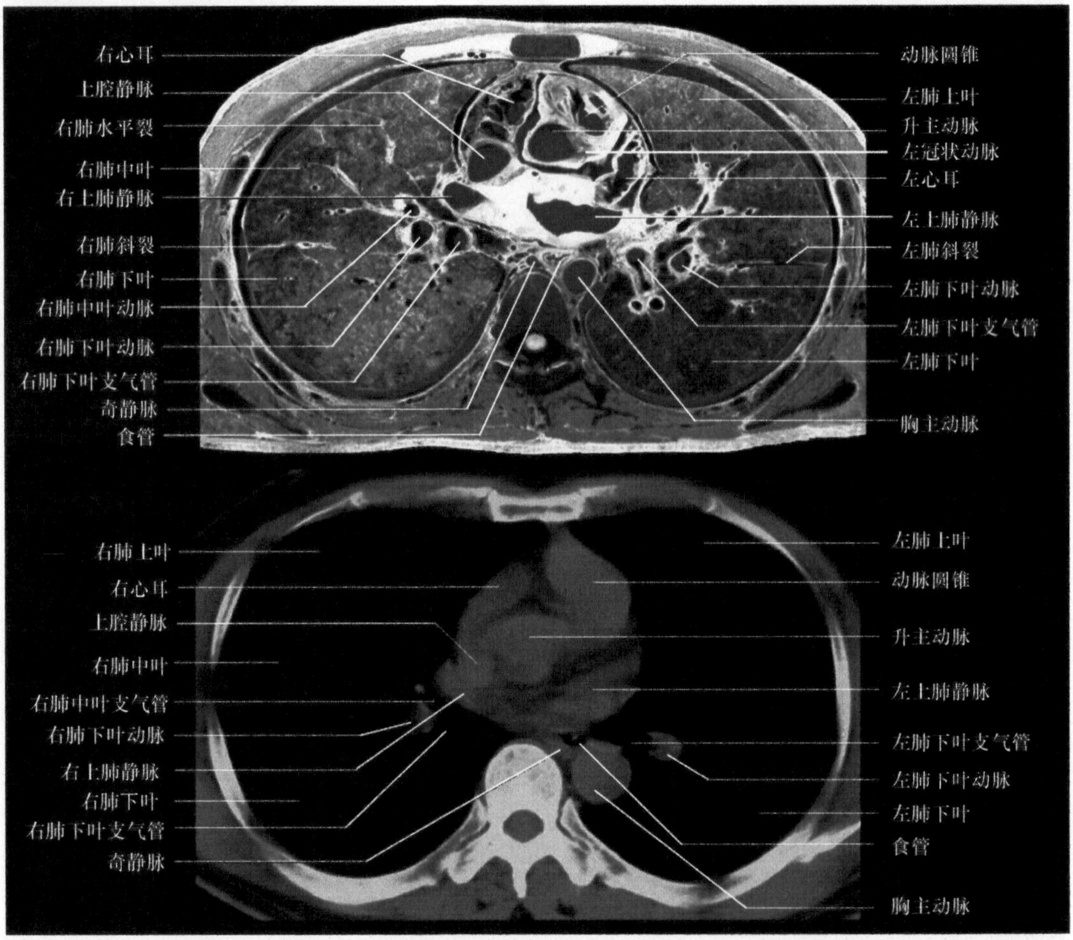

图 12-7　经左、右上肺静脉层面（上：标本图；下：CT 纵隔窗）

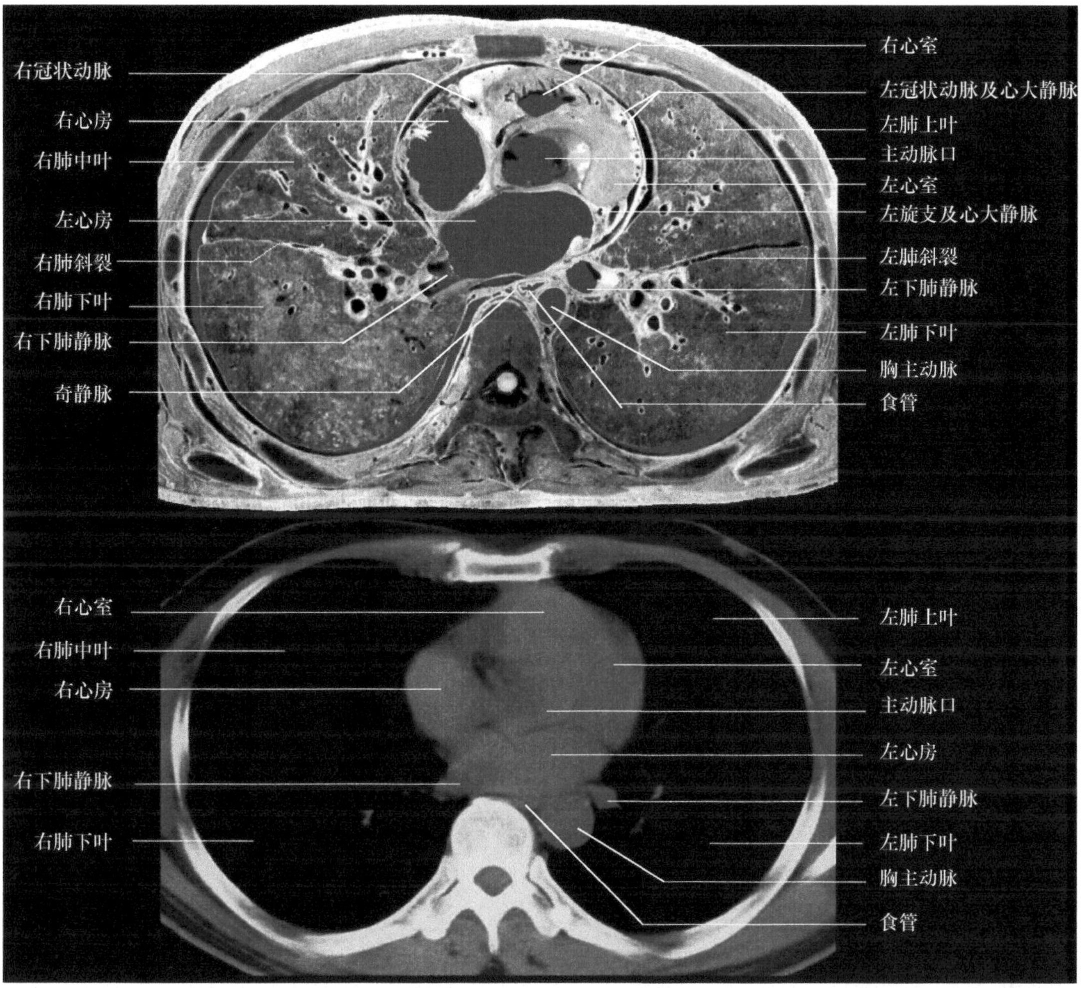

图 12-8　经左、右下肺静脉层面（上：标本图；下：CT 纵隔窗）

（九）经四心腔下份层面

本层面约平第 7 胸椎体，经四个心腔的下部（图 12-9），主要显示肺和纵隔内结构。中纵隔内仍显示四腔心，左心房向左前方借左房室口通过左心室。右心房腔静脉窦构成心后缘的右侧份，右心房经右房室口通前方的右心室，右心室前壁与右心房侧壁交界处有冠状沟右侧部，内含右冠状动脉和脂肪。左房、室壁交界处有冠状沟左后部，内含左冠状动脉。胸膜肺区内，两肺斜裂继续前移，两肺下叶变大，右肺前部仍是中叶，其前部为内侧段（SⅤ），后部为外侧段（SⅣ），后部是下叶断面。左肺上叶内上舌段消失，仅为下舌段（SⅤ）。两肺下叶各基底段面积增大。右肺下叶内侧是内侧基底段（SⅦ），前部是前基底段（SⅧ），中部是外侧基底段（SⅨ），后部是后基底段（SⅩ）。左肺下叶前部是前内侧基底段（SⅦ+Ⅷ），中部是外侧基底段（SⅨ），后部是后基底段（SⅩ）。

（十）经冠状窦层面

本层面约平第 7 胸椎间盘（图 12-10），主要显示肺及中、后纵隔结构。因左心房消

失，中纵隔内的心脏表现为“三腔心”。左心室壁厚腔窄，内可见前、后乳头肌。右心房

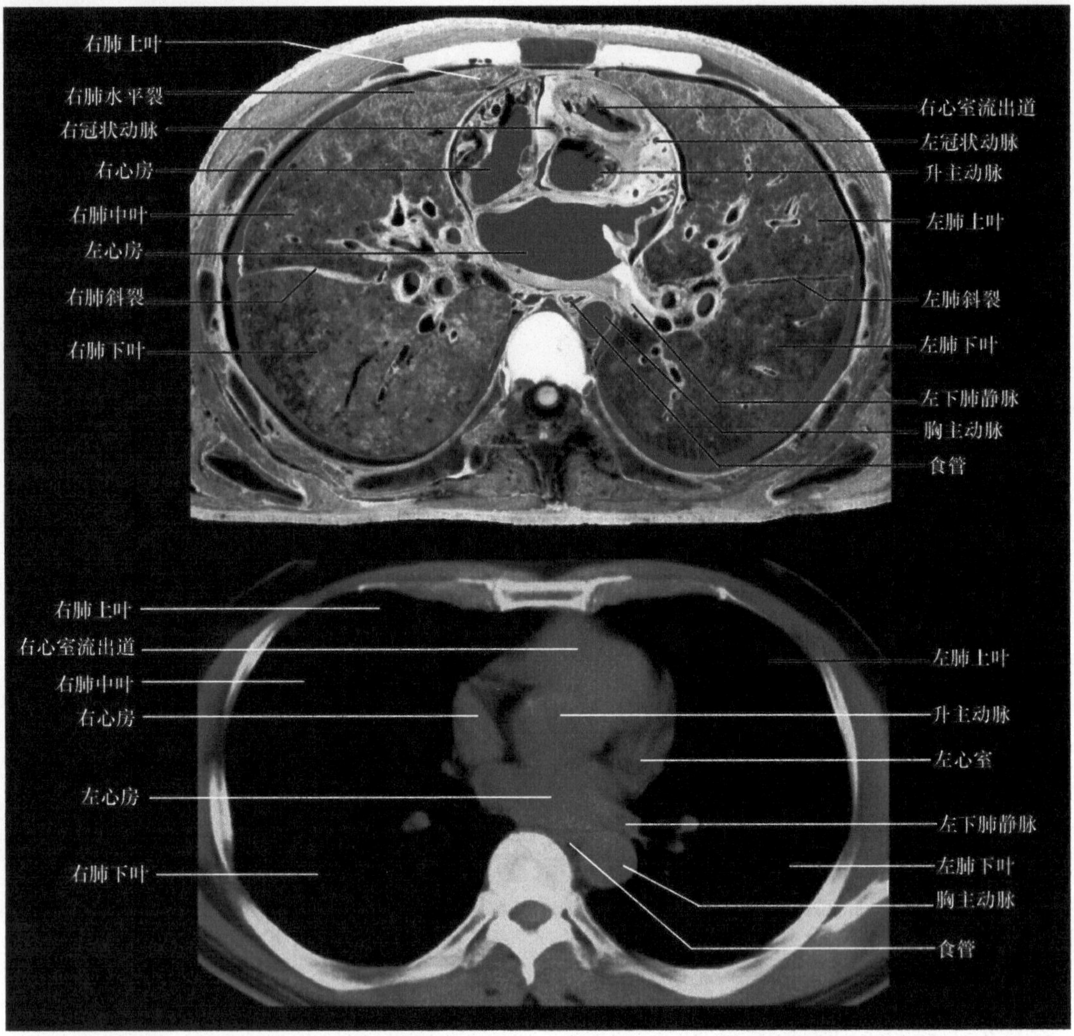

图 12-9　经四心腔下份层面（上：标本图；下：CT 纵隔窗）

向前通右心室。冠状沟后部可见冠状窦向右前方注入右心房。在后纵隔内，从右向左可见食管、奇静脉及胸主动脉。胸膜肺区内，两肺斜裂前移，右肺水平裂消失，两肺下叶继续扩大，左、右肺韧带在心包后方，紧邻食管两侧。肺段的划分基本同上一层面。

（十一）经膈腔静脉孔层面

本层面约平第 8 胸椎体（图 12-11），恰经膈的腔静脉孔，主要显示肺及中后纵隔结构。纵隔区已接近心下部，心仍呈现三腔心，右心房通过右房室口进入右心室，最低部为腔静脉窦，下腔静脉穿过心包，开口于右心房。左心室变小。后纵隔因接近膈的食管裂孔，故食管位置左移。胸膜肺区内，两肺斜裂进一步前移，右膈穹出现。右肺为中、下叶，左肺为上、下叶，其内的小支气管和血管逐渐行向外周。肺段划分基本同上一层面，但右膈穹掩盖了右肺下叶的前基底段（SⅦ）的部分。

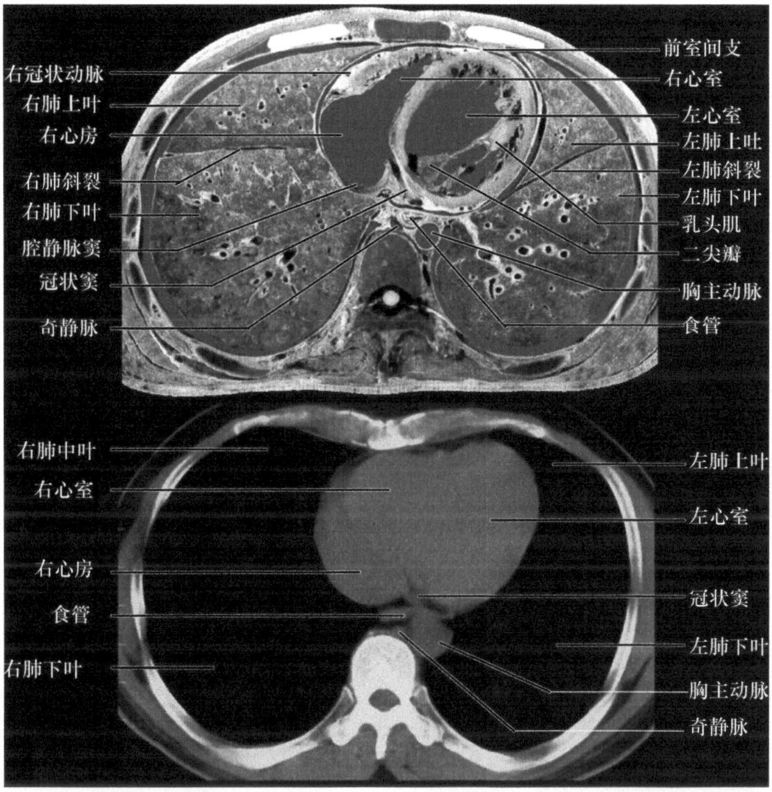

图 12-10　经冠状窦层面（上：标本图；下：CT 纵隔窗）

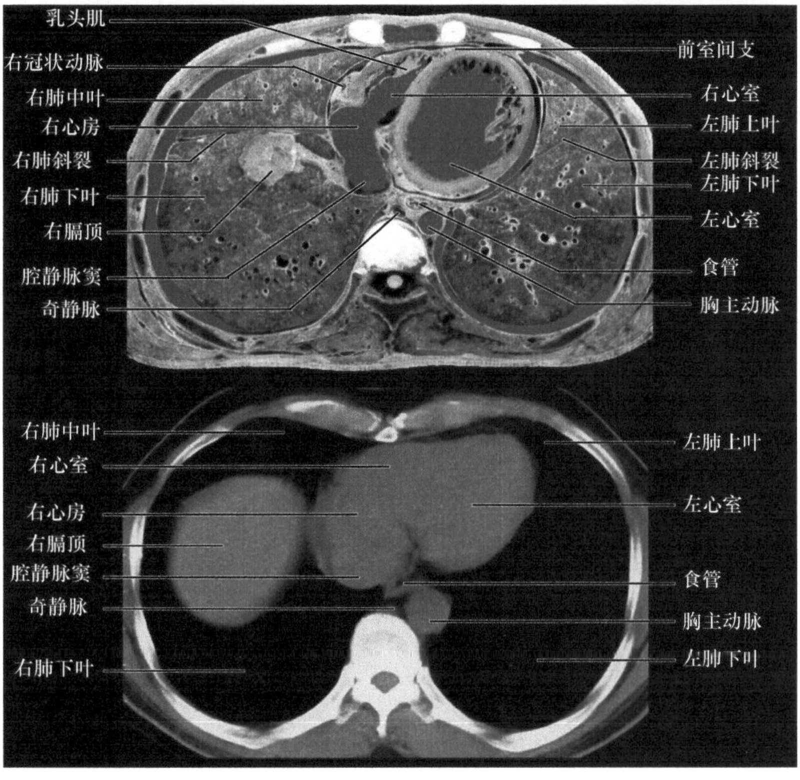

图 12-11　经膈腔静脉孔层面（上：标本图；下：CT 纵隔窗）

（十二）经剑胸结合层面

本层面约平第 8 胸椎间盘（图 12-12），主要显示肺及中后纵隔结构。纵隔区已接近心的膈面，心呈现二腔心，右心室变小，左心室更小，且周围有心包包绕。后纵隔断面与上一层面相似。胸膜肺区内，右膈穹扩大，肝顶部出现，表明胸腹部结构重叠区出现。下腔静脉正在穿膈腔静脉孔。两肺借肺韧带系于膈和食管的两侧，细小的支气管和血管的断面散布其内。肺段的划分基本同上一层面，但右膈穹和肝右叶掩盖了右肺下叶的前底段（SⅧ）和外侧底段（SⅨ）的大部分。

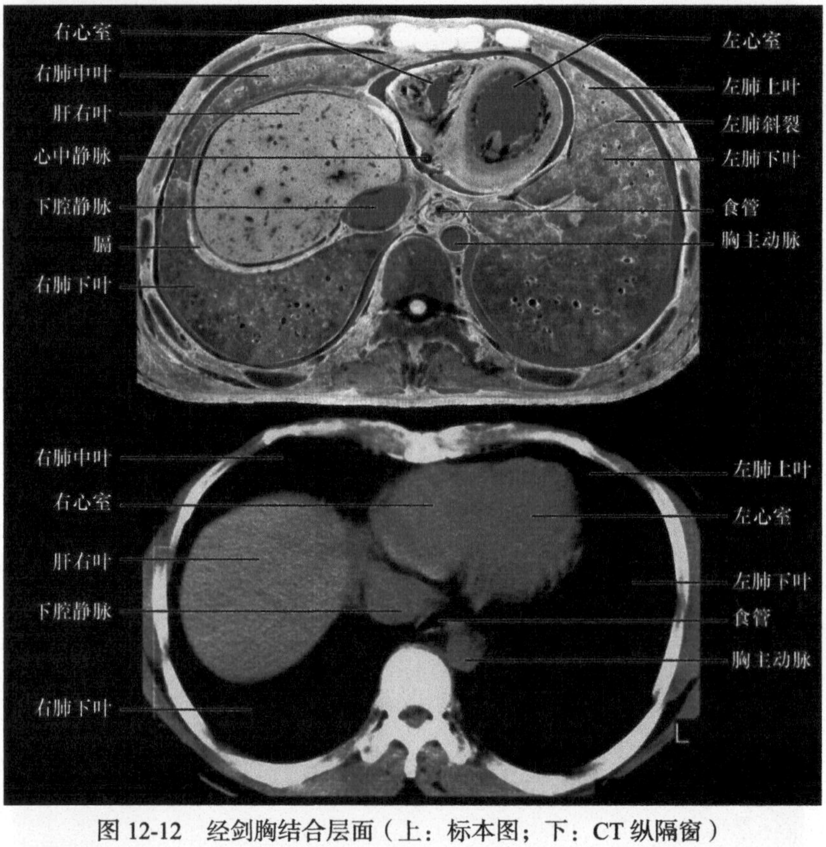

图 12-12　经剑胸结合层面（上：标本图；下：CT 纵隔窗）

三、胸部矢状断层影像解剖

胸部矢状断面 CT、MRI 通常以正中矢状面为标准平面，由左向右断层。

（一）经左肺门层面

胸腔内可见左肺上、下叶和左、右心室剖面，其前上方为左肺上叶，舌叶位于心脏前方，左肺下叶位于斜裂、肺门和心腔后方。左肺动脉是肺门的标志，在肺门处左肺动脉前下方圆而粗的支气管为上叶支气管。在斜裂的后下方及上叶支气管后方和下方有左肺下叶支气管。左位于左肺的前下方，其壁较厚。左心室上方有左冠状动脉旋支和心大静脉的剖面。心室周围有心包和心包腔（图 12-13）。

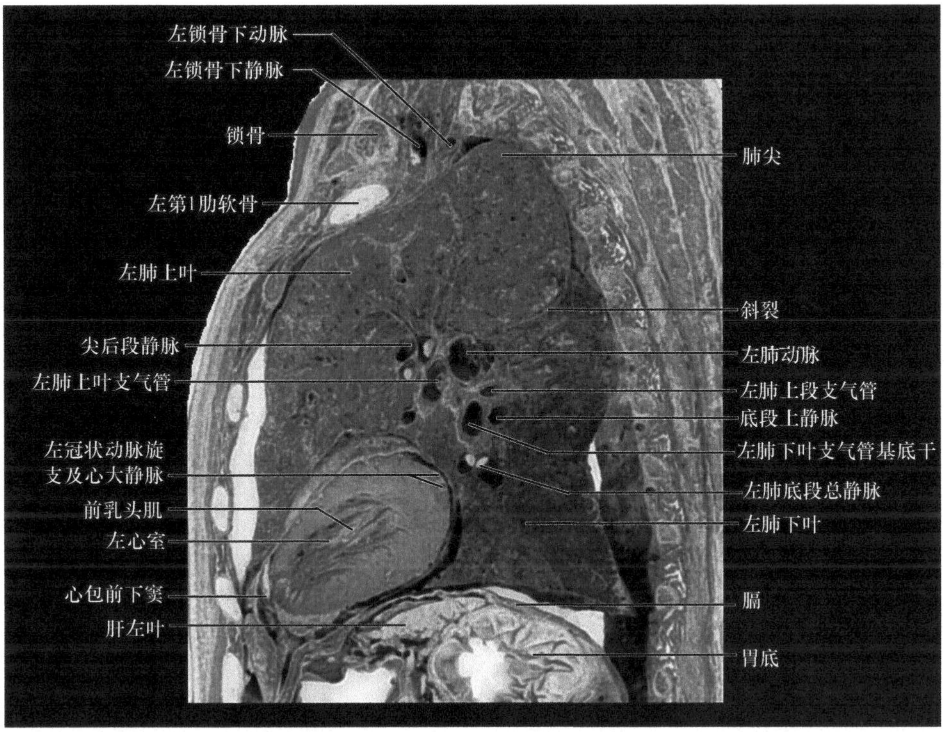

图 12-13　经左肺门层面（标本图）

（二）经降主动脉层面（左旁正中矢状断面）

胸腔内主要被纵隔占据，左肺仅占小部分。纵隔内大血管和心脏的断面面积最大。位于膈肌中心腱的上方，心脏和血管根部围以心包。右心室腔隙较大壁较薄，上方粗大管状剖面为肺动脉干，在肺动脉口处与动脉圆锥相接，斜向后上方，连接处为肺动脉口，内有肺动脉瓣。右心室上方、肺动脉口后方有主动脉窦，内有主动脉瓣封闭主动脉口。主动脉窦的后方有左心房，有肺静脉汇入口。左心房的后下方有冠状窦。在心脏后方及肺动脉干上方有主动脉弓和胸主动脉的剖面，呈弓形，弯向后下方，穿过膈的主动脉裂孔（图 12-14、图 12-15）。

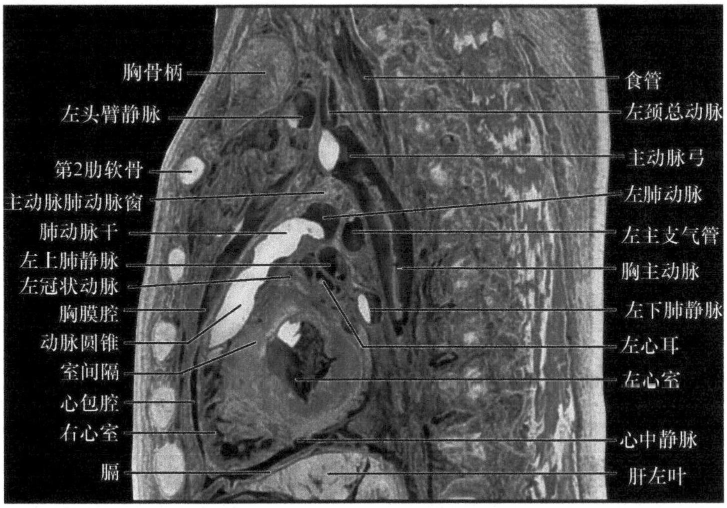

图 12-14　经降主动脉层面（标本图）

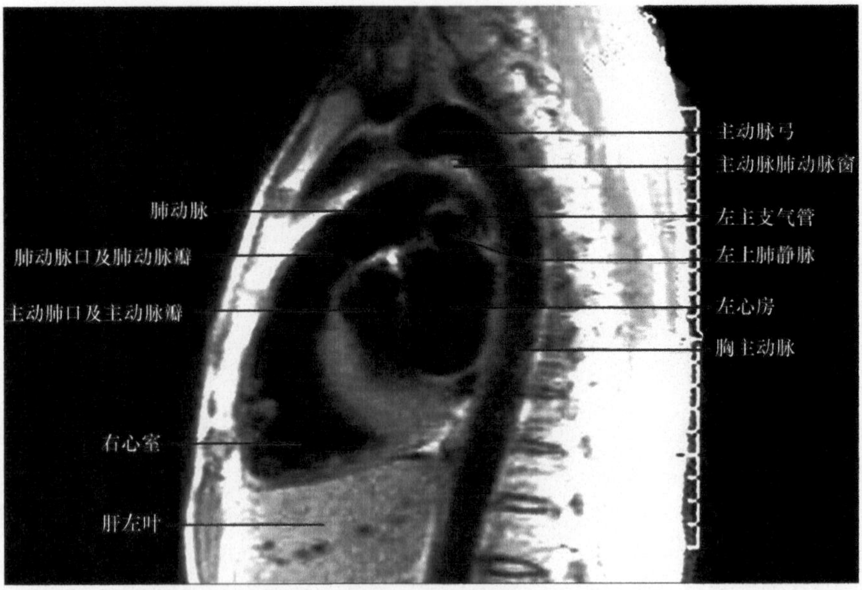

图 12-15 经降主动脉矢状位 MRI T_1WI

（三）经升主动脉层面（正中矢状面）

本层面主要显示纵隔。右心室位于膈肌中心腱上方与膈下肝相对，前部为右房室口，其内可见三尖瓣。右房室口前上方有一三角形腔隙为右心耳。升主动脉剖面自右房室口上方直达气管剖面的前下方续于主动脉弓。自主动脉弓向上的粗大分支为头臂干，头臂干前方壁薄的大血管为左头臂静脉。右心室后上方、升主动脉根部后方的腔隙为左心房，左心房上方有右肺动脉的断面。气管由前上向后下走行，其下端为气管分叉部，左主支气管已切开，显露气管隆嵴断面。气管后方为食管，食管经膈的食管裂孔进入腹腔（图 12-16、图 12-17）。

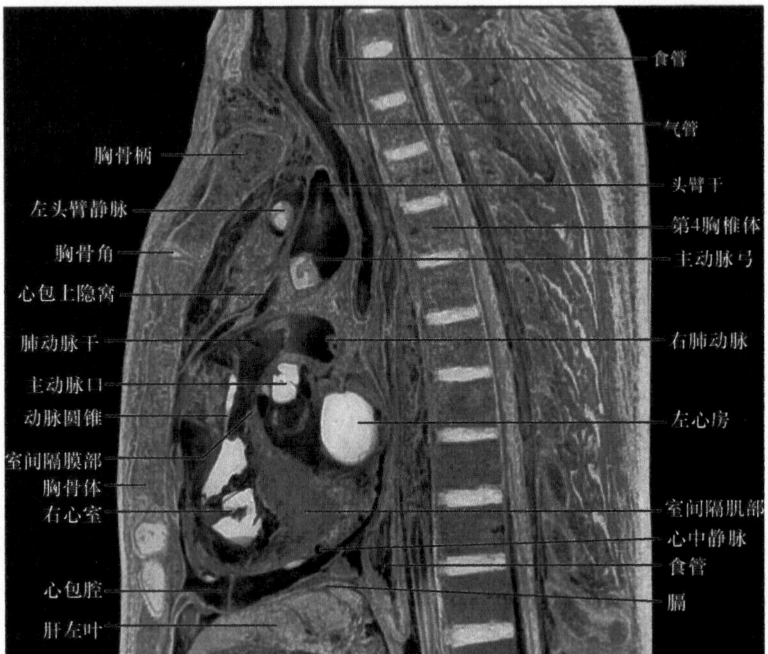

图 12-16 经升主动脉层面（标本图）

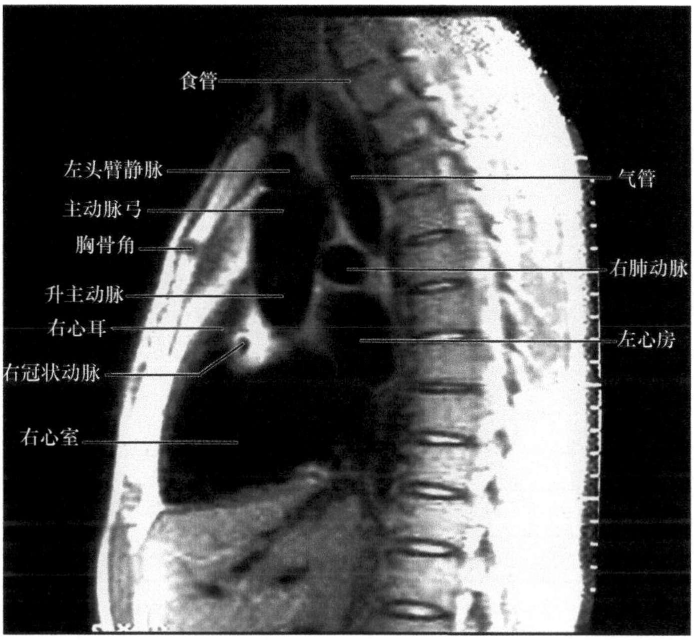

图 12-17　经升主动脉矢状位 MRI T_1WI

（四）经上腔静脉层面（右旁正中矢状断面）

胸腔前部及后部为右肺断面，其中前部为右肺上叶，后部为右肺上叶和下叶的一部分，中间为心脏及大血管断面。右心房位于膈肌中心腱上方，与膈下肝脏相对。右心房宽大，后下方有下腔静脉注入，后上方有上腔静脉注入。上腔静脉上端可见左头臂静脉注入上。上腔静脉后方自下而上有右肺静脉、右肺动脉和右主支气管。右主支气管上方有奇静脉弓自后向前注入上腔静脉（图 12-18、图 12-19）。

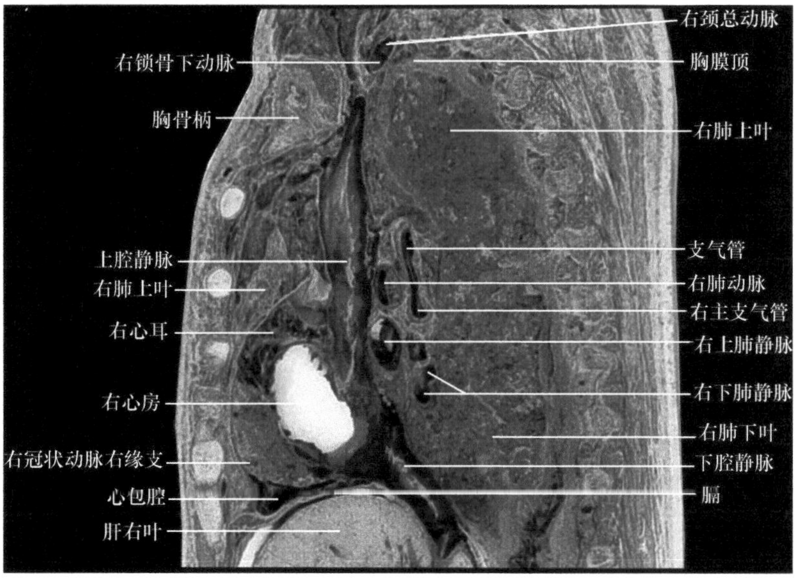

图 12-18　经上腔静脉层面（标本图）

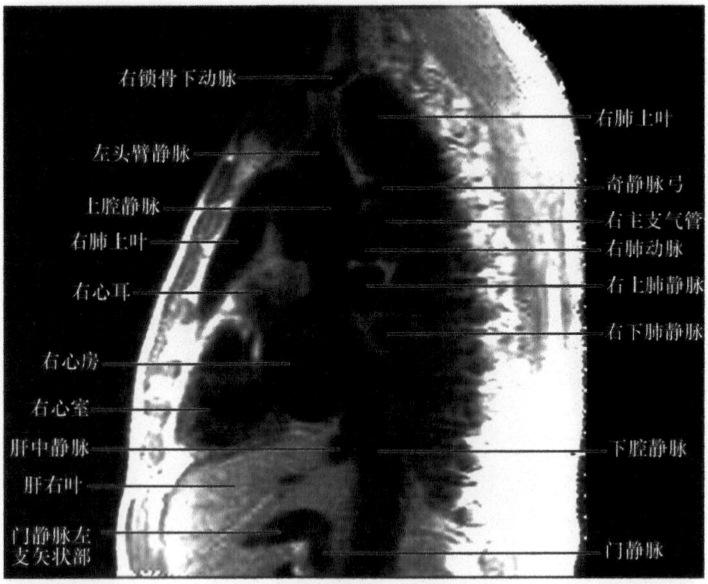

图 12-19　经上腔静脉矢状位 MRI T_1WI

（五）经右肺门层面

胸腔由右肺充满，斜裂是上叶、中叶与下叶的分界，右肺上叶与中叶的分界线不明显，肺组织有融合。在肺门处可见两个粗大的血管断面，前方的血管壁薄，为右上肺静脉，后方的口径粗大的为正在分支的右肺动脉，右肺动脉的后方可见右下肺静脉（图 12-20）。

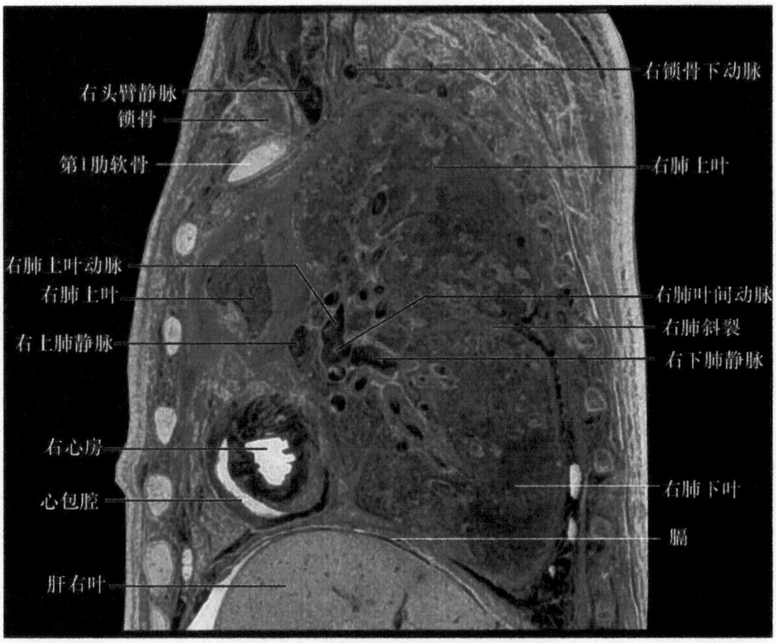

图 12-20　经右肺门层面（标本图）

四、胸部冠状断层影像解剖

胸部的冠状断面，CT、MRI 扫描通常以腋中线平面为基线，由前向后断层。

（一）经右心室层面

中纵隔内右心室已切开，在心脏周围有心包及心包腔。右心室及左心室位于膈肌中心腱上面，与膈下的肝左叶相对。胸膜肺区内右肺水平裂分右肺为上叶和中叶。右肺上叶与左肺上叶在中线处相邻，仅以纵隔胸膜相隔。左肺下叶仅有小部分显露，与膈下的胃相对（图 12-21）。

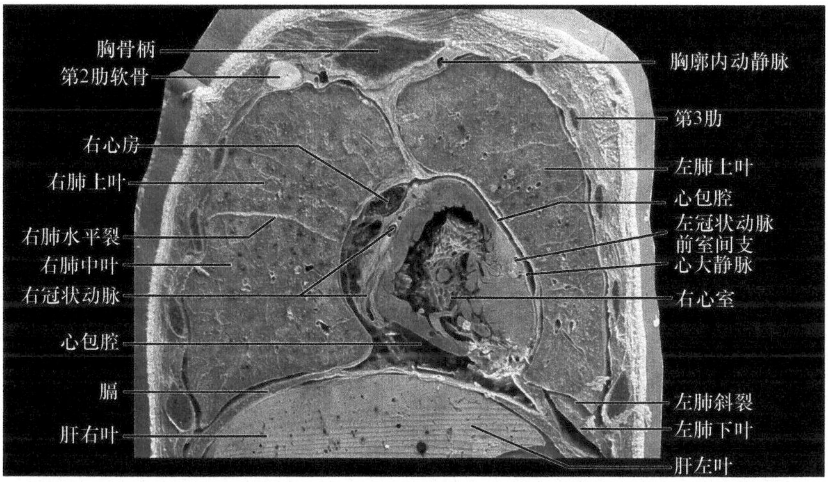

图 12-21 经右心室层面（标本图）

（二）经升主动脉前壁层面

纵隔下部有左心室、右心房和右心室剖面，左心室壁厚，右心室壁薄，右心室下方为膈肌中心腱。右心房房腔较大，其上方有右心耳。在左心室上方、右心房左侧有升主动脉，升主动脉起始部左侧有肺动脉口，可见肺动脉瓣及其上方的肺动脉干断面。升主动脉上方有左头臂静脉横过。心脏和大血管根部有心包围绕。右侧胸膜肺区中可见横行的水平裂及斜裂，它分右肺为上叶、中叶与下叶，右肺下叶位于膈肌上方，与肝右叶相对。左侧胸膜肺区内左肺斜裂分左肺为上、下叶，左肺下叶与膈下的胃相对（图 12-22）。

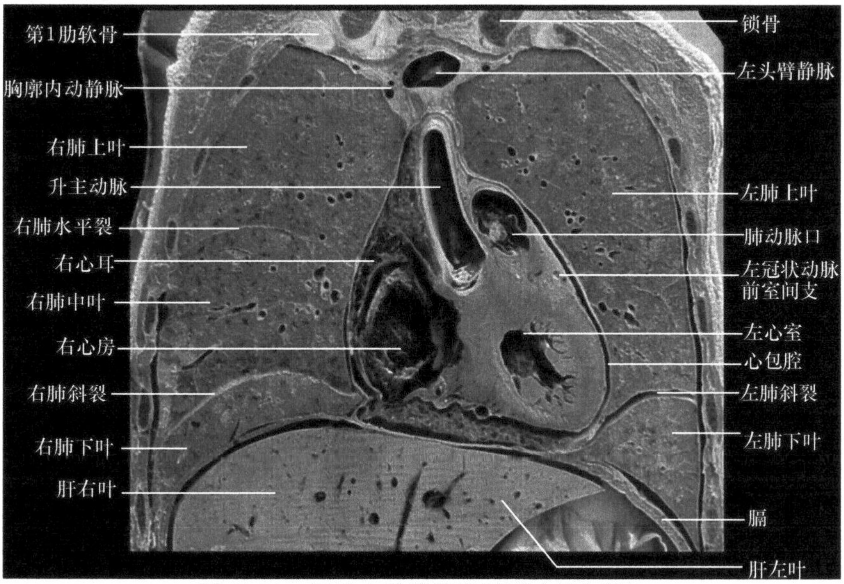

图 12-22 经升主动脉前壁层面（标本图）

（三）经升主动脉后壁及上腔静脉层面

纵隔内右心房、右心室和左心室的剖面位于膈肌中心腱的上方，并与膈下的肝左叶和胃底相对。右心室腔仅剩一小部分，左心室腔大而壁厚。心房和心室之间冠状沟内有冠状血管。左心室上方连接升主动脉及主动脉弓，主动脉弓下方为粗大的肺动脉干，主动脉弓上方右侧发出头臂干。右心房及上腔静脉位于右肺与升主动脉之间，左、右头臂静脉汇入上腔静脉。右侧胸膜肺区内可见右肺上、中、下叶，左侧胸膜肺区内左肺上叶与下叶（图 12-23～图 12-25）。

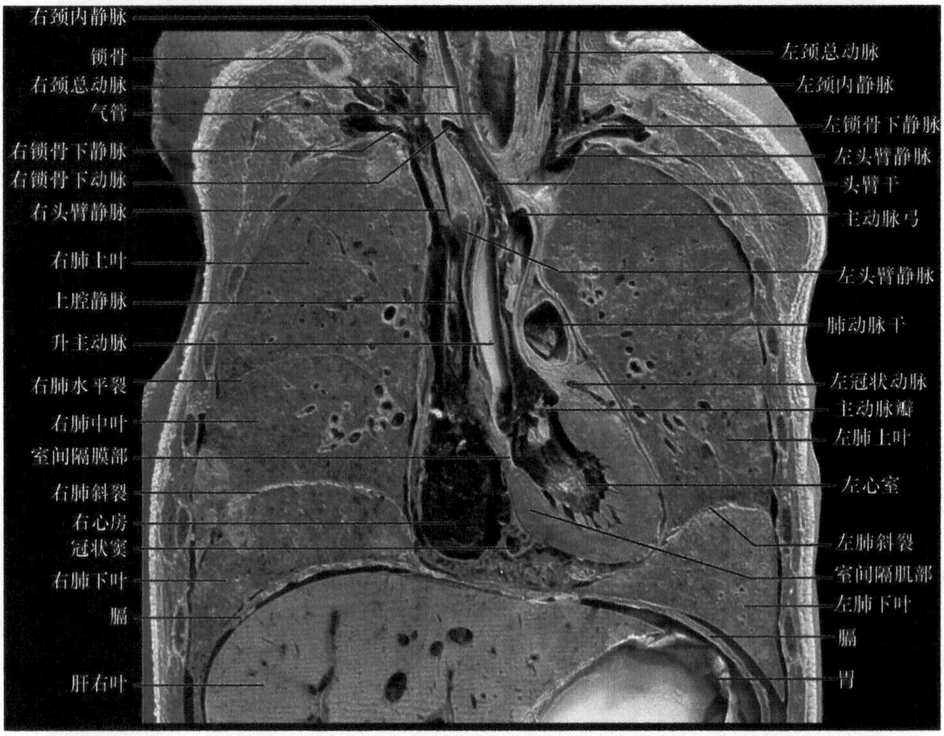

图 12-23　经升主动脉后壁层面（标本图）

（四）经气管杈层面

纵隔内下半为左心房，周围有心包围绕。左心房上方可见气管正在分杈，气管左侧粗大的剖面为主动脉弓末端。右主支气管进入右肺分出右肺上叶支气管及中间支气管，右主支气管与右肺上叶支气管外上方为奇静脉弓，右肺上叶支气管下方、中间支气管外侧有右肺动脉正在分支。左主支气管及左肺上叶支气管上方有左肺动脉。胸膜肺区内，右肺水平裂与斜裂靠近，二裂之间有呈三角形的中叶外侧段的一小部分。斜裂下方为肺下叶，与膈下肝脏相对。左主支气管进入左肺后，分上叶支气管和下叶支气管。下叶与膈下胃、脾相对（图 12-26、图 12-27）。

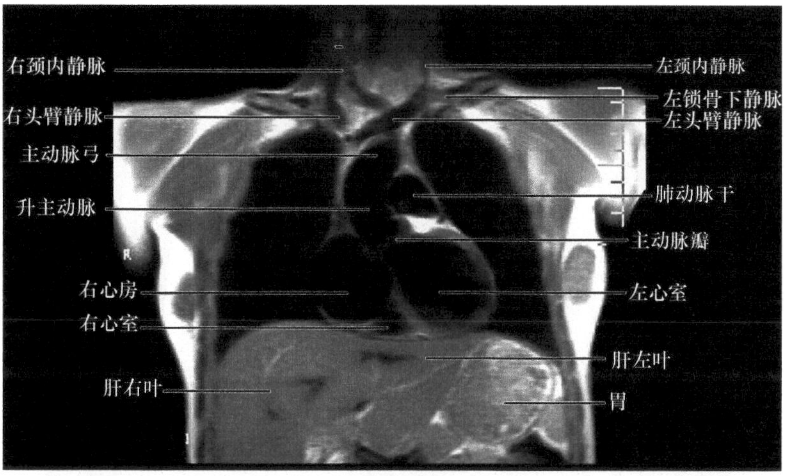

图 12-24　经升主动脉冠状位 MRI T_1WI

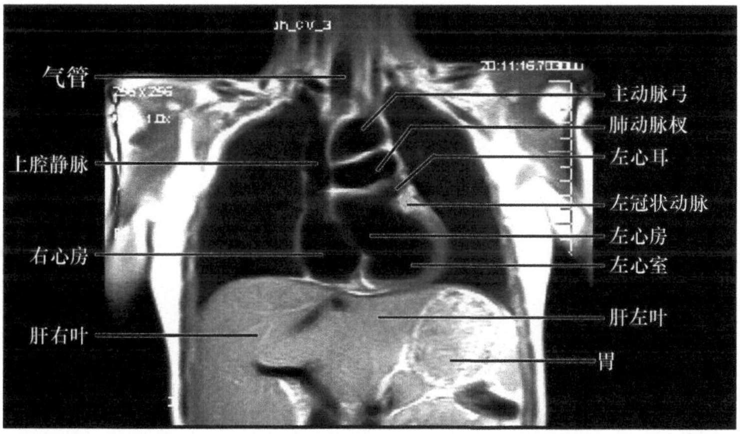

图 12-25　经上腔静脉冠状位 MRI T_1WI

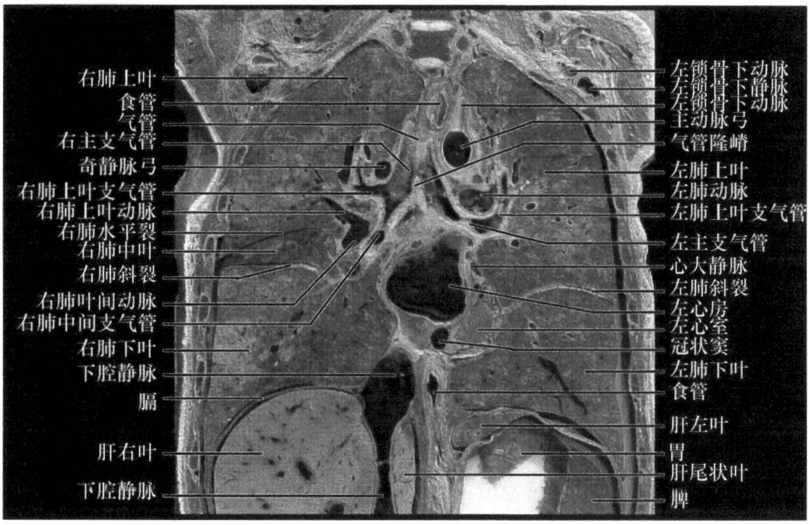

图 12-26　经气管杈层面（标本图）

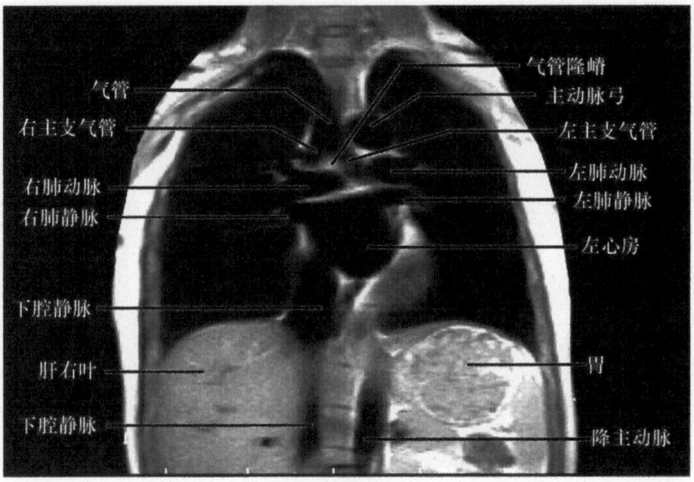

图 12-27　经气管杈冠状位 MRI T_1WI

（五）经降主动脉层面

纵隔左侧有自上而下的胸主动脉剖面。右肺水平裂和中叶已消失，右肺上叶与下叶被横行的斜裂分开。由于胸主动脉偏左，左肺上叶仅剩上后部。上、下叶被横行的斜裂分开。左肺下叶位于膈肌之上，与胃底、脾、胰相对（图 12-28）。

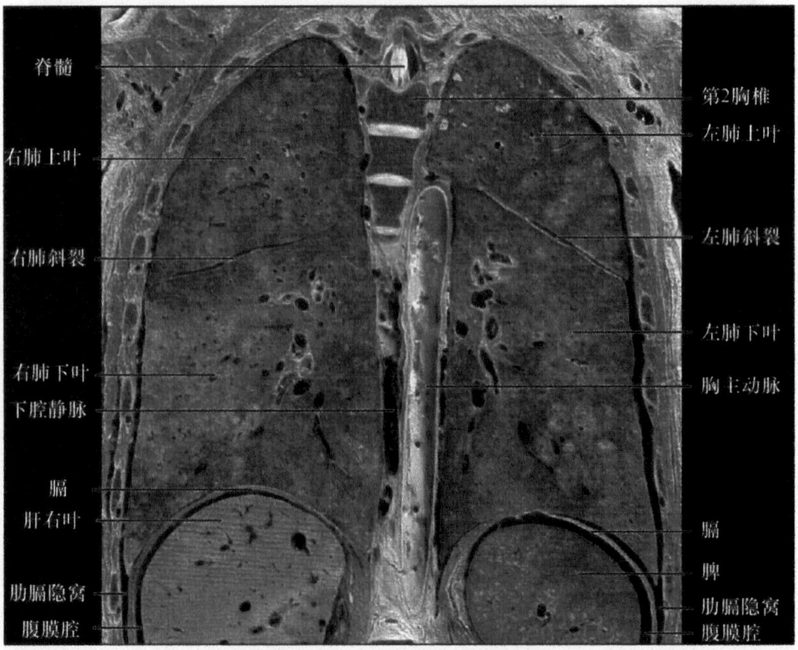

图 12-28　经降主动脉层面

五、胸部 CT 纵隔窗和肺窗

（一）纵隔窗

纵隔窗主要用于观察纵隔与肺门结构。纵隔以胸骨角平面为界分为上、下纵隔，划分上、下纵隔的典型层面为肺动脉杈。

上纵隔结构以胸椎为中心，略呈同心圆状排列，自前向后依次为胸腺层、静脉层、动脉层、气管层和食管层。胸腺位于胸骨后，容易辨认。静脉层包括左、右头臂静脉，以及向下合成的上腔静脉。动脉层包括头臂干、左颈总动脉和左锁骨下动脉，以及发出上述动脉的主动脉弓。气管管径自上而下变化特点明显，前后径逐渐变小，左右横径逐渐增大，并最终分为左、右主支气管。食管位于最后面，紧贴脊柱，两侧有迷走神经干，食管左侧有胸导管，右侧有奇静脉伴行。

下纵隔在肺动脉杈平面以下，其中，中纵隔为心的四个心腔，上腔静脉向下延伸注入右心房，升主动脉发自左心室，肺动脉干发自右心室，因此从上腔静脉、升主动脉、肺动脉干寻找上述三个心腔也不难。而左心房与位于其后方的食管位置密切而恒定，因此从食管确认左心房也较容易。

1. 肺尖平面　胸腺影位于胸骨后，胸锁关节后方可见左、右头臂静脉影，两者后内侧有两对血管影断面，分别为左、右颈总动脉和左、右锁骨下动脉。气管居中呈卵圆形，气管与胸椎间为食管（图 12-29）。

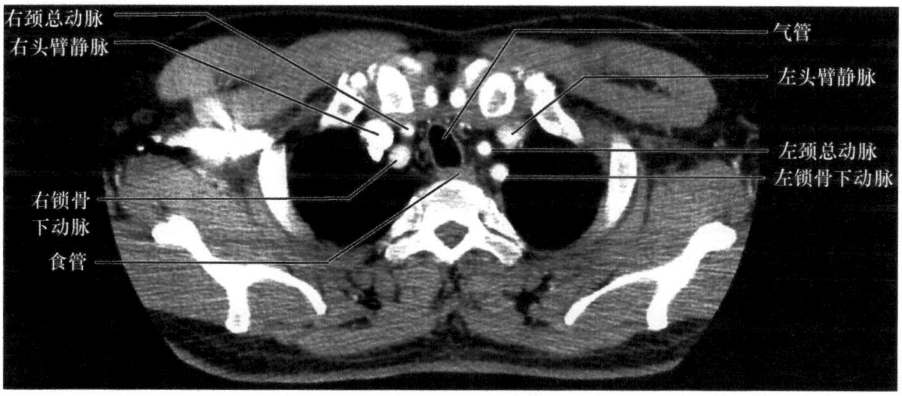

图 12-29　肺尖层面

2. 头臂干平面　此平面为头臂干分出右锁骨下动脉和右颈总动脉处，胸腺位于胸骨后，呈横行影。左右头臂静脉位置未有明显变化，右头臂静脉内侧可见头臂干。气管、食管位置恒定（图 12-30）。

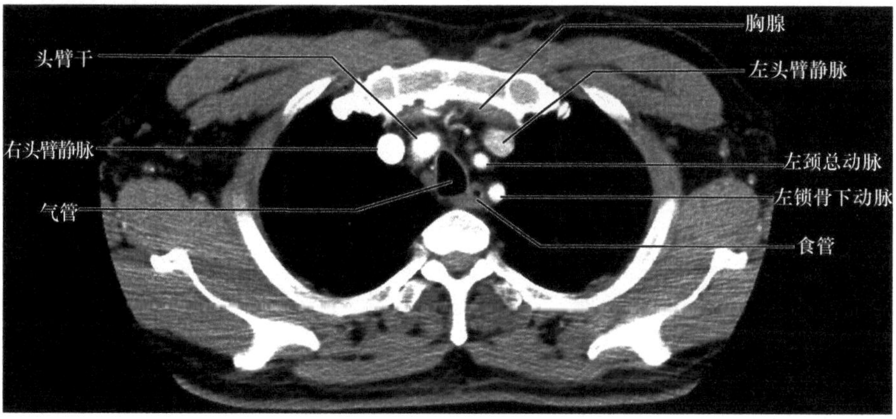

图 12-30　主动脉弓上层面

3. 主动脉弓层面 左、右头臂静脉已合成上腔静脉，头臂干、左颈总动脉、左锁骨下动脉靠拢并最终到达其发出部位，即主动脉弓，主动脉弓略呈婴儿脚底板状，右前端为升主动脉端，左后端为胸主动脉端。气管右前方脂肪组织较多，可以衬托显现 1cm 大小的淋巴结（图 12-31）。

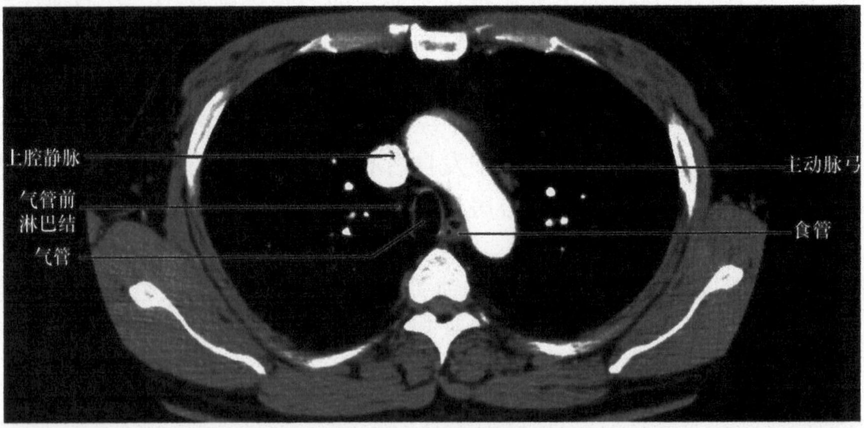

图 12-31　主动脉弓层面

4. 主动脉-肺动脉窗层面 主动脉弓一分为二，前方粗大的血管为升主动脉，胸椎左前方粗大血管为降主动脉的胸主动脉。两动脉间及气管左侧为纵隔主动脉-肺动脉窗。上腔静脉位于升主动脉右侧，其后为腔静脉后间隙或气管前间隙，升主动脉前方为“血管前间隙”，有时于此层面见奇静脉前行，构成奇静脉弓，经气管右侧向前汇入上腔静脉（图 12-32）。

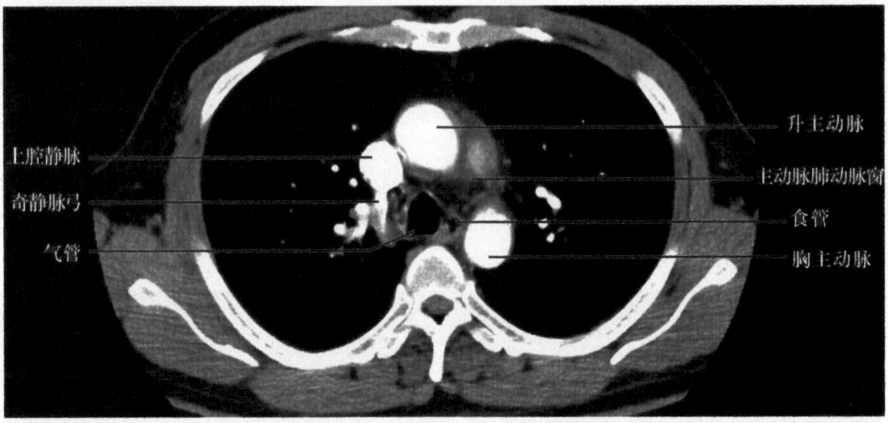

图 12-32　主动脉-肺动脉窗层面

5. 左肺动脉层面（气管杈平面） 此平面以下进入下纵隔。左肺动脉构成纵隔左缘，向左后方斜行，其后壁在左主支气管外侧构成肺门的主要成分；纵隔右缘由前向后依次为升主动脉、上腔静脉，奇静脉及右上叶支气管，左侧主支气管后方为食管（图 12-33）。

6. 右肺动脉层面 肺动脉干见于升主动脉左侧，分出半弧形的右肺动脉向右后方，穿过上腔静脉与中间支气管入右肺门，中间支气管后方为奇静脉-食管隐窝；左侧支气管向左侧延续，其后为左下肺动脉，构成左肺门，肺组织突入左肺门与降主动脉间形成切迹（图12-34）。

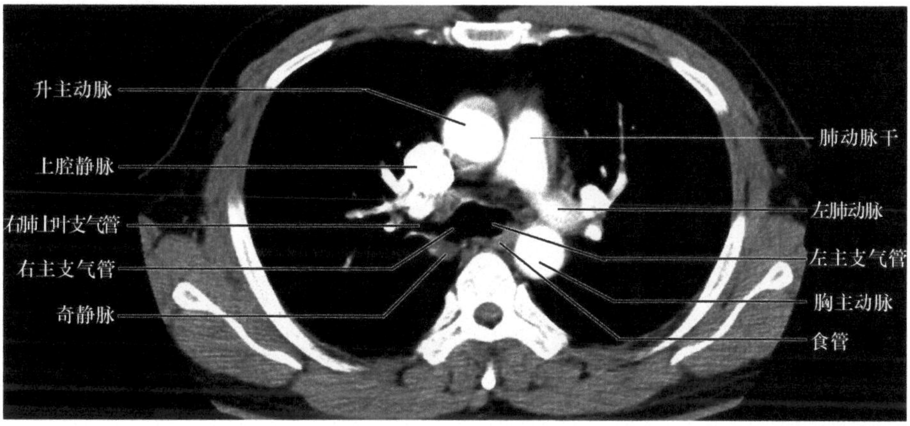

图 12-33　左肺动脉层面

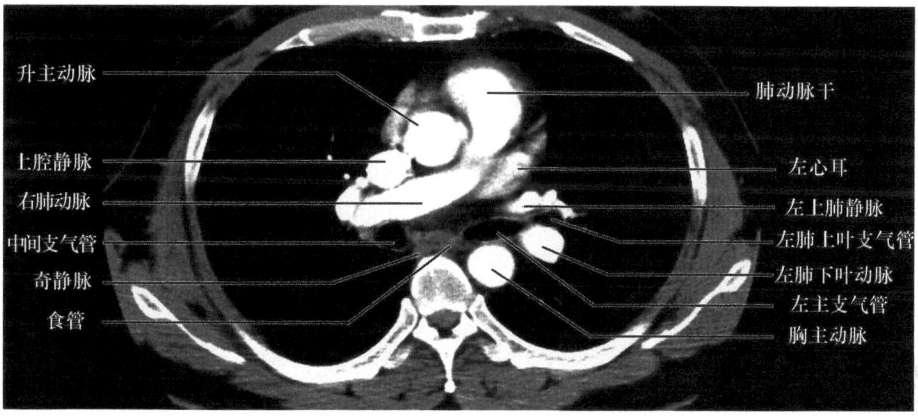

图 12-34　右肺动脉层面

7. 主动脉根部层面（左心房层面）　升主动脉位于纵隔中央，其左前方为肺动脉干，纵隔右缘前方为右心房。升主动脉之后为左心房，有时可见到汇入其中的肺静脉，食管与降主动脉贴左心房（图 12-35）。

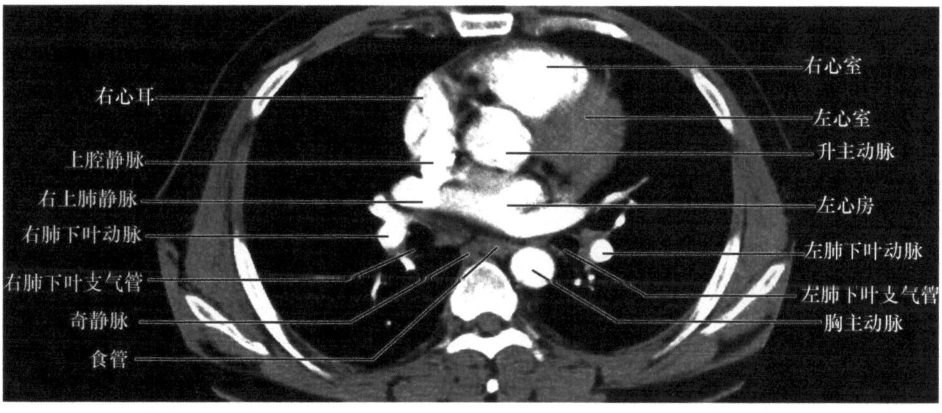

图 12-35　主动脉根部层面

8. 心室层面 左、右心室分别构成心脏的两侧，前缘室间沟呈一切迹，在其前方可见心包膜影（图 12-36）。

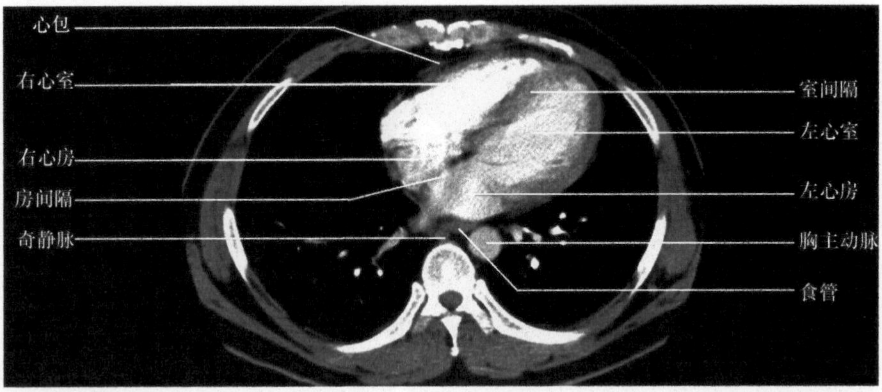

图 12-36 心室层面

（二）肺窗

肺窗主要用于观察肺与气管支气管，在 CT 图像识别斜裂的位置，对于肺内疾病的定位具有重要意义。在 CT 图像（肺窗）上斜裂通常呈低密度无血带，少数的可呈细线状或高密度带。

1. 气管下端层面 在 CT 图像上椎体前方可见椭圆透亮结构为气管，气管左下方透亮影为食管（含有气体）。胸段食管在 CT 上易于识别，至少 60%食管内存有气体（图 12-37）。

2. 左、右气管分叉层面 气管杈水平上可见椭圆形透亮结构，左右横径明显大于前后径。右肺门区可见前段、后段支气管，左肺门区可见尖后段支气管（图 12-38）。

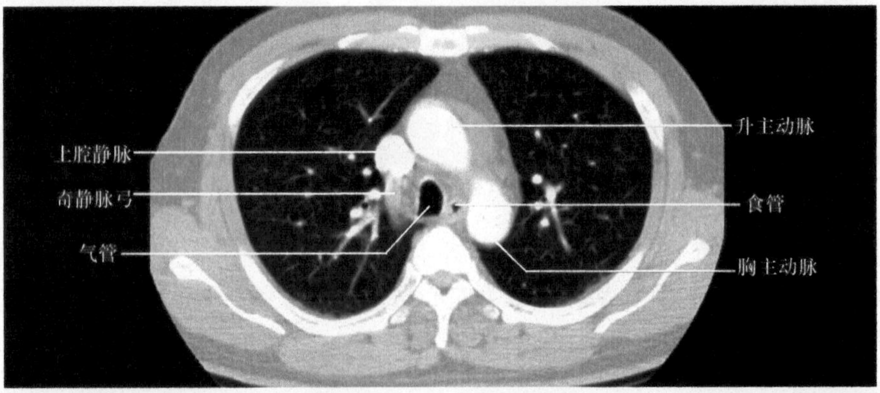

图 12-37 气管下端层面

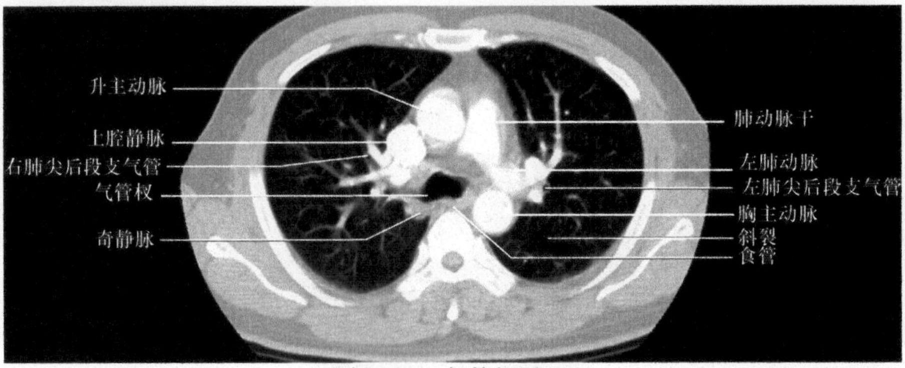

图 12-38 气管杈层面

3. 右上叶支气管层面　右上叶支气管开口较高，CT 上见从水平方向自内向外的管柱状透亮影。在正常情况下，右上叶支气管后壁与肺接触，因右上叶前、后段支气管与轴位上分出，故包括分叉均在同一层面上显示为向前外和后外方走行的长管状含气透亮结构。右上肺静脉后支位于前、后段支气管分叉的外侧，呈类圆形软组织密度影（图 12-39）。

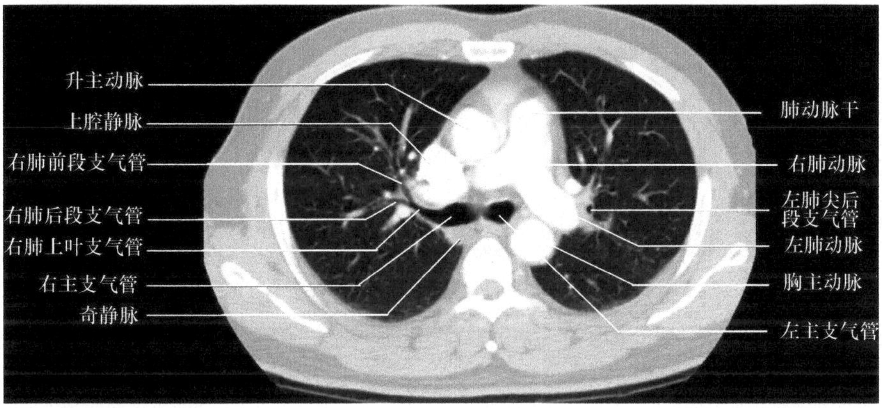

图 12-39　右上叶支气管层面

4. 右中间支气管和左肺上叶支气管层面　右中间支气管是指右上叶支气管起始部至右中叶支气管开口部的一段支气管的 CT 影像，含气的支气管前壁为右肺动脉。支气管后壁紧邻肺组织，壁厚小于 2mm，此层面可见到支气管后方的肺组织突入奇食隐窝。左肺上叶支气管较水平地发自左主支气管，主干与右肺动脉同层面，呈管状含气影像，左上肺静脉总是位于左肺上叶支气管的前方。在此稍下层面可见左肺上叶支气管很快分为上干（至尖后段和前段）和舌干，舌干多重叠于左肺上叶支气管的远端（图 12-40）。

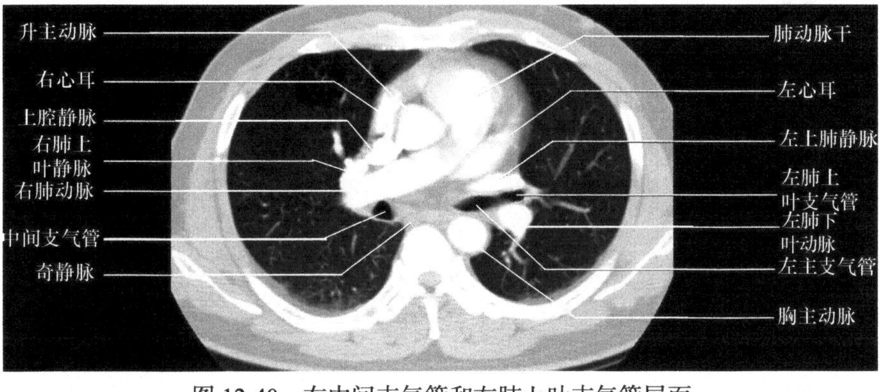

图 12-40　右中间支气管和左肺上叶支气管层面

5. 右中叶支气管层面　显示向前外方向走行的管状透亮影。在此稍下层面上，约 60%可显示中叶外、内段支气管全貌。左、右肺下叶可见圆形透亮影为左、右下叶支气管。左、右下叶支气管分别向外后方发出上段支气管，但左下叶上段起始较右侧高（图 12-41）。

6. 基底干支气管层面　此层面多可见到圆形或椭圆行的基底段支气管(因其走行与扫描层面几乎垂直），含气透亮影，右肺下叶可见内基底段靠内侧，其前、外、后依次排列相应的基底段支气管。左肺下叶支气管分支位置与右侧相似，但左下叶上段起始较右侧高，内前基底段支气管共干（图 12-42）。

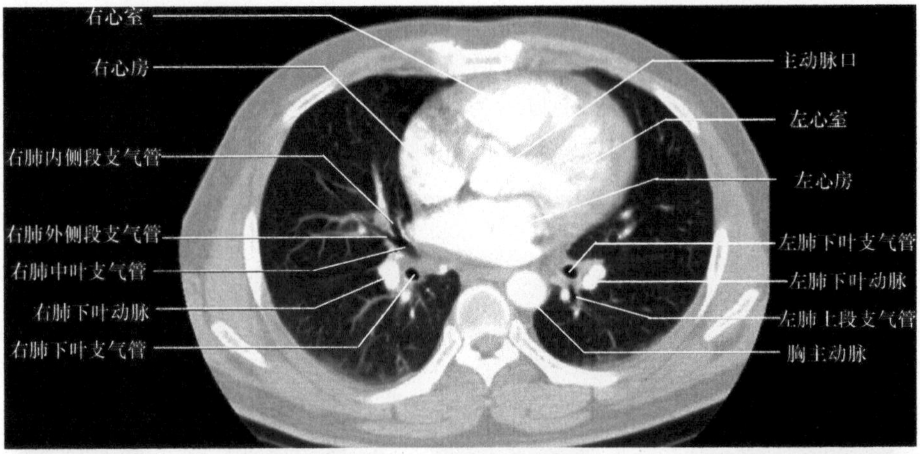

图 12-41　右中叶支气管层面

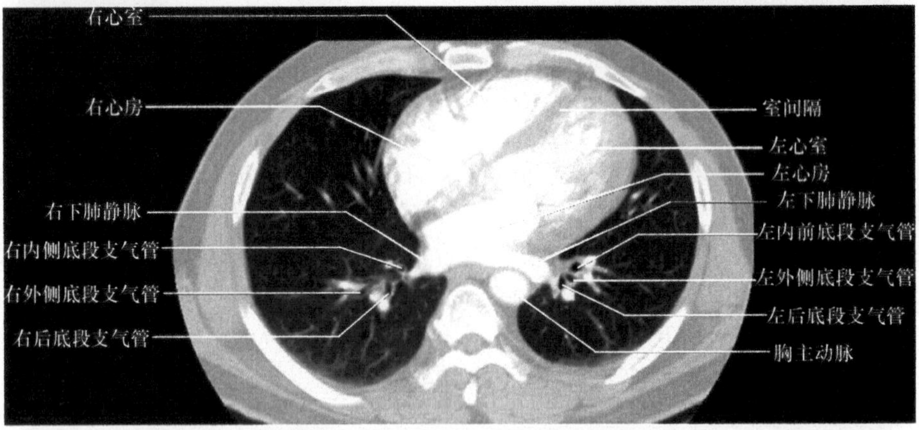

图 12-42　基底干支气管层面

7. 下肺静脉层面　右下肺静脉向内汇入左心房，左下肺静脉由外向内指向左心房，两下肺静脉后方可见圆形或椭圆形的基底段支气管，含气透亮（图 12-43）。

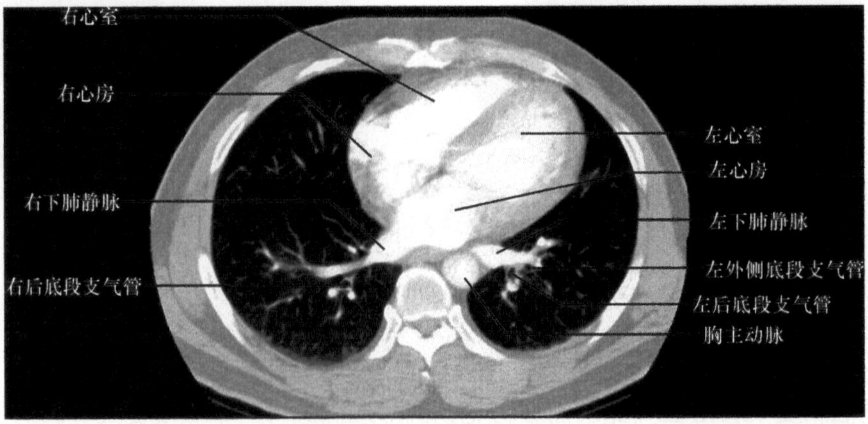

图 12-43　下肺静脉层面

（李家林）

第十三章　腹部断层影像解剖

一、概　　述

（一）境界、分区与主要结构

腹部介于胸部和盆部之间，包括腹壁、腹膜和腹内器官等。腹壁与膈围成腹腔，腹腔器官的配布有一定规律，即泌尿系统的器官、大血管、神经干、淋巴导管等在后，贴邻腹后壁；消化系统的大部分器官在前。腹部体表的上界即胸部的下界，由剑突、肋弓、第 11 肋前端和第 12 肋下缘、第 12 胸椎的连线构成。其下界由耻骨联合上缘、耻骨嵴、耻骨结节、腹股沟韧带和髂嵴到第 5 腰椎下缘的连线构成。腹部水平断层通常自膈顶平面向下断层至第 5 腰椎间盘平面。

（二）体表重要的标志性结构

1. 剑突　位于胸骨下端，其后方约平对第 9 胸椎。膈穹位于剑胸结合平面。

2. 肋弓　通过其最低点的水平面称肋下平面，约平第 3 腰椎近上缘处。

3. 髂嵴　经两侧髂嵴最高点的横断面，称嵴间平面，后方平对第 4 腰椎棘突。

4. 髂结节　经两侧髂结节的水平面称结节间平面，约平第 3 腰椎棘突。

二、腹部水平断层影像解剖

（一）经膈顶层面

右膈顶呈环形，内为腹腔的肝。膈顶周围为胸腔的右肺，前为上叶，后为下叶。胸腔前正中略偏左侧为心的左、右心室，CT 影像可显示室间隔。心左前方为左肺上叶，后方为左肺下叶。椎体的前方有奇静脉、胸主动脉和食管，下腔静脉位于脊柱右前方，食管的左侧，与肝的位置关系比较密切（图 13-1）。

（二）经第 9 胸椎间盘层面

膈呈两个半环形，胸腔前正中偏左侧为心的左、右心室，左、右侧分别为肺上叶及右肺中叶的断面。胸腔的后部，左、右肺下叶呈月牙形，其周围的间隙是胸膜腔。椎体的前方有奇静脉、胸主动脉和食管。腹腔内肝位于右侧，胃底位于左侧。下腔静脉位于左、右半肝分界处的后缘，其左、前、右侧分别有肝左静脉、肝中静脉和肝右静脉注入，此即第二肝门，多出现于此层面 （图 13-2）。

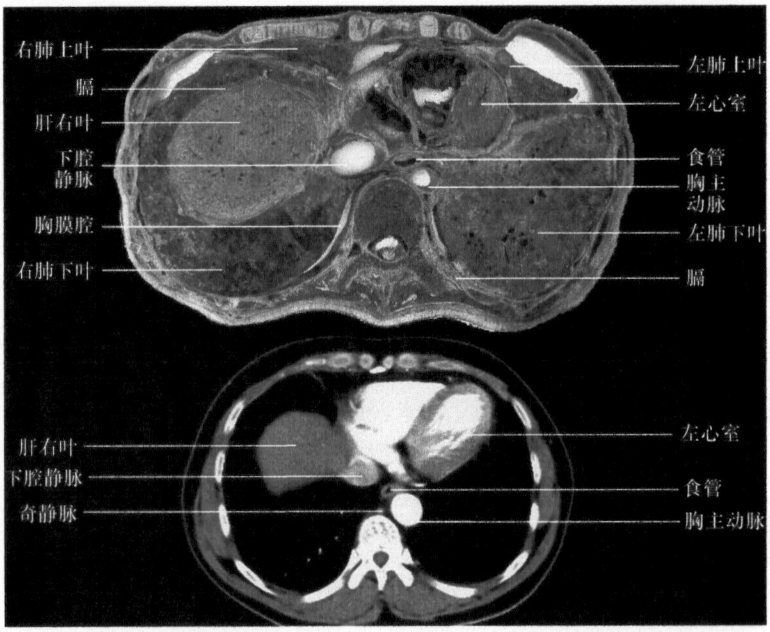

图 13-1　经膈顶层面（上：标本图；下：CT 扫描像）

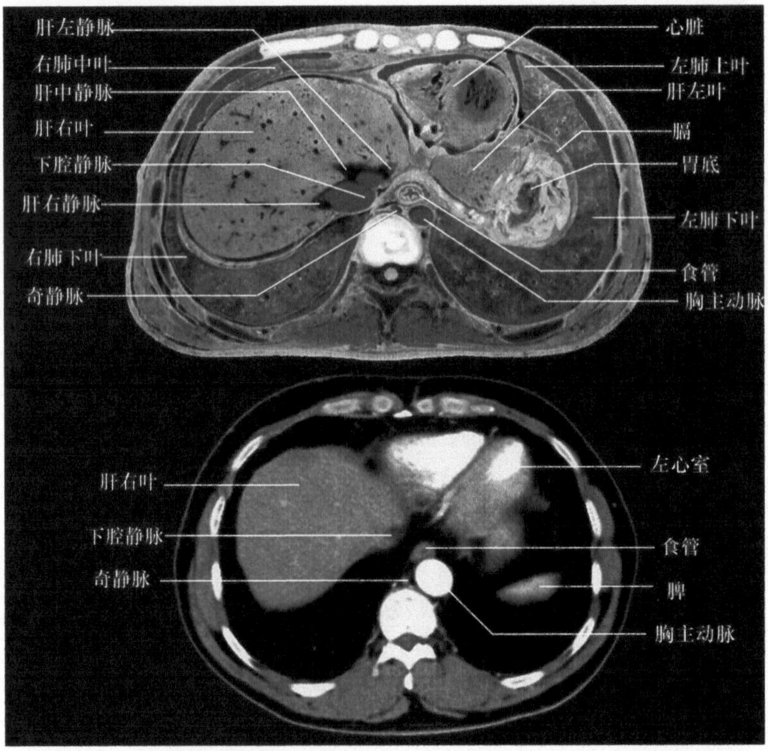

图 13-2　经第 9 胸椎间盘层面（上：标本图；下：CT 扫描像）

（三）经第 10 胸椎层面

胸腔结构仅残留心尖及左、右肺下叶。腹腔右侧大部被肝占据，肝中部有自前外向后内斜行的肝中静脉，分肝为左、右半肝。下腔静脉左缘与肝中静脉连线正是肝正中裂的位置。下腔静脉左侧与静脉韧带裂之间的肝组织为尾状叶，静脉韧带裂与肝前缘的肝镰状韧带相连的线为肝的左叶间裂，分左半肝为左内叶和左外叶。在右半肝内有肝右静脉的断面。下腔静脉右缘与肝右静脉断面的连线形成右叶间裂，将右半肝分成右前叶和右后叶。腹腔左侧出现胃底，CT 影像若在胃底后方出现实质性影像，则为脾影，因人而异。椎体前方有奇静脉、胸导管、食管、胸主动脉（图 13-3）。

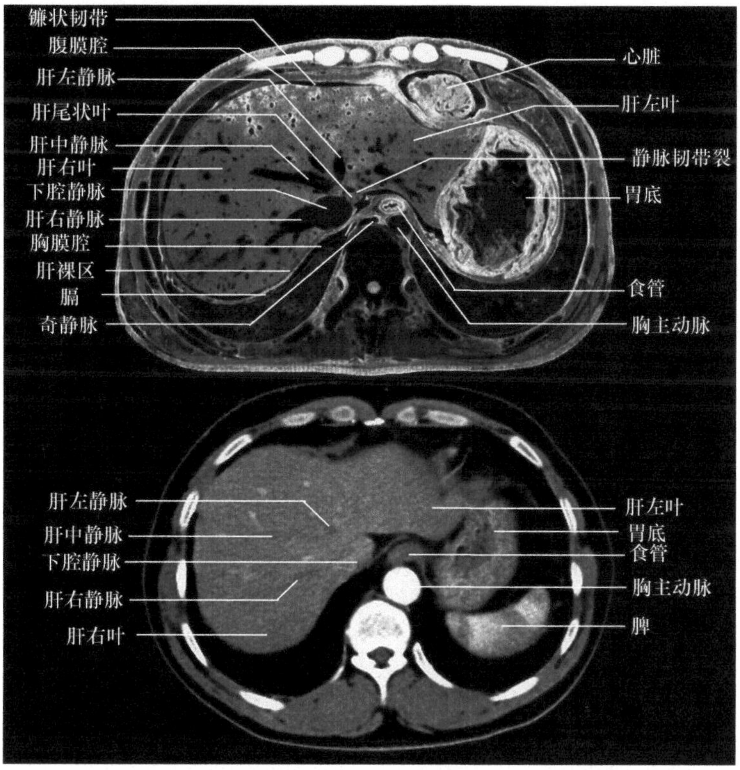

图 13-3 经第 10 胸椎层面（上：标本图；下：CT 扫描像）

（四）经第 11 胸椎层面

胸腔内容消失，腹腔右侧半为肝，左侧半为胃，食管末端为进入胃的贲门。胃底后为月牙形的脾。在肝内，下腔静脉的左缘与肝中静脉的连线为肝正中裂。下腔静脉右缘与肝右静脉连线为右叶间裂，该裂分右半肝为右前叶和右后叶。下腔静脉左前方与静脉韧带裂之间为肝尾状叶。静脉韧带裂与肝门静脉左支矢状部共同构成左叶间裂，分左半肝为左内叶和左外叶。椎体左前方有胸主动脉，左、右膈脚包裹胸主动脉周围。在胸主动脉右侧有胸导管和奇静脉（图 13-4）。

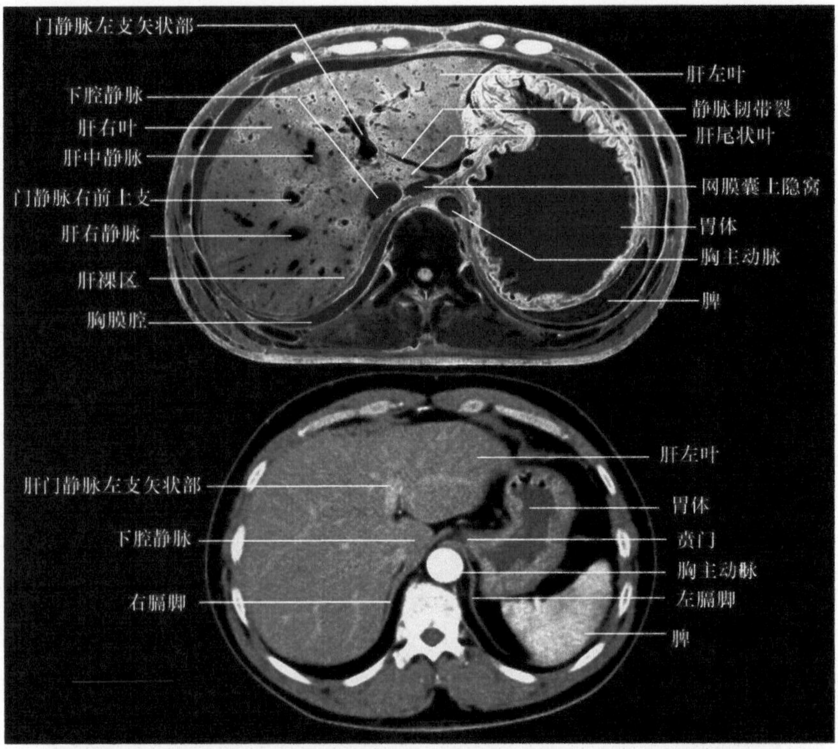

图 13-4　经第 11 胸椎层面（上：标本图；下：CT 扫描像）

（五）经肝门层面

腹腔右侧为肝，肝门静脉及其右支是此断面的特征，是肝门出现的标志。肝门静脉在该处分为左支和右支，左支进入肝圆韧带裂内，为左支矢状部，右支进入肝右叶。肝门静脉右前方有肝中静脉，与下腔静脉左缘连线构成了肝的正中裂。在左半肝内，下腔静脉和静脉韧带裂之间为尾状叶，静脉韧带裂和肝门静脉左支矢状部连线为左叶间裂，分左半肝为左内叶和左外叶。在右半肝内，肝门静脉右支后方有肝右静脉，与下腔静脉右缘连线为右叶间裂，分右半肝为右前叶和右后叶。腹腔左侧有胃体，胃体后方为脾，CT 影像可见脾门处脾血管影。左、右膈脚依然包裹胸主动脉周围（图 13-5）。

（六）经膈主动脉裂孔层面

肝的剖面减小，左半肝仅剩一小部分。肝正中裂处可见胆囊，呈一大的近圆形的囊腔。右半肝内可见肝右静脉，与下腔静脉的连线为右叶间裂，分右半肝为右前叶和右后叶。腹腔左侧半前部被胃体所占据，左后方为脾。CT 影像可见胃体与脾之间的胰体及胰尾的影像，胰体后方有脾血管影，脾动脉发自腹腔干。椎体左前方，下腔静脉左侧有腹主动脉的断面，该处正是膈肌主动脉裂孔，腹主动脉前方无膈肌，椎体两侧可见左、右肾上腺三角，此处为左、右肾上腺（图 13-6）。

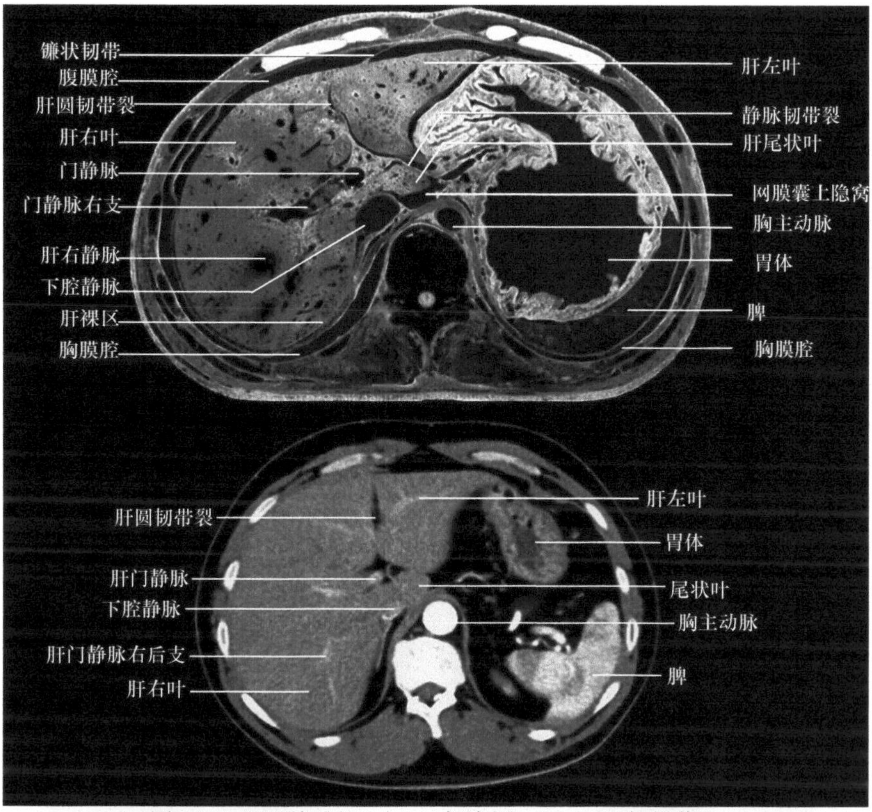

图 13-5　经肝门层面（上：标本图；下：CT 扫描像）

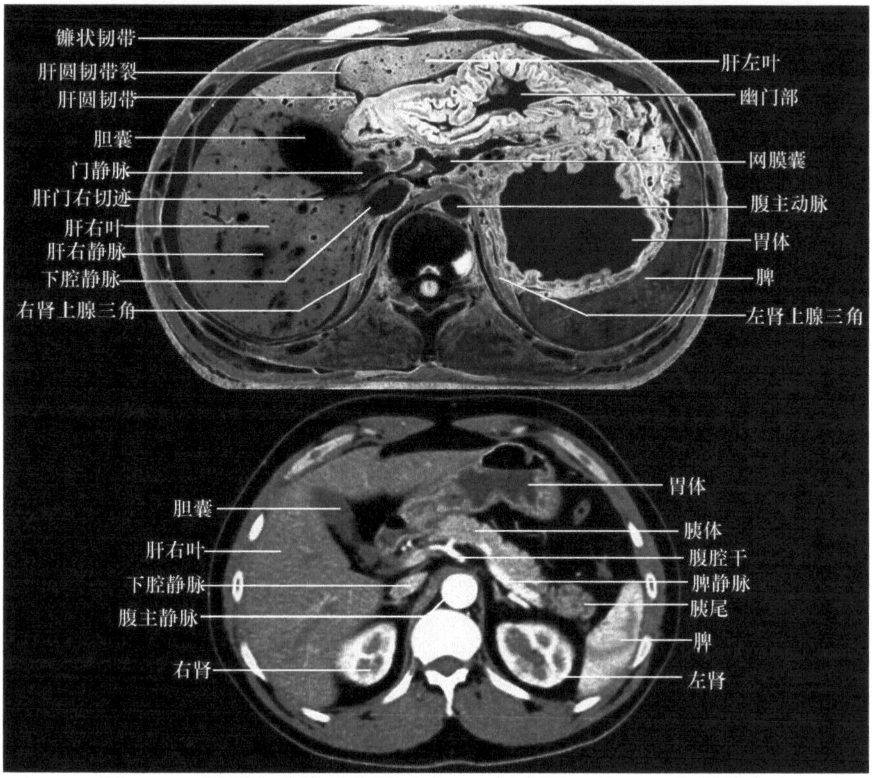

图 13-6　经膈主动脉裂孔层面（上：标本图；下：CT 扫描像）

（七）经幽门层面

胃横卧于腹腔的前部，其大小随充盈程度而异。肝、脾断面进一步变小，肝仅剩下肝右叶，肝右叶前方为胆囊，内侧为十二指肠降部，两者之间为幽门。椎体左前方可见腹主动脉断面，两侧有左、右肾及肾上腺的断面。CT 影像可见腹主动脉正在发出腹腔干，腹腔干再分出脾动脉，走行于胰体之后。胰体右侧为胰头，十二指肠从右侧包绕胰头。胰体左侧延续为胰尾，胰尾指向脾（图 13-7）。

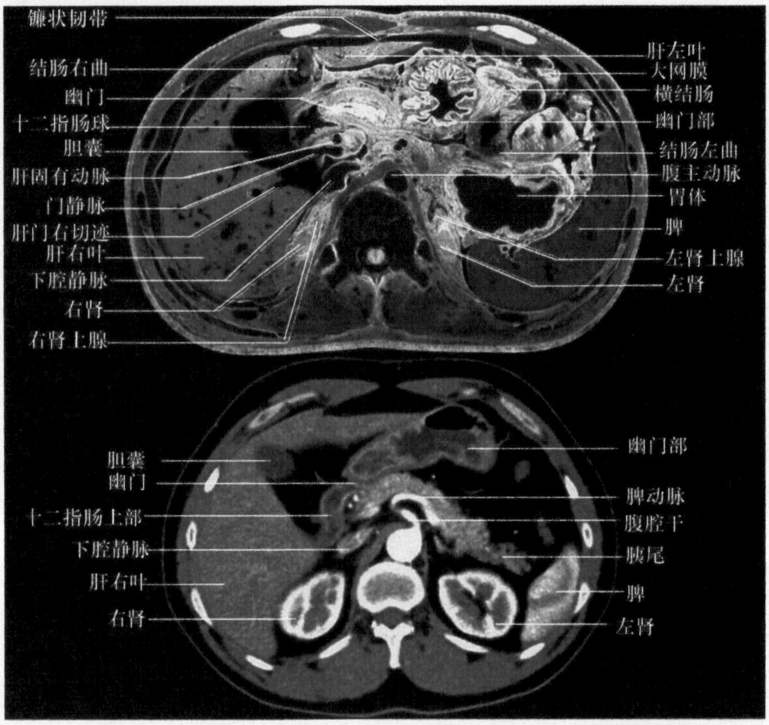

图 13-7　经幽门层面（上：标本图；下：CT 扫描像）

（八）经胰头上部层面

本层面约平第 1 腰椎体，肝右叶前方为胆囊，内侧为十二指肠降部。十二指肠降部与脾之间从右向左可见胰头、胰体和胰尾断面。胰头后方从右向左可见肠系膜上静脉、肠系膜上动脉，CT 影像可见腹主动脉正在发出肠系膜上动脉。肠系膜上静脉为肝门静脉的直接延续，以肠系膜上静脉及肝门静脉为界，正对肠系膜上静脉及肝门静脉的胰实质为胰颈，右侧部分为胰头，左侧部分为胰体。下腔静脉左侧有左肾静脉汇入（图 13-8）。

（九）经肾门层面

该层面经肾门，肝断面进一步变小。胰头后方可见肠系膜上静脉、动脉，以及下腔静脉、腹主动脉，下腔静脉和腹主动脉与肾门间有肾血管相连。胰头与右肾之间的肠管为十二指肠降部。左肾前方有降结肠（图 13-9）。

（十）经十二指肠水平部层面

十二指肠水平部居断面中央，其右侧邻近回肠、升结肠，左侧是空肠肠管断面，空肠外侧有降结肠的断面。十二指肠水平部前有肠系膜及其内的肠系膜上动脉、静脉和淋巴结。肾已至下极，断面变小。肝、胰消失（图 13-10）。

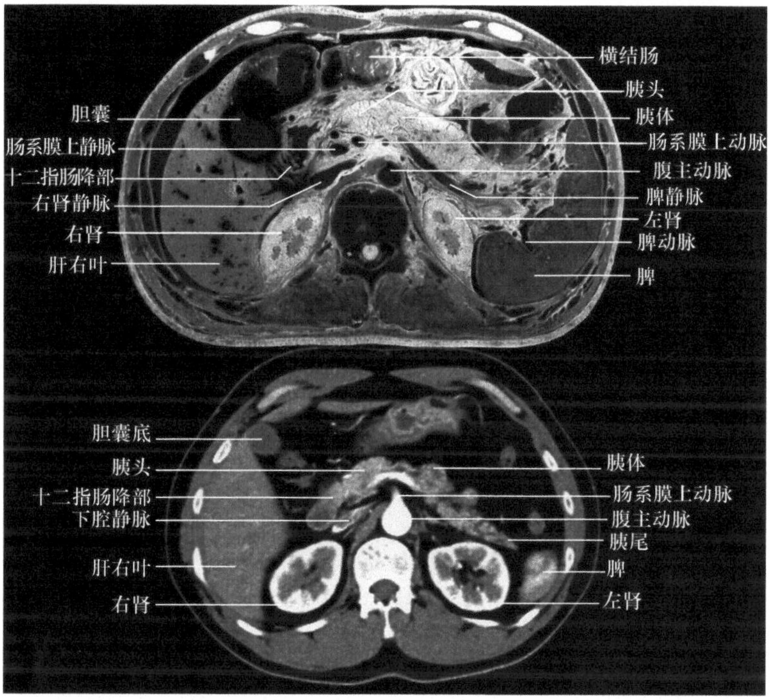

图 13-8　经胰头上部层面（上：标本图；下：CT 扫描像）

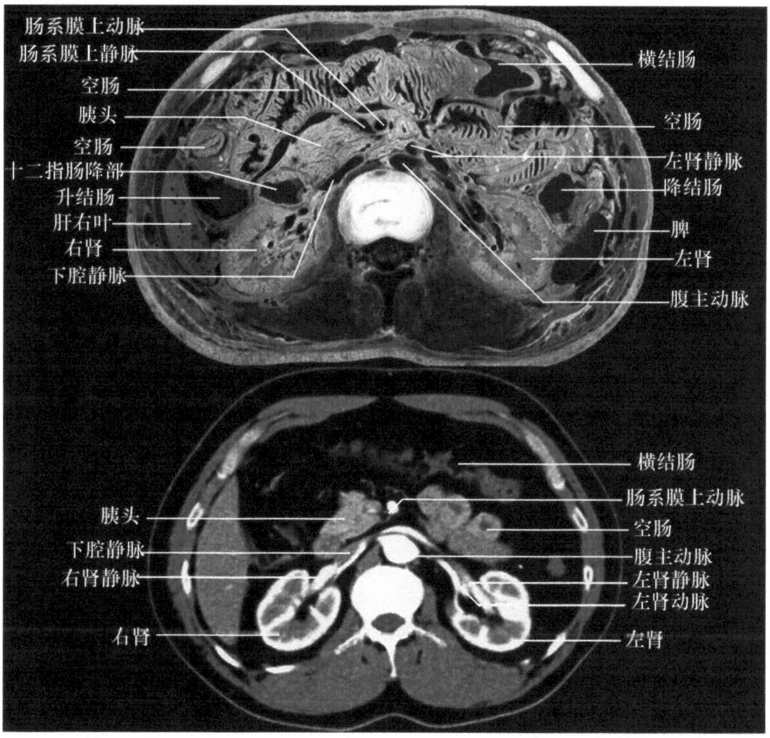

图 13-9　经肾门层面（上：标本图；下：CT 扫描像）

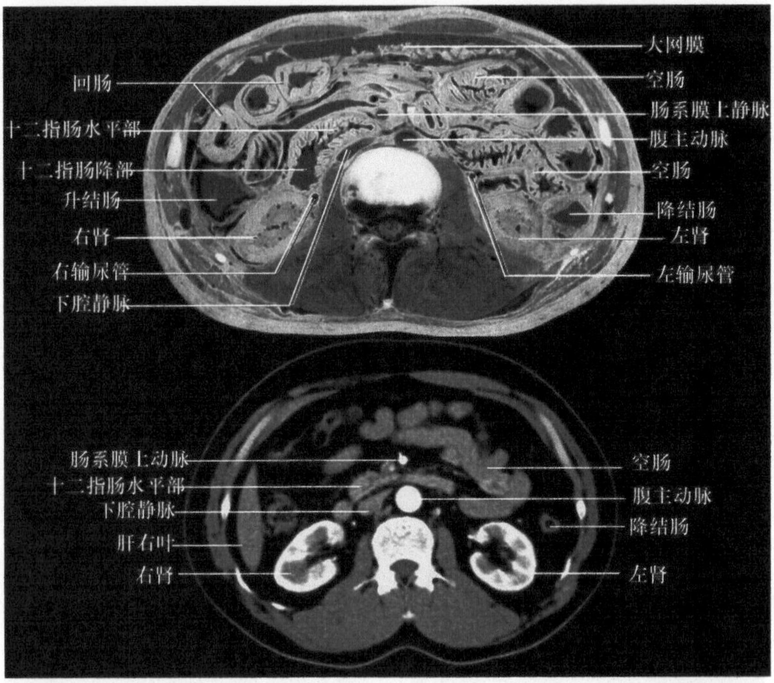

图 13-10　经十二指肠水平部层面（上：标本图；下：CT 扫描像）

（十一）经第 3 腰椎层面

腹腔内主要被肠管占据。椎体前方可见下腔静脉和腹主动脉的层面。椎体两侧有腰大肌，在腰大肌的前内方有输尿管的断面（图 13-11）。

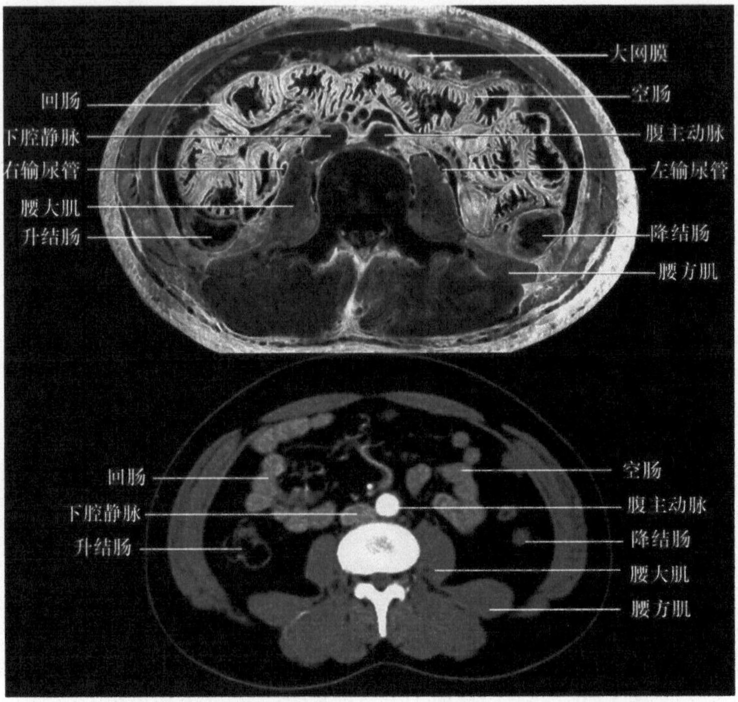

图 13-11　经第 3 腰椎层面（上：标本图；下：CT 扫描像）

（十二）经腹主动脉分叉层面

该层面经第 4 腰椎体，恰经腹主动脉分叉处。腹腔中部由空、回肠占据，升、降结肠分别位于它们的后外侧。椎体前方腹主动脉已分为左、右髂总动脉，在右髂总动脉的右侧为下腔静脉，输尿管位于腰大肌的前方（图 13-12）。

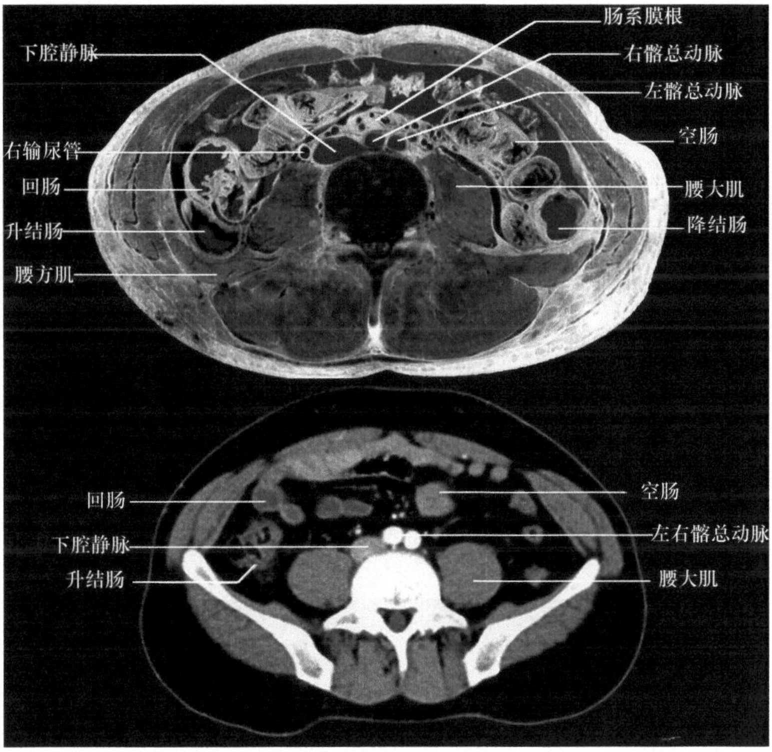

图 13-12　经腹主动脉分叉层面（上：标本图；下：CT 扫描像）

（十三）经下腔静脉合成处层面

腹腔内主要由空、回肠占据，升、降结肠分别位于它们的后外侧。椎间盘前方左、右髂总静脉在同名动脉的后方合成了下腔静脉。腰椎间盘两侧有腰大肌的剖面，其前面有输尿管（图 13-13）。

三、腹部矢状断层影像解剖

（一）经胰尾矢状层面

以横结肠及其系膜为界分为上下两区，结肠上区前部为胃，后可见脾的断面，脾下为左肾，脾前下方可见胰尾及脾血管，胰尾周围有许多脂肪组织。在脾、胰和胃下方有结肠左曲和横结肠的断面。结肠下区主要为空肠，靠近腹后壁处有降结肠（图 13-14）。

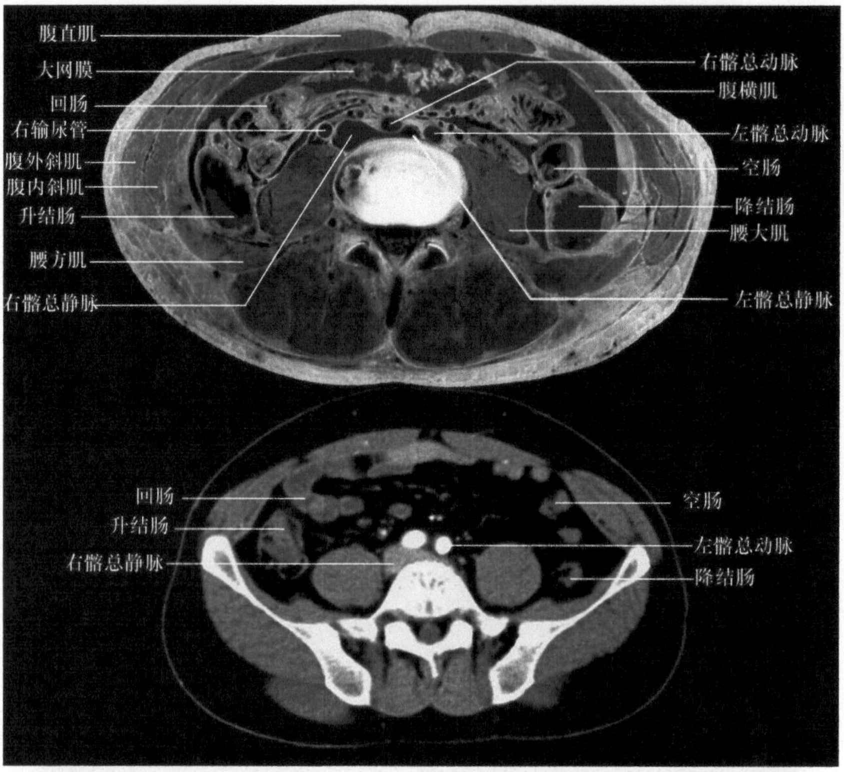

图 13-13　经下腔静脉合成处层面（上：标本图；下：CT 扫描像）

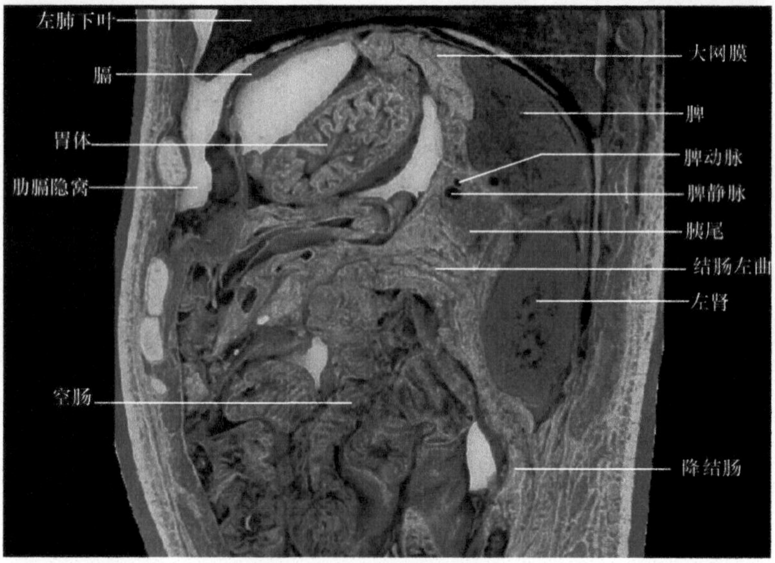

图 13-14　经胰尾矢状层面

（二）经左肾中部矢状层面

结肠上区中部为胃，胃前部可见小部肝左叶，胃后为脾，脾下有左肾。在胃、脾、左肾之间可见胰体及脾血管。结肠下区主要为空肠（图 13-15）。

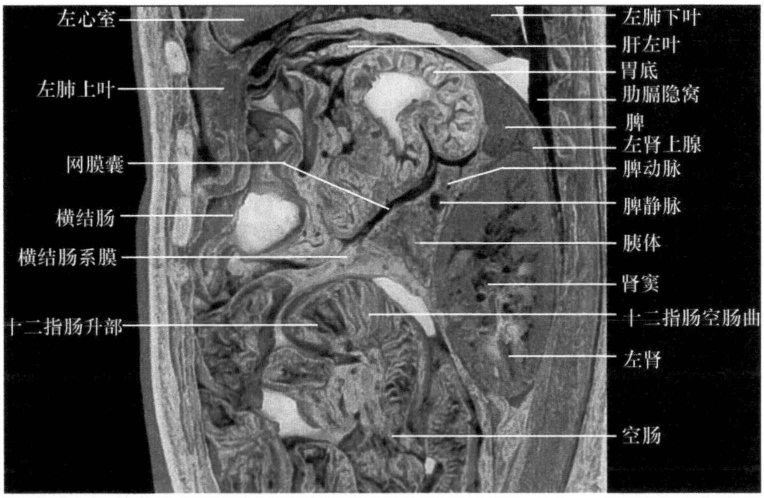

图 13-15　经左肾中部矢状断面

（三）经左肾门矢状层面

结肠上区大部分为胃底及胃体，胃底前方可见肝左叶。胃底前下方有十二指肠上部，下方为胰体。胰体后方为左肾，由左肾凹陷入肾的是肾窦。结肠下区大部为空肠（图 13-16）。

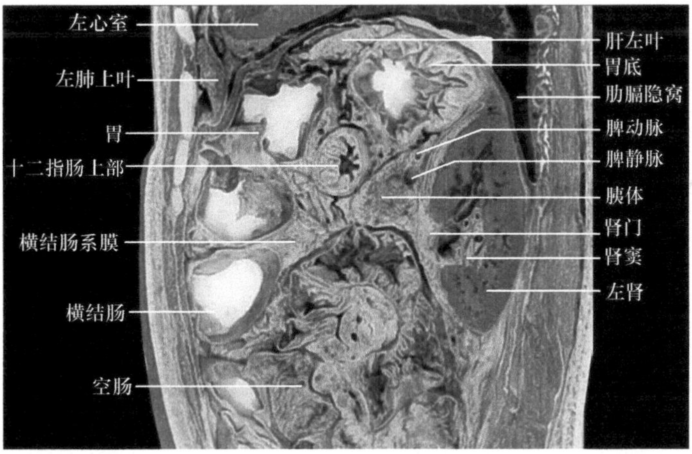

图 13-16　经左肾门矢状层面

（四）左旁正中矢状层面

肝位于膈下，后下方有胃的贲门部。胃体紧贴腹前壁，后有胰体的剖面，胰体上下分别可见十二指肠上部和水平部。左肾消失，紧贴腹后壁可见肾静脉。横结肠下方有空肠的断面（图 13-17）。

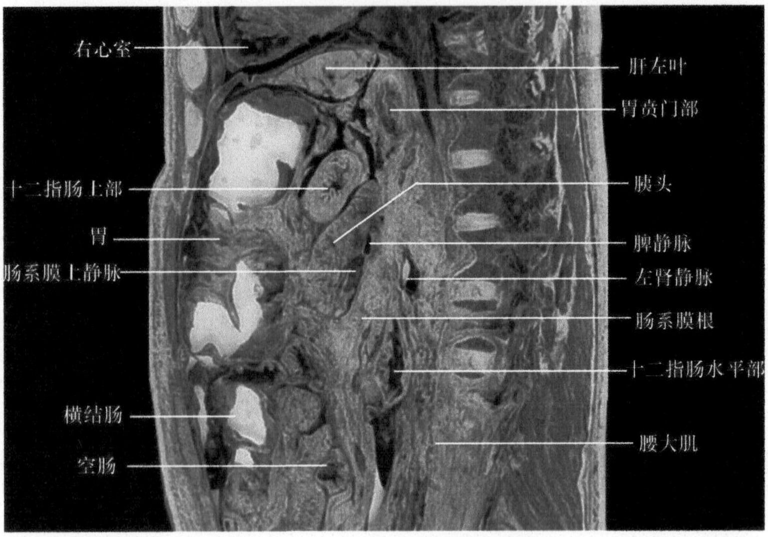

图 13-17　左旁正中矢状层面

（五）正中矢状层面

膈下方为肝左叶所占据，下方有胃体。胃后可见十二指肠上部及水平部包裹胰头，胰头上方有门静脉，后方有左肾静脉。横结肠下方多为空肠断面（图 13-18）。

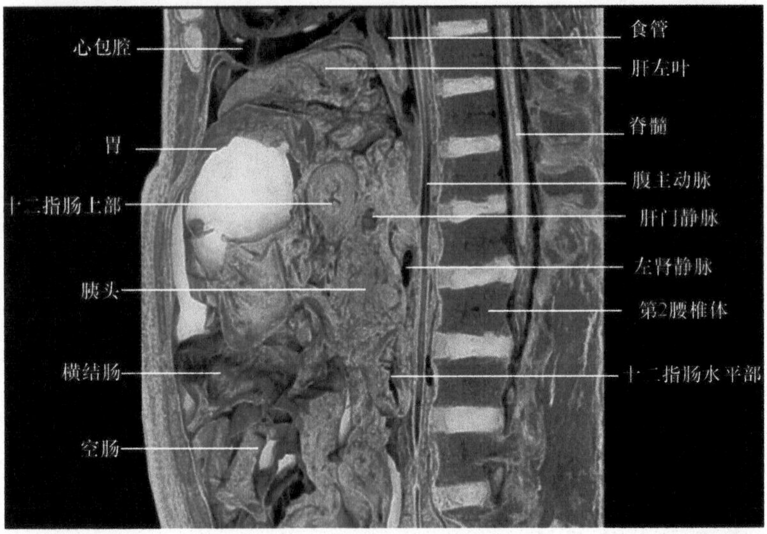

图 13-18　正中矢状层面

（六）右旁正中矢状层面

肝断面后方有下腔静脉，其由左、右髂总静脉在第 4 腰椎体下缘汇合而成，沿第 1～4 腰椎体前面上升，呈弧形注入右心房。肝断面后上部有肝中静脉汇入下腔静脉，下腔静脉前方可见肝尾状叶。肝下方，有肝门静脉主干的剖面，其前方上部有肝总管的断面。肝门静脉断面下方，有胰头及十二指肠上部的断面。横结肠下方大多为空肠（图 13-19）。

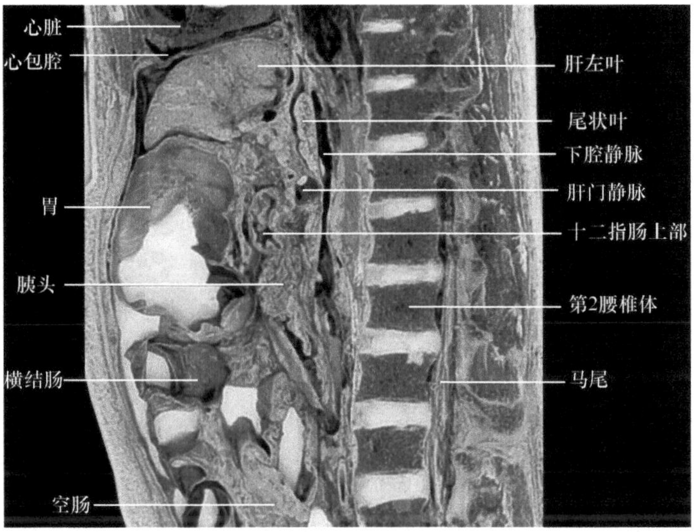

图 13-19　右旁正中矢状层面

（七）经右肾内侧端矢状层面

膈下空间几乎全部被肝的断面所占据。肝门处有肝门静脉主干的断面，后方为肝尾状叶，肝下方可见胆囊。紧贴腹后壁出现的是右肾断面，前方可见右肾静脉。结肠下区多为回肠（图 13-20）。

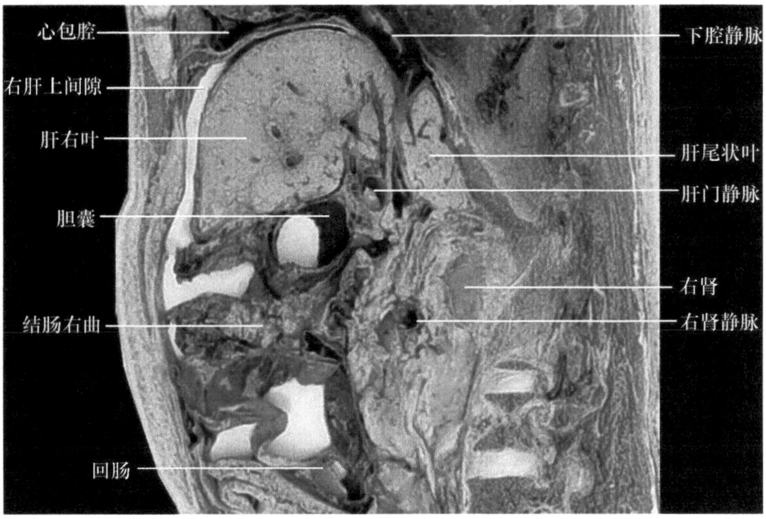

图 13-20　经右肾内侧份矢状层面

（八）经右肾中部矢状层面

膈下空间全部被肝断面所占据。肝门处有肝门静脉右支。肝门的前下方有胆囊的断面，断面较大。右肾断面位于肝断面的后下方。右肾断面上、下端脂肪较多。肾上端与肝之间有右肾上腺断面。结肠下区多为回肠（图 13-21）。

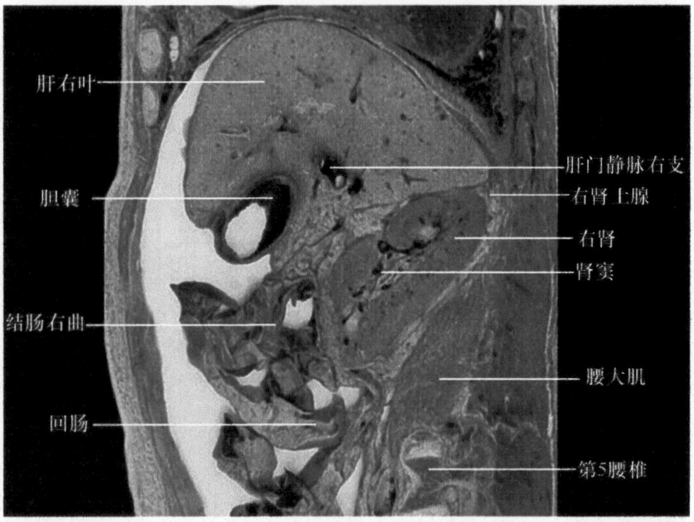

图 13-21　经右肾中部矢状层面

（九）经右肾外侧份矢状层面

膈下为肝的断面所占据。肝断面中上部有肝门静脉右支的属支，肝下方前部有胆囊的断面。下方后部有右肾的断面，肾周围有脂肪囊，右肾上极与肝之间有右肾上腺断面。腹前壁后方有回肠的断面（图 13-22）。

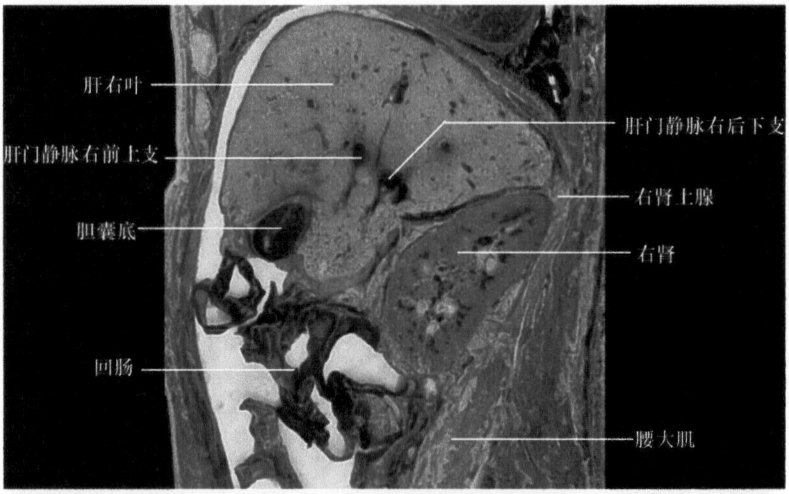

图 13-22　经右肾外侧份矢状层面

四、腹部冠状断层影像解剖

（一）经胆囊底冠状层面

上腹部可见肝和胃的剖面，肝的剖面较大，占据右上部，肝下缘右侧有胆囊底的断面，中部有肝圆韧带裂。肝下方和左上腹可见胃的剖面，该剖面左侧为胃底、胃体，右侧为幽门部，其下方为横结肠。腹腔中部被左上方的空肠和右下方的回肠所占据（图 13-23）。

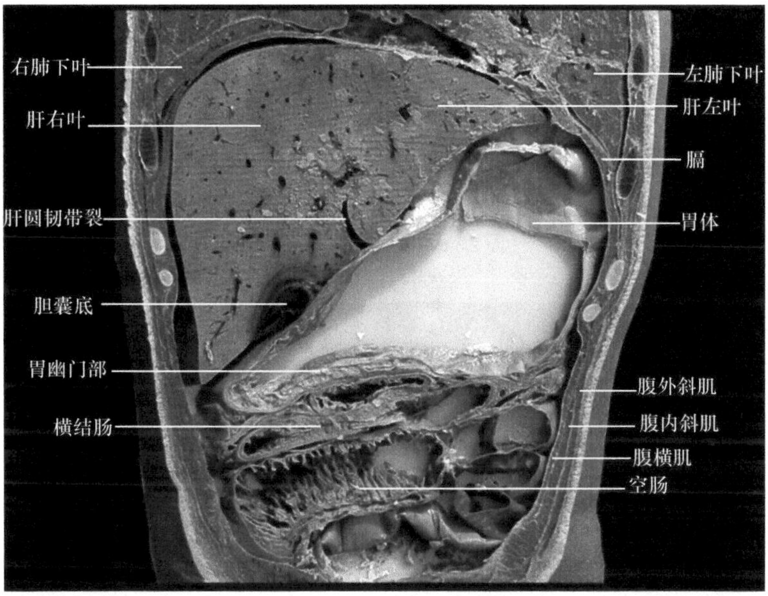

图 13-23　经胆囊底冠状层面

（二）经耻骨联合冠状层面

上腹部肝剖面与上一层面相似，胆囊剖面增大，肝内可见肝门静脉左支及肝中静脉的断面。胃体向右下方延伸为幽门及十二指肠上部。下腹部右髂窝内被升结肠占据，左髂窝内被乙状结肠占据，腹腔其余部分被小肠所占据（图 13-24）。

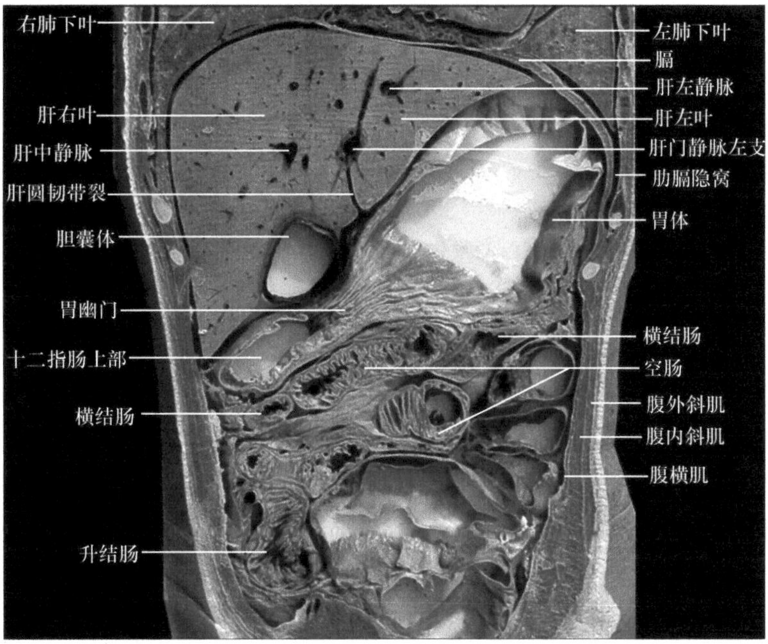

图 13-24　经耻骨联合冠状层面

（三）经下腔静脉冠状层面

该断面膈脚出现，膈脚上方有食管的断面，下方有腹主动脉和下腔静脉的断面。腹主动脉分为左、右髂总动脉，下腔静脉由左右髂总静脉合成。膈脚右侧为肝的断面。肝左侧缘有腔静脉沟，内有下腔静脉穿行，下腔静脉左侧肝叶为肝尾状叶。肝的中央近下缘处有肝门静脉右后下支的断面，其右上方为肝右静脉。肝下方右侧有十二指肠上部与水平部，两者包绕胰头。膈脚的左侧有胰体、胰尾、胃底和脾的断面。脾下方有降结肠、空肠、乙状结肠的断面（图 13-25）。

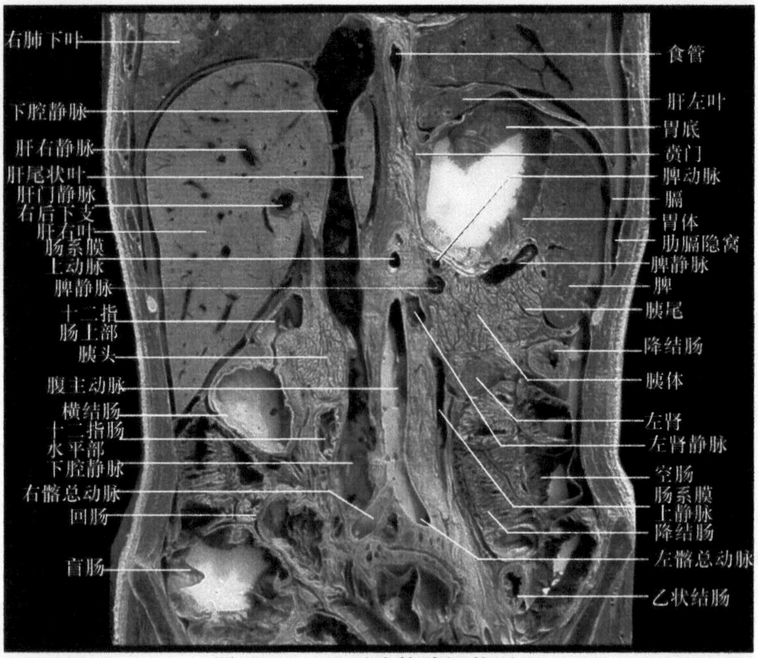

图 13-25　经下腔静脉冠状层面

（四）经腹主动脉起始部冠状层面

中间部上方左、右膈脚之间有腹主动脉起始部剖面。右侧部上方为肝的断面，其内可见肝右静脉正在注入下腔静脉。肝下方自上而下依次为可见十二指肠降部、横结肠、回肠及盲肠。左侧部上方有肝左叶及脾，脾右下方有胰尾、左肾。肠管主要为空肠及降结肠的断面（图 13-26）。

（五）经右肾门冠状层面

中间部为腰椎体。左、右两侧的腹腔已很小，只剩下肾区及周围的结构。右侧膈下有肝的右后叶。肝的内下方为右肾的冠状断面，右肾上方及前上方有三角形的右肾上腺断面。左侧脾位于膈下，左肾位于脾下，肾皮质和肾髓质界线分明。肾窦内有肾血管、肾盂及脂肪。肾门朝向内下方，其下端邻小肠断面，内侧上部邻左肾上腺（图 13-27）。

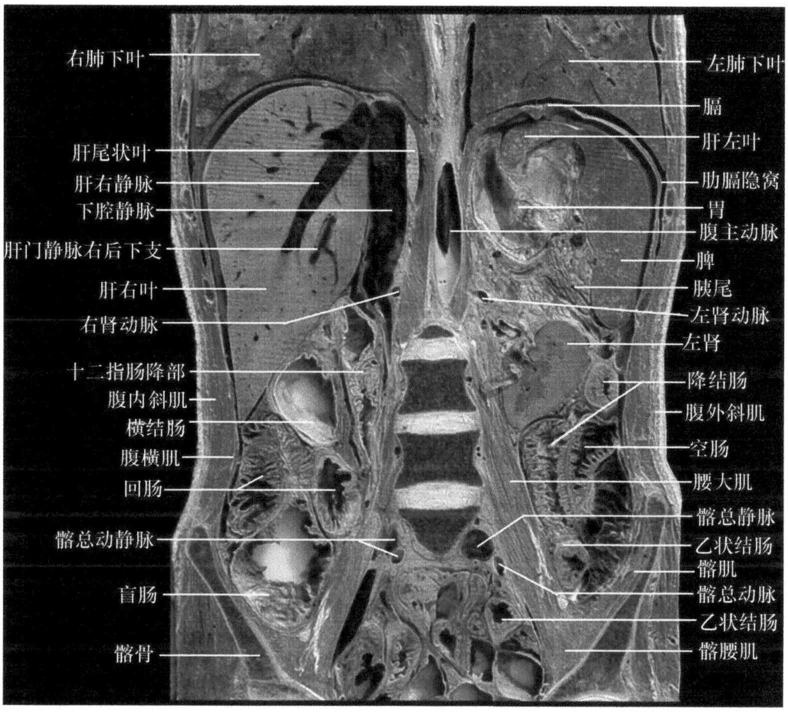

图 13-26　经腹主动脉起始部冠状层面

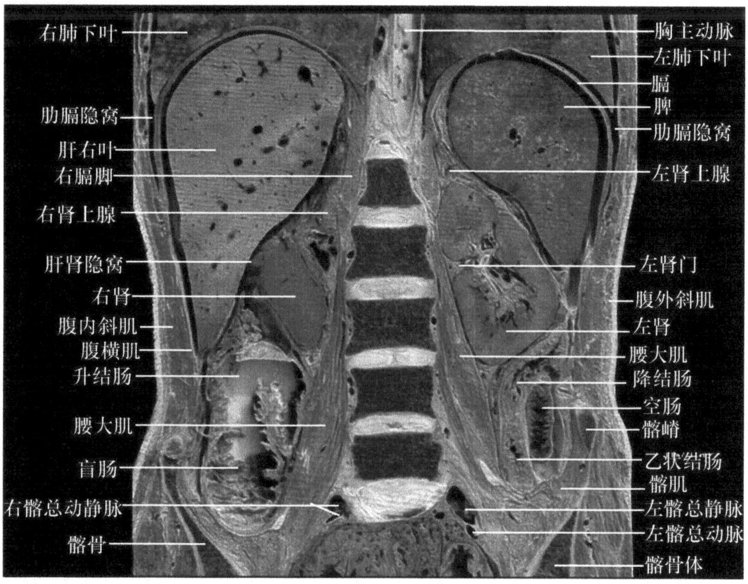

图 13-27　经肾门冠状层面

五、腹腔实质性器官断层影像解剖

（一）经第二肝门层面

本层面约平第 10 胸椎水平（图 13-28）。下腔静脉的前方可见肝静脉呈树枝状的三大分支影，此处为第二肝门。肝静脉及其分支走行于肝叶或肝段的肝裂内，可用肝静脉及其分支划分肝叶和肝段。肝中静脉走行于左内叶和右半肝之间，并作为分界的标志。肝右静脉走行于肝右后叶和右前叶之间，也作为分界的标志。此平面肝叶为：左半肝的左外叶与左内叶，右半肝的右前叶与右后叶均为上段。在第二肝门左侧可见食管影，食管后方为降主动脉。胃底后方可见脾影。

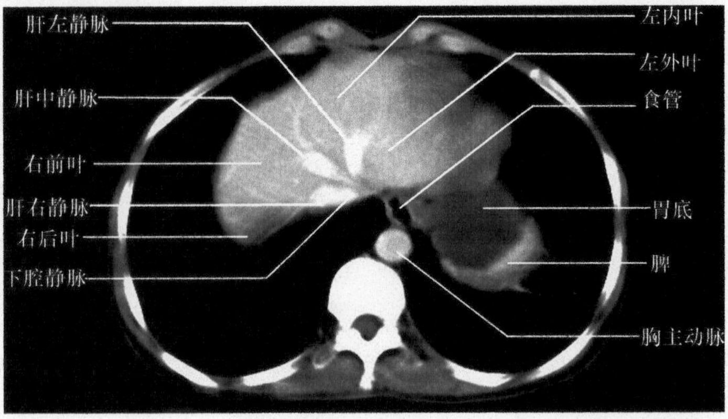

图 13-28　经第二肝门层面（CT 增强扫描）

（二）经肝门静脉左支矢状部层面

本层面约在第 11 胸椎体中部层面（图 13-29）。下腔静脉左前方为肝尾状叶，尾状叶前面的空隙为静脉韧带裂，静脉韧带裂分隔开前方的左叶和后方的尾状叶。静脉韧带裂的前方见肝圆韧带裂，其内有肝圆韧带和肝门静脉左支矢状部。肝圆韧带裂分隔左半肝的左内叶和左外叶。肝中静脉管径变细，依然可以辨析，但位置逐渐向肝表靠近。此平面肝叶为：尾状叶，左半肝的左外叶与左内叶，右半肝的右前叶与右后叶。降主动脉的左后方与脾之间可见左肾上腺影。

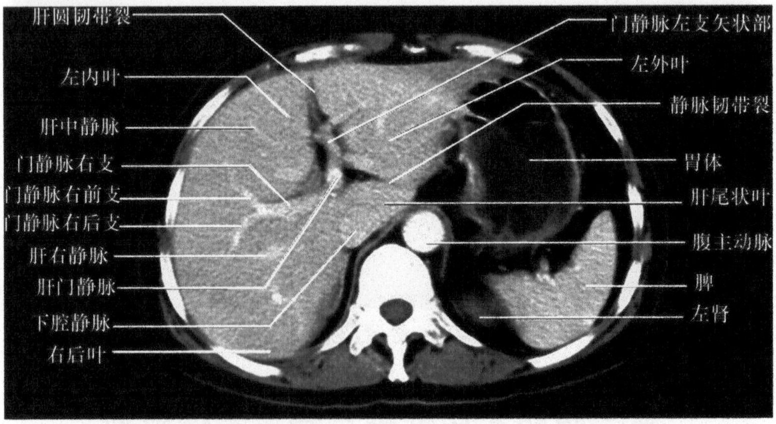

图 13-29　经肝门静脉左支矢状部层面（CT 增强扫描）

（三）经肝门层面

本层面相当于第 12 胸椎体上部层面（图 13-30）。肝门内可见肝门静脉左支及右支，尾状叶的后方为下腔静脉。此平面肝叶为：尾状叶，左半肝的左外叶与左内叶，右半肝的右前叶与右后叶。肝门静脉平面以下，右前叶与右后叶均为下段。此外，在椎体的左前方见降主动脉被膈脚所包绕，降主动脉的左后方可见，左肾影，左肾的外侧见脾影，椎体右侧可见右肾上腺影。

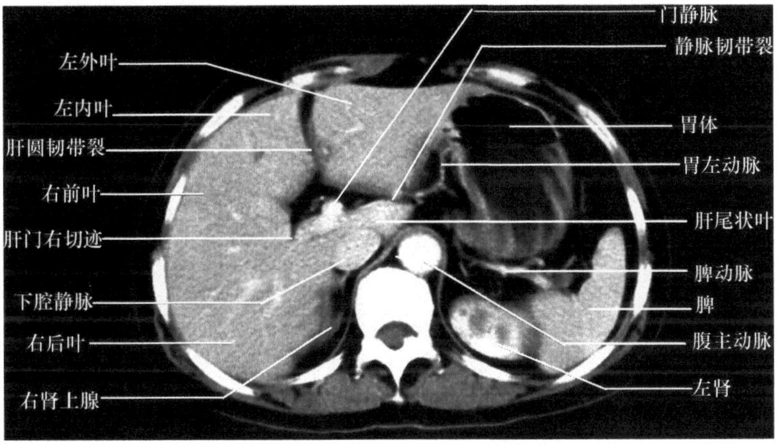

图 13-30 经肝门层面（CT 增强扫描）

（四）经胰尾层面

本层面约平第 1 腰椎上部。肝左叶呈楔形，尾状叶消失。在肝正中裂处可见胆囊，呈低密度的椭圆影。此平面以胆囊为界分左、右半肝。肝叶为：左半肝的左外叶与左内叶，右半肝的右前叶与右后叶均为下段。在肝右叶的内后下方可见右肾。脾的右前方可见胰体、胰尾，胰尾指向脾门，其后方为左肾。在椎体左前方见降主动脉被膈脚所包绕，椎体的右前方可见下腔静脉和肝门静脉（图 13-31）。

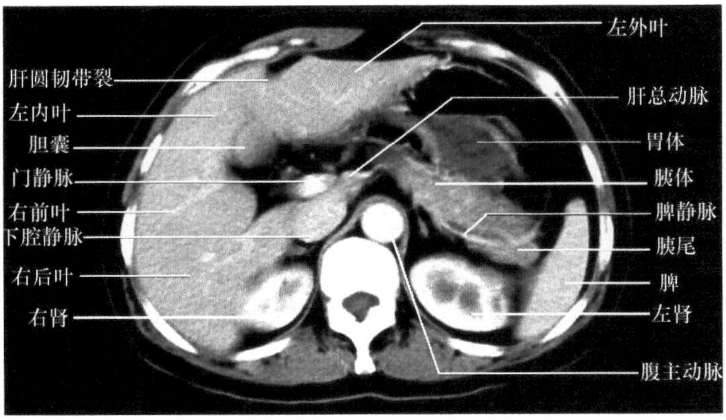

图 13-31 经胰尾层面（CT 增强扫描）

（五）经腹腔干层面

本层面约平第 1 腰椎下部（图 13-32），肝左外叶与左内叶明显减小，仍可见胆囊影像。此平面仍以胆囊为界分左、右半肝。肝叶为：左半肝的左外叶与左内叶，右半肝的右前叶与右后叶均为下段。胃居腹腔的左前方，其右侧可见十二指肠上部转弯向下移为十二指肠降部。胃的后方为胰，在胰与降主动脉之间可见腹腔干及其分支。椎体两侧可见左、右肾的断面，脾已至下极。

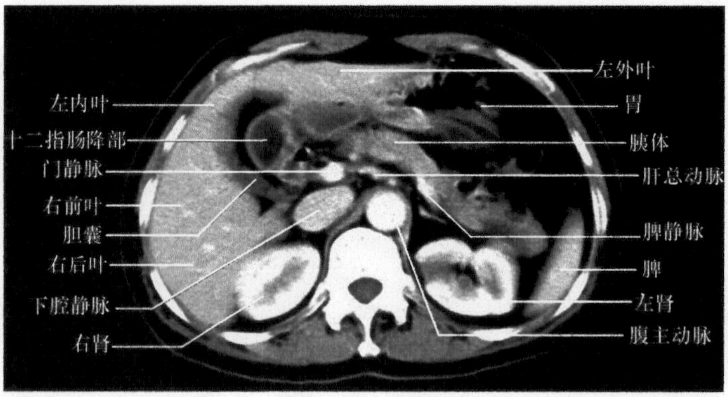

图 13-32　经腹腔干层面（CT 增强扫描）

（六）经肠系膜上动脉层面

本层面约平第 2 腰椎，肝仅剩下肝右叶，脾影消失。胃位于腹腔前部中央，其后方为胰头。胰头右后下方为十二指肠降部，其左后下方从右向左可见肠系膜上静脉和脾静脉，正对肠系膜下静脉前方的为胰颈。下腔静脉左侧接受左肾静脉，降主动脉向前发出肠系膜上动脉。左下腹可见降结肠影（图 13-33）。

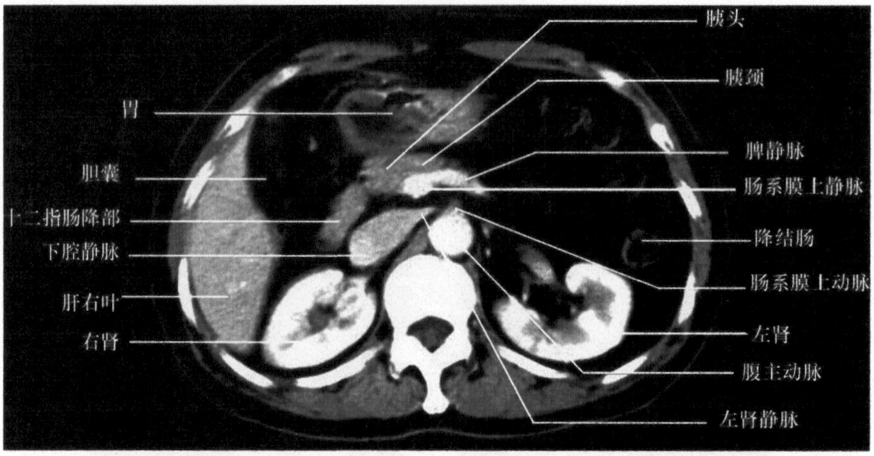

图 13-33　经肠系膜上动脉层面（CT 增强扫描）

（七）经胰钩突层面

本层面约平第 2 腰椎间盘。钩突位于肠系膜上静脉与下腔静脉之间，可依这些血管予以寻找。钩突的 CT 形态有钩形（54. 7%）、角形（22. 6%）和圆形（22. 6%）三种。正常钩突均延伸到肠系膜上静脉的左缘，仅有 15. 1%会延伸到肠系膜上动脉，且范围小于该动脉横径的一半。肝影进一步减小，仅剩余肝右叶。在胰头、十二指肠降部和下腔静脉之间可见胆总管。椎体左前方可见降主动脉，其两侧可见左、右肾静脉，椎体两侧可见左、右肾。腹腔左后外侧可见降结肠影（图 13-34）。

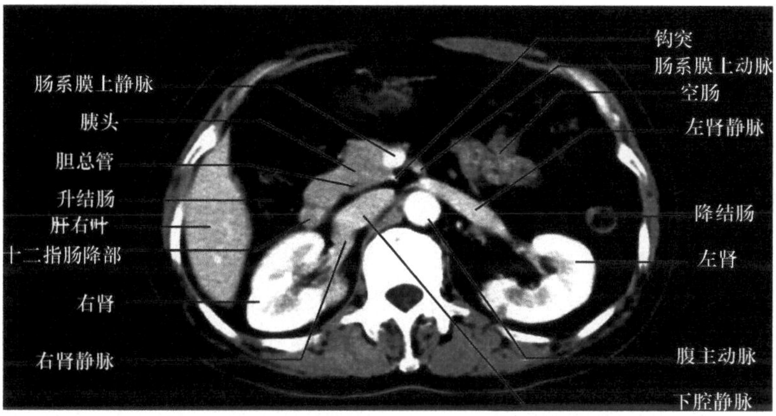

图 13-34　经胰钩突层面（CT 增强扫描）

（宗克成）

第十四章　盆部断层影像解剖

一、概　　述

（一）境界、分区与重要结构

盆部由盆壁、盆腔和盆腔内脏器组成。盆部的前面以耻骨联合上缘、耻骨结节、腹股沟和髂嵴前份的连线与腹部为界；其后面以髂嵴后份和髂后上棘至尾骨尖的连线与腰部和骶尾区分界。在断层影像解剖学上，盆部常以第5腰椎间盘平面为上界，男性以阴囊消失平面为下界，女性以女阴消失平面为下界。盆腔由骨盆及覆盖其内面的肌肉和筋膜围成，内有消化、泌尿和生殖系等重要器官及血管。盆部脏器男女虽不同，但排列基本一致，即前部为泌尿系，中部为生殖系，后部主要为消化系和输尿管。

（二）体表重要的标志性结构

1. 耻骨联合上缘　是小骨盆上口的界标之一。膀胱空虚时不超过耻骨联合上缘。经此水平断面为显示精囊的最佳平面。尾骨尖也在此平面。

2. 髂嵴　指髂骨的上缘，其两侧最高点的连线平第4腰椎棘突，经此所作的水平断面称为嵴间平面，为腹主动脉分杈的标志平面。

3. 髂前、后上棘　为髂嵴前、后端的突起。经两髂后上棘的连线平面平对第2骶椎中部。

4. 坐骨结节　是坐骨最底部的粗糙隆起，位于肛门两侧的上方，是测量小骨盆下口横径的重要标志之一。

二、男性盆部水平断层影像解剖

（一）经第5腰椎间盘层面

以腰椎和髂骨翼为界分为前后两区。前区为腹腔下份，回肠居中，乙状结肠和盲肠分别位于左、右髂窝内。后区骶骨居中，其前外侧有腰大肌，背面附有竖脊肌。髂骨翼呈倒“八”字形，列于骶骨两侧。髂骨翼内面的髂窝内容纳髂肌，其背面附有臀中肌。在腰大肌前内侧、腰椎前方，分别有左、右髂总血管及输尿管（图14-1）。

（二）经第1骶椎下份层面

前区右髂窝内有盲肠，左髂窝内有乙状结肠，在盲肠和乙状结肠之间有回肠及肠系膜。后区骶骨居中，骶骨后面正中的突起是骶正中嵴，嵴的前方为骶管，其内有骶神经。骶管的前方可以见到左、右骶前孔，内有第1骶神经通过。髂骨翼列于骶骨两侧。其前方有髂腰肌，其后方有臀肌。髂外血管位于腰大肌的前内侧，髂内血管位于其后内侧。CT扫描影像可见右髂总动脉已经分出髂外动脉和髂内动脉，左髂总动脉正在分出髂外动脉和髂内动脉（图14-2）。

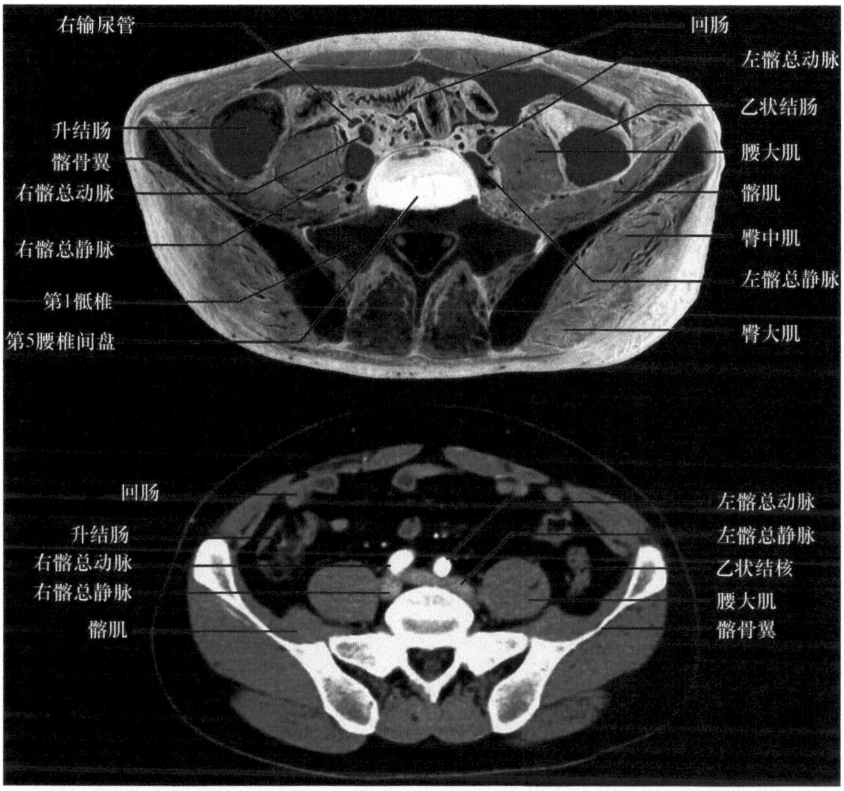

图 14-1 经第 5 腰椎间盘层面（上：标本图；下：CT 扫描像）

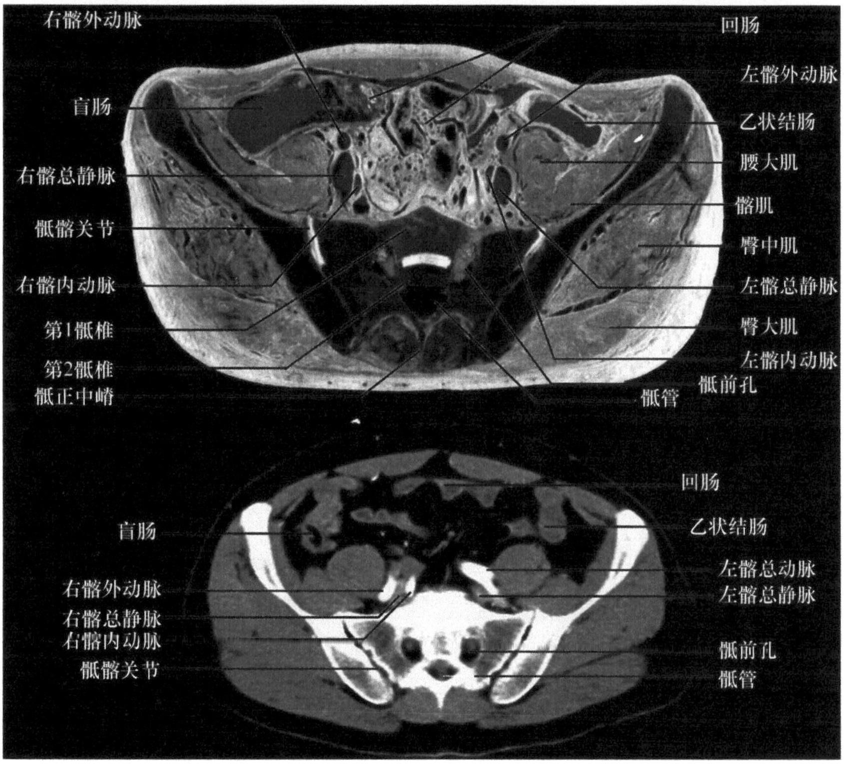

图 14-2 经第 1 骶椎下份层面（上：标本图；下：CT 扫描像）

（三）经第 2 骶椎层面

前区与上一断面相似，乙状结肠和盲肠分居左、右，回肠居中。后区骶髂关节近似呈矢状位。髂外血管在腰大肌的前内侧，髂内血管位于骶髂关节的前方，增强 CT 扫描影像髂血管的断面异常清晰（图 14-3）。

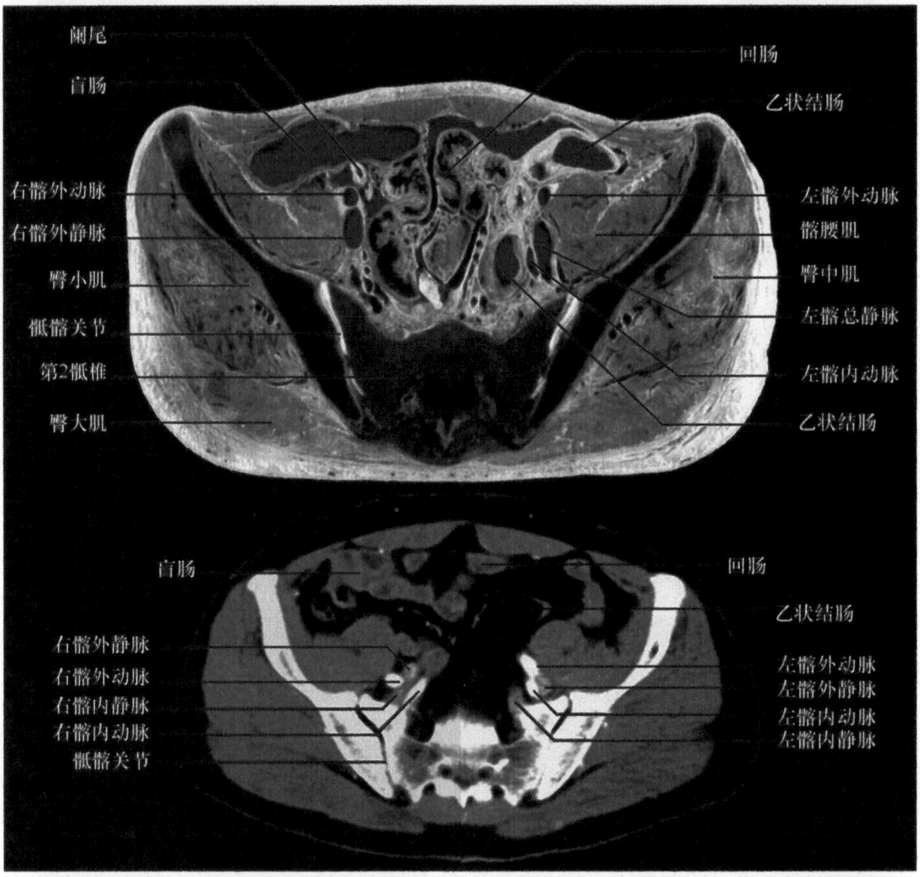

图 14-3 经第 2 骶椎层面（上：标本图；下：CT 扫描像）

（四）经第 3 骶椎间盘层面

前区与上一断面相似，乙状结肠和回盲部分居左、右，回肠居中。骶骨断面变小，髂血管结构、位置与上一层面基本一致（图 14-4）。

（五）经第 4 骶椎层面

乙状结肠和盲肠依然分居左、右，盆腔剩余的部分为回肠占据，乙状结肠向后方延为直肠。骶髂关节消失，髂骨翼变短，其后端与骶骨之间可见坐骨大孔，梨状肌穿过封闭该孔，并与髂骨翼后端之间围成梨状肌上孔，其内有臀上血管、神经通过。髂内血管位置后移，接近髂骨翼及梨状肌；髂外血管位置前移，位居髂腰肌内侧（图 14-5）。

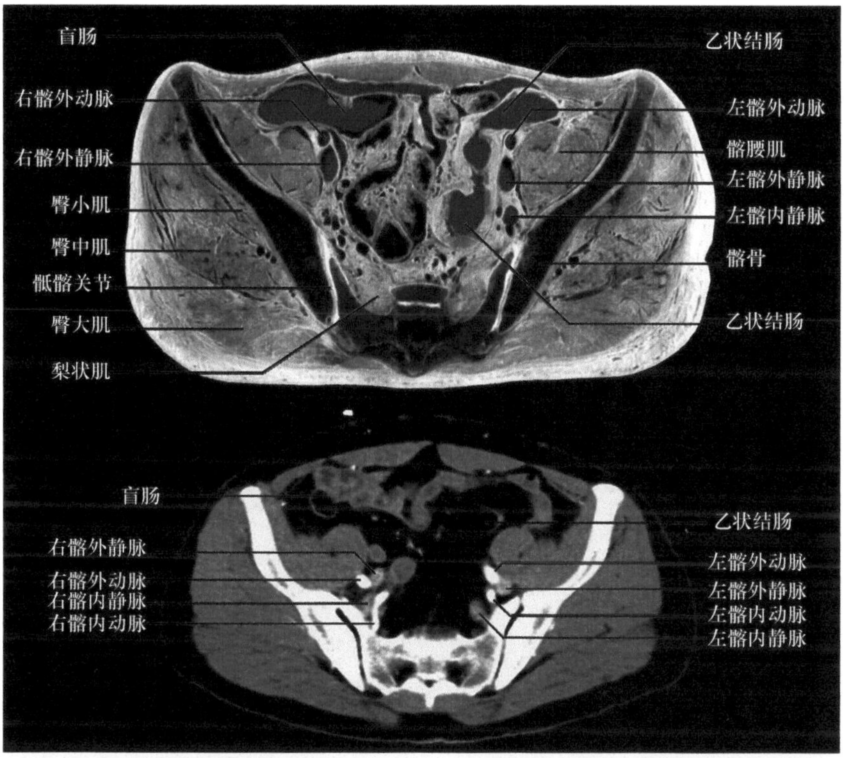

图 14-4　经第 3 骶椎间盘层面（上：标本图；下：CT 扫描像）

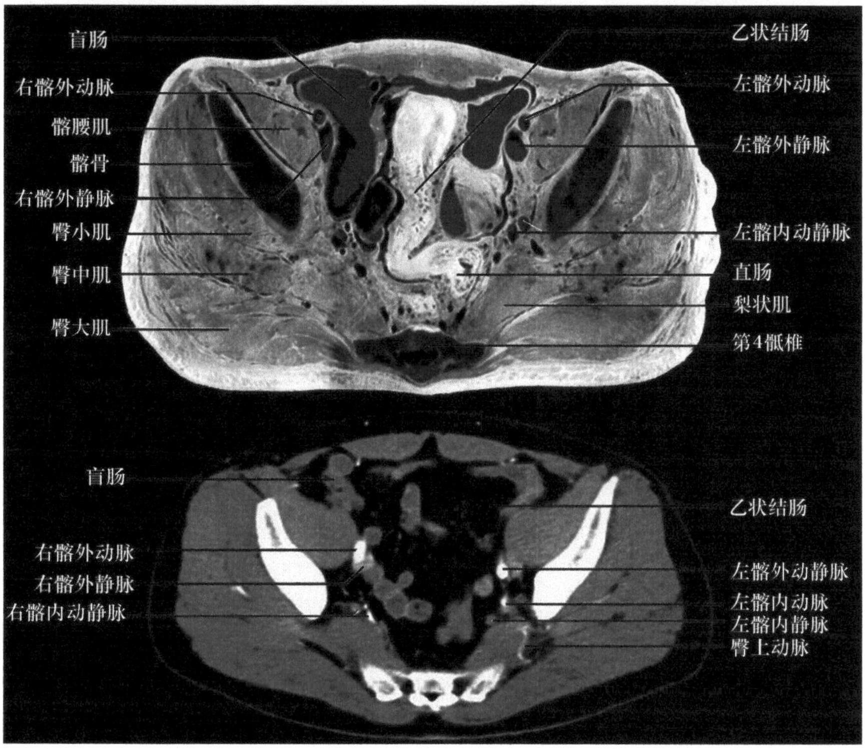

图 14-5　经第 4 骶椎层面（上：标本图；下：CT 扫描像）

（六）经第 5 骶椎层面

直肠位于骶骨的前方，直肠前方为乙状结肠，其余盆腔被回肠占据。骶骨进一步变小，其两端构成坐骨大孔的后界，髂骨体后缘为坐骨大孔的前界。CT 可辨认坐骨大孔的周界，而梨状肌穿越坐骨大孔的中心且是孔内最大结构，因此是骶丛和坐骨神经定位的重要标志。髂外血管位置进一步前移，并接近腹前壁（图 14-6）。

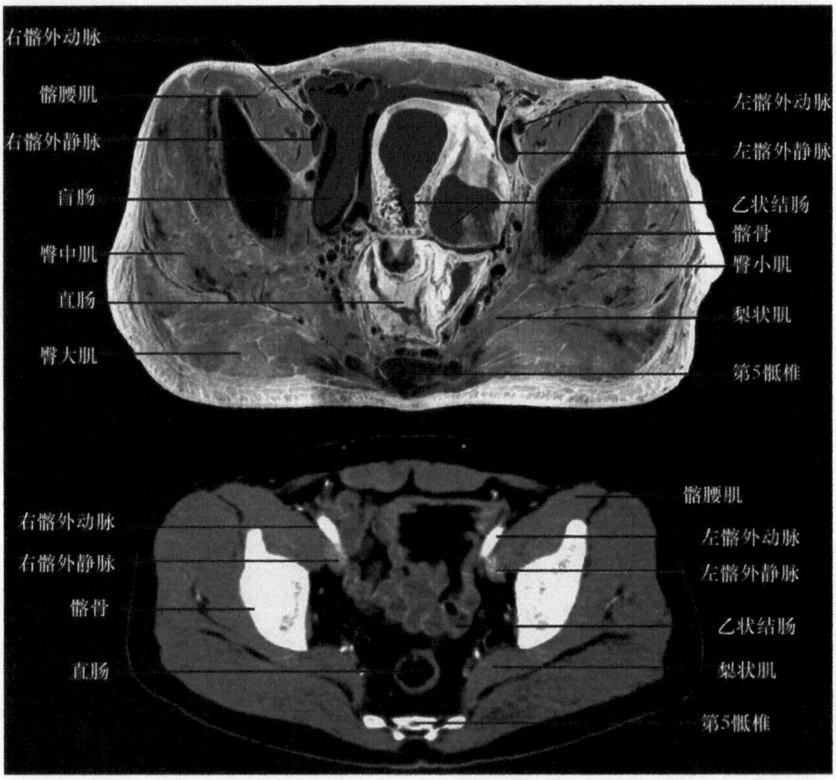

图 14-6　经第 5 骶椎层面（上：标本图；下：CT 扫描像）

（七）经髋臼上缘层面

左、右髋臼呈半环形，表面衬以关节软骨，内容有圆形的股骨头断面。尾骨出现，坐骨后端与尾骨前端之间为坐骨大孔的梨状肌下孔，有臀下血管穿过。盆内脏器以膀胱为主，直肠居膀胱的后方，两者之间的直肠膀胱陷凹为腹膜腔的最低点。髂外血管移至腹股沟韧带之下改称股血管，股静脉居内侧，股动脉居外侧（图 14-7）。

（八）经股骨头中份层面

股骨头内侧为耻骨体与坐骨体构成的髋臼，两侧髋臼内有股骨头韧带。盆腔的侧壁为闭孔内肌。盆腔容积缩小，直肠位居尾骨前方，直肠前方为膀胱，膀胱后方与直肠之间有输精管壶腹和精囊。股骨头前方有股直肌及缝匠肌，股血管位于其前内侧。腹直肌的侧方为腹股沟管，内有精索穿行（图 14-8）。

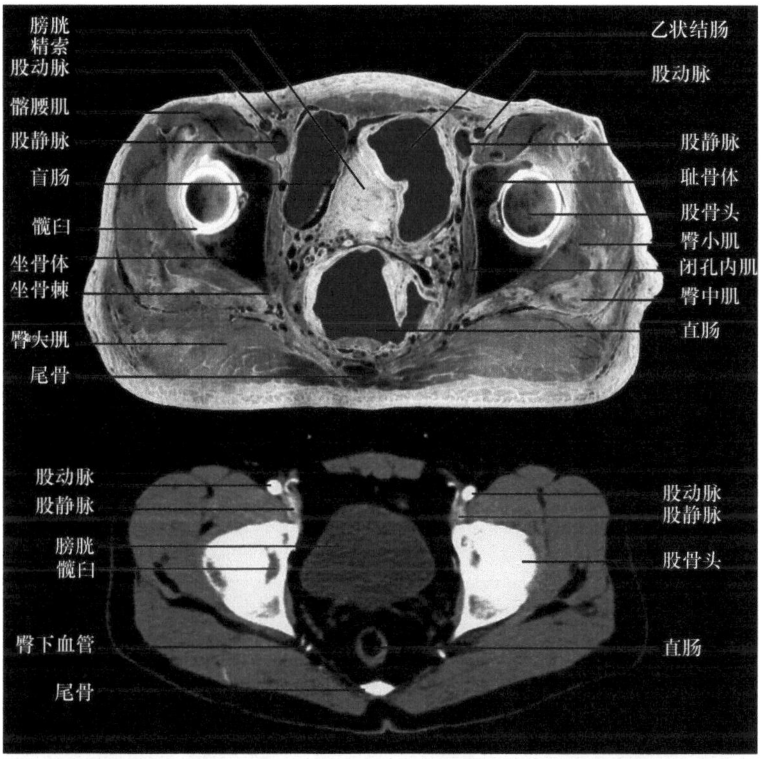

图 14-7　经髋臼上缘层面（上：标本图；下：CT 扫描像）

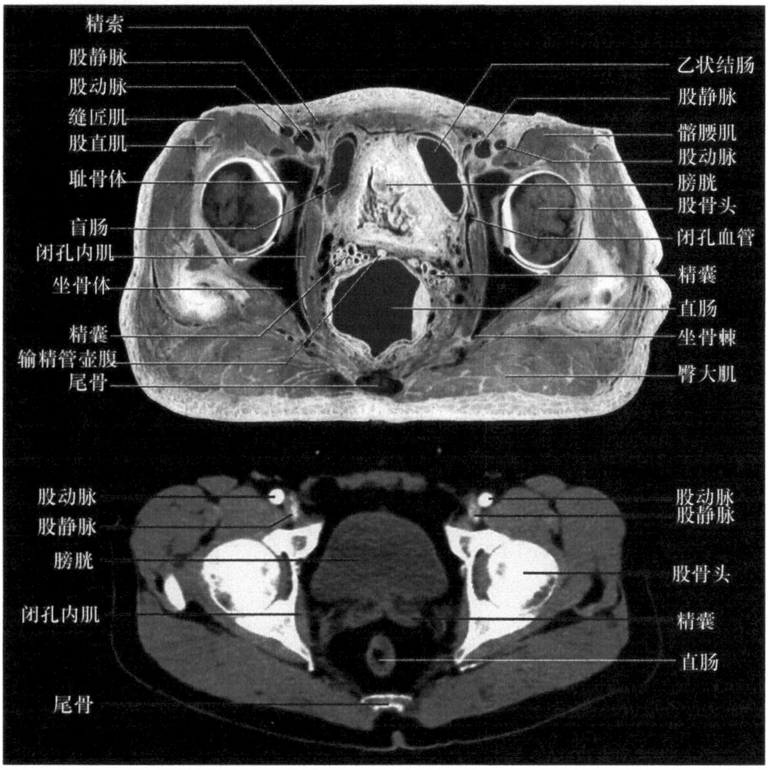

图 14-8　经股骨头中份层面（上：标本图；下：CT 扫描像）

（九）经大转子中份层面

髂骨被分为两部分，前方为耻骨上支，后方为坐骨支，两者之间为闭孔，前部有闭孔神经及血管通过。盆腔的侧壁为闭孔内肌，膀胱位于盆腔前部，紧贴其后壁为精囊。尾骨尖前方为由肛提肌构成的盆膈，盆膈中心为直肠（图 14-9）。

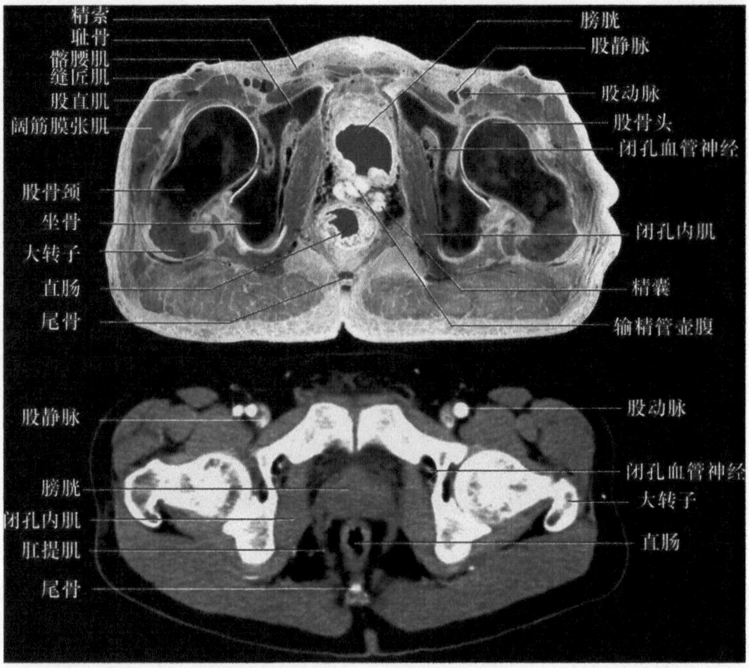

图 14-9　经大转子中份层面（上：标本图；下：CT 扫描像）

（十）经耻骨联合层面

耻骨上支与坐骨结节之间为闭孔，有闭孔内、外肌封闭，盆腔由闭孔内肌和肛提肌围成。耻骨联合后方可见前列腺和直肠，肛提肌呈“U”形围于前列腺和直肠两侧。在坐骨结节与直肠之间，臀大肌深面充满脂肪的区域为坐骨肛门窝，有阴部血管及阴部神经（图 14-10）。

（十一）经坐骨支层面

两侧坐骨支呈“八”字形，前方开口处可见阴茎的断面，阴茎脚后方为尿道或前列腺，最后为肛管（图 14-11）。

（十二）经肛门层面

可见股骨干及坐骨结节的断面。肛门前方可见阴茎的两个阴茎脚，前方中线两侧为阴囊及睾丸，其正中为尿道海绵体（图 14-12）。

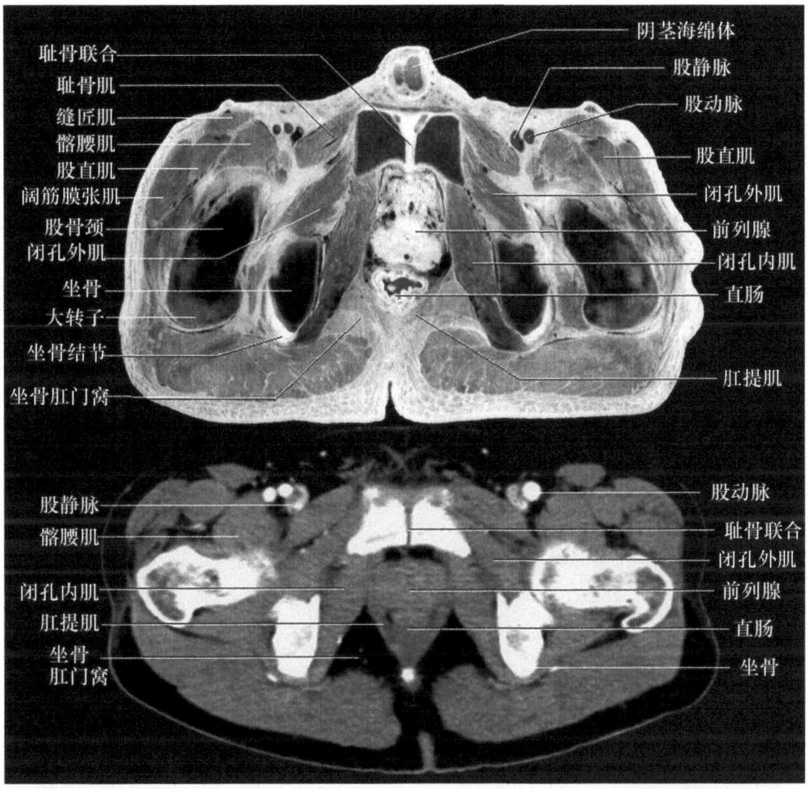

图 14-10　经耻骨联合层面（上：标本图；下：CT 扫描像）

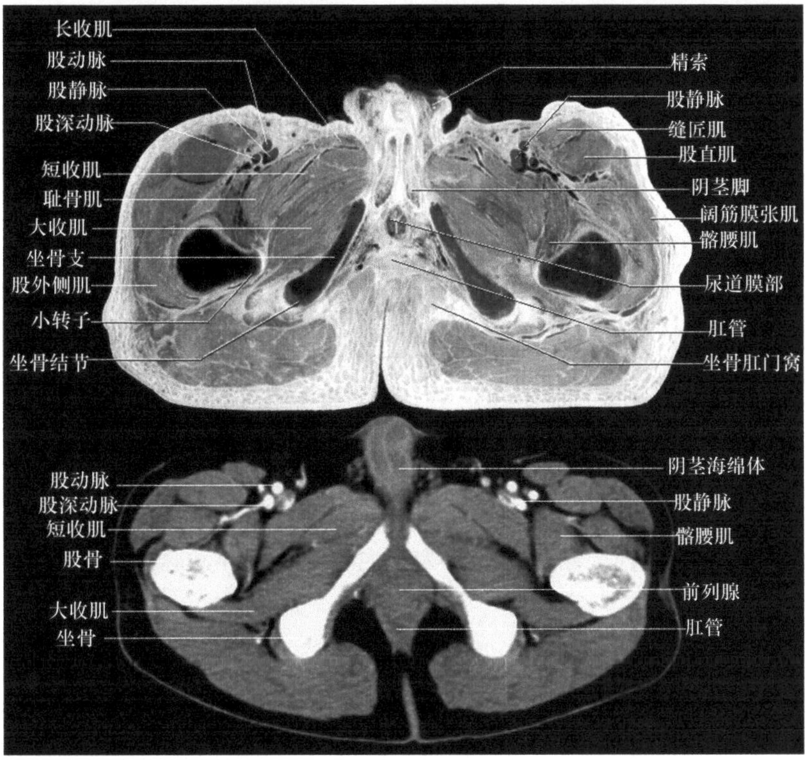

图 14-11　经坐骨支层面（上：标本图；下：CT 扫描像）

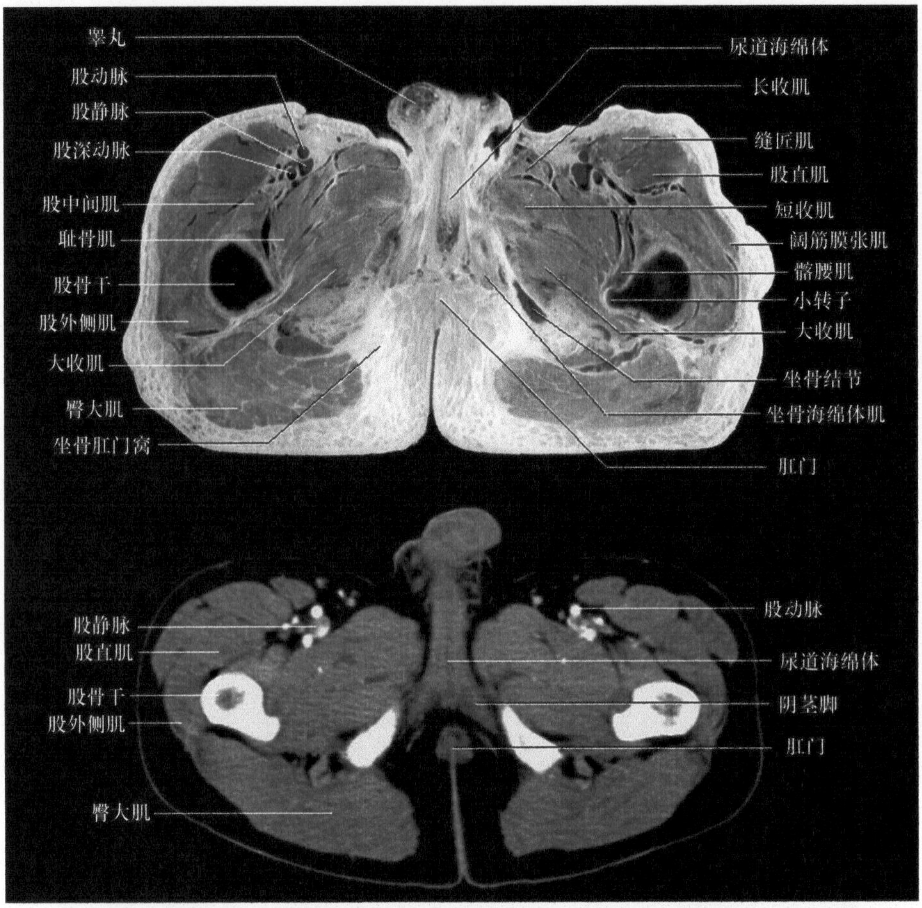

图 14-12　经肛门层面（上：标本图；下：CT 扫描像）

三、女性盆部水平断层影像解剖

（一）经第 5 腰椎间盘层面

盆腔内主要为肠管，回肠、空肠集中于盆腔的前半部，乙状结肠和盲肠分别位于左、右髂窝内。髂血管分居在椎体外侧与腰大肌之间（图 14-13）。

（二）经第 1 骶椎下份层面

主要结构与上一层面基本一致。乙状结肠和盲肠分别位于左、右髂窝内。髂总静脉被髂内静脉、髂外静脉所替代，髂总动脉分为髂内动脉和髂外动脉（图 14-14）。

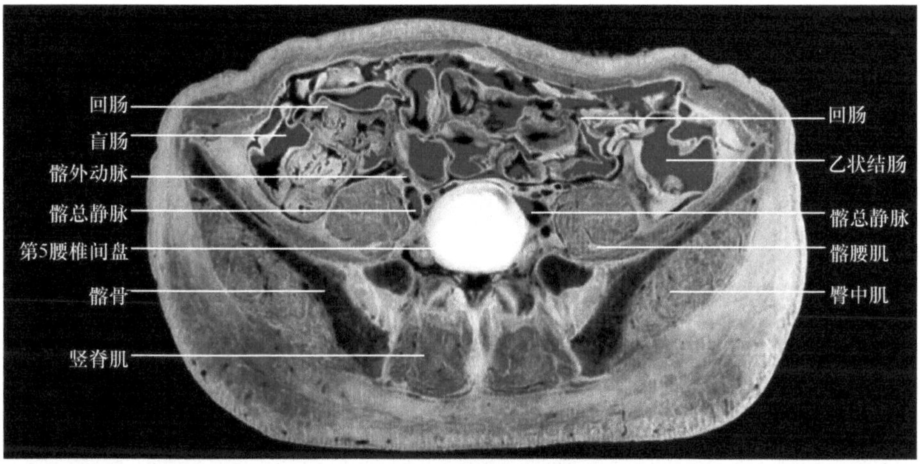

图 14-13　经第 5 腰椎间盘层面

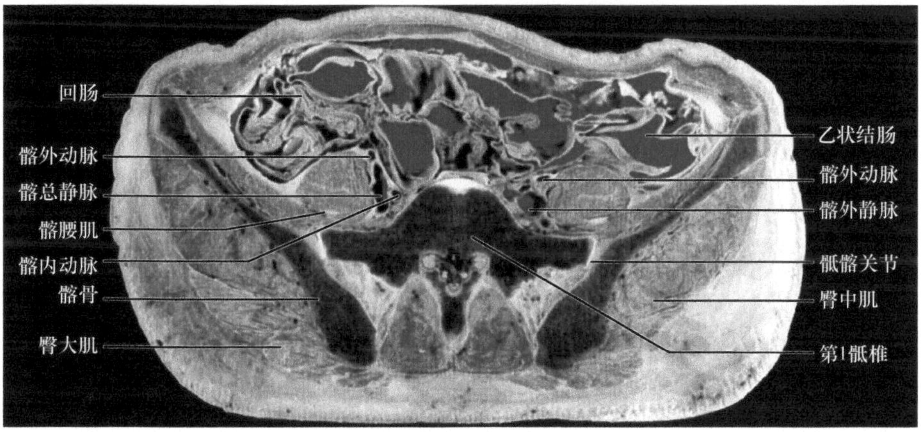

图 14-14　经第 1 骶椎下份层面

（三）经第 2 骶椎层面

前部除左侧为乙状结肠，其余均为回肠。肠系膜根连于右侧腰大肌前方的腹后壁上，骶髂关节与腰大肌之间有髂血管（图 14-15）。

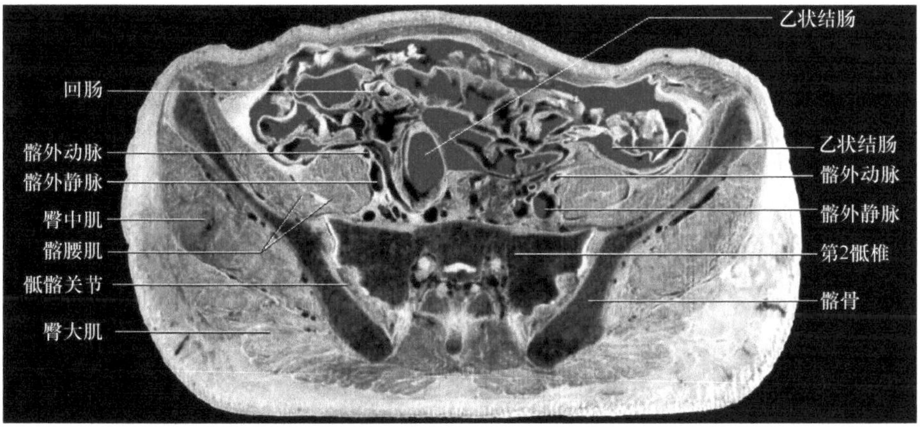

图 14-15　经第 2 骶椎层面

（四）经第3骶椎下份层面

盆腔大部分为肠管，回肠位于前部，乙状结肠位于左前方，并向在椎体的右前方与直肠相邻接。最突出的改变是出现女性生殖器官的断面，在骶髂关节前内方髂血管处，可见子宫阔韧带和卵巢，卵巢大小、形态随年龄、功能状态等变化很大。CT 扫描影像子宫底影像偏居于直肠左侧，可见右侧子宫角（图 14-16）。

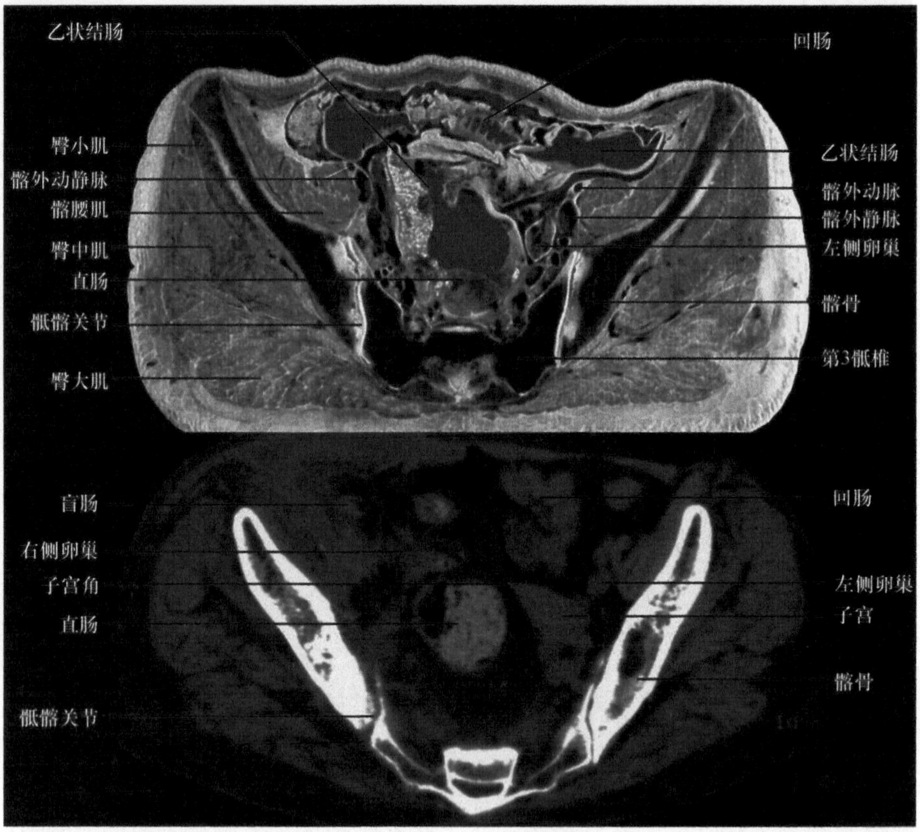

图 14-16 经第 3 骶椎下份层面（上：标本图；下：CT 扫描像）

（五）经第4骶椎层面

右前部为盲肠、回肠和乙状结肠，乙状结肠后方为呈卵圆形的直肠，直肠左前方为子宫体，两侧有子宫阔韧带及卵巢，卵巢的后方可以见到输卵管及输尿管（图 14-17）。

（六）经第5骶椎下份层面

子宫的断面为子宫峡平面，其后方为呈圆形的直肠，在两者之间腹膜返折形成直肠子宫陷凹（图 14-18）。

（七）经髋臼上缘层面

肠管后方由前向后可见膀胱、子宫和直肠的断面。子宫断面相当于子宫颈阴道部与子宫颈阴道上部之间，其内可见子宫颈管（图 14-19）。

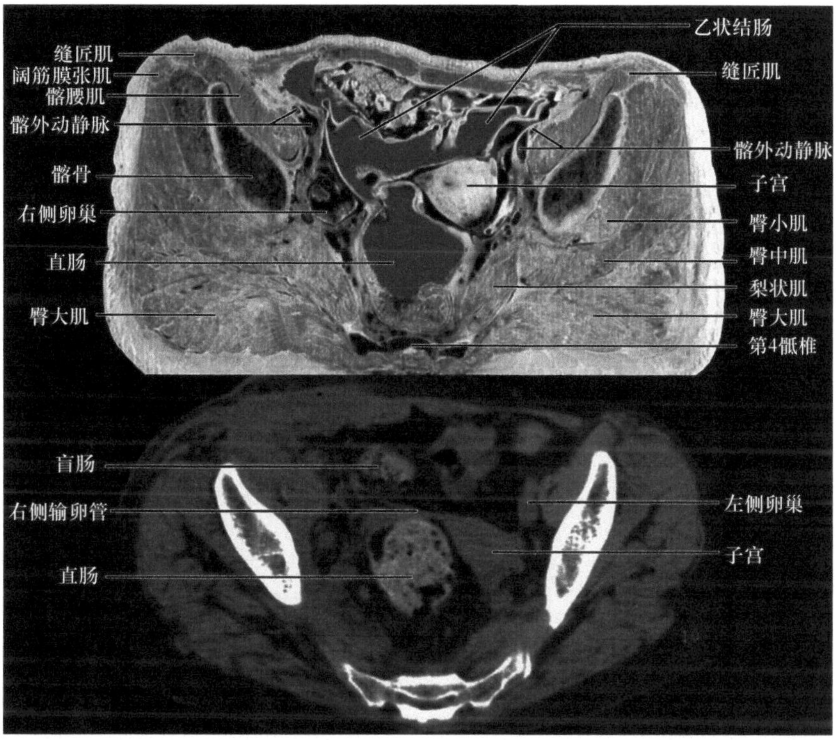

图 14-17　经第 4 骶椎层面（上：标本图；下：CT 扫描像）

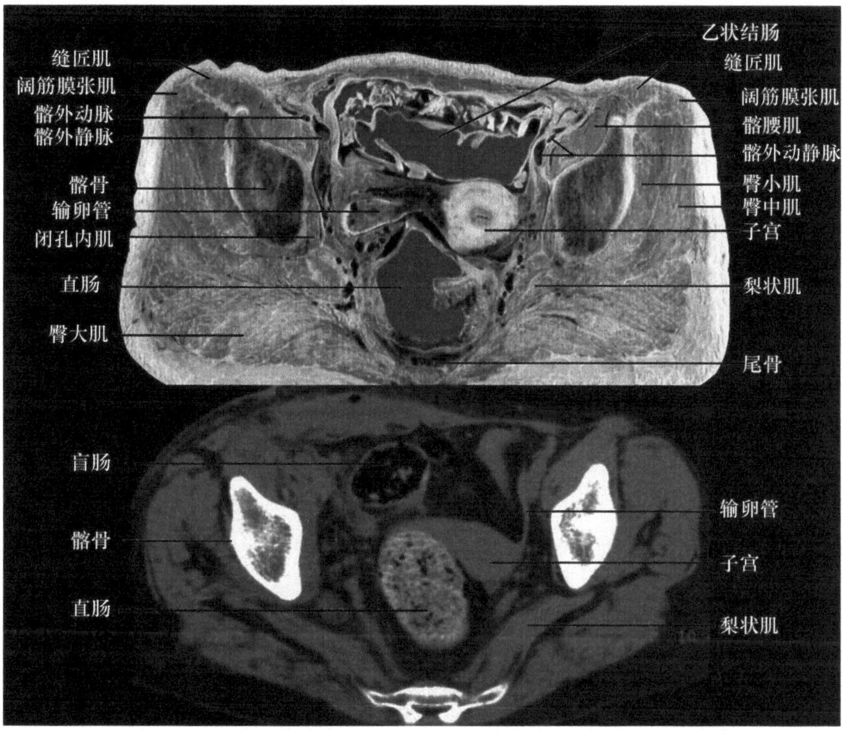

图 14-18　经第 5 骶椎下份层面（上：标本图；下：CT 扫描像）

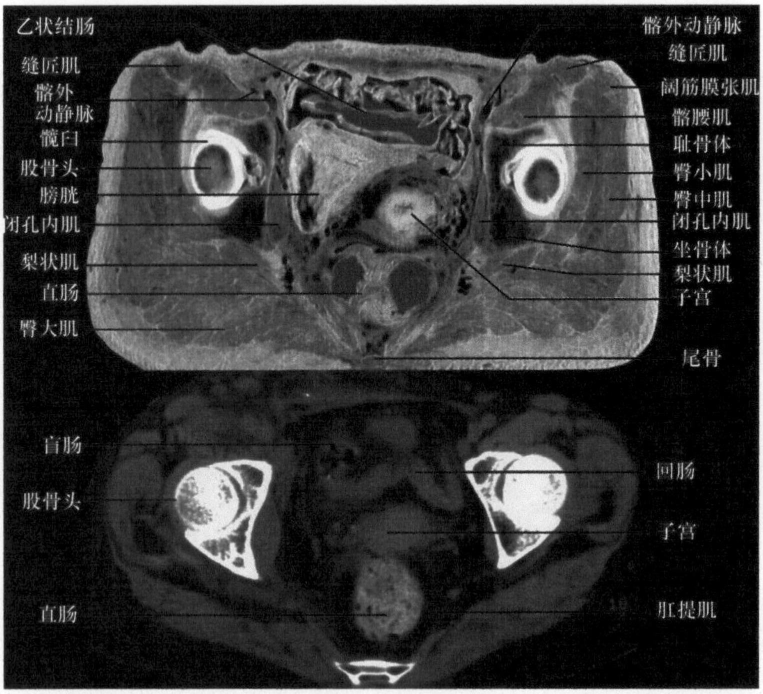

图 14-19　经髋臼上缘层面（上：标本图；下：CT 扫描像）

（八）经股骨头层面

盆腔由前向后可见膀胱、子宫颈和直肠的断面。此段为子宫颈阴道部，直肠与子宫颈之间可见阴道后穹隆（图 14-20）。

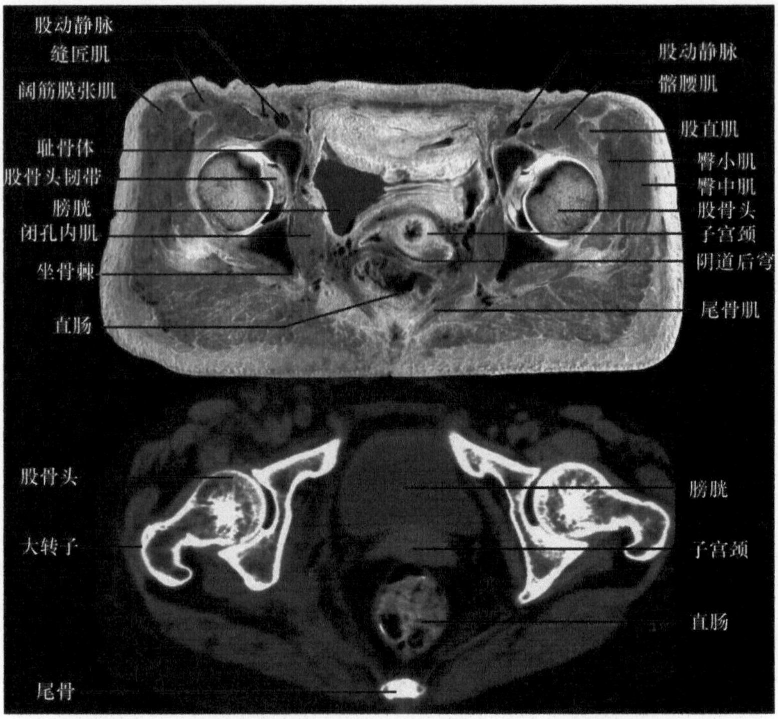

图 14-20　经股骨头层面（上：标本图；下：CT 扫描像）

（九）经耻骨联合上份层面

盆腔由前向后可见膀胱、阴道和直肠的断面。直肠后方可见尾骨，从尾骨向前外方延伸达闭孔内肌侧缘的为肛提肌（图 14-21）。

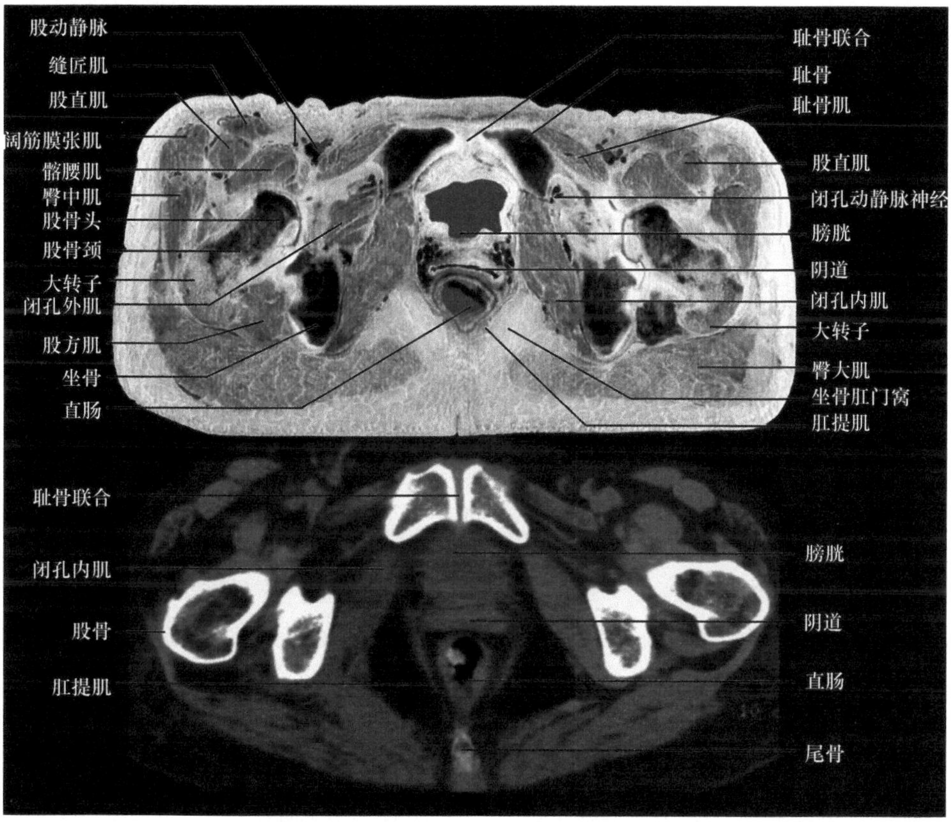

图 14-21 经耻骨联合上份层面（上：标本图；下：CT 扫描像）

（十）经耻骨联合下份层面

耻骨联合后方由前向后可见尿道、阴道下段和肛门的断面。尿道和阴道周围可见静脉丛的断面（图 14-22）。

（十一）经坐骨支层面

断面前部中份的两侧为耻骨下支，呈“八”字形。断面的中央右前向后可见尿道、阴道与肛管。肛管与坐骨结节之间为坐骨肛门窝（图 14-23）。

四、生殖器官断层影像解剖

（一）男性生殖器官断层影像解剖

1. 精囊 是一对卷曲的管道结构，位于前列腺上方，膀胱之后，呈椭圆形。经耻骨联合上缘平面最易显示。CT 平扫（图 14-24）可见精囊位于膀胱底后方，两侧精囊的横断面长轴并不在一条水平线上，边缘可有小的分叶。精囊前缘与膀胱后壁之间的三角形低密度脂肪间隙称膀胱精囊角，该角常为一锐角。

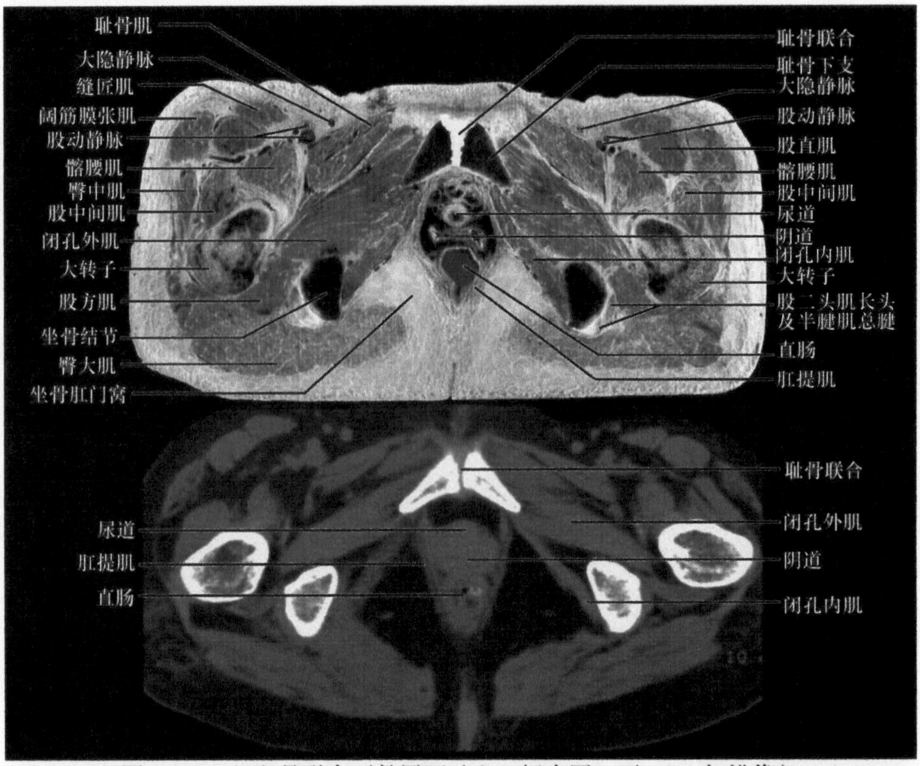

图 14-22 经耻骨联合下份层面（上：标本图；下：CT 扫描像）

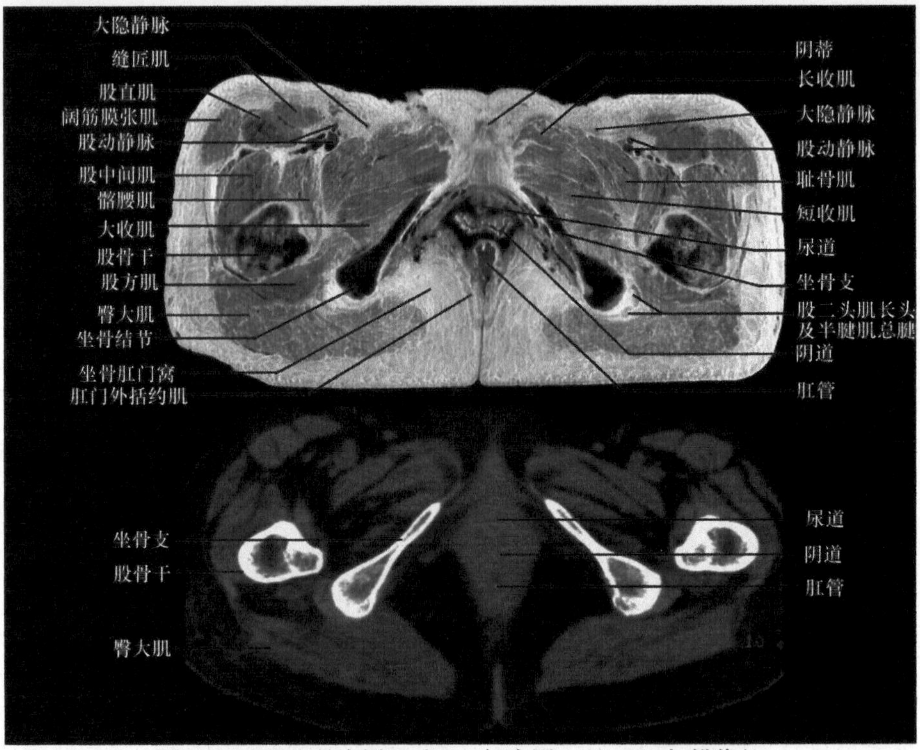

图 14-23 经坐骨支层面（上：标本图；下：CT 扫描像）

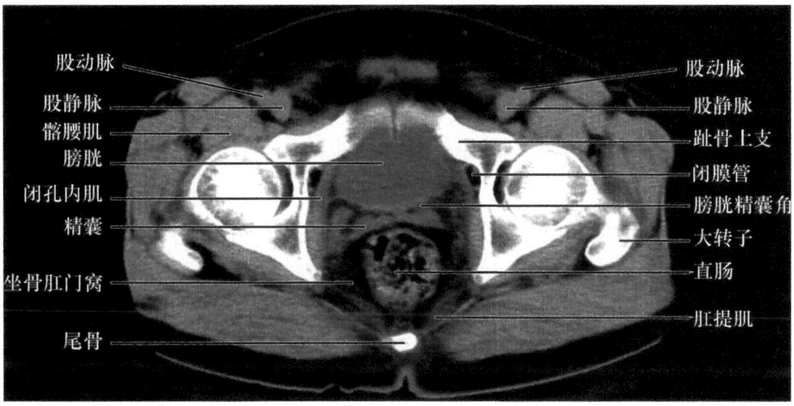

图 14-24　经精囊层面 CT 扫描像

2. 前列腺　位于膀胱底及尿生殖膈之间，呈栗子形或倒锥形，前邻耻骨联合，后为直肠。经耻骨联合平面可显示前列腺。由于前列腺外形轮廓清楚，周围尚有足量的脂肪衬托，故 CT 上容易显示。CT 平扫可见前列腺在近邻膀胱下缘的横断面上呈椭圆形软组织密度影（图 14-25）。大小随年龄而增大，年轻人前列腺平均上下径、前后径和横径分别为 3cm、2. 3cm、3. 1cm。老年人则分别为 5cm、4. 3cm 和 4. 8cm。尽管 CT 分辨力较高，但前列腺组织的各个分区和被膜却难分辨。在 MRIT_1 加权像上示正常前列腺呈均匀低信号，周边高信号的脂肪组织内可见迂曲状的低信号静脉丛（图 14-26）。T_2 加权像对前列腺的分区有帮助，中央区和移行区呈低信号，周边区为较高信号，其周边可见低信号的前列腺被膜。

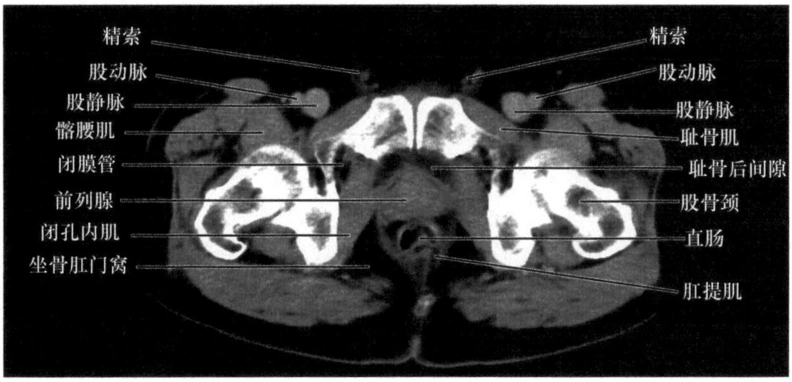

图 14-25　经前列腺层面 CT 扫描像

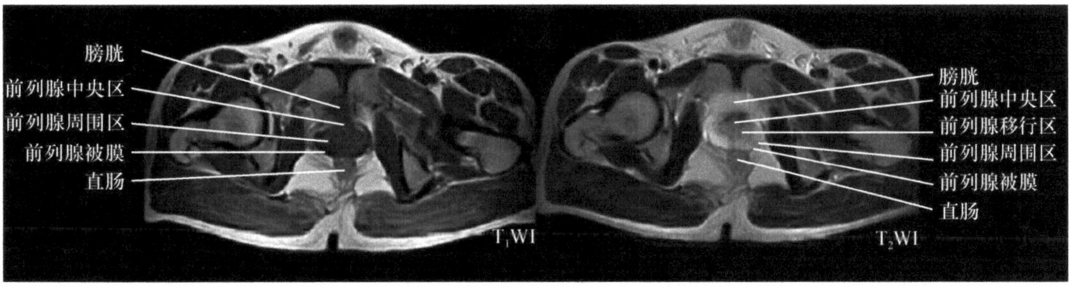

图 14-26　经前列腺层面 MRI 扫描像

3. 睾丸、附睾及精索　睾丸和附睾位于阴囊内，左右一边一个。由于精子细胞易被 X

线杀伤，且一般的外生殖器疾患物理检查即可确诊，故一般不用CT或MRI扫描外生殖器官，只是在怀疑外生殖器肿瘤有盆腔或其他部位淋巴结转移时才考虑使用（图 14-27）。CT 平扫可见正常睾丸，因阴囊的紧张程度不同而略有差异，双侧睾丸多不在同一水平，为均匀的中等密度，边界光整，有时可见白膜。附睾位于睾丸后方，为卷曲的管状结构，CT上表现为不规则点状、条状的中等密度区，当中夹以低密度脂肪。精索位于耻骨联合前下方，中线两侧，股动、静脉的内侧，呈圆形或椭圆形软组织影。因精索内有输精管及与其伴行的血管神经，故有时可表现为一薄层环状结构。睾丸在 MRIT_1 加权像上呈低信号，与脂肪的对比较好，在 T_2 加权像上睾丸信号明显升高，与脂肪相似（图 14-28）。白膜及韧带在 T_1 加权像、T_2 加权像上均为低信号。附睾正常情况下呈“逗号状”，由含液体的管道及脂肪间隙组成，其 MRI 信号取决于两者含量的不同。阴茎及海绵体在 T_2 加权像上显示较好。

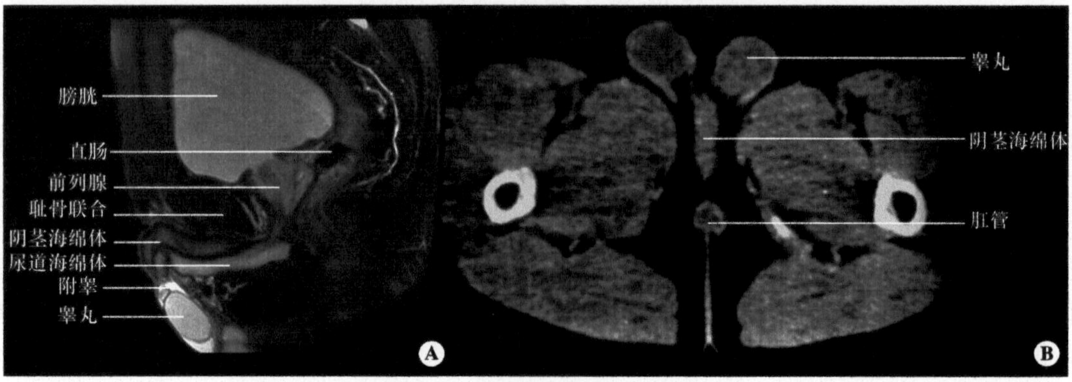

图 14-27　经睾丸层面扫描像

A. 矢状面 MRIT_2 加权像；B. CT 平扫

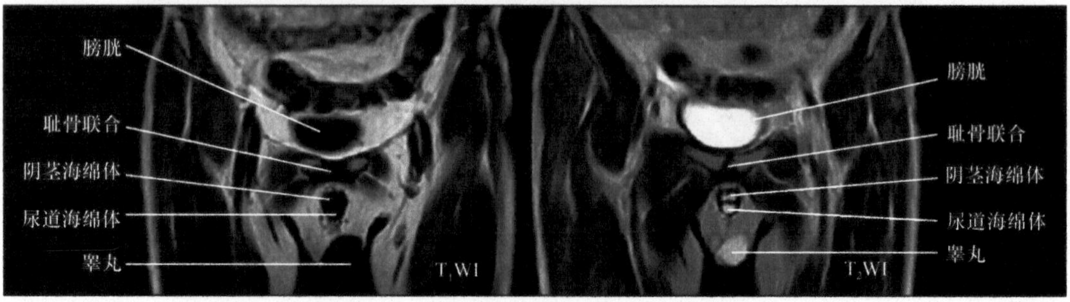

图 14-28　经耻骨下支冠状面 MRI 扫描像

（二）女性生殖器官断层影像解剖

1. 子宫　位于盆腔内，前方为膀胱，后方为直肠。子宫大小受年龄和生理状态影响，此外大小和形态的显示还受膀胱充盈程度及子宫的位置影响。在 CT 平扫示子宫体为横行的梭形软组织密度影，中心低密度区为子宫腔（图 14-29）。宫颈显示于子宫体下方的层面，为圆形或横行的椭圆形软组织密度影（图 14-30）。MRI 横断面子宫的形态与 CT 所见相同，矢状面上为倒置的梨形，冠状面呈倒置的三角形。T_1 加权像上子宫体、子宫颈和阴道呈一致性低信号（图 14-31）。T_2 加权像能清楚显示子宫体、子宫颈和阴道的结构。

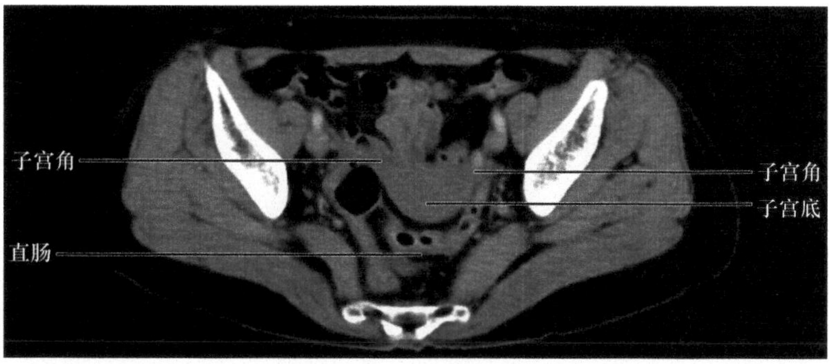

图 14-29　经子宫底层面 CT 扫描像

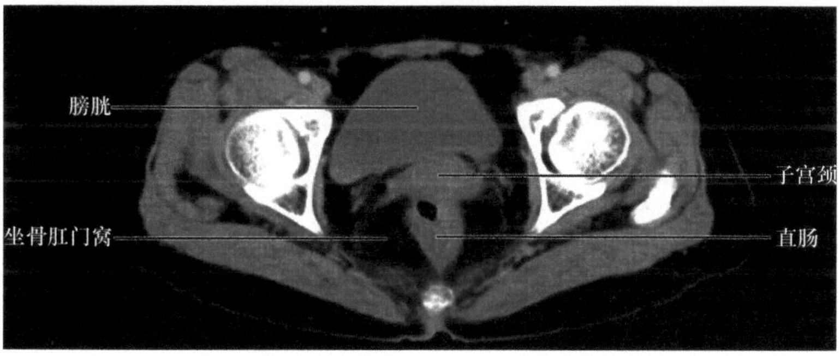

图 14-30　经子宫颈平面 CT 扫描像

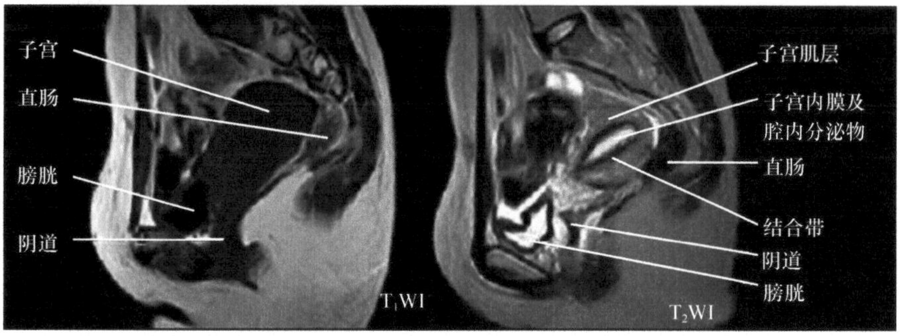

图 14-31　女性盆腔正中矢状面 MRI 扫描像（后位子宫）

2. 卵巢　两侧卵巢位于子宫底部两侧后方，随子宫位置的变化而有很大的变化，一般 CT 平扫难以显示。T_1 加权像上为均匀低信号，T_2 加权像上卵巢周边部的卵泡呈高信号，而中心部分的间质为低至中等信号（图 14-32）。卵巢的形态和信号也随月经周期的变化而变化，绝经后卵巢萎缩，MRI 难以显示。

3. 输卵管　较细，在 CT、MRI 平扫上均难显示。MRI 上脂肪抑制成像可显示。

4. 阴道　为一有潜在性腔隙的圆柱状结构，上端包绕子宫颈，下端止于阴道口。

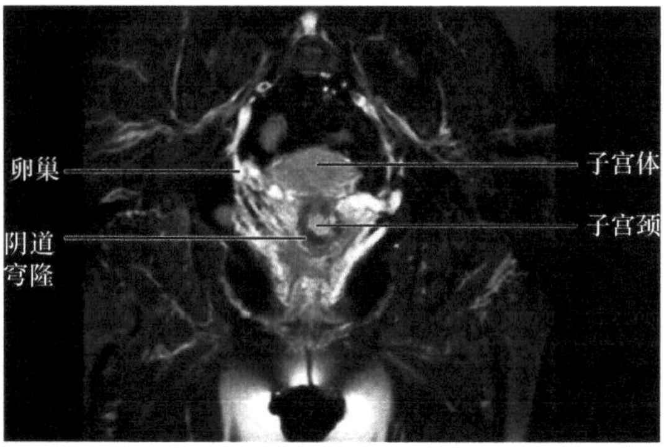

图 14-32　女性盆腔冠状面 MRI 扫描像（T_2 加权像）

前壁长 7～9cm，与膀胱或尿道相邻，其间的结缔组织为阴道隔，与直肠相邻。CT 上表现为类圆形软组织影（图 14-33），MRI 矢状面显示子宫及阴道最佳。

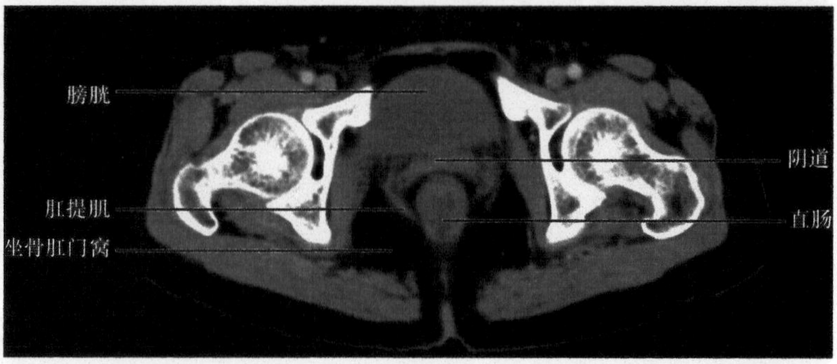

图 14-33　经阴道层面 CT 扫描像

（宋传顺）

第十五章　脊柱及四肢断层影像解剖

一、概　　述

（一）境界和分部

1. 脊柱区　上界为枕外隆凸和上项线，下端至尾骨尖，两侧自上而下分别为斜方肌前上缘、三角肌后缘上份、腋后线、髂嵴后份及髂后上棘与尾骨尖的连线。脊柱区依其部位可分为颈段、胸段、腰段和骶尾段。

2. 上肢　上界为锁骨外侧段、肩峰及肩胛冈外侧段；前界为三角肌胸大肌间沟；后界为三角肌后缘上部；下界为腋前、后皱襞与胸侧壁的交界线。通常将上肢分为肩、臂、肘、前臂和手部。

3. 下肢　前方以腹股沟与腹部分界，后外侧借髂嵴与腰、骶尾部相邻。通常将下肢分为髋、股、膝、小腿和足部。

（二）体表重要的标志性结构

1. 第7颈椎棘突　较长，是计数椎骨的重要标志。

2. 肩胛冈及肩胛骨下角　两侧肩胛冈内侧端的连线平对第3胸椎棘突，两侧肩胛骨下角的连线平对第7胸椎棘突。

3. 肱骨的内、外上髁和尺骨鹰嘴　为肘关节横断层的重要骨性标志。

4. 髂嵴　两侧髂嵴最高点的连线平对第4腰椎棘突。男性第5腰椎多位于髂嵴最高点水平线以下，而女性整个第5腰椎或其上半部位于髂嵴最高点水平线以上。两侧髂后上棘的连线平对第2骶椎棘突及硬膜囊和终池的下端。

5. 骶管裂孔及骶角　骶管麻醉进针的定位标志。

二、脊柱断层影像解剖

（一）颈段

1. 颈椎　经寰椎关节层面（图 15-1）可见寰椎由前弓、后弓和侧块构成，呈环状。前弓的后方有枢椎的齿突，两者构成寰枢关节；侧块外侧方的骨结构为横突，第1颈椎的横突较其他颈椎横突长且粗，可见横突孔。第3～6颈椎的形态基本相似（图 15-2）。椎体呈椭圆形，后缘平直，椎体的横径大于矢径。椎弓根较短，与矢状面成45°角，从椎体向后外方伸出，与上、下关节突间连接。横突除第1、7颈椎较长外，其余的较宽短，横突孔位于横突根部椎体的两侧，椎弓板长而窄，除第7颈椎棘突长而不分叉外，其余的均呈分叉状。

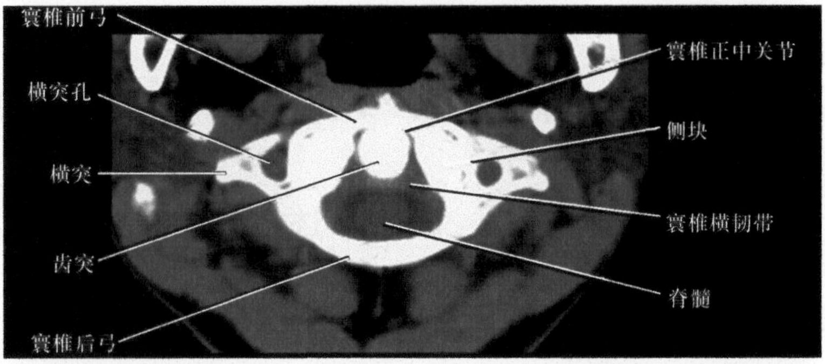

图 15-1　经寰椎关节层面 CT 平扫像

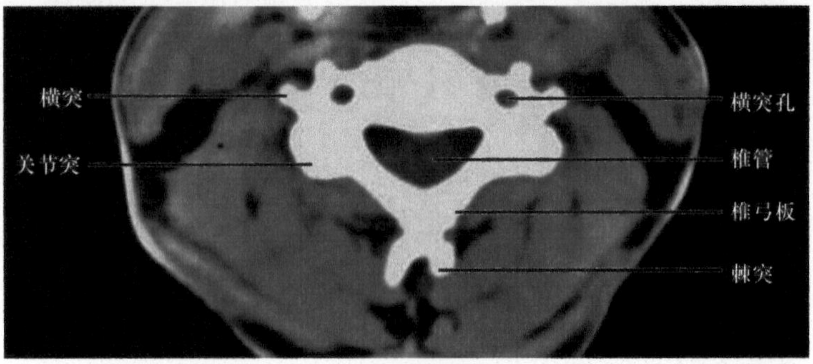

图 15-2　经第 6 颈椎层面 CT 平扫像

2. 椎间盘　**颈椎间盘**较小、薄，形态与颈椎体基本一致，但横径较椎体小（图 15-3）。因颈曲凸向前，故上位椎体若与椎间盘共同出现在一个断面时，椎体在前；下位椎体则在椎间盘之后；如上、下位椎体同时出现，则分居于椎间盘的前、后。第 3～7 颈椎体上面两侧各有一向上的突起，称为**椎体钩**，它们与上位椎体下面侧方唇缘构成**钩椎关节**。

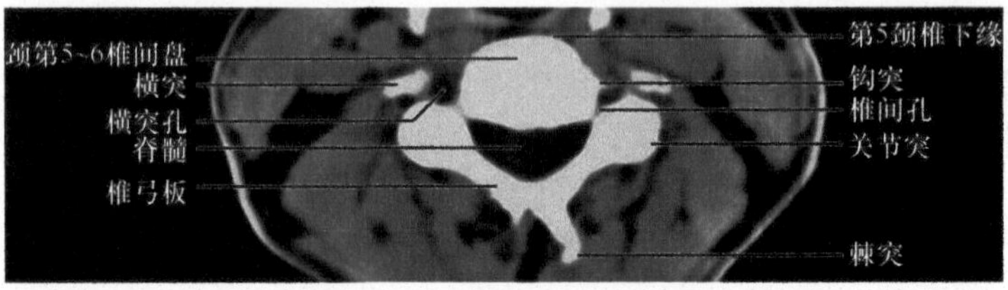

图 15-3　经第 5～6 颈椎间盘层面 CT 平扫像

3. 椎管及其内容物　颈椎管除寰、枢平面外，呈近似三角形，横径大于矢径。脊髓位于椎管中央，呈横椭圆形，颈膨大主要位于第 5～6 颈椎平面，硬膜外隙内的脂肪较少，位于间隙的后部和侧部，椎内静脉丛前部发达。

4. 椎间孔（管）和神经根　**颈椎间孔**前壁由上位椎体下部、椎间盘和下位椎体的椎体钩组成；后壁主要为上关节突，上、下壁分别为相邻椎骨的椎弓根。通常将颈椎间孔分上、下两部，上部容有椎间静脉和脂肪，下部通过颈神经根。在 CT 图像中，颈神经后根和脊神经节靠近上关节突，而前根贴近椎体钩和孔底。

（二）胸段

1. 胸椎　椎体自上而下逐渐增大，中部椎体的横断面呈心形，矢径略大于横径，前面凸，后面凹（图 15-4）。由于脊柱胸曲凸向后，故在经椎间盘上或下份的横断层内可同时出现椎体断面，上位椎体的在椎间盘之前，下位椎体的则在椎间盘之后。

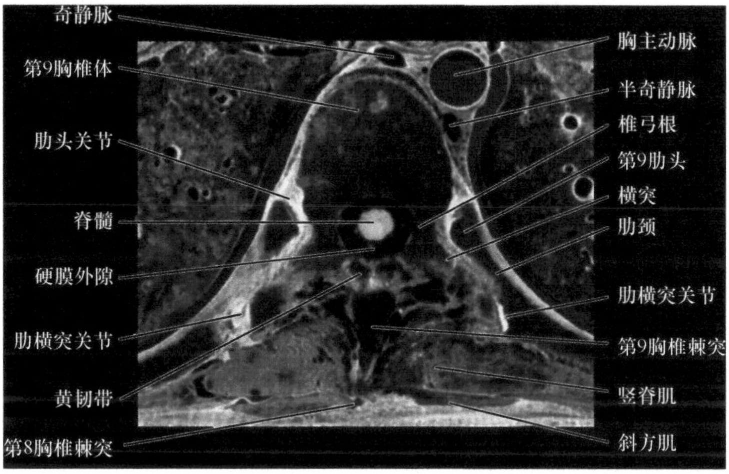

图 15-4　经第 9 胸椎体上份的水平断层标本图

椎弓根短而窄，因棘突呈叠瓦状排列，故在同一横断层中可见到两个棘突断面，上位胸椎的棘突较小而居后，而下位胸椎的较大而在前，两棘突之间有棘间韧带相连（图 15-5）。关节突较扁薄，在经关节突关节的横断层上，关节腔呈横位，上关节突在关节腔之前，而下关节突在后。椎体、横突均有关节面与肋骨相关节，在 CT、MRI 图像上，可辨认椎体、横突的肋凹。

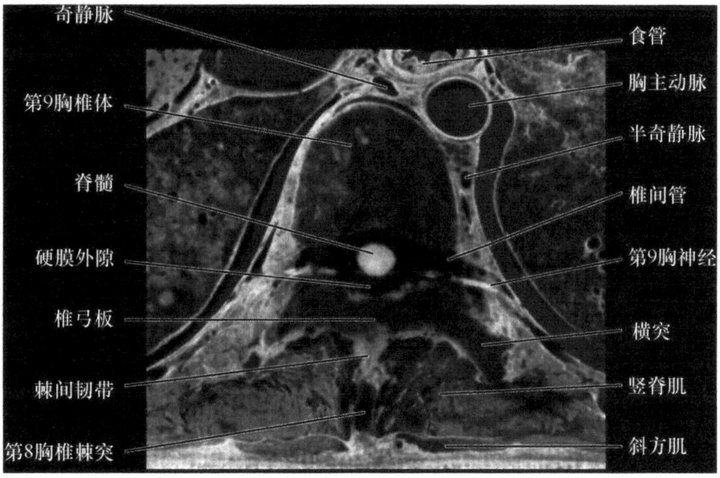

图 15-5　经第 9 胸椎体中部的水平断层标本图

2．椎间盘　胸椎椎间盘似心形，后缘凹陷，形态和大小基本与相邻椎体一致，髓核比腰段椎间盘更位于中心（图 15-6）。第 2～9 对肋头连于椎间盘两侧，第 2 对肋头平对第 1 胸椎间盘，其他的依次类推。

3．椎管及其内容　胸椎管近似圆形，横径与矢径大致相等，除第 12 胸椎椎管外，其余平均值为 14～15mm。硬膜囊呈圆形，与脊髓相比明显增大。脊髓位于硬膜囊中央，呈圆形或椭圆形；腰骶膨大主要在第 11～12 胸椎平面，其矢横径均略小于颈膨大。硬膜外隙较狭窄，硬膜外脂肪也较少。

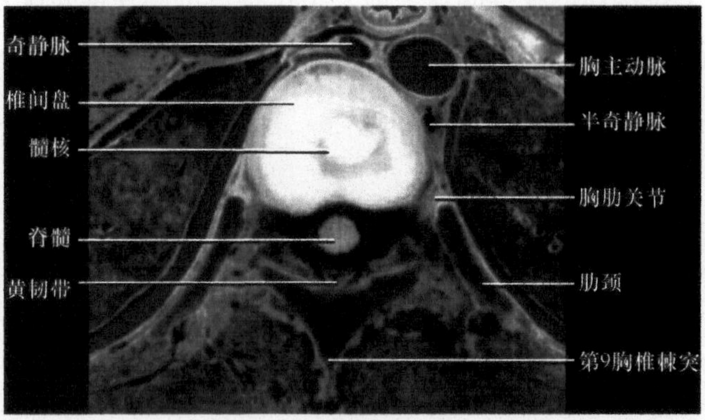

图 15-6　经第 9～10 胸椎间盘的水平断层标本图

4．椎间孔（管）和神经根　胸椎间孔（管）呈横向，胸神经根由相应序数椎间孔上部通过，椎间孔下部容有血管和脂肪，其外侧与肋颈毗邻。

（三）腰段

1．腰椎　椎体横断面呈肾形或椭圆形，横径大于矢径，矢、横径自上而下逐渐增大，但至第 5 腰椎下部，矢、横径却变小。椎体前面凸，后面略凹，但随着年龄的增长后面逐渐变平。椎弓根宽大，椎板短宽而厚。横突以第 3 腰椎的最长（图 15-7），第 1、5 腰椎的最短。棘突呈板状，水平位后伸，关节突则较粗。

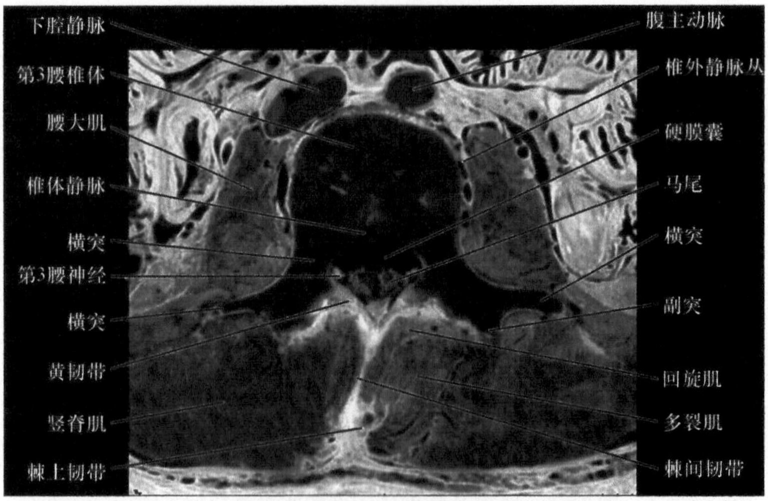

图 15-7　经第 3 腰椎体中部的水平断层标本图

2．椎间盘　腰椎间盘的大小、形态与相邻椎体的基本相似，髓核位于中央偏后（图 15-8）。在 CT 和 MRI 图像上，腰椎间盘与腰骶椎间盘呈肾形或椭圆形。年轻人腰椎间盘后面轻度凹陷，但腰骶椎间盘后面平直或稍隆起。脊柱腰段运动幅度大，腰椎间盘突出以腰骶椎间盘和第 4 腰椎间盘最为常见。

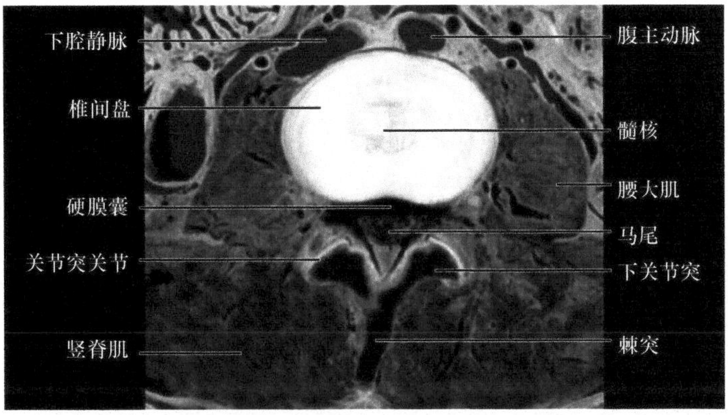

图 15-8　经第 3～4 腰椎间盘的水平断层标本图

3. 关节突关节　腰椎关节突关节 4 对，由相邻腰椎的上、下关节突构成，上关节突在前外，而下关节突居后内。腰骶关节突关节由第 5 腰椎下关节突与第 1 骶椎上关节突构成（图 15-9）。上述关节突的关节面变化较大，两侧常不对称，在上腰段与矢状面约成 45°角，向下角度逐渐增大，至腰骶关节突接近冠状位，这可防止第 5 腰椎在骶骨上前移。在 CT 和 MRI 图像上，均能清晰显示关节腔间隙。关节囊后外侧壁较薄，前内侧壁被黄韧带加强而明显增厚。

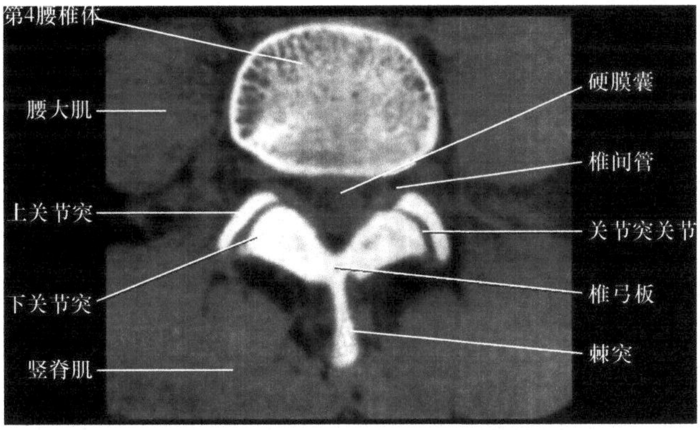

图 15-9　经第 4 腰椎 CT 扫描像

4. 椎管及其内容　腰椎管的形态依部位而异，在第 1、2 腰椎平面多呈圆形或卵圆形，其横径大于或等于矢径，在第 3、4 腰椎平面多呈三角形，横径大于矢径，在第 5 腰椎平面多呈三叶形。**硬膜囊**位于椎管中央，呈卵圆形或三角形，在第 5 腰椎以下硬膜囊明显缩小。硬膜外脂肪较多，主要分布于硬膜囊的前外侧和后方。椎内静脉丛前部较发达，位于硬膜囊的前外侧和前方。蛛网膜下隙为较宽的终池，内有脊髓圆锥、终丝及其周围的马尾。

5. 腰神经通道　是指腰神经根从离开硬膜囊至椎间管外口所经过的一条骨纤维性管道，其中从腰神经根的硬膜囊穿出点至椎间管内口为神经根管。腰神经通道的任何部分的病变，均可刺激或压迫神经根，引起腰腿痛。

（四）骶尾段

1. 骶骨　在横断层上，骶骨断面自上而下逐渐缩小。骶后孔出现的层面往往高于同序数骶前孔的层面。第 1～3 骶椎侧部与髂骨构成骶髂关节，该关节的关节腔狭窄，关节面凹凸不平（图 15-10）。

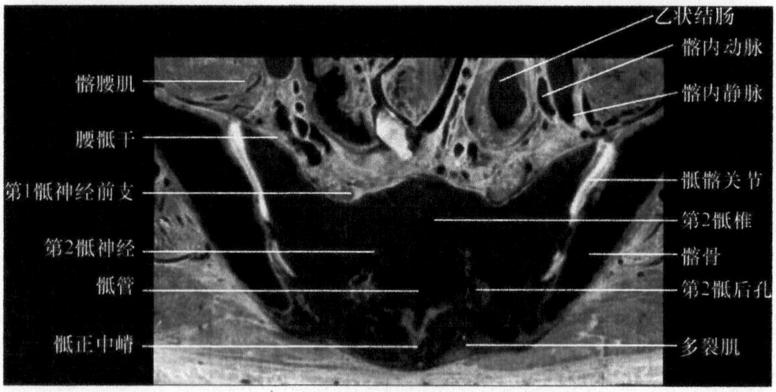

图 15-10　经第 2 骶椎间盘的水平断层

2. 骶管及其内容　骶管位于骶椎体后方，自上而下逐渐缩小，形态由三角形变为扁平形，下端终于**骶管裂孔**。硬膜囊明显缩小，位于骶管后部，其下端达第 2 骶椎平面，囊内有终丝、马尾和脑脊液。骶神经根在骶管内呈“V”形排列，自前向后依次计数，其断面也依次缩小。

3. 尾骨　尾骨自上而下逐渐缩小，其形态由横椭圆形逐渐变为圆形。第 1 尾椎上部的横径明显大于骶骨尖，这一形态特点是区分骶、尾骨的重要标志。

（五）脊柱正中矢状断层解剖

脊柱颈曲凸向前（图 15-11），寰椎前、后弓为圆形断面，颈椎体呈长方形，自上而下逐渐增大。椎管和脊髓的弯曲与脊柱颈曲一致，脊髓位于硬膜囊中央，上端在枕骨大孔处连延髓，平第 5～6 颈椎体有脊髓颈膨大。枢椎棘突较粗，第 7 颈椎棘突长而厚，其余颈椎棘突短，斜向后下。棘间韧带连结相邻棘突。项韧带位于棘突后方。黄韧带较薄，连结相邻椎弓板。

胸椎体近似长方形，自上而下逐渐增大，椎间盘较颈、腰椎间盘薄，以第 2、6 胸椎间盘最薄，下部胸椎间盘自上而下逐渐增厚。胸椎间盘呈长方形，厚度较均匀，髓核位于中部。胸椎管和脊髓的弯曲与脊柱胸曲一致。脊髓位于硬膜囊中央，其腰骶膨大在第 11～12 胸椎平面，然后向下迅速缩小为脊髓圆锥（图 15-12）。胸椎棘突长，斜向后下，相互间呈叠瓦状，下部棘突近似三角形。棘间韧带连结相邻棘突。棘上韧带连结棘突尖。黄韧带较薄，连结相邻椎弓板。

脊柱腰曲凸向前，腰椎体呈长方形，第 1、2 腰椎体的前高低于后高，第 3 腰椎体的前、后高大致相等，第 4、5 腰椎体的前高大于后高。腰椎间盘和腰骶椎间盘厚，其厚度自上而下逐渐增加，髓核位于中部偏后。椎间盘的前高大于后高，中部可向椎体上、下面膨出，前、后缘略超出椎体的前、后缘。在 MRI 图像上，正常成人椎间盘的厚度为 8～15 mm。硬膜囊自上而下逐渐缩小和后移，囊内容有脊髓圆锥、终丝和马尾，它们在 MRI 图像上位于囊的后部。蛛网膜下隙为终池，向下逐渐缩小。腰椎棘突近似长方形，水平后伸略向下。相邻棘突间间隙较大，棘间韧带连结相邻棘突。棘上韧带连结各棘突尖。

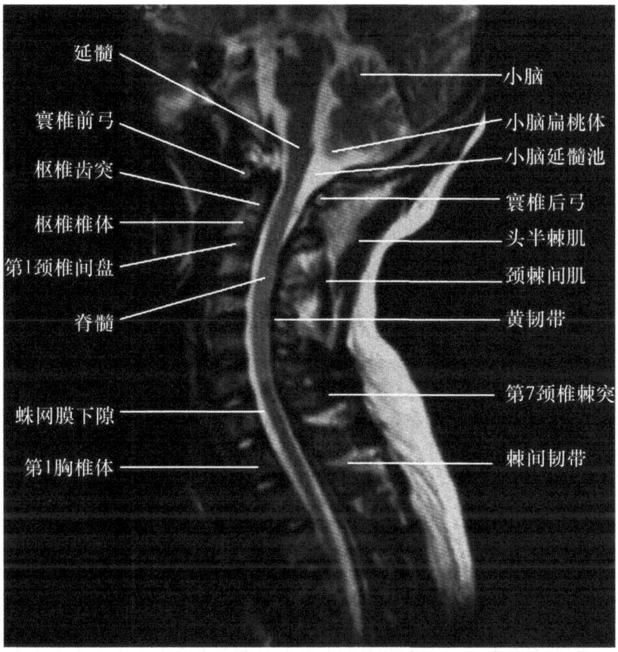

图 15-11　经脊柱颈段的正中矢状 MRI（ T_2加权像）

骶椎体近似长方形，与脊柱腰曲、骶曲相适应，第 1 骶椎体前高大于后高，第 3、4 骶椎体前高低于后高。退化的骶椎间盘位于相邻骶椎体之间，自上而下逐渐变薄变窄，是定位骶椎的重要标志。第 1 骶椎与第 5 腰椎通过腰骶关节相连。尾骨由 3～4 块尾椎融合而成，各尾椎自上而下逐渐变小。尾骨底与骶骨尖通过骶尾关节相连。骶管位于骶椎体后方，上宽下窄，向上延续腰椎管，向下多在第 4 骶椎平面终于骶管裂孔。

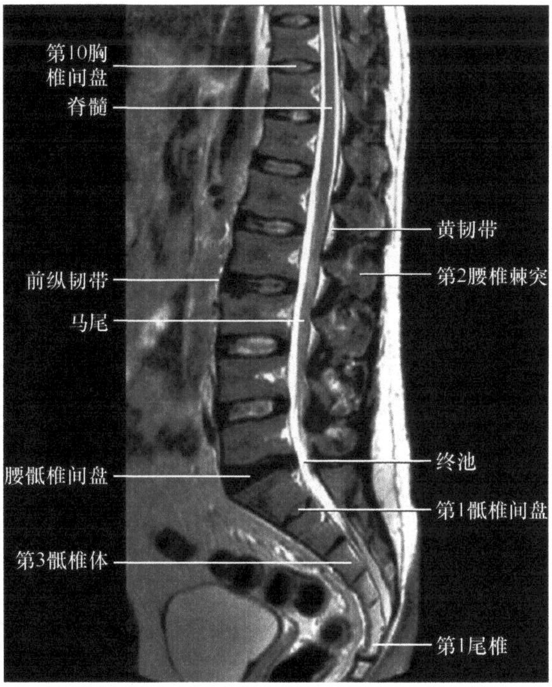

图 15-12　经脊柱胸、腰、骶尾段的正中矢状 MRI
（T_2加权像）

三、上肢断层影像解剖

（一）经肩关节水平断层

经肩关节下份，外侧部有三角肌从前、外侧、后三面包裹肩关节。肩胛下肌和小圆肌分别越过肩关节前方和后方中止于肱骨小结节或大结节。肱二头肌长头腱位于结节间沟内。肩关节与胸外侧壁之间的三角形间隙为腋窝横断面，其前壁为胸大肌和胸小肌；后壁为肩胛下肌；内侧壁为前锯肌及胸壁。腋窝内可见由锁骨下动、静脉延续而来的腋动、静脉，臂丛各束及腋淋巴结（图 15-13）。

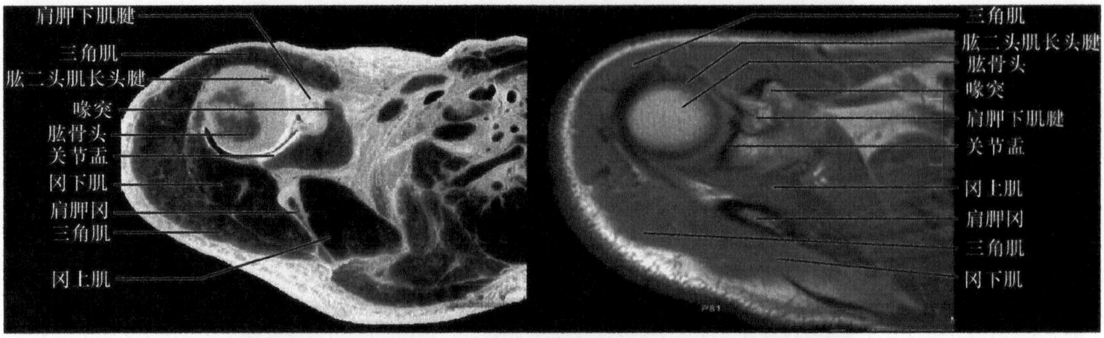

图 15-13　经肩关节下份的水平断层（标本与 MRI 对照图）

（二）经臂中份水平断层

此层面是臂部结构配布的典型切面。主要特点为：①肱二头肌的长、短头及肱三头肌三个头在该平面融合成一完整肌腹；②屈肌和伸肌间有臂内、外侧**肌间隔**分隔；③臂部的主要血管、神经位于肱肌与肱三头肌两者之间的**臂内侧肌间隔**内；④桡神经及肱深血管位于肱骨外侧的**臂外侧肌间隔**中（图 15-14）。

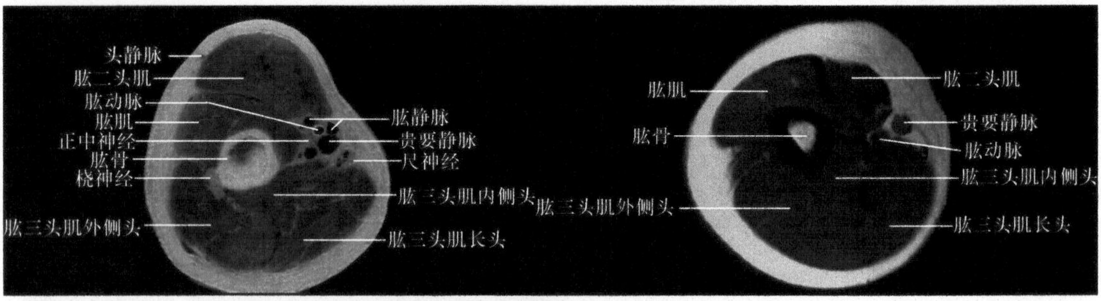

图 15-14　经臂中份的水平断层（标本与 MRI 对照图）

（三）经肱尺关节水平断层

此层面经肘关节上份，肱骨内、外上髁平面。肱骨切面后缘中部的凹陷为鹰嘴窝，恰对其后方的尺骨鹰嘴。两者形成肱尺关节，关节囊两侧有**尺侧副韧带**和**桡侧副韧带**，分别附着于肱骨内、外上髁。尺骨鹰嘴的后面附有肱三头肌腱。肱骨的前方为肘窝，其内侧界为旋前圆肌，外侧界为肱桡肌，底为肱肌。肘窝内结构由桡侧向尺侧依次为桡神经及其伴行的桡侧返血管（肱桡肌与肱肌之间），**前臂外侧皮神经**，肱二头肌腱，肱动、静脉，正中神经。而尺神经则位于肱骨内上髁后方的尺神经沟内（图 15-15）。

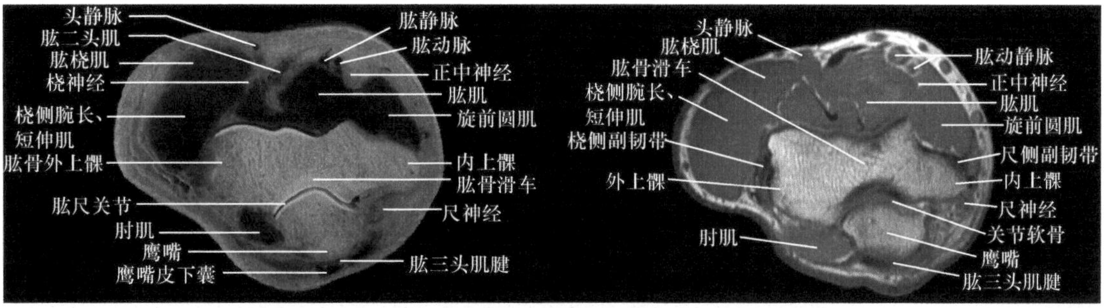

图 15-15　经肱尺关节的水平断层（标本与 MRI 对照图）

（四）经桡尺近侧关节水平断层

此层面切及肘关节远侧份，经桡尺近侧关节平面。尺骨与桡骨头构成桡尺近侧关节，桡骨环状韧带环绕桡骨头。尺骨内侧，有位于前方的指浅屈肌和居后方的尺侧腕屈肌，尺神经、尺侧返动脉和尺侧返静脉则位于上述两块肌之间。尺骨后面仍可见肱三头肌腱，以及居其后内侧的指深屈肌和后外侧的肘肌与尺侧腕伸肌等。桡尺近侧关节的前方为肘窝，其内侧界为旋前圆肌，外侧界为肱桡肌、桡侧腕长伸肌和桡侧腕短伸肌，底为肱肌（图 15-16）。

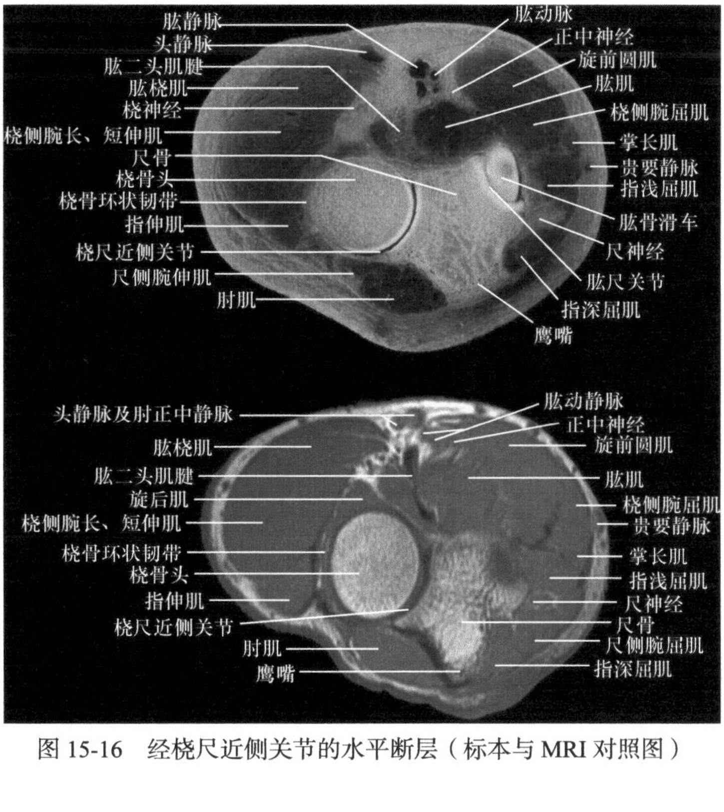

图 15-16　经桡尺近侧关节的水平断层（标本与 MRI 对照图）

（五）经前臂中份水平断层

此层面是前臂结构配布的典型切面。桡骨和尺骨平行排列，横断面均呈三角形，两骨的骨间嵴之间连有前臂骨间膜。前臂肌前群位于骨间膜的前方，分浅、中、深三层（图 15-17）。

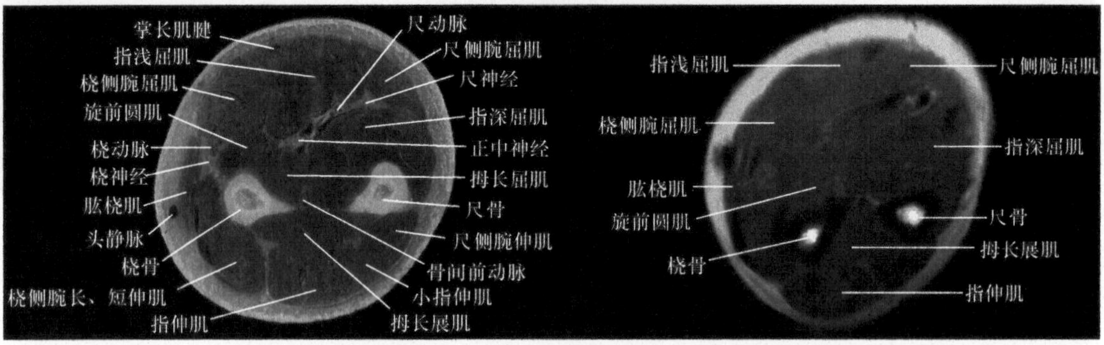

图 15-17　经前臂中份的水平断层（标本与 MRI 对照图）

（六）经远侧列腕骨水平断层

此层面切经大多角骨、小多角骨、头状骨及钩骨。它们的背面可见前臂后群（伸）肌肌腱的断面。紧贴大多角骨内侧面可见桡侧腕屈肌腱。钩骨与小指展肌之间的结构为豆钩韧带与豆掌韧带，它们均起自豌豆骨，向下分别止于钩骨钩及第 5 掌骨底。腕骨掌面的腕骨间掌侧韧带与腕横韧带之间为腕管（图 15-18）。

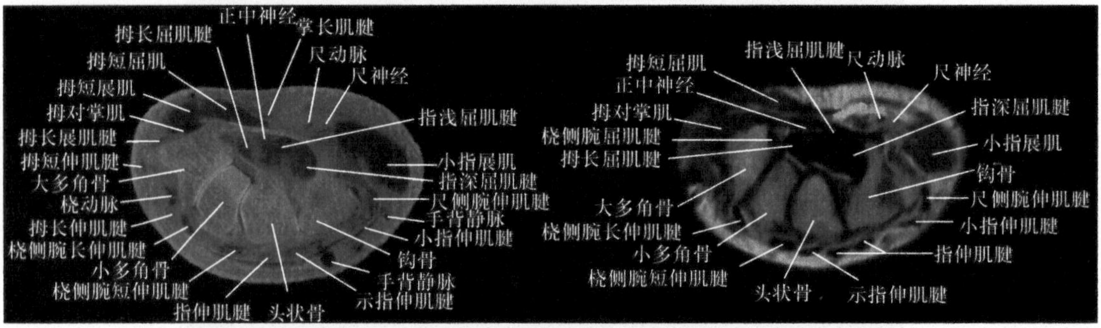

图 15-18　经远侧列腕骨的水平断层（左手标本与 MRI 对照图）

四、下肢断层影像解剖

（一）经股骨头冠状断层

此层面经股骨头后缘，髋关节居断面的中心。髋臼的上、下缘有髋臼唇附着，股骨头向内上突入髋臼内。关节的外上方为臀肌，外下方为股外侧肌。耻骨体的内下方的骨形切面为耻骨下支，两者之间为**闭孔**，其内、外侧分别可见闭孔内、外肌。MRI 冠状图像可清晰显示髋关节的解剖（图 15-19）。

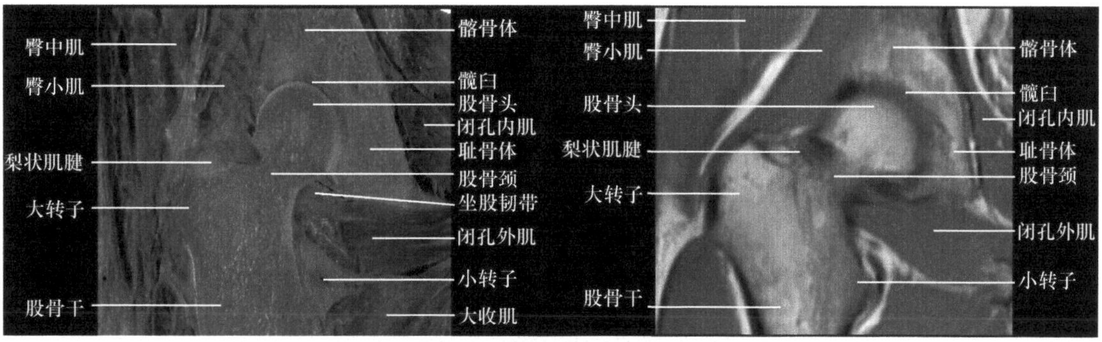

图 15-19　髋关节冠状断层（标本与 MRI 对照图）

（二）经股部中份水平断层

此层面经腹股沟中点至髌骨上缘中点连线的中点。股骨居中央，其断面近似圆形。后面稍突起为**粗线**，可见阔筋膜形成**外侧肌间隔**、**内侧肌间隔**和**后肌间隔**，它们分别深入肌群间而形成前、后、内 3 个**骨筋膜鞘**。内侧肌间隔中可见在**收肌管**内下行的股动、静脉和隐神经。在前骨筋膜鞘内有大腿前群肌；后骨筋膜鞘内有大腿后群肌，其深面可见坐骨神经和股深血管的穿支。内侧骨筋膜鞘内有大腿内侧群肌（图 15-20）。

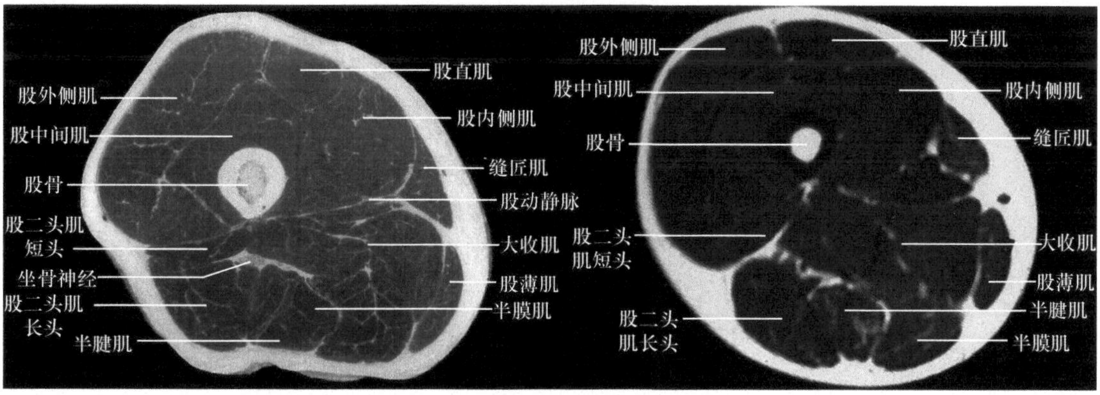

图 15-20　经股部中份的水平断层（标本与 MRI 对照图）

（三）经髌骨中点水平断层

此层面以骨质结构为主。股骨内、外侧髁占据了断面中央的大部，其后面的凹陷为髁间窝后部；其前方为髌骨，两者之间可见狭窄的膝关节腔，翼状襞突入其内侧部。大腿前群肌已变为肌腱附于髌骨前面。后群肌亦变小。腓肠肌内、外侧头出现（内大外小），二头之间由浅入深可见胫神经、腘静脉和腘动脉，腓总神经位于后外方，腓肠肌外侧头和股二头肌内侧缘后部之间（图 15-21）。

（四）经髌骨尖下方水平断层

此层面可分为前、中、后三部分，前部最前方为髌韧带，其后方为髌下脂肪垫，内、外侧有髌内、外侧支持带相连。中部中央为胫骨的髁间隆起，其内、外侧为股骨内、外侧髁和其表面的关节软骨。内侧半月板呈较大的“C”形，环绕于股骨内侧髁的前、内侧及后方，其外缘与胫侧副韧带融合；外侧半月板围绕于股骨外侧髁的前、外侧及后方。胫骨髁间隆起前端的外侧和后端后面可见前、后交叉韧带起始。断面后部为小腿后骨筋膜鞘，其内主要为腓肠肌及其深面的腘血管和胫神经（图 15-22）。

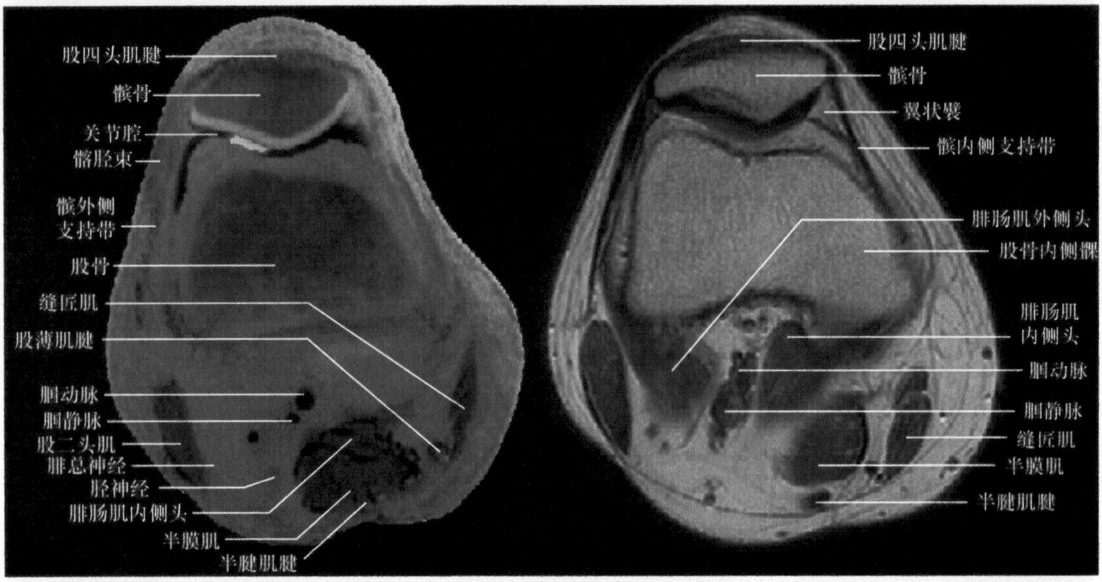

图 15-21　经髌骨中点的水平断层（标本与 MRI 对照图）

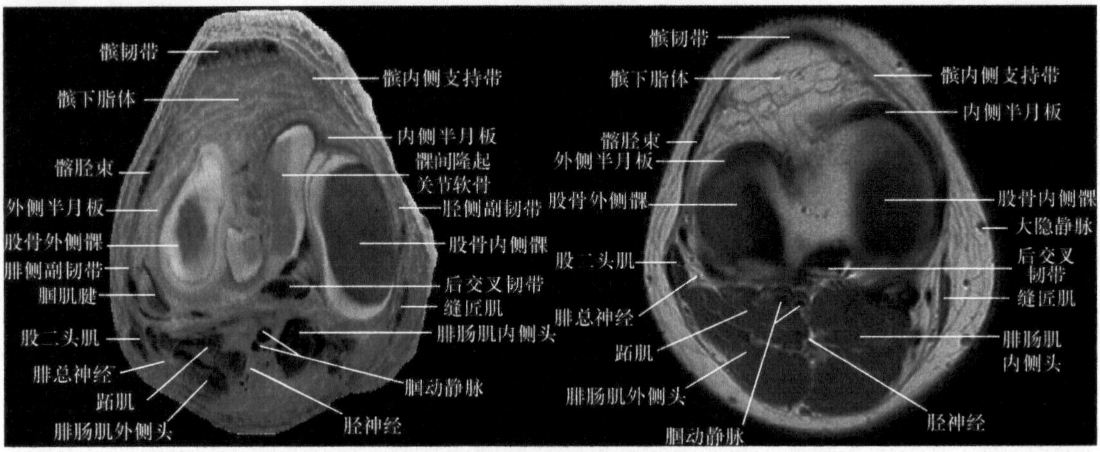

图 15-22　经髌骨尖下方的水平断层（标本与 MRI 对照图）

（五）经髌骨正中线的矢状断层

断面为膝关节的典型断面，可见各主要结构。膝关节由股骨、胫骨及髌骨构成，占据断面的前部。髌骨位于股骨下端前方。胫骨上端前面有胫骨粗隆。胫骨髁间隆起明显，其前部附着有前交叉韧带起始部，该韧带向后上方延续抵股骨外侧髁的内侧面；后部有后交叉韧带起始部附着。诊断膝交叉韧带病变，常用 MRI 矢状图像（图 15-23）。髌骨下缘至胫骨粗隆间为髌韧带，髌骨与胫骨之间可见髌下脂肪垫和翼状襞。髌上囊位于髌骨与股四头肌之间，并向上延伸。关节后方为腘窝，内有胫神经、腘静脉、腘动脉及腘淋巴结。

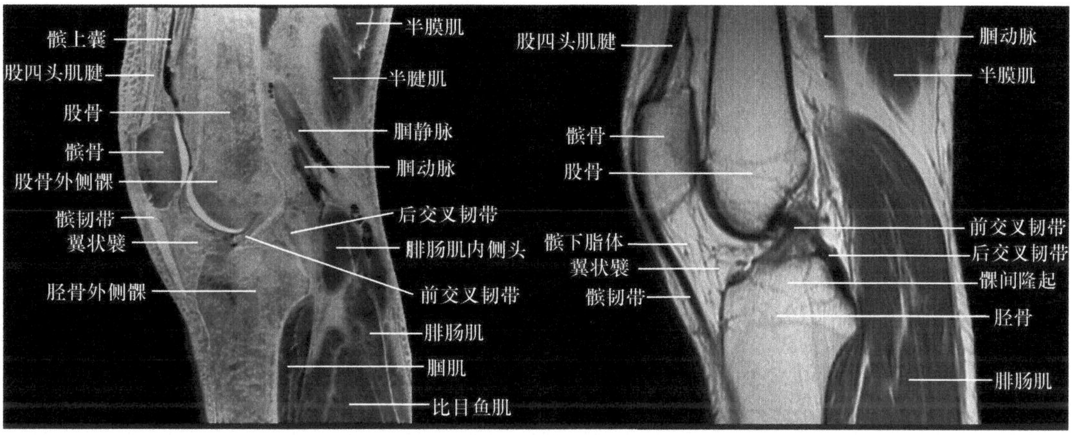

图 15-23　膝关节矢状断层（标本与 MRI 对照图）

（六）经股骨髁间窝中部的冠状断层

此层面经股骨髁间窝中部层面，上部可见膨大的股骨内、外侧髁后部，髁间窝内可见较完整的前交叉韧带并止于胫骨髁间隆起前部；后交叉韧带起于髁间窝内侧壁。断面下部为较大的胫骨内、外侧髁，其上方的关节面较平，覆有关节软骨，两者之间向上的隆起为胫骨髁间隆起，有前交叉韧带附着。关节腔内可见较大而完整的外侧半月板和较小、三角形的内侧半月板。关节两侧有胫侧和腓侧副韧带，腓侧副韧带深面有膝下外侧血管（图 15-24）。

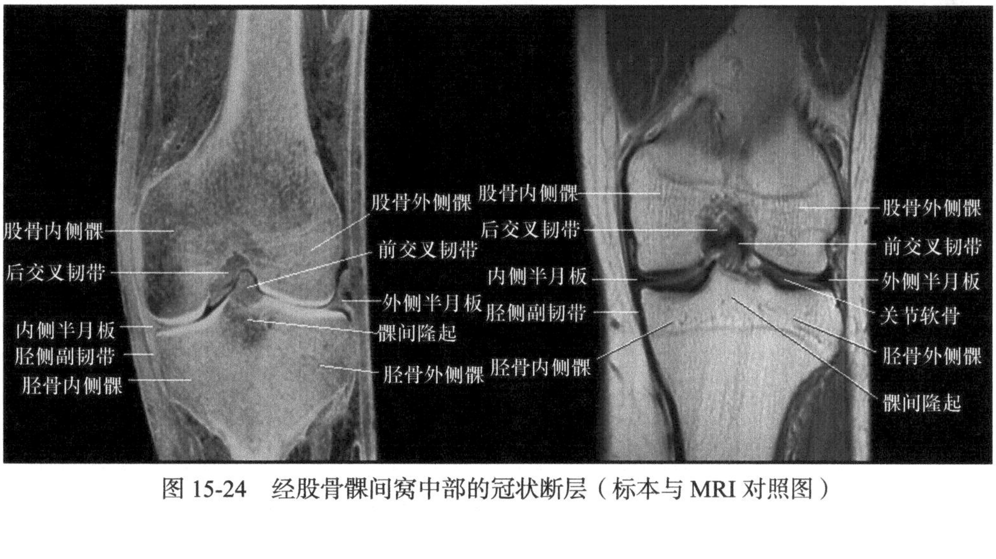

图 15-24　经股骨髁间窝中部的冠状断层（标本与 MRI 对照图）

（七）经小腿中份水平断层

此层面经小腿中份，**踇长伸肌**出现在前骨筋膜鞘中，胫前动、静脉及腓深神经在胫骨前肌深面，紧贴小腿骨间膜。后骨筋膜鞘中，主要由小腿三头肌占据，胫后动、静脉及胫神经位于该肌深面；而腓动、静脉居腓骨之内侧。外侧骨筋膜鞘内，腓骨长肌、腓骨短肌呈浅、深配布（图 15-25）。

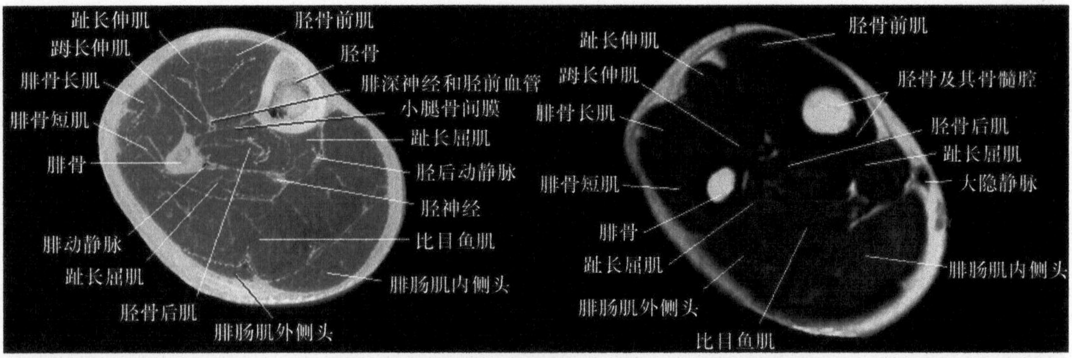

图 15-25　经小腿中份的水平断层（标本与 MRI 对照图）

（八）经内踝尖上方水平断层

此层面主要显示踝关节的构成及其周围韧带（图 15-26）。距骨位居中央，与内、外踝关节面一起构成踝关节。关节的前内侧有内侧韧带加强，外侧被距腓前、后韧带加强。距骨的前面有小腿前群肌腱，足背动、静脉及腓深神经。踝管居踝关节的后内侧。

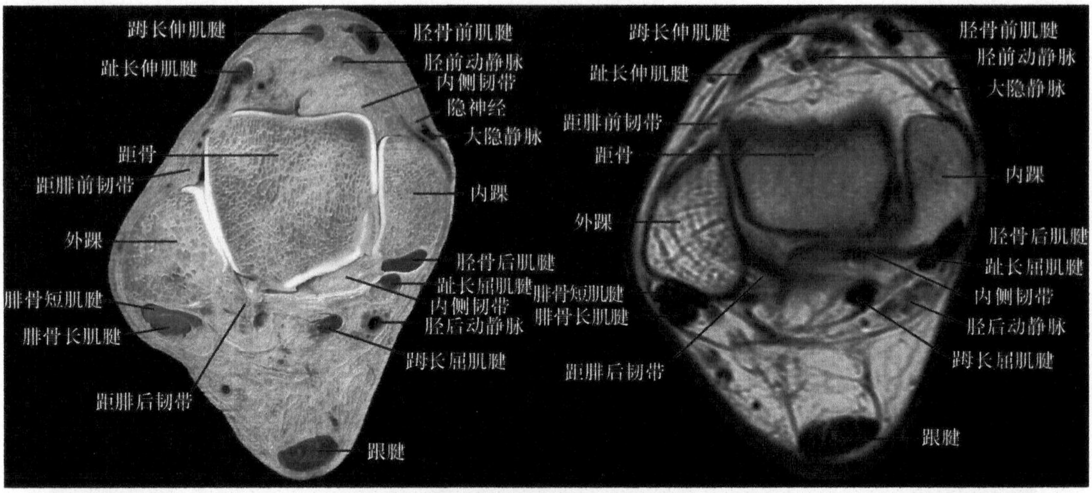

图 15-26　经内踝尖水平断层（标本与 MRI 对照图）

（九）经跟骨结节前的冠状断层

该断面主要显示踝关节和距跟关节后部（图 15-27）。踝关节居上方，由胫骨下端及内、外踝和距骨体上面构成。距跟关节近侧部位于踝关节下方，由距骨体与跟骨构成。距骨下面内侧半向上凹陷为跗骨窦，其内有距跟骨间韧带。踝管居跟骨的内侧。

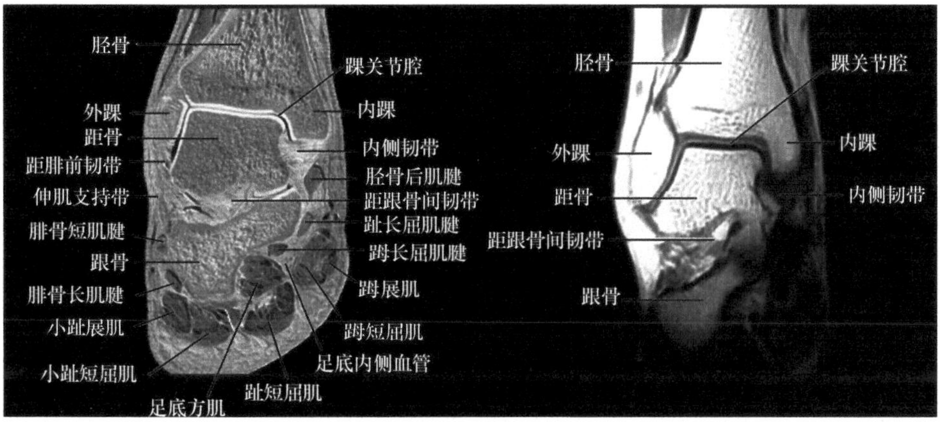

图 15-27　踝关节冠状断层（标本与 MRI 对照图）

（十）经跖骨中部横断层

此层面由内向外第 1～5 跖骨依次排列。各跖骨密质较厚，跖骨间隙内充填骨间背侧肌。足背面已全为肌腱。骨间足底肌位于第 3～5 跖骨下方（图 15-28）。

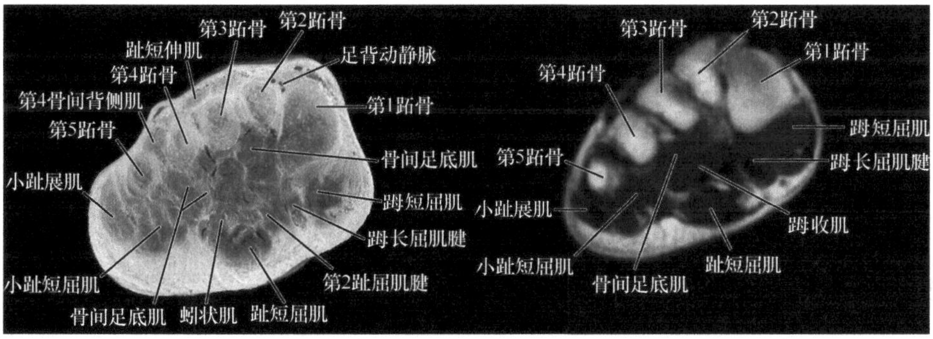

图 15-28　经跖骨中部的横断面（标本与 MRI 对照图）

（宋传顺）